西南政法大学新文科系列教材

证据运用实务教程

主　编　潘金贵
副主编　王剑虹　包冰锋

撰稿人｜以撰写章节先后为序
潘金贵　王剑虹　王　彪　冯俊伟
孙　琳　张　波　李冉毅　吴国章
包冰锋　林　静　曾庆云　蒋和平
刘仁琦　谢登科　周洪波　谷佳杰
颜　飞　熊晓彪　侯国跃

法律出版社
LAW PRESS·CHINA
北京

图书在版编目(CIP)数据

证据运用实务教程 / 潘金贵主编. -- 北京 : 法律出版社, 2023

ISBN 978-7-5197-8094-4

Ⅰ. ①证… Ⅱ. ①潘… Ⅲ. ①证据-法学-中国-教材 Ⅳ. ①D925.013

中国国家版本馆CIP数据核字(2023)第128888号

证据运用实务教程
ZHENGJU YUNYONG SHIWU JIAOCHENG

潘金贵 主编

责任编辑 宋丽娜
装帧设计 汪奇峰

出版发行 法律出版社
编辑统筹 法律教育出版分社
责任校对 王 丰 郭艳萍
责任印制 刘晓伟
经 销 新华书店

开本 787毫米×1092毫米 1/16
印张 29.5 字数 680千
版本 2023年8月第1版
印次 2023年8月第1次印刷
印刷 永清县金鑫印刷有限公司

地址:北京市丰台区莲花池西里7号(100073)
网址:www.lawpress.com.cn
投稿邮箱:info@lawpress.com.cn
举报盗版邮箱:jbwq@lawpress.com.cn

销售电话:010-83938349
客服电话:010-83938350
咨询电话:010-63939796

书号:ISBN 978-7-5197-8094-4
定价:69.00元

凡购买本社图书,如有印装错误,我社负责退换。电话:010-83938349

作 者 简 介

（以撰写章节先后为序）

潘金贵 法学博士，西南政法大学法学院教授，博士生导师，西南政法大学证据法学研究中心主任。

王剑虹 法学博士，西南政法大学法学院副教授，硕士生导师，西南政法大学证据法学研究中心副主任。

王　彪 法学博士，西南政法大学法学院副教授，硕士生导师。

冯俊伟 法学博士，山东大学法学院教授，博士生导师。

孙　琳 法学博士，重庆市大足区人民检察院检察长，全国检察业务专家。

张　波 法学博士，重庆市高级人民法院刑一庭庭长，全国审判业务专家。

李冉毅 法学博士，西南政法大学法学院讲师，硕士生导师。

吴国章 法学博士研究生，福建壶兰律师事务所主任，全国优秀律师。

包冰锋 法学博士，西南政法大学法学院教授，博士生导师，西南政法大学证据法学研究中心副主任。

林　静 法学博士，中国政法大学证据科学研究院副教授，硕士生导师。

曾庆云 法学博士，重庆市荣昌区人民检察院检察长。

蒋和平 法学博士，重庆市公安局刑事侦查总队法制支队副支队长。

刘仁琦 法学博士，西北政法大学刑事法学院教授，硕士生导师。

谢登科 法学博士，吉林大学法学院教授，博士生导师。

周洪波 法学博士，西南民族大学法学院教授，博士生导师。

谷佳杰 法学博士，西南政法大学法学院副教授，硕士生导师。

颜　飞 法学博士，西南政法大学法学院副教授，硕士生导师。

熊晓彪 法学博士，中山大学法学院助理教授，硕士生导师。

侯国跃 法学博士，西南政法大学民商法学院教授，博士生导师。

前　　言

证据法学是一门综合性应用学科,如何将所学习的证据法学知识运用到司法实践中正确办理案件是法科学生必须高度重视的问题。由于案件发生于前,诉讼形成于后,而办案人员均不是当事人,故"办案"的过程就是一个回溯历史、挖掘真相的"破案"过程。而要发现事实真相,正确认定案件事实,实现司法公正,必须以证据为基础,"用证据说话",这就有赖于证据的收集、审查、分析、判断等证据运用活动。办案的过程可以简单归纳为"收集证据→分析证据→认定事实→适用法律"的"四步走"过程,其中收集证据和分析证据是基础,认定事实和适用法律是结论,只有正确收集和分析证据,才能正确认定事实,进而正确适用法律,因此办理案件的过程,主要就是证据运用的过程。法科学生的职业归属绝大多数都会成为"办案人员",走上司法实践工作岗位,都将面对如何正确运用证据处理具体案件的问题,因此为了加强法科学生对司法实践的了解,培养其证据运用的实际操作能力,增强其社会适应性,我们编写了本教材。

目前国内尚未见专门针对法科生的证据运用实务教程,因此,本教材是一种探索。本教材以突出实务性、实践性、实用性为基本特点。在内容设计上,本教材基本不涉及证据法学理论问题,主要侧重于介绍证据运用的基本知识点,包括主要法律规定应当如何理解和适用,司法实践中应当如何具体操作的方法和技巧等,然后采取"以案说法"的方式,穿插大量的针对具体知识点的真实的"小案例"并作出简要评析,以增强学生对于相关知识点的理解和把握。在每章附录部分,撷取了与该章主要知识点有关的具有典型性的案例进行较为详细的"典型案例评析",并列明了具有参考价值的"主要文献著述",所列文献著述基本为与该章内容有关的、由较为优秀的司法实务人员撰写的书籍,以供"学有余力"的学生研习,进一步夯实和提高其证据运用能力。本教材以大学本科法学专业中已经系统学习了证据法学课程的学生为主要对象,既可以作为证据法学课程的配套教材,也可以独立作为证据法学课程的教材。同时本教材亦可作为司法实务工作者办理案件的参考书,对于司法实务工作者提高证据运用能力有较大的实践价值。

本教材的作者除了政法院校中具有一定证据运用实务经验的部分专家学者外,还邀请了具有丰富办案实践经验的全国审判业务专家、全国检察业务专家、全国优秀律师、刑侦专家等优秀的实务专家,书中的部分案例来源于作者亲自办理的真实案件。本教材由主编潘金贵教授统一审定。作者具体分工如下(以撰写章节先后为序):

潘金贵:第一章,第二章第二节,第七章第一节,第十四章第二、三节;

王剑虹:第二章第一节,第三章第一至四节,第八章;

王　彪:第二章第三、四节;

冯俊伟:第三章第五至八节;

孙　琳:第四章第一至三节;

张　波:第四章第四节;

李冉毅:第五章第一、四、五节;
吴国章:第五章第二、三节;
包冰锋:第六章第一、二、三、五节,第九章第三节;
林　静:第六章第四节;
曾庆云:第七章第二、三节;
蒋和平:第七章第四节;
刘仁琦:第九章第一、二、四、五节;
谢登科:第十章;
周洪波:第十一章第一、二节;
谷佳杰:第十一章第三、四节,第十二章第三、四节,第十三章第三、四节;
颜　飞:第十二章第一、二节;
熊晓彪:第十三章第一、二节;
侯国跃:第十四章第一节。

本教材虽经多次讨论、统稿,但难免存在不足之处,诚望赐教指正。

西南政法大学证据法学研究中心主任　潘金贵
2023 年 2 月

缩 略 语 表

中国法律文件

《中华人民共和国宪法》	《宪法》
《中华人民共和国刑事诉讼法》(1979 年)	1979 年《刑事诉讼法》
《中华人民共和国刑事诉讼法》(1996 年)	1996 年《刑事诉讼法》
《中华人民共和国刑事诉讼法》(2012 年)	2012 年《刑事诉讼法》
《中华人民共和国刑事诉讼法》(2018 年)	《刑事诉讼法》
《中华人民共和国监察法》	《监察法》
《中华人民共和国刑法》	《刑法》
《中华人民共和国律师法》	《律师法》
《中华人民共和国人民警察法》	《人民警察法》
《中华人民共和国国家安全法》	《国家安全法》
《中华人民共和国人民法院组织法》	《人民法院组织法》
《中华人民共和国人民检察院组织法》	《人民检察院组织法》
《中华人民共和国国家赔偿法》	《国家赔偿法》
《中华人民共和国民事诉讼法》(2007 年)	2007 年《民事诉讼法》
《中华人民共和国民事诉讼法》(2012 年)	2012 年《民事诉讼法》
《中华人民共和国民事诉讼法》(2017 年)	2017 年《民事诉讼法》
《中华人民共和国民事诉讼法》(2021 年)	《民事诉讼法》
《中华人民共和国行政诉讼法》(1989 年)	1989 年《行政诉讼法》
《中华人民共和国行政诉讼法》(2017 年)	《行政诉讼法》
《中华人民共和国民法典》	《民法典》
《中华人民共和国监察法实施条例》	《监察法条例》
最高人民法院、最高人民检察院、公安部、国家安全部、司法部、全国人大常委会法制工作委员会《关于实施刑事诉讼法若干问题的规定》	六部门《刑事诉讼法规定》
最高人民法院、最高人民检察院、公安部、国家安全部、司法部《关于办理死刑案件审查判断证据若干问题的规定》	两院三部《办理死刑案件证据规定》
最高人民法院、最高人民检察院、公安部、国家安全部、司法部《关于办理刑事案件排除非法证据若干问题的规定》	两院三部《非法证据排除规定》

最高人民法院、最高人民检察院、公安部、国家安全部、司法部《关于进一步严格依法办案确保办理死刑案件质量的意见》	两院三部《办理死刑案件意见》
最高人民法院、最高人民检察院、公安部、国家安全部、司法部《关于办理刑事案件严格排除非法证据若干问题的规定》	两院三部《严格排除非法证据规定》
最高人民法院、最高人民检察院、公安部、国家安全部、司法部《关于推进以审判为中心的刑事诉讼制度改革的意见》	两院三部《以审判为中心意见》
最高人民法院、最高人民检察院、公安部、司法部《关于刑事诉讼法律援助工作的规定》	两院两部《法律援助规定》
最高人民法院、最高人民检察院、公安部《关于办理刑事案件收集提取和审查判断电子数据若干问题的规定》	两院一部《电子数据规定》
全国人民代表大会常务委员会《关于司法鉴定管理问题的决定》	《司法鉴定管理决定》
最高人民法院《关于适用〈中华人民共和国刑事诉讼法〉的解释》(2021 年)	最高法《刑诉法解释》
最高人民法院《人民法院办理刑事案件庭前会议规程(试行)》	最高法《庭前会议规程》
最高人民法院《人民法院办理刑事案件排除非法证据规程(试行)》	最高法《排除非法证据规程》
最高人民法院《人民法院办理刑事案件第一审普通程序法庭调查规程(试行)》	最高法《法庭调查规程》
公安部《公安机关办理刑事案件程序规定》	公安部《刑事案件程序规定》
司法部《司法鉴定程序通则》	司法部《司法鉴定通则》
最高人民检察院《人民检察院刑事诉讼规则》	最高检《刑事诉讼规则》
最高人民法院《关于适用〈中华人民共和国刑事诉讼法〉的解释》(2012 年,已失效)	最高法 2012 年《刑诉法解释》
最高人民法院《关于适用〈中华人民共和国民事诉讼法〉的解释》(2015 年)	最高法 2015 年《民诉法解释》
《公安机关办理行政案件程序规定》	《行政程序规定》
最高人民法院《关于适用〈中华人民共和国民事诉讼法〉的解释》(2022 年)	最高法《民诉法解释》
最高人民法院《关于适用〈中华人民共和国行政诉讼法〉的解释》	最高法《行诉法解释》
最高人民法院《关于民事诉讼证据的若干规定》(2001 年)	最高法 2001 年《民诉证据规定》
最高人民法院《关于民事诉讼证据的若干规定》(2008 年)	最高法 2008 年《民诉证据规定》
最高人民法院《关于民事诉讼证据的若干规定》(2019 年)	最高法《民诉证据规定》
最高人民法院《关于行政诉讼证据若干问题的规定》	最高法《行诉证据规定》

最高人民法院《关于人民法院民事调解工作若干问题的规定》	最高法《民事调解规定》
公安部《公安机关办理刑事案件电子数据取证规则》	《电子数据取证规则》

联合国法律文件

联合国《公民权利和政治权利国际公约》	联合国《两权公约》
联合国《关于保护面对死刑的人的权利的保障措施》	联合国《死刑犯权利保障措施》
联合国《禁止酷刑和其他残忍、不人道或有辱人格的待遇或处罚公约》	联合国《禁止酷刑公约》
联合国《囚犯待遇最低限度标准规则》	联合国《囚犯待遇规则》
联合国《关于司法机关独立的基本原则》	联合国《司法独立原则》
联合国《关于检察官作用的准则》	联合国《检察官作用准则》
联合国《关于律师作用的基本原则》	联合国《律师作用基本原则》
联合国《打击跨国有组织犯罪公约》	联合国《打击跨国犯罪公约》
联合国《反腐败公约》	联合国《反腐败公约》

目　　录

第一章　证据运用概述

第一节　证据运用的概念和特征

法律是调控社会关系，治理国家的基本工具。在法律适用过程中，无论是办理诉讼案件还是处理非诉讼法律事务，都涉及证据运用问题。证据是认定事实的基础，如何运用证据正确处理法律实务，是所有法科学生和法律实务工作者都应当高度重视的一门学问。加强证据运用的理论研习和实践指导，形成相对系统的知识体系，提升法科学生和法律实务工作者的证据运用能力，具有重大的理论价值和实践意义。

一、证据运用的概念

证据运用概念的界定首先涉及证据概念和运用含义的界定。我国《刑事诉讼法》第50条第1款规定"可以用于证明案件事实的材料，都是证据"，学理上一般将《刑事诉讼法》对证据的界定视为证据的法定概念，本书亦采取此通说。根据《现代汉语词典》的界定，运用是指根据事物的特性加以利用。[1] 在法律语境中，证据运用中"运用"的含义主要是指利用证据实现法律目的的行为，包括证据的收集、固定、保全、举示、审查、判断、认定等诸多与证据有关的行为。结合相关法律规定和司法实践情况，证据运用的概念可以从不同的角度进行广义和狭义的界定。

广义的证据运用泛指人们在处理与法律有关的事务时运用证据确定法律关系或认定案件事实的行为。广义的证据运用包括非诉讼领域法律事务处理中的证据运用和诉讼领域法律事务处理中的证据运用，前者如日常生活中借款人向贷款人出具借条确认双方的债权债务关系、被继承人拟定遗嘱确定遗产分配方案；经济生活中甲乙双方签订合同明确彼此的权利义务关系；仲裁案件中双方收集、举示证据，仲裁庭认定事实作出裁定；行政执法中行政机关收集证据，认定违法事实作出行政处罚等。后者如刑事诉讼中侦查人员收集证据，检察人员举示证据，审判人员审查判断证据作出判决；民事诉讼中原告收集证据起诉，双方当事人进行证据交换，法官审查判断证据认定案件事实作出裁判；行政诉讼中行政机关举示其作出行政处罚决定的证据，法官审查判断证据认定案件事实作出裁判等。

狭义的证据运用是指在诉讼过程中，公安司法机关、当事人及其辩护人、诉讼代理人通过收集、举示、认定证据等诉讼活动，查明案件事实，作出相应诉讼处理决定的行为，即狭义的证据运用仅指诉讼领域办理案件时的证据运用。无论刑事、民事还是行政争议，通

---

〔1〕 参见中国社会科学院语言研究所词典编辑室：《现代汉语词典》（第7版），商务印书馆2016年版，第1624页。

过诉讼途径解决纠纷都是主要手段,因此,在诉讼过程中如何运用证据查明案件事实,公正作出裁断,无疑是证据运用的核心和根本所在,所以,狭义的证据运用是学习和掌握的重点。本书主要围绕狭义的证据运用进行论述。

二、证据运用的特征

(一)实践性

"打官司就是打证据",证据运用的相关知识具有较强的实际应用价值。证据运用的基本意旨就是将证据如何运用到司法实践中去办理案件或者处理其他法律事务。在司法实践中,证据在很大程度上将决定案件的诉讼结局。办理案件的过程,实际上就是证据收集、固定、举示、认定的过程。在此过程中,无论控辩双方还是裁判者,诉讼活动实际上主要都是围绕证据问题而展开,如案件的待证事实是哪些,证明责任应当哪一方来承担,达到何种证明标准可以确定哪一方胜诉,证据的真实性、关联性、合法性如何审查判断等。实践证明,正确运用证据是确保案件得到正确处理的关键,一些冤假错案的酿成归根结底是证据运用过程中出了重大问题。因此,认真学习和努力掌握证据运用的相关知识是从事法律实务工作必需的基本素养。

(二)综合性

证据运用涉及很多方面知识的综合运用,具有典型的综合性特征。其一,证据运用涉及法学多学科法律知识的运用,包括证据法学、实体法学、程序法学知识的运用,刑事法学、民事法学、行政法学知识的运用,理论法学和应用法学知识的运用等。其二,证据运用涉及许多与证据有关的交叉学科的知识运用,如哲学、逻辑学、法医学、侦查学、痕迹学、笔迹学、犯罪心理学、司法精神病学、审计学、会计学以及计算机科学等自然科学的相关知识等。证据运用中的很多问题都有赖于交叉学科的知识才能更好地理解和把握。例如,诉讼证明标准的问题,在很大程度上就是一个哲学中认识论在诉讼中的具体运用问题,脱离了辩证唯物主义认识论,客观真实与法律真实相结合的证明观就失去了理论根基;又如,言词证据的收集、审查、判断,就必须借助心理学的一般规律,需要借助逻辑论证和情理分析以及经验法则运用等;再如,随着现代科学技术的发展,"电子数据"已经成为新的"证据之王",而电子证据的收集、审查、判断就需要具备一定的计算机科学知识等。因此,培养良好的证据运用能力,必须综合掌握多学科知识,做到融会贯通。

(三)技巧性

诉讼是基于纠纷而产生的,而纠纷的本质是利益冲突,包括国家与公民之间、公民与公民之间等不同主体发生的利益冲突。利益冲突的各方在诉讼过程中为追求诉讼任务的完成或者实现胜诉的目的,难免就会出现"竞技"行为,其中较为典型的就是在证据运用方面利用规则和技巧,这使得证据运用呈现出一定的技巧性。从司法实践来看,无论公安司法人员还是当事人及其律师,证据的收集、运用、审查、判断既要遵循基本的证据规则,也要讲究必要的应用技巧。例如,侦查人员讯问犯罪嫌疑人是获取口供的常见取证方法,但如何依法突破口供,让犯罪嫌疑人自愿如实供述,则需要侦查人员在遵守讯问程序的前提下,综合运用预审学、心理学等多方面的审讯知识和技巧。又如,民事诉讼原、被告双方如何收集、组织证据证明本方诉讼主张成立,争取本方胜诉,可能需要合理利用证据规则和诉讼技巧。再如,法庭调查中对出庭的证人、侦查人员、鉴定人、专家辅助人发问,就对控辩双方律师的规则运用能力和询问技巧提出了很高的要求。因此，毋庸讳言，证据运用具有一定的技巧性，但是这种技巧性必须以合法性即依法运用证据为前提。

案例1　辛普森杀妻案〔2〕

1994年，前美式橄榄球明星辛普森（O. J. Simpson）杀妻案成为当时美国最为轰动的事件。在该案审理过程中，有很多控辩双方证据运用的经典“桥段”。例如，检方呈庭的重要证据之一是现场袜子上的血迹化验和DNA检验结果，检验结果表明，所有疑点都聚集在辛普森一人身上。而辩方阵营认为这些“血证”疑点较多，破绽百出，从这只袜子两边的血迹竟然完全相同，不符合情理；从现场剧烈搏斗情形来看，血迹形成的过程不符合情理；血滴的外形不符合科学以及血样保管不规范导致污染可能等方面作了有力的反驳。又如，检方呈庭的重要证据之一是警察福尔曼在辛普森住宅客房后面搜获的黑色血手套，辩方对福尔曼证词中该手套发现时外表是湿的这一说法的真实性，辛普森藏匿手套是否有合理性、必要性以及两只手套的外表没有任何破裂或刀痕，在手套里面也没发现辛普森的血迹，说明辛普森手上的伤口与血手套和凶杀案很可能没有直接关系等方面予以反驳。为了证实辛普森是凶手，检方决定让他在陪审团面前试戴那只沾有血迹的手套，而众目睽睽之下，辛普森折腾了很久却很难将手套戴上。再如，检方的“明星”证人福尔曼警官被辩方在交叉询问中通过高超的询问技巧证明其在种族问题上有歧视黑人的问题却向法庭撒谎，从而导致陪审团对其证言的可信度降低等。

辛普森最后被判无罪固然有种族问题、合议庭组成结构、主审法官的选任等多重因素的影响，但控辩双方在证据运用方面的激烈对抗确实可圈可点，尤其是被称为“梦之队”的辩方律师团队的证据运用技巧非常出彩，为最终获得无罪判决奠定了很好的基础。

第二节　证据运用的基本要素

一、证据运用的主体

证据运用的主体是指在诉讼过程中，享有收集、举示证据等权利或者负有收集、举示、审查、判断、认定证据等职责的有关人员。这是从狭义的证据运用角度进行的界定。在诉讼领域，证据运用的主体主要包括两大类人员。

（一）当事人及其法定代理人、辩护人、诉讼代理人

根据诉讼原理，当事人及其法定代理人享有收集、举示证据等诉讼权利，在其法定代理人参与诉讼或者聘请辩护人、诉讼代理人参加诉讼的情况下，其法定代理人、辩护人、诉讼代理人享有相应的收集、举示证据等权利。需要指出的是，法定代理人、辩护人、诉讼代理人的相关证据权利源于法律授予或者当事人的授权，本质上仍然是当事人的诉讼权利，只不过是基于法律规定而由其代为行使。

---

〔2〕关于辛普森杀妻案的相关内容，参见［美］亚伦·德肖维茨：《合理的怀疑：从辛普森案批判美国司法体系》，高忠义、侯荷婷译，法律出版社2010年版；［美］威廉·迪尔：《追凶十八年：我证明辛普森无罪》，［美］袁木松译，中国检察出版社2013年版；［美］文森特·布廖西：《美国法律故事：辛普森何以逍遥法外？》，陈波译，上海人民出版社2016年版。

（二）侦查人员、检察人员、审判人员

在刑事诉讼中，公安司法人员负有收集、举示、审查、判断、认定证据等职责，其履行职责的过程也是证据运用的过程。例如，侦查人员收集、分析、判断证据等行为，检察人员审查、判断、收集、举示证据等行为以及审判人员审查、判断、核实、认定证据等行为，都属于证据运用的表现形式。在民事、行政诉讼中，审判人员对双方当事人举示的证据进行审查、判断、核实、认定等行为，都属于证据运用的表现形式。

从广义的证据运用的角度来界定证据运用的主体，则除却前述诉讼领域的证据运用主体外，在非诉讼领域的法律事务中，证据运用的主体就较为宽泛了，可以概括为在处理法律事务过程中需要涉及运用证据的人员均为证据运用的主体。例如，在民间借贷中，签署借款凭据的双方当事人；仲裁案件中，对双方证据进行审查判断，认定案件事实，作出裁决的仲裁员；对待证事实审查证据后出具公证文书的公证员；收集相对人实施行政违法行为的证据，作出行政处罚决定的行政执法人员等，均属于证据运用的主体。

二、证据运用的依据

证据运用的依据是指证据运用主体实施相关证据运用行为的法律规范或者其他依据。从立法和实践来看，证据运用的依据主要包括以下两个方面。

（一）证据运用的法律依据

作为一种诉讼活动，证据运用首先必须依据相关的法律规范实施，否则可能导致诉讼行为的无效。证据运用的法律依据主要包括以下两类：

1. 证据法律规范，即我国现有法律法规中主要围绕证据运用问题作出规定的法律规范。我国现有证据法律规范可以分为以下几类：第一，诉讼法典中关于证据的规定，例如，《刑事诉讼法》第一编第五章“证据”的集中规定以及其他章节涉及证据运用的相关条文；《民事诉讼法》第一编第六章“证据”的集中规定以及其他章节涉及证据运用的相关条文；《行政诉讼法》第五章“证据”的集中规定以及其他章节涉及证据运用的相关条文等。第二，《刑事诉讼法》《民事诉讼法》《行政诉讼法》的司法解释中关于证据的规定，如最高法《刑诉法解释》第四章、最高检《刑事诉讼规则》第五章和最高法《民诉法解释》第四章关于“证据”的集中规定以及其他章节涉及证据运用的相关条文等。第三，专门的证据法律解释，如全国人大常委会《司法鉴定管理决定》、两院三部《办理死刑案件证据规定》、两院三部《非法证据排除规定》、最高法《民诉证据规定》、最高法《行诉证据规定》、两院一部《电子数据规定》、最高法《排除非法证据规程》等。证据法律规范是证据运用时的主要法律依据。

2. 相关法律规范，即我国现有法律法规中涉及证据运用的其他有关法律规范。例如，《宪法》关于禁止非法搜查公民的身体或者住宅的规定就涉及禁止非法取证问题；《刑法》关于巨额财产来源不明罪的规定就涉及该罪的证明责任分配问题；《监察法》关于监察机关依法收集的证据在刑事诉讼中可以作为证据使用的规定涉及监察机关收集证据的证据能力问题；《民法典》对一些民事法律关系中涉及的证据问题的规定如被继承人死亡时间的推定规则、行为人过错的推定规则；《电子签名法》关于判断电子文件真实性的规定；最高法《法庭调查规程》等。相关法律规范在办理案件涉及证据运用相应具体问题时可以作为法律依据。

（二）证据运用的非法律依据

证据运用是主客观相结合的过程。证据运用的一些环节必然会掺入证明主体的主观思维，而主观思维过程往往在法律上无法作出明确规定或者只能作出原则性的规定。例如，对于证据的证据能力通常法律可以作出明确的规定，有相关的法律依据，而对于证据的证明力通常法律无法作出具体的规定，而只能由办案人员"自由心证"，因此，对证据证明力的审查、判断、认定，需要办案人员充分发挥主观能动性，结合经验法则、逻辑论证、情理分析等来作出决定，是否符合逻辑和经验、如何判断案件中的逻辑和经验，则很难得出标准的答案。又如，一个案件证明标准的把握，不同的办案人员可能会作出不同的结论，而判断某一个具体案件定案是否达到证明标准很难在法律中作出具体的规定，而只能由办案人员依据自己的法律素养、证据素养、生活经验、逻辑论证、情理分析等来综合作出判断。因此，证据运用过程中的主观性因素具有抽象性，既可能受到法律方面因素的影响，也可能受到非法律方面因素如生活经验、逻辑分析能力、情理判断等因素的影响，这些因素虽然可能在法条上有所体现，但更多的是由办案人员具体把握，而这些非法律因素实际上在一些案件的办理中会成为作出处理决定的重要依据。

案例 2　袁某诉陆某债务免除案〔3〕

原告袁某诉称：原、被告于 2020 年 11 月 17 日签订《债务免除协议书》，被告确认自愿免除原告根据（2020）渝 0108 民初 17763 号民事判决书对被告承担的全部债务，不再向原告主张任何权利，被告不得申请法院强制执行。特请求法院依法判决确认其与被告签订的《债务免除协议书》合法有效。

被告陆某辩称：判决生效后，其一直在申请执行，从未免除原告的债务。该案涉及标的额达 2400 余万元，不是一个小数目，其不可能在好不容易打赢官司的情况下，又和债务人签署《债务免除协议书》，要求对《债务免除协议书》的签字进行鉴定，以确定真伪；并称以前两人关系比较好，其对原告十分信任且没有任何防备之心。原告经常拿一堆票据或文件找其签字，其一般都没有拒绝和仔细阅览，基本上都是直接签字，不排除原告将《债务免除协议书》夹在一堆票据或文件里让其在不知情的情况下签字的可能性。因此，即使该签名鉴定为其签字，也肯定是袁某要手段在其不知情的情况下蒙蔽欺骗其签的字，绝对不是其真实意思表示。其绝不可能主动放弃经过提起民事诉讼才判决确认的高达 2000 多万元的巨额财产。

法院审理查明：原告向法庭举示的《债务免除协议书》签字日期为 2020 年 11 月 17 日，原判决书署的日期为 2020 年 11 月 16 日，送达双方当事人日期为 2020 年 12 月 14 日。

本案涉及被告在一审刚胜诉即自愿免除原告高达 2400 多万元的巨额债务的事实的认定，案情颇为"蹊跷"。这就需要对该书证是否为双方当事人的真实意思表示进行逻辑、情理等多角度的分析，尤其对案件中若干违背逻辑、情理的细节如何认定，才能作出正确的裁判。但是司法实践中，这种在很大程度上影响判决结果的情理、逻辑、经验等的综合运用和分析，除在法律上最多有原则性的规定外，在处理个案时找不到具体如何分析判断的依据。

〔3〕　参见重庆市渝北区人民法院民事判决书，（2022）渝 0112 民初 17063 号。

三、证据运用的内容

证据运用的内容是指证据运用主体通过运用证据所传达出的有关案件的信息。证据运用的内容以具体的证据为载体,通过证据本身所载明的与案件有关的信息起到证明作用,实现证明目的。从立法和实践来看,证据运用的内容主要包括两个方面。

(一)证据本身载明的案件信息

每一个证据都蕴含了与案件有关的信息,这些信息对于案件事实的认定所起作用不一,有的是关键信息,有的是次要信息,最终案件事实的认定需要将所有的证据所传达出的信息汇总后,综合进行分析判断。例如,犯罪嫌疑人张某供述其用匕首捅刺了被害人李某胸部致其死亡,该供述的内容传达出的案件信息主要有:作案人是张某;被害人是李某;犯罪工具是匕首;犯罪方法是捅刺胸部;犯罪结果是李某死亡。公诉人将该口供向法庭举示证明张某实施了故意杀人的犯罪行为,就是运用该口供的内容来指控犯罪。又如,甲向乙借款10万元用于生产经营,甲向乙出具了“借条”,借条载明借款金额为10万元,还款期限为1年,到期还款11万元,借款日期为某年某月某日,双方签名捺印。后甲逾期未还款,乙遂以借条为主要证据向法庭起诉甲。该借条的内容传达出的案件信息是:合同双方当事人为甲和乙;甲为债务人,乙为债权人;借款金额;借款期限;利息;借款日期。乙依据借条起诉甲,就是运用该借条的内容来主张自己的债权。证据本身载明的案件信息通常表现为案件的实体法事实,但在一些情形下也会表现为案件的程序法事实,如刑讯逼供留下的伤痕就反映出犯罪嫌疑人遭到了非法取证的案件信息。

(二)证据的证据能力和证明力

证据主体在运用证据进行诉讼活动时,还会涉及两个方面的内容:一是证据的证据能力,即证据能否在诉讼中使用的资格,这主要是论证证据是否符合法律规定的适用条件即合法性问题。例如,刑事诉讼中,公诉人向法庭举证时说明证据系侦查人员依法收集,来源合法,即为了论证证据的合法性问题。二是证据的证明力,即证据在证明案件事实上所起作用的大小,这主要是论证证据与待证事实之间的关联程度即关联性问题。例如,公诉人向法庭举证时都会说明证据内容客观真实,能够起到相应的证明作用,即为了论证证据的证明力问题。在我国的证据法律规定和证据运用实践中,证据的证据能力和证明力的阐释主要围绕证据的“三性”即证据的关联性、真实性、合法性来展开,控辩双方当事人向法庭举示证据时都必须向法庭说明该证据是否符合证据的“三性”。我国主流证据法学理论中主张证据必须符合“三性”特征与证据必须具有证据能力和证明力,不过是不同划分角度的不同表述,没有本质的区别。

四、证据运用的方式

证据运用的方式是指证据运用主体运用证据进行诉讼活动时所采用的具体方法或者形式。从立法和实践来看,不同的证据运用主体,证据运用的方式有所不同,具体方式方法也多种多样。

(一)公安司法人员证据运用的方式

在刑事诉讼中,侦查人员运用证据的方式主要体现在侦查行为的实施过程中,主要目的是收集证据,具体方式包括讯问犯罪嫌疑人、询问证人、询问被害人、勘验、检查、搜查、查封、扣押、查询、冻结、鉴定、调取、采取技术侦查措施等，而在这些侦查行为的实施过程中，侦查人员还可以采取更为技术性的证据运用方法，如侦查人员审讯犯罪嫌疑人时，将现场收集到的嫌疑人遗留的脚印、指纹或者其他证据向嫌疑人出示，嫌疑人遂交代了犯罪事实等。检察机关由于主要承担公诉职责，因此，检察人员运用证据的方式主要有：审查、判断证据、移送证据、向法庭举示证据、发表质证意见以及必要时补充侦查收集证据等。审判人员在刑事、民事、行政诉讼中运用证据的方式主要有：审查、判断证据、认定证据、必要时调查核实证据、综合分析证据认定案件事实作出裁判等。公安司法人员运用证据的方式较普通公民的区别主要在于：一是通常以国家强制力为后盾，相对人通常有配合义务，如侦查人员搜查涉案场所，相关人员必须予以配合。二是通常具有一定的约束力，如检察人员审查全案证据认为已经达到起诉条件，提起公诉就意味着将犯罪嫌疑人交付审判；审判人员综合全案证据分析后认定案件事实作出裁判即产生对当事人的约束力。公安司法人员运用证据的方式必须符合法律的规定，否则会导致证据不能作为定案的根据，甚至有可能承担相应的法律责任。

（二）当事人及其法定代理人、辩护人、诉讼代理人证据运用的方式

根据立法及实践，当事人及其法定代理人、辩护人、诉讼代理人在诉讼过程中证据运用的方式包括：自行制作证据如签订合同、私自录音等；通过询问证人等方式收集证据；申请人民检察院、人民法院调取证据；查阅、摘抄、复制案卷材料；核实证据；向公安司法机关提交证据，制作证据目录或举证清单；向公安司法机关提出非法证据排除等意见；进行证据交换；在法庭上举示证据；在法庭上发表质证意见等。当事人及其法定代理人、辩护人、诉讼代理人运用证据主要是围绕己方的诉讼主张来展开，以实现自己的证明目的，其采用的具体方式没有强制力，相对人一般没有配合义务，也不会对相对人产生约束力。当事人及其法定代理人、辩护人、诉讼代理人必须按照法律规定的方式运用证据，其运用证据的方式违法的，应当承担相应的法律责任。

案例3　律师杜某帮助当事人伪造证据案〔4〕

杜某系某律师事务所律师，其在2017年至2019年，与多人通谋，先后4次共同采取伪造证据、虚假陈述等手段，捏造民事法律关系，虚构民事纠纷，并担任诉讼代理人向人民法院提起民事诉讼，致使人民法院基于捏造的事实先后作出4份民事调解书并进行强制执行。杜某通过实施上述行为，意图帮助他人规避住房限售、限购政策，实现违规办理房产过户手续等非法目的，为自己谋取非法经济利益。2020年5月13日，公安机关在杜某执业的律师事务所内将其抓获。案件审理过程中，杜某自愿退缴违法所得12.5万元。人民法院依法以虚假诉讼罪判处杜某有期徒刑1年3个月，并处罚金人民币3万元。

根据最高人民法院、最高人民检察院《关于办理虚假诉讼刑事案件适用法律若干问题的解释》第6条的规定，诉讼代理人、证人、鉴定人等诉讼参与人与他人通谋，代理提起虚假民事诉讼、故意作虚假证言或者出具虚假鉴定意见，共同实施《刑法》第307条之一前三款行为的，依照共同犯罪的规定定罪处罚。本案中，杜某系执业律师，其与他人通谋，

〔4〕　参见最高人民法院民事审判第一庭编：《民事审判指导与参考》（总第88辑），人民法院出版社2022年版，第117页。

捏造民事法律关系，虚构民事纠纷，并担任诉讼代理人向人民法院提起民事诉讼，欺骗人民法院作出裁判文书以获取非法利益。杜某实施虚假诉讼行为，致使人民法院基于捏造的事实作出民事调解书，已经达到《刑法》和司法解释规定的虚假诉讼罪的定罪条件。律师利用自己的法律专业知识故意伪造证据和参与虚假诉讼，将导致虚假诉讼违法犯罪更加难以甄别，造成更加严重的社会危害。本案的判决结果，警醒律师、基层法律服务工作者等法律从业人员要依法执业，严格依照法律规定开展法律咨询、收集证据、诉讼代理等业务活动，不能知法犯法，尤其不能在证据运用问题上玩弄司法，否则将承担相应的法律责任。

五、证据运用的结果

证据运用的结果是指在诉讼过程中证据主体运用证据所产生的法律后果。从立法和实践来看，证据运用产生的法律后果主要可以分为两个方面。

（一）实体性法律后果

在不同诉讼领域，由于控辩裁三方诉讼职能分工不同、证据运用的目的不同，证据运用的实体性法律后果也有所不同。在刑事诉讼中，控方证据运用的实体性法律后果是其能否成功指控犯罪，犯罪嫌疑人、被告人最终能否被定罪处刑；辩护方证据运用的实体性法律后果是被追诉人能否摆脱被追诉的境地从而获得不起诉或者无罪判决，或者能否被从轻、减轻处以刑罚或者免除刑罚；裁判方证据运用的实体性法律后果是能否正确地定罪和处刑。在民事、行政诉讼中，原告证据运用的实体性法律后果是其诉讼请求能否得到支持，获得胜诉；被告证据运用的实体性法律后果是其反驳起诉的主张能否得到支持，获得胜诉；裁判方证据运用的实体性法律后果是能否对民事、行政纠纷依法作出公正的判决。

（二）程序性法律后果

在诉讼过程中，双方当事人如果对于程序性法律事实产生争议，就可能涉及证据运用问题，由此就会产生证据运用的程序性法律后果。例如，在刑事诉讼中，犯罪嫌疑人、被告人提出在侦查阶段遭到了刑讯逼供，就需要查清侦查人员是否确实实施了刑讯逼供行为，如果查实侦查人员实施了刑讯逼供行为，所获取的口供就应当作为非法证据予以排除，不能作为定案的依据。侦查人员收集的证据被作为非法证据予以排除，就是产生了程序性的法律后果。又如，在民事诉讼中，根据最高法《民诉证据规定》第28条的规定，申请证据保全错误造成财产损失，当事人请求申请人承担赔偿责任的，人民法院应予支持。这也是证据运用产生的程序性法律后果。需要指出的是，证据运用的程序性法律后果与实体性法律后果之间并非截然分离，证据运用的程序性法律后果在一些情形下可能直接或间接地影响案件的实体处理结果，如刑事案件中如果口供被作为非法证据予以排除，其他基于口供而收集的证据又存在问题，则有可能导致犯罪嫌疑人、被告人因为证据不足而被作出“存疑不起诉”决定或者被作出“疑罪从无”的判决。这也是程序法与实体法密不可分的一种反映。

案例4 孙某国故意杀人案[5]

2016年，湖北省黄冈市中级人民法院在孙某国故意杀人案的判决书中就侦查人员非法搜查所获的材料以及相应鉴定意见能否作为证据使用作出裁判意见：公诉机关虽当庭举示关于从被告人卧室床底下搜出的拖鞋上检出被害人血迹的勘验检查笔录和鉴定意见，但鉴于侦查人员破门进入孙某国家中实施的搜查无搜查证，亦不属于为执行逮捕、拘留特殊情况而进行的搜查，过程中亦未单独制作搜查笔录，搜查程序不合法，且被告人当庭对其拖鞋上有被害人血迹的事实不予认可。法院依法对关于从被告人卧室床下搜出的拖鞋上检出被害人血迹的勘验检查笔录和鉴定意见不予采信。

该案是司法实践中因为侦查人员取证过程中严重违法而导致排除物证并不采信鉴定意见的案例之一。该案中由侦查人员非法搜查导致的被害人血迹的勘验检查笔录被法院排除，且不采信由此形成的鉴定意见，从而使两份重要的证据不能作为定案的依据，属于侦查人员证据运用活动不当导致了不利的程序性法律后果的情形。

第三节 证据运用的基本功能

一、进行诉讼活动的基本条件

诉讼主要围绕证据展开，诉讼过程在很大程度上就是证据收集、运用、审查、判断、认定的过程。现代诉讼活动奉行证据裁判原则，裁判必须建立在证据的基础上，因此，从一定意义上讲，证据运用是进行诉讼活动的基本条件，离开证据，诉讼活动将无法进行。例如，在刑事诉讼的侦查、起诉、审判等各个环节，均需要进行证据运用。刑事案件的立案需要有证据证明是否有犯罪事实发生且需要追究刑事责任；自诉案件的自诉人如不能提供足够的证据，人民法院就不会受理其自诉；在侦查阶段，如果没有证据证明有犯罪事实，就不能对犯罪嫌疑人适用逮捕；在起诉、审判环节，如证据达不到确实充分的程度，人民检察院就不能提起公诉，人民法院也无法定罪判刑。在民事、行政诉讼中，原告提起诉讼需要举示证据证明其诉讼主张，被告对于积极抗辩事实同样需要举示证据证明其抗辩成立。可见，诉讼活动是以证据运用为基本条件。

二、认定案件事实的基本方式

在诉讼活动中，争议的案件事实均为发生在过去的“既成”事实，而办案的公安司法人员以及律师等均非当事人，并不了解案件的真实情况，因此要对业已发生的案件事实作出正确的认定，就必须通过充分、全面地收集与案情有关的证据，并运用证据，经过正确的推理、判断，才能查明案情、发现案件的事实真相。从某种意义上来说，认定案件事实的工作与历史学家的工作具有一定的相似性，即都必须通过现存的材料去认识发生在过去的事件。一方面，二者都必须进行逆向思维，即从现在去认识过去，从结果去认识原因；另一方面，二者对过去的事件的认识都不是直接实现的，而是间接地通过各种“证据”来实现

---

〔5〕 参见湖北省黄冈市中级人民法院刑事判决书，(2016)鄂11刑初11号。

的。在诉讼活动中，已经发生的案件事实可能因时间久远被淡忘，或因客观条件的变迁而被改变，亦可能因人为掩盖而被歪曲，故办案人员查明案情的唯一途径，即通过深入细致的调查研究、收集与本案有关的证据，通过考察证据与案件事实之间的客观联系，进行判断与推理，从而准确地再现案件事实的真实情况。由此可见，证据运用是司法人员认定案件事实的最基本方式。

三、维护当事人合法权益的基本手段

诉讼是解决纠纷的最终途径，诉讼结局将决定纠纷涉及的利益冲突的归属。参与诉讼的当事人通常与案件具有直接的利害关系，他们有自己的诉讼主张及诉讼请求，并且希望司法机关能认可其主张及诉讼请求，以维护自己的合法权益。但如果当事人只是提出了诉讼主张及请求，而不能运用证据来论证其请求的合理性、合法性，其诉讼主张就很难为司法机关所接受。相反，如果当事人能够运用证据充分论证自己的诉讼主张，说服司法机关接受其主张，就能更好地维护自己的合法权益。例如，在民事诉讼中，原告起诉被告欠款100万元，请求归还本金及相应利息，但是原告只向法庭提交了双方的《借款协议》，并称系支付现金，而缺乏其他实际将款项支付给被告的证据（如取款记录或转账记录等），则其诉讼主张很有可能得不到支持；被告提出借款属实，但其已经归还并支付相应利息，却提不出归还和支付利息的相应证据，则其抗辩理由不会得到支持，将承担败诉的法律后果。又如，在刑事诉讼中，证据不仅能证明当事人犯罪，也能证明当事人无罪或罪轻。刑事案件的证据运用，直接关涉到犯罪嫌疑人、被告人的财产、自由乃至生命这样的重大利益处置，公安司法人员只有坚持全面收集、运用证据，把对案件的处理建立在切实可靠的证据上，才能保障无罪的人不受刑事追究，避免冤假错案的发生。

案例5 好媳妇公司诉夏某星与周某燕构成共同侵权案〔6〕

本案各方当事人于再审审查期间的争议焦点为夏某星是否应对前案［(2017)湘03民初71号案件］判决与周某燕承担的侵权责任承担连带责任。最高人民法院认为，2017年《民事诉讼法》第64条第1款规定：“当事人对自己提出的主张，有责任提供证据。”最高法《民诉证据规定》第1条规定：“原告向人民法院起诉或者被告提出反诉，应当提供符合起诉条件的相应的证据。”2009年《侵权责任法》第8条规定：“二人以上共同实施侵权行为，造成他人损害的，应当承担连带责任。”第13条规定：“法律规定承担连带责任的，被侵权人有权请求部分或者全部连带责任人承担责任。”本案中，好媳妇公司主张夏某星与周某燕构成共同侵权、夏某星应对前案［(2017)湘03民初71号案件］判决周某燕承担的侵权责任承担连带责任，应该提供证据予以证明。首先，前案中，湖南省湘潭市中级人民法院认定岳塘区鑫鑫塑料制品批发部经营者肖某长于2015年10月至2016年8月已从周某燕处购买被诉侵权产品9批次，且肖某长于2016年8月31日还向周某燕购买了第10批次共10箱被诉侵权产品。上述事实均不能证明夏某星与周某燕共同实施了被诉侵权行为。其次，虽然已有生效判决认定夏某星在2015年亦曾销售被诉侵权产品，但是不能由此证明夏某星在前案中销售了被诉侵权产品。再次，好媳妇公司为证明夏某星和周某燕使用化名夏某的手机号共同销售被诉侵权产品提交了该手机号的几段通话录音，录音内容包括肖某长与夏某星之间的对话。鉴于夏某星与周某燕于2017年12月登记结

〔6〕 参见最高人民法院民事裁定书，(2021)最高法民申3070号。

婚,夏某星关于其为周某燕代接电话的陈述具有一定的合理性。因此,前述录音不足以证明夏某星与周某燕构成共同侵权。最后,肖某长与夏某星之间的电话录音仅有两段处于本案被诉侵权产品的销售期间,且肖某长与夏某星在录音中仅提到订货及发货,没有涉及货物型号等具体信息,在没有其他证据佐证的情况下,不能证明夏某星共同参与销售了前案认定的被诉侵权产品,亦不能证明夏某星为周某燕销售被诉侵权产品提供了具体的帮助。综上,好媳妇公司在未提交足以证明夏某星与周某燕构成共同侵权证据的情况下,应当承担不利的法律后果。

在该案中,最高人民法院认为好媳妇公司应当承担不利法律后果的根本理由是其未能向法院提交足以证明夏某星与周某燕构成共同侵权的证据,存在举证不能的问题。在好媳妇公司对自己的主张未能充分举证的情况下,其主张夏某星与周某燕构成共同侵权不能成立,夏某星不承担侵权连带责任,由此可以看出能否针对诉讼主张举出相应证据是当事人维护自己合法权益的基本手段。

四、实现司法公正的基本保障

实现司法公正是对公安司法人员办理案件的基本要求,也是公安司法人员办理案件追求的基本目标。公安司法人员在司法活动过程和结果中应当坚持和体现公平、正义的原则,严格依法办事,准确认定案件事实与适用法律,对案件作出正确的处理和裁决,而这需要以证据运用为基本保障。一方面,证据运用有利于实现诉讼的实体公正。证据具有揭示案件真实情况的作用,发现案件真实情况是对案件作出符合客观实际的正确裁判的重要基础,案件实体公正的实现主要在于公安司法人员是否能运用证据准确地认定案件事实,因此证据运用是实现案件实体公正的重要保障之一。另一方面,证据运用有利于实现诉讼的程序公正。诉讼过程通常是由法律、司法解释等加以规范。证据制度则是诉讼法的重要组成部分,它同样可以限制司法人员的权力、保障当事人的权利,进而为实现程序公正发挥切实的作用。例如,刑事诉讼法规定严禁公安司法人员以刑讯逼供和以威胁、引诱、欺骗或其他非法方法收集证据,以前述非法手段所取得的被追诉人的供述、被害人陈述及证人证言,不能作为指控犯罪及定案的根据;证据未经质证,不能用作定案根据;公安机关侦查终结、人民检察院提起公诉、人民法院作出有罪判决,必须做到案件事实清楚、证据确实充分、排除合理怀疑等,就是为了保障刑事诉讼活动的公正进行,确保程序正当。由此可见,证据运用对程序公正的实现具有重要的保障作用。

典型案例评析

案例1－1　杜某武故意杀人案:公安司法机关证据运用的连环错误导致事实认定错误〔7〕

1998年4月20日晚,昆明市公安局通讯处民警王某湘及昆明市石林县公安局副局长王某波被人枪杀。4月22日下午,王某湘的丈夫、昆明市公安局戒毒所民警杜某武被拘押讯问。10月20日,昆明市人民检察院以杜某武犯故意杀人罪向昆明市中级人民法院提起公诉。12月17日,昆明市中级人民法院开庭审理"杜某武故意杀人案"。1999年2月5日

〔7〕　参见王达人、曾粤兴:《正义的诉求——美国辛普森案和中国杜某武案的比较》,法律出版社2003年版。

昆明市中级人民法院作出一审判决，判处杜某武死刑，杜某武提出上诉。10月20日，云南省高级人民法院终审改判杜某武死刑，缓期2年执行。2000年6月，昆明公安机关破获杨某勇等八人抢劫杀人案，缴获王某波被抢手枪等赃物，犯罪嫌疑人供认“二王”被杀系该团伙所为。7月6日，云南省高级人民法院对杜某武故意杀人案再审，宣告杜某武无罪并予释放。2001年8月3日，负责办理杜某武案的宁某华、秦某联因刑讯逼供罪被昆明市五华区人民法院分别判处有期徒刑1年零6个月缓刑2年和有期徒刑1年缓刑1年。

｜**评析**｜ 杜某武案是世纪之交震惊国内的一起案件。该案的特殊性之一是两被害人系警察，杜某武系警察，真凶首犯杨某勇系警察，杨某勇犯罪集团的作案对象全部是军警，一时举世骇然。该案震惊国内有多方面的原因，但公安司法机关在办理该案过程中在各个诉讼环节证据运用方面的连环错误，无疑是最终事实认定错误，从而“一步错、步步错、错到底”的根本症结所在。多年以来，该案涉及的证据运用问题仍然是证据法学中值得研究的一个典型案例。主要体现在以下方面：

第一，在侦查环节，侦查人员以现场没有发现两位被害人被劫财、报复杀害的迹象和两人关系暧昧的推断，认为杜某武是王某湘的丈夫而推断其有杀人的动机，进而推定其实施了杀人行为，却置杜某武没有杀人动机的辩解（杜某武辩解因其和“二王”是警校同学，关系一直较好，其案发前根本不知道“二王”关系暧昧，该辩解有合理性）和没有作案时间的辩解（杜某武的辩解有相应证据能够印证）于不顾；侦查人员在案发时所做的现场勘查笔录及现场照片只记载了“车内离合器踏板上附着有足迹遗留泥土”，却在4个月后以根本不可能存在的所谓“刹车踏板”“油门踏板”上附着的泥土为嗅源进行“警犬气味鉴定”，得出结论称与杜某武身上的气味“警犬反应一致”（侦查机关动用警犬多头多次，反应不一，且4个月后已经不可能存在反应了。在我国刑事诉讼中，警犬辨认只能作为侦破的线索参考，没有证据能力，不能作为证据使用）；侦查人员认为在杜某武的警用衬衣袖口处检出枪支射击残留物，可以证明其有开枪行为，但相关证据证明案发前一天杜某武所在单位正好组织了手枪射击训练，而杜某武将衬衣扔在衣篓里未洗，杜某武作为警察若穿衬衣作案不可能保存该证据；侦查人员对杜某武采取了残酷的刑讯逼供，除进行了长达21天的连续审讯外，还对其殴打，并给他戴上反铐，吊挂在防盗门和防盗窗上，迫使其违心编造自己开枪杀人的“事实”等。正所谓“审判的恶果总是结在侦查的病枝上的”，侦查人员在取证过程中的一系列错误取证行为是导致本案结果的根本原因之一。

在检察环节，检察机关作为法律监督机关在本案中并未发挥侦查监督作用和审查起诉的证据过滤作用，是导致该案结果的又一个原因。在指认现场时，杜某武不知具体现场位置而走过了现场地点，是侦查人员“指导”其辨认现场，而在场的检察官对此视而不见，“将头扭了过去”；检察人员在收到杜某武关于侦查人员对其刑讯逼供的控告书后，在看守所上百人的目光下查看刑讯造成的伤情并进行拍照后不仅不调查处理，而且当杜某武在庭审中要求公诉人向法庭提供出示时，公诉人表示“不知道”“找不着了”（而这些照片在本案平反后成为追究侦查人员刑讯逼供罪的证据）；公诉人审查起诉后在明知证据存在若干矛盾和冲突的情况下仍然提起公诉，将矛盾推向法院等。该案在检察机关提前介入侦查的情况下，检察人员对侦查人员的错误取证行为视若无睹，一再纵容，并“带病起诉”。

在审判环节，审判人员对非法证据的无视、对证明责任的错误分配、证明标准的错误把握等，是造成本案结果的决定性原因。该案中，一审法官在庭审时对杜某武当庭出示的其藏起来的被侦查人员刑讯逼供打成条状的衬衣视而不见,对公诉人无法应答杜某武要求其出示所拍的伤情照片的情况视而不见,而是对刑讯逼供问题大而化之,表示“这个就不要说了”;多次要求“被告人杜某武出示没有杀人的证据”;在判决书中把控方依法应当承担的证明被告人有罪的责任强加给被告人的律师,要求其承担证明被告人无罪的责任,认为“辩护人未能向法庭提供证实其观点的证据,也未能提供证实被告人无罪的证据”;对辩护人指出的案件中证据存在的若干重大问题和辩护意见置若罔闻,在明显事实不清、证据不足的情况下仍然认为该案“证据内容客观真实,证据充分,采证程序合法有效,其指控事实清楚,罪名成立”(该判决书被评为1999年度昆明市中级人民法院优秀裁判文书)等。而云南省高级人民法院在明知案件证据存在严重问题的情况下,采取了“疑罪从轻、刀下留人”的做法,以“根据本案的具体情节和辩护人所提其他辩护意见有可采纳之处”为由,将该案改判为死缓,虽未造成错杀,但终究铸成了错误。

杜某武案是我国在法制尚不健全尤其是证据制度较不完善、证据规则基本阙如的特定时代产生的一个案件,公安司法机关在侦查、起诉、审判环节的证据运用过程中的连环错误最终导致错误认定案件事实,这也是刑事诉讼中酿成“冤案”的基本情形的一个缩影。冤假错案的教训是非常深刻的,代价是沉重的,因此,健全证据制度,完善证据规则,提高公安司法人员的证据素养和证据运用水平对于防范冤假错案的发生无疑具有极为重要的意义。

案例1-2 湘潭市岳塘区祥一瑞烟酒行诉泸州老窖股份有限公司侵害商标权纠纷案[8]:被侵权人出具的鉴定证明书可以作为证明侵权事实成立,维护己方合法权益的证据

再审申请人湘潭市岳塘区祥一瑞烟酒行(以下简称祥一瑞烟酒行)因与被申请人泸州老窖股份有限公司(以下简称泸州老窖公司)侵害商标权纠纷一案,向最高人民法院申请再审。祥一瑞烟酒行申请再审称,泸州老窖公司于2019年12月6日出具的《鉴定证明书》系伪造。泸州老窖公司公证购买的外包装标有“1573国宝窖池群酿造國窖中国·泸州老窖股份有限公司”等字样的商品(以下简称被诉侵权产品)一直存放在湖南省长沙市华湘公证处,《鉴定证明书》的鉴定人没有见过被诉侵权产品,无法鉴定。湖南省湘潭市中级人民法院(本案一审法院)及二审法院未向鉴定人及公证处的承办人调查收集证据违反法律规定。根据2017年《民事诉讼法》的相关规定,鉴定应由具备资格的鉴定机构进行。原国家工商行政管理总局商标局《关于假冒注册商标商品及标识鉴定有关问题的批复》规定,鉴定应由工商行政管理机关委托进行。泸州老窖公司没有相应鉴定资格,其未经委托进行鉴定违反法律规定。依照2017年《民事诉讼法》第200条的规定,请求法院撤销一审、二审判决。

最高人民法院经审查认为,本案双方当事人再审审查期间的争议焦点是:泸州老窖公司出具的《鉴定证明书》是否具有证明力。2017年《民事诉讼法》第64条第1款规定:“当事人对自己提出的主张,有责任提供证据。”最高法《民诉证据规定》第1条规定:“原告向人民法院起诉或者被告提出反诉,应当提供符合起诉条件的相应的证据。”泸州老窖公司主张祥一瑞烟酒行销售了侵害其商标专用权的产品,有责任提供证据证明被诉侵权产品不是泸州老窖公司的产品。本案中,首先,泸州老窖公司出具了《鉴定证明书》,对被诉侵权产品

---

〔8〕 参见最高人民法院民事裁定书,(2021)最高法民申2484号。

通过防伪核对、紫光灯照射等鉴定手段对其商标、防伪标识、酒盒、辅材等进行鉴定，认定被诉侵权产品不是泸州老窖公司的产品。湖南省长沙市华湘公证处在二审庭审后提交了一份《情况说明》，说明公证处在购买被诉侵权产品后、封存前，泸州老窖公司相关人员来到公证处在公证人员面前对被诉侵权产品进行了鉴定。泸州老窖公司在一审中当庭鉴别，被诉侵权产品与其生产的产品在开启处的拉环上存在明显区别。况且，祥一瑞烟酒行主张《鉴定证明书》系伪造，但未提供足以反驳其主张的证据。二审法院综合考虑前述情况，认定泸州老窖公司提供的证据可以证明被诉侵权产品系假冒商品并无不当。其次，原国家工商行政管理总局商标局《关于假冒注册商标商品及标识鉴定有关问题的批复》明确规定："在查处商标违法行为过程中，工商行政管理机关可以委托商标注册人对涉嫌假冒注册商标商品及商标标识进行鉴定，出具书面鉴定意见，并承担相应的法律责任。被鉴定者无相反证据推翻该鉴定结论的，工商行政管理机关将该鉴定结论作为证据予以采纳。"该批复表明商标注册人可以对被诉侵权产品进行鉴定，并未限定商标注册人在其提起的侵权诉讼中仅能由工商行政管理机关委托其鉴定。泸州老窖公司出具的《鉴定证明书》不属于2017年《民事诉讼法》规定的鉴定意见，无须交由专业机构进行。祥一瑞烟酒行关于泸州老窖公司没有鉴定资格、未经工商行政管理机关委托进行鉴定不合法的主张缺乏事实和法律依据，本院不予支持。裁定驳回湘潭市岳塘区祥一瑞烟酒行的再审申请。

| **评析** | 在侵害商标权的纠纷中，被侵权人必须证明商标侵权事实的存在，否则其诉讼请求就得不到支持，合法权益就得不到保障。本案中泸州老窖公司主张祥一瑞烟酒行销售了侵害其商标专用权的产品，有责任提供证据证明被诉侵权产品不是泸州老窖公司的产品。泸州老窖公司为此出具了该公司的《鉴定证明书》，认定被诉侵权产品不是泸州老窖公司的产品。公证机关还就鉴定行为出具了《情况说明》的书证。鉴于商标侵权行为的特殊性，国家主管部门作出了特别规定，商标注册人可以对被诉侵权产品进行鉴定，并未限定商标注册人在其提起的侵权诉讼中仅能由工商行政管理机关委托其鉴定。而本案中泸州老窖公司出具的《鉴定证明书》，虽然冠以"鉴定"二字，但实质上认定为属于"证明书"的"书证"更为恰当，具有相应的证明力，因此，其不属于2017年《民事诉讼法》规定的鉴定意见，无须交由专业机构进行。人民法院只需结合案件中的其他证据审查判断该书证载明侵权内容的真实性，依法作出裁判。

案例1－3　孙某国际体育仲裁法庭药检听证案：WADA首席律师的发问技巧〔9〕

2018年9月4日当晚，国际兴奋剂检查管理公司（IDTM）的三名检查人员对奥运会游泳冠军孙某进行了抽血检查。由于血检官和尿检官未出示相关资质和授权，孙某拒绝接受进一步检查，并要求检查官留下已采集的血样。随后，孙某的安保人员用锤子砸碎了已经密封的玻璃瓶。国际体育仲裁法庭于2019年11月在瑞士蒙特勒举行了公开听证会并通过网络进行全球直播。2020年2月，国际体育仲裁法庭宣布，孙某被禁赛8年。2021年，经上诉禁赛时间减为4年零3个月。2022年3月，瑞士联邦最高法院宣布，孙某最终上诉被驳回，禁赛维持到2024年5月底。

---

〔9〕 参见刘思瑶：《看完WADA首席律师对证人的发问，你就知道孙某为什么输了》，载腾讯网2020年3月3日，https://sports.qq.com/a/20200303/016944.htm。

在听证会直播中,WADA 首席律师理查德·杨对证人进行的发问,体现了其相当高的发问技巧,现将部分发问内容节选如下:

一、对孙某方1号证人孙某母亲的发问

理查德·杨:你在之前的证词中说兴奋剂主检官在最开始的时候允许孙某独自一个人去卫生间,是这样吗?

孙某母亲:是的,我解释一下,在当晚12点10分左右,我打电话给了游泳队的领队陈某,让陈某跟主检官通话。

理查德·杨:我的问题是……

孙某母亲:我还没说完,我想把当时的情况说一下……

理查德·杨:你没有直接回答我的问题。我的问题是让你澄清,兴奋剂主检官在最开始的时候允许孙某独自一个人去卫生间?

孙某母亲:是的,但是……

理查德·杨:后来主检官又改变主意不让孙某独自一个人去卫生间是吗?

孙某母亲:因为这个问题非常重要,所以我想把当时的细节叙述一遍。

理查德·杨:你的律师会给你机会,现在你直接回答我的问题就可以。当时是不是孙某一个人从卫生间出来,这个时候主检官开始对孙某的行为提出反对,你就开始阻止孙某不要再一个人去卫生间了,是这样吗?

孙某母亲:我觉得这个问题非常重要,我想请仲裁和律师让我把当时的情况叙述一下。

理查德·杨:我的时间很有限(只有15分钟)。

孙某母亲:因为主检官提供的证词跟视频不一样,所以我要求在仲裁庭把情况说清楚。

理查德·杨:你在之前的证词中提到你会联系警察对吗?

孙某母亲:因为这个问题跟尿检的时间是一样的,所以请仲裁庭让我花几分钟说完。我们有视频,而主检官提供的证词跟视频严重不符,所以我想说清楚。

理查德·杨:我已经说过了,孙某的律师会给你时间。你是不是提到了会打电话给警察?

孙某母亲:我是说我会报警,因为当时主检官同意孙某去卫生间。

理查德·杨:你在之前的证词中提到主检官要把血样带走是吗?

孙某母亲:他要把检查的外包装(瓶子)带走。

理查德·杨:你在陈述中说的是血样,对吗?

孙某母亲:不是,他说要带走,但是巴某告诉他不行啊。

理查德·杨:巴某对这个主检官的要求表示强烈反对,是吗?

孙某母亲:是的。

理查德·杨:按照韩某歧的意见请示的,是吗?

孙某母亲:是的,是韩某歧给巴某打电话的。

理查德·杨:你找到了打开玻璃瓶的工具是吗?

孙某母亲:没有找到。主检官说要把瓶子带走,他建议我们把瓶子和血样分离。

理查德·杨:你说你儿子和小区保安走到房子外面把玻璃瓶打碎是吗?

孙某母亲:不是的。这是一份未经授权的抽血,不是兴奋剂检查的血。然而在主检官的要求下,血检官说从下面敲一下可以把瓶子拿出。我觉得是他们指示我们这样做的。

理查德·杨:我的问题是,孙某和保安出去的时候,孙某打开手机照明以保证保安在打碎瓶子的时候不会毁掉血样的管子是吗?

孙某母亲:不能用打碎,从一开始我们就是分离。

理查德·杨:如果把血样毁坏的话就会违规是吗?

孙某母亲:我不认为违规,是主检官让我们分离,而且他们本身就不具备资质,他出示的证件完全不具备资质。

理查德·杨:你的证词提到保安把血样的玻璃打开之后,主检官要求对瓶子和血样进行拍照,巴医生又提出反对,是吗?

孙某母亲:是的,那是……(被打断)

理查德·杨:你的儿子把兴奋剂检查单撕碎了是吗?

孙某母亲:我认为检查官完全歪曲事实,那个检查单就放在孙某面前,孙某检查完拿走,我认为是很正常的。

理查德·杨:孙某在现场撕碎检查单的这个事实,当时在场的所有人都承认,并且未提出异议,对吗?

孙某母亲:不是的,因为检查单就在孙某面前,所以我觉得很正常。跟主检官说孙某去抢检查单是完全不一个意思,跟事实完全不符。

在此次发问中,理查德·杨的发问主要暗含让孙某的母亲确认:(1)孙某在多次独自一人去洗手间前,主检查官曾提出过异议;(2)孙某存在不让检查官带走血样、让保安打碎玻璃瓶、撕碎检查单等事实行为。

理查德·杨的问题多是封闭式的问题,即"是/不是",而孙某母亲却想进行开放式的回答,但被理查德·杨多次打断。孙某母亲可能由于不熟悉规则,其回答闪烁其词,未能正面及合理解释孙某的"异常行为",容易给仲裁员留下逃避直接回答问题的不好印象。

二、对孙某方2号证人韩某歧(浙江省反兴奋剂中心副主任)的发问、孙某方3号证人陈某(中国游泳队副领队)、孙某方4号证人巴某(中国游泳队队医)、孙某方5号证人5裴洋(北京师范大学副教授)的发问(略)

在对韩某歧的发问中,理查德·杨的发问主要暗含想让证人韩某歧确认:(1)孙某已被采集了血样,而该血样依照标准应成为检查方的财产。(2)孙某已签署检查单并知悉了拒绝检查的后果。(3)根据《检查和调查国际标准》(ISTI),只要主检查官具备资格证即可。理查德·杨在这场发问中,先以事实问题作铺垫(如先确认证人接受过训练、熟悉规则),然后引出发问的真正核心问题(如"是否知道规则中规定血样抽取之后即成为检查方财产?"),让证人进退两难,如果回答"不知道",则与之前的证言相矛盾;如果回答"知道",则正是理查德·杨想要的回答。

在对陈某的发问中,理查德·杨的发问主要暗含想让证人陈某承认:(1)兴奋剂主检查官具备资质。(2)证人曾在电话交谈中,存在用语言威胁检查官的行为。(3)兴奋剂检查单上已注明拒绝检查的后果。证人虽然没有直接承认,但他的回答已经让仲裁员确信其存在用语言威胁兴奋剂检查官的行为。通过理查德·杨的犀利发问,孙某队医巴某直接承认:孙某此前曾遇到过兴奋剂检查官没有证件的情况,但当时孙某还是配合了检查并按规则在检查单上提出抗议。该回答相当于反向证明了孙某本次的拒检行为不具有合理性,较为"反常";巴某对主检查官坚持要拍照的回答中出现了前后矛盾的情况,给仲裁员留下不诚实的印象;从该次发问中看出,巴某并未做好充足的应对准备,一步步地陷入了理查德·杨的发问"圈套"。

裴洋教授是作为专家证人接受询问,在理查德·杨的连环发问下,却出现前后矛盾、严重不具合理性的回答,让仲裁员对其专业性产生怀疑。

从上述证人询问环节可以看出,理查德·杨具备高超的发问能力和技巧,然而证人却普遍表现欠佳,间接导致孙某败诉。

|评析| 大陆法系和英美法系对于法庭调查的制度设计有较大差异。大陆法系国家更多地依靠法官的职权式调查来查明案件事实,而英美法系国家主要是通过控辩双方律师在法庭上对证人的交叉询问来呈现和厘清案件事实。因此,在英美法系国家,优秀的出庭律师通常是发问的高手,具有娴熟的询问证人的技巧。同时基于排除传闻证据规则,英美法系国家庭审中证人原则上必须出庭,因此证人接受询问的经历也相对较多,更为了解或熟悉询问规则。而大陆法系国家证人出庭较少,接受询问的经历更少,对询问规则不熟悉,相应地,律师庭审发问的经验也较少,也较少能够对己方证人进行有效的庭前辅导,这在我国的司法实践中体现得更为明显。因此,该案中,孙某方证人作为中国普通老百姓无法应对对方律师的盘问可以说是很正常的,但是对方律师理查德·杨的发问方式、技巧等确实有我们值得学习之处,对于促进我们对英美法系庭审中律师交叉询问的规则、技巧等的了解有借鉴意义。

主要文献著述

1. 潘金贵主编:《证据法学》,法律出版社 2022 年版。
2. 何家弘、刘品新:《证据法学》(第 7 版),法律出版社 2022 年版。
3. 易延友:《证据法学:原则　规则　案例》,法律出版社 2017 年版。
4. 肖峰:《最高人民法院民事诉讼证据规则:条文解析与实务运用》,法律出版社 2022 年版。
5. 最高人民法院民事审判第一庭编著:《最高人民法院新民事诉讼证据规定理解与适用》,人民法院出版社 2020 年版。

第二章　证据运用的基本原理

第一节　证据、事实与事实认定

事实是证据法的逻辑起点，事实认定是司法证明的逻辑终点。证据是与案件事实相关的信息，是事实认定的必要条件。事实、证据和事实认定，它们在逻辑上是一种命题、论据与结论的关系。

一、证据与事实

从哲学意义上讲，事实是指在特定时空条件下发生的某一事件，从法学意义上讲，证据则是证明该事件真伪的依据。在证据法中，事实通常是指案件事实。在诉讼中，双方当事人运用证据证明其主张的案件事实，裁判者则综合审查判断证据以对案件事实进行认定。从证据法学理论来看，案件事实是用证据来证明的对象，即待证事实，它对法律解决诉讼争端至关重要。

首先，案件事实具有规范性。哲学上的事实是一种自然之物，虽然它需要人的思维活动去认识，但它有自己的发展规律，并不依赖人的思维而存在。人们对事实的认识不能戴有色眼镜，而应在其原貌上整体把握。[1] 但案件事实是一种法律知识，人们对案件事实的认定是在法律框架下进行的。另外，由于案件事实的复杂性与司法资源的有限性，法律规范往往会对需要证明的案件事实作出界定，如最高法《刑诉法解释》第 72 条规定："应当运用证据证明的案件事实包括：（一）被告人、被害人的身份；（二）被指控的犯罪是否存在；（三）被指控的犯罪是否为被告人所实施；（四）被告人有无刑事责任能力，有无罪过，实施犯罪的动机、目的；（五）实施犯罪的时间、地点、手段、后果以及案件起因等；（六）是否系共同犯罪或者犯罪事实存在关联，以及被告人在犯罪中的地位、作用；……"这些规定既为事实调查者收集证据指明了方向和范围，也为事实认定者判断控方是否适当履行了其证明责任提供参照。

其次，案件事实具有可推翻性。证据所证明的事实"是一种事实主张，而不是事实本身"。既然事实主张需要承担证明责任的一方用证据证明，那么就应当允许对方当事人用证据来进行反驳。在审判中，基于诉讼利益的不同，诉讼双方往往会提出不同的甚至是完全对立的事实主张，且通常会提出证据来证明各自主张的事实存在。同时，证据的真伪决定了事实存在的真假，即使是在证据确凿的情况下，也可能因"推理错误"而造成错案，这就决定了诉讼中的案件事实是可以被推翻的。

---

〔1〕 参见张中：《实践证据法：法官运用证据经验规则实证研究》，中国政法大学出版社 2015 年版，第 98 页。

案例1 潘某光容留他人吸毒案[2]

玉环市人民法院作出(2017)浙1021刑初867号刑事判决,以容留他人吸毒罪判处潘某光有期徒刑6个月,并处罚金人民币1000元。后因出现新的证据,法院经审查认为原判认定的事实确有错误,于2019年1月2日决定再审,并依法另行组成合议庭公开开庭审理了本案。经法院再审查明:2016年12月24日,原审被告人潘某光因吸毒被玉环市公安局决定强制隔离戒毒2年。在浙江省拱宸强制隔离戒毒所戒毒期间,为逃避强制戒毒,原审被告人潘某光与同所戒毒人员王某商量好"做刑事",相互作伪证。后两人分别向玉环市公安局供述了于2016年9月5日15时许,被告人潘某光和吸毒人员王某(另案处理)各出资150元人民币,在玉环市楚门镇农业银行通过"打卡"的方式向贩毒人员购买了1克毒品甲基苯丙胺(冰毒),随后在停靠于该市楚门镇台州银行后面空地的原审被告人潘某光的红色长安车(车牌为浙J×××××)上,原审被告人潘某光容留吸毒人员王某以"烫吸"的方式吸食了毒品冰毒。2016年9月10日15时许,原审被告人潘某光和吸毒人员王某以上述相同的方式购得1克毒品冰毒,并在停于上述台州银行空地的被告人潘某光的车里吸食冰毒。2016年9月15日15时许,原审被告人潘某光和吸毒人员王某以上述相同的方式购得1克毒品冰毒,并在停于上述台州银行空地的被告人潘某光的车里吸食冰毒。证明上述事实的证据有:(1)原审被告人潘某光的供词。供称2017年5月其与王某、孙某、谢某、项某在强制戒毒期间,多次私下商量通过"做刑事"的方法离开强制戒毒所,相互作伪证,从而编造了容留王某吸毒三次,王某容留其吸毒三次,项某卖毒品给谢某、王某和谢某三次容留项某吸毒的犯罪事实。(2)证人王某的证言。证实其与潘某光在强制戒毒所多次商量,编造两人相互容留对方吸毒三次。(3)证人孙某的证言。证实其与王某、潘某光、谢某、项某在强制戒毒期间,多次私下商量通过"做刑事"的方法离开强制戒毒所,相互作伪证。(4)证人谢某的证言。证实其与王某、项某在强制戒毒期间编造"做贩毒""做容留"的事情。(5)证人项某证言。证实其编造贩卖毒品给潘某光。(6)原审被告人潘某光妻子肖某的证言及车辆轨迹记录。(7)前科资料和强制戒毒决定书。(8)户籍证明和归案经过。法院认为原审判决认定原审被告人潘某光容留他人吸毒的犯罪事实错误,判决的罪名不成立,依法应予改判纠正。本案经审判委员会讨论决定,撤销原裁判,宣告无罪。

在该案中,由于一审的主要证据(潘某光等人的供述)是虚假的,一审法院对该案事实作出了错误的认定。在出现新证据的情况下,法院通过再审程序推翻了原一审认定的案件事实。案件事实与证据的关系,在某些方面类似本质和现象、内容和形式的关系。事实是整体,证据是片段;事实具有本源性,证据具有表征性。从诉讼认识论的角度看,证据与案件事实的逻辑关系更多的是一种经验证明,而不是一种客观存在的相关性。证据的相关性是以假定证据的真实性为前提的,侧重的是证据与证明对象之间的形式性关系。

二、客观事实与案件事实

证据是用于证明案件事实的材料。诉讼中,事实认定者运用证据对事实作出认定后,所认定的事实即为案件事实。因此,在证据、事实与事实认定的关系上,还存在两个需要厘清的概念:客观事实和案件事实。

一般认为,客观事实是指哲学意义上的事实,乃是对呈现于感官之前的事物或现象的

---

〔2〕 参见浙江省玉环市人民法院刑事判决书,(2019)浙1021刑再3号。

某种实际情况(某物具有某种性质或某些事物具有某种关系)的一种断定或陈述。[3] 事实只是对事物实际情况的一种陈述,是关于客观事物的知识,而不是指客观事物自身。从某种意见上来说,客观事实也是一种“已然事实”。客观事实具有三个基本特征:(1)事实具有可靠性。事实之所以是事实就在于它是主体对事物感性呈现的如实陈述,是对事物实际情况的断定,因而具有客观真理性。(2)事实具有不变性,即事实虽然可以被发现、被创造,但事实一经发现或被创造出来就是不可更改的。因为任何一个事实都是一定时空条件下的事实,一旦它被发现或创造出来,它就是过去或现在存在的。(3)事实具有特殊性,具有不可重复性。任何事实都只能是而且必然是特殊的,绝不可能是普遍的。这是因为任何事实乃是人们对呈现在感官面前的事物现象的实际情况所作出的一种断定和陈述,而感性呈现总是处于一定特殊时空关系之中。

案件事实则是法学意义上的事实,是指事实认定者依据在案证据认定的事实,可以称为“法律事实”。案件事实是对案件的陈述,是用语言将案件从当时的时空中人为“切割”出来。作为存在的案件独立于人,作为陈述的案件事实却依附于人。在证据法中,案件事实是用证据来证明的对象。在诉讼中,双方当事人运用证据证明其主张的案件事实,裁判者则综合审查判断证据以对案件事实进行认定。例如,凶手王某于某年某月某日某时于某地用匕首杀死了被害人陈某即为客观事实。如果凶杀案一直没有被发现,则不存在案件事实。但如果凶杀案被举报,侦查机关立案侦查,法官根据在案证据认定王某是否确实杀死了陈某这一事实,即为案件事实。

总之,与哲学意义上的事实相比,案件事实的范围要狭窄得多。案件事实是诉讼认识的客体,它属于“评价中的事实”[4],是依照法律规定加以整理后的事实,这种事实要受到法律规范及价值的限制。在案件事实的认定中,除了要遵守一般认识要遵循的经验法则、逻辑规则外,其也要遵守法律的规定。在诉讼中,案件事实的认定要受法律程序的制约,它必然是建立在相关证据以及法定的证明标准之上的,这些标准常常并不要求事实认定是“绝对确实”的。也正因如此,作为裁判基础的事实是根据法律规范所认定的事实,未必与客观事实相同。[5] 所以,我们可以说,客观事实是客观上已经发生的事实,而案件事实是一种为了查明客观上已经发生的事实,通过运用证据这一方式去认定的事实,因此案件事实实质上只是一种证据证明的事实。运用证据进行事实认定的结果具有一定的不确定性,所认定的案件事实与已经发生的客观事实可能相一致,也可能不完全相一致,甚至完全相反。例如,法官综合全案证据依法认定王某是杀死陈某的凶手,且所认定的案情与客观发生的案情完全一致,则案件事实与客观事实相一致;法官综合全案证据依法认定王某是杀死陈某的凶手,但所认定的案情在犯罪方法等方面与客观发生的案情略有出入,不过并不影响认定王某确实杀死了陈某这一核心事实,则案件事实与客观事实不完全一致;法官综合全案证据认为指控王某是杀死陈某的凶手证据不足,作出了无罪判决,而王某客观上确实是杀死陈某的凶手,但因为证据不足而逃脱了法网,则所认定的案件事实与客观事实不一致。

---

[3] 参见彭漪涟:《事实论》,上海社会科学院出版社1996年版,第106页。

[4] 李德顺:《价值论》,中国人民大学出版社1987年版,第265页。

[5] 参见舒国滢、宋旭光:《以证据为根据还是以事实为根据?——与陈波教授商榷》,载《政法论丛》2018年第1期。

案件事实与客观事实之间关于前述关系产生的基本原理在于:客观事实是已经发生的、过去的既往事实,不可能重复,也不可能再造,并且客观事实发生在法庭之外,事实认定者非当事人,未亲眼所见,未亲历其中,故只能通过证据来尽量重建客观事实。因此,事实认定者凭借证据认定案件事实的思维过程属于"回溯性认识","难以用自然科学的实验方法来加以判定"。而基于回溯性认识的特点,以及办案人员的证据素养、法律素养、逻辑分析能力、生活经验乃至证据规则是否完善等因素,"无论事实认定者的内心确信程度多高,所认定的事实都不可能必然正确",即由于已经发生的事实的不可逆性,依据证据所作出的事实认定可能与客观发生的事实出现偏差,而根据证据裁判原则,认定案件事实只能以证据为依据,因此在真伪不明的情况下,裁判者只能根据在案证据的情况综合审查判断后作出裁判,认定案件事实而不是认定客观事实。裁判者需要做的就是运用证据尽量准确地认定案件事实,尽量确保查明案件事实真相。

案例 2 刘某故意伤害案[6]

1998 年 7 月某日,刘某(时年 17 岁)因打扑克和被害人陈某发生口角,被陈某当众打了一耳光,遂扬言要杀死陈某。当天 22 时左右,陈某在村小卖部看完电视回家的路上,被人一刀砍在大腿动脉上,未来得及抢救即身亡。刘某第二天即失踪。2008 年,刘某在新疆被抓捕归案,其在侦查、起诉、审判过程中均供认陈某系其杀死。后刘某被判处有期徒刑 15 年。

该案从在案证据看,似乎可以认定是刘某作案,但从综合案件办理过程中的种种反常情况及证据中透露出来的相关线索来看,该案基本可以判定系刘某父亲(诉讼时已经 60 余岁,未被追诉)、刘某及另一人作案,而真正砍伤陈某致其死亡的人系刘父。该案公安司法人员均认为是铁案,但判决所认定的案件事实,实际上较大可能和客观事实完全相悖。该案可以很好地说明案件事实和客观事实之间的关系的复杂性。

三、证据与事实认定

现代司法奉行证据裁判原则,即"认定案件事实,必须以证据为根据",法官必须依据证据并通过推理来认定案件事实。"原则上,真实可以被发现;正确地认定事实(accuracy in fact - finding)是公正裁判的必要前提。"[7]因此,案件事实认定对司法裁判起着至关重要的作用,司法证明的主要任务就是认定案件事实。我国诉讼法学研究中,事实发现理论是探究事实问题遵循的核心理论。传统的事实发现理论以探究案件事实真相为唯一指向,主张全部诉讼活动的目的就是"如何保证司法人员能够正确认识案件事实,亦即如何保证主观符合客观"[8]。

运用证据认定案件事实是证据裁判原则的核心要求。事实认定过程包括举证、质证和认证。举证和质证是诉讼双方的证明活动,认证则是事实认定者采信证据的评价活动,它既是事实认定者的一个内心确信过程,也是对证据进行审查判断、能动解释的过程,具体来说在司法实践中运用证据来进行事实认定主要包括两个方面:一是确定单个证据的

---

〔6〕 系真实案件,由于涉及辩护伦理问题,案号不载明。

〔7〕 [美]希拉里·普特南:《理性、真理与历史》,童世骏、李光程译,上海译文出版社 1997 年版,第 55 页。

〔8〕 陈一云主编:《证据学》,中国人民大学出版社 1991 版,第 96 页。

证据能力和证明力问题，就是通常说的证据审查判断问题；二是确定对案件事实的司法证明问题，主要是指运用证据来证明案件事实的问题。

事实认定者在运用证据认定案件事实的过程中应遵守有关证据规则。证据规则是证据法原则在诉讼中的具体体现，是一系列证据在收集、运用和审查判断各个环节上应当遵循的程序性准则。它在案件事实认定中的作用是对证据的证据能力、证明力和司法证明过程进行规范。

案例3 孙某运输毒品案〔9〕

2014年5月25日，上诉人孙某驾车将约1000克甲基苯丙胺（冰毒）由山西省长治市运至辽宁省丹东市。孙某驾车行至丹东市振兴区新安东阁酒店附近时被侦查人员当场抓获，侦查人员从车内搜出白色晶体一袋。经鉴定，白色晶体净重995.76克，检出甲基苯丙胺（MA）成分，含量为61%。在本案的一审审理中，辩护人提出本案技术侦查证据违法，不能作为证据使用，主要观点如下：(1)本案侦查机关系派出所，其没有案件管辖权；(2)侦查机关在采取了搜查、扣押、讯问等侦查措施后，才立案侦查，故所取证据不具有合法性；(3)侦查机关采取技术侦查措施超越范围，因此技术侦查材料不能作为证据使用。在二审审理中，二审辩护人提出公安机关在没有立案的情况下，对孙某进行抓捕和讯问，程序违法，其侦查工作中取得的相关证据不具有法律效力。辽宁省丹东市中级人民法院经一审审理认为，技术侦查材料及案件来源均证明被告人孙某在主观上系明知运输的是毒品，故对孙某所提其不知道运输的是毒品的辩解不予支持。关于孙某辩护人所提本案侦查机关没有管辖权，侦查机关在采取了搜查、扣押、讯问等侦查措施后才立案侦查，故所取证据不具有合法性的辩护意见，经查，侦查机关虽系公安局派出所，但其对于涉及其辖区内的刑事案件仍有侦查管辖权，并且侦查机关已出具情况说明证实，在进行侦查工作时，已进行了网上立案，只是生成时间晚于侦查时间，故对辩护人的该节辩护意见不予支持。关于辩护人所提侦查机关采取技术侦查措施超越范围，因此技术侦查材料不能作为证据使用的辩护意见，经查，侦查机关在侦查他人涉嫌犯罪时，经过审批，使用了技术侦查措施而发现被告人孙某的相关犯罪事实，并没有直接对孙某采取相关侦查措施，故通过技术侦查措施取得的证据符合法律规定，可以作为证据使用，故对辩护人的该节辩护意见不予支持。综上，被告人孙某明知是毒品而运输，数量大，其行为构成运输毒品罪。法院认定被告人孙某犯运输毒品罪，判处死刑，缓期2年执行，剥夺政治权利终身，并处没收个人全部财产。后孙某提起上诉，辽宁省高级人民法院经审理认为，关于上诉人孙某所提其不知道所带物品内藏有毒品的上诉理由，经查，公安机关通过技侦手段获取的孙某与接货人员郑某的通话内容能够证实孙某明知车内装有1000克冰毒而予以运输，且孙某供认在驾车下高速之前曾指使郑某查看高速口是否有警察，亦能够佐证其对车内藏有毒品的明知，故对该节上诉理由不予采信。关于孙某及其辩护人所提公安机关采用的技术侦查手段、实施的侦查措施均在立案之前，且技术侦查证据未经庭审质证，程序违法，相关证据应予排除的上诉理由和辩护意见，经查，公安机关已出具书面说明，立案时间的生成比实际时间晚了一天，且在该案立案之前，公安机关依照法定程序对另外一起毒品犯罪案件进行立案侦查并采取技术侦查措施，对牵涉到孙某的事实亦依法进行了相关技术侦查工作，符合法定程序；原审合议庭对于技术侦查证据进行有辩护律师参与的庭外核实亦符合刑事诉讼法定程序，故对该节意见不予采纳。综上，上诉人孙某明知是毒品而予以非法运输，其行为

〔9〕 参见李晓林、赵丹：《毒品犯罪案件中技术侦查证据的审查和运用》，载《人民司法·案例》2016年第17期。

已构成运输毒品罪。其运输毒品数量大,论罪应予判处死刑。鉴于其系初次犯罪,且所运输毒品均被公安机关查扣,对其判处死刑,可不立即执行。原判认定事实和适用法律正确,量刑适当,诉讼程序合法。法院裁定驳回上诉,维持原判,并核准一审对孙某的死缓判决。

本案是将技术侦查证据作为定案关键证据的典型案例。现有通过正常侦查手段所获取的证据仅能证实被告人孙某所驾驶的车内藏有大量冰毒,但无充分证据证实孙某对毒品存在的明知,即缺乏认定其具有运输毒品的主观犯罪故意。通过技术侦查手段获取的孙某与涉案人员的通话内容,可以认定其明知是大量毒品而运输,且其有参与贩卖的主观意图。由于认定其贩卖毒品罪证据不足,法院最终认定其仅构成运输毒品罪。

事实认定是认识主体对事实客体的能动建构过程,它也是一个经验推论过程。事实认定者在对证据进行评价形成心证从而认定案件事实的过程中,发挥主要功能的是经验法则和逻辑规则,如一个证据对要件事实的证明有无相关性或者有多大证明力,一般并不能由立法者预先设定一套规则来套用,而只能由事实认定者按逻辑和经验来作出判断。经验和逻辑贯穿司法证明的全过程,其中经验法则在证据判断方面发挥选择作用,逻辑规则在案件事实认定方面发挥推理作用,两者对证据的推理和对事实的认定往往结合在一起,共同完成由证据到事实认定的心证过程。

第二节　证据运用与证据裁判原则

一、证据裁判原则概述

(一)证据裁判原则的含义

证据裁判原则也称为证据裁判主义,是指认定案件事实应当以证据为依据。证据裁判原则的基本理念可以通俗地归纳为"用证据说话"。证据裁判原则在诉讼中具有非常重要的意义,是诉讼进步与文明的重要体现,是发现案件真实的保障,可以防止法官作出裁判时的恣意擅断,是增强司法裁判的确定性和权威性的重要保障。西方法谚称"在法庭上,没有事实,只有证据",可谓是对证据裁判理念的集中反映。

在不同的诉讼领域,对于证据裁判原则的要求有所不同。在刑事诉讼中,由于涉及公民的财产、自由乃至生命,涉及社会公共安全与秩序,对于发现案件的真相更为关注,因此也更为强调证据裁判原则。而在民事诉讼、行政诉讼领域,存在较多的法律推定和承认当事人的处分权,所以不像刑事诉讼领域那样强调严格意义上的证据裁判原则。当然,这并非否认民事诉讼、行政诉讼领域对于争议事项的认定也需要依据证据。

(二)证据裁判原则在我国证据法中的体现

我国诉讼法中没有明确规定证据裁判原则,但是在一些条文中体现了证据裁判的精神。例如,《刑事诉讼法》第55条第1款规定:"对一切案件的判处都要重证据,重调查研究,不轻信口供。只有被告人供述,没有其他证据的,不能认定被告人有罪和处以刑罚;没有被告人供述,证据确实、充分的,可以认定被告人有罪和处以刑罚。"第175条第4款规定:"对于二次补充侦查的案件,人民检察院仍然认为证据不足,不符合起诉条件的,应当作出不起诉决定。”第200条第3项规定:“证据不足,不能认定被告人有罪的,应当作出证据不足、指控的犯罪不能成立的无罪判决。”这些法条就较为充分地体现了证据裁判的基本精神。

在我国司法解释层面,已经确立了证据裁判原则。例如,两院三部《办理死刑案件证据规定》第2条和最高法《刑诉法解释》第69条均规定,“认定案件事实,必须以证据为根据”,这是对证据裁判原则最为明确的规定,是对刑事诉讼中强调证据裁判的重要意义的最为充分的体现。此外,最高法《民诉证据规定》第85条第1款规定,“人民法院应当以证据能够证明的案件事实为依据依法作出裁判”,最高法《行诉证据规定》第53条规定,“人民法院裁判行政案件,应当以证据证明的案件事实为依据”,这是对民事诉讼、行政诉讼中贯彻证据裁判原则的重要体现和要求。因此,虽然在法典层面没有作出明确规定,但是可以认为,我国刑事、民事、行政诉讼中均已确立了证据裁判原则。此外,《监察法条例》第60条第1款规定的“监察机关认定案件事实应当以证据为根据,全面、客观地收集、固定被调查人有无违法犯罪以及情节轻重的各种证据,形成相互印证、完整稳定的证据链”也反映了监察机关在办理监察案件时坚持证据裁判的理念。

二、证据运用实践中贯彻证据裁判原则的基本要求

证据裁判原则是证据运用最重要的指导原则。在证据运用实践中,必须遵循和贯彻证据裁判的基本原则,严格以证据为依据认定案件事实,作出裁判或处理决定。如果在诉讼终结时,案件事实已经查清,只需依法作出裁判,这也是证据裁判原则的基本要求。但是在诉讼终结时,如果案件事实仍然处于真伪不明的状态,即处于所谓事实不清、证据不足的“疑案”样态,如何对案件作出处理则更能体现证据裁判原则的基本精神。在案件处于“疑案”样态时,尤其应当坚持证据裁判原则,根据现有证据作出裁判,并按照“疑点利益归于被告”“有利被告”的原则作出处理。具体而言,司法实践中坚持证据裁判原则,应当做到以下几个方面。

1. 在审判阶段,人民法院应当综合审查全案证据情况,依法认定案件事实,作出裁判;在证据不足的情况下,应当作出有利被告的裁判。

证据裁判原则的基本意旨首先是作为裁判者的审判机关认定案件事实作出裁判时应当遵循的基本原则。人民法院经过审判以后,根据已经查明的事实、证据,结合有关的法律规定,依法作出裁判,是贯彻证据裁判原则的最重要体现。因此,贯彻证据裁判原则首先是对审判人员证据运用的基本要求。

(1)刑事审判中贯彻证据裁判原则的要求。一方面,合议庭经过评议后,认为案件事实清楚,证据确实、充分,依照法律认定被告人有罪的,应当作出有罪判决;依照法律认定被告人无罪的,应当作出无罪判决。这是对刑事诉讼中审判人员贯彻证据裁判原则的基本要求。另一方面,合议庭经过评议后,认为证据不足,不能认定被告人有罪的,应当作出证据不足、指控的犯罪不能成立的无罪判决,即在全案证据不足以证明被告人有罪,对被告人是否有罪存在争议的情况下,应当按照“无罪推定”“有利被告人”的原则作出裁判。这是对刑事诉讼中审判人员贯彻证据裁判原则的特别要求。需要指出的是,在证据不足、指控的犯罪不能成立的情况下,能否作出有利被告人的裁判,是审判人员能否坚持证据裁判原则的集中体现。我国司法实践中长期以来存在的“疑罪从有”“疑罪从轻”“疑罪从

挂”的做法与证据裁判原则是相悖的。

案例4　袁某、李某盗窃案[10]

袁某、李某系夫妇，均已年过七旬。2020年6月3日8时许，二人到重庆市南岸区某农贸市场3号肉摊买肉。二人结账后准备离开时，李某欲拿一个较大的塑料袋装肉，遂从肉摊案板下取下蓝色塑料袋一个。二人在现场打开塑料袋准备往里面装东西时，发现塑料袋内有现金，遂临时起意，将该塑料袋盗走。次日，二人被公安机关抓获。南岸区人民法院一审判决认定二人盗窃人民币5000余元，判处其犯盗窃罪，免予刑事处罚。二人不服，以没有盗窃故意、蓝色塑料袋内只有现金400余元等理由提出上诉。重庆市第五中级人民法院将该案发回重审。南岸区人民法院重审认定二人盗窃人民币2000余元（重庆市主城区盗窃案入罪标准在此案审判时为2000元），判处其犯盗窃罪，免予刑事处罚。二人仍然不服，提出上诉。重庆市第五中级人民法院认为，原审判决认定二人盗窃事实清楚，但认定二人盗走的蓝色塑料袋内有2000元以上的证据尚未达到确实、充分、排除合理怀疑的证明标准，不能确定二人盗窃财物的数额达到盗窃罪数额较大的入罪标准，终审判决二人无罪。

本案争议的焦点是被盗蓝色塑料袋内的现金数额有多少。重庆市人民检察院第五分院出庭检察员在法庭上阐述了认为蓝色塑料袋内有2000元以上现金的主要理由，辩护人阐述了无罪的主要理由，法院综合全案中市场监控视频、证人证言、被害人陈述等证据对此进行了详细分析和论证，判决认定蓝色塑料袋内有2000元以上的证据未达到证明标准。实际上本案中控辩裁三方均有一定的道理，蓝色塑料袋内的钱虽然无法确定一定有2000元以上，不过明显不止400元，可以肯定的是，从现有证据来看，蓝色塑料袋内的现金到底有2000元以上还是2000元以下已经是查不清楚的事情，而这也就意味着控方承担指控犯罪的证明责任尚未达到法律规定的“案件事实清楚，证据确实、充分”的证明标准，法院基于证据裁判原则判决二人无罪是正确的。需要指出的是，对于这种介于“入罪”与“出罪”之间，所谓“卡在线上”的涉案金额认定，在控辩双方存在巨大争议且证据确实存在一定瑕疵的情况下，应当选择“出罪”，作出无罪认定，这是“无罪推定”“疑罪从无”理念的要求和体现。

（2）民事、行政审判中贯彻证据裁判原则的要求。根据《民事诉讼法》《行政诉讼法》的有关规定，在民事、行政审判中，审判人员根据双方当事人的举证、质证情况，按照证据规则依法认定案件事实后，作出裁判，切实做到以证据为根据，以法律为准绳，即对证据裁判原则予以贯彻。在双方当事人主张的事实存在争议时，审判人员应当按照证明责任分配的相关规定，作出对举证不能的一方不利的裁判；在诉讼终结时，对于当事人对其诉讼主张进行证明未能达到证明标准的，应当对其作出不利的裁判，这是民事、行政诉讼中对审判人员贯彻证据裁判原则的要求。

---

〔10〕 参见重庆市第五中级人民法院刑事判决书，(2021)渝05刑终1023号。

案例5 江苏南通二建集团有限公司、天津国储置业有限公司与被上诉人国储能源化工（天津）有限公司、天津睿拓投资有限公司建设工程施工合同纠纷案[11]

最高人民法院在二审中改判国储能源化工（天津）有限公司（以下简称能源公司）、天津睿拓投资有限公司（以下简称睿拓公司）对本案涉及的部分债务承担连带清偿责任。最高人民法院在判决理由中认为，《公司法》第63条规定："一人有限责任公司的股东不能证明公司财产独立于股东自己的财产的，应当对公司债务承担连带责任。"因此，在一人公司的情况下，股东应当对公司财产独立于股东自己的财产承担举证证明责任，在其举证不能的情况下，应当承担相应的不利后果。本案中，能源公司和睿拓公司先后作为天津国储置业有限公司（以下简称置业公司）的一人股东，负有相应的举证责任。对于能源公司来讲，其虽提交了能源公司和置业公司的审计报告和部分财务报表，但该审计意见仅能表明双方财务报表符合财务规范，不能证明其与置业公司的财产是否独立，尚未达到相应的举证证明标准。对于睿拓公司来讲，其未提供任何证据证明与置业公司的财产相互独立。二审法院遂作出了前述改判。

该案中，原一审人民法院在举证责任的分配和证明标准的把握上出现了偏差。最高人民法院经审理后，根据《公司法》的有关规定，对该案涉及的一人有限责任公司的股东应当对自己财产独立于公司财产承担证明责任的证明责任分配规则和其证明该事实应当达到的证明标准进行了分析，并依据案件的举证情况对案件进行了改判，是贯彻证据裁判原则的体现。

2. 在刑事审前程序中，侦查机关和人民检察院应当综合审查全案证据情况，依法认定案件事实，作出处理决定；在证据不足的情况下，应当作出有利犯罪嫌疑人的处理决定。

从证据裁判原则的基本内涵是强调认定案件事实必须以证据为依据的角度来看，该原则实质上包含了刑事诉讼审前程序中侦查机关和人民检察院在侦查和起诉阶段应当如何认定事实和处理案件的应有之义。在刑事诉讼理论中，就一直存在侦查阶段、起诉阶段，侦查机关和检察机关存在阶段性认定案件事实的观点，这种观点是有一定道理的，只不过这种阶段性认定和审判机关的终局性认定有所不同罢了；而且从程序运作来看，侦查机关和检察机关对事实认定同样可能会产生终止诉讼的效力，只不过不能产生有罪或无罪认定的效力而已。因此，在刑事审前程序中，同样存在侦查机关和检察机关如何贯彻证据裁判原则的问题。

（1）侦查阶段贯彻证据裁判原则的要求。根据《刑事诉讼法》第162条第1款的规定，公安机关侦查终结的案件，对于犯罪事实清楚，证据确实、充分的，应当写出起诉意见书，连同案卷材料、证据一并移送同级人民检察院审查决定。在侦查过程中，发现不应对犯罪嫌疑人追究刑事责任的，应当撤销案件。对于经过侦查，发现有犯罪事实需要追究刑事责任，但不是被立案侦查的犯罪嫌疑人实施的，或者共同犯罪案件中部分犯罪嫌疑人不够刑事处罚的，应当对有关犯罪嫌疑人终止侦查并对该案件继续侦查。无论侦查机关是移送审查起诉、撤销案件还是终止侦查，都必须是基于对所收集的证据进行审查判断后才

〔11〕 参见最高人民法院民事审判第一庭编：《民事审判指导与参考》（总第82辑），人民法院出版社2021年版，第160页。

能作出处理决定。

案例6　罗某行贿案〔12〕

罗某系重庆市某高校教师，同时系某公司实际控制人。检察机关职务犯罪侦查部门在移送审查起诉意见书中认定：罗某于2007年在承建重庆某大学虎溪校区学生俱乐部大楼时，向时任该校虎溪校区建设工程指挥部副指挥长的某大学副校长陈某行贿30万元，涉嫌行贿罪。罗某在侦查阶段被采取拘留措施羁押10天后取保候审。在审查起诉阶段，罗某推翻了在侦查期间所作的供述并作了合理解释。检察机关经审查后认为罗某在侦查期间的有罪供述与本案其他证据如陈某的供述等存在重大的矛盾和冲突，其供述的基本事实和情节在逻辑与情理上不能成立，且无其他任何证据加以印证，遂将该案退回侦查部门作了撤销案件处理。

在侦查终结后，如果所收集的证据达不到移送审查起诉的条件，侦查机关应当及时撤销案件。本案虽然经过审查起诉后才退回侦查部门作撤销案件处理，但也是侦查机关贯彻证据裁判原则的体现。

（2）起诉阶段贯彻证据裁判原则的要求。根据《刑事诉讼法》的规定，人民检察院在审查起诉的时候，首先必须审查犯罪事实、情节是否清楚，证据是否确实、充分，这是对检察机关审查起诉阶段坚持证据裁判原则的基本要求。人民检察院审查案件，可以要求公安机关提供法庭审判所必需的证据材料。人民检察院认为犯罪嫌疑人的犯罪事实已经查清，证据确实、充分，依法应当追究刑事责任的，应当作出起诉决定，按照审判管辖的规定，向人民法院提起公诉，并将案件材料、证据移送人民法院。此外，《刑事诉讼法》规定了不起诉的法定情形，其中规定对于经过二次补充侦查的案件，人民检察院仍然认为证据不足，不符合起诉条件的，应当作出不起诉决定，此规定是对审查起诉阶段检察机关贯彻证据裁判原则的特别要求。

案例7　廖某涉嫌窝藏案〔13〕

重庆市某区公安局移送起诉认定：某区公安局于2019年3月抓捕涉嫌黑恶犯罪的徐某时，徐某逃脱并躲藏在谭某家。同月，廖某在明知徐某是逃犯的情况下，在谭某家中为徐某逃避打击出谋划策，安排毛某找地方藏匿徐某。徐某逃避期间，廖某几次与徐某见面，为其出谋划策，逃避法律打击。某区人民检察院经审查后认为某区公安局认定廖某犯窝藏罪的犯罪事实不清、证据不足，理由包括：徐某逃避公安机关抓捕期间，认定廖某与徐某见面的次数和具体细节的证据之间存在一定的矛盾；认定廖某指使安排毛某为徐某提供藏匿处所的证据只有毛某的一次供述，且得不到其他证据的印证；廖某否认和毛某到谭某家与徐某见面并商量变更藏匿地点的事实等，遂对廖某作出证据不足的不起诉决定。

本案公安机关指控廖某涉嫌窝藏罪的主要证据实际上只有毛某的一次供述，无其他证据相印证，且其他证据之间也存在矛盾和冲突，故属于证据不足，不符合起诉条件的案件，检察机关对廖某作出不起诉决定是正确的，体现了坚守证据裁判原则的理念和精神。

---

〔12〕　系作者办理的案件。

〔13〕　参见重庆市涪陵区人民检察院不起诉决定书，渝涪检刑不诉［2022］146号。

第三节　证据运用与认识论

运用证据认定案件事实是一个认识过程,需要解决案件事实能否认识等与认识论相关的问题,考虑到诉讼认识受到法律的规制,诉讼认识具有一定的特殊性及相应的应对机制。

一、运用证据认识案件事实的基本问题

(一)物质论

辩证唯物主义认为,世界是物质的,物质是运动的。这种物质论对证据法的最大指导作用在于,它表明任何案件应该都是客观存在的、真实发生过的。案件发生后,会留下两种类型的证据材料,这些证据材料就像真实事件的碎片,[14]通过对这些碎片的整理能够"复原"案件的事实真相。

一种类型的证据材料是案件发生过程中所产生的各种类型的物质和痕迹,例如,案发现场遗留的血迹、指纹、拖痕,被害人提供的合同,等等。案件发生时,如果在案发现场留下血迹、指纹等痕迹,即使因为技术、缺乏特定的嫌疑人等原因暂时无法"破译"这些痕迹中所蕴含的信息,但随着技术的发展、特定嫌疑人的出现等,案件最终仍能侦破。

案例8　塞拉案[15]

1988年,李昌钰博士在接受《纽黑文纪事报》记者约瑟夫·布拉德采访时提到,1973年的彭妮·塞拉遇害案在今后某天可能因为法庭科学的快速发展而得以侦破。至1988年,该案历时15年之久,侦查工作似乎已经陷入僵局。此时法医血清学已经有了显著发展,尤其是DNA应用方面取得了很大进步。彭妮·塞拉遇害案留下了一系列血液证据。但20世纪70年代初期应用的血型测定技术仅能确定本案被害人是A型血而作案人是O型血。两种血型尤其是O型血都很常见,因此通过血型来认定嫌疑人,这种证明没有多大说服力。除血液证据外,侦探在犯罪现场还收集了许多身份不明的残缺指纹。由于缺乏比对样本,仅靠这些指纹证据无法破案。最终,警察和公众对目击证人陈述的传统迷信更是让该案罩上一层阴影,侦查工作未能向前迈进。当人们知道有位年轻的目击证人是在连续吸食大麻数分钟后才看见有一名男子跟踪一名年轻女子穿过犯罪现场之时,这一问题愈加恶化。上述因素共同导致该案经久不破,成了"冷案"。不过,至1994年,各种法庭科学新技术的结合,以及警方凑巧逮捕了一名殴打未婚妻的男子,使该案的一切得以改变,并让案件朝着最终的成功追诉迈进。

1994年,爱德华·R.格兰特凶狠地暴打未婚妻并致其入院。被害人报案后,格兰特被捕。因为被捕,格兰特的整套指纹被自动存入本州的自动指纹识别系统(AFIS系统)。1997年的康

〔14〕 有学者提出的"证据之镜"原理与本书的观点有类似之处,即证据就像一面"镜子","折射"出过去发生的案件事实。事实认定者只能通过"证据之镜"来认定事实。参见张保生主编:《证据法学》(第3版),中国政法大学出版社2018年版,第37页。

〔15〕 参见[美]李昌钰、[美]托马斯·W.奥尼尔:《血液吐真言》,陈琴译,中国政法大学出版社2012年版,第1-2页。

涅狄格/罗德艾兰(现已更名罗得岛)指纹库比中了格兰特的左手拇指指纹:它与1973年7月16日彭妮·塞拉座驾驾驶位后排地板纸巾盒上的潜在血指纹相符。2002年4月29日,经验丰富的高级法院法官乔恩·C.布鲁开槌,下令就1973年彭妮·塞拉遇害案审判当时已59岁的爱德华·R.格兰特。5月28日,陪审团裁决认定,一级谋杀罪指控成立。

该案和相关案例表明,法庭科学技术的发展使人类对遗留在案发现场的证据材料的运用能力大大提升,一些未破的积案得以侦破,甚至一些冤错案件因此而得以纠正。例如,我国就有一些案件因为科学证据的运用而得以纠正并最终发现真正的犯罪人。

案例9　陈某阳等五人故意杀人案[16]

1995年3月20日和8月12日,杭州萧山接连发生了两起出租车司机被抢劫案,被害人分别是徐某华和陈某江。1997年7月11日,杭州市中级人民法院一审认定陈某阳、田某冬、朱某平、田某平四人抢劫杀害了徐某华,陈某阳、田某冬、王某平、田某平四人抢劫杀害了陈某江,分别判陈某阳、田某冬、王某平三人死刑立即执行,朱某平死缓,田某平无期徒刑。12月29日,浙江省高级人民改判陈某阳、田某冬、王某平三人死缓。2011年7月,杭州警方组织命案攻坚战,发现项某源的指纹信息与徐某华被劫案现场提取的指纹信息相吻合。2013年5月30日,嘉兴市中级人民法院以故意杀人罪判处项某源死缓。7月2日,浙江省高级人民法院再审改判陈某阳、田某冬、朱某平、田某平、王某平无罪。

该两起出租车司机被劫案件发生后,公安机关面临各种压力。在审判期间,法院也面临各种压力。最终,在被告人以遭受刑讯逼供为由翻供、在案证据体系存在缺陷的情况下,法院对5名被告人定罪但在量刑时留有余地判处较为轻缓的刑罚。[17] 2011年7月,浙江省公安厅开展命案攻坚战专项行动。在对未破案件指纹比对中,警方发现具有盗窃前科的项某源的指纹与徐某华被劫案现场提取的血指纹比对一致。此后,浙江警方组织了专门的人员对此进行一系列的排查,发现项某源是徐某华被劫案的真凶。

另一种类型的证据材料是案件事实在人的脑海中留下的印象。刑事案件发生过程中总会有人的参与,否则便是意外事件,不能称为案件。一般来说,案件发生后,除非与案件有关的人员全部死亡或者丧失行为能力,否则,与案件相关的信息总会在相关人员的脑海中留下一定的印象。这些相关人员就与特定案件有关的印象进行陈述,从而形成犯罪嫌疑人、被告人供述和辩解、被害人陈述以及证人证言等言词证据。在特定时期或者特定国家的司法实践中,言词证据甚至是定案的主要证据。

需要注意的是,强调物质论,并非意味着所有的证据材料都是确与案件事实有关联,而仅意味着证据材料的提供者认为该证据材料与案件事实有关联,最终该证据材料是否与案件事实具有关联,需要法官进行审查和判断。例如,通过对微量物证进行检验,可以揭示微量物证与案件的关联性,进而发现案件的事实真相。根据李昌钰博士的介绍,对射

[16] 参见黄士元:《正义不会缺席:中国刑事错案的成因与纠正》,中国法制出版社2015年版,第68－81页。
[17] 参见何家弘主编:《迟到的正义:影响中国司法的十大冤案》,中国法制出版社2014年版,第232－249页。

击残留物进行检验有助于确定射击者。[18] 具体如下：枪支发射之后，由于底火爆炸和火药燃烧，会产生气体、炭灰以及部分燃烧或没有燃烧的火药。随着子弹射向目标，这些物质被向前喷出；同时，其中一些物质会向后喷射到射击者身上。这些物质就是射击残留物的主要组成部分。在这些物质被清洗或通过其他方式去掉之前，如果从射击者的手上或者衣服上收集到上述检材，就可以检验出射击残留物的存在。射击残留物的检验有助于确定射击者，并有助于枪击案件现场重建。

然而，微量物证与案件的关联性本身也需要证明，如果忽视微量物证与案件的联系，以及这种联系的性质，就可能在运用微量物证证明案件事实的过程中出现错误。此外，强调物质论，也并非意味着所有的证据材料都是客观存在的，都是真实的。对于证据材料的真实性，需要司法人员进行审查判断。

（二）可知论

通过证据能否发现案件的事实真相，这是一个有关认识的确定性问题，对此问题的不同回答，形成了不同的认识论流派，包括独断论（不加验证而独断认识的真实的观念，信奉者完全信赖感觉与知识的结果）、怀疑论（与独断论相反，极端怀疑认识的可能性）、批评论（注重研究认识的限度和可能、发展和起源，目的在于发现经验的产生依赖主观要素的状况，并认识人类所能认识的范围）和实证论（以为认识的确定只限于经验范围之内）。[19] 就诉讼认识而言，一般坚持可知论，在一些西方国家，表现为乐观理性主义，[20] 在我国，则表现为辩证唯物主义。

根据辩证唯物主义可知论，在诉讼过程中，诉讼参与人通过发挥各自的主观能动性，运用经验、常识和逻辑，能够对证据材料进行有效的审查判断，能够通过证据材料认定案件的事实真相。如前所述，案件发生后，总会留下各种物质或者痕迹，诉讼参与人通过对这些物质和痕迹的分析，结合经验、常识和逻辑，是能够发现案件的事实真相的。否认这一点，裁判便缺乏正当性基础。

坚持可知论，并不意味着所有案件的认识难度是一样的。以刑事案件为例，有些案件非常隐蔽，且犯罪留下的证据较少，认识真相的难度很大。而有些案件，在大庭广众下发生，甚至有监控录像记录了案件发生的全过程，认知真相的难度较小。根据认识案件真相难度的大小不同，可以将案件分为常态化案件和非常态化案件。就常态化案件而言，由于与案件相关的证据材料较多，且容易收集，通过对证据的分析，可以复原主要案件事实。现实生活中的案件绝大多数属于这种类型，如绝大多数的刑事案件，由于被告人认罪且有相应的实物证据或者言词证据相互印证，案件事实的认定不存在较大的难度。就非常态化案件而言，由于种种原因，与案件相关的证据材料较少，且难以收集，可能面临认识上的困难。整体来看，这种类型的案件属于特殊情况，为应对这种特殊情况，诉讼法或者证据法有相应的制度或者机制，如疑罪从无原则意味着案件事实无法认定的情况下，应当宣告被告人无罪。疑罪从无是一种价值选择，表明国家宁愿放纵犯罪也不惩罚无辜的价值取

---

〔18〕 参见［美］李昌钰、［美］杰瑞·拉比欧拉：《世纪奇案：神探李昌钰破案实录1》，罗芳芳译，中国政法大学出版社2011年版，第15页。

〔19〕 参见张建伟：《证据法要义》（第2版），北京大学出版社2014年版，第43－44页。

〔20〕 参见［英］威廉·特文宁：《反思证据：开拓性论著》（第2版），吴洪淇等译，中国人民大学出版社2015年版，第91页。

向。这种情况表明，认识论难题可以通过价值选择予以解决。

（三）可错性

通过证据认定案件事实，需要在证据材料的基础上，运用经验、常识和逻辑对证据材料进行分析、审查和判断，在这一过程中，可能在以下环节出现错误：第一，证据材料本身是虚假的，但通过分析、审查和判断后，未发现该证据材料的虚假性，并以此作为定案的根据。可以说，每一起已经纠正的冤错案件中，都有大量虚假的证据材料。第二，证据材料是真实的，但运用证据材料进行推理判断时出现错误，最终得出错误的事实认定结论。[21]正因如此，“事实认定的主要目标不是追求百分之百的确定性，而是消除或减少事实认定的不确定性”[22]。

为了避免事实认定的错误，司法解释对相关证据的运用确立了一系列规则，如为避免滥用口供定罪，刑事诉讼法确立了口供补强规则，在此基础上，司法解释确立了隐蔽性证据规则。然而，隐蔽性证据规则的不当运用也可能会导致错案的发生。

案例10　王某余故意杀人、奸淫幼女案[23]

1994年的12月15日，王某余在打工途中认识的朋友李某明告诉他：自己杀了个小女孩，不要报案，否则下场和那个小女孩一样。当晚9时许，王某余蹬三轮车带着李某明到离出租屋10多里外的地方抛尸。12月16日晚，因有强奸杀人嫌疑，王某余被包头市公安局东河分局民警带走。而李某明于当日清晨逃逸。当年的卷宗作了如下记载：审讯之初，王某余称是同住的李某明杀害了小女孩，但两天后他又改变说法，承认自己是凶手。归案后第二天，王某余带领侦查人员在一处公路涵洞内找到了小女孩的尸体。1996年11月，内蒙古自治区包头市中级人民法院开庭审理此案。庭审中，王某余辩解称周某琳不是他奸淫杀害的，而是李某明所为；自己只是帮着把尸体拉上，由李某明抛在涵洞内。法院判决确认了以下事实：1994年12月16日13时40分许，包头市东河区红海一小幼儿班女学生周某琳上学途中，租房居住在学校附近的王某余以给“吃糖”为诱饵，将周某琳骗入家中，把其按在床上，强行实施奸淫。其间，王某余猛掐周某琳颈部，致其窒息而死。而后，王某余将周某琳的尸体塞入竹筐，当晚把尸体用人力三轮车拉到东河区王大汉营子包伊公路7.5公里处抛于公路下涵洞内。最终，法院以故意杀人罪判处王某余死刑，缓期2年执行；以奸淫幼女罪判处无期徒刑；决定执行死刑，缓期2年执行。1997年3月，内蒙古自治区高级人民法院核准死缓判决。刑事裁定书记载：王某余“没有上诉”。2012年，真凶李某明被北京警方抓获；2013年7月，内蒙古自治区高级人民法院改判王某余强奸杀人罪名不成立。随后因有包庇李某明的情节，王某余被包头市中级人民法院以包庇罪判处有期徒刑3年。内蒙古自治区高级人民法院和包头市中级人民法院及时启动国家赔偿程序，王某余获得150万元赔偿金。

王某余案之所以能够定案，主要是因为该案办案人员根据王某余的供述找到了非常

---

〔21〕 在重庆吴某某强奸案中，对于同样的证据材料，一审法院认定被告人吴某某构成强奸罪，二审法院认为被告人吴某某的行为不构成犯罪。一审法院与二审法院的结论之所以不同，就在于两级法院在通过证据进行推理判断时对各种证据材料的运用方式、司法者的经验判断以及逻辑运用等方面有所不同。参见潘金贵主编：《证据法学》，法律出版社2022年版，第195－196页。

〔22〕 张保生：《证据法的理念》，法律出版社2021年版，第53页。

〔23〕 参见党小学、赵晓星：《十八年后还他一个公正》，载《检察日报》2015年2月2日，第1－2版。

关键的隐蔽性证据,即被害人的尸体。根据最终查明的事实,王某余之所以知道尸体的位置,在很大程度上是一种巧合。这种巧合所造成的错案,往往难以辨别和纠正。这就再次表明,通过证据认定案件事实,永远无法消除错误的可能性。我们所能做的是,通过对诉讼认识相关知识的普及,使司法者能够认识到这种错误的可能性,最终通过司法者的审慎司法、证据规则的完善等尽可能地减少司法的认识错误。

二、诉讼认识的特殊性

诉讼认识是一种历史认识,受制于当事人利益、诉讼期限以及程序法、实体法等因素的影响,具有相当的特殊性。当然,制度设计者也认识到了诉讼认识的特殊性,并有相应的法律制度设计来应对这种特殊性。

(一)诉讼认识特殊性的具体表现

1. 诉讼利益

诉讼认识与案件事实能否认定密切相关,而案件事实能否认定又直接关系到当事人的相关诉讼主张是否具有事实基础、能否得到法庭的支持。因此,诉讼认识不单纯是认识过程,诉讼认识过程中牵涉特定的诉讼利益。受到诉讼利益的影响,诉讼参与人在运用证据过程中可能会出现偏差。具体表现在两个方面:

第一,公安司法机关的工作人员和当事人的利益考量可能对证据的客观真实性产生影响。刑事案件发生后,公安司法机关的工作人员可能会面临或大或小的破案或者定案压力,为了侦破案件或者给被追诉人定罪,公安司法机关的工作人员在取证时,可能会获取一些虚假的有罪供述和证人证言。如果当事人与诉讼结果有利害关系,当事人为了获得有利的诉讼结果,也可能会刻意获取"有利于"自己一方的证据材料。

第二,作为证据来源的言词证据提供者,可能会因为与案件或者案件的当事人存在利益关系或者特殊关系,从而作出与事实不符的言词陈述。最高法《刑诉法解释》第143条对这些特殊言词证据的采信问题作了规定,"下列证据应当慎重使用,有其他证据印证的,可以采信:(一)生理上、精神上有缺陷,对案件事实的认知和表达存在一定困难,但尚未丧失正确认知、表达能力的被害人、证人和被告人所作的陈述、证言和供述;(二)与被告人有亲属关系或者其他密切关系的证人所作的有利于被告人的证言,或者与被告人有利害冲突的证人所作的不利于被告人的证言",即对特殊作证主体出具的言词证据,应当慎重使用,审慎采信。换句话说,对于特殊言词证据,在审查判断时应当更加慎重,要着重审查其能否与在案其他证据相互印证,如果能相互印证,仍然可以采信为认定案件事实的依据。

案例11 狱侦耳目袁某芳案〔24〕

张氏叔侄在服刑期间,2008年《民主与法制》第13期的一篇报道《被疑"灭门杀手"终判无罪释放》引起了张某平的注意。该报道还原了河南省鹤壁市浚县2002年5月发生的一起灭门案,被告人马某新洗冤昭雪的全过程。报道中提到一个名叫"袁某芳"的证人挑动了张某平、张某叔侄的神经。该报道称,马某新在法庭上表示受到了警方的刑讯逼供,并在"号长"袁某芳的

〔24〕 参见朱明勇:《无罪辩护》,清华大学出版社2015年版,第127-129页。

逼迫下，做了有罪供述，而且，“在袁某芳的‘提示’下，经过数次修改，终于写了一份警方满意的自首材料。然后，袁某芳让马某新背熟，并且抄了一篇”。随后，袁某芳摇身一变，成为马某新案的证人。这与张某平、张某的“认罪”经历极其相似。在庭审时，张某坚称自己的认罪材料是看守所里一个牢头狱霸代写，进而逼他抄的。直到拿到判决书，他才恍然大悟，原来那个逼诱他抄写认罪材料的人，也叫“袁某芳”。最终，经过调查，发现两个地方的“袁某芳”是同一个人。袁某芳因贩卖淫秽物品被判刑，为留所服刑并获得减刑机会，袁某芳做了公安机关的“耳目”，袁某芳的任务是通过警方安排与马某新、张某同居一室，进而通过各种“方法”获得马某新、张某的自书认罪材料，并提供马某新、张某曾向其坦白犯罪过程的证言。在马某新被判决无罪后，由于新证据的出现，张某平、张某叔侄二人于2013年2月被浙江省高级人民法院再审宣告无罪。经调查发现，袁某芳的证言是虚假的。

据媒体报道，袁某芳之所以在马某新、张氏叔侄等案件中提供虚假证言，是为了获得立功的机会从而能够较快地减刑。耳目，也可以称为线人。线人为了获得各种类型的好处，往往会“有意”提供对控方有利的证言。事实上，这种情况在刑事司法领域具有一定的普遍性，线人说谎、无辜者被定罪的情况在美国经常发生。〔25〕因此，需要慎重考虑诉讼利益对于证据真实性以及诉讼认识的影响。在设计相关法律制度、制定考核机制时，应充分认识到诉讼利益对诉讼认识的影响，将相关人员假定为努力实现自身利益最大化的“理性人”，制定出符合人性和认识规律的法律制度和考核机制。

2. 诉讼期限

诉讼认识虽然是一种历史认识，但与普通的历史认识又有所不同，最为关键的区别是历史认识没有期限的限制，对于某一历史问题，可以进行长期研究。而社会冲突（包括刑事案件）发生后，原本相对平衡的社会关系被打破，相关利益主体的利益冲突或者诉求需要及时得到解决，因此，诉讼活动需要在一定的期限内完成。在法定的诉讼期限内，裁判者即使没有发现案件的事实真相，也不得拒绝裁判。

为了督促当事人举证，最高法《民诉证据规定》对举证期限予以规定。为避免举证期限过于僵化不利于案件事实的查明，最高法《民诉证据规定》对申请延长举证期限问题予以规定，并对特别情形下的举证期限确定问题予以规定。司法实践中，很多案件的当事人因违反举证期限的相关规定而最终承担了不利的后果。例如，在（2021）新民申367号案〔26〕中，法院认为，李某华申请证人出庭作证应当在法院规定的举证期限届满前向人民法院提出书面申请，但李某华在二审开庭前未向法院书面申请延长举证期限，故原二审法院根据李某华的主张及案件审理情况，对其庭后申请证人出庭作证不予准许，亦无不当。

刑事诉讼奉行实质真实原则，没有关于举证期限的规定。然而，司法实践中出现的一些案件，引发了理论界与实务界对刑事案件举证时限的关注。最终，两院三部《严格排除非法证据规定》第38条第3款规定：“人民检察院在第一审程序中未出示证据证明证据收集的合法性，第一审人民法院依法排除有关证据的，人民检察院在第二审程序中不得出示之前未出示的证据，但在第一审程序后发现的除外。”该规定的目的为督促检察机关举

〔25〕 参见［美］亚历山德拉·纳塔波夫：《告密：美国司法黑洞》，郭航、周航译，上海人民出版社2020年版，第77－92页。

〔26〕 参见肖峰：《最高人民法院民事诉讼证据规则：条文解析与实务运用》，法律出版社2022年版，第293页。

证,维护一审裁判的稳定性和权威性。需要注意的是,该规定仅明确了人民检察院对证据收集合法性的举证时限,适用范围有限。

3. 程序法

与普通的历史认识不同,诉讼认识要受制于程序法的限制。诉讼认识与历史认识一样,都注重证据的运用。但两者在认识方法方面存在重大差异,历史认识可以采取几乎所有合适的有助于真相发现的方法,但诉讼认识则只能按照程序法的规定获取证据。例如,刑事诉讼法对侦查机关的取证手段有严格的限制,侦查机关不得采取刑讯逼供等非法方法获取证据。又如,刑事诉讼法对取证主体有明确的规定。

在某种意义上,程序法是限权(公权力)法,即通过法律程序对公安司法机关收集、审查运用证据的活动进行限制。为了确保程序法被严格遵守,法律不仅对诉讼认识可以采取的方法进行限制,而且规定了违反法律规定的不利后果,相关证据可能被排除。例如,我国《刑事诉讼法》第56条第1款确立了非法证据排除规则,最高法《刑诉法解释》中有大量的证据排除规则,违反这些规则的后果是,相关证据材料被排除。

4. 实体法

诉讼认识与历史认识一样,都追求案件事实真相的还原,但与历史认识不同的是,诉讼认识不追求案件事实的完全还原。由于受人类认识能力和诉讼资源的有限、纠纷解决的现实需要等因素的影响,诉讼认识只需要以实体法为依据,发现有实体法意义的案件事实。

诉讼认识与实体法的这一关系,有利有弊。一方面,实体法为诉讼认识的范围提供了明确的依据,有助于节约司法资源、减轻证明负担。例如,在刑事案件中,只需要发现与犯罪构成要件密切相关的案件事实,对与犯罪构成要件关系不大的案件细节,不需要有准确的认识。另一方面,由于诉讼认识受制于实体法的规定,在特定案件中,由于实体法的要求,可能会加重证明负责,增加证明困难。例如,某些犯罪对明知要件的强调,某些犯罪要求行为人有非法占有目的,等等。

案例12 李某、赵某和钟某贩卖毒品案〔27〕

1999年8月21日,宾阳县公安局查获了一辆隐藏着59.6千克海洛因的解放牌大货车,上面载有从云南拉来的一车土豆。据当事人说,他们准备把土豆运往广东出售。在被查获时,车上土豆已烂掉一大半。警察在大货车伪装的夹层里查获117块海洛因,重达59.6千克。执勤民警遂把三名涉嫌运输毒品的犯罪嫌疑人李某、赵某和钟某带回公安机关审查,随后报请宾阳县人民检察院批准将三人逮捕。犯罪嫌疑人均辩称:他们并不知道车上藏有毒品,但三人供述情况不一致。李某、赵某二人负责押运,他们交代:最先是在云南瑞丽以每吨2300元的价格买了一车白糖,运到昆明后以每吨2000元的低价将白糖卖掉,又买了一车土豆,是为了"压车"用。货车司机钟某说:这辆货车是李某、赵某二人租来的,他只管开车,但在瑞丽时曾看到李某的姐夫给了他们1万元运费。在三人被查获时,从李某身上查获人民币3万余元。按他们交代卖掉白糖的收入有2万多元,加上钟某所说李某的姐夫给了他们1万元运费,正好是3万余元,印证了货车司机的供述较为可信。但由于这辆货车的车主始终没有找到,加上李某、赵某二人的口供相互矛盾,因此对三人是否"明知"车上藏有毒品,办案人员的认识很不一致。

〔27〕 参见崔敏、陈存仪主编:《毒品犯罪证据研究》,中国人民公安大学出版社2007年版,第84-85页。

该案之所以复杂,是因为行为人的行为要构成贩卖毒品罪,必须明知其运输的物品系毒品,但该三人均系受雇运输物品,且均辩解不知道运输的物品中藏有毒品,故在认定该三人是否明知运输的物品系毒品存在困难。即便如此,根据本案现有证据,还是能够推断出李某、赵某二人明知车上有毒品。[28] 从该案我们可以得出以下结论:一是实体法的要求有可能会增加证明困难;二是对证据进行分析、判断的能力非常重要,面对实体法的严格要求,面对稀缺的证据资源,应当加强证据运用者的证据分析和运用能力。

(二)诉讼认识特殊性的程序应对

1. 诉讼认识的风险分配问题

由于人类认识能力和诉讼资源有限,诉讼认识虽然在大部分情况下能够准确认定案件事实,但永远无法避免出现错误的可能性,在有些案件中,在案证据甚至不足以为裁判者提供充足的裁判依据,但由于诉讼期限的规定以及裁判者无法拒绝裁判的要求,裁判者仍不得不作出相应的裁判。

为了确保裁判者能够作出相对准确、合理的裁判,立法者通过证明责任、证明标准等进行诉讼认识的风险分配。就证明标准而言,如果证明标准设置过高,就会对事实主张者不利;如果证明标准设置过低,就会对事实主张者有利而对另一方不利。以刑事案件为例,由于定罪往往意味着被追诉人的财产、自由甚至生命被剥夺,为避免冤枉无辜,立法者将证明标准设定为"案件事实清楚,证据确实、充分",并用"排除合理怀疑"对这一标准予以解释。对于民事案件而言,由于裁判仅涉及财产的重新分配问题,确立优势证据标准即可。此外,证明责任的分配也能发挥风险分配的功能。为避免无罪的人被追究,刑事案件中,证明被告人有罪的证明责任一律由控方承担。在民事诉讼中,证明责任的分配则较为复杂,但无论如何分配,最终的目的都是在当事人之间公正、合理地分配诉讼风险。

2. 诉讼认识可错性的程序应对

诉讼认识具有可错性,无论人类怎样努力,都只能是尽可能减少诉讼认识出现错误的可能性,而无法从根本上消除错误。裁判者的裁判重则涉及财产、自由甚至生命的剥夺,轻则涉及财产的分配,如果裁判者所依据的事实基础存在错误,则裁判的正当性将不复存在。为减少错误或者纠正错误,诉讼法通过一系列程序设置来应对诉讼认识的可错性。

为减少错误或者预防错误,一方面,确保裁判者在诉讼过程中能够公正、全面地了解案件事实,理性地作出裁判。为此,诉讼法有一系列的制度设计,如确立相应的证据规则、允许律师提供法律帮助、公开审判等。另一方面,确保诉讼认识不依赖于某一个体法官的认识,保证诉讼认识的群体理性,如通过合议庭评议案件,且以合议庭成员的多数意见作为裁判依据。

为了纠正错误,通过普通救济程序和特殊救济程序确保诉讼认识能够被不同的认识主体反复审视。由于人类认识能力的有限以及其他因素的影响,即使我们尽力预防诉讼认识错误,也无法绝对避免诉讼认识出现错误。因此,需要有相应的纠错机制,这种纠错机制表现为诉讼法上的普通救济程序和特殊救济程序。我国实行两审终审制,二审程序是普通救济程序,二审程序奉行全面审查原则,对一审程序可能出现的事实认定错误进行全面的审查。二审法院所作的裁判是终审裁判,但仍有出现错误的可能性。在生效裁判

---

〔28〕 参见王彪:《犯罪主观要件证明问题研究》,法律出版社2016年版,第230页。

出现错误的情况下,可以通过审判监督程序进行纠正。审判监督程序俗称“再审程序”,是一种特殊救济程序,需要满足一定的条件才能启动。近年来,我国法院通过再审程序纠正了一系列冤错案件。

案例 13 张某环故意杀人案[29]

南昌市中级人民法院(2001)洪刑一初字第125号刑事判决认定,1993年10月24日11时许,被告人张某环从责任田拖禾草回家时,看见男童张某荣、张某伟在他家的屋檐下玩,将台阶上的土往阶下扒,联想到张某荣以前打过他儿子,还倒掉过他家的油、盐,很生气,即冲过去打了张某荣两巴掌,并骂道:“你这个狗吃的又在这里害人。”张某荣被打后用手抓张某环,将张某环两手手背抓伤出血。张某环更加气愤,将张某荣拖至其兄堆放杂物的房内,用手掐住张某荣的颈部,直至其不能动弹。接着,张某环持木棍朝张某荣胸、背部击打数下,又用麻绳顺着张某荣的嘴角两侧往后颈部猛勒数分钟,致张某荣窒息死亡。张某环害怕杀人罪行败露,又将还在屋前玩的张某伟提进房内,用手猛掐张某伟颈部,致其窒息死亡。随后将两具尸体藏好,继续到田里拖禾草。当天晚上,张某环借到晒谷场看稻谷之机,将张某荣、张某伟的尸体装进麻袋,用板车拖至晒谷场,后又背着两具尸体,抛至下马塘水库里,并将麻袋扔在离尸体十几米远的水中。最终法院以故意杀人罪判处张某环死刑,缓期2年执行,剥夺政治权利终身。张某环的上诉被维持并核准原判。

本案经再审认为,原审认定张某环杀死张某荣、张某伟的事实不清,证据不足,再审法院不予确认。评判要点如下:(1)在案物证与本案或张某环缺乏关联;(2)原审认定被害人张某荣将张某环手背抓伤出血,缺乏证据证明;(3)原审认定的第一作案现场缺乏痕迹物证证明;(4)张某环的有罪供述真实性存疑,不能作为定案的根据。综上认为,原审被告人张某环的有罪供述真实性存疑,依法不能作为定案的根据。除张某环有罪供述外,没有直接证据证明张某环实施了犯罪行为,间接证据亦不能形成完整锁链。原审据以定案的证据没有达到确实、充分的法定证明标准,认定张某环犯故意杀人罪的事实不清、证据不足,按照疑罪从无的原则,不能认定张某环有罪。再审法院遂改判张某环无罪。

张某环在被羁押26年后改判无罪,是依法纠正的重大案件之一。该案虽然真凶并未查明,但是至少表明真相之一是张某环不是杀人凶手,这也说明即使因为某种原因而暂时无法发现案件的事实真相,但在经过一段时间后,真相仍可能最终被发现。

第四节 证据运用与价值论

在现代社会,人们普遍认识到运用证据认定案件事实不仅是一个认识过程,还涉及一系列价值选择问题。一般认为,在诉讼认识过程中,应当兼顾事实真相发现之外的价值,那种为了认识案件事实真相可以不择手段的观点已经不为人们所认同。有学者认为,证据法追求多元价值,主要包括真相、公民基本权利保障、特定社会政策以及诉讼效率。[30]

---

〔29〕 参见江西省高级人民法院刑事判决书,(2019)赣刑再3号。

〔30〕 参见吴洪淇:《证据法体系化的法理阐释》,载《法学研究》2019年第5期。

真相价值与诉讼认识论关系密切，这里重点讨论人权保障、诉讼效率和其他价值。

一、证据运用中涉及的若干价值

（一）人权保障

在现代社会，人们普遍认识到，在诉讼过程中应当保障相关诉讼参与人员的司法人权，不能为了发现案件真相不择手段。以刑事诉讼为例，《宪法》第37条规定的公民的人身自由权、第39条规定的公民住宅不受侵犯的权利、第40条规定的公民的通信自由和通信秘密权，在案件办理过程中，较易受非法干预。在这种情况下，如果仅仅考虑认识论因素，即案件事实真相的发现，公安司法机关通过侵犯犯罪嫌疑人、被告人宪法权利的方式获取的证据仍然可以作为证据使用，经过审查，如果这些证据是真实的，仍然可以作为定案的根据。但考虑到司法人权保障的价值需要，《刑事诉讼法》和相关司法解释明确规定部分通过侵犯犯罪嫌疑人、被告人宪法权利方式获取的证据应当予以排除，如通过刑讯逼供等非法方法获取的口供应当予以排除。

证据运用中的人权保障往往需要通过诉讼程序的合理规定予以实现，这就涉及程序公正问题。证据运用中的程序公正，包括取证程序、举证程序、质证程序和认证程序等多个方面的公正。换句话说，诉讼法（或者证据法）需要对取证、举证、质证和认证等证据运用程序予以规范，确保证据运用过程中的程序公正。

（二）诉讼效率

受制于诉讼资源的有限，为避免案件积累，诉讼活动过程中，对于证据的收集、审查和判断均要考虑诉讼效率。

为了提高诉讼效率，在被告人认罪案件中，对证据的法庭调查和裁判文书说理往往有或多或少的省略。首先，对于证据合法性问题，在被告人认罪且对证据合法性未提出异议的情况下，法庭一般不会启动证据合法性调查程序，并认可在案证据的证据能力。其次，根据被告人认罪案件适用的程序不同，法庭调查程序往往存在不同程度的简化。对于适用普通程序的案件来说，被告人认罪的，一般会简化法庭调查程序；对于适用简易程序的案件来说，证据调查程序会大大简化；对于适用速裁程序的案件来说，一般不进行法庭调查。最后，对于认罪案件，裁判文书中对证据的分析和论证大大简化。例如，“被告人范某某犯危险驾驶罪，判处拘役一个月十五日，并处罚金人民币一千五百元；被告人王某某犯危险驾驶罪，判处拘役一个月十五日，缓刑五个月，并处罚金人民币二千元……”2017年5月4日上午，福建省厦门市集美区人民法院审判法庭接连响起法槌声，该院刑一庭庭长陈于婧开庭审理了8起刑事速裁案件，每个案件从开庭到宣判平均仅耗时5分钟。[31]

在速裁程序和认罪认罚从宽制度试点期间，关于庭审时间的类似报道较多，一些法官撰写的文章也表明这种情况具有一定的普遍性。例如，2017年1至5月，重庆市江北区人民法院共审结刑事案件750件，其中，适用速裁程序的有490件，速裁程序案件平均审

---

〔31〕 参见徐隽：《福建厦门集美法院推进繁简分流，化解案多人少矛盾》，载人民网，http://gongyi.people.com.cn/n1/2017/0802/c151132-29443403.html。

理周期为7.4天,庭审时长为3~5分钟。[32] 速裁案件对庭审时间的控制体现了诉讼效率的需求。

(三)其他价值

除了实体公正和程序公正之外,有些案件的办理还要考虑特定社会关系或者国家利益的维护。为了准确认定案件事实,法庭需要得到尽可能全面的证据,所有了解案件的人都有作证的义务。因此,从原则上讲,任何案件知情人都有出庭作证的义务和责任。但法律实际上并不要求所有案件知情人都要出庭作证,法律赋予某些人以免于作证特权。法律之所以这样规定,是因为在各种社会利益中有比有助于法庭认定案件事实更为重要的利益。[33] 在英美法系,特免权包括婚姻家庭关系特免权、律师—委托人交流秘密特免权、其他职业特免权(包括医生—患者特免权、神职人员交流特免权、记者特免权)以及公共特免权(包括政府信息特免权、线人特免权)等。之所以有这些特免权,就是为了维护家庭关系、律师职业以及其他职业的发展等社会关系或者国家利益。

我国《刑事诉讼法》第193条第1款对于证人强制出庭作证制度及其例外作了规定,对于该款规定是否确立了近亲属拒证特权,理论界和实务界有不同的观点。立法部门明确指出,"这里规定的是免予强制出庭,不是拒证权"。"本款规定并没有免除其作证的义务,只是规定在庭审阶段可以免予强制到庭。"[34] 由于证人在侦查阶段和审查起诉阶段仍有作证的义务,同时书面证言可以作为证据使用,且在书面证言与其他证据能够相互印证的情况下书面证言能够作为定案的根据,该条规定应理解为"作证但免于出庭的权利"。换句话说,我国立法并未确立近亲属拒证特权,这样的选择从根本上是为了确保诉讼活动可以获得尽可能多的证据,避免因维护近亲属关系而无法发现案件的事实真相。

我国2012年《刑事诉讼法》第一次初步确立了律师—委托人交流秘密特免权,该法第46条规定:"辩护律师对在执业活动中知悉的委托人的有关情况和信息,有权予以保密。但是,辩护律师在执业活动中知悉委托人或者其他人,准备或者正在实施危害国家安全、公共安全以及严重危害他人人身安全的犯罪的,应当及时告知司法机关。"目前,我国仅确立了刑事诉讼中的律师—委托人交流秘密特免权,《民事诉讼法》和《行政诉讼法》均没有规定这一特权。

二、证据运用中的价值选择问题

由于证据运用涉及不同类型的价值,理想的状态是,这些不同类型的价值均能得到实现。然而,由于各种因素的影响,在很多情况下,这些价值可能无法兼顾。在这些价值之间发生冲突的情况下,需要进行相应的价值选择。

(一)实体公正与程序公正的冲突与选择

一般认为,诉讼公正可以分为实体公正与程序公正。所谓实体公正,是指在准确发现案件事实真相的基础上给予当事人应得的对待,主要涉及认识论问题。所谓程序公正,是

---

[32] 参见付鸣剑:《重庆市江北区人民法院关于刑事案件认罪认罚从宽制度试点工作的情况报告》,中国刑事诉讼法治与司法改革高端论坛2017年论文集。

[33] 参见马跃:《美国证据法》,中国政法大学出版社2012年版,第146-147页。

[34] 全国人大常委会法制工作委员会刑法室编:《关于修改中华人民共和国刑事诉讼法的决定:条文说明、立法理由及相关规定》,北京大学出版社2012年版,第226页。

指不取决于案件实体结果，法律程序本身所体现出的价值，主要涉及程序的独立价值，如人权保障价值。实体公正与程序公正之间的关系可以表现为几种形态：一是实体公正与程序公正皆可实现；二是实体公正与程序公正皆不可实现；三是实体公正可以实现但程序公正无法实现；四是实体公正无法实现但程序公正可以实现。理想的状态是，实体公正与程序公正皆可实现。例如，通过正当的法律程序查明案件的事实真相，并在此基础上，准确地适用实体法作出相应的裁判。

理想的状态是实体公正与程序公正均得以实现，但由于各种现实条件（特定时期人类的普遍认识水平、司法资源的有限性以及犯罪的隐蔽性等因素）的制约，实体公正与程序公正往往难以兼顾。例如，严格遵守法定程序取证，程序公正得以维护，但可能难以取得有效的能够证明案件事实的证据材料，导致实体公正难以实现。反之，违反法定程序获取的证据可能能够有效地证明案件事实，但违背了程序公正，在这种情况下，为了维护程序公正，法律或者司法解释可能会排除相关证据，从而导致案件事实无法认定。

案例 14　格夫根绑架案〔35〕

2002 年 9 月，格夫根绑架了一名 11 岁的男孩，后在取赎金时被捕。为查明人质下落，警察对他进行了威胁。格夫根被迫供述了杀人藏尸的事实，并把警察带到了被害人尸体所在地。警察随后对尸体进行勘验，并提取了有关物证。其间，格夫根母亲聘请的律师曾试图与嫌疑人接触，但直到格夫根被从抛尸现场带回后才被允许会见。被告人格夫根在法兰克福地区法院初次庭审时提出，其在侦查阶段受到了身体伤害和性虐待威胁，要求排除非法供述及从非法供述中派生的实物证据。法庭经过审查，排除了被告人在警察、检察官及法官面前作出的受到了非法取证手段“毒害”的所有陈述，驳回了格夫根的其他申请。在之后的审判中，被告人承认绑架杀人，并在法庭上重新作了完整的供述。据此，结合其他证据，初审法院以故意杀人罪和抢劫罪判处被告人终身监禁。宣判后，格夫根就该案审理中的法律问题上诉至德国联邦最高法院。不久，格夫根又就普通法院的裁定向德国联邦宪法法院提起了违宪之诉。2005 年 6 月 15 日，格夫根申诉至欧洲人权法院，声称他受到的威胁已构成《欧洲人权公约》第 3 条所禁止的酷刑，尤其是派生实物证据的使用侵犯了他获得公正审判的权利。最终，格夫根的所有诉求均未被支持。

格夫根绑架案虽然发生在德国，但非常典型地彰显了证据运用过程中认识论与价值论（实体公正与程序公正）的冲突问题。格夫根系在取赎金时被抓，被抓后，人质下落不明且不知是生是死，情况非常危急，但格夫根对此保持沉默。从认识论的角度来看，可以考虑使用“特殊手段”来获取格夫根的供述进而发现被害人的尸体；从价值论的角度来看，现代刑事诉讼不允许为获取供述而不择手段，德国《刑事诉讼法》第 136a 条规定，通过法律禁止使用的方法获取的供述应当予以排除。为维护特定的价值而排除证据将严重影响事实真相的发现，为兼顾实体公正与程序公正，德国《刑事诉讼法》在明确规定排除非法供述的同时未规定排除“毒树之果”，格夫根绑架案中，根据格夫根的供述找到的被害人尸体，仍作为证据予以使用。

（二）实体公正与其他价值的冲突与选择

为了特定的社会利益或者国家利益，证据法可能会确立一些特免权规则，即符合条件

〔35〕　参见周翠：《破案后：德国刑事司法档案》，新星出版社 2015 年版，第 2－63 页。

的证人有免予作证的权利。特免权规则的确立，在维护特定社会利益或者国家利益的同时，可能导致有些案件缺乏相应的证据，案件最终无法侦破，实体公正（在准确发现案件事实真相的基础上适用实体法）无法得到实现。

此外，为了维护特定的社会政策，抑或引领正确的社会价值取向，一些国家的证据规则明确规定特定情形下的行为不得作为证据使用。例如，美国《联邦证据规则》第407条规定的关于事后补救措施的证据，不得采纳来证明过失、罪错行为、产品缺陷或者其设计缺陷或者缺乏警示或者说明，第409条规定的关于给予、承诺支付或者提议支付因伤害而引起的医药、住院或者类似费用的证据，不得采纳来证明对该伤害负有责任。从我国彭某案所引发的社会关注来看，美国《联邦证据规则》第409条的规定有一定的道理，即排除这类证据，是出于公共政策考量，鼓励公民从人道主义出发对他人进行救助，至少不因为其实施了救助行为而对其加以处罚。[36] 换句话说，排除这类证据，即使有可能妨害实体公正的实现，但却可以实现相应的公共政策。

证据运用过程中，各种价值之间的冲突在所难免，如何在不同的价值之间进行合理的选择则是一个难点。在不同的历史时期、不同国家或者地区，由于文化传统、政治制度、诉讼资源以及民众朴素的正义观等因素的影响，往往有不同的选择。一国或者地区的这种选择无所谓绝对的正确或者错误，在进行这种价值选择时，既需要考虑国际社会的普遍做法，也需要考虑一国或者地区的特殊情况，以寻找出一条合适的道路。

典型案例评析

案例2-1　卢某新强奸、故意杀人案[37]：诉讼证明与认识论之间的辩证关系

被告人卢某新于2012年9月30日被逮捕。西双版纳傣族自治州中级人民法院经审理查明：2012年9月10日18时30分许，被告人卢某新在勐腊县瑶区乡沙仁村委会补角村李某生家稻田南侧，见到劳作后准备回家的被害人邓某某，卢某新即尾随邓某某并强行将其拖至草丛中强奸，在施暴过程中卢某新使用邓某某劳作用的锄头两次打击邓某某头部以压制其反抗，为防事情败露，卢某新用手扼颈、捂嘴的手段致被害人当场死亡。事后卢某新将被害人尸体掩埋，并将作案用的锄头丢弃在附近小河中逃离现场。同月19日18时许，被告人卢某新在家中被公安机关抓获。经鉴定，被害人邓某某系机械性窒息死亡。2014年6月9日，西双版纳傣族自治州中级人民法院以（2013）西刑初字第213号刑事附带民事判决，认定卢某新犯故意杀人罪，判处死刑，缓期2年执行，剥夺政治权利终身；犯强奸罪，判处有期徒刑10年。决定执行死刑，缓期2年执行，剥夺政治权利终身。

一审宣判后，被告人卢某新提出上诉。卢某新及其辩护人提出，侦查人员有诱供行为，讯问笔录应当予以排除；卢某新没有作案时间，缺乏实施杀人、强奸的物证；一审认定事实不清，证据不足。云南省人民检察院提出，本案部分事实不清，证据不足，建议发回重审。云南省高级人民法院经审理，2015年4月2日以（2014）云高刑终字第1061号刑事附带民

---

〔36〕 参见王进喜：《美国〈联邦证据规则〉（2011年重塑版）条解》，中国法制出版社2012年版，第102页。

〔37〕 参见李红斌、汤宁：《卢某新故意杀人、强奸案》，载中华人民共和国最高人民法院刑事审判第一、二、三、四、五庭主办：《刑事审判参考》（总第119集），法律出版社2019年版，第238-247页。

事裁定，认定原判部分事实不清、证据不足，裁定发回重审。

云南省西双版纳傣族自治州中级人民法院经重审查明的事实与第一次一审一致，但认定被告人卢某新在实施强奸行为的过程中，由于意志以外的因素未能得逞，系犯罪未遂。同时认为，被告人卢某新的供述能够和证人证言、现场勘查笔录、鉴定意见等证据相印证，足以认定，故不采纳卢某新及其辩护人提出的无罪意见。2015年12月20日，云南省西双版纳傣族自治州中级人民法院以（2015）西刑初字第160号刑事附带民事判决，认定卢某新犯故意杀人罪，判处死刑，缓期2年执行，剥夺政治权利终身；犯强奸罪，判处有期徒刑3年。决定执行死刑，缓期2年执行，剥夺政治权利终身。

宣判后，被告人卢某新再次提出上诉。上诉理由与之前相同。云南省高级人民法院经审理查明：2012年9月10日下午，云南省勐腊县瑶区乡沙仁村委会补角村村民邓某某（被害人，女，殁年28岁）在自家地里劳作至19时未归，亲属查找后在地里发现被掩埋的邓某某尸体。公安机关现场勘查时在附近小河中发现1把锄头。原审认定被告人卢某新于2012年9月10日18时30分许，在勐腊县瑶区乡沙仁村委会补角村强奸、杀害被告人邓某某的事实不清、证据不足。不予确认。云南省高级人民法院认为，原判据以定案的从锄头柄部检出被告人卢某新DNA的鉴定意见、卢某新的有罪供述、现场指认录像、指认笔录均不能作为定案的根据；其他在案证据均不能证实卢某新与被害人邓某某被强奸、杀害的事实之间存在关联性；二审期间出现了新的证据，不能排除他人作案的可能。原判认定卢某新故意杀人、强奸的事实不清、证据不足，不能认定卢某新有罪，应依法予以改判。2017年1月6日，云南省高级人民法院以（2016）云刑终字第262号刑事附带民事判决，宣告被告人卢某新无罪。

｜评析｜ 邓某某的尸体被发现后，初步认定该案系强奸杀人案。因案发现场比较偏僻，警方将嫌疑人锁定在附近村民中，于是对附近村寨18岁以上60岁以下男性做血液检测，但排查未果。警方在传唤邻村的卢某新了解案情时，发现卢某新的脸上、身上有多达28处伤痕和皮下出血点，但卢某新说不清身上的伤是如何而来的。自此，卢某新就进入了侦查人员的视野。卢某新被刑事拘留，但3天后因证据不足释放。9月18日卢某新再次被拘留，警方随即获取了卢某新的有罪供述，且在死者生前劳作使用的锄头上，发现了卢某新的DNA。[38] 该案一审法院认定卢某新作案的关键证据有三项：锄头柄上提取物的DNA鉴定意见、有罪供述、现场指认录像和指认笔录。该三项关键证据在二审时均被云南省高级人民法院排除。[39] 首先，锄头柄DNA鉴定意见不能作为定案的证据，原因有三：一是用于DNA鉴定的锄头柄部擦拭物来源不清；二是用于DNA鉴定的卢某新血样来源不清；三是经重新鉴定，锄头柄部未检测出卢某新的DNA。其次，卢某新唯一一次有罪供述不能作为定案的证据，具体原因有三：一是在案证据显示卢某新有罪供述的讯问地点相互矛盾；二是在案证据显示卢某新有罪供述的讯问时间相互矛盾；三是卢某新有罪供述的讯问录像存在重大疑问，且公安机关没有作出合理解释。最后，现场指认录像、现场指认笔录不能作为定案的证据，原因有二：一是二审庭审中质证的现场指认录像显示，卢某新在指认时多次迟疑不决，现场多次出现他人提示的情形，指认过程不顺畅、不自然；二是卢某新指认现场时描

---

〔38〕 参见朱明勇主编：《2017年度十大无罪辩护经典案例》，中国政法大学出版社2021年版，第108页。

〔39〕 参见云南省高级人民法院刑事附带民事判决书，（2016）云刑终字第262号。

述的作案过程与现场指认笔录及其有罪供述存在明显矛盾。

此案在卢某新第一次上诉后，云南省人民检察院认为该案部分事实不清、证据不足，云南省高级人民法院以部分事实不清、证据不足为由，将该案发回重审。在卢某新第二次上诉后，云南省高级人民法院根据司法解释关于证据的规定以及相关证据法理，将该案一审法院定案的三份关键证据均予以排除，并作出证据不足的无罪判决。当然，该案二审期间出现新证据，不排除他人作案的可能，也是二审法院判决无罪的一个重要原因。该案二审期间通过重做DNA鉴定，发现被害人体内有同村村民洪某某（作案时未满18周岁）留下的生物物质，侦查机关于2016年8月3日晚将洪某某传唤到案，洪某某在后续讯问中供述了其作案的过程。经指定管辖，洪某某强奸杀人案由云南省普洱市中级人民法院审理。最终，普洱市中级人民法院判决被告人洪某某犯故意杀人罪，判处无期徒刑，剥夺政治权利终身；犯强奸罪，判处有期徒刑7年。决定执行无期徒刑，剥夺政治权利终身。

此案与媒体报道的一些冤错案件不一样，此案在最终作出生效的“有错”裁判之前，被二审法院宣告无罪。二审法院宣告无罪的重要理由是该案的三份关键证据均存在问题，不能作为定案的根据。该三份证据存在的问题，有些是实物证据的来源存在问题，由此导致鉴定意见被排除；有些是言词证据取证时间、地点存在问题，导致言词证据真实性、合法性存疑；有些是指认现场录像显示指认过程存在不规范情形。对于这些不规范情形下获取的证据该如何处理，最高法《刑诉法解释》有明确规定。该案根据司法解释的规定和相关证据法理，将这些证据排除，体现了证据法在认识案件事实方面的指引功能。

该案还有两个问题值得进一步探讨。一方面，如果人类社会目前没有DNA检测技术，该案的真凶还能被发现吗？从该案的情况来看，如果没有DNA检测技术锁定未成年人洪某某，洪某某可能不会被发现为该案的真凶。这就表明，运用证据认定案件事实具有鲜明的时代性。换句话说，人类可以运用什么样的证据认定案件事实，与该时代的科学技术发展水平、该地区的人类认知能力等具有密切的关系。

没有DNA检测技术可能有些案件难以侦破，但有了DNA检测技术也不意味着就不会出现错案。就卢某新案而言，一审认定卢某新作案的关键证据之一是被害人所使用的锄头柄上检测出卢某新的DNA，但该DNA检测的检材来源不明，根据司法解释的相关规定，检材来源不明的鉴定意见不能作为定案的根据。从这个角度来看，证据法的相关规定有助于案件事实的发现，与证据一样，证据法也具有认识论功能。

另一方面，如果该案没有通过DNA检测发现真凶，对于卢某新该如何处理？由于卢某新案最终查获了真凶，该案如何处理不成问题。但问题是，还有很多案件的定案证据在质和量上均存在一定的问题而达不到定案标准，但被追诉人的犯罪嫌疑又无法摆脱，对这些案件该如何处理？《刑事诉讼法》第200条第3项规定：“证据不足，不能认定被告人有罪的，应当作出证据不足、指控的犯罪不能成立的无罪判决。”这一规定是1996年修改《刑事诉讼法》时新增的规定，是为了更好地保护公民的权利，保障无罪的人不受刑事追究。这种判决在性质上是无罪判决。事实上，这一规定表明了立法者的价值选择，即在案件事实无法查清的情况下作出的宁愿放纵犯罪，也不冤枉无辜的价值选择。证据法关于证明责任、证明标准等规定，在很大程度上是一种风险分配机制，即由于案件事实存在难以查清的风险，通过证明责任的分配、证明标准的设定，在控辩双方之间分配风险。刑事定罪涉及被追诉人的财产、自由甚至生命的剥夺，必须慎之又慎，因此，对于定罪事实的证明责任，法律规定由控方承担，且需要达到排除合理怀疑的证明标准。

案例2－2　陈某钧抢劫案[40]：案件事实与客观事实不一致时“疑罪”处理的价值选择

2001年9月25日左右，被告人陈某钧意欲抢劫其打工期间所熟识的广东省东莞市沙田镇西太隆村崇兴商店，事先购买了铁锤作为作案工具并踩点。27日早上6时许，陈某钧进入崇兴商店假意购买商品，趁被害人方某等四人不备，用铁锤猛击被害人，造成一人死亡，三人重伤。公诉机关认为，被告人陈某钧的行为构成抢劫罪，应依法追究其刑事责任。附带民事诉讼原告人要求判处被告人死刑，并依法承担附带民事赔偿责任。被告人陈某钧辩称公安机关刑讯逼供，其没有实施抢劫犯罪。辩护人提出，指控被告人陈某钧犯抢劫罪的事实不清，证据不足，请求宣告被告人无罪。东莞市中级人民法院一审认定被告人陈某钧犯抢劫罪，判处死刑，剥夺政治权利终身。后本案经两次发回重审后，广东省高级人民法院认为，上诉人陈某钧构成犯罪的证据达不到确实、充分的证明标准，不能得出陈某钧实施本案犯罪的唯一结论，认定陈某钧犯抢劫罪的事实不清、证据不足，原公诉机关指控陈某钧所犯罪名不能成立，遂判处陈某钧无罪。

二审判决书提到：本案的证据格局出现两维角力的局面。有多个指向上诉人陈某钧于案发时间出现在案发现场的证据，陈某钧的有罪供述与其他证据之间有一定程度的吻合性。但同时，原判认定陈某钧实施犯罪的证据中，客观证据缺失；言词证据仅指向陈某钧出现在案发现场而非实施犯罪；证据之间存在矛盾，疑点难以合理解释；陈某钧的有罪供述虽排除刑讯逼供情形，但已被其推翻，且仅有被告人供述不足以定罪；其无罪辩解虽有违背常理之处，但例外也属客观世界之常有，常理之悖不足以成就定论。因此，本案虽如检方所主张的有一定规格的证据支持，但更有辩方所提出的证据链条存在硬伤、环节脆弱、疑点重重等缺陷。作为以剥夺人身自由和生命权为主要惩戒方式的刑事法律，其入罪的证据标准无疑应当是最高、最严格的。本案如此规格的证据链条，难以承受定罪之重。在经历过一审、二审、重审等数次审判程序后，本案被害人家破人亡的悲惨遭遇与被告人悬于一线的人身自由；公诉方态度肯定的有罪指控与辩护方旗帜鲜明的无罪辩护；对一审判决权威性的维护与二审有错必纠的程序使命，交织成多重价值的矛盾体，考验着裁判者的法律素养与裁判能力。

二审法院认为，因受制于犯罪的隐蔽性、复杂性及侦查手段局限性等诸多因素，本案目前无法通过证据体系还原客观事实、认定法律事实。在对于上诉人陈某钧是否本案真凶既无法证实亦无法证伪的两难局面下，人民法院应当恪守证据裁判规则，决不能为片面追求打击效果而背离“疑罪从无”的刑法精神。“疑罪从无”并非放纵犯罪，而是对司法公权力的合理制约和规范使用，是对任何有可能身陷囹圄的公民基本人身权利的有力保障。在刑事科学日益发达、侦查手段日益精进的时代，本案欠缺的证据链条一旦出现新的弥补和完善，司法机关还可再次启动司法程序，严惩犯罪，以民众看得见的方式来抚慰被害方，以法治的精神和途径来推进公平正义的实现。同时，法院将根据被害方因本案造成经济损失的事实、家庭经济困难的情况及暂时未能获得民事赔偿的状态，依法为其申请必要的司法救助金，从经济上部分地弥补被害方所遭受的创伤。

---

〔40〕　参见广东省高级人民法院刑事附带民事判决书，(2014)粤高法刑四终字第127号。

| **评析** | 该案中，虽然有多个指向陈某钧于案发时间出现在案发现场的证据，陈某钧的有罪供述与其他证据之间有一定程度的吻合性，但因为该案就陈某钧实施犯罪的有关客观证据缺失，而言词证据仅指向陈某钧出现在案发现场而非实施犯罪，证据之间存在矛盾，疑点难以合理解释。同时陈某钧的有罪供述虽排除刑讯逼供情形，但已被其推翻，且仅有被告人供述不足以定罪，全案证据尚未达到确实、充分的证明标准，不能得出系被告人陈某钧实施本案犯罪的唯一结论。考虑到该案发生距审判时近14年，案发当年的侦查水平有限，案发现场因被害人多名亲属施救而遭到破坏。由于犯罪具有的隐蔽性、复杂性及不可再现性，证据暴露状况不同等多种因素，该案的证据体系形成了一种既有指向被告人犯罪的部分证据，又不足以形成完整证据链条的局面，即对于被告人是否实施犯罪既不能证实也不能证伪的两难境地，这就是刑法意义上的疑案。对于疑案的处理，我国刑法早已依据罪刑法定原则，衍生并明确了“疑罪从无”的刑事处理原则，但在司法实践中，因受制侦查水平的客观局限、犯罪率居高的治安形势、刑事政策的导向、民众对于案件处理结果的期待和接纳程度等多种因素的影响，“疑罪从无”原则往往最终异化为“疑罪从轻”的处理方法。

该案中，二审法院穷尽了所有补查手段，并启动非法证据排除程序，但仍未能取得更多的有力证据，在现有证据不足以认定被告人陈某钧是该案真凶，亦不足以认定其没有实施该案犯罪的状态下，二审法院对保障人权与严惩犯罪这两种在该案中形成矛盾和对立的价值进行了充分、慎重的考量，决定摒弃“疑罪从轻”原则，严格遵从“疑罪从无”原则，在既不能证明被告人有罪又不能证明被告人无罪的情况下，从法律上推定被告人无罪，依法作出证据不足、宣告被告人无罪的判决。“疑罪从无”不是在错判与错放之间作出的艰难取舍。短期来看，它可能伤害了被害方的利益，折损了公众对于通过有罪判决获得正义感的期待，但长期来看，它是对公民人权的充分保障与尊重。同时，根据我国刑事法律的规定，行为人因证据不足被宣告无罪后，任何时候司法机关取得了确实、充分的证据，仍然可以启动司法程序，惩罚犯罪。这是正义的回归，在保障社会个体利益的同时，实现了社会公共利益的最大化。

案例2－3　徐某兰诉彭某人身损害赔偿案〔41〕：证据运用对确立社会规范、树立社会价值的意义

原告徐某兰诉称：2006年11月20日上午，原告在南京市水西门公交车站等83路车。9时30分左右，两辆83路公交车进站，原告准备乘坐后面的83路公交车，在行至前一辆公交车后门时，被从车内冲下的被告彭某撞倒，导致原告左股骨颈骨折，随后住院手术治疗。因原、被告未能在公交治安分局城中派出所达成调解协议，故原告诉至法院，请求判令被告赔偿原告因摔倒受伤所造成的损失，并由被告承担本案诉讼费。

被告彭某辩称：被告当时是第一个下车的，在下车前，车内有人从后面碰了被告，但下车后原、被告之间没有碰撞。被告发现原告摔倒后做好事对其进行帮扶，而非被告将其撞伤。原告没有充分的证据证明被告存在侵权行为，被告客观上也没有侵犯原告的人身权利，不应当承担侵权赔偿责任。如果由于做好事而承担赔偿责任，则不利于弘扬社会正气。

---

〔41〕 参见江苏省南京市鼓楼区人民法院民事判决书，（2007）鼓民一初字第212号。

原告的诉讼请求没有法律及事实依据,请求法院依法予以驳回。

在庭审中,对于本案的基本事实,原、被告并无争议。但对于原告是否为被告撞倒致伤,无证据证实,双方意见不一。对此,南京市鼓楼区人民法院认定原告系与被告相撞后受伤,主要理由如下:(1)根据日常生活经验分析,原告倒地的原因除了被他人的外力因素撞倒之外,还有绊倒或滑倒等自身原因情形,但双方在庭审中均未陈述存在原告绊倒或滑倒等事实,被告也未对此提供反证证明,故根据本案现有证据,应着重分析原告被撞倒之外力情形。根据被告自认,其是第一个下车之人,从常理分析,其与原告相撞的可能性较大。如果被告是见义勇为做好事,更符合实际的做法应是抓住撞倒原告的人,而不仅仅是好心相扶;如果被告是做好事,根据社会情理,在原告的家人到达后,其完全可以言明事实经过并让原告的家人将原告送往医院,然后自行离开,但被告未做此等选择,其行为显然与情理相悖。(2)从现有证据看,被告在法院庭审前及第一次庭审中均未提及其是见义勇为的情节,而是在二次庭审时方才陈述。如果真是见义勇为,在争议期间不可能不首先作为抗辩理由,陈述的时机不能令人信服。因此,对其自称是见义勇为的主张不予采信。(3)被告在事发当天给付原告200多元钱款且一直未要求原告返还。原、被告关于给付原因陈述不一,原告认为是先行垫付的赔偿款,被告认为是借款。根据日常生活经验,原、被告素不认识,一般不会贸然借款,即便如被告所称为借款,在有承担事故责任之虞时,也应请公交站台上无利害关系的其他人证明,或者向原告亲属说明情况后索取借条(或说明)等书面材料。但是被告在本案中并未存在上述情况,而且在原告家属陪同前往医院的情况下,由其借款给原告的可能性不大;而如果撞伤他人,则最符合情理的做法是先行垫付款项。综合以上事实及分析,可以认定该款并非借款,而应为赔偿款。

事过多年后,彭某承认当年确实和老人发生过碰撞。

｜**评析**｜ 彭某案因彭某称自己属于见义勇为做好事被诬陷,经媒体报道后引发巨大反响。在事发多年以后彭某自己也承认当年确实和老人发生过碰撞的情况下,事实证明该案法院的判决是正确的。但是该案的教训是非常深刻的,其引发的负面效应是相当深远的。该案在公众舆论中成了"好人被冤枉""司法不公"的典型案例,并被斥为引发社会"道德滑坡"的反面典型,导致生活中"该不该扶摔倒老人"甚至成了一个社会问题。其中,最主要的问题是该案一审法官在判决中对原被告相撞事实认定的一些推理分析,偏离了主流价值观,引发舆论哗然和公众批评,导致社会舆论普遍不认同一审判决结果。例如,法院要求被告就原告是绊倒或滑倒,而不是被他人的外力因素撞倒承担证明责任;法院认为,如果被告是见义勇为做好事,更符合实际的做法应是抓住撞倒原告的人,而不仅仅是好心相扶等,并据此认定原告系与被告相撞后受伤。

彭某案充分说明了诉讼证明不仅是一个查明真相的活动,也是一个确立社会规范、树立社会价值的活动。该案最深刻的教训,就是要注重司法证明的分析论证和司法裁判对社会主流道德取向的引导作用,要把正确的价值判断和社会主流价值观有机融入司法裁判的全过程。

主要文献著述

1. 张保生:《证据法的理念》,法律出版社2021年版。

2. 吴宏耀:《诉讼认识论纲——以司法裁判中的事实认定为中心》,北京大学出版社 2008 年版。
3. 廖永安:《民事证据法学的认识论与价值论基础》,中国社会科学出版社 2009 年版。
4. 吕卫华:《诉讼认识、证明与真实——以刑事诉讼为主要研究对象》,中国人民公安大学出版社 2009 年版。
5. [美]罗纳德·J. 艾伦:《理性　认知　证据》,栗峥、王佳译,法律出版社 2013 年版。

第三章 证据运用的基本规则

第一节 证据规则概述

一、证据规则与证据规则体系

证据规则可以从两个角度来理解:一是静态角度,证据规则是指关于证据的证据能力的规则,即规范证据资格的证据规则;二是动态角度,证据规则是指法律规定的规范证据的收集、举证、质证、认证等证据运用活动的法律准则。确立证据规则既有利于准确查明案件事实,实现实体公正,提高诉讼效率,也有利于约束诉讼证明活动中的公权力,保障当事人等相关主体的合法权益。

证据规则体系则是所有调整证据获取与运用的准则按照一定的秩序和内部联系组合而成的规范体系。我国的证据规则体系包括取证规则、举证规则、质证规则和认证规则。其中,取证规则包括证据的法定形式规则、取证主体规则、取证程序合法性规则、强制采证规则、证人资格规则、特权规则、职权查证规则以及证据保全规则等。举证规则包括最佳证据规则,证据展示规则,免于举证规则,刑事诉讼中的证据随卷移送规则,民事、行政诉讼中的证据失权(或举证期限)规则,以及行政诉讼中的原告举证受限规则。质证规则包括有关质证的主体、客体、内容及质证的顺序等规则,证人出庭作证规则,交叉询问规则,对特定事项的秘密质证规则,免予质证规则,诱导性询问规则,庭上补充证据规则,“新证据”质证规则,质证的效力规则等。认证规则包括关联性规则、鉴证规则、意见证据规则、传闻证据规则、非法证据排除规则、自白任意性规则、口供补强规则、证明力判断规则等。

二、证据规则的分类

根据证据规则所规制内容的性质不同,可将证据规则分为实体性证据规则和程序性证据规则。实体性证据规则是以规定和确认诉讼证明活动中相关主体的权利和义务以及职权和责任为主要内容的证据规则,如证明责任规则、证明标准规则、证明对象及免证事实规则、证据的形式和范围规则、关联性规则、自由心证规则等。而程序性证据规则是以保证上述权利或职权得以行使,义务或责任得以履行的有关程序为主要内容的规则。程序性证据规则主要规范证据的获取、提出、质辩、审查判断的具体程序,如固定证言的规则,对质的程序规则等。

根据证据规则调整的对象不同,可将证据规则分为规范证据能力的证据规则、规范证明力的证据规则和规范证明过程的证据规则。规范证据能力的证据规则是规范“证据能否被采纳”的规则,即确认和调整证据的范围、形式和资格的证据规则。规范证据能力的规则包括非法证据排除规则、传闻证据规则、意见证据规则等。规范证明力的证据规则是规范“证据有多大证明力”的规则,其主要约束的是裁判者对于证明力的评价,包括口供补强规则、孤证不能定案规则等。

根据证据规则适用范围的不同,可将证据规则分为通用的证据规则和特殊的证据规则。通用的证据规则是指在三大诉讼中普遍适用的证据规则,包括证据范围和形式规则、取证程序合法性规则、证人作证规则、最佳证据规则、证据展示规则、质证的效力规则、关联性规则等。而特殊的证据规则是个别适用的证据规则,适用范围只限于某一种或两种诉讼,如民事诉讼中特有的自认规则,行政诉讼中特有的被告庭审阶段不得自行补充证据规则、原告举证受限规则,刑事诉讼中特有的不得强迫任何人证实己罪规则、口供补强规则,以及适用于民事诉讼、行政诉讼的证据失权规则等。

第二节 关联性规则及其理解与适用

一、关联性规则概述

关联性规则是最重要的证据规则之一,在英美证据法中被称为"黄金规则",它是指只有与诉讼中的待证事实有关联性的证据才可以采纳,一切没有关联性的证据均不予采纳。所谓"关联性",一般是指证据必须与需要证明的案件事实具有一定的联系,并且对案件事实的认定具有实质性的意义,即证据与待证事实之间具有"实质性"或"因果性"关系。证据必须具备关联性,只有与案件事实存在关联的证据,才能被采纳作为诉讼中的证据。关联性规则是关于证据可采性的基础性规则。

大陆法系国家在立法上没有明确提及"关联性"这一概念,并且多没有形成系统的关联性规则,但这并不等于其否认证据应当具有关联性这一属性。在立法者的眼中,关联性是任何证据理所当然应当具有的属性,而那些与证明对象无关的事实则根本就不能被称为证据。[1] 所以,从某种意义上来说,证据关联性更接近于一个自然属性的定位。部分大陆法系国家在立法上告诫法官应当对此进行考虑并且排除不具有关联性的证据。

在英美法系国家,证据关联性的判断在司法实践中属于基础性问题,一些国家的证据法将关联性作为最重要的证据能力要求,并在立法中对关联性规则加以规定。例如,美国《联邦证据规则》第401条规定,证据的关联性是指证据具有某种倾向,使某项事实存在的盖然性要远比缺乏该项证据时更大或更小,而这一事实的存在能对裁判结果产生影响;第402条规定,具有关联性的证据一般可以采纳,没有关联性的证据不得采纳。关联性规则是英美法系一项根本性的证据规则。

英美法系国家的证据法中还设立了一些关于特定种类证据的关联性规则,较为典型的有品格证据规则和类似事实证据规则,这两个规则对于我国司法实践中理解和适用关联性规则有一定的参考价值。《布莱克法律词典》将品格证据定义为"关于某人的人格特质、人格倾向性和在一定圈层内一般人评价该人道德等方面的证据"[2]。在英美法国家,有关某人品格或品格特征的证据不能用以证明该人在特定场合的行为与其品格或品格特征相一致,再以此来推论该人在当下的案件中实施了与其品格特征相吻合的犯罪行为,即

---

〔1〕 俞亮:《证据相关性研究》,北京大学出版社2008年版,第8页。

〔2〕 Bryan A. Garner ed. ,*Black's Law Dictionary*,Thomson West,2009,p. 595.

为了防止以被告人品格作为对其定罪的依据,被告人的不良品格证据与被告人是否犯有当前指控的犯罪没有关联性。不过在英美法系中,品格证据的排除适用也并非绝对,如果所证明的事项不属于该法则所要求的事项,则允许品格证据适用。类似事实证据也被称为相似事实证据,是指当事人在诉讼中提出的旨在表明对方(主要是被告人)实施过的、与被指控罪行具有相似性的行为的证据。类似事实证据包括有罪行为、“不当的或错误的行为”、中立行为;此外,类似事实证据不仅包括控前的事实证据,也包括控后的事实证据。[3]

在英美国家,原则上禁止用类似事实证据。在性侵案件及猥亵儿童案件中,类似事实证据可以有限使用,不过,审判中,法庭同样要对该证据进行分析,并审慎考虑该证据的证明价值及可能给被告人带来的偏见问题。

二、关联性规则在我国司法实践中的理解与适用

在我国,证据必须具有关联性是理论界和实务部门的共识,证据的关联性也是司法机关审查判断证据的重要内容之一。但是,我国的诉讼法和司法解释中并没有对证据的关联性作出明确规定。在证据规则中,也没有系统的关联性规则,仅仅在部分法条和司法解释中有一些零散的规定。

在我国的刑事诉讼中,我国《刑事诉讼法》对于关联性规则有一定规定,如我国《刑事诉讼法》第 50 条第 1 款规定:“可以用于证明案件事实的材料,都是证据。”第 120 条第 1 款规定,“犯罪嫌疑人对侦查人员的提问,应当如实回答。但是对与本案无关的问题,有拒绝回答的权利”。第 141 条第 1 款则在规定查封扣押程序时强调了物证、书证的关联性,并把关联性作为查封、扣押物证、书证的要求之一,即“在侦查活动中发现的可用以证明犯罪嫌疑人有罪或者无罪的各种财物、文件,应当查封、扣押;与案件无关的财物、文件,不得查封、扣押”。最高法《刑诉法解释》第 139 条第 2 款则规定了对证据证明力审查时对证据关联性的要求,即“对证据的证明力,应当根据具体情况,从证据与案件事实的关联程度、证据之间的联系等方面进行审查判断”。最高法《刑诉法解释》第 82、97、108 条等又特别强调,在审查物证、书证、鉴定意见及视听资料时,证据与案件事实有无关联也应当是证据审查的重要内容。此外,对于人证的审查,该解释又从质证程序的角度对“关联性”提出了要求。根据其第 247、261、262 条等的规定,质证主体对于证人、鉴定人、被告人、被害人、附带民事诉讼原告人和被告人的发问的内容应当与案件的事实相关,对于无关的问题,对方可以提出异议,审判长应在判明情况的基础上予以支持或驳回,对方未提出异议的,审判长也可以根据情况予以制止。控辩双方要求向法庭出示物证、书证、视听资料等证据时,对方提出异议,认为与案件无关的,审判长可以不予准许。另外,还有部分司法解释中存在少量的不相关证据不能作为定案根据的规定,如两院三部《办理死刑案件证据规定》第 6 条第 4 项要求对物证、书证着重审查,“物证、书证与案件事实有无关联。对现场遗留与犯罪有关的具备检验鉴定条件的血迹、指纹、毛发、体液等生物物证、痕迹、物品,是否通过 DNA 鉴定、指纹鉴定等鉴定方式与被告人或者被害人的相应生物检材、生物特征、物品等作同一认定”。第 24 条列举了鉴定意见不能作为定案根据的 8 种具

---

[3] 参见齐树洁主编:《英国证据法新论》,厦门大学出版社 2011 年版,第 234 页。

体情形,其中第4种情形是"鉴定意见与证明对象没有关联的"。第23条第8项规定,"鉴定意见与案件待证事实有无关联",第27条规定关于视听资料的审查判断时,"内容与案件事实无关联性的"不能作为定案的证据等。同时,最高法《刑诉法解释》第98条也罗列了鉴定意见不得作为定案根据的9种情形,其中,第8种情形就是"鉴定意见与案件事实没有关联的"。

在民事诉讼和行政诉讼中,相关司法解释也对证据的关联性规则有所提及。根据最高法《民诉证据规定》第87条的规定,审判人员在审核认定单一证据时,一个重要的考量标准就是"证据与本案事实是否相关"。第88条则要求,在审查全部证据时,"应当从各证据与案件事实的关联程度、各证据之间的联系等方面进行综合审查判断"。而最高法《行诉证据规定》第54条在规定认证的任务和目标时也强调,法官要对单一证据和全部证据进行全面、客观和公正地分析判断,"确定证据材料与案件事实之间的证明关系,排除不具有关联性的证据材料,准确认定案件事实"。最高法《行诉法解释》第39条也规定:"当事人申请调查收集证据,但该证据与待证事实无关联、对证明待证事实无意义或者其他无调查收集必要的,人民法院不予准许。"该解释第42条则强调:"能够反映案件真实情况、与待证事实相关联、来源和形式符合法律规定的证据,应当作为认定案件事实的根据。"

由于我国现行法律中缺乏系统的关联性规则,因此在司法实践中,办案人员对关联性的把握往往过于依赖个人的生活工作经验,即对证据关联性的判断采取相对较为自由和裁量方式。在行政案件及民事案件的办理过程中,由于原、被告双方在取证能力及司法经验方面一般不会有较为明显的差距,故在案件审理过程中,双方所举证据的关联性争议出现频率相对较高。值得注意的是,刑事案件的审理过程中,刑事诉讼证据的主要举证方是控方,尤其是在公诉案件的审理中,因公诉案件证据的收集、举示主要由国家专门机关办案人员进行,考虑到这些取证及举证人员的专业素养与工作经验,他们所收集、举示证据的关联性问题一般不会成为争议焦点。相反,辩方所收集的部分证据的关联性则容易在法庭上被质疑。比较常见的现象是,辩方在法庭上举示被告人一贯表现较好、家庭经济不好等证据时,公诉人往往会以这类证据与案件定案事实无关质疑,同时,对质疑辩方收集、举示证据的关联性的处理,审判人员所把握的标准也不完全一致。如在下面两个案例中法院对于家庭经济状况的证据采信截然相反。

案例1 程某组织领导黑社会性质组织案、杨某受贿案〔4〕

在重庆市长寿区程某组织领导黑社会性质组织案的审理过程中,辩方举证时,第九被告人的辩护人向法庭举示了9份证据,包括被告人李某家庭的户口簿、被告人李某和其妻子的离婚证书、被告人父亲病重多次住院治疗的病历、村委会出具的被告人家庭经济困难的证明等,其主要证明目的在于以被告人家庭困难为由希望法官在量刑时酌情从轻,但公诉人发表质证意见认为这些证据均与案件没有关联性,建议法庭不予采纳。法庭当庭表示采纳了公诉人的质证意见。而在贵州省荔波县原副县长杨某受贿案中,贵州省黔南州中级人民法院对同样证据的关联性问题的处理却与程某一案有明显的不同,在该案审理过程中,杨某的第二辩护人向法庭举示

〔4〕 两案例系作者亲自办理的案件。

了杨某女儿的残疾证,需要医治,请求对杨某判处较轻的罚金刑。公诉人发表质证意见时表示对该证据无异议。判决书载明法院认为该证据具备关联性、真实性、合法性,予以采信。

从规范角度分析,最高法《刑诉法解释》第276条规定:“法庭审理过程中,对与量刑有关的事实、证据,应当进行调查。人民法院除应当审查被告人是否具有法定量刑情节外,还应当根据案件情况审查以下影响量刑的情节:(一)案件起因;(二)被害人有无过错及过错程度,是否对矛盾激化负有责任及责任大小;(三)被告人的近亲属是否协助抓获被告人;(四)被告人平时表现,有无悔罪态度;(五)退赃、退赔及赔偿情况;(六)被告人是否取得被害人或者其近亲属谅解;(七)影响量刑的其他情节。”换句话说,在刑事案件中,涉及案件量刑情节,尤其是酌定量刑情节方面的证据是具有关联性的,办案人员不宜简单以这类证据与定案事实无关而绝对否定其关联性。

与证据关联性有关的具体规则,如品格证据规则、类似事实证据规则等,我国法律及司法解释中虽然对上述问题没有明确的规定,但部分条文则对相关规则有所提及。对于品格证据,我国法律及司法解释中一般允许它作为量刑证据使用。例如,我国《刑事诉讼法》第279条规定:“公安机关、人民检察院、人民法院办理未成年人刑事案件,根据情况可以对未成年犯罪嫌疑人、被告人的成长经历、犯罪原因、监护教育等情况进行调查。”最高人民检察院《人民检察院办理未成年人刑事案件的规定》第9条第1款规定:“人民检察院根据情况可以对未成年犯罪嫌疑人的成长经历、犯罪原因、监护教育等情况进行调查,并制作社会调查报告,作为办案和教育的参考。”最高人民检察院《人民检察院办理认罪认罚案件开展量刑建议工作的指导意见》第8条规定:“人民检察院应当根据案件情况对犯罪嫌疑人犯罪手段、犯罪动机、主观恶性、是否和解谅解、是否退赃退赔、有无前科劣迹等酌定量刑情节进行审查,并结合犯罪嫌疑人的家庭状况、成长环境、心理健康情况等进行审查,综合判断。有关个人品格方面的证据材料不得作为定罪证据,但与犯罪相关的个人品格情况可以作为酌定量刑情节予以综合考虑。”另外,在民事及行政诉讼案件中,品格证据通常也不能作为定案证据使用。

案例2 代某某与康某某离婚纠纷案[5]

原告代某某诉称,原、被告于2002年3月认识恋爱,不久便同居生活,2002年6月21日双方在胜天镇民政办登记结婚并育有一女康乙,因恋爱时间短,彼此并不了解,婚后性格差异大,经常为家庭琐事争吵。被告脾气古怪、暴躁,蛮不讲理,无法沟通,重男轻女思想严重。在外打工期间,因工作原因分隔两地,双方聚少离多。2011年9月28日,原告发现被告手机中有和其他女性暧昧的信息,双方由此争吵,原告当时考虑女儿还小就原谅了被告。同年10月5日,原告又发现被告不思悔改,继续和之前同一女性发暧昧信息,双方再次争吵,争吵后原、被告签订(分居)协议,从此分居生活,至今已3年之久,互不履行夫妻义务,夫妻关系名存实亡。原告为了结束这段痛苦的婚姻,特依法请求人民法院判决原、被告离婚,女康乙由原告直接抚养,由被告每月给付子女抚养费500元,学费、医疗费凭票据由原、被告平均承担,本案诉讼费由被告承担。在本案的审理期间,原告为证明其主张提供了其工作单位证明,拟证明原告工作单位及工作表现。法院认为,原告举示的工作单位证明系品格证据,与本案无关联性,故不予采信。

---

[5] 参见四川省高县人民法院民事判决书,(2015)宜高民初字第417号。

对于类似事实证据，我国也有规范性文件明确，被告人的先前类似行为可以用于证明其主观明知，如 2002 年《关于办理走私刑事案件适用法律若干问题的意见》（法〔2002〕139 号）第 5 条第 2 款第 6 项规定，对“曾因同一种走私行为受过刑事处罚或者行政处罚的”行为人，可以认定为“明知”，但有证据证明确属被蒙骗的除外。2016 年最高人民法院、最高人民检察院、公安部《关于办理电信网络诈骗等刑事案件适用法律若干问题的意见》第 4 条第 3 项规定，“明知他人实施电信网络诈骗犯罪”，应当结合被告人的认知能力，既往经历，行为次数和手段，与他人关系，获利情况，是否曾因电信网络诈骗受过处罚，是否故意规避调查等主客观因素进行综合分析认定。2019 年最高人民法院、最高人民检察院、公安部、司法部印发的《关于办理“套路贷”刑事案件若干问题的意见》第 5 条第 3 款规定，“明知他人实施‘套路贷’犯罪”，应当结合行为人的认知能力、既往经历、行为次数和手段、与同案人、被害人的关系、获利情况、是否曾因“套路贷”受过处罚、是否故意规避查处等主客观因素综合分析认定。

另外，我国也有一些规范性文件规定，被追诉人的先前类似行为在一定程度上用于证明定罪情节的相关事实，如最高人民法院、最高人民检察院于 2013 年出台的《关于办理盗窃刑事案件适用法律若干问题的解释》中，第 2 条第 1、2 项规定 1 年内曾因盗窃受过行政处罚、因犯盗窃受过刑事处罚的，“数额较大”的标准可以依照前条规定标准的 50% 确定。同样，最高人民法院、最高人民检察院《关于办理抢夺刑事案件适用法律若干问题的解释》第 2 条也有类似规定，如曾因抢劫、抢夺或者聚众哄抢受过刑事处罚的、1 年内曾因抢夺或者哄抢受过行政处罚的或 1 年内抢夺 3 次以上的，“数额较大”的标准按照前条规定标准的 50% 确定。另外，一些司法解释中，被追诉人的先前类似行为还可以用于证明是否达到刑事追诉标准的相关问题，如最高人民检察院、公安部《关于印发〈最高人民检察院、公安部关于公安机关管辖的刑事案件立案追诉标准的规定（二）〉的通知》（2022 年修订）第 52 条规定：“〔逃税案（刑法第二百零一条）〕逃避缴纳税款，涉嫌下列情形之一的，应予立案追诉：……（二）纳税人五年内因逃避缴纳税款受过刑事处罚或者被税务机关给予二次以上行政处罚，又逃避缴纳税款，数额在十万元以上并且占各税种应纳税总额百分之十以上的……”

在司法实践中，品格证据、类似事实证据也存在合理的适用。一般而言，被追诉人的品格证据在对被追诉人审查批捕、审查起诉及量刑中可作为证据使用，但品格证据一般不能作为定罪证据使用。被害人的品格证据在证明某些案件的事实问题（如正当防卫等）方面在实践中也能发挥一定的作用。

案例 3　黄某响故意伤害案〔6〕

2016 年 7 月 6 日 23 时许，被告人黄某响途经黄某 1 家门外的小路时被黄某 1 责骂，两人发生拉扯争斗，在拉扯中，被告人黄某响右手背被黄某 1 咬伤，黄某响想到黄某 1 是吸毒人员，村里的人都传黄某 1 患有艾滋病，其被黄某 1 咬伤有可能被传染艾滋病，惊慌中，黄某响在地上捡起一根木棍，对黄某 1 进行殴打，直至把黄某 1 打倒在地后才停手跑回家。次日 3 时许，黄某 1

〔6〕 参见广西壮族自治区高级人民法院刑事判决书，（2017）桂刑终 184 号。

被发现死于其家门外的小路上。5时许，黄某响得知黄某1死讯后，主动到田东县公安机关投案自首。经鉴定，被害人黄某1是因左侧腰背部被钝性物体打击致脾脏及左肾破裂而死亡；被告人黄某响的损伤程度为轻微伤。广西壮族自治区百色地区（市）中级人民法院一审以故意伤害罪判处被告人黄某响有期徒刑12年。黄某响不服一审判决提起上诉。广西壮族自治区高级人民法院二审认为，原判未认定黄某响的故意伤害行为具有防卫性质，黄某响的行为属于防卫过当，原判适用法律错误，导致对黄某响量刑不当。二审法院认为，黄某响的行为系防卫过当的原因之一在于：防卫的起因是正当防卫的前提条件，在本案中，黄某1多次威胁传播艾滋病给黄某响的家人，还扬言杀光黄某响的家人和直接打砸黄某响的家门等，使黄某响全家对黄某1产生恐慌和躲避心理，不得已举家从村里搬迁到镇上居住，只留下黄某响一人在村里家中照料果树等农作物。案发当晚，黄某响和黄某1都到同村辛某茂家奔丧事喝酒吃饭，双方曾同桌，但未产生矛盾冲突，后双方相遇时黄某响突然受到黄某1袭击和咬伤，黄某响在人身安全突然受到严重侵害的情况下，不得已对黄某1实施反击行为。

本案中，被害人黄某1的暴虐的品性证据对被告人黄某响防卫意图起到了一定的证明作用。最终，二审法院以黄某响犯故意伤害罪，改判其有期徒刑3年。

而类似事实证据在我国司法实践中，一方面，在特定情况下可直接证明犯罪构成要件事实，如证明犯罪主观要件、证明犯罪客观要件（是否达到“情节恶劣”的入罪标准）、证明犯罪主体同一性等；另一方面，还能发挥辅助证明作用，[7]如补强人证、作为弹劾证据反驳被告人辩解等。

案例4　蔡某环放火案[8]

2016年9月3日上午8时许，被告人蔡某环在其位于南安市官桥镇漳里村洪邦65号家中其睡觉的房间内饮酒后，打开事前搬到其睡房内的煤气罐阀门。后被告人蔡某环在房间内点燃打火机引起爆炸，引燃屋内的木质隔板、布衣柜，并致其本人后背、双手、双腿大面积烧伤以及墙体受损。一审法院以被告人蔡某环犯放火罪，判处其有期徒刑3年。蔡某环不服提起上诉，辩称其喝酒后想抽烟造成意外失火，并非想自杀而故意放火。二审法院经审理后发现，被告人在案发前有过多次放煤气并致家中着火的行为。有关证据包括蔡某环的供述，其内容为：2015年其和前妻离婚后，孩子跟着前妻，其独自一人，所以心情一直很差，就会有想不开想自杀的时候。其曾经有一次想不开，在房间里打开煤气罐想自杀，但被人发现获救。案发前其连续2个月心情都很差，几乎24小时把自己关在家里不出门，有想自杀、想不开的时候，所以只能靠喝酒来麻痹自己。另外证人蔡某1、蔡某3的证言也称，蔡某环自杀过很多次，他们二人多次出警到蔡某环家。2015年下半年蔡某环曾放火将他老婆的衣服和柜子烧了，因为这件事情，他老婆和他离婚了。蔡某环因为爱喝酒，老婆孩子也都离开他了，酒后就喜欢做一些过激的事情，总想寻死。2016年三四月，蔡某2打电话说蔡某环又开煤气要自杀了。他们二人过去后，看到屋内床铺烧掉了，房间内还有煤气罐和煤气味。蔡某环说他就是想要自杀，故意烧起来的。他们看到蔡某环身上被烧伤，房子也被炸了，就打电话报警了。蔡某环的前妻李某1也证实蔡某环不喝酒还好，喝完酒就容易做出一些不理智的事情。2015年下半年的一天，其回家后发现家里衣柜被烧

[7] 参见胡佳：《相似事实证据规则研究》，载《青少年犯罪问题》2021年第6期。

[8] 参见福建省泉州市中级人民法院刑事裁定书，(2017)闽05刑终1015号。

了，蔡某环一身酒味。其问蔡某环，蔡某环说就是要把其衣服烧了。其知道他喝酒会想不开，但没想到他会烧其衣服。之后不久其就和蔡某环离婚了。后来其听说蔡某环喝酒又想不开，所以开煤气要自杀，不知为什么把房子炸了，自己也烧伤了，送医后不久就被公安机关带走了。

在本案中，蔡某环作为一名完全民事行为能力人，具备正常的生活常识，主观上对点燃煤气并可能造成后果有充分认识，本案中再次点燃煤气，应认定为故意而非过失。在本案中，蔡某环过去多次的类似行为证据，即酒后放火行为在本案中被直接作为证明蔡某环主观上有放火故意的证据。

第三节　传闻证据规则及其理解与适用

一、传闻证据规则概述

（一）传闻证据的含义

传闻证据是指在审判外所作且用于在法庭上证明所断定事项之真实性的陈述或叙述性动作。传闻证据主要包括两种材料：一是证人在审判期日前在庭外就其所感知的案件事实所写的陈述书或许可他人制作的陈述笔录；二是传闻陈述，即证人在审判期日于法庭上就他人所感知的事实向法庭所作的转述。由于实行强制证人出庭作证制度，英美法系国家证人不出庭的情况很少出现，第一种传闻证据较为少见。因此，实践中排除的传闻证据主要是传闻陈述。

一般认为，传闻证据包括四个要素：（1）传闻证据应当是一个包含断定内容的陈述——该陈述既可以是口头陈述也可以是书面陈述，或者是包含断定内容的肢体动作。如一名被害人被打成重伤，送进医院，全身插满管子，无法开口说话。警察拿了一堆照片一张一张放到他面前，被害人指着其中一张颤抖得说不出话来。此处，被害人用手指着照片的意思，实际上是想表达一种断定，即“这个人对我进行了殴打”。在这一场景中，被害人指认照片这个动作就包含断定内容，如果用来证明断定内容本身，就可能构成传闻。〔9〕（2）该陈述是由陈述人作出的，如汽车雷达测速器等显示的结果就不会构成传闻证据，原因在于仪器与人不同，不存在说谎动机，仪器的科学性可以被证人解释，而证人要受到双方律师的交叉询问，因此这些仪器显示的结果不属于传闻证据。〔10〕（3）该陈述是陈述人在非审判或听证场合作出的。（4）该陈述是陈述人用来证明所主张事项的真实性。

（二）传闻证据规则及例外

英美法系国家的传闻证据规则在规制言词证据的适用方面发挥着重要作用，在大陆法系国家，与传闻证据规则起到相似作用的规则为直接言词原则。直接言词原则可再分为直接原则和言词原则。直接原则又称直接审理原则，要求参加审判的法官必须亲自参加证据审查、亲自聆听法庭辩论。言词原则又称言词审理原则，是要求当事人等在法庭上须用言词形式开展质证辩论的原则。直接言词原则与传闻证据规则虽然在调整的对象、

〔9〕 参见易延友：《证据法学：原则　规则　案例》，法律出版社 2017 年版，第 322－323 页。
〔10〕 参见何家弘、张某平主编：《简明证据法学》，中国人民大学出版社 2016 年版，第 200－201 页。

功能的侧重点、发挥作用的方式乃至作用效果等方面有一定的区别，但在追求准确裁判、公正审判等价值理念上有诸多相通之处。

传闻证据规则最早确立于英国，它是英美法系国家的重要证据规则之一。按照该规则的要求，如果某人的陈述属于传闻，那么该陈述就不具有证据资格，就应该排除，除非它属于法律规定的例外情形。排除传闻证据的主要原因在于保障证言的准确性与可靠性，由于传闻证据往往多增加了信息传递的环节，易受转述客观条件和转述人主观因素的影响，信息的准确度下降，即转述人有可能在转述证言时会因记忆、叙述等原因遗漏、误传有关原陈述者陈述的关键信息，从而导致证言内容与案件事实产生出入。同时，排除传闻证据也是为了保障控辩双方对原始证人进行交叉询问的权利，以及保障审判者对原始证人的亲自听审，通过观察原始证人的表情、姿态、态度等获得准确印象，正确认定案件事实。

根据传闻证据规则，传闻证据一般不具有可采性，需要予以排除。但是，如果绝对地排除所有的传闻证据，会导致有相当部分案件的事实真相难以查清，或者使查明案件事实的成本增大，所以传闻证据的排除也并不是绝对的。如果在特定情况下采纳该传闻证据非常必要，该传闻证据又有可靠性的保障，而且，已经给了相对方质询的机会，该传闻证据就可以被采用。但传闻证据排除的例外在适用时通常需要满足严格的条件。

二、传闻证据在我国司法实践中的理解与适用

在我国目前三大诉讼法中，既不存在传闻证据规则，也没有真正确立直接言词原则，导致言词证据缺乏指导性证据能力规则的约束，传闻证据的证据资格在诉讼中的适用几乎不受任何限制。我国刑事诉讼中的证人证言目前多为书面证言形态，在法庭上证人不出庭而宣读其书面证言是普遍的做法，因此无论是在法条里还是于实践中，“传闻排除规则”或“直接言词原则”并未建立，由此形成所谓“书面证言中心主义”。长期以来，在我国刑事诉讼中，书面证言的用途十分广泛，在刑事诉讼实务中，不仅书面证言的证据能力未受限制，而且对其证明力往往评价较高，甚至常常高于法庭证言的证明力。[11] 当然从另一个角度来说，由于我国长期以来奉行实事求是的证据制度，证据只要能在一定程度上证明案情，在证据符合关联性、合法性及真实性的情况下，就可以采信该证据，具体到证人证言，按现行司法解释的规定，经人民法院通知，证人没有正当理由拒绝出庭或者出庭后拒绝作证，法庭对其证言的真实性无法确认的，该证人证言不得作为定案的根据。也就是说，在我国现行的司法语境下，刑事诉讼中的证人经通知不出庭作证，并不会必然导致书面证言的排除。

案例5　孙某交通肇事案[12]

孙某驾车超速行驶发生重大交通事故，致一人死亡，被判处有期徒刑1年6个月。判决生效后，孙某提出申诉，理由之一即孙某肇事后及时叫人帮忙打电话报警，且一直在现场等待，随后又如实向公安机关供述犯罪事实，应当认定为自首。原判未予认定明显错误，致使量刑过重。本案再审过程中，孙某及其委托代理人其丈夫石某在申诉中提交了一份新证据，即证人葛某亲

[11]　参见龙宗智：《论书面证言及其运用》，载《中国法学》2008年第4期。

[12]　参见山西省晋城市中级人民法院刑事判决书，(2016)晋05刑再1号。

笔书写的证人证言，证人证言全文是："2012年10月8日下午5点左右，我从古矿办公楼前路口路过，看到发生了一起交通事故，有多人在抬车辆，路边有一女性已经不知所措，人已恍惚，嘴里说到帮我打电话报个警。我拨打了报警电话，一会儿古矿医院的救护车也赶到了现场把人拉走了。直到警察来，把女司机带到古矿派出所。"以上证据在再审开庭中经过当庭质证，但证人经本院通知未能到庭。再审庭审中，检察机关针对葛某的上述证言，也提供了一份新证据，是受害人之子、本案附带民事诉讼原告人李某2与葛某的通话录音。近3分钟的通话中，主要内容是李某2询问，是孙某让葛某打的报警电话还是葛某主动打的。葛某的回答是"路过看见了就打了"。检察机关认为，证人在书面证言与录音中说的不一致（书面证言感觉是孙某针对证人求助，录音中证人又否认了孙某让其打电话），这个矛盾证据不能采信，孙某以有新证据为由提出申诉，其理由不能成立。再审庭审后，法院对证人葛某证言进行了庭外核实，出示了证人自书证言及录音，证人对以上内容都认可，并解释说，女司机当时也并没有要求自己报警，而是惊慌失措地站在路边，向路人求助，嘴里喊着"快帮我报警"，证人认出这个女司机是古矿医院的职工，加上自己也是矿上负责交通安全的，所以就报了警。之后法院也组织了检察机关、被告人的委托代理人和辩护人、附带民事诉讼原告人进行了质证。检察机关出庭人员提出的证人证言必须经过庭审质证，否则不能作为认定事实的证据问题，法院认为，2012年《刑事诉讼法》第59条规定了"证人证言必须在法庭上经过公诉人、被害人和被告人、辩护人双方质证并且查实以后，才能作为定案的根据"，最高法2012年《刑诉法解释》第78条第3款也规定"经人民法院通知，证人没有正当理由拒绝出庭或者出庭后拒绝作证，法庭对其证言的真实性无法确认的，该证人证言不得作为定案的根据"。本案中，葛某自书证言及李某2对其的电话录音，证明内容上并无明显差异，经过法院核实，证人本人认可，并经质证，能够确认孙某求助他人报案的事实是存在的，以该证言作为定案根据，并不违反上述司法解释的规定。故对检察机关关于证人未出庭即不能以其证言定案的观点，法院不予采纳。

在行政诉讼及民事诉讼中，出庭证人的证言的证明力更受到法庭的关注，在行政诉讼中，法院一般优先采纳出庭证人证言。如最高法《行诉证据规定》第63条规定，证明同一事实的数个证据，其证明效力一般可以按照下列情形分别认定，"（八）出庭作证的证人证言优于未出庭作证的证人证言"。在民事诉讼中，根据最高法《民诉证据规定》第68条的规定，无正当理由未出庭作证的证人证言一般不能单独作为定案证据。

案例6　杨某军诉沈阳沈鑫巴士有限公司劳动争议纠纷案[13]

原告杨某军诉称，原告于1994年9月开始在被告沈阳沈鑫巴士有限公司处从事司机工作，原告入职后与被告签订了劳动合同。被告每月给原告缴纳社会保险，其中包括失业保险。2012年10月，因原告不适患病，被告多次要求与原告解除劳动合同，原告不愿意解除劳动合同。但被告多次施压，原告无奈之下在自愿离职申请上签字。劳动合同解除后，原告要求被告办理解除劳动关系相关手续、转移档案及申领失业金，但是被告一直未给原告办理，导致原告至今未领取到失业金，因没有档案也无法到其他单位工作而导致生活困难。原告遂诉至法院。在本案的诉讼中，原告向法庭提交了肖某顺、王某在打印材料上签名的书面证言，内容均为："我愿为杨某

〔13〕 参见辽宁省沈阳市皇姑区人民法院民事判决书，(2014)皇民一初字第921号。

军出证证明,当时被告沈阳沈鑫巴士有限公司为了达到自己开除员工的目的,分别找员工谈话,以让员工自己承担交通肇事责任为由,逼迫员工以自己身体不适为由签订辞职申请,杨某军等人在被告公司任司机一职,曾出过交通事故。被告沈鑫巴士有限公司通过各种方式向杨某军等员工施加压力,想尽办法,逼迫杨某军等人签下辞职申请,辞职申请并不是杨某军自愿签的。"法院审理后认为:"原告虽否认辞职系其真实意思表示,但仅向法庭提交了书面证言,根据最高人民法院《关于民事诉讼证据的若干规定》(2008 年调整,已被修改)第 69 条的规定,无正当理由未出庭作证的证人证言不能单独作为认定案件事实的依据,而原告亦无其他证据证明其该项主张,故本院不予支持。"

另外,对于传闻陈述(传来证言),我国现行法律及司法解释也未否定其证据资格,而是对其证明力加以限制。通常情况下,传来证言的证明力低于原始证言,如最高法《行诉证据规定》第 63 条第 6 项规定,"原始证据优于传来证据"。虽然一般认为传来证据的证明力相对较低,但在司法实践中,传来证言如来源清楚且可信度较高,能够与在案的其他证据所证实的案件事实相互印证,则也能得到采信。反之,如传来证据与本案其他证据不能相互印证,则裁判者一般不会对其予以采信。

案例 7 王某故意伤害案[14]

绍兴县(现绍兴市)人民检察院指控,2010 年 8 月 30 日 9 时左右,被告人王某在绍兴县钱清镇人民政府 608 办公室内,因宗教事务问题与该镇工作人员徐某发生争执。在双方拉扯过程中,被告人王某打了徐某左脸一个耳光,导致徐某左耳受伤。经鉴定,徐某因外伤致左耳鼓膜穿孔,评定为轻伤。检察院遂以故意伤害罪对王某提起公诉。一审审理过程中,辩护人举示证人沈某乙、沈某甲、陈某证言,其证言内容为证人听说徐某 2010 年 9 月 2 至 3 日在西安旅游而未在绍兴第二医院住院。法院经审查后认为,该三份证言均系传来证据,无相应的原始证据印证其真实性,且与相互印证的徐某的住院病历、钱清镇人民政府办公室出具的情况说明、绍兴山水国际旅游有限公司的费用清单、徐某在杭州机场进出港记录、徐某的手机通讯记录证实的事实矛盾,不具有真实性,不能作为认定本案事实的证据。

该案涉及传来证据的证明力问题。传来证据是我国证据法中一个特有的概念,是指间接来源于案件事实,经过复制、转抄、转述等中间环节而形成的证据。传来证据在我国司法实践中运用较多。一般而言,传来证据与传闻证据的共同之处在于:传来证据中的传来证言属于传闻证据的一种。二者的主要区别是:在适用范围上看,传闻证据仅限于言词证据,而我国传来证据既包括言词证据,也包括实物证据;在适用规则上看,传来证据经审查核实后可以作为定案的根据使用,而传闻证据原则上应当予以排除。

---

〔14〕 参见浙江省绍兴县人民法院刑事附带民事判决书,(2011)绍刑初字第 382 号。

第四节 意见证据规则及其理解与适用

一、意见证据规则概述

(一)意见证据规则的含义

意见证据是指某种源于证人所亲身感知的事实的意见、推理或结论。意见证据规则是英美法系的一项重要证据规则,它指证人只能就其亲身感知的事实提供证言,而不能就这些事实进行推论,即不能提供所谓的意见证据。简言之,意见证据原则上不具有可采性。

意见证据之所以原则上不具有可采性,主要基于以下两点考虑:一方面,人发表的意见并非自己亲身感知的事实而是对事实的看法或观点,容易受证人个体知识、经验包括情绪化因素及偏见的影响,容易影响甚至误导案件事实的认定。另一方面,对证人所感知的客观事实作出评价应当属于裁判者的职权范围,允许证人对自己所感受的事实发表所谓看法或者观点,有侵犯审判权之嫌疑。

(二)意见证据规则的例外

意见证据规则也有例外规则,即专家证人例外规则和普通证人例外规则。在英美法系国家,证人分为专家证人和普通证人,专家证人的意见都是可采纳的,这是意见证据规则最主要的例外。所谓专家证人,是指具有专业知识、特长或者相关技能的并且据其掌握的知识提供证言的人。在庭审时,专家证人可以就其专业知识领域中的某个问题根据自己的专业知识作出推断。普通证人的例外则是指普通证人以意见或推理形式作出的证词如果是合理地建立在该证人的亲身感知的事实之上,不需要借助任何专业知识工具,并且有助于事实裁判者理解证言或决断事实的,则该意见仍具有可采性。也就是说,对于普通证人的意见,凡属不是以其亲身感知的事实作为基础而作出的,应当加以排除;但若是以其亲身感知为基础作出的,则可能而非必然成为例外而具有可采性。这些例外大多是不能以其他方式表达的"速记性"问题,如味觉或嗅觉的问题、交通工具的速度、声音或笔迹的辨别、证人本人的意图、他人的状态等。[15]

二、意见证据规则在我国司法实践中的理解与适用

在我国,意见证据规则最早规定于 2002 年 4 月 1 日起施行的最高法 2001 年《民诉证据规定》第 57 条,即"出庭作证的证人应当客观陈述其亲身感知的事实。证人为聋哑人的,可以其他表达方式作证。证人作证时,不得使用猜测、推断或者评论性的语言"。同年 10 月 1 日起施行的最高法《行诉证据规定》第 46 条也作出了类似规定:"证人应当陈述其亲历的具体事实。证人根据其经历所作的判断、推测或者评论,不能作为定案的依据。"故我国民事诉讼与行政诉讼中对证人的"意见"实际上采取了"绝对排除"的态度。

---

〔15〕 参见陈光中主编:《证据法学》(第 4 版),法律出版社 2019 年版,第 261 页。

案例8 祁东县公安局与吕某轩行政处罚案〔16〕

原审原告吕某轩于2018年2月15日（大年三十）在祁东县白地市镇响鼓岭街上自己经营的药店门上张贴了一副对联，横联是“惜天下”，上联是“民穷天下乱”，下联是“官贪江山亡”。2018年3月3日，祁东县公安局国内安全保卫大队发现吕某轩在“两会”期间可能进京上访，该队民警找吕某轩做劝访工作，在此过程中，该队民警认为吕某轩在白地市镇响鼓岭街上开的药店门口张贴的对联损害了国家形象，对其所张贴的对联拍照取证，并将吕某轩口头传唤至祁东县公安局调查。吕某轩在祁东县公安局对其进行调查的过程中，述称：“横幅的意思是珍惜国家，新中国有现在这个局面不容易。上联的意义是人民生活困难的话，国家就是大乱，下联的意思是现在社会上贪污腐败现象横行国家迟早会灭亡的。……”2018年3月3日，祁东县公安局作出祁公（国）决字［2018］0252号《公安行政处罚决定书》，决定对吕某轩行政拘留15日。该拘留决定已经执行完毕。吕某轩不服该行政处罚决定，向祁东县人民政府提起行政复议，祁东县人民政府于2018年4月25日受理该复议申请后，未作出复议决定。吕某轩遂提起诉讼。本案被告祁东县公安局向法院提交了相关证人证言。其中，证人刘某1的证言为“……我觉得他（指吕某轩）写的这幅对联就是对社会不满的证言”，证人刘某2的证言为：“第一，我觉得这幅对联的内容很反动，表现出的是吕某轩对社会极大的不满，否定现在的社会主义；第二，他这幅对联会扰乱民心，阻碍社会的向前发展；第三，我觉得他的这幅对联是吕某轩目无法纪，目无组织的观念，……吕某轩的这幅对联贴在我们响鼓岭的闹市区，在社会上反响很大，很多人都觉得他的这幅对联很反动，是污蔑社会的一种表现，看不到社会好的一面。”一审法院经审理后认为，上述证人证言的相关内容均不属于证人亲历的具体事实，而属于个人判断和推测。且证人刘某1是原告上访要检举揭发的村干部，与吕某轩有明显的利害关系，故该两人的上述证言均不能作为认定本案事实的依据。后二审法院经审理后也认为，证人刘某2、刘某1的证言中关于吕某轩张贴对联行为部分属于个人判断和推测，并不是陈述其亲历的具体事实，该证言不能作为认定案件事实的依据。

我国刑事诉讼制度中的意见证据规则最早规定于2010年7月1日起施行的两院三部《办理死刑案件证据规定》第12条第3款，“证人的猜测性、评论性、推断性的证言，不能作为证据使用，但根据一般生活经验判断符合事实的除外”。而后，2013年1月1日起施行的最高法2012年《刑诉法解释》第75条第2款也明确规定：“证人的猜测性、评论性、推断性的证言，不得作为证据使用，但根据一般生活经验判断符合事实的除外。”虽然在规范时间上晚于民事、行政诉讼制度，但从具体内容来看，我国刑事诉讼制度关于意见证据规则的规定更成熟、更完善，即对意见证据规则作出一般性规定的同时，以“但书”的形式对意见证据规定了例外情形。

案例9 赵某臣贩卖毒品案〔17〕

公诉机关指控赵某臣于2013至2014年向韩某某等人贩卖毒品。其指控依据主要是言词证据，其中证人韩某某证实：“我从赵某臣手中就购买这一回毒品，当时他也没管我要钱，等到第二天晚上的时候，赵某臣管我借钱，当时我合计我给他二百块钱就当还头一天的冰毒钱了，当时

〔16〕 参见湖南省衡阳市中级人民法院行政判决书，（2019）湘04行终144号。

〔17〕 参见新宾满族自治县人民法院刑事判决书，（2015）新宾刑初字第00100号。

借钱时,我的意思有钱就还,没钱就当顶头一天的毒品钱了,当时没有说明,但大家都心知肚明。"法院认为,证人韩某某证实被告人赵某臣存在贩卖毒品的事实仅是其自认为赵某臣主观上存在贩卖的故意,这是其对赵某臣心理的一种推断与揣测,而依据最高法2012年《刑诉法解释》第75条第2款的规定,证人的猜测性、评论性、推断性的证言,不得作为证据使用,故其证言依法不应作为定案依据。

需要注意的是,与英美法系国家不同,我国三大诉讼法中的证人仅指普通证人,而不包括"专家证人",所以在我国,具有特定领域专业知识的专门人员,如鉴定人和有专门知识的人,是独立于证人之外的其他诉讼参与人,其提出的意见根本不属于意见证据规则的调整范围。另外,英美法系国家的规定一般是在"采纳"层面上对意见证据给出判断的标准,而我国的表述相对而言更为抽象、笼统。最高法《刑诉法解释》第88条第2款规定,"证人的猜测性、评论性、推断性的证言,不得作为证据使用,但根据一般生活经验判断符合事实的除外"。从内容上看,本条规定由两部分组成:第一部分为意见证据的"采纳"标准,即证人的猜测性、评论性、推断性的证言不具备证据能力(或证据资格),不能作为证据使用,因此应当排除。第二部分为"但根据一般生活经验判断符合事实的除外",从解释学上来看,既可以进一步理解为意见证据的"采纳"标准,也可以理解为意见证据的"采信"标准。一方面,如果从体系解释的角度而言,此处的"但书"条款显然应该是对前一部分内容的补充,故而仍属于意见证据"采纳"标准的规定。但另一方面,如果将其置于对意见证据的审查认定这个层面来理解,"符合事实"实际上是运用经验法则来判断某意见证据的内容是不是能够真实地证明案件事实;此时,它便被作为一个定案根据而存在,而不是应否被排除的问题,无疑这就成了有关意见证据的"采信"标准之规定。

案例10 冯某胜重婚案〔18〕

检察机关指控,冯某胜在与刘某3合法有效的婚姻关系存续期间,与向某贤以夫妻名义共同生活。在本案的审理中,证人吴某1、吴某7的证言均反映根据其平时见到与他们同住永某花园的冯某胜、向某贤和冯某胜的儿子一起在小区居住生活,冯某胜儿子称呼冯某胜为爸爸、称呼向某贤为妈妈等情况认为冯某胜、向某贤及冯某胜的儿子是一家人。就上述证言,法院认为,虽然证人吴某1、吴某7对于冯某胜、向某贤关系的证言只是他们的个人看法,但他们的上述看法符合一般生活经验,且与前述客观情况反映的冯某胜、向某贤之间实际关系的事实相符,故根据最高法2012年《刑诉法解释》第75条第2款"证人的猜测性、评论性、推断性的证言,不得作为证据使用,但根据一般生活经验判断符合事实的除外"的规定,可以作为证据使用。由此可见,冯某胜、向某贤在永某花园共同居住生活的诸多表现足以使群众合理地认为他们是以夫妻名义共同生活。

从我国司法实践来看,证人意见证据的存在具有一定的广泛性,但在该规则的具体适用中需要注意如下问题:

第一,准确把握不同意见证据的内涵。从字面上理解,证人的意见可以理解为证人对事情的一定的看法或想法。具体在司法实践中,证人的意见还可作进一步细分,一种是证

〔18〕 参见广东省江门市中级人民法院刑事判决书,(2019)粤07刑终218号。

人在亲历感知基础之上作出的推测、推断或评论，另一种是证人基于平时所了解的情况或纯粹的主观判断而作出的推测、推断或评论，其本人对于意图证明的案件事实并没有亲历的基础。值得注意的是，证人“所了解的情况”在这里并非证人对所要证明事实的直接了解，而是基于自己平时观察所产生的认知继而对另一事实提出的推断性猜测。此时，实际上存在两个事实，二者不能相互混淆。前者系存在亲历感知基础的意见证据，后者系不存在亲历感知基础的意见证据。不存在感知基础的意见均应当予以排除，存在感知基础并且符合一般生活经验的意见可以在符合法定例外的情形下予以采纳。

案例 11　康某放火案〔19〕

武汉市硚口区人民法院一审判决认定：2015 年 1 月 21 日 12 时许，被告人康某位于武汉市硚口区易农街 4－4 号 1 楼 4 号的家中着火。经火灾事故简易调查认定，过火面积 30 平方米，房内物品基本烧毁。经鉴定，烧毁物品价值人民币 230 元。一审法院认定被告人康某犯放火罪，判处有期徒刑 4 年。本案二审法院认为一审法院采信证人曾某（康某的母亲）证言不能作为证据使用，原因在于曾某并非目击证人，未目睹火灾发生时的情况，其关于“我不清楚火是怎么烧起来的，只是听到旁人议论就认为是我儿子放的火”“我没有看到康某点火，但是我心里知道是他点的”的证言属于推断性证言，依法不能作为证据使用。此案中曾某的证言即属于典型的不存在亲历感知基础的意见证据。

第二，合理评判一般生活经验。一般生活经验属于日常经验法则的范畴。所谓日常经验法则，是指日常生活中所形成的反映事物之间内在必然联系的事理：其一，所依据的生活经验必须是日常生活中反复发生的常态现象；其二，这种生活经验必须为社会中一般常人所能体察和感受；其三，这种经验法则所依据的生活经验可随时以特定的具体方式还原为一般常人的亲身感受。日常经验法则具有不成文的特点，既不易定量，也无规范可遵循。同时在适用意见证据规则例外时，评判“一般生活经验”，还要具体考虑证人的工作、学习、生活等身份特点，其给出的某些证言虽具有猜测性、评论性或推断性，但这些猜测性、评论性或推断性的证言，来自其个人当时的直接感知，并经由与其以往的积累或经验相比较所得出的结论或看法。之所以强调要考虑证人的身份，其原因在于这些有着推测性或评断性的证言，是证人而不是其他人给出的。证人长期从事某一特殊职业如狩猎、开车、外科手术等，证人在学习或生活中经常或反复面对某一现象或事实的出现如猫叫、狗吠、鸟鸣等，这些无数次亲历过的相关事实或现象使得他们在本案中再一次亲历这种事实或现象时，便能给出虽属猜测或评论但与事实相吻合的证言。无疑，这样的证言是事实认定者需要的——它能帮助事实认定者准确、有效地认定案件中的有关事实。

第五节　最佳证据规则及其理解与适用

一、最佳证据规则概述

最佳证据规则是英美证据法上的一项古老的证据规则，也是我国证据运用中的重要

---

〔19〕　参见湖北省武汉市中级人民法院刑事判决书，（2017）鄂 01 刑终 1043 号。

规则之一。根据我国相关立法，这一规则是指对于物证、书证、电子数据等内容的证明，一般应当提交原物和原件。我国《民事诉讼法》第73条第1款规定，书证应当提交原件。物证应当提交原物。提交原件或者原物确有困难的，可以提交复制品、照片、副本、节录本。最高法《民诉证据规定》第11条规定，“当事人向人民法院提供证据，应当提供原件或者原物。如需自己保存证据原件、原物或者提供原件、原物确有困难的，可以提供经人民法院核对无异的复制件或者复制品”。最高法《刑诉法解释》第82条规定：“对物证、书证应当着重审查以下内容：（一）物证、书证是否为原物、原件，是否经过辨认、鉴定；物证的照片、录像、复制品或者书证的副本、复制件是否与原物、原件相符，是否由二人以上制作，有无制作人关于制作过程以及原物、原件存放于何处的文字说明和签名……”第83条第1款还规定，据以定案的物证应当是原物。最高法《行诉证据规定》第10、11条也规定，“提供书证的原件，原本、正本和副本均属于书证的原件。提供原件确有困难的，可以提供与原件核对无误的复印件、照片、节录本”；“提供原物。提供原物确有困难的，可以提供与原物核对无误的复制件或者证明该物证的照片、录像等其他证据”。两院一部《电子数据规定》第8条第1款要求，“收集、提取电子数据，能够扣押电子数据原始存储介质的，应当扣押、封存原始存储介质，并制作笔录，记录原始存储介质的封存状态”。

案例12　王某某、熊某某等确认合同有效纠纷案〔20〕

在该案中，王某某、熊某某与樊某某共同购买大巴车从事旅游运输业务，后产生纠纷。在一审和二审中都涉及一份重要的书证，即一审中原告樊某某与被告王某某、熊某某均认可双方于2022年1月26日自愿签订协议一份，协议签订后，樊某某拍照保存，王某某、熊某某辩称没有存档且当场就撕毁了。一审法院认为，根据《民事诉讼法》第73条、最高法《民诉法解释》第111条的规定，虽然樊某某仅提交了协议照片，因协议原件由被告熊某某、王某某保存，该协议照片可以作为本案认定案件事实的根据。二审法院指出，樊某某针对协议的相关说法不符合常理，认定王某某、熊某某的上诉请求成立。

该案中涉及最佳证据规则的适用，按照《民事诉讼法》及其司法解释的要求，书证、物证一般应当提交原件和原物，仅在符合法律规定的情形下，才可以提交复制品或照片等。王某某、熊某某与樊某某的纠纷解决涉及双方起草的协议，樊某某在一审、二审中都提交了协议照片，一审法院认可了该照片的效力。二审法院则认为，从协议形成和双方所主张的协议内容等来看，所涉协议仅为意向性协议更可信。二审法院采取了对该协议照片进行实质审查的方式，从该立场来看，也认可了该案中协议照片作为民事证据使用。

需要关注的是，理论上对于最佳证据规则也有另一种理解方式。有观点认为，最佳证据规则是指“应选择最有说服力和最令人信服的证据证明待证事实”〔21〕。也有学者提出，最佳证据规则是指要求提出在案情形下最佳的证据，是一种对更优证据的要求。〔22〕因此，对最佳证据的理解还有另一种面向，即应当使用具体案件中对某一待证事项的最佳证

〔20〕参见湖南省张家界市中级人民法院民事判决书，(2022)湘08民终837号。

〔21〕潘金贵主编：《证据法学》，法律出版社2022年版，第137页。

〔22〕戴尔·南希教授称之为最佳证据原则。参见樊传明：《论证据排除规则的激励功能》，载《证据科学》2013年第1期。

据来证明。

总体而言,最佳证据规则具有重要规范意义:一是有助于促进诉讼双方提交更优的证据,进而有助于提高案件的证据质量;二是通过原物原件等证据的提交、运用,更有助于促进案件事实的准确认定;三是通过准确的案件事实认定,也有助于促进司法公正的实现。

二、最佳证据规则的理解与适用

最佳证据规则的适用在民事诉讼、刑事诉讼和行政诉讼中的基本要求是一致的,即当事人或公诉方提交的证据应当符合最佳证据规则的要求,一般应当提交原件、原物;在符合法定情形下,可以提交与原件、原物核对无误的复制件或者证明该物证的照片、录像等其他证据。根据我国法律的规定,这种例外情况包括以下几个方面:(1)原物、原件已经难以获得;(2)原物不便搬运、不易保存;(3)原物、原件数量众多,没有必要一一出示。在上述情形下,经核对无误时可将复制件或者证明物证的照片、录像等其他证据作为证据使用。

例如,《民事诉讼法》第73条第1款规定,提交原件或者原物确有困难的,可以提交复制品、照片、副本、节录本。最高法《民诉法解释》第111条规定,《民事诉讼法》第73条规定的提交书证原件确有困难,包括下列情形:(1)书证原件遗失、灭失或者毁损的;(2)原件在对方当事人控制之下,经合法通知提交而拒不提交的;(3)原件在他人控制之下,而其有权不提交的;(4)原件因篇幅或者体积过大而不便提交的;(5)承担举证证明责任的当事人通过申请人民法院调查收集或者其他方式无法获得书证原件的。最高法《刑诉法解释》第82条第1项规定,对物证、书证应当着重审查以下内容,"(一)物证、书证是否为原物、原件,是否经过辨认、鉴定;物证的照片、录像、复制品或者书证的副本、复制件是否与原物、原件相符,是否由二人以上制作,有无制作人关于制作过程以及原物、原件存放于何处的文字说明和签名"。

在在线诉讼中,各类证据的提出也可以通过电子化形式进行,因此涉及最佳证据规则的适用。最高人民法院《人民法院在线诉讼规则》第12条规定,当事人提交的电子化材料,经人民法院审核通过后,可以直接在诉讼中使用。诉讼中存在下列情形之一的,人民法院应当要求当事人提供原件、原物:(1)对方当事人认为电子化材料与原件、原物不一致,并提出合理理由和依据的;(2)电子化材料呈现不完整、内容不清晰、格式不规范的;(3)人民法院卷宗、档案管理相关规定要求提供原件、原物的;(4)人民法院认为有必要提交原件、原物的。第13条规定,当事人提交的电子化材料,符合下列情形之一的,人民法院可以认定符合原件、原物形式要求:(1)对方当事人对电子化材料与原件、原物的一致性未提出异议的;(2)电子化材料形成过程已经过公证机构公证的;(3)电子化材料已在之前诉讼中提交并经人民法院确认的;(4)电子化材料已通过在线或者线下方式与原件、原物比对一致的;(5)有其他证据证明电子化材料与原件、原物一致的。

在最佳证据规则适用过程中,必须区分原则与例外,以提交原物、原件为原则,以复制件和复制品以及其他替代物为例外,在物证、书证等的运用时,不应当违反这一原则,更不应当混淆原则与例外。我们可以通过以下案例进行分析。

案例13 黄某某等绑架案[23]

在某涉外刑事案件中，涉及发生在境外的绑架行为，有多名证人证言、同案被告人供述均提及被告人顾某被安哥拉抓获羁押侦审期间，曾从羁押场所传递出通风报信、求救的纸条。事实上，在境外取证时，公安机关亦获取到该方面的纸条，纸条显示的内容与证人证言相印证，能证明顾某参与绑架的犯罪事实。然而在卷的纸条只是复印件，而且是多次反复复印，不具有笔迹鉴定价值。在庭审中，被告人顾某坚称无罪，对纸条的真实性不予认可，辩解未传出纸条、纸条不是其所写。为确认纸条的真实性，法院要求必须调取原件。

该案中，被告人顾某在被安哥拉警方羁押期间，是否参与了绑架行为是重要的待证事实，而"其曾从羁押场所传递出通风报信、求救的纸条"是证明这一事项的关键证据之一。纸条属于书证，以其记载的内容或思想等发挥证明作用。按照最佳证据规则和最高法《刑诉法解释》的要求，办案机关应当提交书证的原件。在本案审理过程中，法院发现了在案的纸条是复制件，并且不具备笔迹鉴定的条件，因此，建议在补充侦查中提取该纸条的原件。在后续补充侦查中，办理机关通过细致的工作提取到了纸条原件，满足了最佳证据规则的要求，为案件的公正审理提供了重要证据条件。该案属于涉外案件，办案机关严把证据运用关，依法追究了被追诉人的刑事责任。

第六节 口供补强规则及其理解与适用

一、口供补强规则概述

补强证据规则一般是指在特定案件中或者针对特定待证事项，不能由某一特定证据单独作为认定案件事实的依据，而应当由其他证据进行补足和补强。在特定案件上如叛国罪、伪证罪等，或在特定待证事项上，涉及补强证据的适用范围问题，并非所有的待证事项都需要进行补强。补强证据规则与非法证据排除规则、意见证据排除规则、品性证据规则等不同，前者是证明力规则，后者是证据排除规则。口供补强是补强证据规则的一种类型。

我国《刑事诉讼法》第55条第1款规定，"对一切案件的判处都要重证据，重调查研究，不轻信口供。只有被告人供述，没有其他证据的，不能认定被告人有罪和处以刑罚；没有被告人供述，证据确实、充分的，可以认定被告人有罪和处以刑罚"。最高法《刑诉法解释》第96条也规定，"审查被告人供述和辩解，应当结合控辩双方提供的所有证据以及被告人的全部供述和辩解进行。被告人庭审中翻供，但不能合理说明翻供原因或者其辩解与全案证据矛盾，而其庭前供述与其他证据相互印证的，可以采信其庭前供述。被告人庭前供述和辩解存在反复，但庭审中供认，且与其他证据相互印证的，可以采信其庭审供述；被告人庭前供述和辩解存在反复，庭审中不供认，且无其他证据与庭前供述印证的，不得采信其庭前供述"。同时，该解释第141条还规定了隐蔽性证据对口供的补强，"根据被告人的供述、指认提取到了隐蔽性很强的物证、书证，且被告人的供述与其他证明犯罪事

[23] 参见杜开林、彭锐：《中国公民在中国领域外犯罪的管辖与审判》，载《人民司法》2014年第22期。

实发生的证据相互印证，并排除串供、逼供、诱供等可能性的，可以认定被告人有罪”。公安部《刑事案件程序规定》第70条第4款规定，只有犯罪嫌疑人供述，没有其他证据的，不能认定案件事实；没有犯罪嫌疑人供述，证据确实、充分的，可以认定案件事实。最高人民检察院《关于切实履行检察职能防止和纠正冤假错案的若干意见》、最高人民法院《关于建立健全防范刑事冤假错案工作机制的意见》等重要法律文件中对口供补强规则作了进一步重申。上述规定构成了我国口供补强规则的规范基础。

二、口供补强规则的理解与运用

口供补强规则的理解与运用涉及三个重要问题：

第一，口供补强证据规则的适用范围限于供述中的犯罪事实。我国《刑事诉讼法》第55条规定了口供补强规则，但在具体适用中需要进一步明确的是，由于口供的内容较为丰富，是否口供中提到的每一个事项都需要有其他证据补强？换言之，口供的哪些内容需要被补强？口供中需要被补强的是供述中的犯罪事实，并不包括辩解的内容，犯罪事实包括犯罪行为已经发生和是犯罪嫌疑人、被告人实施了这一犯罪行为两方面。[24] 以下将通过一则具体案例来分析。

案例14　王某某申诉案[25]

2001年9月，广西壮族自治区河池地区（现河池市）东兰县农机厂职工吴某某在家中被人杀害。经公安机关侦查，检察机关起诉指控，认定为王某某是凶手。广西壮族自治区河池市中级人民法院公开审理后，于2002年11月12日作出一审判决，采纳公安机关侦查和检察机关指控意见，以抢劫罪判处王某某死刑。王某某不服，提出上诉，广西壮族自治区高级人民法院二审公开审理，作出了留有余地的判决：撤销河池市中级人民法院对王某某的死刑判决，改判死缓。2007年2月，在广西罗城监狱服刑的覃某某向狱方称自己是杀害吴某某的凶手，在对覃某某的后续追诉过程中，2009年河池市中级人民法院先后两次组织开庭审理未作出有罪判决。

在该案中，覃某某向办案机关称是其实施了杀害吴某某的行为，并非王某某所为，并作了有罪供述。根据口供补强证据规则的要求，仅有犯罪嫌疑人、被告人的供述，没有其他证据，不能认定犯罪嫌疑人、被告人有罪。按照这一要求，在对覃某某的追诉和审判的过程中，除口供外，还需要其他证据对口供中涉及的故意杀人行为进行补强，如案发现场发现的证据或者相关的证人证言等。但由于时过境迁，案发现场、相关证人的记忆等都发生了变化，加之实践中缺乏良好的证据保管制度，在案证据难以对被告人的供述进行补强，法院未能对该案作出有罪认定。

第二，口供补强规则与孤证不能定案原则的准确理解。口供补强规则要求，仅有犯罪嫌疑人、被告人的口供不能认定被告人有罪。与此相关，我国实践中还存在孤证不能定案原则，“所谓‘孤证不能定案’是指不能仅凭证据来源单一或数量单一的实质证据认定案

〔24〕 参见董坤：《规范语境下口供补强规则的解释图景》，载《法学家》2022年第1期。

〔25〕 参见段爱华、刘万强：《广西官方：“河池王子发案”将依法尽快公正判决》，载中国新闻网2010年6月4日，https://www.chinanews.com/gn/news/2010/06-04/2323532.shtml。

件的构成要件事实”[26]。孤证不能定案原则反映了司法者对事实认定的审慎态度，也包含对刑事冤错案件的防范要求。孤证不能定案原则的一般要求是不能仅凭一个单一证据认定犯罪嫌疑人、被告人有罪，这当然也包括不能仅凭犯罪嫌疑人、被告人的口供认定被告人有罪。但孤证不能定案原则不能被错误理解，例如，在一起抢劫、故意杀人案件中，其中的一名被告人辩解案发当日不在犯罪现场，这一说法也有一份证人证言予以佐证。法院在审判中认为，证人“所出具的证明只能作为个人的陈述，系孤证，不能作为本案证据，不予采纳”[27]。法院的上述理解是不正确的。

第三，对补强证据的具体要求。根据通说要求，一是补强证据首先应当符合法律要求，具有证据资格。不具有证据资格的证据不能作为补强证据使用。二是用于补强的证据应当具有独立来源，不应当与被补强的证据具有同样的来源。例如，在一起案件中，张某是交通肇事的目击证人，后来张某又将所目睹的部分情况告诉了朋友王某、李某，张某、王某和李某的证据属于同一来源，因此在对张某的证言进行补强的过程中，不得以李某和王某的证言进行补强。在实践中，还涉及“共犯”的口供能否互相补强的问题。针对毒品案件，最高人民法院2000年4月颁发的《全国法院审理毒品犯罪案件工作座谈会纪要》（已失效）曾规定，“有些毒品犯罪案件，往往由于毒品、毒资等证据已不存在，或者被告人翻供，导致审查证据和认定事实困难。在处理这类案件时，仅凭被告人口供依法不能定案。只有当被告人的口供与同案其他被告人供述吻合，并且完全排除诱供、逼供、串供等情形，被告人的口供与同案被告人的供述才可以作为定案的证据。对仅有口供作为定案证据的，对其判处死刑立即执行要特别慎重”。对于普通刑事案件中，在共犯口供是否可以进行相互补强的问题上，从学理角度出发，答案应当是否定的。[28] 从司法实践角度观察，很多案件中都存在将共犯口供进行相互补强的做法，或者故意通过分案处理实现共犯口供的补强，类似做法并不具有正当性。三是补强程度问题。补强证据规则的存在是为了强化案件事实认定，因此补强证据必须能够有效发挥补强要求，换言之，应当在个案中审查，补强证据是否有力地支持了需要补强的证据，而非简单地对补强证据的有无、补强证据的多少与是否完成了补强的要求进行等同。

案例15　雍某某非法持有毒品案[29]

被告人雍某某于2009年4月25日22时许，在上海市曹安路2742号一旅店的某房间内，应涉案关系人李某某（另案处理）的要求，帮其带“半套”冰毒，并离开该旅店。次日0时许，被告人雍某某重新回到旅店，并将“半套”冰毒交给李某某。李某某随即携带冰毒离开房间下楼，与刘某在旅店门口进行毒品交易。李某某将上述毒品贩卖给刘某时，被公安人员当场抓获。根据涉案被告人李某某的交代，公安人员又将该旅店的被告人雍某某抓获。经鉴定，涉案毒品净重13.42克，从中检出甲基苯丙胺成分。杨浦区人民检察院认为，被告人雍某某贩卖毒品冰毒，其行为已构成贩卖毒品罪，依法应予处罚。被告人雍某某辩解，涉案毒品是其受李某某之托，在李某某与上家联系后，代李某某从上家处取得，否认实施了贩卖行为。

〔26〕 潘金贵、夏睿泓：《悖离与纠偏：“孤证不能定案”规则的实践性反思》，载《内蒙古社会科学》2022年第2期。
〔27〕 潘金贵、夏睿泓：《悖离与纠偏：“孤证不能定案”规则的实践性反思》，载《内蒙古社会科学》2022年第2期。
〔28〕 参见董坤：《规范语境下口供补强规则的解释图景》，载《法学家》2022年第1期。
〔29〕 参见王宇展、黄伯青：《涉案关系人供述证明力之证据补强》，载《人民司法》2011年第10期。

根据口供补强规则的相关要求：一是犯罪嫌疑人、被告人的供述应当有其他独立来源的、口供之外的证据加以补强；二是在毒品案件中，只有当被告人的口供与同案其他被告人供述吻合，并且完全排除诱供、逼供、串供等情形，才能认定被告人口供和同案被告人供述。上述案件中，涉案关系人李某某的供述与雍某某的供述并不一致，不应当仅依据李某某的供述认定雍某某实施了贩毒行为，根据现有证据，只能认定被告人雍某某构成非法持有毒品罪。

第七节　非法证据排除规则及其理解与适用

一、非法证据排除规则概述

非法证据排除规则是指对于通过侵犯基本权利和重要诉讼权利获得的证据材料应当予以排除，不得作为证据使用。在刑事诉讼中，非法证据排除规则是刑事诉讼中的一项重要证据规则，在民事诉讼、行政诉讼中，非法证据排除规则的运用存在一定的不同认知。

从我国立法来看，在刑事诉讼方面，1998 年最高人民法院《关于执行〈中华人民共和国刑事诉讼法〉若干问题的解释》（已失效）第 61 条规定，“严禁以非法的方法收集证据。凡经查证确实属于采用刑讯逼供或者威胁、引诱、欺骗等非法的方法取得的证人证言、被害人陈述、被告人供述，不能作为定案的根据”。2010 年两院三部《非法证据排除规定》对非法证据排除规则的适用范围、证明责任、排除程序等作出了具体规定，极大地推进了我国刑事证据规则的立法发展。2012 年《刑事诉讼法》吸收了两院三部《非法证据排除规定》中的相关规定，正式确立非法证据排除规则，随后我国非法证据排除规则不断完善（见表 3－1）。在民事诉讼方面，最高法《民诉法解释》第 106 条规定，对以严重侵害他人合法权益、违反法律禁止性规定或者严重违背公序良俗的方法形成或者获取的证据，不得作为认定案件事实的根据。在行政诉讼方面，《行政处罚法》第 46 条第 3 款规定，“以非法手段取得的证据，不得作为认定案件事实的根据”。《行政诉讼法》第 43 条第 3 款规定，“以非法手段取得的证据，不得作为认定案件事实的根据”。这些规定是非法证据排除规则的规范来源。

表 3－1　2010 年以来刑事非法证据排除规则相关文件

序号	年份	法律文件名称
1	2010	两院三部《非法证据排除规定》
2	2010	最高人民检察院《关于适用〈关于办理死刑案件审查判断证据若干问题的规定〉和〈关于办理刑事案件排除非法证据若干问题的规定〉的指导意见》
3	2012	《刑事诉讼法》
4	2012	最高法《刑诉法解释》
5	2012	《人民检察院刑事诉讼规则（试行）》（已失效）
6	2013	最高人民法院《关于建立健全防范刑事冤假错案工作机制的意见》
7	2017	两院三部《严格排除非法证据规定》
8	2017	最高法《排除非法证据规程》

续表

序号	年份	法律文件名称
9	2018	《刑事诉讼法》
10	2019	最高检《刑事诉讼规则》
11	2021	最高法《刑诉法解释》

关于刑事诉讼中非法言词证据的认定，从刑事诉讼法的相关规定来看，主要是围绕非法证据方法展开的，《刑事诉讼法》第 56 条第 1 款规定，“采用刑讯逼供等非法方法收集的犯罪嫌疑人、被告人供述和采用暴力、威胁等非法方法收集的证人证言、被害人陈述，应当予以排除”。司法解释对“刑讯逼供等非法方法”的解释主要关注使犯罪嫌疑人、被告人“在肉体上或者精神上遭受剧烈疼痛或者痛苦”的方法，并将其作为认定非法言词证据的关键。[30] 到了 2017 年，两院三部《严格排除非法证据规定》出台，正式将以“暴力”“威胁”“非法限制人身自由”等方法收集的言词证据纳入排除范围，但对于使用“引诱”、“欺骗”以及“疲劳审讯”的方法收集的证据是否应当作为非法证据予以排除采取了回避的态度。按照两院三部《严格排除非法证据规定》第 2 条的规定，刑讯逼供是指“采取殴打、违法使用戒具等暴力方法或者变相肉刑的恶劣手段，使犯罪嫌疑人、被告人遭受难以忍受的痛苦而违背意愿作出的供述”的行为。司法实践中，对于该条规定中的“暴力方法”较好理解，但对于其中的“变相肉刑”如何理解，则有较大分歧。结合最高人民法院《关于建立健全防范刑事冤假错案工作机制的意见》等司法文件的规定和精神，一般认为，“变相肉刑”是指“冻、饿、晒、烤、疲劳审讯”等非法方法。其中，对于如何认定疲劳审讯，司法实践中争议较大，就此在《刑事审判参考》第 1166 号“王某受贿案”中，法院指出，“尽管法律没有对讯问持续的时间作出明确规定，但如果长时间连续讯问超出合理的限度，没有为犯罪嫌疑人、被告人提供必要的休息时间，使犯罪嫌疑人、被告人遭受难以忍受的痛苦而违背意愿作出供述，就应当认定为疲劳讯问，并依法排除有关供述”[31]。但是，由于法律规定不够明确，实践中对于如何认定疲劳审讯很大程度上还是取决于法官的个人裁量。按照两院三部《严格排除非法证据规定》第 3 条的规定，“威胁”是指“采用以暴力或者严重损害本人及其近亲属合法权益等进行威胁的方法，使犯罪嫌疑人、被告人遭受难以忍受的痛苦而违背意愿作出的供述”的行为。司法实践中，对于采用刑讯逼供、威胁的方法获取供述是否排除的难点主要在于如何界定“难以忍受的痛苦”，这种痛苦程度的要求实际上很难把握，这也是非法证据排除难的一个重要原因。本书认为，前述司法解释规定刑讯逼供、威胁应当达到难以忍受的痛苦程度是值得商榷的，从保障人权和规范执法的角度出发，司法实践中对于采用了刑讯逼供方法、暴力威胁和损害合法权益威胁的方法获取的供述原则上均应当予以排除。

---

〔30〕 参见龙宗智：《我国非法口供排除的“痛苦规则”及相关问题》，载《政法论坛》2013 年第 5 期。

〔31〕 参见中华人民共和国最高人民法院刑事审判第一、二、三、四、五庭主办：《刑事审判参考》（总第 108 集），法律出版社 2017 年版，第 12 - 17 页。

案例 16 熊某荣受贿案〔32〕

熊某荣涉嫌受贿 40 万元,其对指控事实和罪名均予以否认,其辩护人认为侦查机关的侦查程序不合法,第一次供述存在疲劳审讯的问题。法院查明:公诉机关提供的 2016 年 4 月 15 日熊某荣的第一次供述的录像为 24 小时录像。从录像中可以看出:熊某荣在被拘传的 24 小时内连续休息的时间未达到 6 小时,熊某荣在被讯问中有明显的困倦神态,且因其被带至检察院的时间为 2016 年 4 月 13 日,被拘传的时间为 4 月 14 日,检察院并未提供在此段时间内保证熊某荣必要休息时间的证据。据此法院认为,对熊某荣的第一次供述,侦查机关存在疲劳审讯,该供述依法应予排除。故对辩护人据此提出的辩护意见,予以采纳。

该案是司法实践中较少的以"疲劳审讯"为由排除非法口供的案例,其中涉及疲劳审讯的认定标准问题。该案中,法院以熊某荣在被拘传的 24 小时内连续休息的时间未达到 6 小时来认定其第一次供述非法是值得商榷的,没有法律依据。但法院认为熊某荣被带至检察院的时间为 4 月 13 日,被拘传的时间为 4 月 14 日,而检察院并未提供此段时间保证熊某荣必要休息时间的证据,并结合其在被讯问中有明显的困倦神态,而推断其受到了"疲劳审讯",则有一定的合理性。

案例 17 黄某某受贿、陈某某行贿案〔33〕

被告人黄某某 2012 年 1 月 19 日因涉嫌犯受贿罪被逮捕,后被提起公诉。在开庭前,被告人黄某某及辩护人提出,办案单位未经合法传唤手续,于 2012 年 1 月 9 日至 13 日将黄某某传唤至银川市人民检察院接受调查,采用变相体罚的方式刑讯逼供,黄某某患有高血压、心脏病,近 90 小时没有休息,办案人员在黄某某多次出现胸闷且不让其吃药的情形下,连续做了 7 份讯问笔录,上述证据应当作为非法证据予以排除。

在该案中,涉及的核心问题是,是否存在非法限制被告人人身自由的行为,非法限制被告人人身自由期间取得的供述能否作为定案的根据?在第一个问题上,根据我国 2012 年《刑事诉讼法》第 117 条的规定,传唤的时间不得超过 12 小时,至多不得超过 24 小时。在该案中,黄某某被采取传唤措施后持续了近 90 小时,这一做法属于非法限制人身自由的行为。2012 年左右的司法实践,对于"刑讯逼供等非法方法"的解释还采取较为狭义的解释,而该案法院通过个案裁判将"非法限制人身自由"纳入"刑讯逼供等非法方法",并依法排除了有关供述,这一立场具有重要的进步意义和指导意义,这也是该案入选《刑事审判参考》案例的重要原因之一。

关于刑事诉讼中非法实物证据的认定,根据《刑事诉讼法》第 56 条的规定,主要关注是否同时符合了违反法定程序、损害司法公正与不能作出补正和合理解释三个方面。从这三方面的规定来看,同时满足这三个条件较为困难,实践中根据《刑事诉讼法》第 56 条的规定排除非法实物证据的案件较为少见。

---

〔32〕 参见重庆市南岸区人民法院刑事判决书,(2016)渝 0108 刑初 929 号。

〔33〕 参见中华人民共和国最高人民法院刑事审判第一、二、三、四、五庭主办:《刑事审判参考》(总第 108 集),法律出版社 2017 年版,第 7 - 11 页。

二、非法证据排除的程序

民事诉讼、行政诉讼中非法证据排除规则的适用缺乏细致的程序规定，这在一定意义上也影响了民事、行政非法证据排除规则的适用。与民事、行政非法证据排除规则相比，刑事诉讼中非法证据排除规则在立法上更为细致，在适用程序上也更为复杂。以下主要介绍刑事诉讼中非法证据排除规则的程序规定。

2012年《刑事诉讼法》第54条第2款规定，“在侦查、审查起诉、审判时发现有应当排除的证据的，应当依法予以排除，不得作为起诉意见、起诉决定和判决的依据”。因此，公安机关、人民检察院、人民法院都是非法证据排除的主体，在侦查、起诉、审判等阶段都可以启动非法证据排除程序。2018年《刑事诉讼法》第56条第2款延续了这一内容。根据上述规定可知，公安司法机关都负有非法证据排除职责，与在美国、英国、德国等国，仅将法院作为非法证据的排除主体有所不同。在这一背景下，我国非法证据排除规则存在多元适用程序[34]：(1)侦查阶段的非法证据排除。侦查机关在侦查阶段发现有非法证据的应当依法排除，犯罪嫌疑人及其辩护人也可以向检察院申请排除非法证据。(2)审查起诉阶段的非法证据排除。人民检察院在审查起诉中可以依申请或依职权启动非法证据排除程序，认定相关证据是否属于非法证据并作出处理。(3)庭前会议中的非法证据排除。在庭前会议中，法官可以对辩方提出的非法证据排除申请依法作出处理。(4)一审中的非法证据排除。在审判中辩方申请排除非法证据的，法庭经审查后对证据收集合法性有疑问的，应当进行调查并作出处理。最高法《刑诉法解释》第134条规定，庭审期间，法庭决定对证据收集的合法性进行调查的，应当先行当庭调查。但为防止庭审过分迟延，也可以在法庭调查结束前调查。(5)二审中的非法证据排除。最高法《刑诉法解释》第138条规定，具有下列情形之一的，第二审人民法院应当对证据收集的合法性进行审查，并根据刑事诉讼法和本解释的有关规定作出处理：①第一审人民法院对当事人及其辩护人、诉讼代理人排除非法证据的申请没有审查，且以该证据作为定案根据的；②人民检察院或者被告人、自诉人及其法定代理人不服第一审人民法院作出的有关证据收集合法性的调查结论，提出抗诉、上诉的；③当事人及其辩护人、诉讼代理人在第一审结束后才发现相关线索或者材料，申请人民法院排除非法证据的。以下我们通过一起案例分析庭前会议中非法证据排除规则的启动、运行。

案例18 王某某贩卖毒品及非法持有枪支、弹药案[35]

被告人王某某，因涉嫌贩卖毒品罪，非法持有枪支、弹药罪被逮捕。后检察院以被告人王某某犯贩卖毒品罪，非法持有枪支、弹药罪，向法院提起公诉。在本案中，被告人王某某在开庭审理前提出侦查阶段存在刑讯逼供，合议庭在了解被告人王某某提供的线索（刑讯逼供的时间、地点、人员、体表外伤情况）后，决定召开庭前会议，由公诉机关针对本案是否存在刑讯逼供问题提出证据，并通知侦查人员出席庭前会议，就本案是否存在刑讯逼供问题说明情况。在庭前会

---

〔34〕 参见冯俊伟：《比较法视野下我国非法证据排除规则的评价与反思——以2012年〈刑事诉讼法〉及司法解释相关条文为对象》，载《山东审判》2013年第6期。

〔35〕 参见戴长林、罗国良、刘静坤：《中国非法证据排除制度：原理·案例·适用》（修订版），法律出版社2017年版，第325－329页。

议中,公诉机关出具沈阳市东陵区看守所入所健康检查表,证实被告人王某某入所前体表可见多处外伤;两名侦查人员虽然否认对被告人王某某刑讯逼供,但均证实被告人王某某在被带到派出所前体表无外伤,对入所健康检查表的外伤情况不能作出合理解释。合议庭在召开庭前会议后,对被告人王某某供述收集的合法性问题进行评议,一致认为本案不能排除刑讯逼供的可能,决定对被告人王某某的有关供述予以排除,并在开庭审理后、法庭调查前宣布了合议庭对证据收集合法性争议的处理结果。

最高法《庭前会议规程》第1条第3款规定,被告人及其辩护人在开庭审理前申请排除非法证据,并依照法律规定提供相关线索或者材料的,人民法院应当召开庭前会议。最高法《刑诉法解释》中也作了相应规定。在该案中,被告人提出了在侦查阶段遭受刑讯逼供,并按照法律要求提出了相关线索,法院召开了庭前会议。在庭前会议中,根据公诉机关出具的相关证据材料,以及侦查人员所作的说明,合议庭认定不能排除刑讯逼供的可能并将相关证据排除,符合法律规定。这也体现出我国非法证据排除规则"全程排除"的特点。

三、非法证据排除规则的理解与适用

(一)刑事诉讼中非法证据排除规则的适用

刑事诉讼中非法证据排除规则的适用包括非法证据排除的启动、非法证据排除中的证明责任分配、刑事证据取证合法性的证明手段、非法证据排除中的证明标准等重要问题。

1. 非法证据排除规则的启动方式。根据刑事诉讼法和相关司法解释、法律文件的规定,我国非法证据排除规则的启动方式包括两种:一是依申请启动,《刑事诉讼法》第58条第2款规定,当事人及其辩护人、诉讼代理人有权申请人民法院对以非法方法收集的证据依法予以排除。二是依职权启动,根据《刑事诉讼法》第56条的规定,公安司法机关在侦查、审查起诉、审判时发现有应当排除的证据的,应当依法予以排除,不得作为起诉意见、起诉决定和判决的依据。

2. 非法证据排除中的证明责任分配。对于非法证据排除中的证明责任分配,在依申请启动的非法证据排除中,由申请方承担初步的证明责任。2010年两院三部《非法证据排除规定》第6条规定,被告人及其辩护人提出被告人审判前供述是非法取得的,法庭应当要求其提供涉嫌非法取证的人员、时间、地点、方式、内容等相关线索或者证据。由于要求申请方提供涉嫌非法取证的"证据"要求过高,在2012年《刑事诉讼法》中对这一条文作了修改,2018年《刑事诉讼法》延续了相关规定,要求"申请排除以非法方法收集的证据的,应当提供相关线索或者材料"。对于证据收集合法性的最终证明责任,由人民检察院承担,《刑事诉讼法》第59条第1款明确规定,在对证据收集的合法性进行法庭调查的过程中,人民检察院应当对证据收集的合法性加以证明。综上,在犯罪嫌疑人、被告人和辩护人依法履行初步证明责任后,应当由人民检察院承担证据收集合法性的证明责任。在人民检察院不能履行相关证明责任时,应当依法排除相关证据。

案例19 郑某文贪污、受贿、滥用职权案〔36〕

在郑某文涉嫌的受贿罪指控中，辩方提出了侦查机关违法取证的相关线索和材料，依法启动了非法证据排除程序。法院在判决中指出，被告人"辩称之前所以承认受贿是受侦查人员以取保候审相利诱和以抓捕其子女相威胁。郑某文的辩解有讯问笔录、某市人民检察院反贪局出具的《情况说明》、某市人民检察院对郑某某、陈某某的询问笔录相印证，具有较强的合理性。侦查机关没有充分的证据排除郑某文承认受贿的供述存在被威胁、引诱的合理怀疑，根据刑事诉讼法的规定不能采信为定案依据"。

在该案中，辩方申请非法证据排除并提供了相关线索和材料，检察院未能履行证据收集合法性的证明责任，因此，法院作出排除相关供述的做法是符合法律规定的。

3. 证据收集合法性的证明手段。关于证据收集合法的证明方式，两院三部《非法证据排除规定》第7条第1款规定，公诉机关可以通过提供讯问笔录、原始的讯问录音录像或提请证人出庭、讯问人员出庭等方式证明取证过程合法。《刑事诉讼法》第59条第2款规定，"现有证据材料不能证明证据收集的合法性的，人民检察院可以提请人民法院通知有关侦查人员或者其他人员出庭说明情况；人民法院可以通知有关侦查人员或者其他人员出庭说明情况。有关侦查人员或者其他人员也可以要求出庭说明情况。经人民法院通知，有关人员应当出庭"。人民检察院在证明取证合法时，公诉人可以"通过宣读调查、侦查讯问笔录、出示提讯登记、体检记录、对讯问合法性的核查材料等证据材料，有针对性地播放讯问录音录像，提请法庭通知有关调查人员、侦查人员或者其他人员出庭说明情况"等方式进行。值得注意的是，最高法《刑诉法解释》第135条第3款还规定，"公诉人提交的取证过程合法的说明材料，应当经有关调查人员、侦查人员签名，并加盖单位印章。未经签名或者盖章的，不得作为证据使用。上述说明材料不能单独作为证明取证过程合法的根据"。这一规定对于抑制控方仅使用"情况说明"等证明取证合法性有积极意义。

4. 非法证据排除中的证明标准。两院三部《非法证据排除规定》第11条规定，"对被告人审判前供述的合法性，公诉人不提供证据加以证明，或者已提供的证据不够确实、充分的，该供述不能作为定案的根据"。《刑事诉讼法》第60条和最高法《刑诉法解释》第137条都规定，对于经过法庭审理，确认或者不能排除存在《刑事诉讼法》第56条规定的以非法方法收集证据情形的，对有关证据应当予以排除。通说认为，人民检察院对证据合法性的证明应当达到证据确实、充分的程度。在不能排除存在非法取证的情形下，应当对相关证据予以排除。

案例20 郭某贩卖毒品案〔37〕

在被称为"北京非法证据排除第一案"的郭某案中，庭审中公诉方准备了5份有罪供述。辩方提出，2011年8月21日被告人郭某遭到警察威胁，申请启动非法证据排除程序。公诉人提交了取证合法的相关证据，还让两名民警和一个证人出庭作证。法院经审查后认为，公诉人出

〔36〕 参见中华人民共和国最高人民法院刑事审判第一、二、三、四、五庭主办：《刑事审判参考》(总第106集)，法律出版社2017年版，第26-32页。

〔37〕 参见张媛：《北京开审"非法证据排除"第一案》，载《新京报》2012年9月14日，A10版。

示的证据不够确实充分，不能排除在 8 月 21 日对郭某有违法审讯的行为，因此排除了该日的供述。法院最后认定郭某犯贩卖毒品罪，判处无期徒刑。

（二）民事诉讼中非法证据排除规则的适用

与刑事诉讼中非法证据排除规则不同，我国民事诉讼中非法证据排除规则的条文较为有限（见表 3-2），并且理论界和实务界对于一些具体条文有不同的认识，甚至有观点指出，民事诉讼中不宜适用非法证据排除规则。[38]

表 3-2 民事非法证据排除规则的规定

序号	年份	法律文件名称	具体内容
1	1995	最高人民法院《关于未经对方当事人同意私自录音取得的资料能否作为证据使用问题的批复》（已失效）	证据的取得必须合法，只有经过合法途径取得的证据才能作为定案的根据。未经对方当事人同意私自录制其谈话，系不合法行为，以这种手段取得的录音资料，不能作为证据使用
2	2001	最高法《民诉证据规定》（已修改）	以侵害他人合法权益或者违反法律禁止性规定的方法取得的证据，不能作为认定案件事实的依据（第 68 条）
3	2015	最高法《民诉法解释》	对以严重侵害他人合法权益、违反法律禁止性规定或者严重违背公序良俗的方法形成或者获取的证据，不得作为认定案件事实的根据（第 106 条）

最高法《民诉法解释》第 106 条规定，以严重侵害他人合法权益、违反法律禁止性规定或者严重违背公序良俗的方法形成或者获取的证据，不得作为认定案件事实的根据。2019 年最高法《民诉证据规定》未对民事诉讼中非法证据排除规则进行规定。由于刑事诉讼、民事诉讼、行政诉讼的程序性质、程序目的不同，一般认为，与刑事诉讼中非法证据排除规则相比，民事诉讼中的非法证据的范围不宜过宽，对“以严重侵害他人合法权益、违反法律禁止性规定或者严重违背公序良俗的方法”应当作严格解释。有学者提出，“只要违法取证未严重侵害人格权和基本诉讼权利，法官均得对不当获得的证据资料进行证据评价”[39]。这一基本立场深值赞同，并具有重要启发意义。在司法实践中，由于最高法《民诉法解释》第 106 条立法语言粗疏，司法者对条文内容理解并不相同。例如，在北京互联网法院审理的一起案件中，法院在对“严重侵害他人合法权益”进行解释时，运用利益衡量原则，认为原告“在明知可能侵犯他人隐私权的情况下，通过翻看他人微信聊天记录从而获悉涉案内容，侵权在先而取证在后。综合案件因素，最终排除了原告的这一证据”[40]。对此，可以通过下面的案例分析。

---

〔38〕 参见张立平：《中国民事诉讼不宜实行非法证据排除规则》，载《中国法学》2014 年第 1 期。

〔39〕 周翠：《民事非法证据排除的规范解释与实务观察》，载《中国法学》2020 年第 3 期。

〔40〕 《偷录他人微信形成的证据法院能采纳吗？》，载微信公众号“北京互联网法院”2022 年 1 月 29 日，https://mp.weixin.qq.com/s/6KO8hz5shzSN6mGXDP68iQ。

案例21 马某与徐某委托、保管合同纠纷案[41]

在本案中，原告为证明己方诉讼请求，向法院提交了两份录音材料。二审法院认为，根据最高法2015年《民诉法解释》第106条的规定，上诉人马某与被上诉人徐某属外甥女与舅父的亲属关系，作为外甥女的马某未经舅父徐某的允许，非法获取其与徐某林的通话录音，并作为对舅父不利的证据，该行为不仅与我国长幼有序、尊老敬老的传统美德相背离，而且违背了我国证据采信的基本原则，该偷录长辈通话录音的行为不能得到司法的鼓励与背书。因此，对马某提供的录音证据不予采信。

在本案中，二审法院根据最高法2015年《民诉法解释》第106条的规定，认为外甥女未经舅父允许，对通话进行录音的材料，属于"严重违背公序良俗的方法形成或者获取的证据"，因此，不得作为认定案件事实的根据。但从规范适用来看，应当对"公序良俗"作限缩解释，并应仅在严重违背公序良俗的程度才排除相关证据，本案中二审法院的这一立场存在不足。[42] 即使在刑事诉讼中，对于未经许可的私人录音、私人违法取证也不存在如此严格的非法证据排除规则。

（三）行政诉讼中非法证据排除规则的适用

我国《行政诉讼法》第43条第3款规定，"以非法手段取得的证据，不得作为认定案件事实的根据"。为了进一步明确何谓"以非法手段"，2018年最高法《行诉法解释》第43条规定，"有下列情形之一的，属于《行政诉讼法》第四十三条第三款规定的'以非法手段取得的证据'：（一）严重违反法定程序收集的证据材料；（二）以违反法律强制性规定的手段获取且侵害他人合法权益的证据材料；（三）以利诱、欺诈、胁迫、暴力等手段获取的证据材料"。最高法《行诉证据规定》第58条规定："以违反法律禁止性规定或者侵犯他人合法权益的方法取得的证据，不能作为认定案件事实的依据。"但从法律解释角度来看，上述规定在实践中仍然需要进一步解释，加之当前行政诉讼功能有限、缺乏细致的非法证据调查程序等原因，在司法实践中，通过适用非法证据排除规则排除相关证据的行政诉讼案例并不多见。

案例22 陈某诉重庆市某区道路运输管理处处罚案[43]

2016年4月11日7时许，原告陈某驾驶渝GD8×××小客车的行为涉嫌非法营运，部分乘车人现场陈述大家都是一起去亲戚家吃酒，是亲戚家包的车，约定车费50元，但乘车人间互相并不认识。乘车人盛某陈述，其系有偿乘坐陈某驾驶的车辆，约定了车费2元。在本案审理中，陈某提出，被告的执法人员在执法过程中，涉嫌暴力执法、违法取证，其所取得的证据属于非法证据，不能作为处罚依据。针对这一请求，法院认为，关于陈某主张执法人员殴打他的问题，不是本案审查范畴，陈某可依法另行主张权利。

在本案中，针对陈某提出的执法人员暴力执法、违法取证并应当依法排除相关证据的主张，不仅有陈某的相关陈述，还有证人向公安机关陈述事发当日执法人员在执法时殴打

〔41〕 参见辽宁省沈阳市中级人民法院民事判决书，(2017)辽01民终2492号。

〔42〕 参见周翠：《民事非法证据排除的规范解释与实务观察》，载《中国法学》2020年第3期。

〔43〕 参见重庆市南川区人民法院行政判决书，(2016)渝0119行初173号。

了陈某;按照判决书的记载,陈某还提出其被殴打致伤后未处理,这表明其是否受到殴打还可以通过观察或者专业检查等方式进行查明。根据行政诉讼法的相关规定,以暴力执法方式取证所获得的证据应当属于排除的范围。但法院并未对这一事项进行法庭调查,也未作出认定,而是指出,对于陈某关于被执法人员殴打的问题可以另行主张权利。这也体现出,在行政诉讼案件中非法证据排除规则的运行效果有限,法院不愿意启动、调查和排除非法证据,即使是非法取证较为明显,也更多是让原告人采取其他权利救济措施。这一做法并不符合法律的要求。

第八节 瑕疵证据规则及其理解与适用

一、瑕疵证据规则概述

瑕疵证据一般是指违反法定程序但不属于重大违法、未侵害当事人和其他诉讼参与人基本权利所获得的证据。瑕疵证据规则是指对瑕疵证据予以补正和合理解释,在不能补正或不能作出合理解释时应当予以排除的规则。事实上,从各国法律规定来看,也并不存在只要违反法定程序就进行证据排除的立法或者实践,因此,对非法证据与瑕疵证据作区分,并分别赋予不同的法律效果(如应否进行排除)是必要的。

从我国相关立法来看,2010 年两院三部《办理死刑案件证据规定》以及两院三部《非法证据排除规定》较早规定了瑕疵证据排除规则。两院三部《非法证据排除规定》第 14 条规定,物证、书证的取得明显违反法律规定,可能影响公正审判的,应当予以补正或者作出合理解释,否则,该物证、书证不能作为定案的根据。两院三部《办理死刑案件证据规定》第 9 条第 2 款规定,物证、书证的收集程序、方式存在下列瑕疵,通过有关办案人员的补正或者作出合理解释的,可以采用:(1)收集调取的物证、书证,在勘验、检查笔录,搜查笔录,提取笔录,扣押清单上没有侦查人员、物品持有人、见证人签名或者物品特征、数量、质量、名称等注明不详的;(2)收集调取物证照片、录像或者复制品,书证的副本、复制件未注明与原件核对无异,无复制时间、无被收集、调取人(单位)签名(盖章)的;(3)物证照片、录像或者复制品,书证的副本、复制件没有制作人关于制作过程及原物、原件存放于何处的说明或者说明中无签名的;(4)物证、书证的收集程序、方式存在其他瑕疵的。两院三部《办理死刑案件证据规定》第 14、21、26、30 条还对证人证言、讯问笔录、勘验、检查笔录、辨认笔录等的补正和合理解释作出了规定。对物证、书证的来源及收集过程有疑问,不能作出合理解释的,该物证、书证不能作为定案的根据。2012 年《刑事诉讼法》修改中,也在第 54 条第 1 款规定,"采用刑讯逼供等非法方法收集的犯罪嫌疑人、被告人供述和采用暴力、威胁等非法方法收集的证人证言、被害人陈述,应当予以排除。收集物证、书证不符合法定程序,可能严重影响司法公正的,应当予以补正或者作出合理解释;不能补正或者作出合理解释的,对该证据应当予以排除"。2018 年《刑事诉讼法》的第 56 条第 1 款延续了这一条文内容。

从瑕疵证据相关规定来看,瑕疵证据主要包括以下三种:(1)取证主体不合法导致的瑕疵证据,如违反两名侦查人员讯问的要求,仅由一名侦查人员取证,或者询问笔录反映出在同一时段,同一询问人员询问不同证人的情形下形成的笔录证据;(2)证据收集、提取、保存等程序存在瑕疵形成的证据，如电子数据的收集、提取中未以封存状态移送，对电子数据的名称、类别、格式等注明不清，对于物证、书证等的移交过程中手续不全等；(3)证据形式要素部分缺失的瑕疵证据，我国刑事诉讼法上不仅规定了证据材料必须与案件事实具有关联性这一基本要求，还要求各类笔录证据等符合一定的形式要求，如询问笔录没有填写询问人、记录人、法定代理人姓名以及询问的起止时间、地点，或者讯问笔录中讯问人没有签名。在具体个案中，如果出现上述瑕疵证据，按照法律规定应当允许办案机关对瑕疵证据进行补正或者作出合理解释，不能补正或者不能作出合理解释的，应当排除，不得作为定案的根据。

二、瑕疵证据排除规则的理解与适用

瑕疵证据规则的适用涉及三个重要问题：一是瑕疵证据的外延问题，主要关注不属于瑕疵证据的情形；二是瑕疵证据与非法证据的区分，主要关注瑕疵证据规则与非法证据排除规则的关系；三是瑕疵证据的补正和合理解释，涉及如何理解补正的要求和合理解释的要求。

1. 瑕疵证据的外延问题。瑕疵证据一般指违反法定程序但不属于重大违法、未侵害当事人和其他诉讼参与人基本权利所获得的证据。但在一些情形下，违反法定程序获得的证据并不属于瑕疵证据，更不允许对之进行补正或者作出合理解释。具体言之：(1)证据实质内容缺乏，不具备作为刑事证据的基本条件。例如，在一起刑事案件中，证人张某的笔录里缺乏张某对案件事实的认知和陈述，内容上主要是张某的个人情况、张某是否认识犯罪嫌疑人、认为张某这个人脾气怎么样。在这份证言笔录中，张某缺乏对案件事实的感知，笔录内容与犯罪嫌疑人是否实施犯罪行为无关联性，因此，在这种情形下，不应当认为该“询问笔录”属于瑕疵证据，更不允许对其进行补正和合理解释。(2)证据内容缺乏真实性、可靠性的，不属于瑕疵证据。从证据法原理来看，涉嫌内容虚假、不可靠的证据材料不应当属于瑕疵证据，不允许进行补正和合理解释。在一起案件中，鉴定机构在鉴定过程中将检材 A 和检材 B 相混淆，并基于检材 B 出具了表述为检材 A 的鉴定意见，在庭审过程中，辩护人提出根据鉴定意见的记载，该鉴定意见与案件事实无关。在这种情形下，就不应当认为鉴定意见属于瑕疵证据，故不应当允许办案机关出具说明材料进行补正。(3)程序违法严重损害犯罪嫌疑人、被告人和其他诉讼参与人重要权利，所获的证据不属于瑕疵证据，不应当允许进行补正或者合理解释，而应当予以排除，如获得翻译权、合适成年人在场权等权利的保障。举例言之，根据我国刑事诉讼法的规定，在讯问未成年犯罪嫌疑人、被告人时，没有合适成年人在场的，所获的讯问笔录不能作为证据使用，这一情形下不得作为瑕疵证据进行补正或者作合理解释。针对上述方面，可以通过一个案例来进行分析。

案例 23 周某某盗窃案[44]

在周某某盗窃案中，针对盗窃行为的指控，被告人周某某认罪认罚。辩护人对公诉机关指控罪名无异议，而提出对价格鉴定结论书有异议，认为该鉴定结论书存在鉴定机构、鉴定人员超

〔44〕 参见云南省昆明市五华区人民法院刑事判决书，(2016)云 0102 刑初 335 号。

范围鉴定，鉴定人员没有鉴定资格，鉴定书缺乏必要的签名、盖章等问题，所以鉴定结论不能作为定案的依据。法院认为价格鉴定结论系价格鉴定机构依法作出，鉴定文书虽有瑕疵，但鉴定机构已依法予以补正并进行了合理说明，可以作为定案依据。

在本案中，值得进一步探讨的是，辩护人提出的鉴定结论书具有鉴定机构、鉴定人员超范围鉴定，鉴定人员没有鉴定资格，鉴定书缺乏必要的签名、盖章等问题如果确实存在，该价格鉴定结论书还能否被视为瑕疵证据？从对我国瑕疵证据规定的解释来看，答案是否定的，法院应当排除该鉴定结论的使用，[45] 而不应当将其界定为瑕疵证据允许鉴定机构进行补正和合理说明，更不应当作为定案依据。

2. 瑕疵证据与非法证据的区分。瑕疵证据规则的适用需要明确其与非法证据排除规则的关系，主要是防止随意扩大瑕疵证据补正或合理解释的范围，妨碍非法证据排除规则的有效适用。在这方面，尤其重要的是要对瑕疵证据与非法证据排除规则中"非法证据"进行区分。有观点将其归纳为违法程度不同、侵犯的权利不同、处理规则不同等方面。[46] 需要进一步指出的是：第一，非法证据涉及基本权利和重要诉讼权利的保障，而瑕疵证据仅涉及程序瑕疵或轻微程序违法。从比较法角度观察，美国的非法证据排除规则与宪法权利密切相关；在德国，证据禁止分为"自主性证据使用禁止"和"非自主性证据使用禁止"，前者是法院从宪法保障公民基本权利而发展出来的证据禁止，而后者是指严重违反法律禁止性规定的方式取证时的证据禁止。[47] 第二，违法取证不能直接得出证据排除的后果，在其他国家、地区的诉讼制度中也不存在如此严格的证据排除规则。1999 年由欧洲专家共同起草并拟适用于欧盟范围内的《刑事法大草案》（*Corpus Juris*）起草文件中，将"非法证据"区分为非法（illegally）方式、不合法（irregularly）方式或不适当（improperly）方式获得的证据。[48] 在这个意义上，允许对瑕疵证据进行补正和合理解释是具有合理性的。第三，应当重视非法证据与瑕疵证据的边界，按照我国法律的规定，非法言词证据主要关注的是非法取证方法，非法实物证据主要关注是否同时符合了违反法定程序、损害司法公正与不能作出补正和合理解释三个方面。而瑕疵证据是指取证程序存在瑕疵或轻微程序违法获得的证据，并且是其真实性、可靠性有待进一步查明的证据，对于明确属于虚假证据或者内容不真实的证据禁止补正和作出合理解释。

案例 24　赵某诈骗案[49]

公诉机关指控赵某实施了诈骗行为，被告人赵某解称没有犯罪，不认罪。在庭前会议中，辩护人提出，本案用于提取电子数据的手机来源不明，没有手机提取笔录及清单；电子证据的收集提取程序不合法，没有电子数据持有人、见证人和签名，整个过程没有录像。本案电子数据应当

---

〔45〕 参见李学军、刘静：《瑕疵证据及其补救规则的适用》，载《清华法学》2020 年第 5 期。

〔46〕 参见潘金贵主编：《证据法学》，法律出版社 2022 年版，第 142－143 页。

〔47〕 参见陈瑞华：《比较刑事诉讼法》，中国人民大学出版社 2010 年版，第 182 页。

〔48〕 SeeM. Delmas－Marty & J. A. E. Vervaele eds. , *The Implementation of the Corpus Juris in the Member States*, Antwerpen－Groningen－Oxford Intersentia, 2010, p. 27.

〔49〕 参见青海省西宁市城西区人民法院刑事判决书，（2017）青 0104 刑初 187 号。

予以排除。庭审中,公诉人当庭出示了电子数据勘验检查委托书、受理登记表、检材清单、电子物证检查工作记录、封存电子数据证据清单及照片、原始物证使用记录,电子数据检查勘验部门情况说明,孙某甲询问笔录,孙某乙情况说明。法院认为,上述证据能够对相关电子证据进行补正和合理解释,不应当以非法证据对其予以排除。

该案就涉及对非法证据与瑕疵证据的区分,在辩护人提出电子证据违反取证程序、可能影响司法公正之后,法院要求公诉人对相关电子证据的取证程序不合法和其他程序瑕疵进行补正或作出合理解释,在公诉人提交了相关证据材料后,法院认为,公诉人完成了对相关电子数据补正或合理解释的要求,对之不应当进行排除。

综上,瑕疵证据与非法证据区分的重要标准是,非法证据损害的是犯罪嫌疑人、被告人等的基本权利和重要的诉讼权利,而瑕疵证据则是对一般程序规定、程序要求的违反。理论界和实务界已经形成的共识是,非法证据与瑕疵证据的违法程度不同,进而导致对两者的处理后果产生差异,这一点在刑事诉讼、民事诉讼和行政诉讼中并无不同。

3. 瑕疵证据如何进行补正和合理解释。瑕疵证据运用的基本原则是,瑕疵证据可以由相关主体进行补正或者作出合理解释,不能补正或者作出合理解释时应当排除。对于如何理解补正和合理解释,2012 年《人民检察院刑事诉讼规则(试行)》(已失效)第 66 条第 3 款的规定具有重要指导意义,这一条款规定,“补正是指对取证程序上的非实质瑕疵进行补救;合理解释是指对取证程序的瑕疵作出符合常理及逻辑的解释”。该规定有重要合理性,有助于防范实践中可能出现的随意扩大瑕疵证据的范围,将非法证据、不可靠不真实的证据都以补正或者合理解释的方式纳入法律程序中。虽然 2019 年最高检《刑事诉讼规则》第 70 条中删掉了这一款,但在理解补正和合理解释方面,上述规定仍然具有重要的指导意义。

综上,补正应当限于对瑕疵证据的补充、补救,不应当将瑕疵证据补正与证据补强、与其他证据的印证相混淆。也有实务人士同样指出,合理解释是“侦查人员通过对证据产生瑕疵的原因以及未因该瑕疵而影响证据的客观性进行阐释,从而排除其为非法取得或不真实的可能”[50]。这一分析有合理性。在具体实践中,补正主要是通过一定方式对瑕疵证据进行修正、补充,在一些情形下还需要提交一定的辅助证据材料;合理解释主要是通过对程序瑕疵形成的原因、经过等提供必要书面说明、提交情况说明等进行,一般应当通过书面方式或者当庭说明的方式进行。

案例 25 王某喜强奸案[51]

在王某喜强奸案中,法院指出:“对被害人内裤的收集、复制、保管工作存在多处违反法律规定的地方,具体体现在:一是侦查人员在提取内裤时没有制作提取笔录,或者通过扣押物品清单客观记录提取情况,导致有关内裤来源的证据不充分。二是起诉书的证据目录虽然记载提取了被害人的内裤,但未将其随案移送。考虑到该物证的特殊性且所附生物检材易污染需要特殊条

---

〔50〕 赵志辉:《瑕疵证据的认定与救济需严格限制》,载《检察日报》2015 年 3 月 25 日,第 3 版。

〔51〕 参见中华人民共和国最高人民法院刑事审判第一、二、三、四、五庭主办:《刑事审判参考》(总第 85 集),法律出版社 2012 年版,第 85 - 97 页。

件保存,可采用照片形式对该内裤予以复制移送,但相关机关均未做此项工作。三是法律规定对证据的原物、原件要妥善保管,不得损毁、丢失或者擅自处理。由于该起犯罪久未侦破,其间办案人员更换,加之移交、登记、保管等环节存在疏漏,被害人的内裤已遗失,导致出现疑问后相关复核工作无法进行。”法院认为,对于被害人内裤这一证据,因其来源存疑问题无法解决,不能作为定案的依据。

在该案中,被害人内裤是认定案件事实的关键证据之一,对这一证据收集、复制、保管过程中出现了诸多违反法律规定之处,导致证据来源存疑。按照法律规定,在这种情形下应当允许办案机关对程序违法、程序瑕疵进行补正或者作出合理解释。由于该案多年未侦破,并且收集、移交、登记、保管等环节存在诸多问题,这一证据已经丢失,不再具备补正或者进行合理解释的基础和条件,因此,法院认定,这一证据不能作为定案的依据。

典型案例评析

案例3-1 李某成故意杀人案[52]:主要证据与杀人事实的关联性未能有效建立导致无罪

一审判决认定:2015年12月7日、8日晚,被害人徐某2(男,殁年50岁)到被告人李某成住处喝酒聊天。12月8日晚,二人因琐事发生争吵,后徐某2提出要在李某成处留宿,李某成担心徐某2偷其东西,遂拒绝并将徐某2推出门外,并持铁锨将其赶至中寨村自来水蓄水池坎下的石墙处。徐某2赖在地上不走,李某成遂持铁锨朝徐某2头部连续击打数下,见其躺在地上不动,便将其拖到公路边,制造被过往车辆撞死的假象。12月9日早晨,徐某2尸体被当地村民发现并报警,经鉴定,系右枕部遭受钝性损伤及右面部多次锐器砍创致使颅骨粉碎性骨折,颅内出血而死亡。案发几日后李某成潜逃,2016年2月22日在四川省九寨沟县被抓获归案。

一审判决认定上述事实的主要证据有:

1.2015年12月10日,从被告人李某成暂住处(中寨镇中寨村杨河坝杨某1家羊圈)厨房内提取烟蒂一枚,经鉴定该烟蒂中检出被害人徐某2的DNA基因型。

2.证人杨某(李某成放羊雇主、杨某1之子)证明李某成案发后曾告诉过他公路上死的那个人是其用铁锨打的。

3.2017年6月6日,经李某成对12张不同男性照片混杂辨认,确认被害人徐某2是其用铁锨砍的人。

4.2016年2月24日,李某成对其与被害人发生口角的地点即杨某1羊圈厨房、杀害徐某2的地点即中寨村自来水蓄水池坎下石墙处花椒树下(距杨某1家羊圈60米左右)、拖拽徐某2尸体的路线、放置尸体的地点即桑元电站附近公路南侧(距离花椒树11米左右)均进行了指认。

5.2016年3月24日,经李某成对在杨某1家羊圈西面核桃树林里提取的刀子辨认,确认系被害人徐某2案发当晚用来吓唬他的刀子。

[52] 参见甘肃省高级人民法院刑事判决书,(2019)甘刑终102号。

6. 2016年2月29日，经李某成对7把铁锨混杂辨认，确认从杨某1家羊圈厨房提取的铁锨即为其作案所用工具。

7. 经司法精神病鉴定，李某成作案时及目前智能略低于正常，智商测定70分，但并不影响其认知，且为酒后作案，故应有完全刑事责任能力。

8. 被告人李某成的有罪供述。

据此，一审法院认为，被告人李某成的行为构成故意杀人罪。李某成第一次被判处死刑，缓期2年执行后，未提出上诉。发回重审后李某成翻供，称其有罪供述系公安机关刑讯逼供所致，经法庭调查，李某成抓获次日即如实供述了故意杀害徐某2的犯罪事实，入所体检报告单显示其身体亦无异常，其翻供理由不能成立。依照2017年《中华人民共和国刑法》第232条、第57条第1款、第61条之规定，以故意杀人罪判处被告人李某成无期徒刑，剥夺政治权利终身。

一审宣判后，李某成提出上诉称：本案事实不清，证据不足，其未杀害被害人，辩解其有罪供述系刑讯逼供后胡乱说的，要求宣告无罪。

李某成的辩护人提出：

1. 本案仅凭口供定案，无其他客观性证据将李某成与被害人关联起来。

2. 李某成的供述无法排除合理怀疑，依法不能作为定案依据采用。理由如下：(1)李某成平时爱吹牛，智商低下，逻辑思维混乱；(2)另一嫌疑人杨某2亦做过有罪供述并指认案发现场，导致对侦查机关的取证合法性产生合理怀疑；(3)李某成当庭以刑讯逼供为由翻供，无法排除公安机关对其刑讯逼供可能。

3. 本案事实存在疑点：(1)证人杨某证言系传闻证据，且仅证明“用铁锨戳出去了”，并未证明将人戳死了；(2)李某成作案时所穿衣服、所使用的作案工具铁锨上均未检出被害人生物检材，无法将其和被害人以及现场联系起来；(3)虽从李某成居住房子里提取的烟蒂中检出被害人DNA，但仅证明被害人去过李某成居住的房子，不能证明杀人事实，且该烟蒂提取笔录无具体时间和方式方法，属瑕疵证据，影响其证明效力；(4)李某成对被害人照片的两次辨认结果矛盾，当庭也未辨认出，因此，无证据证明案发前与其喝酒的人就系本案被害人徐某2；(5)被害人胃内食材与李某成有罪供述亦不完全一致。综上，本案事实不清，证据不足，在案证据未形成证据链条，一审判决错误，根据疑罪从无原则，请求宣告李某成无罪。

检察人员出庭意见：

1. 一审判决认定上诉人李某成犯故意杀人罪的事实不清，证据不足。(1)有罪供述与现场勘查、尸检报告等证据之间缺少关联性；(2)有罪供述矛盾较多，且翻供称其有罪供述系刑讯逼供所致；(3)杨某证言系传闻证据，证明力弱。

2. 由于李某成居住房中提取的烟头系被害人所留，且案发后潜逃，李某成涉嫌故意杀人的嫌疑不能完全排除，但现有证据之间存在矛盾，且未形成完整的、闭合的证据链条，尚未达到刑事案件证据确实、充分的证明标准，建议法庭依法判处。

2020年2月10日，甘肃省高级人民法院作出终审判决，撤销甘肃省陇南市中级人民法院(2018)甘12刑初29号刑事判决，上诉人李某成无罪。

评析 该案虽有证据证明上诉人李某成具有杀害被害人徐某2的犯罪嫌疑，但缺乏将上诉人李某成与现场、被害人徐某2联系起来的客观证据，在案证据亦未形成统一完整的证据链,证据指向不唯一、不排他,案件存在的问题和合理怀疑均未得到排除,无法达到足以认定待证事实的程度,现有证据未达到确实、充分的证明标准。第一,该案的关键物证烟蒂来源不清。案发次日即2015年12月10日从杨某1家羊圈厨房(李某成居住房)内提取了一枚烟蒂,但该提取笔录无具体提取时间,被提取人杨某1签名为代签,无对提取物的特征、种类描述,亦无相关照片佐证,提取程序明显存在瑕疵。且即使烟蒂中检出被害人DNA,也仅证明被害人曾到过李某成住处,并不必然证明李某成杀人事实。因此,在无其他证据佐证情况下,该证据与杀人事实的关联性难以建立。第二,证人杨某证言系传闻证据,且该证言系李某成供述后获得,属先供后证,一些证言的部分细节与供述不吻合,亦无其他证据印证,证明力不强。第三,无证据将李某成与现场、被害人客观关联起来。拖尸现场未提取到李某成的生物痕迹,李某成供述拖拽尸体的被害人绑腿布上亦未获得李某成的生物物证,李某成的衣裤、鞋子上均未检出被害人生物检材。第四,李某成对被害人的两次辨认结果矛盾,在未能解决矛盾及排除疑点的前提下,一审采信有程序瑕疵的第二份辨认笔录,显然违背证据裁判规则。2016年2月29日李某成第一次对被害人的照片进行混杂辨认时未辨认出被害人,2017年6月6日第二次辨认时又辨认出被害人徐某2,两次辨认结果明显矛盾,且第二次辨认仅有辨认照片,没有辨认笔录,辨认程序明显不当。经一审庭审中当庭出示上述两组照片,李某成均未辨认出被害人。因此,该两份结果相反的辨认笔录不能作为证据使用。第五,从杨某1羊圈前核桃林里提取的刀子无法与被害人徐某2或李某成建立关联。由于案发近4个月后发现该刀子,刀子所处位置与李某成有罪供述扔弃或捡起来放置的位置均不一致;且该刀子经被害人妻子徐某1辨认,未能确认是被害人随身携带之物;而且经检验,该刀子上未获取常染色体STR多态性检验结果。因此,该刀子的归属无法确认,不能印证李某成的有罪供述。第六,李某成的有罪供述存疑。首先,案发两月余抓获李某成,有罪供述不但系递进式供述,且系先证后供,证明力本身较低。其次,根据有罪供述未获取有价值的痕迹物证,供述的作案凶器铁锹上亦未检出被害人生物痕迹,有罪供述与在案其他证据关联性不强。最后,存在李某成翻供,有罪供述不排除以非法手段取得的可能等情况,这一证据的真实性就更值得怀疑。因此,根据证据的合法性、真实性、关联性要求,李某成有罪供述的证明力存疑。第七,该案证据存在其他合理怀疑。该案存在指向另一嫌疑人杨某2犯罪的大量证据:一是2015年12月9日案发当日从杨某2家中提取的客观物证菜刀、绳子、羊角锤及房后300米处水沟旁的卫生纸团上均检出了被害人徐某2的DNA分型,与杨某2有罪供述的作案地点、方式等相互印证,且供述的致伤凶器菜刀与被害人面部损伤特征比较吻合。二是证人徐某1、王某等人证明案发前一天杨某2与被害人徐某2发生过争执,杨某2具有作案动机。三是杨某2曾于2015年12月10日、12日做过两次有罪供述,并于2015年12月11日指认了作案现场、抛尸路线和抛尸地点。虽然之后杨某2翻供,但对其合理怀疑并未得到有效排除。基于上述证据问题,一审判决认定上诉人李某成犯故意杀人罪的事实不清,证据不足,根据证据裁判和疑罪从无原则,不能认定李某成有罪。

案例3－2　章某锡受贿案[53]:“非法证据排除第一案”折射的“排非难”困境

章某锡因涉嫌犯受贿罪于2010年7月23日被宁波市鄞州区人民检察院传唤,次日被刑事拘留,同年8月5日经宁波市人民检察院决定被逮捕。后鄞州区人民检察院依法向鄞州区人民法院提起了公诉。在一审中,辩护人提出,侦查机关对被告人章某锡有罪口供的取得采取了刑讯逼供或变相刑讯逼供、诱供、欺骗等手段,公诉机关没有提供审讯录像来证明获取被告人章某锡口供的合法性,故不能排除非法获取口供的合理怀疑。因此,被告人章某锡的有罪供述不能作为定案的证据。一审法院审理后认为,被告人章某锡及其辩护人指出侦查机关违法获取章某锡审判前有罪供述,并且提供了相应的证据和线索,根据两院三部《非法证据排除规定》及相关规定,控方应当移送相关的被告人章某锡的全程审讯录像予以质证,应当通知讯问人员出庭作证等,以证明侦查机关获取被告人章某锡审判前有罪供述的合法性。控方虽然出示、宣读了章某锡的有罪供述笔录、《自我供述》,播放了章某锡有罪供述的录像片段,提交了关于依法、文明办案,没有刑讯逼供、诱供等违法情况的说明,但是上述证据不足以证明侦查机关获取被告人章某锡审判前有罪供述的合法性。相反,法庭却调取到了被告人章某锡的体表检查登记表,证明章某锡在审讯时受伤、控方又不能作出合理的解释。依照两院三部《非法证据排除规定》第11条的规定:对被告人审判前供述的合法性,公诉人不提供证据加以证明,或者已提供的证据不够确实、充分的,该供述不能作为定案的依据。故章某锡审判前的有罪供述不能作为定案的根据。对被告人章某锡及其辩护人提出的该辩解辩护意见予以采纳。最后,法院以6000元的受贿金额,判处章某锡受贿罪,免予刑事处罚。

一审判决后,章某锡以无罪为由提出上诉,检察院也提出抗诉。二审法院经过两次开庭,作出终审判决,否决了辩方的非法证据排除申请,确认了检察机关取证尤其是取供过程的合法性,以4万元的受贿金额判处章某锡有期徒刑2年,并没收违法所得。

｜评析｜ 该案曾被称为我国“‘非法证据排除’第一案”。在该案中,被告人章某锡及其辩护人提出侦查机关违法取证,并依法提供了相关的证据和线索;在这种情形下,一审法院依法启动了非法证据排除程序,并按照相关法律规定,要求公诉机关提交全程录音录像等证据材料证明侦查机关的取证行为符合法律规定。在综合已经调取的材料和控方提交的相关取证合法性证明材料的基础上,认定公诉方对于取证合法未能证明到确实、充分的程度,因此排除了相关有罪供述。一审法院的这一裁判也引起了理论界和实务界的广泛关注。

然而,二审法院最终认定,审前供述的合法性已经得到充分的证明,从而又使该案出现了戏剧性的转变。该案在一定程度上反映出我国非法证据排除规则的实施还面临一些困境。这些困境,一方面来自非法证据排除规则本身,即对非法证据的严苛界定、对瑕疵证据的泛化解释、对重复取供的立法宽容等,使得公安司法机关对非法证据“不会排”“不能排”;另一方面则来自运行环境,在不尽合理的诉讼理念、诉讼方式之下,在国家控制犯罪能力的制约之下,面对非法证据,公安司法机关“不愿排”“不敢排”“排不了”。该案排非结果的“反转”在很大程度上是我国刑事诉讼中非法证据排除难困境的折射和反映。

---

〔53〕 参见浙江省宁波市中级人民法院刑事判决书,(2011)浙甬刑二终字第288号。

案例3-3 张某武诉陈某雄合同纠纷案[54]:民事诉讼中当事人的"私自录音"应否作为非法证据予以排除?

在申诉人张某武与被申诉人陈某雄合同纠纷案中,张某武不服生效判决,向广东省高级人民法院申请再审,该院驳回张某武的再审申请。张某武不服,向最高人民法院申诉。最高人民法院第一巡回法庭于2016年4月26日公开开庭审理了本案。

张某武在向广东省高级人民法院申请再审期间,提交了其与陈某雄之间的谈话录音材料。广东省高级人民法院审查后认为,该录音材料系张某武在未取得陈某雄同意的情况下单方录制,根据最高人民法院《关于未经对方当事人同意私自录制其谈话取得的资料不能作为证据使用的批复》(法复[1995]2号)的相关规定,该录音材料不具有证明力。

张某武在向最高人民法院申诉期间,再次提交了该录音证据:张某武的女儿张某录制的张某武与陈某雄于2012年6月16日下午2时50分至下午5时在广东省深圳市五洲宾馆一楼大堂咖啡厅的谈话录音一份,拟证明张某武与陈某雄之间的合作关系源自2001年,陈某雄认可张某武为项目公司所做的各项工作并对工作所形成的成果予以肯定,陈某雄愿意向张某武支付3500万元对价。再审庭审中,张某武对其逾期提交该份录音证据作出了说明,表示本案《合作协议》涉及的两个案件在一审时均胜诉,1500万元标的案件在二审时亦为胜诉,所以当时没有考虑这份录音证据的必要性。在1500万元标的案件被广东省高级人民法院提审并改判后,4500万元标的的案件即本案的二审也被广东省高级人民法院改判,此时张某回忆起该份录音证据,故在对本案向广东省高级人民法院申请再审时提交了该份录音材料,但未被采纳。再审庭审中,当庭对该份录音证据进行了播放展示。

最高人民法院认为,2008年最高人民法院《关于适用〈中华人民共和国民事诉讼法〉审判监督程序若干问题的解释》第10条第1款第1项规定:"原审庭审结束前已客观存在庭审结束后新发现的证据"属于再审中的新证据。再审庭审中,张某武对录音证据的取得经过和为何在本案在向广东省高级人民法院申请再审时才提出该证据作出的解释说明符合逻辑,存在客观合理性,张某武不存在故意隐瞒重要证据的行为,张某武在向广东省高级人民法院申请再审时提交该证据亦不存在重大过失。该份录音证据是张某武与陈某雄就《合作协议》相关款项的支付产生争议后双方沟通谈话的真实记录,其取得并未侵害陈某雄或其他人的合法权益,也未有违反法律禁止性规定或违背公序良俗的情形。根据最高法2001年《民诉证据规定》第68条"以侵害他人合法权益或者违反法律禁止性规定的方法取得的证据,不能作为认定案件事实的依据"的规定,张某武提交的录音证据并非以侵害他人合法权益或者违反法律禁止性规定的方法取得,故该录音证据可以作为认定本案相关事实的依据。该录音证据系张某武与陈某雄就《合作协议》产生争议后双方协商的谈话过程,能够客观反映双方合作的相关事宜,与本案的基本事实密切相关,应当采纳。广东省高级人民法院再审审查时认为,该录音证据是在未取得陈某雄同意的情况下单方录制,该院根据法复[1995]2号关于"证据的取得必须合法,只有经过合法途径取得的证据才能作为定案的根据。未经对方当事人同意私自录制其谈话,系不合法行为,以这种手段取得的录音资料,不能作为证据使用"的规定,认定该录音证据不具有证明力。法院认为,根据2002年4月1日实施的最高法2001年《民诉证据定》第68条关于"以侵害他人合法权益或者违反法律禁

[54] 参见最高人民法院民事判决书,(2015)民提字第212号。

止性规定的方法取得的证据，不能作为认定案件事实的依据”的规定，上述批复所指的“未经对方当事人同意私自录制其谈话，系不合法行为”应当理解为系对涉及对方当事人的隐私场所进行的偷录并侵犯对方当事人或其他人合法权益的行为。最高法 2015 年《民诉法解释》第 106 条关于“对以严重侵害他人合法权益、违反法律禁止性规定或者严重违背公序良俗的方法形成或者获取的证据，不得作为认定案件事实的根据”的规定明确了该司法精神。本案中，张某武与陈某雄的谈话系在宾馆大厅的公共场所进行，录音系在该公共场所录制，除张某武的女儿外也未有其他人在场，并未侵犯任何人的合法权益，故对该录音证据应予采纳，并作为认定本案相关事实的依据。

| 评析 | 在民事诉讼中，当事人向法庭提交未经对方同意的“私自录音”或“私自录像”材料以证明自己的诉讼主张，是法律生活中较为常见的一种做法。对于这种私自录音、录像形成的证据材料是否具有合法性，能否作为定案的依据，虽然先后有不同的司法解释涉及此问题，但由于对法律规定的理解不一致，不同的法院会作出不同的裁判。有的法院认为属于非法证据应当予以排除，有的法院则认为具备合法性，应当作为定案的根据。该案中，广东省高级人民法院和最高人民法院对于张某武提交的“私自录音”的不同裁判就具有一定的代表性。广东省高级人民法院审查后作出认为该录音材料不具有证明力的裁判主要存在两个问题：一是上述批复涉及的是私自录音的证据能力问题，而不是证明力问题；二是对上述批复的理解和适用有“简单粗暴”之嫌，认为只要未经对方当事人同意私自录音就一概应当排除，而没有区分具体情形。从司法实践来看，当事人使用私自录音的方法以“防患于未然”，维护自己的合法权益，往往很难事先取得对方当事人的同意，该批复本身存在“脱离实际”、不够严谨的问题，如果在办理具体案件时，不具体问题具体分析，而是简单地认为只要是私自录音就不具备合法性，不能作为证据使用，难免失之偏颇，也会有损司法公正。最高人民法院在该案裁判中指出：“法复[1995]2 号批复所指的‘未经对方当事人同意私自录制其谈话，系不合法行为’应当理解为系对涉及对方当事人的隐私场所进行的偷录并侵犯对方当事人或其他人合法权益的行为。民事诉讼法解释第一百零六条关于‘对以严重侵害他人合法权益、违反法律禁止性规定或者严重违背公序良俗的方法形成或者获取的证据，不得作为认定案件事实的根据’的规定明确了该司法精神。”虽然法复[1995]2 号批复已经失效，但是该案裁判所确立的“隐私场所偷录违法”的规则对于人民法院处理类似的私自录音、录像作为证据材料的案件，仍然具有重要的指导意义。

主要文献著述

1. 刘善春、郑旭、毕玉谦：《诉讼证据规则研究》，中国法制出版社 2000 年版。
2. 张军主编、最高人民法院刑事审判第三庭编著：《刑事证据规则理解与适用》，法律出版社 2010 年版。
3. 沈志先主编：《民事证据规则应用》，法律出版社 2010 年版。
4. 阎巍：《行政诉讼证据规则原理与规范》，法律出版社 2019 年版。
5. 吴国章：《非法证据排除规则实务研究》，法律出版社 2017 年版。

第四章　证据运用的基本环节

第一节　证据运用环节概述

一、证据运用环节的概念

按照《现代汉语词典》的解释，环节是指互相关联的许多事物中的一个。作为各环节的事物间往往密切相关，构成一个紧凑而有序的整体。证据运用是发生在诉讼领域的一种特殊活动和思维过程，这个过程包括很多的环节，其中一些环节对于诉讼的推进具有较为重要的意义，可以称之为基本环节，还有一些环节则可能只是一般程序性的要求。因此，证据运用环节可以界定为证据在诉讼中运用时要经过的主要步骤。作为一个连续的动态推进过程，一般而言，证据运用主要由取证[1]、举证、质证、认证四个基本环节构成，或者说，取证、举证、质证、认证是证据运用的基本运作步骤。其中，取证是基础，举证、质证是核心，认证是结果。在不同的诉讼中，这四个环节的运作可能由不同的诉讼主体承担。通常情况下，在刑事诉讼中，取证通常由侦(调)查人员承担，举证、质证通常由公诉人承担，认证由法官承担，而辩护人则有可能承担取证、举证、质证等职能；在民事、行政诉讼中，取证、举证、质证由当事人承担，认证由法官承担。

二、证据运用环节的特征

总体而言，证据运用环节体现出以下特征：

1. 证据运用环节是前后相互衔接的诉讼流程。对于一个完整的诉讼证明活动，取证、举证、质证、认证四个环节在案件办理过程中不可或缺，构成了一个环环相扣的体系，如果离开了任何一个环节，诉讼证明都会变成残缺的链条，其任务也就很难顺利完成，进而也会影响到诉讼的正常推进。在诉讼过程中，取证、举证、质证、认证四个环节实际上是一个前后相互衔接的流程。任何一个诉讼案件，首先必须收集相关证据，为诉讼的进行打下基础，然后必须将证据向法庭举示，展现己方所主张的案件事实，并听取各方当事人对证据的意见，从而为法庭查明案件事实提供条件。法官在此基础上，再对证据的采纳、采信以及事实的认定作出裁判。证据运用环节的前后相互衔接还体现为每一个环节的次序不能颠倒，必须严格按照这四个环节的先后顺序来推进诉讼。

2. 证据运用环节需要符合每一个环节的程式要求。证据运用的基本环节体现为一种诉讼流程，这就决定了每一个环节都必须符合相应的程序性要求，需要遵守相关的程序规则和证据规则。例如，在刑事诉讼中，侦查人员收集证据时必须严格遵守刑事诉讼程序的规定，否则其所收集的证据就有可能因为程序违法而被作为非法证据予以排除；在民事诉

---

〔1〕 鉴于取证的重要性，本书第七章就证据收集进行了专门讲述，故在本章不讲述取证环节的内容。

讼中，当事人举证必须遵守举证时限，否则证据有可能不被法庭采纳；当事人在庭审举证、质证过程中，都必须按照一定的程序要求进行；法官认证应当遵守相应的证据审查认定规则等。对证据运用环节的程式要求在很大程度上体现了证据法所具有的程序法特征。

第二节 举证的基本方法与技巧

一、举证的概念和特征

（一）举证的概念

举证是指诉讼相关主体在诉讼过程中向法院提交证据材料，以证明己方主张事实的行为。诉讼是双方之间的对立和博弈；证据是一切诉讼活动的基石。双方当事人为了胜诉，必须将己方收集的证据材料提交法院，通过质证、认证，使证据材料的价值得以实现。举证是取证的延伸，是质证、认证的基础。举证是证明活动的重要环节。《刑事诉讼法》第176、211条规定人民检察院在提起公诉时，应当将“案卷材料、证据移送人民法院”；人民法院对自诉案件进行审查后，对于犯罪事实清楚，有足够证据的案件，应当开庭审判，缺乏罪证的案件，如果自诉人提不出补充证据，应当说服其撤诉，或者裁定驳回。最高法《民诉证据规定》第2条第1款要求：“人民法院应当向当事人说明举证的要求及法律后果，促使当事人在合理期限内积极、全面、正确、诚实地完成举证。”其第50条第1款又要求：“人民法院应当在审理前的准备阶段向当事人送达举证通知书。”最高法《行诉证据规定》第4条第1款则规定，公民、法人或者其他组织向人民法院起诉时，应当提供其符合起诉条件的相应的证据材料。一般而言，在上述各类案件中，起诉人如果不依法提出一定的证据，法院将不予受理。事实上，举证也是人民法院审判案件的前提和基础。只有举证主体提出相应的证据，人民法院才能顺利地进行审判活动，并据以查明案件事实，作出裁判。

（二）举证的特征

1. 举证的主体是诉讼双方当事人。在刑事诉讼中，举证主体包括公诉机关、被告人及其辩护人，在民事、行政诉讼中包括原、被告双方当事人及其诉讼代理人。人民法院根据当事人申请和依职权可以主动调取证据，但人民法院并不是举证的主体，人民法院根据当事人申请调取证据是为了弥补当事人取证能力的不足，目的在于顺利完成诉讼程序，调取的证据当然应当由申请一方当事人举证。根据是否承担证明责任，这些举证的当事人又可分为两类：一类是举证的义务主体。这类主体负有举证责任，应当提出证据证明自己的控诉或主张，若提不出证据，主张就不能成立或者就要承担败诉的风险和后果。另一类是举证的权利主体。这类主体在诉讼中不负举证责任，对他们而言，举证不是履行义务，而是行使举证权利，因此，他们可以举证，也可以不举证，不会因为不举证本身而承担不利的后果。

案例1　章某诉信州区灵溪镇人民政府强拆案〔2〕

章某在江西省某村有房屋一套,2018年7月,该房屋被不明身份人员强制拆除,章某随即报警,但公安机关未能查明强拆行为的实施主体。章某认为,公安机关未能查明强拆行为的实施主体,属于未履行法定查处职责,遂提出行政复议。市政府经审查后认定该房屋已经纳入城市改造项目,是镇政府拆除了其房屋。章某提起行政诉讼,在庭审过程中,镇政府未能举出证据证明自己履行了强拆的法定程序。最终,法院判决镇政府的强拆行为违法。

那么在该案中举证主体如何划分?首先,对于具体行政行为合法性的问题,一般由拆迁方举证。一般情况下,如果被拆迁人认为拆迁方的行为违法,此时不需要被拆迁人来证明,而适用举证责任倒置,由拆迁方证明自己实施的行为是合法的。只要被拆迁人认为违法,首先就要推定该行为违法,如果拆迁方不能证明自己的行为合法,就要承担法律责任。其次,对于诉讼中的程序性问题,一般由被拆迁人举证。举证内容包括:证明起诉符合法定条件,但被告认为其超越起诉期限的除外;证明被告的不作为;要求行政赔偿时证明其遭受侵害的事实;其他应当由原告举证的事项。同时在以下两种情况下,可以免除被拆迁人的证明责任:被告应当依职权主动履职的情形;因被告受理申请的登记制度不完备等正当事由不能提供证据并能够作出合理说明的情形。最后,特殊情况下,可以申请人民法院调取证据。双方都不能提供证据,此时可向人民法院申请调取证据,这样的情形包括:由国家有关部门保存须由人民法院调取的证据;涉及国家秘密、商业秘密、个人隐私的证据材料;确因客观原因不能自行收集的证据;行政处罚显失公平的,被告可以不对其合理性举证,人民法院可依职权取证;对于应该提供原件而不能提供的,由人民法院依法核查或调取。

2.举证的客体是证据。这里的证据既包括对案件事实的证明具有实体法律意义的证据,如在刑事诉讼中反映有关犯罪行为构成要件和量刑情节事实的证据,在民事诉讼中反映民事纠纷产生和发展事实的证据,在行政诉讼中反映被诉具体行政行为合法性有关事实的证据;也包括证明程序法事实或对案件事实的证明具有程序法律意义的证据,如非法证据排除程序中证明取证合法性的证据,表明应当回避、改变管辖等事实的证据,在行政诉讼中表明原告的起诉符合法定条件的证据等。

3.举证的时间是案件开庭审理阶段和庭前证据展示阶段。庭审是当事人举证的主要场所,法庭举证是法庭调查程序的重要组成部分。根据相关法律及司法解释的规定,在庭前证据展示程序中,当事人也可以举证。庭前证据展示是在案件立案受理以后正式开庭审理以前,双方当事人在法官的主持下按照一定的程序和规则出示和交换证据的过程。证据展示的目的是确保庭审的顺利进行,主要适用于案情复杂、证据繁多的案件。在庭前证据展示阶段的举证虽不能产生实质上的诉讼法律后果,但当事人提出己方的证据,让对方当事人及法官知晓,并留给对方当事人质证的准备时间,已经起到了和庭审举证一致的作用和效果。

4.举证必须依法进行。举证必须由法定的举证主体在法律规定的时间、地点,以法律规定的程序和方式,向法定的机关或人员提出证据,否则,其所提出的证据可能将不被采

〔2〕　参见江西省上饶县人民法院行政判决书,(2019)赣1121行初60号。

纳。而且,提出的证据必须符合法定的形式。如最高法《行诉证据规定》第 13 条对当事人提供的证人证言的要求,即必须写明证人的姓名、年龄、性别、职业、住址等基本情况;必须有证人的签名,不能签名的,应当以盖章等方式证明;必须注明出具日期;必须附有居民身份证复印件等证明证人身份的文件。

二、举证与相关程序之间的关系

(一)举证与庭前会议

《刑事诉讼法》规定了召开庭前会议的条件和召开庭前会议的内容。在庭前会议中,可以解决案件管辖等程序问题,申请调取有利于被告人的证据材料,控辩双方进行证据展示,是否申请排除非法证据,法官确定出席法庭的证人、鉴定人、有专门知识的人名单,整理全案争点。因此,庭前会议功能作用越来越实化。例如,辩护人申请排除非法证据,经过控方证据展示,已经表示不再申请的,若在庭审过程中提出,需要具有新证据才能进行。控辩双方的证据都应充分展示,防止庭审证据突袭,也便于法官有效整理案件争点和全案争议证据与非争议证据的情况。又如,根据最高法《法庭调查规程》第 6 条第 1 款的规定:"对于召开庭前会议的案件,在法庭调查开始前,法庭应当宣布庭前会议报告的主要内容。对于庭前会议中达成一致意见的事项,法庭向控辩双方核实后当庭予以确认;对于未达成一致意见的事项,法庭可以归纳争议焦点,听取控辩双方意见,并依法作出处理。"

案例 2 王某男诈骗案〔3〕

2013 年 5 月至 2016 年,被告人王某男利用其在承德市文物局避暑山庄及周围寺庙文化遗产工程指挥部安全消防项目组工作的身份,虚构承德市文物局避暑山庄及周围寺庙诸多工程,以向他人介绍工程的名义,先后诈骗姬某革 947.9955 万元、刘某飞 373 万元、景某春 149.6 万元、郭某龙 116.75 万元、刘某海 17 万元,合计金额 1604.3455 万元。王某男将诈骗所得全部用于个人挥霍。承德市中级人民法院认定,被告人王某男犯诈骗罪,判处无期徒刑,剥夺政治权利终身,并处没收个人全部财产。宣判后,被告人王某男不服,并提出上诉。河北省高级人民法院经审理,认为原审法院在审理过程中违反法律规定,诉讼程序违法、错误,裁定撤销原判,发回重审。

经庭前会议展示双方没有异议的证据是否还需进行庭审举证、质证等法庭调查程序?原审法院在第一次审理中为简化庭审程序、提高庭审效率,召开了由公诉人、辩护人、被害人、被告人参加的庭前会议。在庭前会议上就案件管辖、回避、公开审理、排除非法证据等事项征求了控辩双方的意见,并组织展示了相关证据。庭前会议决定,对于公诉人在庭前会议上出示的被告人王某男为实施诈骗行为伪造的虚假合同、中标通知书等书证,因被告人、辩护人均无异议,合议庭予以采信,就该部分证据不在庭审中示证、质证;对于王某男诈骗刘某海 17 万元的事实,因控辩双方无异议,合议庭予以确认,庭审中不再就该部分诈骗数额进行法庭调查;对于诈骗景某春的数额,王某男退还姬某革 11 万元的事实,合议庭予以确认。针对原审法院对前述书证未经法庭举证、质证等法庭调查程序就作为了定案

---

〔3〕 参见最高人民法院刑事审判第一、二、三、四、五庭编:《刑事审判参考》(总第 128 辑),人民法院出版社 2021 年版,第 145 页。

的证据的行为，河北省高级人民法院认为：(1)人民法院在庭前会议中可以依法处理可能导致庭审中断的程序性事项，组织展示证据，归纳控辩双方争议的焦点，但不得以此替代正式的庭审。本案中，原审法院在庭前会议出示证据，因控辩双方没有争议，就决定该证据不在庭审中举证、质证，混淆了庭前会议和庭审的区别，违反了法律规定。(2)证据未经当庭出示、辨认、质证等法庭调查程序查证属实，不得作为定案的根据。一审法院第一次审理时没有在庭审中举证、质证的做法是程序违法，尽管被告人及辩护人对此未提出异议。

(二)举证与讯问

讯问是刑事案件庭审法庭调查的一部分，是职权式庭审中查明案件事实的一种方式。讯问的策略与效果影响举证方案的实行。例如，经讯问，被告人认罪认罚的，举证方式简化于不认罪的普通犯罪案件。又如，经讯问，被告人不认罪，且情绪对抗的，举证环节中重点证据需逐一详细举示。再如，被告人在讯问中已经确认部分犯罪事实的，在举证中对于认罪与不认罪的部分事实在详略上需区别对待。

讯问被告人环节本身也具有较强的方法和技巧，包括及时运用异议反对权利，以有利于庭审的客观公正进行。反对主要是针对诱导发问、推测发问、模糊发问、重复发问等。

讯问被告人的基本方法包括直接讯问法、迂回讯问法、揭示矛盾讯问法、重点讯问法、问证结合法。常见的问题及处置方法包括：(1)针对被告人翻供，需要分析通常原因或为被告人庭前供述为非自愿供述；或为被告人的供述比较反复，被告人庭审中的供述与庭前公诉机关作为指控证据的供述不一致；或为共同犯罪庭审中为减轻责任出现口供变化。主要的应对方法是通过全案证据横向比对和被告人前后供述的纵向比对，揭示矛盾，指出虚假部分。(2)针对被告人提出遭受了刑讯逼供，需要补充讯问提讯的时间、地点、人员等具体细节，并在排非程序或举证环节向法庭举示入所体检表、播放同步录音录像证据等。(3)针对被告人拒绝回答公诉人提问，需要请法庭关注被告人的认罪态度，并在举证环节全面举示案件的事实。(4)针对认罪认罚案件中的被告人当庭不认罪，需要提示法律后果，并向法庭申请转化为普通案件庭审程序。

同时，为衡平控辩双方的权利，并保障被害人的诉讼权利，《刑事诉讼法》第191条、最高法《刑诉法解释》第242～245条及最高法《法庭调查规程》第7条对被害人、附带民事诉讼原告人及其法定代理人、诉讼代理人、辩护人的发问权进行了具体规定。“公诉人宣读起诉书后，审判长应当询问被告人对起诉指控的犯罪事实是否有异议，并听取其供述和辩解。经审判长准许，公诉人可以就起诉书指控的犯罪事实讯问被告人，也可以先出示有关证据，再就有关犯罪事实讯问被告人。经审判长准许，被害人及其法定代理人、诉讼代理人可以就公诉人讯问的犯罪事实补充发问；附带民事诉讼原告人及其法定代理人、诉讼代理人可以就附带民事部分的事实向被告人发问；被告人及其法定代理人、诉讼代理人可以在控诉一方就某一问题讯问完毕后向被告人发问，有多名被告人的案件，辩护人对被告人的发问，应当在审判长主持下，先由被告人本人的辩护人进行，再由其他被告人的辩护人进行。”

案例3 高某贩卖毒品案[4]

被告人高某让华某(另案处理)把毒品送到楼下给购毒者孙某。华某否认明知送给孙某的是毒品。如果直接问华某:“你送去的东西是毒品吗?”他一定会回答“我不知道”。正确的做法应当是进行跳跃式发问。对话内容如下:

问:你和高某是什么关系?

答:朋友,挺要好的朋友。

问:你何时下楼?(没有再接着问人物关系,而是跳跃到问时间)

答:夜里12点左右。

问:你从楼下人手里带多少钱上来?(又跳跃到问钱)

答:我没数,估计两三千元吧。

问:你和孙某认识吗?(没有接着问交易款,而是再跳回到人物关系)

答:不认识,以前没见过。

问:你给了楼下这个人什么东西?(再跳跃到交易过程)

答:就一个香烟盒。

问:什么牌子的香烟盒?

答:红南京。

问:你刚才说拿了两三千元,然后钱怎么处理了?(再跳回到交易款)

答:上楼就给高某了。

问:你刚才说的香烟盒里面有什么?(再跳回到香烟盒)

答:我没看,香烟盒就装香烟的,应该就是香烟吧。

问:你吸毒吗?

答:吸过。(因为有尿检报告,他无法否认)

避免单刀直入,运用“跳跃式发问”。询问时,要将发问意图暂时隐蔽起来,通过“跳跃式发问”迂回包抄,让被询问者不经意间暴露出矛盾,从而实现询问目的。这种“跳跃式发问”,让被询问人无法判断询问人的真实意图,毫无防备而说出真实的话。上述问答显示脉络为:华某替好友高某将一盒普通香烟拿给楼下的孙某,却收了3000元费用。这并不符合惯常情形,从而显示出破绽。

(三)举证与示证

在刑事案件中,举证既具有行为意义,即指举出出示证据,也具有结果意义,即举证责任的归属。举证一般仅在法庭中适用;而示证可以在庭前会议中适用,如证据展示、证据开示。同时,控方承担完全举证责任为一般原则,也具有个别例外,如收购赃物、运输毒品犯罪行为中的主观明知证明可以在一定基础证据上进行推定。此外,关于技术侦查证据的举示,《刑事诉讼法》第154规定了技术侦查措施取得证据的适用原则,即采取侦查措施收集的材料在刑事诉讼中可以作为证据使用。如果使用该证据可能危及有关人员的人身安全,或者可能产生其他严重后果的,应当采取不暴露有关人员身份、技术方法等保护措施,必要的时候,可以由审判人员在庭外对证据进行核实。一般庭审中,出示技术侦查

[4] 系作者办理的案件。

证据时,法庭转为不公开审理,播放或宣读录音证据,出示声纹鉴定意见。

在民事案件中,举证责任与示证义务也有区别。法官告知当事人区分举证责任与示证义务。前者是指如果案件事实真伪不明,则应当由承担举证责任的一方当事人承担败诉风险。后者是指知道案件真相或者掌握案件证据的人应当向法庭作证或提供证据的义务。告知当事人是指,凡是持有案件证据的人,都有义务向法庭提交证据以查明案件事实。根据最高法《民诉证据规定》第95条的规定:"一方当事人控制证据无正当理由拒不提交,对待证事实负有举证责任的当事人主张该证据的内容不利于控制人的,人民法院可以认定该主张成立。"

例如,关于夫妻共债的问题经历了举证责任转换,即由债务人负举证责任转由债权人负举证责任。但是按照狭义的民事证据规则理念,接近证据的一方当事人较于另一方当事人具有举证方面的距离优势,一般应由接近证据方承担举证责任,以此而论,对于夫妻一方所负债务是否用于夫妻共同生活、共同生产经营,由债务人承担举证责任更为适宜。为解决上述难题,需要适度强化债务人的示证义务,在证明涉案债务是否属于夫妻共同债务时,债务人应将名下常用账户的日常资金往来情况提交至法院或者提供其他证据证明家庭内部的财产结构、生活消费模式等,以佐证系争借款是否用于夫妻共同生活、共同生产经营。如果一味强调债权人的举证责任,而忽视债务人的示证义务,就可能造成裁判结果背离客观真实。

又如,民间借贷案件中是否还款的事实应由借款人承担举证责任,但此类案件的缺席率较高,当借款人缺席时,可由出借人履行示证义务,当出借人否认存在还款事实,可要求其提交相关账户明细进行核查,以证明此节消极事实。固守单一的举证责任理念,若当事人隐瞒于己不利的事实、证据,案件质量就难以得到充分保障。树立正确的示证义务分配理念,合理运用释明权,有助于纠正当事人拒绝或怠于示证的不当行为,进一步提升缺席审判案件的质量。

三、举证的方法与技巧

(一)刑事案件举证的基本方法与技巧

1.举证的原则

刑事案件举证应当遵循当庭出示、交互出证、当庭校验和同等诉讼权利保障的举证原则。举证要做到层次清晰,条理分明。根据最高法《法庭调查规程》第37条规定,法庭对证据有疑问的,可以告知控辩双方补充证据或者作出说明;必要时可以在其他证据调查完毕后宣布休庭,对证据进行调查核实。对于控辩双方补充和法庭庭外调查核实取得的证据,应当经过庭审质证才能作为定案的根据。但是,对于不影响定罪量刑的非关键性证据和有利于被告人的量刑证据,经庭外征求意见,控辩双方没有异议的除外。根据案情审理需要,法庭可以组织控辩双方到现场核实情况,并将核实过程记录在案。第38条规定了防止证据突袭。控辩一方申请出示庭前未移送或提交人民法院的证据,对方提出异议的,申请方应当说明理由,审批长经过审查认为理由成立并确有审查必要的,应当准许。对方提出需要对新的证据作质证准备的,法庭应当宣布休庭,并确定准备的时间。

2.举证的基本方法

《刑事诉讼法》第50条规定了8种证据种类,这些证据以何种方式组合向法庭出示才能证明犯罪事实,需要公诉人根据出庭案件的性质并结合案件证据自身的特点灵活运用举示证据的策略和方法。

对于被告人供述、被害人陈述、证人证言等言词证据,以及有争议的专家意见即鉴定意见,以当庭陈述为最佳效果。通过证人、被害人、鉴定人当庭作证,控辩双方当庭询问,能够直接展现案件的事实情节,法官能够亲历判断和校验。

对于物证、书证等实物证据,应以最能反映证据的客观性、真实性、直观性为最佳的示证方式,一般应以原物或原物照片向法庭出示。实物证据具有很强的客观性和证明力,往往是案件证明判断的支撑点。对于视听资料,在法庭上予以实际播放或展示,也是定案的重要证据。因为视听资料是通过一定技术手段取得的,客观性高,它能把有关案情及时、准确、形象、生动地记录下来,具有直观性、纪实性、稳定性、同步性和科学性,其证明效果明显,能够明确展示是谁制作的,在什么环境下制作的,以充分证实其客观性、真实性。电子数据是目前常见的证据类型,与案件有关联性的证据需要当庭展示或以转化为文字记录的方式出示。电子数据即使不是直接证据,也是定案的关键证据。同时,视听资料和电子数据的关键是内容是否真实、有无剪辑增改删除、收集来源的合法性。

司法实践中常见的举证方法有以下几种。

(1)时间顺序示证法。即根据案卷中收集到的证据,结合案件的发生、发展过程,以时间顺序列明并出示证据。纯粹以时间为序的方法,一般适用于简单案件。

(2)分组示证法。即将证据中客观证据与主观证据根据案件事实要素或证据关联性进行逻辑组合和分组出示。此种出示证据的方法适用于证人证言较多的案件或有多个被害人、多名被告人的共同犯罪及犯罪次数较多的复杂案件。分组出示证据,可以将每组证据的来源及证明的同一事实向法庭说明,必要时征得法庭同意,只宣读该组证明同一事实的主要证据,对其他证明同一事实的证据由公诉人向法庭说明证明的主要内容,这样可以有效地节约诉讼时间,减少不必要的诉讼环节。分组示证法是举证方法中最为常用的方法。但如何分组,一般有或先客观证据后主观证据的方法,或根据案件的起因、经过、结果等逻辑过程犯罪事实要件为序的方法,或先主犯犯罪证据再从犯犯罪证据的方法等。同时,分组举证法并非等于每组证据需分组打包举示,对于重大死刑案件,可将证据编为组,但为逐一举示逐一质证的方式。最高法《法庭调查规程》第 32 条规定,对于可能影响定罪量刑的关键证据和控辩双方争议的证据,一般应当单独举证、质证。对于控辩双方无异议的非关键性证据,可以仅就证据的名称及其证明的事项作出说明。控辩双方具有重大争议的关键证据,应调整分组质证方式,进行“一证一质”。

(3)分类示证法。即按照证据的分类,将案卷中证明犯罪的直接证据与间接证据、原始证据与传来证据、言词证据与实物证据,依照证据类型进行分类举示。此种举示方法一般适用于案情清楚、证据之间无大的矛盾争议、证据量小的案件。

(4)分起示证法。即将每一起作案的所有证据罗列到一起,按照起诉书指控的犯罪事实逐起进行出示。此种示证方法常用于经济或财产犯罪案件。例如,盗窃、贪污、挪用公款等犯罪,出示证据时可将每起犯罪事实的书证、物证、证人证言、被告人供述和辩解及其他证据综合摘录,逐起进行综合出示,最终由每一起证据的小综合组合成整个犯罪证据的大综合。分起犯罪事实证明清晰,案件的综合证据组合在一起整体出示。

(5)分罪示证法。此种出示证据的方法适用于数罪并罚的多罪名案件。即将起诉书指控的多个罪名，按照由重到轻的逻辑顺序排列，分罪进行证据出示。

在出示每种犯罪的证据时，根据案件的实际情况，参照上述5种出示证据的方法出示证据。此种方法使每一项指控罪名的证据得到集中出示，使举证过程显得层次清楚，有利于对多项犯罪的认定。

案例4　陈某洋盗窃案〔5〕

在该案中，公诉人采取了如下分组举证的方法：

第一组证据，证实高速公路的收费规则，包括高速公路有限公司关于高速公路ETC门架等术语定义的说明、交通运输部办公厅文件[交通运输部办公厅《关于贯彻〈收费公路车辆通行费车型分类〉行业标准(JT/T 489—2019)有关问题的通知》]、高速公路有限公司关于异常通行高速公路的说明、被害人贺某钧证言。

第二组证据，包括：关于异常通行重庆高速公路的描述、关于异常通行高速公路的说明，高速公路有限公司关于异常通行高速公路的说明，高速公路有限公司关于提取通行数据及金额来源的说明，重庆成渝高速公路有限公司关于皖KQ××17是否办理ETC的核查情况说明，报案函，皖KQ××17(黄色)通行明细表、门架及记录、部站门架牌识记录，被害人贺某钧证言，监控视频，电子照片。

以上证据证实皖KQ××17没有在货车道专用平台称重，并且在没有办理ETC、没有领通行卡上道的情况下上道，下道时未缴纳通行费，共计逃费97,429.35元。

第三组证据，包括机动车信息查询、被告人的供述和辩解，扣押笔录，电子数据检查笔录，报警信息，住宿信息，勘验、提取笔录，电子照片。

以上证据证实虽然被告人陈某洋否认皖KQ××17的逃费行为是自己所为，属于套牌行为，但是陈某洋自己供述了该车买后一直是自己在驾驶，重庆范围内的门架部分截图能够看出是陈某洋在驾驶该车。与陈某洋有关的警情处理情况、通行明细和高德搜索地点能够证明2021年3月29日，陈某洋驾驶皖KQ××17从江苏出发，从高速行驶，3月31日来到了重庆某布艺厂，与布艺厂发生了纠纷；31日晚上，陈某洋驾驶皖KQ××17从高速行驶来到某物流装货，4月1日，陈某洋载货后驾驶皖KQ××17从高速行驶准备运往湖北，但陈某洋将货运回江苏，与彭某发生了纠纷。陈某洋的高德搜索记录、行驶记录、抖音发布的地点和内容，能够相互印证，陈某洋辩解套牌不成立，皖KQ××17偷逃通行费为陈某洋所为。

第四组证据，包括到案经过、刑事判决书，证实陈某洋系抓获到案和犯罪记录情况。

该案中，由于被告人的行为首先违反了高速公路收费规定，所以公诉人采取了先举示相关收费规则，再举示证实其犯罪行为的其他证据，最后举示相对次要的程序性文书，这样能够突出案件的关键点，从而起到了较好的指控效果。

案例5　陈某贩卖毒品案〔6〕

在该案中，公诉人共分为7组证据向法庭举示：

第一组证据：证实案发经过及被告人身份、前科情况的证据(略)。此外，相关书证显示陈某系成年人，长期吸食毒品。

---

〔5〕 系作者办理的案件。

〔6〕 系作者办理的案件。

第二组证据：证实抓获陈某后，对相关物证进行搜查、提取、扣押、鉴定的证据，包括现场提取笔录、照片及视听资料，扣押物品清单，毒品当面称重、提取检材笔录及视听资料，鉴定委托书、物证检验报告。

第三组证据：证实陈某在2016年11月2日当天驾驶车辆地理位置变化的证据。包括车辆登记信息表、调取证据通知书、车辆通行记录。

第四组证据：证实陈某在购买毒品期间与贩毒上家傅某斌通话、短信联系的证据。

证据1：调取证据通知书、通话清单、光盘。证实：侦查部门向中国移动分公司调取号码为183××××698、182××××348的手机通话清单，该证据显示，陈某持有的该两部手机号码在2016年11月1日至2日曾与傅某斌号码为157××××122的手机通话，共计通话数十次。

证据2：手机短信照片。证实：陈某手机内存储为付某汉的人在2016年11月2日18时57分发送了"农行卡，卡号，名字：李某清"的短信内容，后其回复"你自己没有卡呀，转到你支付宝上面行不行"，对方在18时59分回复"要的嘛，你快点"，在22时7分回复"石坪桥正街冠生园天桥"。

第五组证据：证实陈某通过指使何某燕为其转账支付购毒款的证据。包括调取证据通知书、交易清单3份。

第六组证据：证人证言及相关物证、书证。

第一小组证据：贩毒上家的证人证言。

证据1：贩毒上家傅某斌（绰号：付某汉）的证言及扣押物品清单。证实：(1)傅某斌于2017年3月1日11时许在家中被抓获，家中查获了冰毒、麻古158.6克；(2)傅某斌是在某强戒所戒毒时认识陈某的，2016年10月陈某电话联系傅某斌找毒品，傅某斌强调要1斤以上才卖，价格为1斤3.8万元；(3)2016年11月1日晚上陈某表示钱凑齐了，傅某斌便给上家许某可联系贩卖一事；(4)第二天下午五六点钟，陈某电话联系钱如何支付，傅某斌便让其打到傅某斌持有的李某清账户上；(5)之后许某可用傅某斌的电话和陈某联系在一个天桥拿毒品；(6)之后傅某斌电话联系陈某已经拿到毒品且马上上高速，之后就联系不上傅某斌了。

扣押清单显示：2017年3月7日，从傅某斌处扣押了用于收购毒款的卡号为622×××××××××××××773、户名为李某清的中国农业银行卡。

证据2：贩毒上家杨某琴的证言和辨认笔录。证实：(1)杨某琴因贩卖毒品被抓获归案，家中查获8800多克毒品；(2)2016年下半年，马某玲与杨某琴联系，说她的朋友要购买毒品，来人一男一女且支付了毒资；(3)杨某琴把东西交给男的；(4)东西外面是用纸盒包着，里面用透明塑料自封袋包装。案发后，杨某琴辨认出傅某斌就是此次交接毒品的男子。

证据3~4：贩毒上家许某可和马某玲的证言及通话清单。证实：该二人系情侣关系，均未直接承认为傅某斌而向杨某琴联系购买该次毒品，但是该二人均证实认识傅某斌和杨某琴，且曾介绍傅某斌向杨某琴购买毒品，其中许某可进一步证实2016年12月之前，陈某要找傅某斌买毒品，然后傅某斌就自己与杨某琴联系。

但是，调取的许某可的通话清单显示：许某可号码为157××××513的手机在2016年11月2日22时41分至23时20分多次与杨某琴号码为177××××066的手机通话。

第二小组证据：其他证人的证言。

证据1：收取购毒款银行卡户主、证人李某清的证言。证实：李某清办理了157××××122的手机号码和农业银行卡交给了朋友傅某斌使用了大半年。

> 证据2:与陈某同行的何某燕的证言。证实交易和转卡支付过程。
>
> 第七组证据:陈某的供述和辩解、辨认笔录及指认笔录。
>
> 陈某共计6份供述,均对自己主观明知是毒品而运输的内容供认不讳,但前4次供述辩解是为傅某斌从重庆顺带带毒品回某县,后2份笔录供认系通过傅某斌购买毒品,经审查,后2次笔录与其他证据印证,且同步录音录像内容与笔录基本一致。

本案中,鉴于毒品案件的特殊性,公诉人采取了首先举示了程序性文书包括依法进行技术侦查的情况等,为指控进行铺垫;其次举示了本案的实物证据;最后举示了本案的言词证据。在言词证据的举示中又采取了先举示证人证言,后举示被告人口供的方式。这种举证方式可以通过前面的证据举示锁定、证实被告人的犯罪行为,最后再以被告人的口供作为印证,从而减少了对被告人口供的依赖性,进而有效地完成指控。

3. 举证中的证据组合

一般而言,物证、书证,与提取扣押笔录、现场勘验记录一同举示;证人证言、犯罪嫌疑人的供述和辩解、被害人陈述综合举示,并与视听资料进行关联性联合举示;电子数据与提取远程勘验笔录、鉴定意见联合举示;鉴定意见单独重点举示或与现场证据一同举示。被告人自书材料的证据效力与被告人的供述和辩解无差异,案卷中具备其二,可只举示供述全面的自书材料,自书材料产生异议,可作笔迹鉴定,证明其客观真实性。诉讼笔录证据具有自身独立性,一般分为三类:一是实体证据的来源程序笔录说明,如现场勘验记录、涉案证物财物的扣押清单、提取笔录;二是直接证明相关诉讼事实的笔录证据,如到案经过、称量记录、侦查实验记录;三是与人证相关的诉讼笔录,如辨认记录、人身检查记录。根据诉讼笔录的分类,单独示证的与其他证据相组合,属于来源证据的辅助实体证据出示。

在举证的顺序上,需要进行灵活安排。如直接证据和间接证据的顺序安排上,可以先举示直接证据,证实全案的主体事实,再举示间接证据相印证;也可以先举示间接证据,证实片断事实,后举示直接证据连接间接证据。如何排列,取决于举证的总体思路和庭审的现场情况需要。又如法庭通知关键证人出庭作证,因其具有当庭证言,故其书面证言无须出示,但也有例外。最高法《法庭调查规程》第25条规定了书面证据与当庭证言的关系,即证人出庭作证的,其庭前证言一般不再出示、宣读,但以下情形除外:“(一)证人出庭作证时遗忘或遗漏庭前证言的关键内容,需要向证人作出必要提示的;(二)证人的当庭证言与庭前证言存在矛盾,需要证人作出合理解释的。为核实证据来源,证据真实性等问题,或者唤起证人记忆,经审判长准许,控辩双方可以在询问证人时向其出示物证、书证等证据。”

例如,一起故意杀人案件,主要证据包括立案登记表、到案经过、被告人的身份户籍信息、现场勘验记录、扣押物证清单、尸体检验鉴定意见、DNA鉴定意见、证人证言、被告人的供述和辩解、检举材料、查证情况记录等。在分组举证中,可以在第一组举示案件诉讼来源等综合证据;第二组举示现场勘验记录、扣押物品清单、物证照片、鉴定意见等客观证据;第三组举示证人证言、被告人的供述和辩解等主观证据;第四组举示检举材料、查证记录等量刑证据。也可以以发案的逻辑过程为序,第一组举示发案经过;第二组举示案件的起因;第三组举示案件的经过;第四组举示案件的后果;第五组举示量刑证据。实物证据和言词证据共同围绕举证目的进行组证。

又如,一起受贿犯罪案件,主要证据包括被告人的自然身份信息、单位法人机构信息、任职书证、银行流水清单、存款取款凭证、购房合同等书证、证人证言、被告人的供述和辩解等。举示证据的顺序可以总分关系进行。先举示全案的综合证据,主要证明主体身份等案件事实,再以时间为序或金额大小为序分笔数举示相关证据,最后举示量刑证据。

4. 举证中的人证询问

我国刑事诉讼中当事人和证人有严格的区分。随着庭审实质化改革的推进,刑事庭审中当庭询问证人、鉴定人、专家辅助人、侦查人员的情况日益增多,这四类人员可以统称为“人证”。对这四类人员的询问是庭审实质化的重要体现,需要予以重点关注。

首先,我国庭审询问证人的规则模式与交叉询问有所不同。交叉询问主要由四个阶段组成,即主询问、反询问、再主询问、再反询问。主询问中发问一方盘问的问题必须具体、特定,意在落实直接言词原则,由证人亲身向法庭展示作证事实;反询问则由对方实施,意在削弱对方证人证言的真实性、准确性或可信性,同时展示对本方有利的事实;再主询问则补充发问,解决反询问中证人不利于本方的回答及证人的诚信或技能问题;再反询问的目的在于得到新的对反询问方有利的陈述和破坏再主询问中证人陈述的可靠性。交叉询问的规则体系也很系统,包括诱导发问规则、问答方式规则、相关性规则、合法性规则、意见证据规则、反对复合式及其他混乱性问题规则、异议规则、弹劾规则等。职权模式下法官是询问的主导指挥者,法官可以先行对证人发问,可以决定控辩双方发问的范围,可以随时打断控辩双方的发问。法官可以主动传唤证人到庭,且职权式下出庭证人可以进行叙述性陈述,并不局限于答问方式。同时,法官在是否支持时具有更大的裁量权,另一方也没有对法官作出的决定提出异议的权利。此外,由于不区分主询问与反询问,对于诱导发问一般均予以禁止。对于从质疑证人的品格和诚信来质疑证人证言的真实性的逻辑联系认定显得更为谨慎。因此,应厘清我国目前庭审询问四类人员的模式和规则与交叉询问并不等同。

其次,四类人员出庭的证明目的不同。证人是为了证实亲身感知的相关案件事实;鉴定人是为了证明其出具的鉴定意见的检验材料、过程和方法,从而证实鉴定意见的合法性、客观性、关联性;有专门知识的人是为了说明其专业领域内的案件事实;侦查人员是为了说明其取证的合法性。因此,在主询问和反询问时必须予以明确。

最后,在询问的内容和方法上有所选择和侧重。询问证人,主要是让证人就了解的案件事实进行陈述,可以直接让证人陈述,也可封闭发问。质疑对方证人证言的真实性,可以通过质疑证人证言的准确性,质疑证人的记忆力,质疑证人证言前后矛盾,质疑证人的判断力、感官能力,质疑证人作证时的非法倾向性等方式进行。询问鉴定人、有专门知识的人,可以鉴定人、有专门知识的人就鉴定意见的作出过程和内容进行陈述或提出意见,也可以直接发问。询问内容可围绕鉴定机构、鉴定人的资质,鉴定人是否应回避,鉴定意见所依据的检材的合法性,鉴定程序和过程的合法性、科学性,鉴定意见与案件事实的关联性,鉴定意见的形式要件的完备性等内容进行。询问有专门知识的人,主要围绕鉴定意见的法定程序和专业知识方面进行。询问涉及非法证据排除程序的就取证合法性进行说明的侦查人员时,可以要求侦查人员就收集证据合法性的相关事实进行陈述,也可以直接发问,主要围绕取证的细节进行。因此,主询问主要是进一步巩固本方证据“三性”,反询问主要是为了证实出庭证人的陈述意见不具有客观真实性,具有虚假性进行。

庭审询问中有开放式问题与封闭式问题,设例如下:

(1)开放式问题

公诉人:案发当天你的穿着是什么样的?

证　人:我穿的是件新衣服/我穿的是皮衣/我穿的是件黄色衣服。

(2)封闭式问题

公诉人:案发当天你穿的是黄色外套,对不对?

①是非问话

公诉人:被盗窃的摩托车是什么牌子的知道吗?

证　人:不知道。

②正反问话

公诉人:我的问题是,当你给被告人人民币500元时是不是已经知道购买的是毒品了?

证　人:呃,是的,没错。

公诉人:因为何时归还债务的问题,你和被告人是不是在案发当晚发生争执?

证　人:是的。

③附加问话

公诉人:空壳公司?也就是说你们公司没有实际的具体投资经营,对吗?

证　人:对的。

④选择问话

公诉人:你和黄某结没结婚?

证　人:没有。

证人的回答一般分为应答和应对,设例如下:

应答分为以下两类。

(1)直接应答

公诉人:你和被害人是什么关系?

证　人:我们是夫妻关系。

①标准型

公诉人:你的出生年月?

证　人:1979年5月。

②附加型

公诉人:公司收益500万元那笔?

证　人:是的,公司全年收益就这么多。

③推他型

公诉人:公司经营情况如何?

证　人:听公司的人说还可以。

④直示型

公诉人:你除了挎包随身还带其他东西了吗?

证　人:除了包其他的就没带了。

⑤条件型

公诉人:公司年收益是多少?

证　人:100 万元吧,如果顺利的话。

⑥含糊型

公诉人:你看见被害人被刺了几刀?

证　人:好几刀吧,我也记不清楚了。

(2)间接应答

①迂回型

公诉人:案发当日被告人与被害人之间是否发生争执?

证　人:他们两人平时关系挺好的。

公诉人:请正面回答公诉人提问,案发当日二人是否有争执?

证　人:呃,是,是的,他们当时是有争执。

②暗含型

公诉人:欠款你一直没有归还他了,对不对?

证　人:我不喜欢欠账,只要我身上有点钱。

应对分为以下三类。

(1)对抗型

公诉人:案发时现场光头、穿背心的人做了什么?

证　人:你说的是哪个人,现场好几个人都是穿背心、光头呢。

公诉人:好几个? 那么你就逐个谈谈好吗?

证　人:我逐个谈? 我怎么会逐个谈?

(2)回避型

公诉人:案发当日被告人是否与被害人发生争执,并殴打被害人?

证　人:他们两人平时关系挺好的。

(3)无力型

公诉人:你们公司的年收益有多少?

证　人:这个我不清楚,每年都不一样。

案例 6　蔡某破坏生产经营案[7]

被告人基于报复砍毁邻居家的葡萄林。庭审中,辩护人申请一位证人出庭作证,称案发时看到被告人在家门口做家务,没有作案时间。公诉人在反询问时,通过连续多个问题追问证人被告人当时穿的什么样式、颜色的衣服。

对话内容如下:

问:你跟蔡某是什么关系?

答:隔壁邻居。

问:你刚才在接受辩护人询问时说被告人案发当天在家做家务,那你看到他在做什么家务活?

---

[7] 参见李勇:《启动质证询问这个"法律引擎"》,载最高人民检察院官网 2019 年 1 月 29 日,https://www.spp.gov.cn/spp/zdgz/201901/t20190128_406620.shtml。

答:就是家里的一些杂活。
问:是屋里还是屋外的杂活?
答:都有。
问:你经常去他家串门吗?
答:不怎么经常。
问:你那天都在干什么?
答:我也是在家里忙家务活。
问:那你怎么知道他一天都在屋里屋外干家务活,特别是屋里你怎么知道的?
答:嗯,这个嘛,这个……是隔壁邻居嘛。
问:你看到他当时穿什么颜色的衣服?
答:白色吧。
问:是衬衫还是外套?还是其他什么样式?
答:应该是衬衫吧。

通过上述反询问,证人的回答暴露出两个矛盾:(1)作为邻居,看到被告人一天时间一直在干家务活而没有外出,不合常理;(2)本案案发时间在4月,4月的当地气候不可能穿衬衫,证人说的衣服特征与案发时的季节和气候明显矛盾。通过这样的矛盾揭示,证言的可信度就降低了,证明力也自然减弱。

5. 认罪案件举证与不认罪案件举证

认罪案件的举证相较于不认罪案件大为简化。当前适用认罪认罚程序办理认罪案件是认罪案件的主要类型,但也存在只认罪不认罚的案件,此类案件适用普通程序审理。一般而言,认罪认罚案件只需简要举示定罪证据,重点举示量刑证据和进行其他有争议的问题。根据最高法《法庭调查规程》第5条第2款规定,被告人不认罪的案件,对与定罪和量刑有关的事实、证据应当分别进行调查。被告人当庭认罪的案件,法庭调查可以主要围绕量刑和其他有争议的问题进行。同时第11条规定,被告人庭前不认罪,当庭又认罪的,法庭核实被告人认罪的自愿性和真实性后,可以重点围绕量刑事实、证据进行调查。被告人认罪后又当庭反悔的,法庭应当调查核实反悔的理由,并对与定罪和量刑有关的事实、证据进行全面调查。认罪认罚案件举证还应当考虑速裁、简易或普通的诉讼程序,速裁程序案件举示案件的证据名称及目的;简易程序案件重点举示有争议的证据;普通程序举示按照前述的基本方法和顺序进行,但对控辩双方无争议的证据只举示证据名称。普通程序的认罪认罚案件主要存在于共同犯罪中部分认罪认罚,部分不认罪认罚的案件中,所占比例极少。

不认罪案件的举证是普通程序的标准版。举证方法主要包括针对零口供案件的关键证据优先法、针对辩点较多的案件先易后难法、针对依靠间接证据定案的案件层层递进法等。

案例7 徐某危险驾驶案[8](认罪认罚速裁程序)

本案主要是按照定罪量刑方法——提纲方式向法庭举示证据。

第一部分:事实部分向法庭举证

(1)受案登记表、立案决定书、取保候审决定书、侦破报告。

(2)呼气式酒精测试结果确认书、酒精检验报告、血样提取登记表、鉴定资质、鉴定意见通知书。

(3)被告人驾驶证、行驶证复印件,驾驶人信息查询、车辆信息查询结果单,车辆照片。

(4)公安强制措施凭证。

(5)被告人徐某供述及同步录音录像。

(6)被告人徐某的户籍信息及非党员证明。

第二部分:量刑方面举证

(1)违法犯罪嫌疑人基本情况调查表。

(2)查获经过。

一般而言,认罪认罚速裁程序举证主要体现简明扼要,在司法实践中大部分速裁案件没有专门准备举证计划,而是将举证提纲简要列入起诉书中,在宣读起诉书时一并举示,同时在举证环节对需要补充的部分着重强调并予以举示。

案例8 余某交通肇事案[9](认罪认罚简易程序)

本案主要是依据交通肇事罪案情,结合刑事诉讼法规定证据种类,采取分类式举证方法。

第一部分:向法庭举示本案书证

(1)受案登记表、122报警台事故电话记录表,证明:报警情况,车与行人刮撞等。

(2)血液酒精含量的吹气记录,证明:案发时吹气显示血液酒精浓度。

(3)居民死亡医学证明书、居民死亡殡葬证,证明:被害人宋某死亡原因系颅脑损伤合并创伤性休克。

(4)交通支队道路交通事故认定书、调查报告、集体研究意见、证据公开记录,证明:被告人驾驶小型普通客车上道路行驶时,由于违法过错行为致事故发生,是事故发生的全部原因。发生事故时系被告人酒后驾车且驾车逃逸,为全部责任,被害人无责任。

(5)交通事故照片28张,证明事故发生地的情况、被害人宋某案发时的情况、肇事车辆情况、被告人余某指认事故地点、车库、足浴店的情况。

(6)道路交通事故经济赔偿执行凭证,汇款业务凭单,被害人宋某的母亲提供的和解协议书、谅解书,证明:被告人赔偿被害人宋某的母亲李某死亡赔偿金、丧葬费、赡养费、精神抚慰金等,各项经济损失共计160万元人民币,李某对被告人表示谅解。

(7)其他书证,到案经过,被告人身份情况,公安交通管理行政强制措施凭证,被害人基本情况,驾驶证、机动车行驶证、机动车信息查询结果单、机动车保险单等。

第二部分:向法庭举示本案证人证言

(1)证人杨某(本案的报案人)的证言证实:证人杨某开车经过事故现场,发现在景观大道

---

〔8〕 系作者办理的案件。

〔9〕 系作者办理的案件。

旁边的死者及现场遗留丰田车标、透明的大灯灯罩，以及马路牙子上有轮胎印、跑步鞋。之后证人杨某报警。

（2）证人王某、孙某、何某（案发当日与被告人聚会饮酒的人）的证言证实：案发当晚一起吃饭。其间被告人喝了四两白酒。20时许饭局结束离开。

（3）被害人母亲李某的证言，证实：被害人的基本情况。

第三部分：向法庭举示本案鉴定意见

（1）北京民生物证科学司法鉴定所鉴定文书，证实：经过对被害人进行尸表检验，符合颅脑损伤合并创伤性休克死亡。

（2）法大法庭科学技术鉴定研究所鉴定文书，证实：死者头部的血迹为被害人的血迹，小汽车右后车门把手的血迹、前保险杠的血迹、右后门的血迹均为被害人所留血迹；现场遗留的漆皮和小汽车前机器盖漆皮为同种油漆，在车左前门内侧拉手手刹挡板、方向盘、喇叭、大灯开关、点火开关、按钮、擦拭棉签及方向盘套上检出被告人的DNA。

（3）北京中机车辆司法鉴定中心司法鉴定意见书，证实：涉案车辆制动系统工作状况正常，转向系统工作状况正常，电气设备工作状况正常。

第四部分：向法庭举示本案现场勘验

交通支队制作的道路交通事故勘查笔录、道路交通事故现场图、现场图补充说明，证明：事故现场的勘查情况，肇事车辆发生损坏，现场遗留有被害人的血迹及被告人的指认。

第五部分：向法庭举示本案事故现场录像

证实：涉案车辆及被告人移动和轨迹情况。

认罪认罚简易程序举证主要根据具体案情和庭审情况，对于控辩双方无异议的证据予以适当简化出示，同时重点对双方的分歧点予以详细的证明，通过更有针对性的证据组合，及时地补充讯问，以实现证明目的。

案例9 王某贩卖毒品案[10]（不认罪普通程序）

本案系认罪认罚中不认罪案件的证据举证，主要根据犯罪认定的逻辑要求展开举证举示。

第一部分：定罪证据

第一组证据：向法庭举示本案的诉讼文书及被告人主体身份的证据，即本案的《办案说明》《立案决定书》《户口信息页》等证据，证明本案的线索来源，立、破案经过及被告人身份等情况。该组证据包括13份证据。（略）

第二组证据：本案的《搜查笔录》《称重笔录》《物证检验报告》等证据，证明抓获购毒下家瞿某军等人以及被告人王某后，公安机关对涉案的物证进行搜查、提取、扣押、鉴定所形成的相关证据，包括以下2个小组：

第1小组证据：证实公安人员在重庆市某小区车库内抓获购毒下家瞿某军和许某冰后，对瞿某军驾驶的轿车进行搜查、提取、扣押、鉴定所形成的相关证据。

第2小组证据：证实抓获被告人王某后，对其人身及暂住地的相关物证进行搜查、提取、扣押所形成的证据。

第三组证据：本案的《通话清单》《中国建设银行银行卡开户资料》《电子证物检查工作记

〔10〕 系作者办理的案件。

录》等证据,证明案发期间购毒下家瞿某军与被告人王某联系购毒事宜及支付购毒款的证据。该组证据将分5小组向法庭举示。

第1小组证据:证实与瞿某军联系购毒事宜且号码为135×××××365的手机在案发期间由被告人王某使用的客观证据。(略)

第2小组证据:证实王某使用号码为135×××××365的手机与购毒下家瞿某军进行联络及通话位置变化的证据,包括3份手机通话清单。(略)

第3小组证据:证实购毒下家瞿某军等人于2019年5月31日至6月1日在广东省东莞市入住新一景酒店及在该酒店内与王某见面的证据,包括以下8份证据。

证据1~4:证实瞿某军、张某欢等人入住东莞市新一景酒店的证据。(略)

证据5~7:证实瞿某军、张某欢等人在东莞市新一景酒店内与王某见面及驾车离开的客观证据。(略)

证据8:与瞿某军同行前往东莞市的证人张某欢的证言及其辨认笔录。

证据摘录:到达东莞入住酒店的情况、与王某见面的情况、瞿某军驾驶王某车辆外出的情况、转交现金的情况、到广东与他人见面的情况。

上述证据证实:2019年5月31日至同年6月1日,瞿某军、张某欢等人入住了东莞市新一景酒店;同年6月1日中午,王某曾到达该酒店内与瞿某军、张某欢等人见面并一同到达停车场,后分别驾车离开;在瞿某军和王某见面过程中,瞿某军还将一个装有大量人民币的挎包交给王某;王某到达该酒店时驾驶一辆灰色的轿车,2019年6月1日下午瞿某军驾驶王某的灰色轿车带领张某欢外出。

第4小组证据:证实被告人王某与购毒下家瞿某军商议购毒数量及购毒款支付事宜的相关证据,包括4份证据。(略)

上述证据证实:2019年5月31日至6月3日,瞿某军与王某之间存在疑似毒品交易的短信内容,其中瞿某军为求购方;王某曾与瞿某军谈及名为桂花的银行账户并让张某欢将该账户短信告知他人,且瞿某军曾给王某的手机中发送向客户名为桂花的银行账户内存款的信息;王某曾向瞿某军发送客户名为周某的银行账户让其打款;在瞿某军驾车返回重庆后,手机内曾收到客户名为王某的中国建设银行账户并要求其打款;案发后,该用于打款的银行卡在王某的身上被查获。

第5小组证据:证实购毒下家瞿某军、许某冰组织他人向瞿某军与王某短信中提及的客户名为桂花、周某的银行账户内存入购毒款的证据,包括以下21份证据。

证据1~4:证实从许某冰家中查获其用于联络购毒事宜手机的证据。(略)

证据5~8:证实瞿某军、许某冰通过手机短信联系向客户名为桂花、周某的银行账户内存入购毒款的证据。(略)

证据9~12:针对桂花卡号为622×××××××××××××476的银行卡进行调查所获取的相关证据。(略)

证据13~18:针对周某卡号为622×××××××××××××972的银行卡进行调查所获取的相关证据。(略)

证据19~21:在瞿某军和许某冰组织下向客户名为桂花、周某的银行账户内打款的人员郭某鸿、蒋某雪、任某兵的证言。

证据摘录:打款1.99万元的过程、打款15万元的过程、打款15.95万元的过程、瞿某军的购毒渠道、打款1.7万元的经过、瞿某军的购毒渠道、打款1.7万元的经过。

上述证据证实：瞿某军于2019年5月31日19时许将其与王某短信中提及的客户名为桂花的银行账户发送给许某冰，于次日21时许将与王某短信中提及的客户名为周某的银行账户发送给存储为小余的人，后瞿某军和许某冰分别与他人有向上述银行账户内打款的短信联系；2019年5月31日至6月2日，任某兵、蒋某雪、郭某鸿等人在重庆市境内向上述银行账户内分别存款。

第四组证据：本案的证人的证言、购毒下家的供述和辩解以及证人、购毒下家对涉案成员的辨认笔录证据，证明王某通过张某军认识瞿某军后，贩卖毒品给瞿某军和许某冰的具体经过。

证据1：张某军的证言和辨认笔录。

证据摘录：向王某购毒被抓获的过程、王某的身份特征、介绍瞿某军认识王某的过程、从王某处得知其贩卖毒品给瞿某军、王某得知瞿某军被抓后换手机号码、王某贩卖毒品的价格、付款方式、王某驾驶的车辆。

证据2：许某冰的证言及辨认笔录。

证据摘录：2019年5月9日到东莞与王某见面商谈购毒的过程、向桂花的账号内打款的过程。

证据3：瞿某军的供述和辩解、辨认笔录。

第五组证据：王某在侦查阶段的供述和辩解，王某共7次接受侦查人员的讯问，均否认自己的犯罪事实，但承认其本人使用过与瞿某军联络购毒事宜的号码为135××××365的手机号码，承认发送给瞿某军用于接收购毒尾款的卡号为621×××××××××××076的中国建设银行账户由其本人开户使用并被查获，承认记载瞿某军手机号码的其本人的病历材料上的信息由其记录，现摘录其中部分供述内容。

证据摘录：携带的建行卡的情况、使用的手机号码的情况、进入酒店的情况、扣押的病历本情况。

该证据证实：王某曾使用号码为135××××365的手机号码；卡号为621×××××××××××076的中国建设银行账户由其本人开户使用，开户时记录了自己当时正在使用的手机号码；王某病历上由其本人书写了瞿某军的手机号码等50个通讯号码。

第六组证据：其他证据，包括以下4个小组。

第1小组证据：证实王某吸食毒品的证据。（略）

第2小组证据：证实王某入住酒店情况的证据。（略）

第3小组证据：证实车牌为渝B5××J0东风标致408小型轿车的行动轨迹的证据。（略）

第4小组证据：证实王某被抓获后查获的手机中有疑似毒品交易的短信内容的证据。

该组证据证实：王某吸食甲基苯丙胺类毒品，且王某在被抓获前曾有疑似涉及毒品交易的短信联系；王某曾在2019年5月9日至10日、5月14日至15日入住星之星酒店；轿车于2019年5月30日进入巴南收费站离开重庆主城、6月2日出巴南区收费站返回重庆主城。王某的外号为三哥。

第二部分：量刑证据

证据1：《到案经过》。

证据2：《户口信息页》。

该证据证实：王某在案发时具有完全刑事责任能力，系被抓获归案，无自首情节。

对于被告人不认罪而适用普通程序审理的案件，被告人不认罪导致指控的难度加大，因此,必须通过详细的举证来展现案件事实,从而使法庭能够支持指控,认定犯罪事实系被告人所为,进而作出正确的裁判。

6. 定罪证据与量刑证据的举示

在法庭调查中,先举示定罪证据,再举示量刑证据。相较于定罪证据,量刑证据的数量较少,一般归为一组进行举示。主要包括到案经过、检举立功材料、刑事责任年龄证据、刑事责任能力鉴定意见、一贯表现说明、民事赔偿证据、刑事和解谅解说明、退赃凭证等。基于全案证据的排列举示需要,到案经过、被告人的年龄证据、刑事责任能力鉴定意见等综合证据也可放于定罪证据部分进行举示。此外,涉案财物的扣押清单等证明涉案财物的查封、扣押、冻结情况的,应在定罪证据部分进行完整举示。

7. 多媒体辅助示证

多媒体示证作为电子化的示证辅助方式,清晰直观、逻辑严密,在重大案件办理中经常适用。最高法《法庭调查规程》第 34 条第 1 款规定,“控辩双方出示证据,应当重点围绕与案件事实相关内容或者控辩双方存在争议的内容进行”。在实践中有多媒体示证系统对案件证据进行数字化展示及 VR 可视化示证。但需明确的是,多媒体示证是辅助载体方式,不代表举证人只需要消极庭审播放,因此不能卸去举证人的举证职责。

8. 控方举证与辩方举证

控辩双方的诉讼权利平等。控方作为公权力方,还需履行客观公正义务,全面举示案件证据,对于有利于被告人的证据也必须全面举示。辩方亦有同等的收集证据向法庭举示的权利。对于收集获取不能的,可向法庭申请收集获取。最高法《刑诉法解释》第 275 条规定,人民法院向人民检察院调取需要调查核实的证据材料,或者根据被告人、辩护人的申请,向人民检察院调取在调查、侦查、审查起诉期间收集的有关被告人无罪或者罪轻的证据材料,应当通知人民检察院在收到调取证据材料决定书后 3 日以内移交。同时,法院具有主动的调查权。法庭对证据有疑问的,可以告知控辩双方补充证据或者作出说明。必要时,休庭进行调查核实。

(二)民事案件举证的基本方法与技巧

1. 基本原则

民事案件的举证是指案件当事人在民事诉讼中为说服法庭而出示证据的诉讼活动。举证责任是民事诉讼证据制度的核心,即当事人应当对自己主张的事实加以证明,当案件事实在诉讼中真伪不明时,由负有举证责任的一方承担败诉后果的制度。当事人没有举证或者虽然提出了证据却未能达到证明标准,案件事实仍属于“不清”时,负有举证责任的当事人将会承受不利后果。

2. 方法与技巧

在民事诉讼中,举证必须遵守有关举证时限的规定,并严格遵守法庭的安排。当事人应当在法庭调查阶段及时有序地举证。规定的举证时限内不能提供证据的,应当先将能够提交的证据提交法庭,同时向法庭申请延长举证时限。

在举证前应当对证据进行科学组织,使之形成完善的证据体系,以提升证据的整体证明力;就待证事项,应当优先使用效力等级最高的证据予以证明;必须全面客观地分析举示证据可能带来的负面效应,并积极构想应对措施以便达到所需的证明效果;举证前必须充分预测对方可能采取的质证策略,并针对该质证策略制订反制策略。

民事诉讼举证最重要的是要回归证据本身,即要在举证过程中注重“三性”:合法性、客观真实性、关联性。这就要求注意以下几点:(1)证据是否为原件、原物,复印件、复制品是否与原件、原物相符,说明不能提供原件的理由;(2)说明证据的形式、来源符合法律规定;(3)在被质疑中说明证据与本案事实相关;(4)在被质疑中说明证据的内容真实;(5)在被质疑中陈述证人或者提供证据的人与自己无利害关系。

在诉讼过程中并非将所有收集到的证据不分种类、不分轻重地全部移交法庭,而是需要围绕当事人所提出的诉讼请求和主张的事实进行举证,把握好举证的重点,同时不能将对自己不利的证据或者“模棱两可”“双方有利”的证据移交法庭。根据最高法《民诉证据规定》第95条规定,“一方当事人控制证据无正当理由拒不提交,对待证事实负有举证责任的当事人主张该证据的内容不利于控制人的,人民法院可以认定该主张成立”。这就表明在己方的重要证据灭失,或原始证据在对方当事人处保存,可以通过提供证据证明该证据在对方当事人处,申请法庭调查取证,对方当事人若不出示,法庭将推定对方妨碍举证,从而通过其他证据将举证责任转换。

民事诉讼中举证时,通常会根据待证事实和证明目的,采用分组举证的方式,对拟举示的证据进行归纳总结。实践中,一般会制作举证清单,载明证据的名称、形式、内容、证明目的等,从而方便法官把握证据情况,作出裁判。

案例10 重庆市某批发市场有限公司工程款纠纷案[11]

第一组证据:证明2017年1月16日申请人因工程需要向被申请人借款300万元,月利息为0.8%。证据包括收款收据、银行补发回单。

第二组证据:证明被申请人为申请人垫付了工程水电费452,138元。证据包括发票、银行回单及收据。

第三组证据:证明申请人同意审价追加费646,000元由被申请人在工程款中代扣。证据包括承诺书。

第四组证据:证明在2019年8月14日的协调会上,商定在质量保修金中扣除以下费用,包括:2017年10月新市场排污管道疏通费用申请人应承担的65,000元;厕所间水管、水龙头等零星维修费用2380元;四楼伸缩缝漏水返修费用二次计210,728.19元。证据包括会议纪要、建筑业统一发票、情况说明、施工草图、小商品市场道路排水维修零星工程结算书、小商品市场改造项目费用统计表、屋面防水施工面积实测及费用统计图、小商品市场四楼防水整改项目费用明细表。

第五组证据:证明因申请人不履行开关线路保修义务,被申请人于2020年8月委托蔡某友维修,支付了5570元,该笔费用应在质量保修金中扣除。证据包括领款收据和销售清单。

第六组证据:证明申请人于2014年9月19日向审价机构提交工程联系单等结算资料,且在审价中因有争议,曾多次召开过协调会,申请人原提交的竣工结算资料并不完整。证据包括审价机构出具的工程结算资料送审时间说明、街道办事处会议纪要、工程联系清单。

民事诉讼证据举证中,首先,证据出示的排列组织一般是先程序,后实体,如将主体资

〔11〕 参见某批发市场有限公司工程款纠纷案,载微信公众号“民商法与诉讼实务”2021年3月4日,https://mp.weixin.qq.com/s/67_8eBP99noFThrl5BXLbA。

格等程序性证据材料排在前面，案件的实体性证据排在后面。其次是按照证明力对证据进行归纳组合，按照主要证据在先、次要证据和补强证据在后之结构排序。最后还有围绕争议逐一举证质证。而争议焦点应当进行预判，以离婚案为例，争议焦点可能包括双方感情是否破裂、子女抚养问题、共同财产争议，将各个争议各归为一组，层次分明列出。

（三）刑事举证实践中具体问题处置技巧

1. 被告人、辩护人请求法庭要求公诉人“一证一质”

首先，“一证一质”（逐一举证）与分组举证均是举证的形式，都要在法庭主持下，接受控辩双方质疑和辩驳相关证据材料。质证实际上包括对证据能力的质证和证明力的质证，分组与否不影响证据本身的证据能力和证明力，因此不影响被告人、辩护人质证权利的行使。就证据能力而言，只要辩护人对证据合法性没有异议，即对证据能力没有异议，就可以分组举证。就证明力而言，分组举证将全案证据依据一定内在逻辑关系分组，既有利于对个证的质证，也提高了举证效率。其次，一般而言，针对无争议的证据无须“一证一质”；对于控辩双方具有重大争议的关键证据，可以进行“一证一质”即单个证据举示后的质证。

2. 举示新证据或不遵守庭前会议决定提出新证人出庭

首先，必须给予双方充分的证据准备时间，不能进行证据突袭。必要时，可以休庭，给予证据准备时间。最高法《刑诉法解释》第 272 条有明确规定。其次，对于庭前会议的决定，控辩双方均应遵守。一方不提供充分理由说明申请法庭通知新的证人到庭的必要性，法庭不予准许。

3. 本方证人翻证

首先，对证人进行法制教育，重申证人作伪证将要承担的法律责任；详细询问证人翻证的原因；必要时宣读证人的庭前证言，申请法庭播放同步录音录像，并结合全案证据，对其翻证的证据部分进行有效质疑；结合全案证据，全面核实证人翻证的相关证据细节，以证实证人当庭证言不具有客观真实性。其次，根据证人当庭证言的前后矛盾、与其庭前证言的矛盾，有针对性地发表质证意见并建议法庭不予采信。

4. 辩护人认为公诉人未全面举示证据

首先，公诉人向法庭举示的证据均是客观真实的，经审查不具备证据“三性”的不予举证。辩护人若有异议，可以在辩方举证时就案卷中的这些证据作为辩方证据予以举示，由公诉人当庭进行质证。其次，为提高庭审效率，公诉人综合摘要举示全案证据。庭审前辩护人已经查阅了全部案件卷宗，如有疑问，可以进行具体质证。再次，经过庭前会议，对于控辩双方无争议的证据，公诉人在举证之前已向法庭说明并申请不再举示证据来源而进行简要举示，法庭已经予以同意。最后，辩护人具有有利于被告人的其他证据，应于辩方举证时出示。

5. 辩护人要求公诉人播放犯罪嫌疑人供述和辩解的全部同录光盘

首先，经公诉人审查，向法庭举示的犯罪嫌疑人的供述和辩解都是依法取得的，公诉人向法庭宣读的内容与讯问的同步录音录像一致。同步录音录像本身仅是证明供述合法性的佐证。其次，如果辩护人认为需要启动排非程序，应向法庭提供相关线索或材料。

案例 11　杨某川受贿案[12]

被告人杨某川的辩护律师在庭前会议阶段提出被告人在调查阶段的笔录和同步录音录像在实质方面不一致，申请非法证据排除，要求法庭在庭审时播放被告人杨某川的供述和辩解的全部录音录像，公诉人提出被告人杨某川在调查阶段的供述和辩解都是依法取得的，被告人在检察批捕、起诉阶段均供述在调查阶段的供述和辩解是属实的，且辩护人未提供与证据收集的合法性相关的线索或者材料，建议法庭驳回辩护人的申请。辩护人提出在被告人杨某川的第三次供述中，调查人员有诱供的情况，笔录和被告人说的完全不一样，要求法庭当庭播放该次供述结尾阶段的同步录音录像。最终公诉人要求法庭播放了被告人第三次供述中的部分录音录像，其中被告人在供述主要犯罪事实时打断调查人员说“你不说，你听我说”，之后均是被告人主动积极交代犯罪事实。辩护人和被告人在当庭播放了部分同步录音录像后均表示不再进行非法证据排除。

6. 辩方提出被告人认罪认罚非自愿真实

在适用认罪认罚从宽制度处理的案件中，被告人的认罪认罚必须基于本人的意思自愿，并依法进行。庭审中被告人应表示其愿意认罪认罚。同时，应当保障庭前无论在侦查阶段还是审查起诉阶段，犯罪嫌疑人的认罪认罚具结书应当依法作出，平等协商，充分保障了被告人的各项诉讼权利，具有法律效力。对于被告人签署认罪认罚具结书后，在庭审中反悔并提出认罪认罚不是其自愿的，不是真实意思表示的，公诉人应当正确应对。

案例 12　孙某非法经营案[13]

2016 年，孙某从网上认识一个美国朋友要购买一台空管填充机。之后，孙某又从 QQ 群认识了销售空管填充机的马某，二人于 2016 年 7 月在 H 省见面。马某带孙某来到一个厂房，厂房内有一台空管填充机。孙某遂从马某处花 1.3 万元替美国朋友代购空管填充机一台，没有获利。2017 年 10 月，一个西班牙人向孙某订购一台卷烟机、两台空管机，孙某遂又向马某以单价 9 万元的价格订购卷烟机一台，以单价 8 万元的价格订购空管机两台，并陆续向其支付了部分订金。2018 年五六月，马某在 Q 县租赁一处厂房，在未取得烟草专卖品生产销售经营许可证的情况下，非法升级改造一台卷烟机销售给马某甲，但被马某甲退回。之后卷烟机和三台滤嘴接装机（其中两台实为孙某所订购的填充机）被 Q 县烟草专卖局执法人员当场查扣。经检验，送检的四台设备均为伪劣烟草专用机械。涉案烟草专卖品经核价，滤嘴接装机每台价值 10 万元。2020 年 11 月，公诉机关指控：孙某的行为涉嫌非法经营罪，且未对孙某其他量刑情节作出认定。2020 年 11 月，孙某签署了《认罪认罚具结书》。2020 年 12 月，公诉机关当庭宣布量刑建议为 3 年零 6 个月时，孙某表示不愿意认罚。

辩护人认为：第一，孙某代购的小型自用填充机在淘宝比比皆是，孙某没有获利，且该起事实涉案数额很小，情节轻微。根据孙某 2020 年 8 月 22 日及 9 月 2 日的讯问笔录，孙某仅帮忙代购过一台填充机，价格为 1.3 万元。第二，扣押的卷烟机是马某销售给马某甲的，孙某购买的卷烟机尚未生产，马某根本没有能力生产符合要求的卷烟机及空管机，孙某也不可能购买到卷烟

---

〔12〕 参见重庆市大足区人民法院刑事判决书，（2021）渝 0111 刑初 307 号。

〔13〕 参见高同武：《认罪认罚后当庭反悔，一定不能轻判吗——孙某涉嫌非法经营罪案》，载微信公众号“盈科北京”2021 年 4 月 13 日，https://mp.weixin.qq.com/s/hE-RoMW35A__Gjk1PJj9xg。

机及空管机，如果其上游罪犯马某被认定为未遂，孙某的情节应比未遂情节更加轻微。第三，关于孙某的犯罪数额的问题，辩护人认为其中两台空管机的订购价格应比照伪劣卷烟等烟草专卖品未遂犯罪定罪处罚。

Q县人民法院审理认为，孙某非法经营烟草专卖品，数额为26.3万元，其中既遂1.3万元、犯罪未遂16万元、犯罪预备9万元。孙某犯非法经营罪，判处有期徒刑2年零6个月，并处罚金2万元。

该案中，被告人在签署了认罪认罚具结书后，在庭审中对“认罚”反悔，这种“认罪不认罚”的现象在司法实践中较为常见。辩护人的辩护实质上又否定了部分指控的犯罪事实，但对于构成犯罪并未否定，更多是从量刑上进行辩护。对于这种情况，公诉人首先必须指出被告人对构成犯罪这一基本问题是认可的，其次针对辩护人的辩护意见和被告人不认罚的意见作出答辩。

第三节　质证的基本方法与技巧

一、质证的概念和意义

（一）质证的概念

《现代汉语词典》对“质证”的解释是，诉讼中对证人证言进一步提出问题，要求证人做进一步的陈述，以解除疑义。质证的对象不仅仅限于证人证言，至少包括任何在法庭上由举证方出示的证据材料，既可以是能够与质证主体相互对话的人证，也可以是已经固定基本内容的物证和其他书面材料。因此，质证是在法庭审理过程中控辩或当事人双方在法官的主持下，采取询问、辨认、质疑、辩驳、核实等方式对证据的效力进行质辩的活动。

质证需要依据一定的规则进行。质证规则与证据规则、法庭调查规则均有一定的联系和区别。质证规则是建立在程序法定原则、证据裁判原则和对质权理论等理论基础上。构建和完善质证规则对于强化证据审查，查明案件事实，实现庭审实质化，实现以审判为中心具有重要意义。质证规则可以分为一般规则和特殊规则。庭审质证的一般规则包括询问的一般规则、对质的一般规则、异议的一般规则；庭审的特殊规则包括脆弱证人的质证规则、技侦材料的质证规则、鉴定意见的质证规则、物证保管人出庭询问规则等。[14]

（二）质证的意义

1. 质证体现着对当事人诉讼权利的尊重。人们对诉讼最基本也是最重要的期待就是获得平等的对待，得到公允的裁决。因此，当事人可以调动一切合法的诉讼手段和诉讼资源，通过在证据上的公平较量和辩论，以对其最有利的方式说服法官，促使法官在内心形成对其有利的心证，并据以作出判决。在诸多诉讼权利之中，质证是当事人所享有的一项最为基本的权利——每一个当事人都有针对对方提出的不利于己的证据提出异议。

2. 质证有利于发现案件事实真相，实现实体公正和程序公正。质证可以起到去伪存真、辨明合法性、甄别关联性的作用。因此，有效的质证是法院准确审核认定证据的基础

〔14〕 参见潘金贵等：《刑事庭审质证规则研究》，中国检察出版社2019年版。

和前提。通过质证,裁判者可以兼听则明,在充分把握双方证据和质证意见的基础上作出最接近案件真相的事实认定。质证也保证了程序正义的实现。在质证时,由当事人双方在法律允许的范围内,平等利用各种攻击防卫手段,对对方提出的证据加以询问、质疑、说明、辩驳,裁判者在这一程序中保持中立地位,在质证的过程中,正当程序得到了充分体现。

3.质证有利于实现庭审的实质化。对提出证据的人(包括证人、鉴定人、勘验人、检查人等)进行质问是质证的基本方式,〔15〕也体现了庭审实质化的要求。庭审中质证的主要活动内容包括两方面:一方面对证据合法性、客观真实性、关联性的质证,即对证据资格的质证;另一方面对证明力的质证,涵括证据的证明向度、证据群的证明内容、证明体系的证明内容,体现部分事实与整体事实、要件事实与案件事实的关系。在质证的方式上,一是设计了对质的整体制度,包括证人与被告人对质、被告人之间对质、证人之间对质。实践中,主要是共同被告人之间对质、证人之间对质。二是针对不同证据种类,有不同的质证方法。例如,对于实物证据客观真实性的质证,主要以辨认、申请有专门知识的人出庭说明、申请鉴定等方式质证,对于人证,主要是以反询问、质疑证明力等方式质证。庭审中还具有大质证和小质证,大质证主要是针对全案证据的证明内容,在法庭辩论阶段进行,小质证主要针对全案证据的证据资格、证明的要件部分事实在法庭调查阶段进行。应对质证意见的是质证答辩,质证答辩主要体现说明评价辩论的功能。例如,一起制造毒品案件,系共同犯罪,主犯意图包庇从犯,为从犯辩解其未去过毒品粗加工现场,从犯也作无罪辩护。在庭审供述时,主犯陈述其回乡后独自搬动进行毒品初加工的大缸,从犯对其制毒并不知情;只是在老街上偶然碰到过案件从犯。从犯供述其从未回过家乡,对主犯制毒完全不知情。两个被告人的供述与案件中的证人证言等证据明显矛盾,且主犯陈述其能独自搬动大缸不符合常识常理。后两被告人在法庭进行对质,各自陈述之间具有明显矛盾,不能解释矛盾原因。对质后,两被告人转变了态度,均予以了认罪。

二、质证的方法与技巧

质证的总体原则是对冲击控证体系的必须答辩,对于枝节事实,可不答辩也可综合答辩。小质证中使用的主要方法有对比质证法,即将定罪证据同被告人无罪辩解进行比对,综合运用好全案证据,驳斥无罪辩解;整体质证法,在小质证中主要是针对分组证据的整体证明目的,证实证据之间的相互印证关系;揭谬法,针对对方出示的证据,运用好揭谬法对证据的“三性”进行质证,包括形式揭谬和内容揭谬,其中形式揭谬包括取证主体不合法、取证程序不合法,内容揭谬包括证据缺乏客观性、关联性。大质证的主要方法为综合论证法,即全面分析本方和对方证据体系,运用证据规则梳理控辩证据的逻辑对应关系,得出证据事实结论。

(一)质证的顺序

刑事诉讼中的质证活动一般按照下列步骤进行:公诉人提出和展示控方收集的证据,由被告人及其辩护人对公诉人出示的证据发表意见。对于每一起指控的犯罪事实,公诉人可以采取讯问被告人,向己方证人发问,出示物证,宣读未到庭证人的证言、鉴定意见、

〔15〕　参见何家弘、刘品新:《证据法学》(第4版),法律出版社2011年版,第233页。

勘验笔录和其他作为证据的文书等方式进行举证，然后，经审判长许可，被害人、附带民事诉讼的原告人和辩护人、诉讼代理人向被告人发问，当事人和辩护人、诉讼代理人向证人、鉴定人发问，审判人员听取当事人和辩护人、诉讼代理人对出示的物证、宣读的证据材料的意见。辩方提出无罪、罪轻或应从轻减轻处罚的证据，由公诉人对辩方的证据发表意见。辩方可以采取提请证人、鉴定人出庭，出示物证，播放视听材料，宣读未到庭证人的证言、鉴定意见等方式举示证据，然后，经审判长许可，公诉人可以向证人、鉴定人发问，或对其他证据提出异议。

民事诉讼中的质证，一般首先由原告出示证据，被告、第三人与原告进行质证。其次，由被告出示证据，原告、第三人与被告进行质证。最后，案件存在第三人的，再由第三人出示证据，原告、被告与第三人进行质证。原告、被告和第三人可以相互发问、辩论。对于人民法院根据当事人申请调查收集的证据，审判人员对调查收集证据的情况进行说明后，由提出申请的当事人与对方当事人、第三人进行质证。对于人民法院依职权调查收集的证据，审判人员对调查收集证据的情况进行说明后，听取当事人的意见。

行政诉讼中的质证顺序同民事诉讼、刑事诉讼略有不同。一般情况下，庭审中由被告首先提供据以作出被诉具体行政行为的全部证据，之后由原告进行质证，再由原告出示证据，由被告质证。经法庭准许，当事人及其代理人可以就证据问题相互发问，也可以向证人、鉴定人或者勘验人发问。

案例 13 王某某行政诉讼案[16]

因为学位房调整、学分政策的出台，王某某等人购买的房屋从原来的一类积分变更为三类积分，不仅导致房屋的价值实质降低，而且自家的孩子很难再就读深圳某知名高级中学。为了维护自身权益，小区的业主们在小区台阶上通过举手牌、拉横幅等方式维权。其后，深圳市某区公安分局以扰乱公共场所秩序为由，先后拘捕王某某等数人。王某某被拘留后，以认为自己并未扰乱公共场所的秩序为由，先后申请行政复议和提起行政诉讼。被告一深圳某公安分局提供了行政处罚决定书、受案登记表、原告及其他被处罚主体的询问笔录、派出所的案发情况说明及视频、行政处罚告知笔录、行政拘留执行回执、家属通知书等证据。被告二深圳某区政府提交了原告申请行政复议的材料以及行政复议决定书。

行政诉讼质证并不是简单地对证据“三性”认可或者否定，主要是通过对证据“三性”的分析，判断是否能还原案件的基本事实，即行政行为是否合法合理。行政诉讼案件中，质证是通过对被告提供证据的真实性、合法性、关联性以及证明目的进行事实和价值判断，否定其中的某项或者多项，从而否定其作为直接或者间接证据证明行政行为合法或原告实施了行政违法行为。从具体的微观分析来看，可以从合法性和合理性等角度分析行政行为，尤其是合法性。如上述案件中，经过分析后，发现被告一出具的行政处罚决定书载明“（行政拘留）的执行期限为××××年6月11日至××××年6月18日”，被处罚人签字栏注明时间也是××××年6月11日，但是被告一盖章一栏载明时间是××××年6月12日，说明行政处罚决定书的出具时间是××××年6月12日。行政行为具有

〔16〕 参见《行政诉讼中，原告应当如何举证质证？》，载微信公众号“明法争讼”2022年1月12日，https://mp.weixin.qq.com/。

拘束力、确定力,是指行政行为一经作出便对行政主体和行政相对人具有拘束力。上述行政行为存在先行政处罚后出具行政处罚文书的重大程序问题,明显不合法。并且,视频中的(涉案)女士戴着口罩,视频模糊,根本无法确认是不是原告本人。出现的涉案妇女系原告的母亲,涉案两个小孩是原告的两个儿子,也不能证明原告指示其母亲和小孩参与××××年6月10日的"违法行为"。案涉视频不能看出该女士与男子一起所携带的"物品"是横幅,更不能证明系案涉××××年6月10日现场出现的横幅。发现被告二出具的《行政复议决定书》第1页载明被告一于××××年6月12日对原告作出《行政处罚决定书》,第5页载明"同日(6月11日)被申请人向申请人送达《行政处罚决定书》",第7页又载明"维持深圳市某分局于××××年6月12日《行政处罚决定书》",明细前后矛盾。以上问题,可以证明被告行政行为不具有合法性。

(二)质证的要求

质证时,应当根据每一种证据的特点,灵活选用质证的方法。根据法律规定和司法实践,质证通常应遵循以下基本要求:(1)实物证据质证原则上应针对原物、原件。如最高法《民诉证据规定》第61条要求:"对书证、物证、视听资料进行质证时,当事人应当出示证据的原件或者原物。但有下列情形之一的除外:(一)出示原件或者原物确有困难并经人民法院准许出示复制件或者复制品的;(二)原件或者原物已不存在,但有证据证明复制件、复制品与原件或者原物一致的。"(2)当事人及其代理人相互发问,或者向证人、鉴定人、有专门知识的人、勘验人等发问时,发问的内容应当与案件事实有关联,不得采用引诱、威胁、侮辱等语言或者方式。(3)对于庭审中补充的新证据或者在第二审程序或再审程序中依法提供的新证据,仍应进行质证。(4)质证原则上应采取言词方式,但特定情况下也可以考虑书面方式。就此,最高法《民诉证据规定》第60条第2款规定:"当事人要求以书面方式发表质证意见,人民法院在听取对方当事人意见后认为有必要的,可以准许。人民法院应当及时将书面质证意见送交对方当事人。"(5)法庭应当将当事人的质证情况记入笔录,并由当事人核对后签名或者盖章。(6)可以根据案件及证据的不同情况,合理选择"一证一质,逐个进行"或"数证一质,分组进行"的质证方式。

案例14　青岛某生物科技有限公司行政诉讼案[17]

2015年12月28日,即墨市(现即墨区)国土资源局(以下简称国土局)(现已撤销)作出《收回国有建设用地使用权决定书》,无偿收回青岛某生物科技有限公司(以下简称科技公司)国有建设用地使用权。科技公司不服,向市政府申请行政复议。市政府复议维持了国土局作出的收回国有建设用地使用权决定。科技公司不服,诉至法院,请求法院依法予以撤销前述决定。庭审过程中,先由被告进行举示证据,针对被告出示的各项证据,原告一一进行了质证,具体如下:

1.缺乏证据证明国土局提交答辩状和证据材料的时间,不足以证明其在规定的期限内进行答辩和提交证据。

2.《调查情况汇报》称:经调查部分购房者,项目做商品房出售的部分在2011年下半年至2012年办理了购房手续。该内容显然虚假,没有任何证据可以证明。同时卷宗未见到任何一

〔17〕　参见青岛某生物科技有限公司诉即墨市原国土资源局、即墨市人民政府土地使用权收回决定、行政复议案,山东省高级人民法院2017年行政审判白皮书典型案例之一。

份购房手续,显然是捏造事实。

3.《违法线索登记表》的登记时间为2015年9月18日,此时距离原告正式开工不足半月(开工时间为9月5日),此时并未对建筑物使用功能作出任何实质性改变。根据法律规定国土局应及时作出《停止违法行为通知书》,而不应在时隔两个月之后的11月12日才作出。

4.《接受调查通知书》的送达的主体是安徽省唯康医疗投资管理有限公司,并且该通知责令其按照指定日期接受调查。该通知存在明显问题:(1)原告和国土局之间是合同关系,是平等的主体,并非管理与被管理的关系,国土局在处理民事纠纷过程中使用行政权,显然不合法;(2)土地使用权人是原告,并非安徽省唯康医疗投资管理有限公司,其即便下达通知,也应该向原告下达。

5.针对《责令停止违法行为通知书》,非法占用土地是指单位或者个人未经批准擅自占用土地、采取欺骗手段骗取批准占用土地以及超过批准的数量多占土地的违法行为。该通知书存在以下问题:(1)下达不及时,该通知书是在发现违约行为后,时隔两个月方才下达;(2)根据《土地管理法》第56条,出让土地用途是双方"约定"的,而非"批准"的,既然是约定的,出现纠纷,应该双方协商,而不应以权(行政执法权)压人;(3)《土地管理法》第67条第4项(责令非法占用土地的单位或者个人停止违反土地管理法律、法规的行为)针对的是非法占用土地的行为,而原告不属于非法占用土地,原告对该幅土地拥有合法的使用权,原告即使存在改变建筑物使用功能的行为,也不属于非法占用土地的情形;(4)该通知书的编号为001号,从国土局《土地违法案件会议(会审)纪要》可以看出,在科技公司之前,该市涉嫌违法使用土地的已有数家,而针对原告的通知书却是001号,可见,不警告而直接处罚,已是习惯。

6.《立案呈批表》在违法事实部分认定:原告未经批准,擅自改变土地用途,违反了《土地管理法》第56、80条的规定。该认定显然错误,而且相互矛盾,因为第56、80条不能同时适用于本案。

7.《询问笔录》的调查人有3个,但在笔录记载中仅有2人出示了证件,显然程序违法。

8.《现场勘测笔录》存在问题:(1)没有见证人;(2)如果龚某同属于见证人,根据现有证据无法核实此人的身份以及是否具备见证人资格;(3)没有当事人签字;(4)没有说明其勘测的方式或方法,说明其勘测程序不合法。

9.现场照片:(1)该部分照片仅能证明原告在装修厂房,并不足以证明原告方已擅自改变土地用途;(2)根据证据规则,录音录像照片需要提供原始载体,但国土局并没有提供原始载体,也没有做任何说明。

10.《土地使用证》证明原告的土地使用权是出让取得,而非划拨取得,应该适用《合同法》以及合同双方约定,不应适用行政处罚法规定。

11.《国有建设用地使用权出让合同》明确:(1)适用《合同法》规定,而非适用2009年《行政处罚法》规定。(2)合同双方是平等、自愿的,而非批准与否或管理被管理的关系。(3)该合同第5条明确约定土地用途为工业用地,并未说明是批准的。(4)该合同第18条约定"受让人应当按照本合同约定的土地用途、容积率利用土地,不得擅自改变。在出让期限内,需要改变本合同约定的土地用途的,双方同意按照本条第(一)项规定办理:(一)由出让人有偿收回建设用地使用权",双方同意,意味着在签订合同时,双方已经明确约定出现前述情形后的解决方式。(5)该合同第40条约定,"因履行本合同发生争议,由争议双方协商解决,协商不成,按本条第(二)项约定的方式解决:……(二)依法向人民法院起诉"。

12.《市建设工程竣工规划核实申请表》《市建设工程竣工规划验收申请表》恰恰证明原告

一直严格按照双方的约定使用土地,否则,便不会通过竣工验收。

13.《关于生物科技有限公司涉嫌改变土地用途的调查报告》《违法案件会审记录》两份材料在法律依据和处理建议部分存在明显错误,其依据的法律规定是《土地管理法》第56、80条,此法条并不适用于本案。

14. 国土局《土地违法案件会议(会审)纪要》(2015年10月21日)存在以下问题:(1)处理科技公司适用《土地管理法》第56、80条,属适用法律错误;(2)该会议纪要既没有参会人员签字,也没有单位盖章确认,无法核实该会议纪要的真实性及合法性;(3)科技公司有合法土地使用权,不属于非法占用土地,而其余三家均涉嫌非法占用土地,然而在处罚时,科技公司是最重的,显失公平。

青岛市中级人民法院经审理后判决撤销国土局作出的收回国有建设用地使用权决定以及市政府的复议决定。

该案中,原告针对被告在行政诉讼中提交的证据发表的质证意见,针对性强,观点明确,条理清楚,抓住关键,简明扼要,法律依据和情理分析结合得当,体现出较高的专业水平,为案件的胜诉打下了坚实的基础。

此外,针对庭审实践中较为普遍的证人、鉴定人等不出庭现象,以及由此引发的言词证据质证形式化问题,近年来,三大诉讼法在修法时均日益重视证人、鉴定人等出庭规则的构建。《刑事诉讼法》从出庭条件、强制出庭、人身保护、出庭补助等几个方面基本健全了证人、鉴定人等出庭作证的规则体系。《民事诉讼法》也进行了相关的立法完善。特别值得一提的是,2019年修订的最高法《民诉证据规定》对证人、鉴定人、有专门知识的人出庭作证问题规定了17个条文,涉及证人及鉴定人出庭的原则与例外,应当出庭而不出庭的法律后果,申请证人等出庭的程序和职权通知出庭,证人、鉴定人、专门知识的人陈述及对其进行询问的要求多个方面,足见对该问题的重视。此外,最高法《民诉证据规定》还完善了当事人、证人具结和鉴定人承诺制度以及当事人、证人虚假陈述和鉴定人虚假鉴定的制裁措施:一方面,对于当事人接受询问时具结和证人作证时具结的方式、内容进行完善,增加规定了鉴定人签署承诺书的规定;另一方面,对于当事人、证人故意作虚假陈述以及鉴定人故意作虚假鉴定的行为,规定了相应的处罚措施。

(三)质证意见发表

质证意见发表主要针对单个证据的证明能力、每组证据证实的内容,具体包括证据客观性质证、证据关联性质证、证据合法性质证、证据间矛盾质证、证据证明向质证、证据可信度质证,如辩护人提出综合其他证据证明某一证据不可信。又如,辩护人基于毒品查获地到派出所车行通常时间,指出公安机关扣押现场毒品的笔录清单上的记录时间与在派出所毒品清点时间之间的异常差距等。

质证答辩意见发表应当全面及时有针对性地发表。答辩方法通常包括:(1)对证据来源的合法性进行详细说明,对证据之间的印证关系予以说明,以常识、常理方法进行驳斥和证真,例如,案发当时的自然情况,证人的位置、状态,是否能目睹案发过程,能够看到的内容、程度;又如,通过说明近亲属、利害关系质疑证据的真实性。(2)以对方自身观点的矛盾来反向说明对方的质证意见不真实等。例如公诉人的质证答辩方法有:情理答辩法,主要是对侦查机关出具的情况说明的合理性进行阐释;法理答辩法,主要是针对侦查人员违法取证的轻微性、补正的有效性进行答辩；综合答辩法，主要是联系单个证据前后的纵向一致性及与全案证据证明内容的横向一致性，就证据的证据资格和证明力进行综合论证；反向证明法，通过联系单个证据产生取证瑕疵的原因，证实侦查人员不存在恶意严重违反诉讼程序取证的可能等。例如，对于目击证人看到现场的情况差异进行了证据事实综合答辩，对于同一证人前后陈述差异根据全案的综合证据进行的证据答辩，对于有瑕疵的证据进行的合理解释或补正答辩。

（四）常见的质证焦点

以公诉案件庭审为例，控辩双方对对方举示的证据的质证内容，主要是质疑和反驳证据的客观性、关联性和合法性，但也包括了质疑和反驳证据间的矛盾，证据的证明方向、可信度、原因力等问题。实践中，控辩双方常见的质证焦点有以下两个方面。

1. 对于证据能力的质证

（1）对证据客观真实性的质证。控辩双方就对方举示的证据的客观性质疑和反驳，如被告人甲、被告人乙共同殴打了被害人胸部等部位，并有多名目击证人予以证实。辩护人提出被告人乙身材瘦弱，不具有强的击打能力，所以乙未参与殴打。公诉人予以质证答辩。控辩双方就对方举示的证据的真实性质疑，主要是围绕这一证据本身是否存在前后矛盾、与客观环境是否存在矛盾、是否符合情理等展开。例如，就证人不确切、模糊的陈述寻找矛盾之处并质疑和反驳。聚众斗殴过程中，多个在场证人证明死者系被人用梭镖捅死的，是一个穿圆领衫、中等矮个、稍胖的人所为，可现场类似特征的人有三四个人。又如，就证人的认识能力与其所表述的内容之间的矛盾质疑和反驳。某农村一名 78 岁的老妇人（文盲）作证时说："李某是因为炒 B 股输了钱，用匿名电话骗她的儿子外出，将她的儿子绑架。"再如，就证人当时所处的环境与其所陈述内容的矛盾质疑和反驳。证人陈述他是 11 月 20 日晚上，在一个草垛旁离被告人 20 米处看见被告人用刀捅了死者三刀，但当天晚上并没有月光。

（2）对证据关联性的质证。控辩双方就对方举示的证据的关联性质疑和反驳，如辩护人举证证明被告人将受贿款作了公益捐献，以否定被告人的受贿行为，公诉人认为这一证据与被告人行为是否构成受贿罪之间不具有关联性。

（3）对证据合法性的质证。控辩双方就对方举示的证据的合法性质疑和反驳，如对于电子数据，收集程序方式是否符合法律及有关技术规范。

案例 15　林某传播淫秽物品牟利案〔18〕

2019 年 4 月至 8 月，林某冒用他人之名，通过湖北省襄阳市众远信息科技有限公司租赁境外服务器，在互联网上架设网站，存储大量淫秽漫画图片，以支付宝支付的方式，按照最低人民币 48 元单次充值购买或人民币 98 元网站会员购买的销售形式向他人传播淫秽漫画，从中非法获利。经鉴定，该网站的 79 部漫画为淫秽物品，林某共计非法获利人民币 265,320 元。

辩护人就案件中电子数据的真实性、合法性和关联性均提出了疑问，发表了质证意见，认为：

〔18〕　参见《从十年有期徒刑到不起诉》，载微信公众号"允道刑辩"2021 年 2 月 23 日，https://mp.weixin.qq.com/s/0y－F71kLs7TDJaS66vrjYw。

第一，不能确定电子数据的来源，真实性存疑。根据两院一部《电子数据规定》第 8 条第 1 款规定："收集、提取电子数据，能够扣押电子数据原始存储介质的，应当扣押、封存原始存储介质，并制作笔录，记录原始存储介质的封存状态。"该款确立了收集、提取电子数据应当优先扣押、封存原始存储介质的原则。由于本案漫画电子数据的原始存储介质是位于境外的服务器，所以无法按照两院一部《电子数据规定》第 8 条规定对其进行扣押、封存，但是该案仍可适用该规定第 9 条规定，在无法扣押原始存储介质的情况下，可以提取电子数据，包括直接提取电子数据和通过网络在线提取电子数据。本案的电子数据在收集、提取程序上不存在由于客观原因无法依据该规定第 9 条收集、提取电子数据的情况，但侦查机关也未通过笔录予以说明。同时，根据 2019 年公安部《电子数据取证规则》第 8 条规定，具有下列情形之一的，可以采取打印、拍照或者录像等方式固定相关证据：(1)无法扣押原始存储介质并且无法提取电子数据的；(2)存在电子数据自毁功能或装置，需要及时固定相关证据的；(3)需现场展示、查看相关电子数据的。根据前款第 2、3 项的规定采取打印、拍照或者录像等方式固定相关证据后，能够扣押原始存储介质的，应当扣押原始存储介质；不能扣押原始存储介质但能够提取电子数据的，应当提取电子数据。

在本案中，林某架设的歪歪漫画网站并不存在电子数据自毁功能或装置，即使需现场展示、查看相关电子数据，采取截图打印方式固定电子数据之后仍应当提取电子数据。本案无论从何种角度论证，都不具备不提取电子数据的条件，而办案人员却不予提取电子数据，仅采取截图打印的方式来固定漫画电子数据，并且没有在笔录中注明原因(没有做笔录)，也没有电子数据持有人(提供人)或者见证人的签名或者盖章，其收集电子数据的方式严重违反法律规定。漫画截图最后以纸质的方式打印出来，作为书证进行使用，如此一来便规避了提取电子数据这一程序，本案漫画电子数据未进行提取导致截图打印件无法与原件进行核对，无法验证其真实性。漫画截图如作为书证使用，必须审查其原件。而本案中漫画文件是以电子数据形式存在的，故必须对境外服务器中的电子数据进行提取，通过审查核对原始存储介质中的漫画电子数据，才能保证证据的真实性。

第二，电子数据取证程序不合法。本案在取证过程中没有进行录音录像，虽然在证据制作说明当中有两人签名，但是不能确定在提取电子数据时有两名侦查人员，也不能证明是由具备电子证据检查技能的专业技术人员实施。办案人员通过登录网站对漫画进行在线截图，再制作光盘，其提供的电子数据清单没有标注文件类别，亦没有提供完整性校验值。笔录中无电子数据持有人(提供人)签名，也无情况说明，亦无符合条件的见证人签名或盖章，根据 2019 年公安部《电子数据取证规则》第 21 条，由于客观原因无法由符合条件的人员担任见证人的，应当在电子数据现场提取笔录中注明情况，并全程录像，对录像文件应当计算完整性校验值并记入笔录。在没有见证人的情况下未对漫画数据提取过程进行录像，此类程序违法不能予以补正。

第三，截图文件本身无法证明与林某经营的歪歪漫画网站上存在的漫画具有同一性和关联性。从关联性上看，本案民警在登录漫画网站进行截图时，并未有笔录证明其是否作出核查相关 IP 地址、网络活动记录或上网终端归属的查询工作，且采取截图固定电子数据过程中并未录像，不能保证民警准确登录了歪歪漫画网站而非其他网站，该截图文件本身无法证明与林某经营的歪歪漫画网站上存在的漫画具有同一性和关联性。

2021 年 1 月 29 日，杭州市西湖区人民检察院对林某作出存疑不起诉决定。

2. 对于证明力的质证

(1)对证据间矛盾的质证。控辩双方就对方举示的证据存在与其他证据相矛盾之处质疑和反驳,实际上是针对证据证明力或真实性的质证,具体而言,主要包括以下情形:

就被告人供述前后的矛盾质疑和反驳,如被告人先是供述作案时的血衣埋在村头的树底下,后来又供述血衣扔到村里的池塘里,但侦查人员均未能根据被告人供述找到血衣;被告人先供述把被害人尸体头朝上装入麻袋,后又供述是把被害人尸体脚朝上装入麻袋。

就同案犯供述之间的矛盾质疑和反驳,如第一被告人供述只是让第二被告人教训一下被害人,并没有让他拿刀去杀被害人,第二被告人则供述第一被告人明确要求他带刀去刺杀被害人。

就对合犯供述间的矛盾质疑和反驳,如合伙经营公司的行贿人李某、王某均供述李某在受贿被告人楼下将2万元现金交给王某,王某一人来到五楼被告人的家中,将钱送给被告人后下楼,但被告人供述当天王某并没有来过他家中。

就被告人供述与案件事实之间的矛盾质疑和反驳,如被告人供述是周一下午在被害人单位食堂的食盐中投入足量毒药,但当天晚上该食堂并未发生中毒事件,而是周三中午发生的集体中毒事件。

就被告人供述与证人证言之间的矛盾质疑和反驳,如被告人供述其刺杀的部位是被害人的脚上,证人证实其刺杀的部位是被害人的胸部。

就被告人供述与鉴定结论之间的矛盾质疑和反驳,如被告人供述从未到过被盗失主家里,但指纹鉴定结论表明从被害人家中提取到被告人的指纹。

就言词证据与物证之间的矛盾质疑和反驳,如行贿人陈述送的金戒指上刻的是“福”字,但金戒指上刻的是“寿”字;被告人供述其作案时用的是单刃水果刀,但侦查人员现场提取到的是双刃跳刀。

就直接证据与间接证据之间的矛盾质疑和反驳,如行贿人陈述将行贿款存入被告人的银行账户,但侦查部门对该账户交易记录的查询结果表明该账户没有这一笔款项的存入记录;行贿人陈述是8月中旬到被告人家中行贿,但公安部门出具的出入境登记证明表明被告人7月就持护照出国,9月才有该护照入境记录。

(2)对证据证明方向的质证。控辩双方就对方举示的证据的方向质疑和反驳,指的是针对证据的证明方向,即到底是有罪证据还是无罪证据,是控方证据还是辩方证据展开质证。如某有组织犯罪庭审中,该犯罪组织以客运公司形式进行违法犯罪,公诉人将该公司章程、管理制度作为证据结合其他证据证实其组织性,辩方提出这些材料是公司管理运行规范,不具有社会危害性。又如,公诉机关以被告人甲出面协调其兄弟与他人的矛盾之事实作为壮大组织声威的罪证,辩方认为这一事实证明被告人甲与其兄弟不存在共同组织利益,证明该组织的暴力性不强。

(3)对证据可信度的质证。控辩双方就对方举示的证据的可信程度质疑和反驳。如公安机关出具说明,证明被告人交代另一名同案犯逃匿地点之前,公诉机关已经通过外围侦查掌握了这名同案犯的逃匿去向,辩护人则提出这名同案犯逃跑之前只和被告人商量过逃跑路线,并且没有使用通讯工具,公安机关只能从被告人口中获得线索;被告人供述是因为父亲患病住院,急需钱用,向某拍卖公司总经理借了2万元,公诉人认为被告人身为法院执行局法官,家中急用钱不向亲戚、朋友、同事借钱,却向与有业务关系的总经理借钱,且3年未提出归还,被告人借钱的说法不可信。

(4)对证据原因力的质证。控辩双方就对方举示的证据的原因力质疑和反驳,指的是针对证据与待证事实之间的因果关系或者说原因力展开质证。如法医鉴定结论证明死者系因遭钝物打击致脾脏破裂导致死亡,但其他证据表明被害人被送至医院后4小时之久没有进行抢救,辩护人提出被害人的死亡可能是多因一果;死者腿部的车轮印痕证明被告人当时开车碾压在死者腿部,但死者尸检表明死者被碾压前上身有多处严重伤痕,辩护人提出被告人的交通肇事行为只是导致被害人加速死亡的条件,不是直接导致被害人死亡的原因。

案例16 季某猥亵儿童案[19]

季某(化名)案发前系浙江省某小学外聘教师。2018年1月26日中午上课前,季某利用教室内讲台桌为掩护,假借嘘寒问暖,用手挠、抠、摸等方式侵犯被害人小橙、苗苗、小天、鑫鑫(均是一年级学生)的胸部、阴部等私密部位。同年1月29日,被害人小橙的家长向当地派出所报案。但季某在庭审中坚持无罪辩解,不承认有猥亵儿童事实。季某的辩护人辩称,本案定案证据主要是年仅七八岁的儿童及其家长的主观言词证据,不排除诬告陷害的可能,根据疑罪从无原则,应宣告季某无罪。

针对季某的辩解,公诉人认为辩解不成立。

第一,被告人季某辩称自己没有实施猥亵行为,主要理由有:其不可能在教室内,公然实施猥亵行为;其从教多年,口碑良好。但事实上,猥亵行为并不必然发生在隐蔽空间,只要他人无法察觉之处,就有作案条件。品格评价即便属实,亦与本案没有必然关联。

第二,季某承认用手伸入学生背部,但辩称关心学生试探体温。而作为外聘教师,直接用手掌接触学生背部试探体温,极不合理。

第三,季某辩称搂抱被害学生是觉得学生可爱,但作为一名男性教师,应不宜与学生有过分的身体接触,更何况其搂抱的均为女性学生,该辩解显然难以令人信服。

第四,季某及其辩护人提出季某系遭他人报复陷害,但无法提供相关线索或证据以供查证。

公诉人认为,本案被害人之一的小橙在案发当日放学回家后,主动告知父母,用手比画遭猥亵的情形,随后其父母分别联系学校班主任、同班同学的父母了解情况,并建立微信群交流讨论,3天后向警方报案。家长们组群探讨解决方案,并在投诉无果后再向警方报案,可以排除诬告陷害的可能性。数名被害人均是幼女,先后指证被告人季某在教室讲台前对她们实施猥亵的细节,清晰陈述当时的具体情境,真实可信。且多名被害人均能回忆当时不敢、不知、不能拒绝或反抗的内心状态。同时,两名同班同学证实,案发时被告人季某确实搂抱被害人,教室走廊监控证实被害人案发时在教室内,被害人的陈述之间能够相互印证季某密切接触被害儿童。被害儿童在陈述时,情绪稳定,表达正常,明确指证季某猥亵行为,相关表述反映儿童言词特点,描述符合孩童的记忆规律,可排除报复、虚假夸大事实等合理怀疑。

一审法院认为,季某为满足个人淫欲,在公共场所猥亵儿童,其行为已构成猥亵儿童罪。季某猥亵多名儿童,且认罪态度较差,予以从重处罚,判处有期徒刑5年6个月。二审法院经审理裁定驳回上诉,维持原判。

---

〔19〕 参见《浙江高院发布猥亵儿童典型案例 法官详析推翻被告人无罪辩解不成立过程》,载微信公众号“平安瑞安”2020年4月17日,https://mp. weixin. qq. com/s/Ju2aKEJjNGbqr1QnDIUCnw。

（五）质证实践中具体问题处置技巧

1. 公诉人举示的证据系非法证据

首先，根据法律规定，物证、书证的收集不符合法定程序，不能绝对排除。《刑事诉讼法》规定了两类要排除的证据：一类是绝对的排除，即采用刑讯逼供等非法手段取得的犯罪嫌疑人、被告人供述和采用暴力、威胁等非法手段取得的证人证言、被害人陈述；另一类是自由裁量的排除，即物证、书证的取得明显违反法定程序，可能影响司法公正的，应当予以补正或者作出合理解释，否则，该物证、书证不能作为定案的根据，也称为瑕疵证据。物证、书证的收集不符合法定程序，即属于瑕疵证据。瑕疵证据具有两种特性，一是违法性，二是可补正性。根据法律规定，当这些证据的取得明显违反法律规定，可能影响司法公正时，须先由侦查机关予以补正或者作出合理解释，只有在侦查机关无法补正或者无法作出合理解释的情况下，才可能被排除。其次，不符合法定程序收集的物证、书证若要作为非法证据予以排除，还需要“可能影响公正审判”。“可能影响公正审判”需要根据案件具体情况予以判断，一般而言，需要考量以下情节：收集物证、书证行为违反法定程序及侵害法益的程度，若收集行为涉嫌或者构成犯罪的，认定为“可能影响公正审判”；违反法定程序收集物证、书证的司法工作人员的主观罪过，是故意还是过失，如果主观罪过程度轻，且没有其他严重情节的，一般不宜认定为“可能影响公正审判”；违反法定程序收集物证、书证的重要性程度，如果是整个案件的关键性证据违反法定程序收集的，则“可能影响公正审判”。

2. 公诉人所举示的关键证据内容不客观真实

以辩方质疑交通事故责任认定书为例。责任认定书的制作主体是公安机关交通管理部门的人员，具有专门知识和事故处理经验，且由办案民警签名或者盖章，并加盖公安机关交通管理部门道路交通事故处理专用章。认定程序和取证方法合法，该份交通事故认定书是有关部门严格按照法律程序作出的。现场材料客观真实，适用法律正确。出证人员依法严谨履职，收集到全面充足的反映事故本来面目的客观材料，如制作交通事故责任图、拍摄现场照片、调取该路面监控录像等，并结合相关法律法规，公正地进行责任划分。同时，结合案件的其他证据，如现场勘查、检验笔录、证人证言、其他鉴定意见等对该份交通事故责任认定书的客观真实性进行综合论证，必要时可申请该认定书承办民警或相关专业人员出庭作证。

3. 在案鉴定意见互相矛盾

以人体损伤鉴定意见书为例。首先，人体损伤程度鉴定书系侦查机关委托司法鉴定所进行，该所具有法定的鉴定资格和条件，鉴定人具备法定的资格，且无法定回避事由，司法鉴定所对人体损伤程度的鉴定是依据相关的法律法规进行的，鉴定的程序过程合法规范有效；鉴定意见符合鉴定标准要求，鉴定意见依法及时告知相关人员。举证方可申请法庭通知有专门知识的人出庭，就鉴定人作出的鉴定意见提出意见。其次，如果异议具有一定的客观依据，法庭可延期审理，并对人体损伤程度鉴定进行复核或者重新鉴定。最后，判断鉴定意见的客观真实性，还需综合全案证据得出。矛盾的在案鉴定意见需要横向比对全案证据，从而综合判断其是否客观真实。例如，在一起故意伤害案中，对被告人的刑事责任能力进行鉴定，存在完全、部分及无刑事责任能力三种相互矛盾的鉴定意见。公诉人根据全案证据综合审查鉴定意见，认为部分刑事责任能力的鉴定意见具备完全的证据资格和证明力。辩护人认为被告人无刑事责任能力，后进行庭审质证，法官采信部分刑事责任能力的鉴定意见。

4. 控诉证据无法全面证明案件事实

首先，针对小质证中的分组证据无法证实证据小组群案件部分事实，分析证据的组成、证据之间是否具有矛盾、矛盾是主要事实情节分歧还是枝节差异、相互之间是否印证、证据方向是否一致、是否具有反证、证据分组事实是否能够准确归纳得出、证据小结是否合法恰当。质证答辩意见应当全面有针对性地作出。其次，针对大质证中的全案证据证明的案件事实，需要综合分析全案的所有证据种类，贯通全案各分组证据，依据案件事实法律要件、证据互相之间的关联程度，进行逻辑论证。重点是有无关键证据缺失、重大证据问题、有无影响定罪量刑的证据漏洞矛盾模糊、对于庭审中重大证据争议是否得以解决、是否能排除合理怀疑。控方的论证答辩应当全面总结法庭调查阶段情况，有理有据，既要全面也要重点突出地予以开展。

第四节　认证的基本方法与技巧

一、认证的概念和原则

（一）认证的概念

认证即证据的审核认定，是指审判组织对经过质证的证据，依照法律规定、经验和逻辑，确定其证据能力和证明力的审判活动。人民法院审判案件以事实为根据，认定案件事实以证据为根据，因此证据无疑是诉讼活动的基石。证据问题既是认定案件事实的核心问题，也是决定案件质量的基础性问题。证据裁判原则要求，证据只有经过当庭举示、质证等法庭调查程序查证属实，并由审判组织认证，对其证据能力和证明力予以确认，才能成为“呈堂证据”，作为认定案件事实的依据。

认证并不等同于对案件事实的认定。前者是指审判组织在法庭调查阶段对经当事人双方举示、质证的证据是否具有证据能力和证明力大小进行审核并作出判定的活动；后者是指审判组织在法庭评议阶段，经综合认证确认的全部证据及各个证据证明力，对当事人双方争议的案件事实是否存在、在何种程度和范围内存在作出的认定。

（二）认证的基本原则

1. 依法认证原则

《刑事诉讼法》《民事诉讼法》《行政诉讼法》及相关司法解释对认证的主体、程序、方法等作了一般性规定，还对不同种类证据的审核认定作了具体规定，审判组织必须严格遵照执行。例如，最高法《刑诉法解释》规定，讯问笔录没有经被告人核对确认的，不得作为定案的根据；公诉人提供的证据材料不足以证实证据收集具备合法性，不能排除存在非法收集证据情形，且未建议延期审理的，可以当庭决定对有关证据予以排除，宣布结束证据收集的合法性调查程序，继续法庭审理。认为确有必要的，也可以要求公诉机关庭后补充调查以及通知侦查人员等相关人员出庭说明情况。最高法《民诉证据规定》要求，鉴定人拒不出庭作证的，鉴定意见不得作为认定案件事实的根据。最高法《行诉证据规定》要求，证人根据其经历所作的判断、推测或者评论，不能作为定案的依据。被告在行政程序中依照法定程序要求原告提供证据，原告依法应当提供而拒不提供，在诉讼程序中提供的证据，人民法院一般不予采纳。可见依法认证是审判组织进行认证的基本行为规范。认证活动违反法律、司法解释强制性、禁止性规定，认证行为无效。

案例17 王某某、秦某某组织卖淫案[20]

被告人王某某、秦某某系夫妻关系，共同经营某浴室。2012年3月6日，公安机关查获2名浴客在该浴室嫖娼，后又查获19名嫖客和2名卖淫女，并对嫖客和卖淫女分别按照2005年《治安管理处罚法》的程序制作了询问笔录。同年5月2日，公安机关将该案作为刑事案件立案侦查，并对其中的9名嫖客和2名卖淫女的证言笔录按照刑事诉讼程序重新收集。

一审法院认为，公安机关在查处卖淫嫖娼行为的行政执法过程中收集的证人证言等证据，不得直接作为刑事诉讼的证据使用。公诉机关依据2012年《刑事诉讼法》的规定重新收集的2名卖淫女及9名嫖客的证人证言等证据，与在案其他证据相互印证，可予以确认，公诉机关指控的其他10人和13次犯罪事实难以认定，不予支持。

一审宣判后，检察机关抗诉认为，本案侦查主体是既有行政执法权又有刑事侦查权的公安机关。虽然查办治安案件的询问笔录形式上使用的是"根据《中华人民共和国治安管理处罚法》的相关规定"，但其实体内容、询问的程序与刑事诉讼过程中的询问要求是一致的。起诉书依据2名卖淫女及全部19名嫖客的证言，指控被告人王某某、秦某某分别介绍或容留卖淫22人次和15人次并无不当。一审判决减少认定二被告人大部分犯罪事实属于认定事实错误，量刑明显不当。

二审法院经审理认为，公安机关作为既有行政执法权又有刑事侦查权的国家机关，依据2005年《治安管理处罚法》查办卖淫嫖娼等治安行政类案件时发现犯罪线索的，在刑事立案后，对行政执法中收集的言词证据，认为确有必要作为刑事证据使用的，应当由侦查人员依据2012年《刑事诉讼法》的规定，在告知当事人权利与义务、相关法律后果后，对证人证言、当事人陈述等重新收集、制作证言笔录。对未经重新收集、制作的言词证据材料，非系公安机关中的侦查人员依法取得，不能作为刑事诉讼中证据使用。抗诉机关称应以行政执法过程中取证认定的19人22次认定二原审被告人王某某、秦某某容留卖淫犯罪事实的抗诉意见不能成立，遂裁定维持原判。

本案的审理体现了审判组织依法认证的原则。根据《刑事诉讼法》及其司法解释规定，行政执法中收集的言词证据，只有经过侦查机关依法重新取证的才具有刑事证据能力；重新收集的言词证据，不能依照治安处罚法的规定程序提取，且需经过庭审质证、查证属实方可作为刑事定案证据适用。公安机关查办卖淫嫖娼等行政违法案件时，不能因为职权的双重性，混淆行政处罚与刑事诉讼程序，任意转换不同程序进行执法。未经重新收集、制作的言词证据，不能作为刑事诉讼证据使用。

2. 公开认证原则

审判公开是现代诉讼制度的基本原则。人民法院无论审理刑事案件、民事案件还是行政案件，除法律另有规定的情形以外，一律公开进行。认证作为审判工作的一个重要环节，当然也必须公开进行，不但要公开认证的结果，还要公开认证过程和认证的理由。认

[20] 参见江苏省南通市中级人民法院刑事判决书，(2013)通中刑终字第0013号。

证公开,要求审判组织依照法定程序审核证据,在庭审中大胆认证,对证据有无证明力和证明力大小作出认定,详细地说明当事人提供的证据因为何种理由被采信,因何种原因未被采信。依照法律规定不公开审理或者根据案件具体情况按照法律规定提请审判委员会讨论决定的案件,审判组织也应当在裁判文书中公开认证的理由和结果。只有公开认证,结果才能令人信服,司法才能具有权威。

案例 18　王某玲故意伤害案〔21〕

被告人王某玲于 2001 年 11 月 2 日得知其丈夫吕某业在舞阳县有一第三者后,心生妒恨,产生用汽油焚烧该第三者的念头。当日 7 时许,王某玲伙同其弟乘出租车到舞阳县城中山路吕某业租住处,当看到吕某业与女青年张某歌躺在床上时,王某玲即对张某歌进行谩骂,让张某歌穿上秋衣秋裤下楼。当张某歌下至一楼楼梯口时,王某玲让其弟王某超将张某歌按住,自己用事先准备好的汽油从张某歌头部倒下,张某歌挣扎跑至大门口时,王某玲拉住张某歌并用打火机将其身上的汽油点燃,将张某歌烧伤。经法医鉴定,张某歌所受损伤程度为重伤,构成五级伤残。

一审法院以故意伤害罪判处被告人王某玲无期徒刑,剥夺政治权利终身。

二审法院经审理认为,原判认定被告人王某玲故意伤害他人身体,以用火烧的特别残忍手段致人重伤的事实清楚,证据确实、充分。但是,检察院起诉书并未认定被害人张某歌的伤残等级,案卷中虽有张某歌五级伤残的法医学鉴定书,但该鉴定是一审法院在案件受理后委托鉴定,鉴定书没有在法庭上质证,不能作为证据使用。原判采用未经庭审质证的鉴定书认定被害人构成五级伤残,违反法律程序,裁定撤销原判,发回重审。

人民法院认定证据应当公开进行,非经庭审质证的证据材料不能作为定案的依据。一审法院对王某玲判处无期徒刑,显然是以认定王某玲用特别残忍手段致人重伤造成严重残疾的事实为前提的。法院未经庭审质证,将证明被害人五级伤残的法医鉴定意见直接作为认定被告人造成被害人严重残疾的根据,不仅违反了公开认证的原则,属于严重的程序违法,影响了公正审判,其法律后果应当是一审法院的审理归于无效,其判决将被撤销。

应当注意的是,证据未经庭审质证,不能作为定案的依据,并不是绝对的。根据《刑事诉讼法》及其司法解释的规定,采用技术侦查等特殊的侦查措施收集的证据,审判组织在必要的时候可以在庭外进行核实;控辩双方补充的和审判组织庭外调查核实取得的不影响定罪量刑的非关键证据、有利于被告人的量刑证据以及认定被告人有犯罪前科的裁判文书等证据,经庭外征求意见,控辩双方没有异议的,无须经过庭审质证,也可以作为认定案件事实的依据。

3. 裁量认证原则

审判组织在法律和司法解释规定的程序和原则框架内进行认证活动,以举证、质证为基础,立足于在案证据的具体情况,对当事人双方的证据争议进行审核认定,对证据材料是否具有证据能力、有无证明力和证明力大小进行独立判断。同事实认定、法律适用一

---

〔21〕 参见中华人民共和国最高人民法院刑事审判第一庭、第二庭编:《刑事审判参考》(总第 34 集),法律出版社 2004 年版。

样，认证是行使审判组织的一种裁断行为。由于大多数案件证据繁多，而证据的内容存在技术性和复杂性，相互之间可能互有矛盾，认证单个证据时必须结合全案的证据，通过证据与案件事实之间的联系，特别是证据与证据之间的联系，对此证据同彼证据加以比对、印证，进行综合分析，把经过质证的全部证据与案件事实联系起来进行认定。在这个过程中，审判组织必须依据自己的专业知识和技能，遵循审判组织职业道德，合理运用逻辑推理和日常生活经验去发现问题和矛盾，分析和解决矛盾，不断去粗取精，去伪存真，才能形成正确的判断，从而使案件事实的确认建立在坚实的证据基础之上，最大限度地接近案件客观事实。

案例 19 徐某富强制医疗案〔22〕

被申请人徐某富在 2007 年下半年开始出现精神异常，表现为凭空闻声，认为别人在议论他，有人要杀他，紧张害怕，夜晚不睡，随时携带刀以用于自卫，外出躲避。因未接受治疗，病情加重。2012 年 11 月 18 日 4 时许，被申请人在其经常居住地听到有人开车来杀他，遂携带刀和榔头欲外出撞车自杀。其居住地的门卫张某发得知其出去要撞车自杀，未给其开门。被申请人见被害人手持一部手机，便认为被害人要叫人来对其加害。被申请人当即用携带的刀刺杀被害人身体，用榔头击打其的头部，致其当场死亡。经法医学鉴定，被害人系头部受到钝器打击，造成严重颅脑损伤死亡。

2012 年 12 月 10 日，被申请人被公安机关送往成都市第四人民医院住院治疗。2012 年 12 月 17 日，成都精卫司法鉴定所接受成都市公安局武侯区分局的委托，对被申请人进行精神疾病及刑事责任能力鉴定，同月 26 日该所出具成精司鉴所(2012)病鉴字第 105 号鉴定意见书，载明：(1)被鉴定人徐某富目前患有精神分裂症，为幻觉妄想型；(2)被鉴定人徐某富 2012 年 11 月 18 日 4 时作案时无刑事责任能力。2013 年 1 月成都市第四人民医院对被申请人的病情作出证明，证实徐某富需要继续治疗。

在本案中，成都市武侯区人民检察院申请人民法院对被申请人徐某富进行强制医疗，并提供了成都精卫司法鉴定所(2012)病鉴字第 105 号鉴定意见书和成都市第四人民医院对被申请人的病情证明作为证据予以支持，而徐某富的诉讼代理人则认为，被申请人是否有继续危害社会的可能应由医疗机构作出评估，本案没有医疗机构的评估报告，对被申请人申请强制医疗的证据不充分。法院生效裁判认为：本案被申请人徐某富实施了故意杀人的暴力行为后，经鉴定属于依法不负刑事责任的精神疾病人，其妄想他人欲对其加害而必须携带刀等防卫工具外出的行为，在其病症未能减轻并需继续治疗的情况下，认定将其放置社会有继续危害社会的可能。成都市武侯区人民检察院提出对被申请人强制医疗的申请成立，予以支持。诉讼代理人提出了被申请人是否有继续危害社会的可能应由医疗机构作出评估，本案没有医疗机构的评估报告，对被申请人的强制医疗的证据不充分的辩护意见，法院认为，在强制医疗中如何认定被申请人是否有继续危害社会的可能，需要根据以往被申请人的行为及本案的证据进行综合判断，而医疗机构对其评估也只是对其病情痊愈的评估，法律没有赋予医疗机构对患者是否有继续危害社会可能性方面的评估权利。本案被申请人的病症是被害幻觉妄想症，经常假想要被他人杀害，外出害怕被害必

〔22〕 参见徐某富强制医疗案，最高人民法院指导案例 63 号(2016)。

带刀等防卫工具。如果不加约束治疗，被申请人不可能不外出，其外出必携带刀的行为，具有危害社会的可能，故诉讼代理人的意见不予采纳。

4. 积极认证原则

根据刑事诉讼法规定，人民法院同公安机关、检察机关一样，均承担发现事实真相的义务，以追求实体真实为目标。《刑事诉讼法》第196条规定："法庭审理过程中，合议庭对证据有疑问的，可以宣布休庭，对证据进行调查核实。人民法院调查核实证据，可以进行勘验、检查、查封、扣押、鉴定和查询、冻结。"最高法《排除非法证据规程》第24条第1款规定："人民法院对控辩双方提供的证据来源、内容等有疑问的，可以告知控辩双方补充证据或者作出说明，必要时，可以宣布休庭，对证据进行调查核实。"最高法《法庭调查规程》第37条第1款规定："法庭对证据有疑问的，可以告知控辩双方补充证据或者作出说明；必要时，可以在其他证据调查完毕后宣布休庭，对证据进行调查核实。"因此，当审判组织面对存疑证据时，应当启动调查核实机制，对证据的"三性"即合法性、真实性和关联性进行调查核实，以查明案件事实。面对拥有强大国家资源的侦控机关，被告人和辩护人处于收集证据的弱势地位，当其有合理事由但又无法收集和提供相关证据时，就需要审判组织行使调查核实权以保障辩方权利、实现法庭之上的控辩平等。在强调"审理者裁判，裁判者负责"的司法责任制改革中，要防止一种误解，即审判组织的身份是"居中裁判者"，对存疑证据或关键证据可以不进行调查核实而径行作出采信或不予采信的结论，并据此作出判决。

案例20 陶某故意杀人案〔23〕

2011年4月6日早上，居住在遵义市湄潭县湄江镇某小区的冉某在其房间内被发现躺在血泊之中，身边还有一把沾满了血迹的羊角刀。小区监控显示，案发当天凌晨2时许，冉某与一个女子亲密相拥进入小区，早上6时左右女子神情慌乱地独自离开了，其有很大的作案嫌疑。经调查确认，这女子就是冉某的情人陶某。陶某归案后前四次接受讯问都否认自己杀害了被害人冉某。之后，连续9次接受讯问，陶某一直稳定供述自己杀人的事实，称其与冉某在一起3年之久，冉某迟迟不离婚给她名分，让她不满，再加上案发前她提出要冉某接她到湄潭县，冉某却忙着玩没当回事，她因此被激怒。当晚她趁冉某睡着，拿起沙发上的羊角刀捅向这个男人，随后匆匆逃走。

在本案诉讼过程中，从第五次接受讯问开始，陶某连续9次稳定供述自己故意杀害冉某的事实。在法庭审理中，陶某对公诉机关指控的事实仍然供认不讳。面对控辩对事实和证据意见一致的局面，审判组织没有把自己当成消极的居中裁判者，简单武断地认定证据。人命关天，合议庭认真细致审查每一个证据材料。在认真分析案情的基础上实地查看现场，发现了诸多疑点，如房屋四周都是喷溅的血迹，这意味着当时发生了打斗，但是身材瘦弱的陶某和身强力壮的冉某无法产生抗衡；案发现场和案发后的相关证据都证明，陶某没有时间和条件冲洗更衣，而陶某除皮靴上沾有冉某血迹外，身上、内外层衣物上均无冉某血迹，与其有罪供述近距离刺杀冉某不相吻合。此外，现场提取的作案工具羊角刀上竟然没有被告人陶某的指纹，全案证据存在重大疑问，遂根据辩护人请求启动非法证据排

〔23〕 参见汪怡潇：《"杀人犯"被宣告无罪后真凶现身》，载《人民法院报》2019年3月10日，第1版。

除程序，通知两名鉴定人出庭，通过庭审举证、质证辩论，认定在案证据存在重大疑点，不能形成完整锁链，不能排除他人作案的可能性，最终作出认定陶某故意杀害冉某证据不足的结论。在被害人家属的巨大压力下，判决宣告被告人陶某无罪。一年以后，杀害冉某的真凶归案，审判组织才如释重负。

二、认证的内容

任何证据材料，要被人民法院确认为据以认定案件事实的证据，都必须同时具备证据能力和证明力，这是作为证据最基本的两个属性。因此，审判组织在办案过程中对证据进行审核认定，实质就是对当事人双方举示的证据材料从证据能力和证明力两个方面进行审核和认定。

（一）证据能力

证据能力又称证据资格，认证首先要解决的问题就是证据能力问题。审判组织要审核认定当事人双方举示的用于证明案件事实证据材料是否具有在诉讼中作为证据被加以调查并采纳的资格。一个证据材料如果没有证据能力，就不能进入法庭调查。例如，在刑事诉讼中，采用暴力、威胁以及非法限制人身自由等非法方法收集的证人证言、被害人陈述就不具备证据能力，不能进入法庭调查程序，更不能作为据以认定案件事实的证据被采信。又如，我国《民事诉讼法》第75条第2款规定，不能正确表达意思的人，不能作证。这说明不能正确表达意志的人不具备证人资格，其所作的证言也就不具备证据能力。因此，对于证据能力的审核认定，就是对于证据材料“三性”的审核认定。

1. 证据真实性的认证

真实性，是指证据是能够证明案件事实的、不依赖于人的主观意识而存在的客观事实。这一客观事实是在案件发生过程中，作用于他人感官而被看到、听到或感受到的留在人的记忆中的，或作用于周围的环境、物品引起物件的变化而留下的痕迹物品，它的形式与所表现的内容都是客观存在的，而不是虚假的。证据对案件事实的反映，可能会存在一定的偏差或错误，但它必须以客观事物为基础，不能以主观臆断来代替客观事实。以被害人陈述为例，能够成为证据内容的，只能是被害人关于案发过程、情节、后果的客观陈述。被害人关于案件事实的分析推断、纯粹的主观猜测、凭空臆想、梦中境遇的陈述等不具有真实性，不具备证据能力。

案例21 王某泉受贿案〔24〕

葫芦岛市龙港区人民法院审理葫芦岛市龙港区人民检察院指控被告人王某泉犯受贿罪一案，作出(2019)辽1403刑初44号刑事判决，被告人王某泉不服，向葫芦岛市中级人民法院提出上诉。该案被裁定撤销原判发回重审判决后，被告人王某泉仍不服，再次提出上诉。

原判决认定被告人王某泉于2013年7月下旬至2013年8月向建设施工单位索贿人民币10万元。葫芦岛市中级人民法院经审理查明的事实：被告人王某泉于2011年7月至2013年11月任辽宁东戴河新区建设工程质量监督站副站长(主持工作)，2013年12月起任辽宁东戴河新

〔24〕 参见辽宁省葫芦岛市中级人民法院刑事判决书，(2021)辽14刑终65号。

区建筑工程管理局局长。查明未被原审判决采纳的证据还包括:(1)杨某(本案被索贿人)于2013年8月2日以现金形式存入陈某账户10万元。(2)原审出庭证人杜某1证言,其和王某泉没有关系,其不认识他,2016年其在云基地干活的时候,杨某找其作证表示给过王某泉10万元,其没同意。其表示向监察委作的证言也是真实的,2016年七八月,杨某找其作证。(3)原审出庭证人钱某证言:“是杜某1找我来的,我们是朋友关系。我不认识王某泉,今天是第二次见到他,第一次是2014年在东戴河新区处理农民工工资问题的时候见到的。2016年6月份的时候杨某找我作证,让我说给过王某泉钱。”(4)原审出庭证人路某1证言:“我认识王某泉,但没怎么打过交道,我是专程过来的,我听说他出这个案件,我朋友打电话请我过来,我从业有七八年,在东戴河的时候,王某泉为人正直。在云基地我工作的时候,我是三四号楼的项目经理,我要证明王局(王某泉)云基地开始干工程,知道王局(王某泉)的为人。”

葫芦岛市中级人民法院认为:首先,本案的直接证据的真实性存疑。本案的关键证人杨某、封某、张某1、李某与本案存在利害关系。杨某及张某1、李某、封某分别作为施工单位及建设单位的主要负责人,对办理云基地项目的相关施工手续具有共同的利害关系,在办理相关的施工手续的过程中,与上诉人王某泉产生了矛盾;且杨某、封某的证言证明,王某泉担任质监站站长期间,以“开发公司的老总没有拜访他,还说他下边有一班小兄弟都不容易,人吃马嚼的”为由,向杨某索贿二三十万元;“王某泉见我们公司一直没给他送钱,就口头给我们公司下达了停工整改令”;“过了一段时间,见我们公司还没给他送钱,就给我们下达了书面的停工整改令”。而整改通知单载明的时间分别是2013年11月11日、2014年7月22日;责令停止违法行为通知书时间也是2014年4月2日。上述证言与书证存在矛盾,其真实性存疑。其次,本案的间接证据的证明力较弱,未能达到补强的证明标准。再次,辩方所提供证据不能排除存在真实性的可能。上诉人王某泉的辩护人提供了一份录音光盘,在该录音资料中,王某泉称“要不是讨要农民工工程款一事,双方没有接触”,而农民工讨要工程款一事发生在2014年,与杨某等人指证王某泉受贿时间存在矛盾。虽然未提供录音的原始载体,但不能据此否定存在真实的可能性,不能排除合理怀疑;另外,原审出庭的证人杜某1证实,杨某曾让其证明给王某泉送过10万元;证人钱某证实,杨某曾让其说给过王某泉钱。虽然不能确定二证人证言的真实性,但也不能排除存在真实的可能性,亦不能排除合理怀疑。最终撤销原判决,宣判王某泉无罪。

本案是监察委员会成立后,全国范围内在裁判文书网进行公示的首例无罪判决的职务犯罪案例。从判决书公开的基本案情和证据情况来看,本案明显存在杨某等人“构陷”王某泉的重大嫌疑。二审法院在认证中,首先否定了与本案具有利害关系的杨某等关键证人的证言的真实性,指出这些证据与书证等存在明显矛盾,同时通过不能排除有利于王某泉的证人证言的真实性,反向证明了杨某存在恶意串通证人作虚假证词的可能性。该案宣判无罪,体现了二审法院坚持依法认证原则和证据裁判原则的精神。

2. 证据关联性的认证

关联性是指作为证据的事实不仅是一种客观存在,而且必须是与案件所要查明的事实存在逻辑上的联系,从而能够说明案件事实。正因如此,它才能以其自身的存在单独或与其他事实一道证明保证案件真实的存在或不存在。如果作为证据的事实与要证明的事实没有联系,即使它是真实的,也不能作为证明争议事实的证据。只有与案件事实存在内在关联,对于证明案件事实有实际价值的正极材料才有可能具有证据能力而被采纳为证据。与案件事实没有联系、对于证明案件事实没有实际意义的证据材料不具有证据属性,不能作为证据使用。因此,在审核认定证据材料的真实性后,要进一步审核其与案件事实的内在关联性,以及对于认定案件事实是否具有实际价值。例如,犯罪嫌疑人在作案时遗留在杀人现场的烟头因自身具有客观性、能将嫌疑人与现场联系起来而与案件事实具有关联性,可以成为认定案件事实的证据。但实施犯罪行为的人案发前或者案发后遗留在现场的烟头,以及路过现场的第三人遗留在现场的烟头则由于对于查明案件事实没有意义而缺乏关联性,不能取得证据能力。

案例 22 王某玲诉李某通民间借贷纠纷案[25]

原告王某玲诉称,1999 年 3 月 11 日被告李某通对原告谎称他亲戚做生意急需 100,000 元用于周转,月息 1 分 2 厘,并当场打有借条,并承诺随要随还,原告即同意借款。2001 年 3 月 13 日,被告还款 50,000 元,2002 年 10 月被告还款 10,000 元。之后一直不予归还。请求判令被告归还借款 40,000 元及利息,案件受理费由被告承担。原告当庭变更诉讼请求,要求被告归还本金 40,000 元,利息部分放弃。

被告李某通无书面答辩意见,口头辩称,借款 100,000 元属实,借条也是他打的,但 100,000 元借款是原告委托其存入基金会,自己只是经手,后基金会不能兑现存单取现,故本案不属民间借贷。被告李某通当庭提供的证据有:(1)下吉基金会 2000 年 11 月 20 日存款凭证 NO. 0010201,姓名:李某通,期限 1 年,月利率 1.2‰,金额 6000 元。(2)下吉基金会 2001 年7 月 8 日存款凭证 NO. 0004719,姓名:张某琴,期限 1 年,月利率 1.2‰,金额 6000 元。(3)下吉日化有限公司股金服务部股金单 NO. 0000246,时间:2000 年 6 月 21 日,户名:张某芹,股息率:9 厘 2 毫 4,入股期限:1 年,金额:24,000 元。(4)渭南市果协股金证 NO. 9943754,户名:李某通,入股日期:2001 年 7 月 2 日,期限 1 年,年利率 90‰,金额 7000 元。(5)借条:"今借同哥现金肆千肆佰元正(4400),分期付清借款,畅某学,2002 年 5 月 2 日"。

陕西省渭南市临渭区人民法院经审理查明,原告王某玲与被告李某通原为朋友关系,1999 年 3 月 11 日,被告李某通向原告王某玲借款人民币 100,000 元并取得现金,当场亲笔书写借条一张,该借条载明:"今借到渭地通用厂王某玲人民币拾万元正 月息 1 分 2 厘 下吉西关四组李某通 1999.3.11"。被告李某通从 2001 年 3 月 11 日至 2011 年 5 月 19 日先后多次归还借款及利息 67,900 元后,现仍欠 40,000 元本金未予归还。原告王某玲当庭对借款利息予以放弃。前述事实,有原告王某玲当庭提交的被告出具的借条原件与复印件各一份,经核对无异。

陕西省渭南市临渭区人民法院认为,合法的借贷关系应受法律保护。被告李某通于 1999 年 3 月 11 日向原告王某玲借款 100,000 元并取得现金,且当场亲笔书写借条,该借款关系合法成立。原告王某玲向被告李某通提供借款后,被告李某通在履行借款合同期间,虽归还部分借款,但对剩余借款经原告多次催要未予还款,其行为应属违约,故对原告王某玲的诉讼请求依法予以支持,被告李某通应当依法归还所剩借款。关于被告李某通当庭辩称其所借 100,000 元是原告王某玲委托其存入基金会之辩解,经当庭举证、质证,被告当庭向法庭出示的 5 份证据,所载明的姓名均非原告王某玲,证据内容与被告当庭辩解观点无关联性,亦无法证实被告当庭所辩称的原告委托其将 100,000 元现金存入基金会的事实,故对被告提供的上述证据不予采纳,对其辩解理由不予支持。遂判决被告李某通败诉,归还原告王某玲借款 40,000 元。

[25] 参见陕西省渭南市临渭区人民法院民事判决书,(2013)临民初字第 00905 号。

在本案中,原告王某玲向法院起诉被告李某通追索40,000元借款,举示了李某通亲笔书写向王某玲借款100,000元的借条,李某通对借条的真实性并不持异议。但答辩称该款项名为借款,实为受王某玲委托代其存入基金会投资。由于借条明确记载系李某通向王某玲借款,并没有任何关于王某玲委托其投资的内容,李某通对其辩称的内容应当举示充分的证据予以证明。但是,在审理过程中,李某通举示的向基金会的存款凭证上的权利人均不是王某玲,其也不能对这些人与王某玲的关系作出令人信服的说明或者举示其他证据以证明存款凭证的实际权利人是王某玲。因此,李某通举示的向基金会存款的凭证与本案争议的法律关系没有任何关联性,不能作为证据证明本案事实。陕西省渭南市临渭区人民法院根据证据裁判原则判决被告李某通败诉,向原告王某玲支付钱款符合法律规定。

3. 证据合法性的认证

证据应当具有真实性和关联性,但并不是所有与案件事实有联系的具有真实性的证据材料都可以作为证据使用,这些证据材料只有在通过法定程序纳入法律领域、为法律所承认或者允许的情形下才具有证据能力,可以作为认定案件事实的证据。合法性是指证据必须由当事人按照法定程序提供,或由法定机关、法定人员按照法定的程序调查、收集和审查。无论是当事人提供的还是办理案件的国家机关主动调查收集的,都要符合法律规定的程序,不按照法定程序提供、调查收集的证据不能作为认定案件事实的根据。此外,证据的合法性还要求证据具备法律规定的形式。因此,审判组织审核认定证据,不仅要认真审核证据材料的真实性、关联性,还要注重审核其合法性。对证据材料的来源、形式、收集和认定等进行全面审查,重点审核取证主体是否合法、证据的形式是否合法、取证程序是否合法、取证方法是否合法、是否经法定程序审查属实等方面的内容。

案例23 张某波贩卖毒品案[26]

2012年7月3日,公安机关接到群众举报被告人张某波涉嫌贩卖毒品,遂展开调查。7月20日,公安机关在遵义市汇川区汇川酒店门口将张某波抓获,当场查获毒品嫌疑物零包8个,随后又从其住所搜查出毒品嫌疑物3包。经称量,从被告人张某波处查获并扣押的毒品海洛因嫌疑物净重539.3克,冰毒嫌疑物净重192克。上述毒品嫌疑物经鉴定,分别含有海洛因成分和甲基苯丙胺成分。另经尿液检测,被告人张某波系吸毒人员。

遵义市中级人民法院经审理认为,被告人张某波违反国家毒品违禁物管制秩序,明知是毒品而非法持有且数量巨大,其行为已构成非法持有毒品罪。公诉机关当庭举出辨认笔录,因辨认活动的见证人系公安机关聘用人员,且该辨认笔录不能排除明显暗示嫌疑,故不能采为定案根据;证人陈某某的证言没有其他证据予以印证,也不予采信。

本案中,公诉机关起诉指控被告人张某波构成贩卖、运输毒品罪,而一审法院通过严格审查证据,依法排除了不具有证据资格的辨认笔录,同时对未出庭证人陈某某的证言亦未采信,最终认定张某波构成非法持有毒品罪。一审法院将本案的辨认笔录排除于定案根据之外,基于以下三方面的考虑:(1)对犯罪嫌疑人的辨认活动存在明显暗示嫌疑,且未对辨认过程进行录音录像,不能确定辨认活动的真实性,该辨认笔录不能作为定案根

〔26〕 参见贵州省遵义市中级人民法院刑事判决书,(2013)遵市法刑一初字第14号。

据。本案中,侦查机关组织吸毒人员陈某某对犯罪嫌疑人张某波进行辨认。从形式上审查,辨认是在侦查人员主持下进行,所供辨认的嫌疑人照片共有12张,亦有见证人在场,经初步审查符合相关规定,但经进一步审查,本案虽然进行了混杂辨认,但是供辨认的嫌疑人照片并不具有类似特征。从辨认笔录所附的辨认对象照片看,其他辨认对象的照片均是从人口户籍信息网上下载的标准照,而犯罪嫌疑人张某波的照片却是张某波被带至公安机关后临时拍摄的照片,尤其还对张某波的照片特别加重了底色,因此,从社会一般人的视角看来,较易从辨认对象中指认出张某波的照片。(2)辨认活动的见证人系侦查机关聘用人员,又没有提供辨认过程的录音录像,说明存在无法由符合条件的人员担任见证人的客观原因,难以保证辨认活动的真实性。本案中,公安机关出具的情况说明证实见证人钟某某系侦查机关聘请的驾驶员。在本案关键证人的辨认活动中,公安机关的聘用人员充当了见证人,明显违反相关司法解释规定。由于本案中,公安机关没有对是否存在不能安排符合条件的人员担任见证人的客观原因进行说明,也未能提供辨认过程的录音录像,使得司法人员难以在事后通过询问无利害关系的见证人等方式审查辨认活动的合法性,严重影响了司法公正,同时难以保证辨认笔录的真实性。(3)综合分析案发经过及在案证据,本案辨认笔录难以采信。从案发经过分析,本案案发于2012年7月20日,公安机关以贩卖毒品罪对张某波立案侦查,其间,张某波从未供述过自己贩卖毒品。8月23日,检察机关以非法持有毒品罪批准逮捕张某波。直至10月9日,才有吸毒人员陈某某指证张某波贩毒。故本案对购买毒品人员的取证时间明显滞后,而且显得突兀,与一般毒品案件的侦查路径明显不同,难以保证吸毒人员证言与辨认的客观性。从在案证据分析,张某波到案后,无论在侦查阶段,还是在审判阶段,自始至终否认自己贩卖毒品;收集在案的张某波的手机通话清单,既不能证明其中所谓购买毒品人员的电话就是吸毒人员陈某某本人使用,也不能证明双方通话的内容,该通话清单与案件待证事实之间缺乏关联性。因此,本案能够指证张某波贩卖毒品的证据就只有吸毒人员陈某某的证言与陈某某对张某波的辨认笔录,而陈某某对张某波的辨认笔录又依附于陈某某的证言,由于没有其他证据予以印证,该证言显然系孤证,辨认笔录也就更难以被采信。

案例24　陈某诉某区公安分局行政违法案〔27〕

被告某区公安分局于2019年3月18日将原告陈某口头传唤至办案场所,当日对其尿液进行采集并现场检测,检测结论为吗啡呈阳性。经询问,陈某陈述其于三四天前在岭南路家中吸食毒品。2019年3月18日,被告作出X解公(治)行罚决字[2019]10117号《行政处罚决定书》,认定原告陈某于2019年3月14日14时许在某市山阳区岭南路家中吸食毒品,经尿检呈吗啡阳性,根据《治安管理处罚法》(2012年修正)第72条第3项之规定,决定对陈某以吸毒行政拘留15日。

另查明,被告提交的对陈某的询问笔录(2019年3月18日16时51分至17时29分)记载,询问人是鲁某、时某,记录人是鲁某。被告提交的对陈某询问的同步录音录像显示:询问人是鲁某、张某1,其间张某1参加部分询问,记录人是张某1。又查明,被告解放分局对陈某尿液检测的检测人是鲁某、时某。

〔27〕 参见河南省焦作市中级人民法院行政判决书,(2020)豫08行终116号。

在本案审理中，尿液检测报告是证明陈某吸食毒品的关键证据。但尿液检测报告显示的尿液两名采集人、检测人皆既是案件承办人，又是尿液采集人，更是检测人，严重违反了公安部《吸毒检测程序规定》，取证程序严重违法，作出的检测报告也无法保证其严谨性、科学性、公正性，根据最高法《行诉证据规定》第57条第1项关于"严重违反法定程序收集的证据材料"不能作为定案依据的规定，该尿液检验报告不足采信。故认定陈某于2019年3月14日吸食毒品的事实不清、证据不足，法院遂判决撤销被告某区公安分局作出的《行政处罚决定书》。

（二）证明力

证明力，是指证据对于案件事实有无证明作用以及证明作用的大小。没有证据能力的证据材料由于缺乏准入资格不能进入调查程序而不可能被法庭采信，因而不具有证明力。与此相反，具有证据能力的证据由于具有真实性、关联性、合法性，对于认定案件事实而言天然具有证明力。但是不同种类的、不同形式的证据由于其与案件关联方式和关联程度不同，证明力大小有所不同。在办理案件过程中，法庭在审核认定证据材料的证据能力基础上，还必须全面仔细审核证据证明力大小，才能对案件作出正确处理。例如，要认真审核与被告人有亲属关系或者其他密切关系的证人所作的有利于被告人的证言，以及与被告人有利害冲突的证人所作的不利于被告人的证言，这两类证言由于证人身份原因证明力都存在疑问，需要结合在案其他证据进行综合判断。

又如，生理上、精神上有缺陷，对案件事实的认知和表达存在一定困难，但尚未丧失正确认知、表达能力的被害人、证人和被告人所作的陈述、证言和供述，虽然具有证据能力，但是由于前述人员认知、表达能力存在缺陷，对他们提供的证据应当慎重使用，有其他证据印证的，可以采信。在司法实践中，审判组织对于证据证明力大小，主要是通过综合分析全案证据，结合社会常识、生活经验和逻辑演绎的方法予以认定，带有较强主观色彩，具有明显的裁量性。

案例25 郁某交通违法案〔28〕

2009年2月28日，原告郁某驾驶小型客车于当时9时45分在常州市武进区境内S342太湖大道路口红灯禁行时继续通行，被执勤民警张某成发现，在该路口前方，张某成将原告拦下，欲行处罚。在听取原告关于其当时不存在闯红灯行为的申辩后，张某成按简易程序向原告出具了公安交通管理简易程序处罚决定书，认定原告的行为违反了2007年《道路交通安全法》第38条和2004年《道路交通安全法实施条例》第38条第1款第3项、第40条第2项的规定，作出罚款200元，并对该交通安全违法行为记3分的行政处罚。

原告不服，未在处罚决定书上签名，张某成注明原告拒签行为后，将决定书送达原告。原告不服，于2009年3月5日向常州市公安局武进区分局提出行政复议申请。2009年5月12日，常州市公安局武进区分局决定维持该处罚决定。原告不服，向人民法院提起行政诉讼，称其事实上没有闯红灯，被告处罚决定证据不足，请求法院撤销。

现实生活中，"闯红灯"等瞬间交通违法行为大量存在，此类案件在审判实务中最大

〔28〕 参见孙晓飞：《优势证明标准在行政诉讼中的适用》，郑州市中级人民法院官网2012年12月19日，http://zzfy.hncourt.gov.cn/public/detail.php? id =20206。

的争议就是交警现场目击判断的证据效力。从法律规范的意旨和交警从事道路交通管理的实际来看,交警在处理现场的目击判断证明应具有证据效力。除非相对人能提出更有力的证据将之推翻,法院应该尊重交警对交通违法事实的认定权。另外,从利益衡量的角度看,社会公共秩序利益优于财产权等个人利益。因此,法院的裁判应倾向于维护交警对交通违法事实的现场认定权。

三、认证的方法与技巧

认证也就是对证据的审核认定,包括审核和认定两个相互衔接的环节,前者是手段和方法,后者是目的和结果。

(一)认证的操作模式

在实践中,通常根据案件事实的不同特点和在案证据的不同特点,以及甄别、验证、鉴定、辨认、比对、对质等审核工作的需要,庭审中的实际操作模式大致可分为三种。

1. 逐一认证

即"一证一质一认定",将证据材料的认证分割为每一个证据单位,举证方按照一定顺利逐个出示,经当事人双方质证,在审判组织作出确认后,再出示下一个,各个证据材料依次进行。逐一认证重在对每一个证据材料个体在来源、性质、品种、特征、真伪、权属等方面进行审查核实。这种模式过程直观、层次分明,当事人双方可针对每一个证据本体进行全面彻底的对质和辩论,对己方提供证据材料的作用与效力有一个较好的认识。这种质证模式的不足就是过程冗长,工作量大,效率不高。

2. 分组(类)认证

即"一组(类)一质一认定",法官引导当事人将全案证据材料以一定标准划分为若干组。举证方以组为单位进行相对集中举证,答辩方以组为单位进行集中质证,法庭亦以组为单位进行集中认证。对证据材料的分组,可根据在案证据的具体情况,按照逻辑清晰、便利诉讼、提高效率的原则进行分组。例如,有的可以证据材料的种类为标准,有的可以证据材料与案件某一事实的关系为标准,有的可以证明的对象为标准进行分组,关键在于审判组织对证据材料间的关系要有全面的了解,能较好地引导当事人分组举证、质证。这种方式条理清晰,可以在一定程度上提高诉讼效率。

3. 综合认证

即"一案一认证",当事人双方将己方全部证据材料举证、质证完毕后,审判组织是从全案出发,对证据之间相互关联的形式和程度、证据同案件事实关联的形式程度等进行综合判断分析,作出采纳有关的证据材料作为定案依据的决定,或不予采证的决定,并说明采证与否的理由。这种模式立足于证据整体性和不同证据之间相互关联的考量,结合生活常识、办案经验和逻辑推理,分析认定全案证据,认证的结果贴近事实,较为准确。

(二)认证的基本方法

证据认定是指在经过庭审举证、质证,在必要的时候,还经过法庭调查核实以后,人民法院审判组织对于当事人双方举示的证据材料决定采信或者不采信的审判行为。在实践中,法官通常采用印证和心证两种方法认定证据。

1. 印证法

印证作为一种认证方法,是指审判组织利用不同证据内含信息的同一性来确认单个证据真实性的方法，也是对多个证据、全案证据进行认定的方法。这种方法强调将两个、两个以上乃至全案的证据联系起来综合审核，比对分析，确定证据之间是否存在相互照应、协调一致的关系，是否存在矛盾，从而决定对证据能力和证明力的判断和取舍。基于孤证不能定案的司法理念和法律规定，在我国司法实践中，审判组织特别重视通过印证认定证据。无论是以直接证据为主还是主要通过间接证据定案，无论是对单个证据的认定还是对全案证据的综合认定，印证通常都是审判组织首选也是最主要的认证方法。

印证法强调从证据评价方法上要求证据之间的核心信息相互一致、相互支持，在防止审判组织的主观臆断，保障证据认定的准确性方面，具有独特的优势。同时，印证法也具有简单易把握、节省司法资源的优点，在大多数案件中都能有效认定证据，进而认定案件事实，因而广受审判组织青睐。但在司法实践中，过度依赖印证法审核认定证据，也有其内在的缺陷。第一，印证方法对证据准入设置了很高的门槛，由于案件本身特殊性质和表现形式，在案证据不能达到印证要求的情形时有发生，导致部分案件定罪困难。例如，对犯罪隐蔽性强、核心证据取证难的犯罪，如性侵犯罪、贿赂犯罪等，在被告人拒绝作出有罪供述的情形下，被害人的陈述、行贿人的口供一旦因为难以通过印证方式得以认定而被取消证据能力，则全案证据体系将陷于坍塌，被告人将难以受到追究。第二，采用印证方法认定证据对于防范冤错案件发生方面存在内在缺陷。在侦查机关通过“制造”出能够与客观证据互相印证但真实性存疑的主观证据，如被告人口供、证人证言等，形成虚假印证的情形下，过于倚重印证方法的认证，将使虚假证据轻易取得“证据合格证”而得到确认，这为冤错案件的产生提供了土壤。第三，过于依赖印证方法，使审判组织在审核认定证据时趋于保守，热衷片面追求印证，机械理解印证，不敢运用其他认证方式确认证据，从而造成案件事实不能得到准确认定。

案例26　唐某忠故意杀人案[29]

> 被告人唐某忠与杨某强（被害死者）、程某一（被害伤者）在茶馆打麻将时，杨某强、程某一二人认为唐某忠作弊，要求其赔偿，双方发生争执，杨某强、程某一对唐某忠进行了殴打。唐某忠不满，蓄意报复，数日后，携带水果刀再次来到杨某强、程某一打麻将的茶馆，要求二人道歉并赔偿，双方再次发生争执抓扯，唐某忠从茶馆厨房取得一把菜刀，左手持水果刀，右手持菜刀朝杨某强胸腹部砍、刺数刀致其受伤倒地，程某一上前制止，被唐某忠砍伤手臂和腹部，杨某强经抢救无效死亡，程某一损伤程度为轻伤二级。

在举证质证过程中，两名被害人一死、一轻伤的后果有《法医学尸体检验报告》《法医学伤情检验鉴定报告》证实，被害人程某一直接指认被告人唐某忠持刀砍、刺致死致伤二被害人的事实，其关于案件起因和案件事实、情节的陈述同被告人唐某忠的供述一致，并得到多名现场目击证人证言的印证，此外，侦查机关还在现场提取了唐某忠犯罪的工具菜刀和水果刀。证据丰富且质量很好，证据之间相互印证程度高，只需要简单比对就可以认定证据的真实性，前述证据同案件事实均能直接关联，公安机关取证过程自然规范，没有任何一方质疑。

本案属于典型的通过单一认证就足以认定证据的资格和能力的案件，通过此类模式

---

〔29〕　参见重庆市第五中级人民法院刑事判决书，（2021）渝05刑初36号。

认定的案件事实通常都不容置疑。

2. 心证法

心证通常也称为综合认定，在理论上也称为自由心证，是指在诉讼过程中，审判组织对于证据能力和证明力大小不能通过印证的方法予以确认的情形下，合理运用社会常识、生活经验、逻辑推理等多种手段，依据或然性法则进行最佳解释并作出认定的认证方法。最高法《刑诉法解释》第139条第2款规定，对证据的证明力，应当根据具体情况，从证据与案件事实的关联程度、证据之间的联系等方面进行审查判断。第140条规定，没有直接证据，但间接证据同时符合证据已经查证属实，证据之间相互印证，不存在无法排除的矛盾和无法解释的疑问，全案证据形成完整的证据链，根据证据认定案件事实足以排除合理怀疑，结论具有唯一性，运用证据进行的推理符合逻辑和经验的条件的，可以认定被告人有罪。最高人民法院在刑事、民事、行政三大诉讼的证据规则中都对运用心证审核认定证据作了规定。例如，最高法《行诉证据规定》第54条要求，法庭应当对经过庭审质证的证据和无须质证的证据进行逐一审查和对全部证据综合审查，遵循法官职业道德，运用逻辑推理和生活经验，进行全面、客观和公正的分析判断，确定证据材料与案件事实之间的证明关系，排除不具有关联性的证据材料，准确认定案件事实。又如，最高法《民诉证据规定》第85条第2款规定，审判人员应当依照法定程序，全面、客观地审核证据，依据法律的规定，遵循法官职业道德，运用逻辑推理和日常生活经验，对证据有无证明力和证明力大小独立进行判断，并公开判断的理由和结果。相比较印证模式，采用心证的方法认定证据更具有主观色彩，对于审判组织职业修为、法律素养、审判经验、逻辑能力有着更高的要求。

在司法实践中，采用印证方法认定证据居于垄断地位。但在事实证据疑难复杂案件中，审判组织仅仅依赖印证模式往往难以作出判断和取舍，因而不得不采用心证模式的情形也较为普遍。例如，在强奸幼女的案件中，在核心证据上常常出现被害人指证、被告人否认的“一对一”局面。在被害人陈述的内容同被告人辩解的内容相互矛盾和冲突，并且都不能得到其他证据印证的情形下，通常就需要审判组织综合案件侦破揭发过程是否自然，双方性格人品和相互关系是否正常，案发时的客观环境如何，被害人陈述揭发的动机、内容和过程是否符合生活逻辑，被告人辩解是否具体、符合常理等因素，进行综合考量形成内心确信。本书认为，在司法资源有限的情形下，应对案情重大、复杂的疑难案件可以更多运用心证模式认定证据能力和证明力，而对案情简单、核心证据丰富的案件，可以适用精细化的印证模式，形成以印证为主、心证为补充的认证模式。

案例27 刘某中强奸案〔30〕

2019年5月25日21时许，在重庆市大渡口区某建筑工地的被告人刘某中，在工地生活区大门口见妇女李某某手上拿着一根铁棍经过，遂尾随至公路边废品收购站背后，呵斥“你胆子真大，敢偷工地的东西”，吓唬李某某。李某某予以否认。刘某中继续尾随李某某至废品收购站背后的玉米地，以胁迫方式强行与李某某发生了性行为。事后，李某某立即电话告知了其丈夫，

〔30〕 参见重庆市大渡口区人民法院刑事判决书，(2019)渝0104刑初264号。

当晚,二人到案发地点附近找寻刘某中未果,遂于次日报案。公诉机关对刘某中提起公诉后,法院以强奸罪对其判处了刑罚。

在法庭举证、质证中,公诉机关举示了李某某的陈述:案发当日21时许,自己与丈夫从二人打工的公司外出散步,在路上捡到一根铁棍,准备放到公路边废品收购站后面的荒地以便第二天卖给废品店,便让丈夫走前面,自己去放铁棍,走到废品站背后荒地,尾随而至的被告人以其偷了东西,要带到办公室处理为由进行威胁,并不顾其反对,在玉米地将其强奸。但是,被告人刘某中辩解:当天他看见李某某拿着铁棍走到废品收购站后面,就跟着过去,呵斥李某某"你偷了什么东西",李某某叫他不要声张,表示愿意同他发生性关系,二人遂在废品收购站后面玉米地发生了性关系,之后,李某某向其索要1万元人民币被拒绝后才报案。

这是一个采用心证方法认定案件事实的典型案例。对于被告人刘某中同被害人李某某发生了性行为这一事实并无争议,但李某某控诉刘某中对其实施了强奸,而刘某中辩称李某某自愿发生性行为,敲诈钱财不成才报案。被害人的陈述和被告人的辩解都没有其他证据能予以印证。法院经审查,在两人的言词证据之外,还确认了以下证据:前科材料证实刘某中2012年犯猥亵儿童罪被判处有期徒刑2年,2014年5月刑满释放;多名证人证明李某某系勤劳诚实的农村妇女,并不贪财;李某某的丈夫证实当日他同妻子在散步过程中,妻子比较慢地跟在身后,没有多久,就哭着打电话说自己在玉米地被强奸了,因怕影响名声当天二人没有报案。第二天,夫妇俩去现场附近查看有没有监控设施,还向废品店老板打听查找嫌疑人;废品收购站老板证实,案发次日,李某某夫妇向他打听前一天晚上附近有无发现可疑人员,还称李某某被强奸了。

在被告人辩解同被害人陈述各执一词,不能得到印证的情形下,只能通过综合认证的方式,对案证据一并进行综合的分析、比对、鉴别、研究和判断,特别是从证据之间关联程度、内在联系等方面进行分析认定,结合社会常识、生活经验,作出最后判断:一是被害人并没有实施盗窃行为,只是捡到一根铁棒,这根废弃的铁棍并不值钱,她对被告人的呵斥、威胁无须恐惧,更不可能因此受到压力而自愿同被告人发生性关系。二是被害人李某某的陈述与案件相关的事实能得到其丈夫、废品店老板的印证,而被告人刘某中的辩解没有任何事实和证据支持,且有证据证实刘某中有犯罪前科,而李某某诚实不贪。故李某某的陈述可信度高,而刘某中的辩解不足为信。三是如果被害人自愿同被告人发生性关系,被害人就没有伤心哭泣并立即电话告诉其丈夫的理由,也没有报案追究被告人的理由。

(三)认证的技巧

刑事诉讼法对于适用普通程序审理案件的法庭调查规定了完备的诉讼程序。适用简易程序审理的案件,由于案件事实清楚、证据充分,被告人承认自己所犯罪行,对指控的犯罪事实没有异议,法庭审理程序则明显简化,不受刑事诉讼第一审程序关于询问证人、鉴定人、出示证据、法庭辩论程序规定的限制。适用速裁程序审理的案件,更是一般不进行法庭调查、法庭辩论,体现了"难案精审、简案快审""公正与效率兼顾"诉讼原则,在这些案件中,举证、质证和认证环节大多被省略掉了。

对于适用普通程序审理的案件,认证对事实认定和案件处理起着决定性作用。这些案件大多证据材料繁多、案情疑难复杂、社会影响重大或者控辩双方对事实证据存在较大争议,认证过程也就相应比较复杂,还充满矛盾和对抗,如果不区分案件具体情况,一律按部就班，对全部证据千篇一律地进行认证，既使法庭审理拖沓，效率低下，也可能造成认证效果牵强的后果，难以查明案件事实，为案件质量埋下隐患。为此，对于适用普通程序审理的案件，应当立足于案件事实和证据实际情况，针对每一个案件的不同特点，采取一定的方法和技巧，有针对性地展开认证。从司法实践经验来看，一般而言，做好以下几方面工作对于正确认定和采信证据具有重要意义。

1. 精心组织举证、质证，将认证建立在坚实的基础之上

法官认证建立在控辩双方举证、质证基础之上，是对控辩双方证据争议的评判、裁决行为。举证、质证活动的质量对于认证的质量起到基础性的保障作用。一方面，在控辩双方不能全面展示证据和充分发表质证意见的情况下，法官基于不完善的证据信息，几乎不可能作出正确的认证；另一方面，控辩双方展示证据越全面，针对证据争议质证越充分，法官获取的证据信息就越全面、越精准，据此作出的裁断也就越正确、越科学，高质量的举证、质证决定高质量的认证。

第一，保障控辩双方全面展示证据。法官应当鼓励控辩双方全面举证，考虑到双方获取证据能力的巨大差异，对被告人及其辩护人举示证据更应当持宽容态度；对于辩方提出控方对于有利于被告人的证据没有全部移送法院的，应当通知控方移送；对于辩护人申请法院调取证据，经审查认为符合法律规定条件确有必要的，法院应当调取；辩方申请排除非法证据并提供了相关证据或线索的，法院应当通知控方提供讯问被告人的录音录像资料或者以其他方式证明取证合法性。要通过全面举证使控辩双方将有利于查明案件事实和定罪量刑的证据材料尽可能完整地展示在法庭，接受质证，使认证建立在全面、完整的信息基础之上。

第二，保障控辩双方充分发表质证意见。对同一个证据材料，是否具有真实性、关联性、合法性，能否作为证据使用以及证明力大小，控辩双方往往有不同认识。在控辩双方对证据材料的认识发生分歧时，法官就要鼓励双方充分表达质证意见，通过相互辩论，阐明证据运用的事理、情理、法理，为法官认定证据提供参考。对于双方提出的质证意见，需要进一步调查核实的，及时进行调查核实，对证据材料真正做到去粗取精、去伪存真。

在司法实践中刑事案件质量不高，甚至出现冤错案件，其中一个很重要的原因就在于举证不全面，质证不充分，办案法官简单武断认证，导致事实认定错误。

案例 28　王某荣玩忽职守案〔31〕

2002 年，时任河南省周口市川汇区人民法院刑事审判庭庭长的被告人王某荣在两次主审于某哲诈骗案过程中，一直未发现公诉机关提供的定罪证据中存在矛盾及来源不合法的“三无”证据，并将其作为定案依据，同时对于某哲及其辩护人的辩护意见没有进行调查核实，在向院审判委员会和市中级人民法院汇报的审理报告中均认定案件事实清楚，证据充分，误导院审判委员会和市中级人民法院作出错误决定，最终使于某哲被错判有期徒刑 10 年，实际服刑 2085 天，造成国家赔偿 20 余万元的严重后果。尽管该案的法律适用问题经过请示上级法院，并经院审判委员会讨论决定，但是王某荣由于未正确履行职责，错误认定证据，进而错误认定案件事实，并导致上级法院、院审判委员会作出错误决定，造成错案，被认定构成玩忽职守罪，判处有期徒刑 1 年 6 个月。

---

〔31〕 参见河南省漯河市中级人民法院刑事判决书，(2012) 漯刑二终字第 15 号。

在王某荣办理于某哲诈骗案过程中，证明于某哲有罪的证据有证明于某哲参与办理土地使用权证的淮阳县土地局档案资料、何某芝支付购地款的中国农业银行票据复制件、周口地区淀粉厂破产清算组杜某德收到何某芝购地款汇款的收条、证明于某哲办理土地使用权证的证人杜某德、李某等人的证言等，但庭审中，于某哲一直辩解其未参与办理土地使用权证。被告人王某荣对于某哲及其辩护人的辩护意见没有到土地登记管理部门进行调查核实；对于无提取人、无提取说明、无原件存放说明的中国农业银行汇款票据复制件未与原件核对以确定真假；对于杜某德出具的收条中收到汇款凭证的日期早于汇款凭证记载日期这一明显矛盾未发现并予以排除。案发后经河南省公安厅鉴定，淮阳县土地局地籍调查表、土地登记申请表中于某哲的签名和指印均非于某哲本人所留；上述中国农业银行汇款票据复制件经与原件核对均系伪造，证人杜某德、李某等人的证言经进一步核实均系伪证。本案就是举证、质证走过场，法官简单武断认证造成冤错案件的典型。如果法官客观中立地保障了双方全面举证、充分质证，对于辩方的质证意见进行了哪怕是简单核实，诸多的伪证能轻易闯关作为定案依据吗？显然不可能。实际上，王某荣错误认证就已经造成了案件事实认定错误，其此后就法律适用问题请示上级法院、提交院审判委员会讨论，都建立在错误认定事实的基础上，最终只能得出错误的结果。

2. 应不同情形繁简分流，着力提高认证效率和质量

对于事实疑难复杂，证据繁多的刑事案件，如果不分情况，千篇一律地简单开庭，按部就班地进行举证、质证、认证，将使法庭审理烦琐拖沓，既不利于有效审查认定证据，也将导致审判效率低下。对于这一类案件的处理，就应当根据案件事实证据具体情况召开庭前会议，组织控辩双方庭前展示证据，听取双方对对方所展示证据的意见，就是否申请排除非法证据，是否申请提供新的证据材料，是否申请重新鉴定或者勘验，是否申请调取在侦查、审查起诉期间公安机关、人民检察院收集但未随案移送的证明被告人无罪或者罪轻的证据材料，是否申请向证人或有关单位、个人收集、调取证据材料，是否申请证人、鉴定人、侦查人员、有专门知识的人出庭，是否对出庭人员名单有异议等问题征求意见。通过庭前会议，可以达到对证据繁简分流、合理掌握庭审节奏的目的。

对于控辩双方经庭前会议展示，彼此无异议的证据，在征询双方意见基础上，可简化举证、认证方式，在庭审过程中，由举证方按照“一组一质一认”或“一事一质一认”的模式进行综合说明式的举证，就证据名称、来源、拟证明的事实简要说明，质证方进行概括性表态，法官进行综合性相对简单的认证。

对于控辩双方争议集中的证据尤其是影响定罪量刑的关键证据，可组织双方在庭前会议全面展示基础上，在法庭审理中集中发表质证意见并就证据“三性”展开相互辩论，法官则应当在听取控辩双方展示证据、发表质证意见的基础上，对争议证据进行认证，并阐明认证的事实依据、法律依据和情理依据。根据庭审实质化要求和刑事诉讼直接言词原则要求，认证活动原则上应当当庭进行，只有在需要进行庭外核实才能作出决断或者案情特别重大敏感、证据争议复杂因而难以当庭作出认证的特殊情形下，认证才可能在休庭以后合议庭评议或者审判委员会讨论中进行，无论是当庭认证还是在休庭以后进行认证，法官都应当在裁判文书中全面阐释认证的理由和依据，以彰显司法公开和公正。

认证说理既是司法公开的内在要求，也是保障案件质量，防范冤错案件的基本要求。一般而言，对于控辩双方的证据争议，法官能够公开释明事理、情理、法律，依法回应双方

质证意见,果断进行认证的,案件质量都具有可靠保障;与此相反,对于控辩双方的证据争议,法官说不清楚,道不明白,简单粗暴进行认证的,则通常都可能潜藏着认证质量隐患。正如前文提到的王某荣玩忽职守案中,法官对于辩方提出的质证意见,有线索应当核实却予不核实,对辩方的质证意见不能理直气壮予以回应,最终酿成冤错案件。

3. 充分利用诉讼证明的一般原理,依法果断认定证据

认证是连接证据和案件事实的中间环节。在通常情况下,认定了某一证据,当然也就认定了它所对应的案件事实,因而,在通常情况下,证据认定同事实认定具有一定程度的重合性。这就决定了在肯定认证对案件事实认定基础性作用的同时,也不能忽略事实认定的一般原理对证据认定的影响。在司法实务中,裁判者可以充分利用事实认定的一般原理反过来指导证据认定,能取得事半功倍的效果。例如,我国《民事诉讼法》规定,诉讼当事人承担对其主张或反驳提供证据的责任,双方当事人均需提供证据,当事人未能提供证据或者证据不足以证明其事实主张的,由负有举证证明责任的当事人承担不利后果。从认证的角度而言,这就意味着其举示的证据不足以被采纳,在这种情况下,另一方当事人举示的证据如果符合案件基本事实,就当然获得了被裁判者认定采信的空间。类似的情况还有,根据我国《刑事诉讼法》的规定,公诉方证明犯罪应当达到排除合理怀疑的程度,在辩方举示的证据足以形成合理怀疑时,公诉方的举示证据就不足以采纳作为认定被告人犯罪的依据。

案例29 石某林诉泰州华仁电子资讯有限公司(以下简称华仁公司)侵害计算机软件著作权纠纷案[32]

原告石某林以被告华仁公司未经许可,长期大量复制、发行、销售与石某林计算机软件"S型线切割机床单片机控制器系统软件V1.0"(以下简称S系列软件)相同的软件,严重损害其合法权益为由诉至法院,要求华仁公司停止侵权,公开赔礼道歉等。

被告华仁公司辩称:其公司HR-Z型线切割机床控制器(以下简称HR-Z型控制器)所采用的系统软件系其独立开发完成,与石某林S系列软件应无相同可能,且其公司产品与石某林生产的S型线切割机床单片机控制器的硬件及键盘布局也完全不同,请求驳回石某林的诉讼请求。

法院经审理查明:2000年8月1日,石某林开发完成S系列软件。2005年4月18日获得国家版权局软著登字第035260号计算机软件著作权登记证书,证书载明软件名称为S型线切割机床单片机控制器系统软件V1.0,著作权人为石某林,权利取得方式为原始取得。2005年12月20日,泰州市海陵区公证处出具(2005)泰海证民内字第1146号公证书一份,对石某林以660元价格向华仁公司购买HR-Z型控制器一台和取得销售发票(No:00550751)的购买过程,制作了保全公证工作记录、拍摄了所购控制器及其使用说明书、外包装的照片8张,并对该控制器进行了封存。

一审中,法院委托江苏省科技咨询中心对下列事项进行比对鉴定:(1)石某林在本案中提供的软件源程序与其在国家版权局版权登记备案的软件源程序的同一性;(2)公证保全的华仁公司HR-Z型控制器系统软件与石某林获得版权登记的软件源程序代码相似性或者相同性。

---

〔32〕 参见石某林诉泰州华仁电子资讯有限公司侵害计算机软件著作权纠纷案,最高人民法院指导案例第49号(2015)。

后江苏省科技咨询中心出具鉴定工作报告，因被告的软件主要固化在美国 ATMEL 公司的 AT89F51 和菲利普公司的 P89C58 两块芯片上，而代号为"AT89F51"的芯片是一块带自加密的微控制器，必须首先破解它的加密系统，才能读取固化其中的软件代码，而根据现有技术条件，无法解决芯片解密程序问题，因而根据现有鉴定材料难以作出客观、科学的鉴定结论。

江苏省泰州市中级人民法院于 2006 年 12 月 8 日作出(2006)泰民三初字第 2 号民事判决：驳回原告石某林的诉讼请求。石某林提起上诉。二审中，法院根据原告石某林的申请，就以下事项组织技术鉴定：原告软件与被控侵权软件是否具有相同的软件缺陷及运行特征。经鉴定，中国版权保护中心版权鉴定委员会出具鉴定报告，结论为：通过运行原、被告软件，发现二者存在以下相同的缺陷情况：(1)二控制器连续加工程序段超过 2048 条后，均出现无法正常执行的情况；(2)在加工完整的一段程序后只让自动报警两声以下即按任意键关闭报警时，在下一次加工过程中加工回复线之前自动暂停后，二控制器均有偶然出现蜂鸣器响声两声的现象。二审法院另查明：原、被告软件的使用说明书基本相同。两者对控制器功能的描述及技术指标基本相同；两者对使用操作的说明基本相同；两者在段落编排方式和多数语句的使用上基本相同。经二审法院多次释明，华仁公司始终拒绝提供被控侵权软件的源程序以供比对。

江苏省高级人民法院最终判决撤销一审判决，要求华仁公司停止侵权行为。

本案一、二审法院作出截然相反的判决，关键分歧在于对于在案证据证明力的认定，即根据在案证据是否足以认定华仁公司侵犯了石某林 S 系列软件著作权。对此，一审法院持否定态度，二审法院则否定了一审法院的认定，生效裁判认为：本案的证明标准应根据当事人客观存在的举证难度合理确定。

根据法律规定，当事人对自己提出的诉讼请求所依据的事实有责任提供证据加以证明。石某林主张华仁公司侵犯其 S 系列软件著作权，其须举证证明双方计算机软件之间构成相同或实质性相同。一般而言，石某林就需要举证证明两计算机软件的源程序或目标程序之间构成相同或实质性相同。但由于存在客观上的困难，石某林实际上无法提供被控侵权的 HR－Z 型控制器系统软件的源程序或目标程序，并进而直接证明两者的源程序或目标程序构成相同或实质性相同。(1)石某林无法直接获得被控侵权的计算机软件源程序或目标程序。由于被控侵权的 HR－Z 型控制器系统软件的源程序及目标程序处于华仁公司的实际掌握之中，在华仁公司拒绝提供的情况下，石某林实际无法提供 HR－Z 型控制器系统软件的源程序或目标程序以供直接对比。(2)现有技术手段无法从被控侵权的 HR－Z 型控制器中获得软件源程序或目标程序。根据一审鉴定情况，HR－Z 型控制器系统软件的目标程序系加载于 HR－Z 型控制器中的内置芯片上，由于该芯片属于加密芯片，无法从芯片中读出 HR－Z 型控制器系统软件的目标程序，并进而反向编译出源程序。因此，依靠现有技术手段无法从 HR－Z 型控制器中获得软件源程序或目标程序。

综上，在华仁公司无正当理由拒绝提供软件源程序以供直接比对，石某林确因客观困难无法直接举证证明其诉讼主张的情形下，应从公平和诚实信用原则出发，合理把握证明标准的尺度，对石某林提供的现有证据能否形成高度盖然性进行综合判断。鉴于石某林提供的现有证据能够证明被控侵权的 HR－Z 型控制器系统软件与石某林的 S 系列软件构成实质相同，华仁公司应就此承担提供相反证据的义务。由于华仁公司未能提供相反证据证明其诉讼主张,应当承担举证不能的不利后果。

4. 综合分析判断各个散在的证据,对全案证据进行整体认证

在司法实践中,非法经营犯罪、网上赌博犯罪、"套路贷"犯罪、电信网络诈骗犯罪等具有复合性的案件中,多个事实、多个被告人、多种行为、多种证据之间的关系错综复杂,被告人之间相互分离、不同行为在时空环境上相互分离,仅仅依靠众多证据中的任何一个或者多个都无法证明案件事实,证据与证据之间又不能完全印证,但是众多事实和证据之间的关联符合生活逻辑和常识常理,不同事实和证据之间也能相互支撑,在这种情形下,一般应对散在的各个证据综合分析判断,在被告人及其辩护人不能举示证据否定在案证据和事实之间的内在联系,对全案事实认定形成合理怀疑的情形下,可以对全案证据作整体性的认定,一并确认各个不同证据的证据能力以及全案证据作为一个整体对案件事实的证明力。

案例30 郭某升、郭某锋、孙某标假冒注册商标案〔33〕

公诉机关指控:2013 年 11 月底至 2014 年 6 月,被告人郭某升为谋取非法利益,伙同被告人孙某标、郭某锋在未经三星(中国)投资有限公司授权许可的情况下,从他人处批发假冒三星手机裸机及配件进行组装,利用其在淘宝网上开设的"三星数码专柜"网店进行"正品行货"宣传,并以明显低于市场价格公开对外销售,共计销售假冒的三星手机 20,000 余部,销售金额 2000 余万元,非法获利 200 余万元,应当以假冒注册商标罪追究其刑事责任。被告人郭某升在共同犯罪中起主要作用,系主犯。被告人郭某锋、孙某标在共同犯罪中起辅助作用,系从犯,应当从轻处罚。

被告人郭某升、孙某标、郭某锋及其辩护人对其未经"SΛMSUNG"商标注册人授权许可,组装假冒的三星手机,并通过淘宝网店进行销售的犯罪事实无异议,但对非法经营额、非法获利提出异议,辩解称其淘宝网店存在请人刷信誉的行为,真实交易量只有 10,000 多部。

法院经审理查明:"SΛMSUNG"是三星电子株式会社在中国注册的商标,该商标有效期至 2021 年 7 月 27 日;三星(中国)投资有限公司是三星电子株式会社在中国投资设立,并经三星电子株式会社特别授权负责三星电子株式会社名下商标、专利、著作权等知识产权管理和法律事务的公司。2013 年 11 月,被告人郭某升通过网络中介购买店主为"汪亮"、账号为 play2011-1985 的淘宝店铺,并改名为"三星数码专柜",在未经三星(中国)投资公司授权许可的情况下,从深圳市华强北远望数码城、深圳福田区通天地手机市场批发假冒的三星 I8552 手机裸机及配件进行组装,并通过"三星数码专柜"在淘宝网上以"正品行货"进行宣传、销售。被告人郭某锋负责该网店的客服工作及客服人员的管理,被告人孙某标负责假冒的三星 I8552 手机裸机及配件的进货、包装及联系快递公司发货。截至 2014 年 6 月,该网店共计组装、销售假冒三星 I8552 手机 20,000 余部,非法经营额 2000 余万元,非法获利 200 余万元。

江苏省宿迁市中级人民法院于 2015 年 9 月 8 日作出(2015)宿中知刑初字第 0004 号刑事判决,以被告人郭某升犯假冒注册商标罪,判处有期徒刑 5 年,并处罚金人民币 160 万元;被告人孙某标犯假冒注册商标罪,判处有期徒刑 3 年,缓刑 5 年,并处罚金人民币 20 万元。被告人郭某锋犯假冒注册商标罪,判处有期徒刑 3 年,缓刑 4 年,并处罚金人民币 20 万元。

〔33〕 参见郭某升、郭某锋、孙某标假冒注册商标案,最高人民法院指导案例第 87 号(2017)。

在本案审理中，三被告人辩称其关于销售记录存在刷信誉行为，在案证据不能证明其销售侵权手机的金额和非法获利数额。对此，法院生效裁判认为，被告人郭某升、郭某锋、孙某标的行为构成假冒注册商标罪。三被告人虽然辩解称其网店售销记录存在刷信誉的情况，对公诉机关指控的非法经营数额、非法获利提出异议，但三被告人在公安机关的多次供述，以及公安机关查获的送货单、支付宝向被告人郭某锋银行账户付款记录、郭某锋银行账户对外付款记录、“三星数码专柜”淘宝记录、快递公司电脑系统记录、公安机关现场扣押的笔记等证据之间能够互相印证，综合公诉机关提供的证据，可以认定公诉机关关于三被告人共计销售假冒的三星 I8552 手机 20,000 余部，销售金额 2000 余万元，非法获利 200 余万元的指控能够成立，三被告人关于销售记录存在刷信誉行为的辩解无证据予以证实，不予采信。

（四）认证错误的救济

《刑事诉讼法》及相关司法解释的规定，证据必须经过当庭出示、辨认、质证等法庭调查程序查证属实，才能作为定案的根据。但是，发现经过庭审认证作为定案依据的证据存在问题应当如何处理，法律、司法解释并未作出明确规定。在司法实践中，发现经过认证的证据存在问题，一般可通过以下方式纠正：

第一，存在问题的证据不是影响定罪量刑关键证据，仅仅是作为其他证据佐证，且没有该证据不影响相关事实认定的，可以基于其他证据认定相关事实，对于该证据存在的问题没有必要恢复法庭调查或者发回重审进行纠正。

第二，存在问题的证据是影响定罪量刑的关键证据，但存在的问题并非实质性的，仅属技术性的，如记载错误或者笔误等，可以在要求证据提供方进行补正说明后，征求对方当事人的意见，没有必要恢复法庭调查或者发回重审。

第三，存在问题的证据是影响定罪量刑的证据或者是不利于被告人的量刑证据，且证据存在的问题是实质性的，且足以影响到该证据的证明价值，就不能简单处理，而应当区分不同情况进行处理。如果证据存在的错误无法进行补正或者作出合理解释，如目击证人的辨认结论存在错误，应当恢复法庭调查或者发回重审，对该证据的证据价值重新作出判断。如果在案其他证据能够证实该证据存在的错误，但该错误可以进行补正或者作出合理解释，如扣押物品清单记载的现场物证情况与送交鉴定的物证情况不符，但现场勘查照片能够证实现场物证的情况，且明确表明扣押物品清单记载的情况有误的，对扣押物品清单的错误，可以要求证据提供方进行补正或者作出合理解释，征求控辩双方意见。如果双方表示认可，无须恢复法庭调查或者发回重审；如果有一方对此有异议，要求开庭进行调查，则应当重新开庭或者发回重审。

第四，如存在问题的证据是有利于被告人的量刑证据，且证据存在的问题是实质性的，经补正或者作出合理解释后，因案件处理结果对被告人有利，可以告知对方当事人补正结果，直接采信相关证据，无须恢复法庭调查或者发回重审。

案例 31 范某红、韩某飞抢劫、盗窃枪支案[34]

2003 年以来，被告人范某红以销售保安器材和帮助他人培训内保向北京输送为名招聘人员，先后纠集多人（均另案处理），组成较为固定的犯罪集团。范某红策划、指挥集团成员实施抢劫犯罪 7 起，抢劫财物价值人民币 242,773 元，其中入户并持枪抢劫 4 起，入户抢劫 1 起，持枪抢劫 1 起，致 1 人死亡；实施盗窃枪支犯罪 1 起。韩某飞参与全部 7 起抢劫犯罪，并直接实施了致 1 人死亡的抢劫犯罪行为。

法院经审理认定，被告人范某红犯抢劫罪、盗窃枪支罪；被告人韩某飞犯抢劫罪，对二被告人均判处死刑，剥夺政治权利终身，并处没收个人全部财产。按照法定程序报请最高人民法院核准。

最高人民法院在本案复核阶段发现本案一项重要证据的来源存在矛盾，即侦查机关搜查笔录、扣押物品清单及物证照片记载，从范某红住处提取到的一把匕首被标注为韩某飞抢劫致 1 人死亡时所用的匕首。在混杂辨认中，韩某飞及同案被告人辨认出的匕首特征也与该提取的匕首吻合；然而，公安机关却在辨认笔录中将该匕首的来源记载为从同案被告人皇某强住处提取，与搜查笔录、物证照片中记载的物证来源存在矛盾。针对上述证据矛盾，侦查机关出具书面材料称系工作失误导致辨认笔录记载错误。供被告人辨认的匕首是从范某红住处提取，且由韩某飞重新进行了混杂辨认，辨认出的匕首确系从范某红住处提取。鉴于本案中范某红并未直接参与实施具体的犯罪行为，且其本人始终否认参与犯罪，一、二审法院认定其系犯罪集团首要分子的主要依据之一，在于同案被告人供述每次作案均由其提供作案工具，作案后又将工具交还给其。因此，是否从范某红住处提取到同案人作案时使用的工具，是认定范某红系犯罪集团首要分子的关键证据。

本案中，最高人民法院在复核阶段发现经过一审程序认证的辨认笔录存在问题，并经取证机关予以补正。虽然补正所得的证据不利于被告人范某红，但在案的多个其他证据均能够明确证实作案凶器系在范某红家中提取，原辨认笔录的内容明显错误。该错误取证机关补正，得到了有效的纠正。最高人民法院将前述补查补正材料向原公诉机关、被告人范某红及其辩护人出示，并认真听取了意见，双方均未对材料内容提出实质性异议。最高人民法院认为，经复核阶段的补查补正，原证据存在的问题已经得到解决，经补正的证据得到控辩双方的认可，依法应当予以采信。

典型案例评析

案例 4－1 林某浩故意杀人案[35]：按犯罪构成要件分组举证、质证法

在复旦大学上海医学院硕士研究生林某浩投毒杀害复旦大学医学院硕士研究生黄某一案中，公诉人将全案证据分成三部分向法庭举证。

第一部分证据：主要用于证实被告人林某浩利用二甲基亚硝胺实施了投毒行为，并造成被害人黄某死亡的结果。

---

〔34〕 参见中华人民共和国最高人民法院刑事审判第一、二、三、四、五庭主办：《刑事审判参考》（总第 89 集），法律出版社 2013 年版。

〔35〕 参见上海市高级人民法院刑事裁定书，（2014）沪高刑终字第 31 号。

第一部分第一组证据:用于证实被告人林某浩于 2013 年 3 月 31 日下午获取投放二甲基亚硝胺并丢弃相关物品经过的证据,共分两小组向法庭举证。

第 1 小组:证实被告人林某浩获取二甲基亚硝胺共有 3 项证据。

证据 1:影像医学实验室勘验检查笔录。

证据 2:被告人林某浩于 2013 年 4 月 12 日所做的现场辨认笔录证实。

证据 3:证人吕某证言。

上述第 1 小组证据证实,被告人林某浩于 2013 年 3 月 31 日中午依约抵达中山医院 11 号楼后,以取实验用品为名,让吕某陪同其至该楼 2 楼影像医学实验室 204 室,吕某开门后,林某浩一人独自入内,确认了二甲基亚硝胺还在 2011 年时的存放位置后退出,同日 14 时许,林某浩向吕某借用上述 204 室钥匙,并要了一支黄色医药废弃物袋,独自进入 204 室,取出了二甲基亚硝胺,带至其实习所在的中山医院 1 号楼 1 楼 7 号 B 超室。提请法庭将该组证据予以质证。

第 2 小组证据:主要用于证实被告人林某浩,在 412 寝室向饮水机内注入二甲基亚硝胺并丢弃相关物品经过的证据,共有 10 项证据。

证据 1:412 寝室和 103 仓库勘验检查笔录;物证登记表一张 9 项;扣押清单一张 8 项。

证据 2:2013 年 4 月 15 日,公安机关向复旦大学保卫处调取了内容为 2013 年 3 月 31 日被告人林某浩在复旦大学枫林校区及周边地区活动轨道的监控录像。(向法庭播放监控录像片段)

播放的监控视频截图打印件以及二甲基亚硝胺试剂标签。这两份书证证明,被告人林某浩于 2013 年 5 月 3 日对复旦大学枫林校区 3 月 31 日摄制的相关监控视频截图签字确认,于同年 7 月 4 日对二甲基亚硝胺标签签字确认。(公诉人通过 PPT 出示相关物证、书证的照片)

证据 3:证人盛某、张某、沈某其证言。

证据 4:调取证据清单;上海市公安局物证鉴定中心出具的沪公物鉴(检)化学〔2013〕第 0569、0607 号检验报告;两份侦查实验笔录。

第 2 小组证据证实,被告人林某浩于 2013 年 3 月 31 日 17 时 50 分许将装于一只黄色医疗废弃物袋子里的二甲基亚硝胺试剂带回其所居住的复旦大学枫林校区西 20 宿舍楼 412 室,趁室内无人之际将装于试剂瓶注射器内的液态二甲基亚硝胺注入饮水机内,随即将注射器等丢弃在宿舍楼 4 楼西侧楼梯口的垃圾箱内,将试剂瓶医疗废弃物袋等物丢弃在第二教学楼前的垃圾箱内。

第一部分第二组证据:用于证实被害人黄某因饮入被被告人林某浩注入的二甲基亚硝胺饮用水而死亡的证据,共分 26 项证据向法庭举证。

证据 1:调取证据清单、企业法人营业执照复印件、上海市国家税务局通用机打发票存根联、北京经科宏达生物技术有限公司上海分公司期货销售合同等书证,以及证人杨某伟证言。

证据 2:检验报告书、关于检验报告中化学试剂"二甲基亚硝胺"品名的说明;鉴定人向某证言;调取证据清单以及证人张某燕(大学附属中山医院检验科工作人员)证言;被告人林某浩于 2013 年 9 月 29 日所做的辨认笔录。(通过 PPT 展示经林某浩辨认并且确认的饮水杯相关照片)

证据 3:上海市公安局物证鉴定中心出具的沪公物鉴(检)化字〔2013〕第 0587 号检验

报告。

证据4:调取证据清单,黄某的体检、病历资料以及相关情况说明,证实:黄某在案发前,身体健康状况良好,饮下注入二甲基亚硝胺饮用水后,身体不适,在中山医院接受治疗直至死亡的过程。

证据5:法医学尸体检验鉴定书及关于检验报告中“N－二甲基亚硝胺”的名称的说明证实:黄某符合生前因二甲基亚硝胺中毒致肝脏、肾脏等多器官损伤,功能衰竭而死亡。

法医病理司法鉴定意见书证实:黄某符合因N－二甲基亚硝胺中毒致急性肝坏死引起急性肝功能衰竭继发多器官功能衰竭而死亡。

证据6:证人吴某明、王某、葛某琦、沈某新、罗某奎、于某鹏、潘某巧、钟某、黄某峰、马某、顾某婷、付某元、盛某、张某、陈某英的证言。

第二组证据证实,黄某自2013年4月1日上午喝下被林某浩注入二甲基亚硝胺饮用水后,感到身体不适,呕吐,当日中午自行去中山医院就诊,4月2日下午,黄某在同学陪同下再次赴中山医院就诊。当晚在医院留院观察。4月3日下午,黄某因病情严重,被送入该院外科重症监护室救治,直至4月16日下午因N－二甲基亚硝胺中毒致肝脏、肾脏等多器官损伤,功能衰竭而死亡。

为了使法庭对黄某的死亡过程及鉴定意见的形成有更为详实的了解,公诉人申请鉴定人陈某久出庭作证。以下为对话内容:

> 公诉人:经过鉴定,被害人黄某的死亡原因是什么?
>
> 鉴定人:造成黄某死亡的原因,直接原因,也就是我们法医学上所说的直接死亡原因就是肝功能衰竭并多器官衰竭。
>
> 公诉人:是否存在其他因素导致黄某急性肝坏死的这种状况产生?
>
> 鉴定人:就是肝坏死的原因,排除了病毒性感染、缺血性改变以及他的代谢紊乱和他自身、原患有的一个自身免疫性疾病所导致他肝坏死的可能,我们全部给予排除。

第一部分的第三组证据:证实二甲基亚硝胺来源的证据,共分8项向法庭举证。

证据1:证人吕某巍、孙某建、张某强、张某、张某珍的证言。

证据2:文保分局刑侦大队接收证据清单,张某珍手写的销售记录、客户信息卡、“N,N－二甲基亚硝胺”产品标签并经张某珍本人签字确认,以及天津增值税普通发票等书证;文保分局沪公文调证字1076号调取证据清单;被告人林某浩于2013年所做的相关辨认笔录。

第三组证据证实,被告人林某浩所使用的二甲基亚硝胺化学品试剂产自天津市化学试剂研究所,由吕某巍由2011年3月购入,当年实验所剩的化学品试剂存放于复旦大学附属中山医院11号楼二楼影像医学实验室204室进门左手边实验台下方的柜子里,林某浩知道上述存放位置。提请法庭将该组证据予以质证。

第二部分证据:用于证实被告人林某浩的犯罪的主观故意。

第一组证据用于证实被告人林某浩明知二甲基亚硝胺会致人死亡的证据。共分4小组向法庭举证。

第1小组证据,用于证实二甲基亚硝胺的基本情况的证据。(略)

第2小组证据,用于证实被告人林某浩使用二甲基亚硝胺进行过科研活动的证据,共分8项向法庭举证。(略)

第3小组证据，用于证明被告人林某浩投毒后进一步查阅二甲基亚硝胺中毒后能否被查出的证据，共分4项向法庭举证。（略）

第4小组证据，用于证实被告人林某浩明知被告人黄某病情危重而坐视危害结果发生的证据，共9项证据向法庭举证。（略）

第二部分第二组证据：用于证实被告人林某浩与被害人黄某的平时关系以及林某浩的作案动机，共分11项向法庭举证。（略）

第三部分证据，用于证实本案案发经过和林某浩的主体身份情况。共分6项证据向法庭出示。（略）

｜**评析**｜ 林某浩投毒杀人案由于被告人和被害人的身份都较为特殊，均系复旦大学的在校硕士研究生，案发后引起了极大的关注。该案案情较为复杂，证据较多，并涉及毒物等医学知识，指控难度较大。从前述公诉人的举证方式来看，整体而言，该案采取的是按犯罪构成要件举证的方案，将全案分实施行为、主观方面及主体三个部分，每个部分证据下面分成若干小组证据，部分小组证据下面除被告人供述外还分成若干部分证据，形成大组证据、小组证据、部分证据这样一个层次分明、组合合理的举证结构，同时运用当庭播放录像及多媒体示证方式，更直观立体地进行举证。质证时，每一小组证据提请法庭质证一次，小组证据下面还分成若干部分证据的，每一部分证据提请法庭质证一次。这样使得该案的举证、质证条理清晰，针对性强，将案件事实清楚地展现出来，达到了良好的指控效果。

案例4-2　付某林故意伤害案[36]：4份意见各异的司法伤情鉴定报告的认证

2010年12月15日上午9时许，被告人付某林在湖州市承天寺巷2号与李某因租房问题发生争执并互相扭扯，付某林在李某倒地后将其按在地上并用膝盖顶其胸口。李某受伤后先后至湖州市第一人民医院（以下简称第一医院）、中国人民解放军第九八医院（以下简称九八医院）诊断治疗。其中，2010年12月15日第一医院对李某胸部DR诊断：右第11肋局部皮质欠连续，所见诸肋未见明显骨折。2010年12月17日第一医院对李某胸部CT诊断：两侧肋骨未见明显错位骨折征象。2011年1月4日第一医院对李某胸部DR诊断：所见肋骨未见明显错位性骨折。2011年1月5日九八医院对李某胸部CT诊断：右侧第7～9及左侧第4肋骨骨折。2011年3月7日九八医院对李某胸部CT诊断：右侧第7～9及左侧第4前肋陈旧性骨折。李某先后花费医疗费共计人民币3998.81元。

另外，2011年1月18日至2012年2月16日，在有关部门的组织下李某的伤势情况被先后进行了4次鉴定。

1. 2011年1月18日，湖州市公安局吴兴区分局出具的法医学人体损伤程度鉴定意见认定：被害人李某右侧第7～9肋骨骨折，左侧第4肋骨骨折，已达到轻伤程度。

2. 2011年4月6日，浙江省人民医院出具的医学司法鉴定意见认定：根据病史、九八医院胸部CT平扫，右侧第7～9肋骨骨折，左侧第4肋骨骨折，肋骨骨折系该次外伤所致。

3. 2011年4月18日，湖州市公安局物证鉴定所出具的法医学人体损伤程度鉴定意见认定：根据病历记载被鉴定人李某伤后当日检查全身多处软组织挫伤，右胸压痛，胸廓挤压

---

〔36〕 参见中华人民共和国最高人民法院刑事审判第一、二、三、四、五庭主办：《刑事审判参考》（总第95集），法律出版社2014年版。

征阳性,伤后21天胸部CT提示右第7~9肋骨骨折,左第4肋骨骨折,经浙江省人民医院医学鉴定,上述肋骨骨折,系该次外伤所致,根据《人体轻伤鉴定标准(试行)》第33条的规定,上述损伤达到轻伤程度。

4. 2012年2月16日,湖州市吴兴区人民法院根据被告人付某林的申请,委托浙江省人身伤害鉴定委员会对李某的骨折与2010年12月15日该次外伤是否具有因果关系重新鉴定。该鉴定委员会出具的法医学文证审查意见基于以下理由认定李某的损伤程度未达轻伤:目前读片见左侧第4前肋为陈旧性骨折,与本次外伤无关;右侧第7~9前肋与肋软骨交界面仅显示毛糙,无局部隆起,且与左侧第7~9前肋表现相似,应系肋骨与肋软骨结构所致,而非骨折征象。综上所述,上述损伤尚未达《人体轻伤鉴定标准(试行)》所规定的轻伤程度。

|评析| 在人身伤害案件中,法医鉴定意见无疑是认定案件性质的关键证据。这类证据具有较强的科学性、技术性,但作为鉴定人的判断性意见,必然带有一定的主观性,只有经人民法院依法审查认定的,才能作为定案的依据。在本案审理过程中,相关鉴定机构先后4次出具对被害人的伤情鉴定。法院最终采纳了浙江省人身伤害鉴定委员会的鉴定意见,认定被害人的损伤尚未达到轻伤程度。主要是考虑到以下因素。

1. 浙江省人身伤害鉴定委员会的鉴定意见符合法律规定:(1)鉴定主体符合法律规定的资质要求;(2)鉴定人具有鉴定资格;(3)与本案其他鉴定意见相比,该鉴定委员会鉴定意见的证明力更强。这是因为:第一,提交鉴定的材料更为全面。相比提交给其他鉴定机构的检材,该次鉴定提交的医疗资料、事发信息更为全面、完整。第二,鉴定的中立性更为明显。法院委托浙江省人身伤害鉴定委员会进行鉴定是为了确定李某的肋骨骨折的伤势与本案付某林12月15日的行为是否有因果关系,未对相关李某的伤势并非骨折作任何提示,鉴定人作出的鉴定意见的环境更为客观、中立。第三,鉴定意见能与在案的其他证据相互印证。

2. 其他三份鉴定意见均不同程度存在问题:(1)结论的合理性存疑。由于骨折诊断与殴打行为存在时间差,其间李某又曾赴京上访,有一份鉴定意见仅凭病历材料即认定骨折是该次外伤所致,否定有其他致伤可能,其合理性存在疑问。(2)鉴定材料与事发信息的局限性。据鉴定书中送检资料及案件信息反映,其他三份鉴定意见的鉴定基础材料均少于浙江省人身伤害鉴定委员会的鉴定意见。

3. 本案被害人未到场并不影响鉴定意见的采信。在一般情况下,被害人到场有利于鉴定人员更好地进行审查判断,但本案伤势鉴定是否构成轻伤是根据看片来判断,被鉴定人是否到场对鉴定结果并无实质意义,故采用文证审查的方式并无不当。鉴于文证审查是实践中司法鉴定的方式之一,本案鉴定采用文证审查的方式具有充足理由,故可以认定本案采用文证审查意见方式鉴定被害人的伤情是合法有效的鉴定形式。

案例4-3 河南浙商城建投资股份有限公司诉通许县人民政府建设工程施工合同纠纷案[37]:法庭辩论终结后提交新证据并变更诉讼请求,人民法院应否采纳?

上诉人河南浙商城建投资股份有限公司(以下简称浙商公司)因与上诉人通许县人民

[37] 最高人民法院民事判决书,(2021)最高法民终517号。

政府(以下简称通许县政府)建设工程施工合同纠纷一案,不服河南省高级人民法院(2018)豫民初110号民事判决,向最高人民法院提起上诉。通许县政府上诉理由之一是浙商公司在法庭辩论终结后变更诉讼请求并提交新证据,违反法定程序。在原审长达两年的诉讼过程中,浙商公司主张融资成本仅提供自行制作的融资明细、转账凭证和承兑汇票,未提供相应的融资合同、贷款合同及其他证据证明,其融资行为、融资期限、融资利率无证据证明。通许县政府在2019年5月10日第一次庭前会议上对浙商公司的证据提出异议,在法庭质证和庭审过程中发表了意见,浙商公司一直未提交补充证据。本案原审法院三次质证、开庭且法庭辩论结束后,浙商公司变更其诉讼请求和提交新证据的权利已然丧失。浙商公司突然于2020年10月29日提交变更诉讼请求申请,将原诉讼请求中的融资成本4236.169005万元变更为7860万元及利息,并补充提交新证据(6100万元贷款合同,浙商公司七位法人股东出资3900万元计息退出的相关证据)以证明其融资成本。浙商公司之前未申请延期举证,其补充提交的证据也不属举证期限届满后发现或形成的新证据,原审法院仍予接受并认可其变更诉讼请求的申请和补充提交的证据,违反法定程序。

|评析| 最高人民法院认为,司法实践中,当事人在案件审理过程中根据诉辩对抗情况,对其所主张事由或请求适当调整并补充相应证据的情况并不鲜见。一般来讲,只要没有实质上超出之前诉请主张的范围,人民法院可以适时安排对质答辩等审理活动,以便查明事实并作出裁判。所以,即便之前已经进行过庭审辩论,原审法院根据案件实际情况同意接受浙商公司补充的证据并就其调整后的诉讼请求进行审理,亦不违反法律规定。

通许县政府对浙商公司变更诉讼请求后不要求答辩期,对前述证据不予质证。原审法院综合本案实际情况认为前述证据能够证明浙商公司的融资事实,符合法律规定。通许县政府上诉以浙商公司庭审辩论后补充证据和调整诉请为由主张原审判决程序违法,依法不予支持。

主要文献著述

1. 潘金贵等:《刑事庭审质证规则研究》,中国检察出版社2019年版。
2. 李学军、李梦妮等:《物证鉴定意见的质证路径和方法研究》,中国人民大学出版社2015年版。
3. 赖建东:《全方位质证:思路指引与办案技巧》,法律出版社2022年版。
4. 张耀良:《交叉询问的方法与技巧》,中国政法大学出版社2018年版。
5. [美]弗兰西斯·威尔曼:《交叉询问的艺术》,周幸、陈意文译,红旗出版社1999年版。

第五章　证据运用的基本方法

第一节　证据运用方法概述

一、证据运用方法的概念与特征

证据运用方法是办案人员和诉讼参与人运用证据查明案件事实的方式和办法。运用证据，首先是对证据信息的查证属实，其次是对案件事实的查证属实。因此，可以将运用证据的方法分为两个部分，即审查认定证据能否作为定案根据的方法和运用定案证据认定案件事实的方法。在同一诉讼中，各方主体会采取相应的方法对证据和事实加以查证，控辩双方（原告、被告）运用是为了论证主张事实的成立和对方事实的缺陷，法官运用的目的是在控辩双方（原告、被告）主张和质疑的基础上作出认定。证据运用环节则是将控辩双方（原告、被告）与法官运用证据加以连接的桥梁。从具体方式来看，证据运用方法具有三个明显特征。

第一，证据运用方法具有规范与实践相结合的特征。证据运用方法的规范性体现在证据规则对运用证据的指引和限制上。如最高法《民诉证据规定》第 85 条第 2 款要求审判人员应当运用逻辑推理和日常生活经验，对证据有无证明力和证明力大小独立进行判断；第 88 条强调审判人员对案件的全部证据，应当从各证据与案件事实的关联程度、各证据之间的联系等方面进行综合审查判断。最高法《刑诉法解释》第 141 条规定了隐蔽性证据定案规则，根据被告人的供述、指认提取到了隐蔽性很强的物证、书证，且被告人的供述与其他证明犯罪事实发生的证据相互印证，并排除串供、逼供、诱供等可能性的，可以认定被告人有罪。这些规定就是对证据运用方法的系统总结，指引审判人员如何审查判断证据，以及如何根据已有证据认定案件事实。但仅有规则是不够的，还需审判人员在司法实践中针对具体个案的证据进行识别、比对、解释和推理，这些呈现于思维、言语或文书中的方法是无法通过规则实现具象化的。

第二，证据运用方法具有主观与客观相结合的特征。证据本身是客观存在的，强调证据的客观性，就是强调客观主义的认识立场，强调证据间的客观印证。客观判断本身也是一个主观认识的过程，印证可以尽可能将这种主观性保持在能够普遍被接受的程度，所以印证仍属于一种基于客观主义立场的证据运用方法。[1] 而对证据的判断和事实的认定多少会融入个体的经验和知识，因此带有个体主观思维过程的自由心证在所难免。所以在具体个案中，证据运用既立足于证据本身提供的客观信息，也依靠诉讼主体内心的经验判断，形成的方法论体系具有主观与客观相结合的特征。

第三，证据运用方法具有逻辑与经验相结合的特征。证据运用应遵循能够被普遍认

---

〔1〕 参见龙宗智：《证据法的理念、制度与方法》，法律出版社 2008 年版，第 200 页。

可的思维过程,因此必须遵循逻辑法则,即推理演绎的逻辑规则。逻辑推理虽然不能完全保证结论正确,但可以让证据运用的基本思路有迹可循,有利于迅速高效地完成证据审查和事实认定。经验法则既是独立的验证方法,也是逻辑法则的必要补充。经验法则是日常生活中可以反复发生且被感知的现象,对于检验逻辑推理的合理性和增强逻辑推理的确证性具有重要作用。最高法《刑诉法解释》和最高法《民诉证据规定》的相关条文对证据判断和事实认定中逻辑和经验的运用进行了强调,两者相辅相成,缺一不可。

二、证据运用方法的类型与功能

根据不同的标准,可以将证据运用方法进行类型化划分,每类方法都具有特定的功能和侧重的目标。

(一)正向证实与反向证伪

运用证据的出发点是对证据事实和案件事实进行证实,从而为裁判构建事实基础,这也是控诉方(原告方)运用证据的首要目标。与此同时,辩护方(被告方)可以另行提出证据证明本方主张的事实,也可以针对对方主张的事实进行辩解和反驳,这两种方式都是对对方事实的证伪。具体到刑事诉讼领域,控辩双方从事的正是这样一种证实与证伪并行的证据分析模式,即控诉方努力证实指控的犯罪事实,辩护方则努力证伪控诉方的指控。[2] 以正向和反向进行区分,可以将证据运用方法分为证实的方法和证伪的方法。从规则指引来看,任何一项证实的方法同时指出了证伪的方法,比如"证据之间相互印证,不存在无法排除的矛盾和无法解释的疑问"首先指出了证实的方法,即"相互印证 + 排除合理怀疑";其次指出了证伪的方法,即"不能印证 + 无法排除合理怀疑"。又如,"根据有证据证实的已知事实和日常生活经验法则推定出另一事实"的"推定"是证实的方法,而"有相反证据足以反驳的除外"的"反驳"就是证伪的方法。经验法则的运用同样如此,一方面,作为证实的方法,经验法则可以融入逻辑推理中,实现事实认定的主客观相一致;另一方面,作为证伪的方法,经验法则可以筛检出不合日常情理的证据事实。

(二)客观判断与情理推断

所谓客观判断,就是主要根据证据信息的双向比对和关联分析来判断证据事实的真实性和认定案件事实。印证是典型的客观判断方法,其将证据运用的过程具体化,从而可以对外展示。通过客观判断认定案件事实的前提是证据的质和量得到保证,我国司法裁判历来强调证据运用的客观性,证据越多分析过程越是客观。刑事证明尤其重视证据的充分性,突出表现在对具有相同或相似信息证据数量的重视。[3] 客观判断自然是证据运用的首选,在具有直接证据的案件中比较容易实现。但证据短缺情况也会发生在部分案件中,此刻弥补证据质量差距的方式就是正确运用情理推断。情理推断内显于证据运用者的认知思维,是一种经验性推断,以经验知识为推论依据,在证据命题与案件事实之间建立关联,指引法官形成对事实的确信。经验法则和司法认知就是典型的情理推断方法,借助的不是额外的客观化的证据信息,而是人的常识常理和理性认知。

---

〔2〕 参见刘静坤:《证据审查规则与分析方法:原理·规范·实例》,法律出版社 2018 年版,第 221 – 222 页。

〔3〕 参见龙宗智:《证据法的理念、制度与方法》,法律出版社 2008 年版,第 201 页。

（三）单证审查与综合分析

证据运用是一种逻辑思维的展开，既有先后顺序，前后又紧密关联。先是对单个证据是否具有证据能力和证明力，能否作为定案根据进行判断，重点审查证据的关联性、合法性和真实性。后是综合分析全案证据进而认定案件事实，重点审查通过在案证据认定案件事实是否达到证明标准。对单个证据的审查与对全案证据的综合分析在方法运用上有所不同。单证审查法侧重于对证据内容本身是否合乎情理、符合科学进行判断，对单个证据的审查，除了借助佐证其真实性和合法性的辅助证据和过程证据之外，某些时候还需与其他在案证据进行印证分析。就后者而言，单证审查与综合分析有所重合，通过单证审查有时难以辨别证据的真伪和发现证据的证明作用，此时对全案证据综合分析的方法就不可或缺。综合分析，探究的是证据与待证事实、各证据间的关系。从其相互之间的联系来考察，看它们所反映的情况是否一致，是否协调，就可以比较容易地发现问题、判明真伪，进而确认证明力的有无和大小。[4] 与此同时，综合分析方法用于查验和探明在案证据是否形成闭合的证据链条和稳定的证据体系，是否存在无法解释的疑点和无法排除的矛盾。

第二节　推定及其理解与适用

一、推定的概念、特征及构成

（一）推定的概念

推定作为一种特殊的司法证明方法，一般是指在基础事实被确认后，根据法律规定或者逻辑与经验法则，从基础事实推断出未知结果事实的法律机制与规则，[5] 但推定结果允许被推定为不利的一方进行反驳。法律之所以允许推定作为一种司法证明方法，主要出于两种情形的考虑：一是举证能力问题。在某些特定情况下，负有证明责任的一方无法提供相应的证据，而该证据却由另一方掌控或持有，通过推定机制可以转移证明责任，由具备举证能力的一方提供证据。二是有利于节约诉讼成本，提高司法效率。在基础事实确定时，允许当事人或司法机关根据法律规定或经验法则，直接作出结果事实的推断，不但可以免除证明责任，还可以激励被推定为不利的一方积极举证，节约了诉讼成本，提高了司法效率。

（二）推定的特征

与其他司法证明方法相比，推定具有以下特征：

第一，推断证明的间接性。推定事实并不是根据证据性事实直接呈现出来的事实，而是根据基础事实结合逻辑规则和经验法则衍生出来的证据信息。

第二，证明结果的可反驳性。推定的主要功能是转移证明责任，既是转移证明责任，则当然允许不利一方进行举证反驳。在民事诉讼中，根据“谁主张，谁举证”原则，被推定

---

〔4〕 参见张军主编、最高人民法院刑事审判第三庭编著：《刑事证据规则理解与适用》，法律出版社 2010 年版，第 246 页。

〔5〕 参见潘金贵主编：《证据法学》，法律出版社 2022 年版，第 361 页；龙宗智：《推定的界限与适用》，载《法学研究》2008 年第 1 期。

不利的一方应当通过提供证据的方式予以反驳；而在刑事诉讼中，被告人可以通过说明或提供线索、证据的方法进行反驳，控方应当根据其解释或线索调查核实。比如，《刑法》第395条规定的巨额财产来源不明罪中，即允许被告人通过“说明”的方式进行反驳。

第三，连接要件的公约性。当经验法则被作为推定的连接要件时，该经验法则必须具有社会性和公约性，即大众普遍认同的经验，而不是个人的经验。比如在前述彭某案件中，一审根据基础事实推定了被告撞伤原告的“事实”，在该推定中，连接要件则是被一审判决称为“日常生活经验”和“情理”的“经验法则”：“如果是见义勇为做好事，更符合实际的做法应是抓住撞倒原告的人，而不仅仅是好心相扶”，也不该送原告去医院，而应“自行离开”。显然这些所谓的“经验法则”仅是承办法官的个人体验，并不为社会所认同。

（三）推定的构成

推定由三个要件构成：基础事实＋连接要件＋推定事实。基础事实，也称前提事实，是据以作出推断或认定根据的事实。对于基础事实，必须根据证据裁判规则查证属实。推定事实，也称结果事实，是指根据基础事实推定其存在或成立的事实。连接要件，即连接基础事实和推定事实的推断方法或逻辑规则与经验法则。连接要件为前提事实与推定事实之间创设一种特定的法律关系，如果缺少连接要件，基础事实就无法直接产生推定事实。

案例1　夏某才侵犯专利案〔6〕

2013年1月，原告许某德获得国家知识产权局的涉案专利授权。2020年许某德将该专利以排他许可方式许可给欧派克公司实施。之后，许某德和欧派克公司发现，夏某才注册的海丽经营部在1688网上经营的店铺销售的一款移门轮落入涉案专利权保护范围，据此认为其构成专利侵权，起诉至人民法院要求赔偿其经济损失20万元。被告夏某才答辩并提供证据证实其销售货品来源合法，主观上不明知涉案货品系侵权产品。法院经审理认为，夏某才提供的用于证明涉案货品来源合法的证据，因真实性和关联性无法确认，故推定夏某才主观上具有过错，判令其承担赔偿原告经济损失4万元。

在该案中，已确认的基础事实是被告夏某才销售了涉案专利产品；需要查明的事实也即推定事实是夏某才在主观上是否存在明知涉案产品为专利产品的过错。在本案中，从逻辑关系看，基础事实与推定事实之间仅存在两种可能性：要么是合法来源的合法销售，要么是仿冒专利的非法销售。所以，排除法推理成为连接前提事实和推定事实的逻辑规则。三要素之间构成关系如图5－1所示。

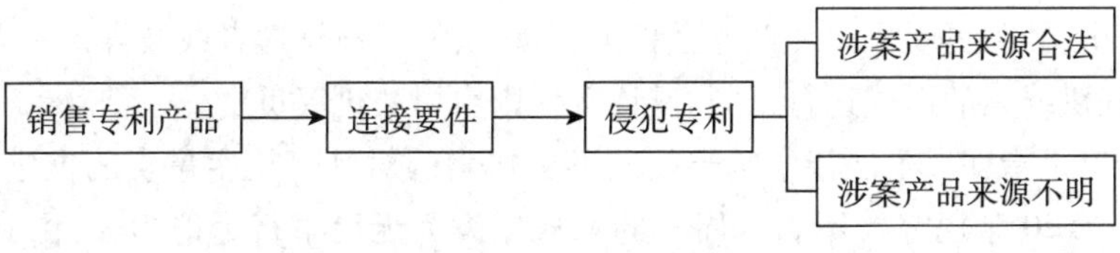

图5－1　三要素构成关系

〔6〕参见最高人民法院民事判决书，(2022)最高法知民终988号。

二、推定的分类

根据理论界通说，可以根据不同的标准，对推定进行分类。

（一）法律推定和事实推定

根据推定依据的不同，可以将推定分为法律推定和事实推定。所谓法律推定，是指由法律明文规定的推定，有学者称之为“立法型推定”。[7] 具体而言，就是法律明确规定，当基础事实成立时，在当事人未能反驳的情况下，可以直接认定推定事实成立。最为典型的是我国《刑法》第282条第2款规定的非法持有国家绝密、机密文件、资料、物品罪，以及第395条第1款规定的巨额财产来源不明罪。

而事实推定，又称诉讼上的推定，是指司法机关从基础事实出发，根据逻辑规则和经验法则，推定与之相关的另一未知事实的存在并成立。例如，最高人民法院、最高人民检察院于2007年5月共同发布的《关于办理于盗窃、抢劫、诈骗、抢夺机动车相关刑事案件具体应用法律若干问题的解释》第6条规定，有以下两种情况之一的，应当认定行为人主观上具有“明知”的故意：(1)没有合法有效的来历凭证；(2)发动机号、车辆识别代号有明显更改痕迹，没有合法证明的。根据该规定，当行为人向他人购买的车辆存在前述任一种情形时，尽管行为人辩称其主观上并不明知该车辆系盗窃、抢劫、抢夺等犯罪行为所得，仍可直接推定行为人主观上明知系犯罪所得，可构成掩饰、隐瞒犯罪所得罪。

（二）不可反驳的推定和可反驳的推定

根据推定效力的不同，可将推定分为不可反驳的推定和可反驳的推定。所谓不可反驳的推定，又称终局性推定或结论性推定，是指不允许当事人提出证据加以反驳或推翻的法律推定。例如我国《刑法》规定，与未满14周岁幼女发生性关系的，即使是自愿的，也构成为强奸罪，“实际上就是推定14周岁以下幼女不具备性自主能力”[8]，被告人无法通过对“自愿性”的举证推翻该法律推定。而可反驳的推定，是指推定事实的效力处于待定状态，允许当事人通过说明、解释或提供线索、证据进行反驳，如果反驳成立，则推定事实被推翻。事实推定和大部分法律推定都属于可反驳的推定，因为推定是基于经验法则盖然性的概括将经验法则法定化的，但经验法则具有不确定性与或然性，为了确保推定事实的可靠性，必然允许当事人进行反驳，所以，大部分法律推定都规定了可反驳条款。例如，我国《刑法》第282条第2款中的“拒不说明来源与用途”即为可反驳条款。

（三）民事推定、行政推定和刑事推定

根据推定适用诉讼领域的不同，可将其分为民事推定、行政推定和刑事推定。区分民事推定、行政推定和刑事推定的意义在于，被推定为不利的一方对反驳或反证的责任有所不同。在民事推定中，被推定为不利一方负有反证义务，而不仅仅是反驳义务；而在行政和刑事推定中，因为行政机关和控方承担证明责任，所以被管理者或被告人一方可通过说明、解释或提供线索的形式进行反驳，反证责任则由司法机关负责。

民事推定是指在民事法律中基于基础事实作出的对其可衍生事实的推定。比如，我国《民法典》第20条规定，“不满八周岁的未成年人为无民事行为能力人，由其法定代理人代理实施民事法律行为”，就是属于民事上的法律推定。原最高人民法院《关于适用

---

〔7〕 参见劳东燕：《认真对待刑事推定》，载《法学研究》2007年第2期。

〔8〕 易延友：《证据法学——原则　规则　案例》，法律出版社2017年版，第513页。

〈中华人民共和国婚姻法〉若干问题的解释(三)》第2条第1款规定的"夫妻一方向人民法院起诉请求确认亲子关系不存在,并已提供必要证据予以证明,另一方没有相反证据又拒绝做亲子鉴定的,人民法院可以推定请求亲子关系不存在一方的主张成立",即属于民事推定中的亲子关系推定。

行政推定是指行政机关在行政执法过程中,基于基础事实对具体行政行为涉及的事实进行的推定。行政推定在行政执法中被广泛运用,比如在环保行政执法中,行政执法主体可以就环境污染与污染损害之间的因果关系进行推定,从而作出行政处理决定;在证券监管执法中,行政执法主体可以就内幕人知悉内幕信息和泄露内幕信息进行推定;在虚开增值税专用发票执法中,税务执法机关可以就"虚开"事实进行推定。

所谓刑事推定,就是由刑事实体法规定的直接推定或由司法人员根据已确认的基础事实推断出相关衍生事实的成立。刑事推定有两种模式:一是由《刑法》规定的推定;二是由最高司法机关颁布的司法解释所规定的推定。法律上的刑事推定,主要用于构建犯罪构成要件中的犯罪主体、刑事责任以及犯罪的主客观要件,比如我国《刑法》第17条关于刑事责任年龄的规定,即涉及对犯罪主体有刑事责任能力的推定;《刑法》第128条第1款关于非法持有、私藏枪支、弹药罪的规定以及第172条关于持有、使用假币罪的规定,都是涉及犯罪主观方面推定"明知"的规定。而最高司法机关刑事司法解释中对推定的规定一般涉及主观"明知"、非法占有目的、犯罪金额的推定等。

三、推定的实践运用

推定在"三大"诉讼中被广泛运用,下面重点介绍常见的几种事实推定。

(一)民事推定

民事推定包括实体法的法律推定和证据法的事实推定,常见的民事推定如表5-1所示。

表5-1　民事推定的种类

序号	推定内容	具体内涵
1	过失推定	在特定情况下,当基础事实确认时,应当推定行为人存在过失
2	婚生子推定	已婚妇女在婚姻关系存续期间所生子女,推定为其与丈夫所生子女
3	亲子关系不存在推定	夫妻一方起诉请求确认亲子关系不存在,并已提供必要证据证明的,另一方没有相反证据又拒绝做亲子鉴定的,可推定请求亲子关系不存在一方的主张成立
4	失踪推定	一个人在下落不明满二年的,可推定其已失踪
5	死亡推定	一个人在下落不明一定期间后,可推定其已死亡
6	死亡顺序推定	相互有继承关系的人在同一事件中死亡的,如不能确定死亡先后顺序而对先后死亡时间所做的推定安排
7	因果关系推定	在特定诉讼中,可以推定损害结果与特定事实之间存在因果关系
8	质量缺陷推定	在消费者对产品使用方法没有不当时,产品导致消费者或他人损失的,推定产品存在质量缺陷
9	不利事实推定	当一方持有提供证据或负有举证责任而拒不提供证据时,可就该事实作出不利于该方当事人的推定

续表

序号	推定内容	具体内涵
10	正常邮寄推定	按照收件人法定地址邮寄后，在经过合理的投递所需时日后，可推定收件人已收到该邮件
11	自认推定	一方当事人对于另一方当事人主张的于己不利的事实既不承认也不否认，经审判人员说明并询问后，仍不做确认的，可推定承认该事实

1. 亲子关系不存在推定

案例2　李某诉蒋某离婚案〔9〕

林某与蒋某于2007年4月26日登记结婚，蒋某于2011年12月3日生育一女李大某，于2016年10月1日生育一子李小某。在共同生活中，双方因性格及李某长期在国外打工等问题产生矛盾，导致感情受到影响。2016年蒋某起诉要求与李某离婚，因蒋某未能提供证据证明双方感情确已破裂，且李某不同意离婚，故人民法院判决驳回蒋某诉讼请求。后李某发现自己血型为O型，蒋某血型为A型，而李小某血型却为B型，认为李小某不是其亲生儿子，遂起诉蒋某要求离婚，并赔偿其为李小某支付的抚养费损失。在诉讼过程中，李某申请对其与李小某的亲子关系进行鉴定，蒋某不同意进行亲子鉴定，一审法院推定李某与李小某不存在亲子关系。

原最高人民法院《关于适用〈中华人民共和国婚姻法〉若干问题的解释（三）》第2条第1款规定，夫妻一方向人民法院起诉请求确认亲子关系不存在，其已提供必要证据予以证明，另一方没有证据又拒绝做亲子鉴定的，人民法院可以推定请求确认亲子关系不存在一方的主张成立。本案中，李某提供了其夫妻二人各自的血型，对证明李小某与其不存在亲子关系具有高度可能性，并申请对其与李小某是否存在亲子关系进行鉴定，蒋某对此负有协助配合义务，因为其生物物质构成案件证据。若其拒不配合亲子鉴定，则可以从举证能力方面作出对其不利的推定。

2. 质量缺陷推定

案例3　刘某汽车自燃损害赔偿案〔10〕

刘某驾驶一辆轿车在行驶过程中发生自燃事故致使车辆全部毁损。现场勘验报告认为，未发现车辆产品质量与火灾事故之间存在因果关系。刘某向人民法院起诉，要求轿车厂家承担产品缺陷导致的经济损失。该案的主要争点在于该车辆是否存在产品缺陷。法院判决认为，在无直接有效证据证实汽车自燃原因的情况下，应结合举证责任分配原则以及逻辑推理和日常经验法则作出判断。该车在正常行驶状态下发生自燃，可合理排除外界原因或原告使用不当所致，从而推定小车存在产品质量缺陷而产生不合理的危及人身、财产的危险。原告作为消费者缺乏专业知识而不具备举证能力，应当由厂家承担举证责任，并承担举证不能的不利后果。

〔9〕参见郝绍彬、张乐跃：《推定不存在亲子关系的无抚养义务方有权主张欺诈性损害赔偿》，载最高人民法院民事审判第一庭编：《民事审判指导与参考》（总第81辑），人民法院出版社2021年版，第169－175页。

〔10〕参见广东省广州市中级人民法院民事判决书，（2018）粤01民终字第2686号。

在该案中,法官作出产品质量缺陷推定的逻辑程式如图 5－2 所示。

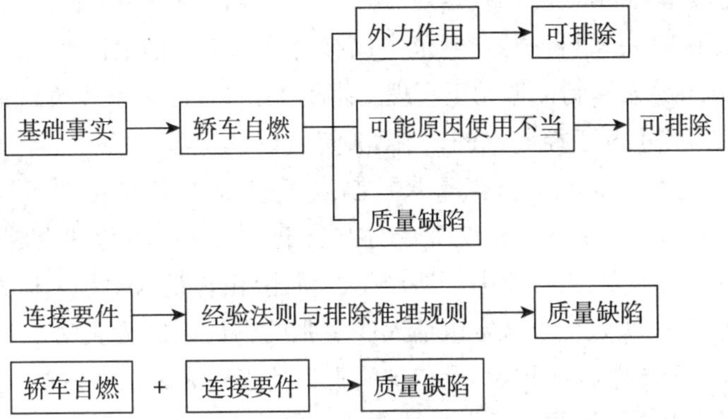

图 5－2 产品质量缺陷推定逻辑

在前述推定中,法院是通过经验法则和排除推理规则将基础事实与推定事实连接起来的,即在排除了可能导致小车自燃的其他原因后,只有质量缺陷才是导致其自燃的大概率原因,因此推定质量缺陷的事实成立。然后,通过举证责任的分配由被告对推定进行反驳。举证责任的分配是根据证据分布情况以及各方当事人的举证能力决定的,须根据裁判规则和经验法则科学、合理地分配。本案中,关于小轿车质量的所有技术信息由被告控制,其垄断着相关所有的技术证据,因此其具有完备的举证能力;而原告作为个人,显然对此无法举证。在科学分配举证责任之后,被告应当就涉案车辆没有质量缺陷进行举证反驳,如果无法举证,即可直接认定车辆存在质量缺陷。

3. 不利后果推定

案例 4 好生活公司商标侵权案〔11〕

法国罗格朗电气公司和罗格朗管理公司系商标“罗格朗”“Legrand”的被许可使用人。2020 年 10 月 16 日,海盐市监督局对好生活公司进行现场执法检查,发现有大量的集成吊顶电器商品及商标标签,商品包装箱上显示的企业名称为罗格朗建材公司,包装箱标注了“罗格朗”商标。罗格朗电气公司及罗格朗管理公司认为好生活公司、罗格朗建材公司构成商标侵权,遂向无锡市中级人民法院(以下简称无锡中院)提起诉讼,要求好生活公司和罗格朗建材公司停止侵害,赔偿经济损失 250 万元(含合理费用)。在审理过程中,为了查明被告侵权产品的销售金额,无锡中院根据罗格朗电气公司的申请,裁定责令被告提交由其掌握的案涉产品销售的收付款凭证、合同、订单、发票等交易记录。好生活公司提交了 2018～2020 年利润表和资产负债表、2020 年部分商品的发票,未提交其他证据。

无锡中院认为,好生活公司提交的利润表和资产负债表不在法院责令提交的证据之列,且由其自行制作,真实性存疑。发票载明的客户、金额与该公司被行政机关查获的经营规模及抖音视频反映的销售者数量、分布地域等事实不符,明显不能反映其全面、真实的销售情况。现有证据反映其对外销售的数量远在其所述数量之上。罗格朗建材公司亦未按裁定提交任何证据。据此,无锡中院推定原告主张的侵权规模、侵权获利额等事实成立,被告侵权情节严重、时间较长,判决被告共同赔偿原告 200 万元,全额支持原告赔偿请求。

〔11〕 参见无锡市中级人民法院民事判决书,(2021)苏 02 民初 399 号。

本案是当事人违反法院下发的证据提供令后承担相应法律后果的典型案例。对于当事人拒不提供对其不利的证据,而推定对方当事人主张的对其不利的事实成立,这不仅是一种民事裁判规则,在民事诉讼法律规范中也有明确规定。如最高法《民诉证据规定》第95条规定:“一方当事人控制证据无正当理由拒不提交,对待证事实负有举证责任的当事人主张该证据的内容不利于控制人的,人民法院可以认定该主张成立。”最高法《民诉法解释》第112条规定:“书证在对方当事人控制之下的,承担举证证明责任的当事人可以在举证期限届满前书面申请人民法院责令对方当事人提交。申请理由成立的,人民法院应当责令对方当事人提交,因提交书证所产生的费用,由申请人负担。对方当事人无正当理由拒不提交的,人民法院可以认定申请人所主张的书证内容为真实。”证据提供令是指相关证据由对方当事人掌握或控制,承担证明责任的当事人无法取得时,可以申请法院裁定责令对方当事人提交该证据。根据前述司法解释规定,针对证据提供令,有责任提供证据者无正当理由拒不提交、提交虚假证据、毁灭证据或者实施其他致使证据不能使用行为的,法院可以推定就该证据所涉证明事项的主张成立。本案中,原告难以取得被告掌握的经营资料,而上述经营资料对于本案事实查明及责任认定具有关键证明力。法院依法责令被告提供,在被告未按要求提交完整、真实经营资料的情况下,可以推定权利人关于被告获利额、侵权情节严重等主张成立,据此全额支持原告的赔偿请求。

证据提供令之所以能够形成不利后果的推定,其原理在于“利益衡量”。因为被告在接到法院的证据提供令之后,面临选择与利益衡量:如果提供全部的真实证据,可以减轻赔偿责任,则提供;如果提供全部真实证据会加重自己赔偿责任的,则不提供。所以,被告不提供证据,隐藏着对原告诉求默认的意思。法院据此推定不但有效解决了权利人“举证难”的问题,也在实体裁判上平衡了双方的利益。

(二)行政推定

行政推定的内容涉及行政违法主体的推定、行为违法推定、主观明知推定和因果关系推定等。

1. 违法主体推定

比如,2007年中国证券监督管理委员会出台的《证券市场内幕交易行为认定指引(试行)》(已失效)第6条关于“内幕人”的认定,就属于违法主体的推定。其将《证券法》第74条规定的“内幕信息的知情人”通过推定规则,扩大到三类主体,即“第74条列举的内幕信息知情人”+“第74条兜底条款授权证监会认定的人”+该指引兜底条款“通过其他途径获取内幕信息的人”。

2. 行为违法推定

比如,国家烟草专卖局于2006年颁布的《卷烟产品鉴别检验规程》第6.3条规定,有下列情形之一的,即判定为伪劣卷烟:“(一)掺杂掺假的……(四)‘三无产品’或无任何产品质量信息标识的;(五)已认定为假冒注册商标且手工包装的……(八)非法自创品牌或无任何包装标识及烟支标识的……”该条款中第(四)(五)(八)项的规定,即属于行为违法推定,因为仅从外观而不是从实质性判定伪劣卷烟。

案例5　张某军泄露内幕信息案[12]

中国证券监督管理委员会〔2016〕15号《行政处罚决定书》认定，海南亚太实业发展股份有限公司（以下简称亚太实业）向特定对象发行股份收购兰州伟慈制药有限责任公司（以下简称伟慈制药）100%股权事项构成内幕信息，内幕信息敏感期为2014年2月13日至3月15日。贾某林实际负责亚太实业的定向增发和收购工作，知悉伟慈制药项目，为内幕信息知情人。在上述内幕信息敏感期内，贾某林与136××××2388号码使用人通话21次，该号码由张某军与周某鹏共同使用。张某军与岳某微系夫妻关系，在内幕信息敏感期内，二人并无不在一起生活的记录。2014年2月19日、3月13日，136××××2388号码使用人与贾某林通话后，岳某微控制的证券账户于2014年2月20日、2月21日、3月14日陆续买入"亚太实业"，合计898,888股。上述交易时点与贾某林和136××××2388号码使用人的联系时点基本吻合。对此，张某军不能作出合理说明或提供证据排除其泄露内幕信息给他人从事证券交易活动。张某军泄露内幕信息的行为违反了《证券法》第76条第1款的规定，根据《证券法》第202条的规定，该会决定对其处以5万元罚款。张某军认为前述认定事实不清，处理不当，向中国证监会提出复议。复议机关认为，虽然136××××2388号码登记在申请人名下，但认定申请人在内幕信息敏感期内通过136××××2388号码与贾某林电话联系、获知内幕信息并进行泄露的证据还不够充分，遂撤销《行政处罚决定书》对申请人作出的行政处罚。

行政处罚决定书认定张某军泄露内幕信息，主要是根据一些客观事实进行了两个层面的推定。第一次推定的基础事实是：张某军使用过136××××2388号码，该号码与贾某林有过21次通话，故张某军从贾某林那里获得内幕信息。第二次推定的基础事实是第一次的推定事实以及张某军妻子交易股票的异常表现，推定出张某军将内幕信息泄露给妻子的事实。具体推断流程见图5-3。

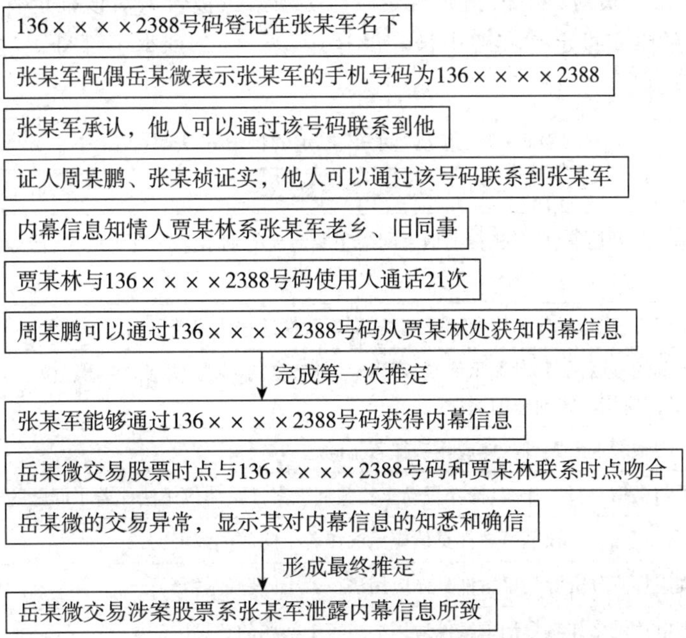

图5-3　泄露内幕信息案件推断流程

〔12〕　参见中国证监会行政处罚决定书〔2016〕15号、中国证监会行政复议决定书〔2016〕28号。

但是，前述事实推定并不存在推定链条的必然性或推定结果的排他性，理由是：在第一次事实推定中，136××××2388 号码除了由张某军使用外，周某鹏也使用过该号码，并且从贾某林处获悉内幕信息，因此，张某军是否通过该手机号码从贾某林处获得内幕信息处于不确定性状态，无法形成推定。在第二次事实推定中，因为推定事实不能作为基础事实，同时岳某微的股票交易不排除其根据自己经验操作，也不排除其从其他渠道获得内幕信息，故第二次推定不符合推定规则。所以，复议机构认为处罚决定书认定张某军获得并泄露内幕信息的证据不足，撤销处罚决定。

3. 主观明知推定

比如，2011 年最高人民法院《关于审理证券行政处罚案件证据若干问题的座谈会纪要》第 5 条规定，“监管机构提供的证据能够证明以下情形之一，且被处罚人不能作出合理说明或者提供证据排除其存在利用内幕信息从事相关证券交易活动的，人民法院可以确定被诉处罚决定认定的内幕交易行为成立：（一）证券法第七十四条规定的证券交易内幕信息知情人，进行了与该内幕信息有关的证券交易活动……（五）内幕信息公开前与内幕信息知情人或知晓该内幕信息的人联络、接触，其证券交易活动与内幕信息高度吻合”。

（三）刑事推定

1.“明知”的推定

刑法上的“明知”是指行为人对自己的行为及其危害后果所持有的意识和意志状态，是所有故意犯罪的构成要件之一。因此，在故意犯罪中，控方应当就被告人主观上存在“明知”的故意进行举证。但“明知”是一种隐蔽性的心理活动，如果被告人拒不将其“明知”表达出来或予以确认，则几乎无法对“明知”进行直接证明。所以，为了减轻控方的证明责任，允许司法人员对“明知”进行推定。但必须给予被告人对该推定有反驳或反证的机会。“明知”的事实推定在实践中被广泛运用，表 5－2 列举了部分司法解释关于“明知”推定的规定。

表 5－2　涉及“明知”推定的部分司法解释

序号	司法解释名称	条款
1	《关于办理非法利用信息网络、帮助信息网络犯罪活动等刑事案件适用法律若干问题的解释》	第 11 条
2	《关于办理组织、强迫、引诱、容留、介绍卖淫刑事案件适用法律若干问题的解释》	第 11 条
3	《关于办理利用互联网、移动通讯终端、声讯台制作、复制、出版、贩卖、传播淫秽电子信息刑事案件具体应用法律问题的解释（二）》	第 8 条
4	《关于审理洗钱等刑事案件具体应用法律若干问题的解释》	第 1 条
5	《关于办理与盗窃、抢劫、诈骗、抢夺机动车相关刑事案件具体应用法律若干问题的解释》	第 6 条
6	《关于办理侵犯知识产权刑事案件具体应用法律若干问题的解释》	第 9 条
7	《关于审理破坏森林资源刑事案件具体应用法律若干问题的解释》	第 10 条
8	《关于办理电信网络诈骗等刑事案件适用法律若干问题的意见（二）》	第 8 条
9	《打击非设关地成品油走私专题研讨会议纪要》	第 2 条

续表

序号	司法解释名称	条款
10	《关于办理“套路贷”刑事案件若干问题的意见》	第5条
11	《关于办理恐怖活动和极端主义犯罪案件适用法律若干问题的意见》	
12	《关于办理电信网络诈骗等刑事案件适用法律若干问题的意见》	

案例6 陈某梅非法持有毒品案〔13〕

2015年7月14日10时许，被告人陈某梅在佛山市南海区八方酒店216房使用号码为185××××3387的手机打电话给中通快递公司快递员要求寄物品。后该公司快递员张某志将陈某梅所寄的物品拿回公司内重新打包，发现包装内红酒瓶底部藏有白色晶体粉粒2包、褐色药丸1包。张某志报警，后打电话向陈某梅询问包装盒内的物品情况。陈某梅当即要求张某志将物品退回未果后，马上退房离开八方酒店。同月23日，公安人员将陈某梅抓获。经鉴定，上述白色晶体粉粒2包净重52.4克，褐色药丸1包5粒净重0.54克，均检出甲基苯丙胺成分。一审法院认定陈某梅的行为已构成非法持有毒品罪。陈某梅上诉称，她对邮寄的红酒包装盒内藏有毒品是不知情的。二审法院认为现有证据能够相互印证，足以推定陈某梅对于其所邮寄的红酒包装盒内藏有毒品是明知的。

一、二审裁决推定被告人明知所邮寄系毒品的主要依据是：第一，现有证据足以证实陈某梅在填写快递单时填写的发件人名字不是其真实姓名，填写的发件人电话也已停用。如果系正常邮寄红酒，被告人无须提供虚假的寄件人姓名及电话号码，该行为异常。第二，现有证据足以证实陈某梅得知快递员从其交付邮寄的红酒盒内发现藏有毒品的情况后，马上逃离，其行为反常。第三，对于前述异常、反常行为，被告人不能作出合理解释。第四，现有证据足以证实陈某梅是吸毒人员，陈某梅的丈夫因贩卖毒品正在服刑中，案发时与陈某梅在一起住涉案酒店的男性朋友是涉毒人员，由此可见陈某梅是涉毒人员。那么，陈某梅的这些行为表现已符合相关司法解释或规范性文件中可以推定为主观“明知毒品”的情形。〔14〕

2. 非法占有目的推定

非法占有目的的推定，是指在刑事案件中，一旦控方以证据证明某些基础事实存在，即可认定行为人具有非法占有目的的一种推断机制。我国《刑法》分则中很多罪名都规定了“以非法占有为目的”作为犯罪构成要件，之所以允许在司法实践中对作为犯罪构成要件的非法占有目的进行推定，这是因为：第一，非法占有目的系主观因素，在被告人拒不供认自己非法占有目的的主观要件时，一般难以通过直接证据予以证明。第二，我国刑事证明标准为“事实清楚，证据确实、充分”，这是一种严格证明标准，但由于证据分布的特殊性，有时控方难以通过举证实现这样的证明标准，因此需要从刑事实体法的角度对特定情况下行为人的主观状态进行推定，在一定程度上降低了证明标准，转移了证明责任。第

〔13〕 参见广东省佛山市中级人民法院刑事裁定书，(2016)粤06刑终860号。

〔14〕 参见2007年最高人民法院、最高人民检察院和公安部共同颁布的《关于办理毒品犯罪案件适用法律若干问题的意见》和2008年最高人民法院发布的《全国部分法院审理毒品犯罪案件工作座谈会纪要》的规定。

三，这种转移证明责任是举证能力使然，从常识和经验来看，被告人的主观目的究竟是什么，只有被告人自己最为清楚。因此，通过推定转移证明责任仅仅增加了被告人对自己行为主观目的进行澄清的负担，而并没有实质性加重被告人的举证责任，从举证能力的权衡角度看，这种转移证明责任显然是合理的。

非法占有目的作为一种主观状态，往往通过一定的事实载体进行客观化。但这种事实载体相对固定，则事实载体与主观非法占有目的之间就建立了较为稳定的高概率关系，那么，我们就可以从相对固定的事实载体反向推定行为人的非法占有目的。因此，我们可以根据经验法则对相对固定的事实载体进行整理和概括，而后据此推定行为人具有非法占有目的。相关司法解释或规范性文件就是根据这一原理，将具有高度盖然性的经验载体概括，并将其作为推定的基础事实，具体见表5－3。

表5－3 非法占有目的推定的规范性文件汇总

序号	规范性文件名称
1	1996年最高人民法院《关于审理诈骗案件具体应用法律的若干问题的解释》（已失效）
2	2001年最高人民法院《全国法院审理金融犯罪案件工作座谈会纪要》
3	2011最高人民法院《关于审理非法集资刑事案件具体应用法律若干问题的解释》（已修改）
5	2017年最高人民检察院《关于办理互联网金融犯罪案件有关问题座谈会纪要》
6	2018年"两高"《关于办理妨碍信用卡管理刑事案件具体应用法律若干问题的解释》

在前述司法解释或规范性文件中，据以作为基础事实的经验概括包括下列几种（见表5－4）。

表5－4 可以用于推定非法占有目的的经验概括

序号	经验概括	序号	经验概括
1	携带赃款潜逃	6	明知没有履行能力或归还能力
2	挥霍赃款	7	不用于生产经营或投入资金不成比例
3	进行违法犯罪活动	8	拒不交代资金去向、逃避返还资金
4	抽逃、转移资金、隐匿财产	9	借款之前负有高额旧债
5	隐匿、销毁账目等逃避返还资金		

同时，实践中，对于上诉非法占有目的推定的经验概括可以从表5－5中的几个方面进行反驳。

表5－5 非法占有目的推定的反驳因素

序号	经验概括	反驳因素
1	携带赃款潜逃	潜逃的目的是出于人身安全的担忧或因畏罪
2	挥霍赃款	用于挥霍赃款的比例
3	进行违法犯罪活动	用于违法犯罪活动数额的比例
4	抽逃、转移资金、隐匿财产	抽逃或转移资金有正当理由
5	隐匿、销毁账目等逃避返还资金	隐匿、销毁账目的目的不是逃避返还资金

续表

序号	经验概括	反驳因素
6	明知没有履行能力或归还能力	行为当时有履约能力
7	不用于生产经营或投入资金不成比例	客观情况发生了变化
8	拒不交代资金去向、逃避返还资金	没有使用诈骗手段
9	借款之前负有高额旧债	不存在资不抵债

案例7　陈某辉诈骗案〔15〕

一审判决经审理查明，2012年7月至2014年3月，被告人陈某辉在明知自己无力偿还借款的情况下，虚构工程项目、公司经营资金周转需要等借款事由，以高利为诱饵向被害人朱某某等8人，骗取借款共计729.9万元，所骗取款项偿还高额利息及个人高消费。在庭审中，被告人陈某辉辩称其主观上没有非法占有目的，涉案金额均系民间借贷，其不构成诈骗罪。

一审判决认为：(1)被告人陈某辉在案发前以投资项目为由多次向他人借款，但陈某辉所投资的项目规模与其所借款项极不相称，且欠下巨额债务无力偿还后潜逃躲债，故可以推定其主观上具有非法占有目的，并非民间借贷。(2)被告人陈某辉在资不抵债的情况下，以成立汽车销售服务公司为由诱骗他人投资入股，在收到他人投资款之后，并没有成立汽车销售服务公司，反而潜逃。因为其接受他人投资时，已是资不抵债，且收到投资款后潜逃，故推定其主观上对该款项具有非法占有目的。(3)被告人陈某辉编造项目需要资金周转埋由，以高息为诱饵向他人借款，在取得借款后并未用于投资，而是用于偿还旧债和消费。在债权人讨债时，被告人陈某辉关闭手机逃离躲债，该等行为可以推定其具有非法占有目的。

3.非法持有中的罪过推定

非法持有中的罪过推定，是指在非法持有型犯罪中，一旦行为人持有法律规定的违禁品或特定财物，就推定其具有非法持有的主观状态。〔16〕在我国，非法持有型犯罪主要包括非法持有枪支、弹药罪，持有假币罪，非法持有国家绝密、机密文件、资料、物品罪，非法持有毒品罪，非法持有毒品原植物种子、幼苗罪，以及巨额财产来源不明罪六种。

之所以在持有型犯罪中存在罪过推定，是因为持有型犯罪具有补充性，它体现了刑法严密刑事法网、严格刑事责任、强化刑法保护的堵截犯罪功能。持有型犯罪中的非法持有特定物品往往是更为严重的先行犯罪的结果状态（如巨额财产来源不明罪）、续接犯罪的过渡状态（如非法持有毒品罪）或者目的犯罪的预备状态（如非法持有枪支、弹药罪），〔17〕当先行犯罪或续接犯罪无法查明时，就无法证明特定物品的来源或去向，从而无法认定比持有行为构成更为严重的危害更大的先行犯罪、续接犯罪和目的犯罪，在此情况下，可根据持有特定物品或财产现状的存在追究被告人的刑事责任。这种罪责具有特殊性，即只要认定持有行为本身存在，就表明犯罪嫌疑人、被告人具有相应的主观罪过或不法状态。

---

〔15〕参见福建省莆田市中级人民法院刑事判决书，(2017)闽03刑初29号。
〔16〕参见易延友：《证据法学——原则　规则　案例》，法律出版社2017年版，第538页。
〔17〕参见梁根林：《持有型犯罪的刑事政策分析》，载《现代法学》2004年第1期。

换言之,控方证明了持有行为一般意味着证明了持有犯意和不法状态,除非持有人自己证明自己对物品的存在、性质并不知情或者具有合理理由持有该特定物品。[18]

案例8 李某印运输毒品案[19]

北京市人民检察院第二分院指控:被告人李某印于2014年5月5日,携带毒品自安徽省临泉县乘坐长途客运汽车来京,并在北京市丰台区丽泽桥长途汽车站附近下车,后被民警抓获。抓捕过程中,被告人李某印将随身携带的毒品丢弃,后被起获。经检验,上述毒品为甲基苯丙胺(冰毒)260.10克,巴比妥38.80克。针对前述指控,公诉机关当庭出示了北京市公安局预审总队于2015年4月3日出具的工作说明:2015年4月3日,预审总队侦查员前往市局十二总队通过技术侦查,听取李某印涉嫌运输毒品案的通话录音材料,对部分录音内容摘抄如下(略),证实了李某印运输毒品。

上述证据经质证,法院审核后认为不足以采信。所以,法院认为,现有证据不能证明李某印携带毒品乘坐长途客运汽车从安徽省临泉县抵京,故不能认定其行为构成运输毒品罪,而只能认定构成非法持有毒品罪。法院之所以可以直接认定被告人构成非法持有毒品罪,因为该罪名可适用罪过推定,即只要被告人持有毒品,便可推定其主观上具有明知是毒品而持有的罪过。非法持有型犯罪中的罪过推定与"明知"推定有相似之处,但又有明显区别。相似之处是两者其实均属于对主观"明知"的推定,但非法持有型犯罪中的罪过推定是通过犯罪对象即特定物(违禁品或财产)而直接作出推定的,而明知推定是根据案件中已查明的案件基础事实而作出的推定。

4.非法取证的推定

非法取证的推定,是指当被告人及其辩护人主张某些言词证据或实物证据属于非法证据并提供了违法取证的线索或材料之后,就应当推定相关证据属于非法证据,除非侦控方能够证明其取证程序合法。我国《刑事诉讼法》第60条规定,"对于经过法庭审理,确认或者不能排除存在本法第五十六条规定的以非法方法收集证据情形的,对有关证据应当予以排除"。该条款中提到的"不能排除存在本法……",就是在不能确认系非法取证时,仍可推定为非法证据。

案例9 文某非法持有毒品案[20]

2013年3月8日被告人文某因涉嫌运输毒品被逮捕。某区人民检察院以被告人文某犯运输毒品罪,向某区人民法院提起公诉。被告人文某辩称,其在侦查阶段的有罪供述系侦查机关刑讯逼供的结果,应当排除其审前有罪供述,并就此提供了以下材料、线索:(1)提交的照片显示文某进看守所时脸有浮肿、眼睛青紫;(2)看守所出具的健康体检笔录,载明文某入所时"双眼青紫,左头部痛,自述系在派出所被吊飞机和被按在地上所致";(3)文某曾于2013年2月22日、26日两次到当地某医院就诊,其中2月22日的病历载明患者"头部外伤后头痛3天,约3天前头部撞伤"。

---

〔18〕 参见张斌:《再论被告人承担客观证明责任——以我国刑法规定的持有型犯罪为例》,载《四川大学学报(哲学社会科学版)》2009年第3期。

〔19〕 参见北京市第二中级人民法院刑事判决书,(2015)二中刑初字第476号。

〔20〕 参见最高人民法院第1038号指导案例。

某区人民法院认为,文某自 2013 年 2 月 19 日被抓获至同月 26 日进入看守所的期间,多份证据证明其有眼睛青紫、面部肿胀的外伤。文某在入所体检及公诉机关提审时均进行了反映,而公诉机关为论证侦查机关证据收集的合法性仅提供了文某自书的情况说明、侦查机关出具的情况说明,未能提供同步录音录像等程序性的客观证据,不能证明文某审前供述的合法性。根据现有的证据及线索,不能排除文某的伤情系侦查人员刑讯逼供所致的可能,故对文某在侦查机关所做的供述笔录予以排除。某区人民法院作出非法取证推定的思维程式为图 5 – 4。

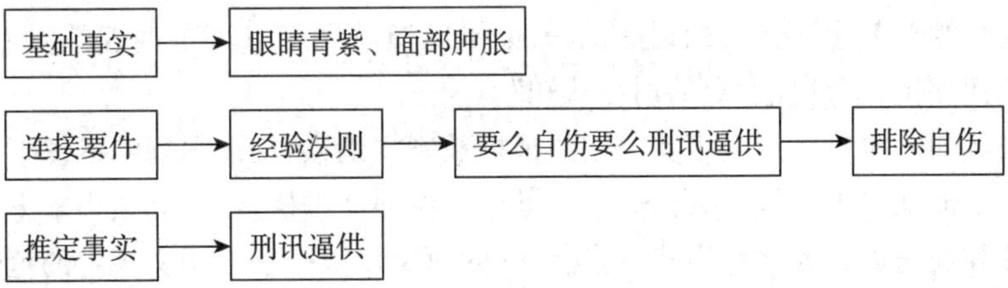

图 5 – 4　非法取证推定程式

5. 犯罪金额推定

犯罪金额推定,是指被告人通过特定银行账户向不特定多数人收取赃款,当有部分被害人证实所汇款项属于赃款时,则该银行账户中所有的收入均可被推定为犯罪所涉赃款。如最高人民法院、最高人民检察院和公安部共同颁布的《办理跨境赌博犯罪案件若干问题的意见》第 5 条规定,“对于开设赌场犯罪中主要用于接收、流转赌资的银行账户内的资金,犯罪嫌疑人、被告人不能说明合法来源的,可以认定为赌资”。在被告人粟某文掩饰、隐瞒犯罪所得一案中,[21]一审法院就是根据前述推定逻辑,认为“被告人粟某文租用向某、黄某、蔡某、蒲某四人的银行卡转入的资金,每张卡上均有超过 30,000 元系电信诈骗犯罪所得,原则上该卡内流水金额均推定为犯罪金额,除非提出反证并经查证属实,方可予以扣除”。

第三节　司法认知及其理解与适用

一、司法认知概述

(一)司法认知的概念

司法认知又称审判上的确认或司法确认,是指法官在审判过程中,依职权或依当事人申请对某些特定的事项无须当事人举证证明而直接确认并将其作为定案根据的一种诉讼活动和事实认定方式。司法认知在我国司法实践中已被普遍运用,比如最高法《民诉证据规定》第 10 条、最高法《行诉证据规定》第 68 条以及最高检《刑事诉讼规则》第 401 条,都规定了司法认知的具体范围。

---

〔21〕 参见湖南省洪江市人民法院刑事判决书,(2022)湘 1281 刑初字 149 号。

(二)司法认知的特征

与其他司法证明方法相比,司法认知具有以下特征:

1. 司法认知的主体是法官。司法认知是法官的诉讼行为,是法官行使审判权的一种方式。法官既可以依职权就众所周知的事实或职务上知悉的事实直接予以认定,也可以根据当事人的申请,对某些特定事实免除举证责任而径行确认。司法认知的效力是免除举证责任,认知的事实直接成为定案根据,对案件裁决产生一定影响,所以司法认知是审判权的组成部分。对司法认知主体的界定,可避免实践中对认知主体产生错误认识或运用。如在陈某甲容留、介绍卖淫女一案〔22〕中,辩护律师主张,"对陈某甲定容留、介绍卖淫罪符合老百姓对其违法行为的司法认知,如果动辄就用起点法定刑五年以上的组织卖淫罪进行法律评价,不符合大众的司法认知"。

2. 司法认知的对象是特定事实。按照证据裁判规则,运用证据证明案件事实,是司法证明的常态。但某些事实具有共识性或已被生效法律文书确认,则无须当事人举证,以节约诉讼资源和提高诉讼效率。当然,司法认知的对象仅限于法律明文规定的范围,法官不能随意扩大司法认知的事实范围。尤其需要注意的是,前述证据规则所规定的免证事实范围,并不全是司法认知范围。司法认知的范围并不包括法律推定、事实推定以及当事人自认的事实。

3. 司法认知的非终局性。司法认知受到认知主体、认知时空、个案特性等因素的影响,其结果不具有确定性,即使是众所周知的事实也存在例外的可能性,即使被生效裁决文书确认的事实也有错判的可能性,故允许当事人对司法认知进行反驳。

4. 司法认知是一种便捷的证明方式。对司法认知的事实,当事人无须举证,法官也无须进行证据调查。因而,司法认知实际上免除了法官的证据调查和审查判断义务,也省略了庭审中的举证、质证程序,具有便捷性。

(三)司法认知的功能

司法认知之所以被作为一种司法证明方法,并逐渐实现规范化和制度化,是因为其具有以下功能:

1. 司法认知可以提高诉讼效率。司法认知指向的事实具有共识性和普遍性,如果将其作为证据证明对象,不但违背诉讼认识论,也浪费了诉讼资源,无论于法官还是于当事人而言,都是没有必要的。而通过司法认知,不但免除了当事人的举证负担,减少讼累,也提高了法官的办案效率。如对于生效判决书所认定的事实,因判决具有既判力,故法官无须重复之前的证明活动。但须允许任何一方对该判决进行反驳,即如果能够提供新证据足以推翻该判决,则司法认知初步确认的事实即不具有约束力。

2. 司法认知可激励举证。根据司法认知规则,认知对象存在的可能性远远超过不存在的可能性,在运用司法认知初步确认该事实后,转移了举证责任,可激励被认知置于不利的一方积极举证,通过证伪的方式予以推翻,以查明案件真相。

3. 司法认知可强化司法公正。司法认知的主要对象之一是生效判决文书,尤其是指导性案例所确立的裁判规则,是审判人员为履行职务所应知晓的专业知识。在审判智能化的当下以及智能化更加发达的将来,司法智能化将为审判检索提供更多类似的指导性

〔22〕 参见陕西省白河县人民法院刑事判决书,(2019)陕0929刑初80号。

案例或典型判例,为类案判决提供专业知识化的司法认知依据,实现同案同判,增强司法公正。

二、司法认知的分类

(一)依职权的司法认知和依申请的司法认知

以法官启动司法认知的原因为标准,可以将其分为依职权的司法认知和依申请的司法认知。前者是指在当事人没有申请的情况下,由法官主动采取司法认知;后者是指法官根据当事人的申请对特定事实进行的司法认知。作此分类的意义在于,法官主动采取司法认知有利于节约诉讼资源和提高诉讼效率;赋予当事人申请司法认知的权利,不但可以提高诉讼效率,还可以免除申请人的举证负担。法官职务涉及的事实以及生效判决文书所确认的事实,一般由法官依职权进行司法认知;而对众所周知或生活经验涉及的事实,一般由当事人申请进行司法认知。

(二)强制的司法认知和裁量的司法认知

根据认知事项是否为法律所强行规定为标准,可将其分为强制认知与裁量认知。前者是指无论当事人是否申请,法官都必须对特定事项进行司法认知,如现有法律的规定内容。后者是指对于某些事项,经当事人申请或法官主动依职权决定是否进行司法认知。如美国《联邦证据规则》第210条规定,“(c)自由裁量的事件:无论当事人请求与否,法院可以自由决定是否作出司法认知。(d)强制裁量事件:在当事人请求并提供了必要信息的情况下,法院应当作出司法认知”。

(三)口头司法认知和书面司法认知

根据司法认知的外在形式标准,可将其分为口头与书面的司法认知。前者是指法官在审理过程中以口头裁定方式对可认知的事实作出确认,如法官根据司法认知当场对某些事实作出认定并告知各方当事人;后者是指以书面裁定方式确认某一认知的事实。无论是口头还是书面认知,在形成裁判文书时,法官均应在裁判文书中就司法认知进行说明。

(四)民事司法认知、行政司法认知和刑事司法认知

根据司法认知适用诉讼场域的不同,可将其分为民事司法认知、行政司法认知和刑事司法认知,即分别发生在民事诉讼、行政诉讼和刑事诉讼过程中的司法认知。因为司法认知涉及证明责任的免除和转移,而在三大诉讼中,证明标准和证明责任是各不相同的,因此,其司法认知的规则也有所不同。仅从规范性文件看,三大诉讼涉及司法认知的规定完全不同。如表5-6所示,民事司法认知与行政司法认知的对象几乎相同,而刑事司法认知的对象范围明显小于前两者。如民事和行政司法认知中规定的“众所周知的事实”,在刑事司法认知中被描述为“为一般人共同知晓的常识性事实”,因为“共同知晓”和“常识性”的约束,使得在对象上,刑事司法认知的范围更小;又如,在刑事司法认知中仅认可在生效判决文书中所确认的事实,而不包括仲裁裁决书和公证书所确认或证明的事实。

表5-6 三大诉讼中司法认知对象的对比

	民事领域	行政领域	刑事领域
司法认知对象	1. 自然规律以及定理定律 2. 众所周知的事实 3. 生效仲裁裁决书确认的事实 4. 生效判决书所确认的事实 5. 公证文书所证明的事实	1. 自然规律以及定理 2. 众所周知的事实 3. 已经依法证明的事实	1. 为一般人共同知晓的常识性事实 2. 生效判决所确认的事实 3. 审判人员履行职务所应当知晓的事实 4. 自然规律或定律

三、司法认知的范围

司法认知的范围又称司法认知的对象或事项。根据现有司法解释的规定，我国对司法认知的范围是法定的，即只有司法解释明确规定的事项才可适用司法认知。通过对司法认知范围的限定，一方面可以防止法官滥用司法认知的事实认定方式，另一方面也可减少对司法认知的不当限制，充分发挥司法认知的功用。[23] 其包括：

1. 众所周知的事实。也称显著事实，是指为一般人所普遍知晓的且能够排除合理争议的事实，如香港是中国的一个特别行政区、台湾是中国的领土等，都是常识性的事实，其真实性不存在异议。众所周知的事实应当具备如下条件：在时间条件上，应当具有相当历时性，即某个事项经过一定的时间为公众所知晓；如果是短时间内发生的事项，即使该事项是重大的，但因传播的历时性而不一定为公众知晓。在地域条件上，该事实在各方当事人涉及的不同区域内为一般人所知晓，而不仅仅为审判地的一般人所知晓。因为司法认知涉及各方当事人的利益，应为各方当事人共同接受。在主体条件上，应当是事实上为一般民众所周知，而不是法官自己认为的为一般民众所周知。例如，一个农民第一次乘飞机，不知道要提前半小时登机而错过了航班，起诉要求航空公司退还机票款项，法官认为提前半小时登机是“众所周知的事实”，驳回了原告的诉求。但乘飞机并非一般民众的共同经历和体验，因此不宜认定为“众所周知”。

2. 履行职务所知悉的事实。是指法官因履行司法职务而已经掌握或应掌握的事实，包括政治事实、法律知识、法律规定与适用、诉讼程序以及裁判规则等。职务上知悉的事实，是强制性认知事实，即使法官并不知晓该事实，也应推定其知悉。因为如果不推定法官知晓其履行职务应知悉的事实，则将因为法官而加重一方的举证责任，影响了司法公正。例如，量刑规则也是法官履行职务所知悉的事实。在郑某芳等人诈骗一案的二审判决[24]中，二审法院根据量刑的司法认知，认为原审对从犯郑某芳的量刑重于两名主犯，属量刑失当，依法予以改判纠正。

3. 自然现象与科学定律。自然现象是一种周而复始的规律，如太阳东升西落、昼夜更换、四季轮回、人死不能复生等，这是任何人都无法改变的事实，具有客观性和确定性。自然科学定律是反映客观事物在一定条件下本质联系和运动变化的必然程式，是经过长期实践检验并被自然科学学界普遍接受的原则和原理，如万有引力定律、能量守恒定律等，其客观性和确定性已得到足够的保障，法官可以直接予以司法认知。

---

〔23〕 参见潘金贵主编：《证据法学》，法律出版社2022年版，第370页。

〔24〕 参见福建省三明市中级人民法院刑事判决书，(2019)闽04刑终382号。

4. 易被查明的事实。是指那些具有较强客观性，公众可以通过公开手段迅速查明并为当事人或法官所知晓的事项，如从互联网检索出的历史事实、地理事实、商业事实、社会事实、天文气象事实等。当然，如果前述事实（如历史事实）需要长期调查才能得到确认的，则不属于司法认知范围。

5. 已被证明的事实。其包括预决事实和公证事实。预决事实是指已为人民法院生效裁判或仲裁机构生效裁决所确认的事实，公证事实是指为有效公证文书所证明的事实。前述事实之所以可以作为司法认知，一是因为该事实已为有效法律文书所查明，客观上无再次重复证明活动之必要；二是因为该事实已为司法裁判、仲裁裁决和公证文书所认定，具有法律约束力，这种约束力当然包括对该事实认定上的不可更改性。〔25〕

四、司法认知的程序

司法认知作为免除一方证明责任或加强另一方证明责任的司法证明方法，需严格遵循相关程序规则，才能平衡诉讼各方的举证责任，才能真正激励举证能力，确保司法中立性和公正性。司法认知的程序包括以下四个环节：程序启动→法官调查→不利一方反驳→作出决定。

（一）程序启动

司法认知程序的启动有两种模式：一是法官依职权模式，二是当事人申请模式。在第一种模式中，当法官在诉讼过程中发现某些事实符合司法认知规则时，可以直接决定启动司法认知程序。那些涉及自然现象与定律、职务上已知事实、众所周知事实的，都属于法官应当依职权启动认知程序予以认知的。第二种模式是指在诉讼过程中，一方根据案件中存在的特定事项而申请法官启动司法认知程序，比如一方当事人认为部分事实属于易被证明或属于常识性的事实，可申请法官免除其证明责任。

（二）法官调查

为了确保司法认知结果的正当性，认知的过程应当公开化，避免“黑箱化”。所以法官在决定进行司法认知之后，应当对涉及的认知对象进行调查。若是当事人申请司法认知，应当由申请方提供相应的线索或材料予以说明或证实；若是法官依职权启动，则法官可进行当场释明或在庭外作进一步调查。

（三）不利一方反驳

在法官调查结束后并形成初步认知结果时，应当将认知结果告知当事人，并告知因司法认知而处于不利的一方有权对认知结果进行反驳。在民事诉讼中，反驳的方式应当是提供反证，并足以推翻初步认知结果；在行政和刑事诉讼中，因为举证责任在行政机关和司法机关一方，若对方属于司法认知的不利一方，可通过提供线索或材料进行反驳，由行政机关或司法机关对该线索或材料进行调查核实。

（四）作出决定

在不利一方进行反驳后，法官认为反驳成立的，应当决定终止认知程序，告知举证方对认知涉及的事实进行举证。如果法官认为反驳不成立，则作出确认认知结果的决定，直

---

〔25〕 参见江伟主编：《中国证据法草案（建议稿）及立法理由书》，中国人民大学出版社2004年版，第321页。

接认定认知事实存在,并在相关笔录中载明作出司法认知的对象、过程及其依据。因为司法认知属于司法证明的特殊方法,涉及对案件事实的认定,而案件真相直接决定了相关当事人的诉讼利益,为此,应当允许当事人对司法认知决定进行救济,救济的方式为上诉,即对一审判决认定事实错误、不清而提起上诉。

五、司法认知的实践运用

(一)常识性事实的司法认知

案例10 李某强奸案〔26〕

起诉书指控,被告人李某与他人合谋,假借嫖娼名义将足浴店的性工作者刘某某骗出足浴店,在半途与同案被告人赵某、王某会合时,被害人刘某某发现三被告人均蒙面,把自己夹坐在车后排,情况异常,心里顿时恐慌,情急之下欲打电话给老板求救,但其手机被王某抢走。被害人惊恐之下哭闹挣扎,三被告人遂采取捂嘴、搂腰、按腿等方式将被害人控制在车后排。车辆在偏僻路段停下后,三被告人对刘某某实施了奸淫。被告人的辩护律师认为,"被害人在发生性行为过程中没有明显的反抗或拒绝,甚至配合被告人完成性交,足以证明被害人自愿发生性关系"。一审法院认为,被害人刘某某在当时的情况下,不能也不敢反抗乃人之常情,属于司法认知,故可以认定三被告人构成强奸罪。

一审判决认定被害人刘某某没有反抗属于司法认知中的常情,其依据是:第一,在被害人遭遇性侵之前,被害人经历了被劫持、被捂嘴、被按腿控制在车后排等,深知自己陷入危境之中。第二,事发时间为冬夜凌晨,事发地点为野外偏僻小道,周边见不到人家,面对三个蒙面男子提出的性要求,源于人性求生的本能,换作任何人,此时此刻最实际、最迫切的都是保住性命,顺从尚有可能全身而退,而反抗不仅无用,甚至会立即有性命之忧。被害人的这些心路历程,是一般人的普遍心理认知,属于常识性事实。所以被害人是不敢反抗,而不是不想反抗。

(二)法律知识的司法认知

案例11 周某均诉重庆市人民政府征地安置补偿案〔27〕

周某均不服重庆市高级人民法院对其诉重庆市人民政府征地安置补偿行政裁决一案所作的(2011)渝高法行再终字第00235号行政判决,向检察机关申诉。最高人民检察院以高检行监(2015)241号行政抗诉书向最高人民法院提出抗诉。最高人民检察院提出抗诉的一个理由是:原再审判决采信重庆市国土房管局、重庆市公安局《关于征地农转非人员与住房安置有关问题的通知》,重庆市国土房管局《关于渝北区国土局征地安置有关问题请示的批复》,庆市国土房管局《关于〈重庆市征地补偿安置办法〉应用中有关问题的通知》不当。根据最高法《行诉证据规定》第1条第1款"根据行政诉讼法第三十二条和四十三条的规定,被告对作出的具体行政行为负有举证责任,应当在收到起诉书副本之日起十日内,提供据以作出被诉具体行政行为的全部证据和所依据的规范性文件。被告不提供或者无正当理由逾期提供证据的,视为被诉具体行政行为没有相应的证据"之规定,上述三个规范性文件系重庆市人民政府申请再审期间提

〔26〕 参见四川省阆中市人民法院刑事判决书,(2019)川1381刑初115号。
〔27〕 参见最高人民法院行政判决书,(2016)最高法行再82号。

出，原审中并未提出，且其作出具体行政行为时也未依据上述三个规范性文件，因此，对上述三个规范性文件不应采纳。

对此，最高人民法院认为，前述三个规范性文件系作出本案被诉行政行为的法律依据而非证据材料。虽然根据最高法《行诉证据规定》第1条第1款的规定，被诉行政机关负有向人民法院提供据以作出被诉行政行为所依据规范性文件的义务，但由于法律依据属于人民法院可通过司法认知加以适用的对象，在性质上与当事人应当承担举证责任的证据材料存在本质不同。故该项抗诉内容不予支持。

规范性文件属于公开的资料，普通公民均可以从公开渠道获得，而专业的法官，其理应比普通人更为知悉相关规范性文件。所以，规范性文件属于司法认知对象。在申请人攀枝花市仁和区前进锻轧厂诉被申请人四川乾亨建设工程有限公司施工合同纠纷再审一案[28]中，申请人认为其二审期间提交的国家强制性标准规范足以推翻二审判决的认定，由于二审法院未组织对这些证据进行质证，故应当认定属于再审阶段的新证据。最高人民法院认为，申请人提交的有关国家强制性标准是国家有关部门发布的行业性规范，属于司法认知范畴，根据证据规则，无须在当事人之间进行质证。

（三）自然现象的司法认知

案例12　谭某发抢劫案[29]

一审判决认定，2017年12月25日（农历十一月初八）下午，被告人谭某发骑自行车独自从永新县城前往永新县里田镇。当晚八九时许来到永新县里田镇汗山村老屋上组转悠，看到一栋房屋的窗户亮着灯，被告人谭某发便趴在一楼房间的窗户外往里看，见被害人尹某（戴着金耳环）坐在房间的凳子上数一沓钱，被害人数完后把钱放进了羽绒外套口袋里，然后把羽绒外套脱掉盖在被子上关灯睡觉。被告人谭某发顿生歹意，想今晚一定要搞到这些钱，于是从二楼一扇窗户进入室内。被告人谭某发先在二楼的房间内翻找财物未果，接着下到一楼，发现被害人尹某的卧室门锁已倒扣，于是通过门洞将门扣撩开，顺着房门摸到被害人尹某的床尾，站在床尾用手摸索被面上的衣物时惊醒了被害人。被害人尹某发觉有人后赶紧开灯，被告人谭某发迅速走到被害人尹某的床口（该床系三面封闭、一面半封闭的老式梁床）将灯关灭，同时上床用双膝压住被害人，要被害人拿出钱来，被害人与之拉扯摔倒在地受伤。一审判决以抢劫罪对被告人定罪。

被告人谭某发不服一审判决提起上诉称：第一，上诉人进入被害人尹某家盗窃财物时并没有惊醒被害人；第二，上诉人并没有与被害人争夺装有现金的衣服。故被告人仅构成盗窃罪。

二审法院认为根据自然现象及其规律，通过司法认知的方法，认定上诉人必定先摸索被害人身上的现金，因此惊醒了被害人，并与被害人争夺装有现金的衣服，使被害人摔倒致伤，上诉人构成抢劫罪。二审法院就两个自然现象及其规律进行了司法认知。第一，时令季节的司法认知。二审法院认为，案发当日为冬至后的第三天，农历冬月初八，根据天文常识，当天为弱月，此节气月出为12时、月落为24时，被害人卧室唯一的窗户朝东，被

〔28〕　参见最高人民法院民事裁定书，（2016）最高法民申1481号。
〔29〕　参见江西省吉安市中级人民法院刑事裁定书，（2019）赣08刑终97号。

告人室内作案时间为23时许，此时月已西落，关灯后，卧室环境处于黑暗之中。现场勘验照片显示，被害人装钱的外套和床上被套皆为深色，黑暗之中难以辨别。因此，被告人摸索进入房间后，在漆黑陌生的环境中，不可能一下就瞄准并掳走装钱的衣服，其在床上摸索装钱衣服并因此惊醒被害人的概率极高。第二，对人类认知心理的司法认知。被害人与上诉人素不相识，此前从未谋面，上诉人在2018年1月29日被公安机关抓捕归案，而被害人在2017年12月26日第一次陈述中，即已大概描述出上诉人的体貌特征："永新口音""短发""蓝色上衣"，这与上诉人供认的作案时所穿衣服及其体貌特征基本吻合。如果被害人未被惊醒，没有与上诉人照面，对上诉人则无任何认知，也就不可能对其体貌特征作出相印证的描述。

（四）量刑的司法认知

案例13 康某华诈骗案〔30〕

原审判决认为，被告人康某华伙同他人以非法占有为目的，诈骗他人财物，数额巨大，其行为构成诈骗罪，且在共同犯罪中起主要作用，系主犯，对其判处有期徒刑6年6个月。被告人康某华不服该判决提起上诉。

二审法院认为，上诉人康某华受同案犯纠合，参与事先共谋，在被害人已经转账、失去财物控制之后，提现、收取财物，起辅助作用，应认定为从犯。原审判决认定为主犯不当。对其量刑，虽然原审同案被告人认罪态度比上诉人康某华好，当庭认罪，但决定刑罚应当依据犯罪的事实、犯罪的性质、情节和对社会的危害程度，原审判决对属于从犯的康某华量刑最重，偏离了量刑的一般司法认知，故予以改判为有期徒刑4年3个月。

对被告人的量刑要遵循罪责刑相适应原则，办理认罪认罚案件，既要考虑体现认罪认罚从宽，又要考虑其所犯罪行的轻重、应负刑事责任和人身危险性的大小，准确裁量刑罚，确保罚当其罪。对这些量刑的基本原则和规范要求，于法官而言，属于其专业经验范畴，是司法认知的范围。如果量刑偏差明显，则违背司法认知。对于量刑的司法认知，"两高三部"在《关于适用认罪认罚从宽制度的指导意见》中强调，"对于共同犯罪案件，主犯认罪认罚，从犯不认罪认罚的，人民法院、人民检察院应当注意两者之间的量刑平衡，防止因量刑失当严重偏离一般的司法认知"。

（五）科学知识的司法认知

案例14 袁某军故意杀人案〔31〕

信丰县人民检察院指控，2014年11月7日晚上8时10分许，被告人袁某军驾驶货车在肇事路段将行人曾某某撞伤。事故发生后，被告人将曾某某抱上车送往信丰县人民医院。到达医院后，被告人认为曾某某已经死亡，便驾车离开，于当晚将曾某某掩埋。被告人的行为构成交通肇事罪。但诉讼参与人钟某某认为控方定罪错误，本案应定性为故意杀人罪。被告人辩解称，自己当初确实是因为确认曾某某已死亡才放弃抢救。

〔30〕 参见湖南省长沙市中级人民法院刑事判决书，(2019)湘01刑终1259号。
〔31〕 参见江西省信丰县人民法院刑事判决书，(2015)信刑初字第39号。

信丰县人民法院通过科学知识的司法认知，认定曾某某被被告人掩埋时并未死亡，故被告人构成故意杀人罪。其司法认知过程如下：法医尸检检验证明，被害人是脏器受到损伤后引起失血性休克死亡。死亡是失去生命，休克不等于死亡。临床医学表明，人的脏器损伤后，受出血速度以及出血量的影响，一般不会在受伤后立即死亡。本案被害人在被送往医院途中就出现了呻吟喘气的生命反应。本案中，除被告人的供述，没有其他证据证明被害人到达医院时已经死亡。被告人不具备医学专业知识，对被害人死亡的主观判断，缺乏科学性和准确性。本案案发时间大概是晚上 8 时 10 分，案发地距人民医院大约 1 公里，汽车行驶约 2 分钟，被告人到达医院的时间是 8 时 12 分 8 秒。在此过程中，被告人除未立即报案外，对被害人的救助是及时的。因此，被害人在如此短暂的时间内没有死亡的客观可能性依然存在。

第四节　印证及其理解与适用

一、印证的概念与特征

（一）印证的概念

印证，是指在诉讼中利用不同证据内所含信息的同一性来证明待证事实的方法。〔32〕从我国相关法律规定来看，可以分为两个层次理解其内涵：一是其是审查判断单个证据真实性的方法，也是对多个证据、全案证据进行审查判断的方法，即印证是一种证明方法。二是在全案证据“相互印证”的情况下，“印证”之结果可以作为综合认定案件事实的定罪标准。在此层含义上，印证是一种证明模式。印证作为一种证明方法，不仅在刑事诉讼中适用，民事、行政诉讼中审查判断证据时同样适用，民事、行政审判实践同样重视证据的印证问题。

印证证明具体有两个方面的要求：一是形式标准或称数量标准，即用以定案的证据至少有两个；二是实质标准，即证据所含的信息在内容上必须相互印证。就实质标准而言，主要包含两种情形，即证据内容信息同一，或是具有相同的证明指向性。例如，证人甲说“我看见被告人杀人了”，勘验笔录记载在案发现场发现了被告人的指纹和头发。这两个证据反映的事实内容是不同的，但依据事理或经验法则可以认为，两个证据对“被告人杀人了”这一待证事实具有相同的证明指向性。〔33〕该要求亦在司法解释中得到了明确的体现，即“证据之间具有内在联系”“共同指向同一待证事实”，才得成为定案根据。〔34〕

（二）印证的特征

印证的主要特征是：

1. 获得印证性的直接支持证据是证明的关键。在印证证明中，证明的关键在于获得相互支持的其他证据。这种证据之间的相互支持，也可以称为相互佐证。证据的印证要求有一定的证据数量支撑。例如，在我国的刑事司法实践中，仅依据孤证不能定案。

---

〔32〕 参见龙宗智：《刑事印证证明新探》，载《法学研究》2017 年第 2 期。

〔33〕 参见周洪波：《中国刑事印证理论批判》，载《法学研究》2015 年第 6 期。

〔34〕 参见《关于办理死刑案件审查判断证据若干问题的规定》第 32 条第 2 款。

2. 注重证明的"外部性"而不注重"内省性"。外部性指证据之间的相互支持,对该种支持的判断具有客观性的特征。内省性即求诸内心,看事实判定者是否"真诚确信",或在自己认识中排除合理怀疑。内省性侧重于证明活动的主观性。

3. 证据之间相互印证成为达到证明标准的基本要求。我国司法解释明确地将"证据相互印证"作为定罪标准。例如,最高法《刑诉法解释》第 140 条依据间接证据定案规则要求,依据间接证据定案,证据之间应当"相互印证,不存在无法排除的矛盾和无法解释的疑问"。第 141 条"先供后证规则"规定,"根据被告人的供述、指认提取到了隐蔽性很强的物证、书证,且被告人的供述与其他证明犯罪事实发生的证据相互印证,并排除串供、逼供、诱供等可能性的,可以认定被告人有罪"。该规则实际也是印证证明在具体情形下的特殊表现形式。

4. 证据印证作为刑事案件综合分析证据的基本证明方法,对证据的运用起到了指引作用。证据印证要求证据内容信息的同一或者证明指向的同一。据此,在证明活动中,控方注重获取和运用直接反映要件事实的"内容性"信息,认为这样的核心证据才是能够形成印证的"真凭实据";而较为忽视与要件事实具有疏远联系的补助证据(如证明犯罪嫌疑人或被害人心理活动、行为习惯、事后状态的证据),认为这类补助证据具有较强的主观性和推断性,不足以成为判定印证的独立证据。

二、印证在审查认定证据中的运用

(一)印证在证人证言采信中的运用

最高法《刑诉法解释》第 87 条第 8 项指出,对证人证言应当着重审查证言之间以及与其他证据之间能否相互印证,有无矛盾;存在矛盾的,能否得到合理解释。该条规定对证人证言的综合审查判断指明了方向,在司法实践中,应当从两个方面对证言进行审查判断:其一,对证言与其他证言之间的关系进行综合审查判断。主要审查各证言之间的重合一致程度,判断各证言之间的差异及其原因,认定各证言之间是否有矛盾之处。其二,审查证言与其他证据之间的关系。如果证言与其他证据之间存在矛盾,则需要对矛盾的成因进行分析,判断证言的可信程度。[35] 其中,证言之间的重合一致程度就是印证程度,"重合"指证据信息内容的同一,"一致"除内容信息的一致外,还包括证据信息指向的一致。信息内容同一的印证可以对信息内容进行直接比较,这属于直接印证;信息指向同一的印证则需要借助信息筛选、语言概括以及证据推论等方法,才能进行信息比较,发现印证关系,这属于间接印证。[36] 证人证言内含的信息量可大可小,与其他证据之间的关系存在不同的状态,具体包括印证且无矛盾、部分印证部分矛盾、完全矛盾三种情况。对存在争议的证人证言进行审查,如当庭证言与庭前证言不一致时,需同时运用印证分析法和矛盾分析法。

---

〔35〕 参见《刑事诉讼法解释》起草小组编著:《最高人民法院关于适用〈中华人民共和国刑事诉讼法〉的解释理解与适用》,人民法院出版社 2021 年版,第 213 页。

〔36〕 参见龙宗智:《刑事印证证明新探》,载《法学研究》2017 年第 2 期。

案例15 杜某过失致人死亡案[37]

公诉机关指控,杜某等人因矿业纠纷受到陆某甲等人阻拦,杜某等人各持棒球棍、木棍击打陆某甲臂部,陆某甲摔倒在旁边的油菜地里。此时,陆某甲的母亲何某正走在马路中间,杜某随即用棒球棍击打何某头部,致何某倒地。民警唐某见状立即从身后抱住杜某,民警陈某、吴某某则将杜某手中的棒球棍夺下。两日后,何某经抢救无效死亡。经鉴定,何某系被他人用钝器暴力击打头部致重度颅脑损伤死亡。

杜某始终辩解:他不知道把谁头部打到了,事后听说何某头部被打破了,他不确定何某是不是被他的棍子打的。证人陆某乙当庭作证证明:杜某三个人拿棍子从大门冲过来,打了陆某甲,陆某甲被打倒;何某在杜某后方经过,去看陆某甲,警察把杜某往西边拉,杜某在与警察挣扎过程中一棍子打到了何某。杜某打陆某甲肯定是有意的,现在想起来,打母亲何某可能不是故意的。对此,陆某乙认为其在出庭作证过程中与之前说的内容并不矛盾,其作出解释:以前公安询问陆某乙时,没有问他当时打的整个过程,再加上何某出事不久,心里有怨恨,就简单地说是杜某打的。经过一段时间,慢慢平静了,应该实事求是,其证言应当以出庭作证时所讲的为准。证人王某某当庭作证的证言证明:当时看到三个人出来,出来后直接冲到人群,打了陆某甲,陆某甲被打到坡下面去了,公安的人去拉了杜某;陆某甲的妈妈过来看陆某甲,杜某在与公安民警挣扎过程中挥手打了陆某甲的妈妈一棍子,杜某是先打到陆某甲,再打到何某的。唐某出庭作证的证言证明:唐某等人先到了货场,看到杜某拿了根棍子冲向人群,朝何某站在公路上的方向跑。杜某冲向人群打了人,唐某在后面将杜某抱住了。现场只有三个民警,唐某携带了手铐。证人张某某的庭前证言证明:一民警跟在后面追,那个人手中的棍子打中了何某头部,何某当即倒地不动,头部开始流血。(其他证据不再赘述)

法院认为,庭审中陆某乙对于庭前证据与庭审证据的矛盾作出了合理解释,应当采信其庭审证言。证人王某某的庭审证言与庭前证言有部分矛盾,但其庭审证言与证人陆某乙的证言及被告人杜某的供述与辩解相互印证,可以采信其庭审证言。证人唐某、桂某甲、张某某、开某某等人关于被告人手持的棒球棍如何打中被害人头部所作的证言,因证言之间有无法排除的矛盾,且无其他客观证据相印证,不能作为定案证据。

本案中,陆某乙、王某某、唐某三人相对于其他证人距离中心现场最近,最有可能看清楚现场情况。三人被通知出庭作证,只有唐某的庭审证言与庭前证言一致,能够证明杜某至少具有伤害他人的间接故意。陆某乙和王某某的庭审证言已经改变,无法证明杜某在其棒球棍击中何某时具有伤害他人的故意。因此,本案中既有证明杜某构成故意伤害罪且相互印证的证据,又有证明杜某持棒无意间挥到何某且相互印证的证据。这种情况下,首先,需要明确能够得到印证的证据信息和可以认定的事实,即杜某手持的棒球棍击中了何某的头部,最终导致何某死亡。其次,需要根据证言印证采信规则和印证分析方法进一步还原棒球棍击中何某的具体过程,从而明确杜某的行为系故意为之,还是过失伤害,抑或纯属意外。第二步的关键环节就是对目击证人作出证言的采信。

根据最高法《刑诉法解释》第91条第2款规定,证人当庭作出的证言与其庭前证言矛盾,证人能够作出合理解释,并有其他证据印证的,应当采信其庭审证言;不能作出合理解释,而其庭前证言有其他证据印证的,可以采信其庭前证言。从该条内容来看,庭审证

〔37〕 参见安徽省青阳县人民法院刑事判决书,(2015)青刑初字第00153号。

言与庭前证言矛盾时的印证采信规则需遵循“先庭审后庭前”的审查逻辑，明确了庭审证言的优先性。但考虑到实践中庭审证言未必一定真实，而庭前证言未必一定不真实，专门规定“证人当庭能够作出合理解释，并有其他证据印证”的，才采信其庭前证言。[38] 本案中，针对多份证人证言，法官将重心聚焦于关键目击证人陆某乙的证言上。鉴于陆某乙是被害人何某的儿子，当其作出有利于被告人的庭审证言时，更值得关注。陆某乙的庭前证言虽然与王某某的庭前证言和唐某的庭审、庭前证言相互印证，但其在庭上对翻证作出了合理解释，且庭审证言“杜某在与警察挣扎过程中一棍子打到了何某”与王某某的庭审证言和杜某的辩解相互印证。在两个故事版本都有直接证据相互印证的情况下，按照司法解释确立的庭审证言印证优先采信规则，应当采信陆某乙和王某某的庭审证言，认定杜某不具有伤害何某的主观故意。

最高法《刑诉法解释》第 143 条对特殊证人证言的印证采信作出了规定，对于生理上、精神上有缺陷，对案件事实的认知和表达存在一定困难，但尚未丧失正确认知、表达能力的被害人、证人所作的陈述、证言，以及与被告人有亲属关系或者其他密切关系的证人所作的有利于被告人的证言，或者与被告人有利害冲突的证人所作的不利于被告人的证言，应当慎重使用，有其他证据印证的，可以采信。该条规定提示办案人员在审查判断这类特殊证人作出的证言时应当更加谨慎，要着重审查其能否与在案其他证据相互印证。

案例 16　王某某强奸案[39]

在王某某、马某等四人强奸郭某某案中，两次一审都判决王某某构成强奸罪，银川市中级人民法院最终二审改判王某某无罪。在宁夏回族自治区人民检察院提起再审抗诉后，宁夏回族自治区高级人民法院再审认为，被害人郭某某经鉴定为精神发育迟滞、无性防卫能力，属精神上有缺陷的人，虽多次陈述原审上诉人王某某对其实施了强奸行为，但没有其他相关证据能够与其陈述相互印证。证人马某乙的证言、原审上诉人马某及马某某的供述均是听被害人郭某某所说，不能与被害人郭某某的陈述相印证。原审上诉人王某某左侧胳膊的弧形伤痕，没有证据证实是原审上诉人王某某在强奸被害人郭某某时被咬伤的。指认笔录，辨认笔录，被害人郭某某的陈述，证人马某乙的证言，原审上诉人马某、马某某的供述没有形成完整的证据链条，达不到确实充分的证明标准，不能证实原审上诉人王某某对被害人郭某某实施了强奸行为。

鉴于作证能力的缺陷或存在利害关系所致的偏见可能导致证人证言的真实性存疑，实务中应当对用于印证的证据严格把关，该证据应当具有独立于证人自身的来源。在黄某强奸案中，法院判决指出：“从言词证据方面看，涉案证人证言均系传来证据，证人证言与‘被害人’陈述实属同一证据，证明力较弱，需有其他证据印证。”[40] 同理，证人辨认后形成的辨认笔录也来源于证人自身，不能对证言进行印证。

（二）印证在被告人供述采信中的运用

最高法《刑诉法解释》第 93 条第 1 款第 9 项指出，对被告人供述和辩解应当着重审查

---

〔38〕 参见《刑事诉讼法解释》起草小组编著：《最高人民法院关于适用〈中华人民共和国刑事诉讼法〉的解释理解与适用》，人民法院出版社 2021 年版，第 213 页。

〔39〕 参见宁夏回族自治区高级人民法院刑事裁定书，(2018)宁刑再 2 号。

〔40〕 柳州市中级人民法院刑事裁定书，(2015)柳市刑一终字第 265 号。

被告人的供述和辩解与同案被告人的供述和辩解以及其他证据能否相互印证,有无矛盾;存在矛盾的,能否得到合理解释。司法实践中,被告人庭前供述不稳定,供述和辩解存在反复,庭前供认罪行但庭审翻供的情况时常有之。对于被告人翻供的案件,不能只关注有罪供述与其他证据印证的情况,同时需关注不能得到印证和明显不合理的内容。

案例 17　陈某墩等人诈骗案〔41〕

陈某墩在一审庭审时翻供,否认对同案被告人实施的诈骗事实知情,法院未采信陈某墩的庭审供述,认定其构成诈骗罪共犯。

陈某墩上诉指出:仅转租房子给李某木、廖某辉等人用于办公,并不知道其等人的犯罪事实,也没有参与犯罪,也未获得违法所得,请求二审法院改判其无罪。二审法院审查认为:陈某墩在原判庭审时当庭翻供,称其对廖某辉等人的事情毫不知情,在侦查阶段供述时其没有仔细看就签字,不属实。理由如下:(1)陈某墩作为一名具有大学本科学历和多年从商经历的成年人,理应对其在法律文书上签字按手印的法律后果有所认识。(2)根据王某杰、田某、廖某辉等人供述,廖某辉等人的房间有多台电脑、大量银行卡与U盾,并经常有陌生人过来,陈某墩作为淘宝网店主,对支付宝等支付平台十分熟悉,也应对廖某辉等人所称支付平台系违法犯罪有所认识。(3)陈某墩庭前供述涉及案外人不可能知情的廖某辉、李某木等人合伙实施诈骗及买卡走账等犯罪细节,且其在供述中称一开始不知情,后来知道廖某辉等人系诈骗但碍于同学情面不好意思将其等人赶走。故其翻供理由并不符合常理,其庭前供述亦能够与田某关于陈某墩知情的供述相印证,可以证实陈某墩对于廖某辉等人实施诈骗是知情的,其仍实施为廖某辉等人提供犯罪场所的帮助行为,原判认定其与廖某辉、田某等人共同构成诈骗罪并无不妥。

最高法《刑诉法解释》第96条第2款规定:“被告人庭审中翻供,但不能合理说明翻供原因或者其辩解与全案证据矛盾,而其庭前供述与其他证据相互印证的,可以采信其庭前供述。”这是对“重调查研究,不轻信口供”的体现,即便有罪供述能够与其他证据相互印证,也只是达到采信供述的必要条件而非充分条件。在存在翻供的案件中,到底是采信庭前有罪供述,还是采信庭上无罪辩解,首先应判断分析的并非前后不同供述与辩解的印证情况,而是翻供的合理性。本案中,无论是对陈某墩所述的“对讯问笔录签字确认原因”的质疑,还是对廖某辉“理应了解相关业务情况”的分析,虽然表面上直接针对陈某墩翻供的合理性,但实际上对庭前供述与其他证据的印证起到间接支持作用。需要注意的是,翻供不能成立且庭前供述与其他证据能够印证,也不必然代表庭前供述就一定值得信任。还需对印证的内容进行具体分析,从而保证供述内容的印证质量,由此才能将司法解释指引的“可以采信”转变为个案中的“应当采信”。本案中,陈某墩的庭前供述内容涉及案外人一般不可能知情的犯罪细节,这些供述内容与同案犯作出的相关供述和在案物证、书证的相互印证,无疑增加了陈某墩庭前供述的可信度。这种情况下,被告人供述与其他证据的相互印证就更为可靠。

(三)印证在物证、书证采信中的运用

对物证、书证的审查认定,首先需要通过审查物证、书证的来源、保管、流转和完整性,判断用以认定案件事实的物证、书证是否具有真实性。最高法《刑诉法解释》关于物证、

〔41〕　参见海南省三亚市中级人民法院刑事裁定书,(2021)琼02刑终46号。

书证的审查与认定的规定主要围绕物证、书证的真实性展开，这种对物证、书证进行的鉴真式审查主要为了确定物证、书证自身的真实性程度。综合判断物证、书证能否作为定案根据，还需结合物证、书证与待证事实的关联程度，物证、书证与其他证据的印证联系进行把握。

案例18 邓某成等销售假冒注册商标的商品罪案〔42〕

被告人邓某成、程某荣未经“周黑鸭”注册商标所有人许可，在同一种商品上使用与其注册商标相同的商标。自2012年下半年起，被告人邓某成开始利用自己掌握的熟食品卤制技术，雇人卤制鸭脖、鸭锁骨等13种食品并予销售。案发后，一审法院结合在案证据，综合考虑刑事案件证明标准认定：被告人邓某成、程某荣假冒注册商标的非法经营数额合计269,921.35元，包括网络销售部分金额256,227.45元和网络外常规交易部分金额13,693.90元。有关网络销售部分，在案证据主要涉及两被告人供述、支付宝销售记录及现场查获的网络销售手写记账本，其中，支付宝销售记录核算的销售金额为521,314.60元，网络销售手写记账本核算的销售金额为256,227.45元。有关网络销售部分的金额，因公安机关现场查获的两被告人网络销售记账本系被告人亲自手写，其上记载的买家姓名、购买时间、购买食品类型、交易金额等信息清楚、明确，且可与支付宝销售记录相互印证，应作为认定网络犯罪数额的依据。

本案中，法院将网络销售手写记账本作为认定犯罪数额的关键书证，一方面，因为该书证来源可靠，未经更改；另一方面，在于书证内容与案件事实关联性较强，与在案其他证据能够相互印证。实际上，与犯罪数额相关联的证据有两份。除了网络销售手写记账本外，还有支付宝销售记录，两份证据所显示的内容既有联系又有区别。在办案过程中，可以将公安机关获取的网商平台涉诉交易订单和支付记录等数据作为确定网店销售假冒他人注册商标商品行为销售数额的依据，但应当合理地排除网络刷单等非真实交易记录。本案中，法院综合考虑两被告人供述及电子商务交易现状等因素，认为两被告人所称的正品交易、虚假交易等情形存在无法排除的合理怀疑，故支付宝销售记录显示的金额不能单独作为认定本案犯罪数额的依据。法院最终选择支付宝销售记录与网络销售手写记账本之间能够建立印证联系的内容作为认定网络销售犯罪数额的依据。

（四）印证在其他证据采信中的运用

在以电子数据为重要证据的案件中，电子数据的原始性、同一性和完整性至关重要，如此才能保证电子数据载体和电子数据本身的真实可靠性。在审查电子数据原始性、同一性和完整性时，应当注重审查电子数据与其他证据的印证情况。

案例19 杭州华泰一媒文化传媒有限公司与深圳市道同科技发展有限公司侵害作品信息网络传播权纠纷案〔43〕

杭州华泰一媒文化传媒有限公司（以下简称华泰公司）认为深圳市道同科技发展有限公司（以下简称道同公司）未经许可在网站中发表其享有著作权作品的行为侵犯其信息网络传播

---

〔42〕 参见湖北省武汉市中级人民法院刑事裁定书，(2016)鄂01刑终147号。
〔43〕 参见杭州互联网法院民事判决书，(2018)浙0192民初81号。

权，并通过第三方存证平台对侵权事实予以取证，并将相关数据计算成哈希值上传至比特币区块链和 Factom 区块链中形成区块链存证，基于此请求道同公司承担侵权责任。法院在本案中认定，区块链技术基于其分布式存储、防篡改机制和可追溯性，在电子证据的固定、保存和提取方面具有优势，但仍应按照一定的标准和程序认定存储于区块链上电子证据的真实性。本案中华泰公司存储于区块链的电子证据数据来源清晰，生成及传递路径明确，且能与网页截图、源码信息、调用日志相互印证，故其生成的电子数据具有可靠性。

该案系全国首次对区块链电子存证的法律效力进行认定的案件，为该种新型电子证据的认定提供了审查思路，明确认定区块链存证的相关规则。本案中，法院认为，对于采用区块链等技术手段进行存证固定的电子数据，既不能因为区块链等技术本身属于当前新型复杂技术手段而排斥或者提高其认定标准，也不能因该技术具有难以篡改、删除的特点而降低认定标准，而应根据电子数据的相关法律规定综合判断其证据效力。其中，应重点审核电子数据来源和内容的完整性、技术手段的安全性、方法的可靠性、形成的合法性，以及与其他证据相互印证的关联度，并由此认定证据效力。〔44〕

三、印证在认定案件事实中的运用

印证作为一种司法实践中最为常用的证据运用方法，对于帮助办案人员形成事实的认定具有重要意义。但是需要注意的是，司法实践中，办案人员不能片面追求印证，导致机械印证而形成不合理怀疑，不敢运用其他证明方式定案。由于印证证明模式理论本身存在缺陷，司法实践中，不少公安司法人员未能正确理解印证证明规则，出现片面追求印证、机械理解印证的问题，进而对案件产生了并不合理的怀疑，不敢大胆地运用逻辑分析、情理判断、经验法则等其他证明方式认定案件事实。这种机械印证主要表现为两种形式：一是强调案件每一个情节一定要有证据印证，但实际上案件中并非每个情节都影响定罪量刑。例如，一起实际案例中，被告人供述其晚上 12 点左右驾车从甲镇到乙镇将毒品卖给买家，法官认为其供述的行车路线没有现场监控等证据证实，不能定案，但实际上行车路线对本案定罪量刑并无实质性影响。二是强调案件某个关键情节一定要有证据印证，一旦缺失印证，即不敢定案，但实际上运用其他证明方式可以认定案件事实。例如，一起实际案例中，被害人被分尸，但由于部分尸体残骸没有找到，办案人员认为死因不明，尽管被告人翻供的辩解理由明显自相矛盾，不能成立，但法官最终认为被害人死因缺乏物证印证，本案不能排除合理怀疑，判决被告人无罪。实际上，该案如果运用逻辑分析、情理判断、经验法则以及充分评估其他证据的证明力等完全可以认定被告人的辩解不能成立，被害人系其杀害。〔45〕 以下主要就实践中较为疑难的几种情形下如何运用印证方法定案进行探讨。

（一）印证在间接证据定案中的运用

最高法《刑诉法解释》第 140 条规定了间接证据定案规则。没有直接证据，但间接证据同时符合一定条件的，可以认定被告人有罪。条件之一就是证据之间相互印证，不存在

〔44〕 参见杭州互联网法院民事判决书，(2018)浙 0192 民初 81 号。

〔45〕 参见潘金贵主编：《证据法学》，法律出版社 2022 年版，第 378 页。

无法排除的矛盾和无法解释的疑问。间接证据的特征是不能单独直接说明案件主要事实,而必须结合其他证据,通过推论证明案件主要事实。在推论的情况下,通常不是不同证据信息内容的同一,而是信息指向的同一。如被告人有作案动机、有作案时间和条件,还在现场留下了作案痕迹、物证等,均从不同角度、以不同方式指向了被告人作案这一基本事实。

案例20 张某勇贩卖毒品案〔46〕

2014年三四月,被告人张某勇来到浙江省江山市,同年8月开始通过其持有的江山移动短号为×××729的手机联系买家,在江山市区贩卖冰毒。吸毒人员通过口口相传,知道需要冰毒时就可电话联系×××729这一移动短号求购。双方谈好交易后,张某勇会将一个他人名下的尾号为7476的农业银行账户发送给购毒人员,要求对方按照人民币400元/克的价格将相应的毒资打入该账户。由于事先张某勇将自己持有的另一部号码为159××××3913的手机与该账户进行了绑定,因此,毒资入账后,张某勇就会收到该账户余额变动的短信通知。不久,张某勇就会通过移动短号×××729的手机短信通知吸毒者毒品藏放处,而后吸毒者到指定地点取毒品。尾号为7476的农业银行账户的入账金额共计人民币4.9万元,除8月14日福清步行街支行柜台现存的400元外,其余款项均由江山市存入。该账户内44,050元通过网银被转至张某勇名下尾号为5414的农业银行账户内,张某勇即从ATM上将其取现或转账、消费。至案发,张某勇共收到毒资48,600元,折合贩卖冰毒121.5克。

本案中控方举示的主要证据组如下:

1. 30余位购毒者的证人证言:购毒和取毒均与短号×××729的手机联络;购毒价格为400元/克;购毒款打入尾号为7476的农行账户。

2. 相关通信客户详单、机主信息及通话、短信记录:提供证据1的证人为购毒者;短号×××729的手机为购毒者求购毒品联系的手机。

3. 银行账户交易明细1:尾号为7476的农行账户开户后3个月内共入账191笔,总金额4.9万元,每笔金额均为200元至800元的整数,其中188笔均在市区内通过ATM现金存入;提供证据1的证人所述的每笔交易价格均与交易明细相对应。

4. 搜查、扣押笔录、提取笔录、短号×××729手机及存储数据:从张某勇身上搜出短号×××729手机,从中提取若干求购毒品的短信。

5. 搜查、扣押笔录、提取笔录、号码159××××3913手机及存储数据:从张某勇身上搜出号码159××××3913手机,从中提取尾号为7476、5414的两个农业银行账户余额变动提示短信。

6. 银行账户交易明细2:尾号7476农行账户先后向尾号5414账户转账44,050元。

7. 相关银行资料:7476账户开户人系刘某某、5414账户开户人系张某勇。

8. ATM监控视频:张某勇多次从5414账户中取款。

9. 张某勇供述和刘某某证言:张某勇用刘某某身份证办了尾号7476账户的农行卡。

本案是采用非接触交易方式实施的毒品犯罪,在被告人拒不供认犯罪的情况下,案件缺乏直接指向被告人贩卖毒品的证据。法院通过分析、梳理间接证据间的印证关系,认定

---

〔46〕 参见中华人民共和国最高人民法院刑事审判第一、二、三、四、五庭主办:《刑事审判参考》(总第110集),法律出版社2018年版,第18-22页。

该案间接证据已经形成完整的证明体系，足以排除合理怀疑，得出唯一结论。本案中，首先运用间接证据证明案件主要事实的片段即根据多名购毒人员的证言及相关书证间的相互印证，认定短号为×××729的手机和尾号为7476的农业银行账户被用于毒品犯罪。就该片段事实而言，实际还是依靠各间接证据信息内容的同一予以认定。其次，通过充分推理得出张某勇是该手机和账户实际控制人的结论，即根据在案多份证据共同指向张某勇对该手机和账户的掌控得出该结论（见图5-5）。

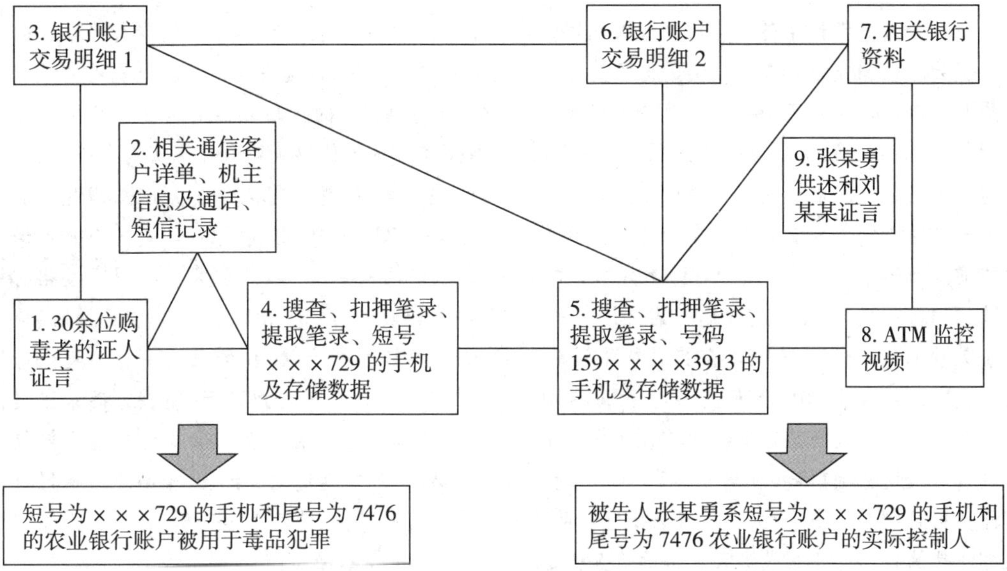

图5-5　本案间接证据证明体系

运用间接证据定案，因为要形成完整的证明体系，又被称为刑事证明的体系模式。在确定每一项间接证据能够指向同一方向的基础上，需要进行第二项证明活动，即判断间接证据能否形成一个完整体系，案件的主要事实能否得到间接证据的完整证明。在我国传统的证明标准理论中，体系模式也被称为证据锁链，其要求案件中的间接证据相互衔接、环环相扣，形成一个完整的锁链，由此达到法定的证明标准。[47] 通过间接证据分析案件事实，可以按照图5-5所示，直观地将各证据的印证关系、共同指向、形成的证明体系和推理得出的案件事实描绘出来。

（二）印证在隐蔽性证据定案中的运用

最高法《刑诉法解释》第141条规定了隐蔽性证据定案规则。根据被告人的供述、指认提取到了隐蔽性很强的物证、书证，且被告人的供述与其他证明犯罪事实发生的证据相互印证，并排除串供、逼供、诱供等可能性的，可以认定被告人有罪。“隐蔽性很强的物证、书证”是指在犯罪现场或者其他场所不容易被发现，且能建立被告人与犯罪事实之间关联的物证、书证。这种先供后证的关系，是指办案机关此前尚未发现有关隐蔽性证据，而在被告人归案后，根据其供述、指认才发现、提取有关证据，这种先供后证的供证关系，能够显示被告人对案件特殊细节的知情程度。[48] 根据办案经验，隐蔽性证据的确能够增

---

〔47〕 参见褚福民：《刑事证明的两种模式》，载《政法论坛》2015年第2期。

〔48〕 参见刘静坤编著：《刑事诉讼法注释书》，中国民主法制出版社2022年版，第213-214页。

强口供的真实性,两者相互印证从形式看能形成基本的证明结构。但鉴于隐蔽性证据存在一定风险,运用隐蔽性证据定案还需满足两项保障条件:其一,排除串供、逼供、诱供等可能性,以防办案人员通过这些手段让“先证后供”转变为“先供后证”;其二,口供要与隐蔽性证据之外的其他证明犯罪事实发生的证据相互印证,以防被告人为他人顶罪或因为一些巧合提前了解到隐蔽性证据信息。

案例21　高某铭抢劫案[49]

被告人高某铭始终供认抢劫致人死亡的犯罪事实,此外再无直接证据证明犯罪行为系被告人实施。根据被告人指认找到其出售被害人项链的首饰加工店,赃物去向清楚。公安机关从首饰加工店调取了金银饰品加工改制登记簿,证明该店以2093元的价格收购高某铭9.9克租金项链,出售人身份信息与高某铭吻合。除此之外,在案其他证据能够证明犯罪事实的发生,且能与被告人供述及前述提取的物证相互印证。第一,证人证言、从现场提取的烟蒂证明,当晚被告人高某铭与被害人李某珍同在麻将馆打麻将,二人于当日23时许一起离开,一同走向案发现场方向。而李某珍在当日23时30分左右即被发现遇害,时间紧凑、空间相连,可以证明高某铭有作案的时空条件,这也是确定高某铭具有作案嫌疑并据此破案的重要线索。第二,现场勘验、检查笔录记载,被害人李某珍在其家单元门前被害,挎包拉链呈开启状,现场血泊中有一黄金吊坠,血泊西侧地面有一带血方砖。经DNA鉴定,从方砖上检出李某珍血迹,证明该方砖系作案工具。与被告人高某铭供述的持方砖在被害人家单元门前打击被害人头部后抢走被害人挎包内现金及所戴金项链,后发现吊坠不见的情况印证。第三,尸体鉴定意见证明,李某珍系钝器打击头部致颅脑损伤死亡,系他杀。所证明的被害人的死因和伤情、致伤工具分析,与被告人高某铭供述的持砖头打击被害人头部的情况印证。

本案中,由于公安机关既未在案发现场提取到与被告人相关的物证,也未在被告人身上和住处搜查、提取到与被害人相关的物证,加之本案缺乏目击证人,被告人的供述就成为唯一能把被告人和案发现场联系起来的证据。如果本案缺乏根据被告人的供述、指认提取到的隐蔽性证据,仅凭供述与其他间接证据的印证,难以达成结论的唯一性。反之,如果本案虽根据被告人的供述、指认提取到隐蔽性证据,但供述与其他证据缺乏印证或存在明显矛盾,那也不能认定被告人有罪(见图5-6)。

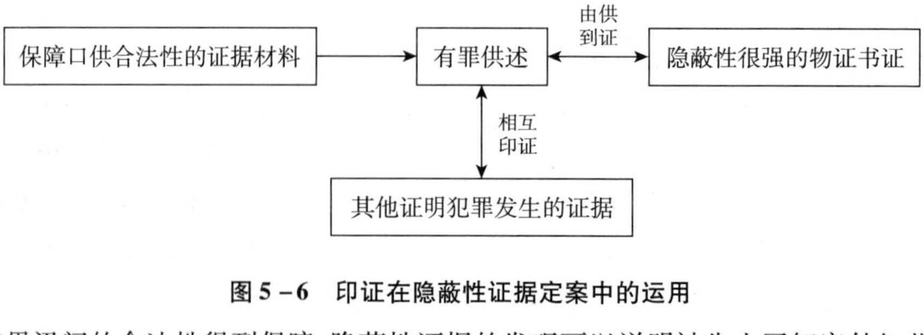

图5-6　印证在隐蔽性证据定案中的运用

如果讯问的合法性得到保障,隐蔽性证据的发现可以说明被告人了解案件细节,但从印证范围来看,隐蔽性证据只能对口供部分内容进行补强。例如,在上述案件中,根据被

〔49〕　参见吉林省高级人民法院刑事判决书,(2015)吉刑一终字第88号。

告人供述提取到的证据只能证明被告人抢劫所得财物及其去向。因此，如果要认定被告人有罪，还需其他证明犯罪发生的证据与被告人供述的犯罪经过相互印证，如此被告人供述的真实性才能得到完整的验证。该案中，隐蔽性证据以外的其他证据与被告人供述中关于与被害人同行、作案工具、作案手段、抢得财物有遗失等内容相互印证，基本涵盖整个案发经过，使被告人供述得到较为完整的验证。

（三）印证与孤证不能定案规则

所谓"孤证不能定案"，指的是不能仅凭证据来源单一或数量单一的实质证据认定案件的构成要件事实。这种内涵也与"孤证不能定案"规则的功能定位相契合。"孤证不能定案"规则最重要的功能便是防范仅凭某一证据就对被告人予以定罪的情况，以此降低造成冤假错案的风险。而许多冤假错案酿成的重要原因往往是在矛盾重重的各项证据中采信最有利于定罪的个别供述或证言来认定被告人实施了犯罪行为，而这些定罪指向明确的供述或证言常表现出某一可靠性存疑的证据源或者数量单一的特点。[50]

证据相互印证规则，是为刑事证据理论广泛接受，而且被司法实践证明行之有效的一项证据规则。它要求刑事法官切记"孤证不能定案"，认定案件事实必须采信相互印证的证据。[51] 相互印证的定案规则必然要求不能仅凭一份证据定案，但司法实务中，一个案件不可能只收集到一份证据材料，所以准确理解孤证的含义是正确适用孤证不能定案规则的前提。

我国《刑事诉讼法》第55条第1款规定："对一切案件的判处都要重证据，重调查研究，不轻信口供。只有被告人供述，没有其他证据的，不能认定被告人有罪和处以刑罚；没有被告人供述，证据确实、充分的，可以认定被告人有罪和处以刑罚。"通说认为，该条规定确立了口供补强规则，同时强调了孤证不能定案这一实践要求。尽管案件中存在诸多证据，但只有被告人的供述能够建立被告人与犯罪事实的关联。如果经审查发现，许多证据能证实犯罪事实的发生、被告人的身份、被害人的死因等事项，但唯独不能建立被告人与犯罪事实的关联，仅有的关联定罪证据就是被告人的认罪供述，此类证据就属于孤证案件。[52] 在被告人不认罪的案件中，同样可能存在仅有一份指向被告人实施犯罪的证据，这样的案件也属于孤证案件。

案例22　陈某法强奸案[53]

北京市大兴区人民法院一审认为，被告人陈某法违背妇女意志，以暴力手段强行与被害妇女发生性关系，其行为已构成强奸罪，依法应予惩处。起诉书指控被告人陈某法第二起强奸的事实，认定未遂。故判决：被告人陈某法犯强奸罪，判处有期徒刑3年6个月。一审宣判后，被告人陈某法不服，提出上诉。陈某法上诉称其未与被害人发生性关系，其仅摸了被害人，其行为不构成犯罪。北京市第二中级人民法院经审理认为，刑事诉讼应坚持证据裁判原则，本案虽有被害人陈述，但对被害人陈述的强奸的犯罪事实缺乏其他证据予以印证，无法查证属实。证人

〔50〕参见朱孝清：《冤假错案的原因和对策》，载《中国刑事法杂志》2014年第2期。
〔51〕参见牛克乾：《证据相互印证规则与死刑案件事实的细节认定》，载《人民司法》2010年第14期。
〔52〕参见刘静坤：《证据审查规则与分析方法：原理·规范·实例》，法律出版社2018年版，第258页。
〔53〕参见北京市第二中级人民法院刑事判决书，(2017)京02刑终321号。

> 魏某某、张某、王某某、钱某关于张某某被强奸的证言系传来证据，均源于被害人张某某对该事实的陈述，且不是在第一时间（均是第二次案发后）告知，故在案证据无法形成完整的证据链，达不到证据确实、充分的证明标准，故对陈某法犯强奸罪的犯罪事实不予认定。

本案由于被害人案发数日后方报警，报警不及时导致公安机关难以收集到有效的间接证据。在案仅有被害人亲友证明案发后被害人出现精神异常情况，被害人陈述的案件事实得不到在案间接证据的有效印证，基本证据链缺失。虽然存在一些证人证言，但这些证言均源自被害人所述，不具有独立来源。因此，本案中被害人的陈述仍然是孤证。

通常所讲的孤证是指证明被告人实施了指控犯罪事实的唯一言词证据，该证据是直接证据，但“被告人实施”缺乏其他证据印证，则该言词证据成为定案的“孤证”。因此，“孤证不能定案”并非对案件所有事实细节提出的要求。实践中其实存在大量“孤证认定案件事实”的情况：一是认定不属于犯罪构成要件，也不影响量刑的事实（如贩卖、运输毒品的被告人所持毒品是“从云南一个李姓老板处购买”）。二是认定虽然属于犯罪构成要件，却不影响定罪量刑或对量刑影响不大的事实（如故意杀人的被告人，作案动机是“因琐事发生争执”）。三是认定对定罪、量刑虽有影响，但能通过高品质孤证证明的事实（有的是默认做法，如仅凭鉴定意见认定被告人的血液酒精含量、涉案毒品成分含量；有的是个案情况，如在其他人记不清的情况下，仅凭群殴现场监控视频认定“零口供”被告人动手打了人）。[54] 因此，准确理解“孤证不能定案”中“孤证”的内涵是合理运用该规则的基础。

第五节　经验法则及其理解与适用

一、经验法则概述

（一）经验法则的概念

经验法则是指人们从生活经验中归纳获得的关于事物因果关系或属性状态的知识或者法则。“经验法则”的概念最初由德国学者弗里德里希·斯坦提出，意为“一个来源于一般性确定性经验基础上所形成的一般性法则”。[55] 此概念随后逐渐被意大利、西班牙、日本、我国台湾地区等大陆法系国家及地区接受。这里的“法则”，是指一种通过人们的经验归纳的规律或者定理，表示某种或某类事物的运动或存在规则，即当一定条件满足时，人们可以期待发生或不发生某种结果的规律。经验法则既包括一般人日常生活所归纳的常识，也包括某些专门性的知识，如科学、技术、艺术、商贸等方面的知识等。

合理运用经验法则有助于合理引导心证，克服证明难题。当证据、事实与情理、经验存在矛盾，或证据间存在矛盾时，一个有经验的法官就可以凭其经验感知和经验知识判断这一矛盾在证据的综合体系中是否会冲击由多数证据支持的事实认定。[56] 从既有规范

---

〔54〕 参见李崇涛：《仅凭“孤证”能否认定案件事实》，载《人民检察》2018 年第 20 期。

〔55〕 参见［意］米歇尔·塔鲁否：《关于经验法则的思考》，孙维萍译，载《证据科学》2009 年第 2 期。

〔56〕 参见龙宗智：《试论证据矛盾及矛盾分析法》，载《中国法学》2007 年第 4 期。

和实践经验来看,经验法则可以作为事实推定的根据、审查判断证据和认定案件事实的方法。

（二）经验法则的特征

经验法则具有如下特征：

1. 规律性。法则即归纳形成的一种规律或定理,通过经验归纳之所以能够形成经验法则并用于司法证明,就是因为这种归纳体现了事物之间联系的高度盖然性,符合事物运动和人类认知的规律。也正是经验法则的这种规律性,使得经验法则能够作为认定事实的前提,根据经验法则推断和认定未知的事实就具有了正当性。[57]

2. 主观性。经验是人用感官直接获得的对客观事物的认识,属于认识的感性阶段。经验法则是人们对事实状态的一种认识,而非事实本身。这种认识存在于人们的意识之中,是人们对事物状态、性质的归纳。尽管经验法则是经过概括和总结的理性认识,但终归以盖然性大小的判断为依据,经验法则盖然性始终是一种主观盖然性,体现的是主体对其的信任,因此避免不了受到认识主体主观因素的影响。

3. 普遍性。经验法则所涉领域范围十分广泛,包括日常生活、学术、艺术、技术、工商业、语言等各类活动的一切惯例和习惯。可以说,在社会生活的任何方面,只要是具有较高理性的经验知识,都可能在司法证明情境下被法官挖掘而成为经验法则。

二、经验法则在审查认定证据中的运用

（一）经验法则在刑事证据审查中的运用

1. 意见证言

最高法《刑诉法解释》第 88 条第 2 款规定了意见证言的使用规则。证人的猜测性、评论性、推断性的证言,不得作为证据使用,但根据一般生活经验判断符合事实的除外。换言之,证人针对所见所闻发表的意见原则上是不具有证据资格的,但如果是根据所见所闻和日常生活经验得出,则可以作为证据使用。

案例 23　陈某斌非法持有毒品案[58]

2014 年 8 月 16 日凌晨,被告人陈某斌入住漳州某出租房某房间,后在 KTV 被公安机关抓获。公安机关经侦查后,在其房间内的电视柜下方查获放置在白色"希卡奴"塑料袋内,用透明封口塑料袋包装的疑似毒品一包(净重为 999.4 克,甲基苯丙胺成分含量为 72.4%)。公安机关还在上述透明封口塑料袋上检验提取手印一枚,经鉴定与被告人陈某斌左手食指捺印样本手印是同一人所留。旅店负责人李某作证称在陈某斌不知去向后从未发现两个塑料袋,被告人陈某斌对李某证言提出疑问。法院认为:"李某在无法预知被告人陈某斌何时能回到房间和有条件更隐秘地藏匿物品的情形下,不太可能去使用陈某斌的袋子包装自己的物品和将自己的物品藏匿在陈某斌入住的房间……李某证明公安机关查获毒品时,'希卡奴'白色塑料袋边尘土较多,并判断毒品被藏匿在电视柜下方一段时间了。此判断符合经验法则,真实可信。"

---

〔57〕 参见张某平:《民事证据法》,法律出版社 2017 年版,第 124－125 页。

〔58〕 参见福建省华安县人民法院刑事判决书,(2015)华刑初字第 108 号。

案例24 薛某松故意毁坏财物案[59]

吴某2的证言证实其父吴某1的汽车被砸当天自己住在其父家中,后吴某2在对公安机关提供的监控录像中的一名嫌疑男子进行辨认时,辨认出该人就是薛某松。依据是薛某松是其表妹夫,双方认识四五年了,吴某2了解其体型、走路的姿势、走路喜欢甩手的习惯。吴某3的证言证实其在公安机关作了一份辨认笔录,辨认出走在最前方戴口罩的男子是薛某松。依据是薛某松是其表妹夫,了解其走路的形态、身高、身材、走路的方式。辩护人认为,吴某2、吴某3认定监控录像中的戴口罩男子系本案的被告人薛某松均系猜测,其认定薛某松的依据为"体型较瘦、个子不高有点驼背"或者表述为"走路的形态、身高、身材、走路的方式,特别是薛某松平时走路就有点驼背",以上证据不具有客观真实性,系猜测性、推断性证言。法院认为,有多名相关人员对"砸车视频"中的人进行了辨认,是属于根据一般生活经验判断符合事实的情形,故可以认定"砸车视频"中出现的人员之一即被告人薛某松。

以上两个案例,辩护人皆提出相关证言属于猜测性、推断性证言,不应作为证据使用,但法院认为证人根据看到的内容作出的推断是符合一般生活经验的判断。前一案例中,证人先依据白色塑料袋边尘土较多判断塑料袋久未挪动,这一经验知识完全源于生活;然后,进一步判断塑料袋里装的物品已放置于此一段时间,这也符合一般认知,因为"用塑料袋装好物品再放到某一位置"是一个非常普遍的动作,而"在不挪动已放置许久的塑料袋的情况下放入物品并封口"明显不符合正常操作流程。因此,该证人的推断性证言符合经验法则。后一案例中,两位证人的证言带有推断成分,从证人的陈述来看靠的是熟悉被告人的身形和走路方式,这一猜测看似不可靠,实则不然。两位证人推断的基础是自己熟悉的被告人戴上口罩的形象,而身形和走路方式只是加深证人信念的因素。对于意见证言是否合乎经验法则的判断,办案人员需要"代入"证人所见所闻的场景中,看看以自己的生活常识和经验认知能否顺其自然得出与证人相同的结论,就是以自己的"经验判断"来衡量证人的"经验判断"是否正确。

实际上,意见证据是否可靠,判断的主要标准是评论、猜测、推断是否具有事实基础和符合经验法则,其表达的内容是源于一般生活经验还是无端的猜想。纯粹的推测、猜测固然不能作为证据。

最高法《民诉证据规定》第72条第1款指出,证人应当客观陈述其亲身感知的事实,作证时不得使用猜测、推断或者评论性语言。与刑事证据规则不同,民事证据规则对猜测性、评论性、推断性证言"一刀切",要求证人在陈述所见所闻时不得发表个人主观意见,不得进行逻辑推理或价值判断。

---

〔59〕 参见天津市西青区人民法院刑事附带民事判决书,(2018)津0111刑初33号。

2. 被害人陈述

案例25 吴某某强奸案〔60〕

被告人吴某某通过他人介绍认识了陈某某，两人在聚餐时大量饮酒，并相互做出亲密的动作。饭后，吴某某在其轿车后座与陈某某发生了关系。性行为结束后，吴某某将陈某某扶到某酒店休息。三天后，陈某某向公安机关报案称其醉酒后被吴某某强奸，并在接受询问时详细描述了发生性关系的经过。二审辩护人提出，根据全案证据尤其是被害人陈某某的陈述，可以认定其是自愿与吴某某发生性行为的，双方性行为并不违背其意志。主要理由在于：(1)从发生性行为前陈某某在酒楼吃饭过程的一系列行为来看，其有与吴某某发生性行为的"感情基础"和"意愿"。(2)陈某某对于发生性行为过程的陈述证明其是自愿配合吴某某发生性行为的。(3)从发生性行为后陈某某陈述"当时没有多想"，事后和吴某某去开房的态度，与吴某某亲属协商称"如果不是吴某某事后表现得冷漠，这会是一个很美好的回忆"，证明其当时根本就没有认为吴某某与其发生性行为是强奸，其与吴某某发生性行为是自愿的。(4)陈某某报案的真正原因是发生性行为后吴某某的一些行为对其不够尊重。本案二审法院最终改判吴某某无罪。

强奸案件中，被害人与被告人各执一词的情况比较常见，如果被告人坚称被害人是自愿的，那就需要结合案发的时间、地点、条件、环境等因素审查被害人陈述是否符合经验常理。本案中，事前被害人与被告人的亲密举动虽不能说明发生性关系乃其自愿，但通常看来也具有一定可能；事后被害人对这段经历的主观评价完全不符合强奸案件被害人的心理状态；从一般生活经验可知，醉酒的人即使意识到自己遭到性侵，也很难对性行为过程详细感知、记忆和描述；从正常人的反应来看，遭到性侵后应该对施暴者有所记恨从而避之，而不是继续随之去开房。种种不合常理的迹象表明，被害人所作的不利于被告人的陈述不可靠。

在性侵未成年人犯罪的案件中，如果犯罪嫌疑人、被告人始终不承认实施性侵，而案件缺乏客观性证据，办案人员就会将重心集中于未成年被害人陈述的可靠性上，此时经验法则是一种必不可少的证据审查方法。但这类经验法则的运用有别于传统的性侵成年人案件对被害人行为的判断，如自愿到侵害人住处、案发后未第一时间报案、案发后仍然与侵害人待在一起、在与侵害人的微信联络中从不提到被侵害等行为，这些都是不利于判定"违背妇女意志"的事实，在性侵未成年人的案件中适用类似法则是不准确的。在性侵未成年人案件中，应当考虑特殊的经验法则，基于未成年人的年龄阶段和身心特点，未成年被害人可能对性侵事件表现出不同于成年人的语言表述和行为反应。〔61〕因此，对未成年被害人陈述可靠性进行判断的基本方法是其陈述的内容是否完整连贯及符合其年龄阶段的认知特征和表述方式，且是否可以排除诬告可能。审查未成年人陈述可靠性和真实性所依据的经验知识就是未成年人对不符合其年龄阶段所认知事实和经验的描述，一般是源于其亲身经历。例如，在某猥亵儿童案中，法官认为：被害人表述的细节较为清晰地描述出超出其年龄阶段认知的性知识，被害人且无诬告陷害被告人可能，综合全案证据，结

〔60〕 参见潘金贵：《"一对一"言词证据的审查与认定——吴某某涉嫌强奸案的证据分析》，载潘金贵编：《证据法学论丛》第2卷，中国检察出版社2014年版，第249－260页。

〔61〕 参见向燕：《综合型证明模式：性侵未成年人案件的证明逻辑》，载《中国刑事法杂志》2021年第5期。

合审查判断证据可靠性的经验常识,应采信被害人的陈述。[62] 在某强奸案中,法官认为:被害人陈某陈述遭到被告人张某某的强奸,根据经验和常识,未成年人的陈述合乎情理、逻辑,对细节的陈述符合认知和表达能力,不是亲身经历,难于编造,结合双方不存在诬告的可能,应采纳未成年人的陈述。[63]

这两个案件的共同点就是法官根据被害人的年龄认为其原本不了解男性某些身体特征或性行为细节,但正是因为有了案涉事实的发生,才在被害人记忆中留下了这些从未有的印象。依据该经验事实进行判断的法则在性侵未成年人犯罪案件中已得到普遍运用。

3. 被告人供述与辩解

案例 26 陈某勤强奸案[64]

检察院指控:2019 年 6 月 27 日下午,被告人陈某勤明知被害人潘某未满 14 周岁,仍将被害人潘某带至苍南县仙庄公园一亭子内,对潘某实施奸淫。被告人辩解并不明知被害人潘某未满 14 周岁。辩护人指出,根据最高人民法院、最高人民检察院、公安部、司法部印发的《关于依法惩治性侵害未成年人犯罪的意见》第 3 条第 19 款第 3 项的规定,从被害人身体发育状况、言谈举止、衣着特征、生活作息规律等来看,均体现出被害人已满 14 周岁。法院认为:关于被告人陈某勤是否明知被害人潘某未满 14 周岁的问题,被害人潘某在聊天过程中已告知被告人陈某勤自己小学刚刚毕业,从生活经验分析,小孩上小学一般在六七周岁,即使是 7 周岁入学,小学毕业也才 13 周岁。被告人主观上明知潘某有极大可能未满 14 周岁,未经核实,仅以头发放下看起来较为成熟为由,断定潘某已满 14 周岁,明显与常理相悖。被告人关于以为被害人已满 14 周岁的辩解,明显不合常理,不予采信。

实践中能够直接证明被告人主观明知的证据通常只有被告人供述,被告人若辩解自己不知道,则需借助经验法则和推定方法判断被告人是否主观明知。根据最高人民法院、最高人民检察院、公安部、司法部《关于依法惩治性侵害未成年人犯罪的意见》第 19 条第 3 款规定,对于已满 12 周岁不满 14 周岁的被害人,从其身体发育状况、言谈举止、衣着特征、生活作息规律等观察可能是幼女,而实施奸淫等侵害行为的,应当认定行为人"明知"对方是幼女。该条规定实际就是指引司法人员根据日常生活和社会经验来判断行为人是否明知被害人不满 14 周岁。司法实践中,基于对幼女的特殊保护立场,对于已满 12 周岁的幼女实施奸淫等性侵害行为的,如无极其特殊的例外情况,一般均认定行为人明知是幼女。本案中,被告人在实施性侵前已经知道被害人刚小学毕业,即使从身体发育状况、言谈举止、衣着特征、生活作息规律等观察来看被害人比较成熟,也完全存在不满 14 周岁的可能。本案中,法官运用到的经验知识就是一则生活常识,即小学生毕业时的年龄普遍在十二三岁。

---

〔62〕 参见湖北省浠水县人民法院刑事判决书,(2019)鄂 1125 刑初 356 号。

〔63〕 参见江西省余干县人民法院刑事判决书,(2021)赣 1127 刑初 344 号。

〔64〕 参见浙江省苍南县人民法院刑事判决书,(2019)浙 0327 刑初 1301 号。

案例 27　魏某镇运输毒品案〔65〕

在魏某镇运输毒品案中，被告人魏某镇辩解自己不知运输的是毒品，不认识让其运输物品之人。对此，法院判决指出："在交付毒品时，公安机关民警立即实施抓捕。但面对公安机关的抓捕，被告人魏某镇立即丢下自己的电瓶车逃离，直至被抓获归案。故其辩解其不知所送物品系毒品缺乏合理性……其辩称并不认识让其送毒之人，双方系第一次见面。但该陌生人却放心让其在没有任何保证的情况下运送毒品，代为收受毒资，还同时交给其一部手机用于通讯联系，有悖于日常经验法则，且被告人魏某镇未就此提供证据或线索证实其辩解。"

部分涉毒人员被查获时往往辩解不知道运输之物是毒品或根本不知道包里有毒品。这种辩解是否属实，是否有合理依据，办案人员根据长期的办案实践和经验积累，对毒品犯罪主观明知辩解的审查进行了经验总结。司法实践中可以作为毒品犯罪主观明知推定的基础事实主要有：将"物品"放在常人不会放的地方，如将毒品藏于体内、藏于所穿内衣裤或鞋袜内以及捆绑于腰腹部、四肢；走常人不会走的路线，如故意选择没有检查站的偏僻山间小路；获得常人不会给予的报酬，如带一个箱子就给几千元甚至上万元的运费；采取常人不会采取的交接方式，如交接时选择偏僻的地方、交接"物品"时双方一言不发或采用暗号等；采用明显反常的方式运输，如安排专人在前面探路、本可以直达却分段换乘车辆；缉毒人员进行检查时，行为人出现逃跑、冲卡、将所携带物品抛弃等行为；毒品包装物上有行为人指纹或者其他生物痕迹；行为人对案件相关事实的解释完全违背生活常理或与查明的客观事实明显不符，如行为人辩称其所携带箱子里的物品不是他的，但后来查明该物品确实为其所有；使用假身份证件领取邮件、货物；在交易的现场发现巨额资金、加工和贩卖毒品的工具。〔66〕以上是对办案经验和生活常识的归纳，在行为人出现这些反常行为且不能提出合理辩解时，就可以认定其主观明知。

（二）经验法则在民事证据审查中的运用

最高法《民诉法解释》第 105 条指出，法院应当运用逻辑推理和日常经验法则，对证据有无证明力和证明力大小进行判断。最高法《民诉证据规定》采用"日常生活经验"这一表述。从实践情况看，对证据的审查、认定最终需审判人员进行，也即由审判人员按照良知、理性、经验规则等因素对证据证明力有无以及大小进行判断。〔67〕由于认定证据和事实不能排除法官的自由判断，正确、合理运用经验法则就至关重要。

1. 当事人陈述

当事人与案件处理结果有着直接利害关系，基于趋利避害的本能或其他特殊关系，当事人陈述失真的可能性较之证人证言更大。在审查当事人陈述时，应当善于运用经验法则，结合其他对陈述内容的合理性进行检验。

〔65〕参见浙江省诸暨市人民法院刑事判决书，(2016)浙 0681 刑初 355 号。

〔66〕参见陈国庆、万春、高贵君主编：《重罪检察业务》，中国检察出版社 2022 年版，第 279 页。

〔67〕参见最高人民法院民事审判第一庭编著：《最高人民法院新民事诉讼证据规定理解与适用》（下），人民法院出版社 2020 年版，第 739 页。

案例 28 黄某诉美晟房产公司商品房预售合同纠纷案[68]

上诉人黄某主张，在入住前，被上诉人并未将该房屋外有横梁一事告知上诉人。入住时，上诉人是在没有任何选择余地的情况下，才在《业主入住验收单》上签字，但同时在此单上对窗外有装饰钢梁一事提出明确的书面异议。一审认定上诉人在房屋交接时未提出异议，不是事实。北京市第一中级人民法院认为，房屋是价值昂贵的不动产，日常生活经验法则说明，对所购房屋显而易见的瑕疵，业主收房时一般不会轻易忽视。上诉人黄某在一审中一再陈述，收房时对窗外有装饰钢梁一事，其已在《业主入住验收单》上明确提出书面异议。《业主入住验收单》是被上诉人美晟房产公司单方保存的证据，经法院要求，美晟房产公司拒不提交。

证据具有证明力的前提是与待证事实具有关联性且证据本身的真实性能够得到保障。从日常生活经验判断证据的真实性，就是判断证据提供的信息是否符合人们生活中常识、常情、常理等经验知识，这种经验知识应当符合多数人的认知。上述案件中，法官用到的经验知识是“业主在接房时不会对所购房屋显而易见的瑕疵轻易忽视”，毕竟从一般人的正常情感来看，买房算得上是人生大事。但是不排除黄某疏于主张权利的这种可能性，所以仅凭其陈述便认定其明确提出书面异议尚不足够，还需控制关键证据的对方当事人提交《业主入住验收单》。

案例 29 姜某波诉荆某噪声污染责任纠纷案[69]

荆某租用了谷某的房屋和院落，此院落与姜某波住所前后相邻，仅一墙之隔。荆某在租用的院落里对钢铁制品进行切割作业，产生的噪声使姜某波不堪忍受。姜某波先后向村委会及当地环境保护行政主管部门反映，但问题仍未得到解决，遂提起诉讼，请求判令荆某停止侵害等。法院认为，荆某院落与姜某波居所一墙相隔，荆某在院落中放置工具、加工材料时所产生的声音势必能传入其他居民的居室内，已成为干扰周围居民生活的环境噪声。噪声污染对人体健康可能造成损害，是为公众普遍认可的，姜某波称其因噪声无法休息导致精神受到伤害符合日常生活经验法则，应推定属实。

本案既是运用经验法则对当事人姜某波所述“对产生的噪声不堪忍受”证明力的判断，也是对侵害事实有无及其程度的认定。二审判决适用了日常生活经验法则及事实推定规则，认为钢铁制品加工、搬卸的噪声会比较严重地影响相邻院落居民正常的生活和休息，符合一般人的认知规律，而且噪声污染对身心健康造成损害，也是为公众普遍认可的。噪声污染给受害人身心健康造成的损害具有持续性和隐蔽性等特点，受害人的症状往往不明显且暂时无法用精确的计量方法反映。而经验法则和推定的合理运用，解决了类似案件的证明难题。

---

〔68〕 参见《最高人民法院公报》2006 年第 2 期(总第 112 期)。

〔69〕 参见《最高人民法院公报》2014 年第 11 期。

2. 实物证据

案例 30　梁某诉广东家能公司追索劳动报酬案[70]

梁某被广东家能公司聘为董事长助理，在职期间梁某的平均工资 17,000 元左右，广东家能公司向梁某支付最后一次工资是 2013 年 10 月，此后没有支付过工资。后广东家能公司停产梁某离职。梁某以一份《入职申请表》主张其工资标准为 50,000 元/月，广东家能公司尚欠其工资差额 97 万多元。《入职申请表》上记载了梁某的个人信息和个人简历，其中薪酬待遇的内容中填写了基本工资 10,000 元和绩效 40,000 元，合计 50,000 元。梁某称该表是在其发现工资没有按照 50,000 元发放找公司财务人员交涉后，财务人员交给他的，其另外填写了一份基本工资为 1100 元的《入职申请表》交给广东家能公司备案。而广东家能公司则不认可梁某提供的《入职申请表》，称该表是梁某利用职务之便欺骗董事长在空白入职申请表上签名产生的。法院认为，根据日常生活经验法则，入职申请表一般由用人单位掌握，并且其内容一般并不对具体的岗位、工资标准等进行约定，或者仅记载劳动者提出对工资、福利等劳动报酬的期望金额。在劳动关系的实际履行中，劳动者的工资标准，要么通过劳动合同等对劳动报酬进行具体约定，要么通过实际支付的形式确定劳动报酬。

民事案件司法实践中，书证的真实性时常成为争议焦点。书证的真实性如果得到保障，往往对于认定案件事实具有较强的证明力。对书证真实性的审查，一方面可以从书证的形式要件及其形成过程判断书证是否系伪造、篡改，另一方面可以从书证的内容是否符合日常生活经验判断书证是否可靠。该案中，梁某以董事长签名的《入职申请表》为依据起诉原用人单位支付剩余工资，法官依据入职申请表的使用惯例和工资约定的惯用方式认定仅凭梁某提供的《入职申请表》，无法达到证明劳动报酬数额的证明目的。运用经验法则审视该《入职申请表》，其真实性存疑，如无其他证据加以佐证，则不能将其作为认定梁某工资标准的依据。

三、经验法则在认定案件事实中的运用

（一）经验法则在刑事案件事实认定中的运用

最高法《刑诉法解释》第 140 条对间接证据定案的要求之一是运用证据进行的推理符合逻辑和经验，也就是要求事实认定符合经验法则。在运用直接证据分析案件事实时同样如此，否则就会形成动摇案件事实的合理怀疑。刑事司法实践中，经验法则在认定主观犯意时运用最为频繁，在分析指控事实的合理性和运用间接证据推理事实时亦能发挥作用。同时，经验法则可作为当事（控辩）双方论证己方主张事实和反驳对方主张事实的方法和工具。

案例 31　罗某某贩卖毒品案[71]

在罗某某贩卖毒品案中，市、县两级法院均认定罗某某构成非法持有毒品罪，四川省人民检察院抗诉认为罗某某应构成贩卖毒品罪，而不是非法持有毒品罪。理由是：罗某某手机微信截

---

〔70〕　参见广东省佛山市中级人民法院民事裁定书，(2015)佛中法民四终字第 516 号。

〔71〕　参见四川省高级人民法院刑事判决书，(2019)川刑再 9 号。

图照片、对罗某某手机所作的电子物证检查笔录证实，罗某某于案发前和朋友聊天中反映出其有购买毒品贩卖谋利的打算，聊天后的次日即出现打款交易的事实，结合罗某某尿检呈阳性所反映其吸毒人员身份，根据经验法则，足以反映其以贩养吸、为贩卖而购买毒品的犯意。省高级人民法院最终采纳了省检察院的抗诉理由。

在左某某非法持有毒品案件〔72〕中，一审法院认定左某某非法持有毒品甲基苯丙胺片剂461.78克、甲基苯丙胺937.91克，检察院抗诉认为左某某购买的毒品数量大、种类多，明显超出合理吸食量，且在左某某租住屋内查获了弹簧秤、电子秤及封口塑料袋等，这证明左某某有贩卖毒品的故意。但二审法院认为单纯以持有的毒品数量大、种类多，超出正常吸食量，就推定持有人有贩卖、运输毒品的故意，于法无据，且使刑法规定的非法持有毒品罪失去存在意义。虽然贩毒人员一般会配备电子秤、封口塑料袋等交易工具，但电子秤、封口塑料袋并非专用于贩毒的物品，普通的吸毒人员也有可能因吸毒等需要而购买电子秤、封口塑料袋。抗诉机关因左某某持有电子秤、封口塑料袋而推定其是贩毒人员，该推定结论不具有唯一性。

经验法则在毒品犯罪案件"主观犯意"认定中的运用目的主要在于确定此罪或彼罪。国家对毒品犯罪一直保持高压态势，行为人持有一定数量毒品即构成犯罪。如果行为人不否认对毒品持有，同时表示只供自己吸食，司法机关就需要判明行为人到底是如其所述的非法持有，还是运输或贩卖，从而对被告人准确定罪量刑。尤其是在行为人持有较大量毒品但缺乏与交易下家关联证据的案件中，司法人员需要结合在案证据和经验法则分析行为人的主观犯意。前述案例中，法院依据被告人聊天记录中的贩卖打算和紧随其后的转账记录最终认定被告人具有贩卖毒品的主观故意；后一案例，法院认为不能依据被告人持有电子秤、封口塑料袋而认定其具有贩卖毒品的主观故意。对比以上两个案件可以发现，经验法则在主观犯意认定中的运用具有一定的争议，法官运用经验法则认定主观故意更为谨慎。

案例32　吴某民故意伤害案〔73〕

检察院指控：被告人吴某民用尖铁锹阻止余某秀家砌墙。余某秀在与吴某民争抢铁锹的过程中仰面倒地，紧紧抓住铁锹。吴某民在不平坦的地面上用力拖拉铁锹，直至余某秀放手。经余干县公安司法鉴定中心和余干东山法医学司法鉴定所鉴定，余某秀的左肱骨大结节撕脱性骨折，损伤程度为轻伤二级、十级伤残。公诉机关认为，被告人吴某民应当知道在不平坦的地面上用力拖拉抓住铁锹的被害人会造成他人受伤，仍然放任结果发生，具有伤害他人的故意。辩护人认为，即使吴某民与余某秀发生冲突的过程中余某秀确实受伤了，但是结合案发时间、地点和被告人与余某秀所发生肢体冲突的方式方法等，吴某民从主观上来说并没有犯罪故意，而应该是犯罪过失。法院审理认为，本案被告人吴某民只是为了摆脱被害人余某秀对铁锹的控制，而用力拖拽铁锹，其行为不属于对被害人身体实施的攻击性行为，其致害的危险性较小。吴某民用力拖拽铁锹以摆脱被害人余某秀的控制，属于本能之举，可谴责程度较低。依据一般人的常识判断，此类轻微暴力致害危险性很小，即使致人伤害，认定为过失致人伤害比较合适，否则有违公众认知，不符合经验法则。

〔72〕湖北省高级人民法院刑事判决书，(2017)鄂刑终177号。

〔73〕参见江西省余干县人民法院刑事判决书，(2020)赣1127刑初459号。

对于偶发的伤害案件，需要通过行为的危险性程度判断行为人的主观意图，而对危险性大小的判断则需要诉诸一般生活经验。法院判决指出，评判一个行为有无“致害的危险性”以及“致害的危险性大小”，应当以社会上一般人的认识能力和水平作为基本评价标准。这是因为日常生活中发生的各种侵害行为，外观表现不一，具体危害性也可能存在差异，不同的评价主体很容易产生判断上的差异。为了规范、统一认识和判断，应当确立一个相对客观统一，且易于掌握识别的衡量标准。具体地说，就是在日常生产、生活中，人们业已形成某些共同的生活经验或倾向性看法。本案中，认定吴某民抢回自己铁锹的行为系失手伤人行为，更符合社会公众的认知心理。

（二）经验法则在民事案件事实认定中的运用

经验法则在民事案件事实认定中的运用比较常见。最高法《民诉证据规定》第10条第1款第4项指出，根据已知的事实和日常生活经验法则推定出的另一事实，当事人无须举证证明。事实推定中经验法则的运用，主要是法院依据经验法则进行逻辑上的演绎，由已知事实（基础事实）得出待证事实（推定事实）真伪的结论。[74] 例如，在某清算责任纠纷案中，法院结合某印刷有限公司自2016年12月23日被吊销营业执照至今已3年有余，公司长期负债未清偿，两被告经法院合法传唤仍不到庭参加诉讼举证证明公司现在依然可以清算等事实，根据一般常理和经验法则，推定该印刷有限公司现已无法正常清算，且该无法清算之状态正是由于两被告长期怠于履行管理职责和相应的清算义务造成。[75] 推定减轻了举证方的证明负担，但相对方可以通过对基础事实、运用的经验法则或推定事实提出反证，来反驳事实推定。

进行事实推定的过程实际上就是对提出的日常生活经验法则进行确证的过程。毕竟，日常生活经验法则的运用具有盖然性和主观性，其可靠性需要一定条件来保障，需要在具体个案中结合全案证据进行确认。例如，在某机动车交通肇事责任事故纠纷案中，焦点在于霍某的右肩袖损伤与肇事行为是否存在引起与被引起的因果关系。从日常生活经验判断，对手臂的用力碰撞可能导致与手臂相连的肩部受伤。结合事故现场视频进一步分析，霍某被刮碰前行动自如，肇事者驾驶的电动车与霍某持伞的右手臂明显发生刮碰后，霍某被诊断为“右肩袖撞击综合征”。[76] 据此，完全可以适用“手臂遭到外力突然的强力介入，将导致与手臂相牵连的肩部受伤”这一经验知识。

案例33　广东腾越建筑工程有限公司湖北分公司诉徐某平等建设工程施工合同纠纷案[77]

徐某平针对广东腾越湖北分公司认为应扣未扣第一部分36笔应扣未扣款共计11,286,510.63元中，涉及由广东腾越湖北分公司支付给案外人王某星的材料款4,100,000元予以认可，其他应扣未扣款均不予认可，主要理由是认为广东腾越湖北分公司故意将签收文件和认可文件的内容相互混淆，徐某在广东腾越湖北分公司提供的对账单上的签字仅仅表示收到了该份表格，表

[74] 参见最高人民法院民事审判第一庭编著：《最高人民法院新民事诉讼证据规定理解与适用》（上），人民法院出版社2020年版，第153页。
[75] 参见上海市闵行区人民法院民事判决书，（2019）沪0112民初45494号。
[76] 参见福建省宁德市中级人民法院民事判决书，（2019）闽09民终232号。
[77] 参见湖北省武汉市洪山区人民法院民事判决书，（2020）鄂0111民初2924号。

格上的扣款项目和金额需要核实后再与广东腾越湖北分公司对账确认，签字并不代表徐某平认可表格上的金额。法院认为，关于在2014年8月31日和2014年9月4日《徐某平队工程款支付明细及应扣未扣明细》中注明的应扣未扣项目，基于现有证据，徐某平没有举证证明在签署上述材料后对相关款项有异议且有相关佐证证据，其主张双方签字仅代表签收文件，这也与日常经验法则相悖，因此应视为其对上述应扣未扣款项目及金额的认可。

案例34 陈某华与陈某健婚姻家庭纠纷案〔78〕

被告陈某健主张其向许某为借款151,100.00元的事实，并提供借条和账户尾号为×××× 的招商银行户口历史交易明细表、微信转账记录拟证明，经质证，原告对该借条、微信截图的真实性及待证事实均不予认可。法院审查认为，如果许某将向被告转入的款项均视为借款的话，那么在2019年10月27日转入三笔款项的金额分别为9726元、2872元、808元，甚至有30,002.70元的金额，根据生活经验法则，此种借款金额不符合一般的借贷习惯。

经验法则在民事诉讼中同样可以用于证伪单方主张的事实。与证实某一事实对经验法则的高度盖然性要求不同，证伪某一事实只需通过经验法则动摇主张事实的根基，使其达不到证明标准即可。在前述两个案例中，法官运用经验法则的目的是质疑当事人主张事实的合理性。商业往来中，在对账单上签字即表示对对账金额的认可，这已经是共识，双方人员应该清楚在如此重要的单据上签字的意义。因此，“签字仅代表签收”的事实主张在缺乏足够证据予以支撑的情况下，仅从经验层面是无法证成的。民间借贷中，仅以转账记录证明借贷事实存在的情况比较常见，依据经验法则不能否认仅有转账记录的借贷主张。但如果转账的数额不符合借贷习惯，则存在有其他交易事实的可能性，此时运用经验法则足以质疑被告主张借贷事实的合理性。

典型案例评析

案例5－1 呼格吉勒图故意杀人、流氓案：证据存在重大的矛盾和冲突，不能相互印证〔79〕

1996年4月9日21时左右，被害人杨某某被发现因被扼颈窒息死于内蒙古第一毛纺织厂宿舍57栋平房西侧的公共厕所女厕所内。公安机关经侦查后认定报案人呼格吉勒图是凶手，后呼格吉勒图被认定有罪。1996年6月10日呼格吉勒图被执行死刑。2005年10月23日，系列强奸、杀人案的嫌疑人赵某红落网并交代其曾在第一毛纺厂家属区公共厕所内杀害了一名女性。2014年11月20日，呼格吉勒图案进入再审程序。内蒙古自治区高级人民法院经审理后认为：

1. 原审被告人呼格吉勒图供述的犯罪手段与尸体检验报告不符。呼格吉勒图供称从杨某某身后用右手捂杨某某嘴，左手卡其脖子同时向后拖动杨某某两三分钟到隔墙，与“死者后纵隔大面积出血”的尸体检验报告所述伤情不符；呼格吉勒图供称杨某某担在隔墙上，头部悬空的情况下，用左手卡住杨某某脖子十几秒钟，与“杨某某系被扼颈致窒息死亡”的

---

〔78〕 参见广东省广宁县人民法院民事判决书，(2020)粤1223民初917号。
〔79〕 参见内蒙古自治区高级人民法院刑事判决书，(2014)内刑再终字第00005号。

尸体检验报告结论不符;呼格吉勒图供称杨某某担在隔墙上,对杨某某捂嘴时杨某某还有呼吸,也与"杨某某系被扼颈致窒息死亡"的尸体检验报告结论不符。

2. 血型鉴定结论不具有排他性。刑事科学技术鉴定证实呼格吉勒图左手拇指指甲缝内附着物检出O型人血,与杨某某的血型相同;物证检验报告证实呼格吉勒图本人血型为A型。但血型鉴定为种类物鉴定,不具有排他性、唯一性,不能证实呼格吉勒图实施了犯罪行为。

3. 呼格吉勒图的有罪供述不稳定,且与其他证据存在诸多不吻合之处。呼格吉勒图在公安机关侦查阶段、检察机关审查起诉阶段、法院审理阶段均供认采取了卡脖子、捂嘴等暴力方式强行猥亵杨某某,但又有翻供的情形,其有罪供述并不稳定。呼格吉勒图关于杨某某身高、发型、衣着、口音等内容的供述与其他证据不符,其供称杨某某身高1.60米、1.65米,尸体检验报告证实杨某某身高1.55米;其供称杨某某发型是长发、直发,尸体检验报告证实杨某某系短发、烫发;其供称杨某某未穿外套,尸体检验报告证实杨某某穿着外套;其供称杨某某讲普通话与杨某某讲方言的证人证言不吻合。原判认定的呼格吉勒图犯流氓罪除其供述外,没有其他证据予以证明。

同年12月15日,内蒙古自治区高级人民法院作出终审判决:原审被告人呼格吉勒图无罪。

｜**评析**｜ 呼格吉勒图案是一个典型的证据审查判断错误,忽视证据之间需要相互印证才能定案而导致的错案。从再审法院审理查明的证据情况来看,该案中若干重要证据存在明显的重大矛盾和冲突,根本不能相互印证,而且这些矛盾和冲突只需要办案人员认真审查即可发现,如呼格吉勒图供述的犯罪手段与尸体检验报告不符;呼格吉勒图的有罪供述不稳定,且与其他证据存在诸多不吻合之处;等等。在被害人已经死亡,现场没有目击证人或者监控录像的情况下,供证之间是相互印证还是相互矛盾应当是此类案件审查判断的重中之重。需要注意的是,司法实践中,供证之间的关系较为复杂,简单地认为先供后证或者先证后供,证据就没有问题,是不恰当的。例如,实践中存在侦查人员根据现场物证情况逼取口供,形成虚假印证的问题,就是造成冤假错案的重要原因之一。因此,要正确认识证据之间的相互印证关系,既要注意证据之间不能有重大的根本性的矛盾和冲突,也不能过于机械地强调案件中所有的细枝末节都必须要有相应的证据印证,实践中必须正确地运用印证方法认定案件事实。

案例5-2　黄某章诈骗案[80]:非法占有目的的推定

莆田市中级人民法院经公开审理查明:被告人黄某章与其股东四人于2000年6月成立黄金鞋模公司。该公司由黄某章负责日常监管和生产。因经营管理不善,经营状况逐渐恶化,自2009年起,该公司长期负债100多万元。2012年4月27日,另外三名股东与黄某章以协议方式将股权转让给黄某章、王某某为新股东。黄某章在公司经营不善、生产停滞,无法扩大经营的情况下,以伪造的公司、个人房地产证为抵押,诈骗林某某等人钱财共计1349万元。黄某章无力还款后,畏罪潜逃被抓获归案。

莆田市中级人民法院认为,被告人黄某章以非法占有为目的,虚构事实、隐瞒真相,骗

〔80〕 参见福建省高级人民法院刑事判决书,(2015)闽刑终字第194号。

取他人财物共计1349万元，数额特别巨大，其行为已构成诈骗罪，判处有期徒刑15年，并处罚金人民币100万元。

宣判后，被告人黄某章上诉称：原判认定黄金鞋模公司在资不抵债的情况下，虚构事实，以伪造的产权证作抵押，诈骗他人钱财缺乏客观、确实、充分的依据；其与林某某等人之间是民间借贷关系，非诈骗；在向薛某某借款560万元中，仅可能构成伪造国家机关公文、证件罪，不构成诈骗罪。其辩护人提出，黄某章具有还款能力，应当从知识产权、核心技术和团队方面计算其财力，炒股是国家允许和鼓励的行为，不能以炒股行为来判断黄某章构成诈骗罪。

福建省高级人民法院认为，被告人黄某章高息向他人借款，并出具借据，借款资金用于股市投资和偿还银行贷款等合法经营活动。认定黄某章具有非法占有为目的依据不足，其确有虚构部分事实或者隐瞒真相的行为，但其实施这一行为并非为了实现非法占有的目的，故其行为不符合诈骗罪的构成要件，应属于民事欺诈行为，由此与债权人产生的纠纷，应通过民事诉讼方式予以解决，不应予以刑事追究。黄某章及其辩护人提出不构成诈骗罪的诉辩理由成立，予以支持。据此，判决撤销原审判决，宣告上诉人黄某章无罪。

| **评析** | 一审判决根据《全国法院审理金融犯罪案件工作座谈纪要》总结的可以推定主观具有非法占有目的的“七种情形”，认为本案存在“七种情形”中的三种情形，即借款时资不抵债，借款后用于炒股等高风险投资，在无力还债时畏罪潜逃，据此推定被告人黄某章具有非法占有目的。二审法院却认为，实践中诈骗犯罪中非法占有目的的推定，应综合考虑、审查分析以下几个要素：(1)要看行为人主体身份是否真实，行为实施对象是陌生人群还是熟悉的人甚至朋友、亲戚；(2)要审查行为人在行为当时有无履约能力，有无归还能力；(3)要审查行为人有无采取诈骗的行为手段，有无实施虚构事实、隐瞒真相的行为；(4)要审查行为人有无履约的实际行动，有无积极准备相应工作；(5)要审查行为人未履约的原因，是意外事件、行为人过失等原因造成不能履约，还是根本不想履约；(6)要审查行为人的履约态度是否积极，是否按时、按计划履行合约；(7)要审查行为人对财物的主要处置形式，如有无肆意挥霍、有无使用资金进行违法犯罪活动等；(8)要审查行为人的事后态度是否积极，如有无抽逃、转移资金、隐匿财产，以逃避返还资金，有无在获取资金后逃跑行为。

二审判决认为，不能孤立地将上述因素用于证明行为人是否有非法占有目的，应该坚持主客观相统一的原则，既要避免单纯根据损失结果客观归罪，也不能仅凭被告人自己的供述，应结合案件各种事实综合考量，审慎判断。如审查行为人主体，传统的诈骗犯罪一般都是隐瞒身份，骗取陌生人的财物，如网络、短信诈骗等，而民事欺诈往往发生在熟人甚至亲戚朋友之间。随着经济社会的转型发展，发生在熟人之间的诈骗犯罪也不少见，所以，必须根据案件的具体情况综合判断。其实，二审判决在判断被告人黄某章主观是否具有非法占有目的时，在坚持综合审查判断的同时，还充分考虑到推定的反驳，在推定可被反驳的情况下，并没有适用推定，而是坚持证据裁判规则，这是本案黄某章被宣告无罪的主要理由。

从推定的运用来看，本案明显违背了推定的运用规则，从而导致认定被告人黄某章具有非法占有的目的依据不足：首先，即使黄某章在进行前述借款时负有旧债，但具有还款能力。有还款能力构成对因负有“旧债”而可形成推定的反驳。其次，黄某章将借款资金用于股市投资和偿还银行贷款等合法活动，所欠借款无法及时还清，系由股票投资经营亏损和续贷手续出差等原因造成，并非因个人挥霍或其他违法犯罪活动。司法实践中，某些法院以被告人改变借款用途而将借款用于股票等高风险投资为由,推定被告人主观上具有非法占有目的,此时的推定显然超出了最高人民法院相关司法解释的经验概括范围,因为股票投资系合法经营活动,合法的经营活动可构成对所谓高风险投资的反驳。再次,黄某章除了向薛某某所借560万元尚未付息即案发外,均有支付他人利息。该还款事实可构成对非法占有推定的反驳。最后,黄某章系在得知薛某某报案后才逃往外地,与获取资金后即逃匿的情形有所不同,其特定的潜逃目的可构成对非法占有目的推定的反驳。所以,在适用经验概括对非法占有目的进行推定时,应当给予被告人反驳的机会。在被告人提供材料、线索进行反驳后,应当穷尽查证义务并根据裁判规则作出相应判决。

被告人黄某章确实有虚构事实或者隐瞒真相的行为,但因为主观上没有非法占有目的,应当定性为民事欺诈,二审法院作出无罪判决是正确的。

案例5－3　盐城市天孜食品有限公司诉盐城市自来水有限公司供用水合同纠纷案[81]:日常生活经验法则在裁判中的运用

原告盐城市天孜食品有限公司(以下简称天孜食品公司)因与被告盐城市自来水有限公司(以下简称自来水公司)发生供用水合同纠纷,向盐城经济技术开发区人民法院提起诉讼。盐城经济技术开发区人民法院一审认为本案焦点包括以下两点:(1)争议水表是否存在测量用水量不准确并且偏快的问题;(2)如果前一事实能够认定,原告主张的被告多收的水费能否认定。针对第一个焦点,法院审理认为:(1)在争议水表使用前,原告天孜食品公司的日用水量在200吨左右,在争议水表使用期间,日用水量增加为400吨左右,甚至有时超过500吨,该水表换掉后,日用水量又恢复到200吨左右。而在争议水表使用期间,原告公司与用水量密切相关的豆制品生产量与此前、此后相比均相差不大,故按常理,该水表存在异常。(2)《江苏省城市供水服务质量标准DGJ32/C 03—2007》以及原被告间签订《供水合同》均要求,供水计量器具在使用前和发生争议后应由有资质的计量检定机构检定、检测合格,但被告自来水公司未能提供“盐城水流量检测中心”及其检测人员具有合法资质的证据,故该检测主体缺乏合法性。(3)原、被告间签订的《供水合同》中明确约定当水表出现问题时,需供水人和用水人共同参加送检的全过程,但本案中的所谓检测是被告的单方行为,且未将“检定记录表”向原告送达,故该检测结果缺乏可信度。(4)被告于2017年11月9日自行委托争议水表的生产商福州真兰水表有限公司对水表进行检测,结果为整表偏快3%。尽管该水表在检测时已使用、存放较久,但该结果也从一定程度上佐证了争议水表可能存在测量不准的问题。(5)争议水表在2014年11～12月安装使用,约3个月后即2015年2月原告向被告发函要求对争议水表进行检测,认为水表存有偏快、使用水量明显增多的重大缺陷,之后也多次就此事与被告沟通并发函,但被告一直未予解决,导致该水表使用长达3年时间。原告向被告发函要求对水表进行封样,被告仍未予理睬。本案审理期间经法院询问该重要证物的去向,被告称水表已经灭失。被告公司的这些敷衍、消极、回避行为,佐证了争议水表存在问题的可能性极大。综合以上因素,根据民事诉讼的证明标准,足以认定案涉水表存在测量不准、运转偏快的问题,会导致所测用水量偏大的错误结果。

一审法院判决被告自来水公司于本判决生效之日起10日内返还原告天孜食品公司多

〔81〕 参见《最高人民法院公报》2020年第3期(总第281期)。

支付的水费725,795元。一审宣判后,自来水公司不服,向盐城市中级人民法院提起上诉。

上诉人自来水公司上诉称:原审判决无视上诉人与被上诉人已就水量争议时的处理办法达成一致的事实,故意绕过双方约定作出裁量,体现了对当事人合法缔结合同自由意志的非法干预。《江苏省城乡供水管理条例》第41条规定,结算水表损坏不能计量的,供水单位应当按照合同约定的方式估算水费。上诉人与被上诉人签订的《供用水合同》第5条第5款约定,"如因计量器具的原因造成双方不能就用水量形成一致意见时,用水人同意供水人根据实际并结合用水人三个月平均用水量来确定本期水量水费"。可见,对争议水量水费的处理既有地方性法规规定,又有双方当事人约定。因此,应按照"约定优先"的原则,根据双方当事人的约定处理争议水费问题。在上诉人与被上诉人已就因计量器具原因引起的水量水费结算已有明确约定的前提下,在审核认定证据时,自然也就没有"日常生活经验法则"适用的余地。根据最高法《民诉证据规定》之精神,在证据的审核认定时,应以证据能够证明的案件事实为依据依法作出裁判为原则,以日常生活经验法则进行推定为例外。换言之,只要能够以有证据证明的案件事实为依据作出裁判,则没有必要运用所谓的"日常生活经验法则"推定案件事实。实际上,原审法官所谓的日常生活经验不过是通过与案涉争议水表前后两块水表的数据对比,通过简单的计算得出,这样的"日常生活经验"并不可信。

盐城市中级人民法院经二审,确认了一审查明的事实。认为:争议水表使用期间的用水量明显超出该水表使用前、后两个时期的用水量,上诉人认为可能有多种原因导致用水量的变化,亦未能提供充分的证据证实。故综合现有证据不能证明上诉人提供的争议水表计量合格。另据《供水合同》约定,如因计量器具的原因造成双方不能就用水量形成一致意见,用水人同意供水人根据实际并结合用水人上3个月平均用水量确定本期水量水费。由于争议水表使用时间较长,一审法院将争议水表使用前后时间段用水量进行对比,确定争议期间多计算水量的比例,酌情认定应当返还多收取的水费金额并无不当。盐城市中级人民法院判决驳回上诉,维持原判。

｜评析｜ 首先,本案适用经验法则认定案件事实是否恰当?第一审法院针对争议水表是否存在测量用水量不准确并且偏快的问题,在判决中明确指出应当依据最高法《民诉法解释》第105条和第108条第1款审查判断证据和认定案件事实。最高法《民诉法解释》第105条规定:"人民法院应当按照法定程序,全面、客观地审核证据,依照法律规定,运用逻辑推理和日常生活经验法则,对证据有无证明力和证明力大小进行判断,并公开判断的理由和结果。"第108条第1款规定:"对负有举证证明责任的当事人提供的证据,人民法院经审查并结合相关事实,确信待证事实的存在具有高度可能性的,应当认定该事实存在。"本案中,一审法院根据与天孜食品公司用水量密切相关的豆制品生产量判断,案涉水表更换前后,天孜食品公司日均用水量应当变化不大。但事实是争议水表使用期间,天孜食品公司日均用水量较争议水表使用前和使用后翻了一番,这显然与常理不符。一审法院据此认为争议水表存在异常,但没有仅凭此异常情况直接认定争议水表所测用水量偏大。可见,一审法院在运用经验法则认定争议事实时足够谨慎,对经验法则的运用限于对现象的初步判断。

其次,自来水公司质疑一审法院适用经验法则是否合理?自来水公司在上诉理由中提到双方因计量器具原因引起的水量水费结算已有明确约定,因此不能再适用日常生活经验法则,一审法院适用经验法则以及适用的方式是错误的。实际上,自来水公司质疑一审法院适用经验法则存在明显误区,其将解决纠纷的依据和对基本事实的判断加以混淆。双方曾就处理水量争议达成一致意见的事实与争议水表本身是否存在运行偏快导致水费不正常的事实没有必然联系,自来水公司依据前者否定后者的逻辑是不能成立的。自来水公司认为一审法院对日常经验法则的运用并不可靠,根据最高法《民诉证据规定》第10条的规定,对于根据已知的事实和日常生活经验法则推定出的另一事实,当事人无须举证,当事人有相反证据足以反驳的除外。一审法院以争议水表使用前后日均用水量和生产量的对比为基础,运用日常经验法则推定争议水表存在异常。对此,自来水公司提出用水量增加可能是多方面原因引起的,但未提出任何证据予以证明,因此不足以反驳推定事实。

最后,一审法院和二审法院综合运用民事诉讼证明原理和日常生活经验法则对案涉争议事实作出判定。本案法院看似仅凭经验法则认定争议水表存在运转偏快的问题,实则综合各项事实因素得出争议水表测量不准、运转偏快,进而导致用水量偏大的事实结论。正如刊载该案例的《最高人民法院公报》所指出的,在供水合同关系中,供水方自来水公司承担的安装、更换、维修水表以及供水等义务是一种公共服务。用水方系被动接受水表和计量结果。水表更换前后,在用水方生产量基本不变且无管道跑水故障的情况下,水表显示用于生产的用水量却大幅增加,有悖常理。自来水公司对于争议水表的鉴定、处置等具体行为和态度,同样可以成为法院作出事实判断的依据。由此引发争议时,法院应当根据民事诉讼证明原则和日常经验法则,对案件事实作出综合判断并公平合理地确定计算方法和损失数额。

主要文献著述

1. 潘金贵主编:《刑事司法经验法则运用研究》,中国检察出版社2022年版。
2. 何家弘:《司法证明方法与推定规则》,法律出版社2018年版。
3. 毛淑玲:《推定原理研究》,中国政法大学出版社2019年版。
4. 阎朝秀:《司法认知研究》,中国检察出版社2008年版。
5. 周洪波:《中国刑事印证理论批判》,载《法学研究》2015年第6期。

第六章　证据学理分类的理解与适用

第一节　证据学理分类概述

一、证据分类的概念

证据分类是从理论上对于诉讼证据类型的划分，即根据不同证据的特征，按照不同的标准将证据划分为不同的类别。我国学者近年来对证据的分类方法渐趋一致，一般将证据分为言词证据与实物证据、原始证据与传来证据、直接证据与间接证据、本证与反证等类型。

在我国，证据分类不同于法定证据种类。法律规定的证据种类，实质上也是对证据的一种分类，但其是依据法律规定作出的划分，是法律的明文规定，具有法律效力，不具备法定表现形式的证据一般不能作为定案根据，而证据分类则是学理上的类别划分，属于学理解释范畴，不具有法律效力。而且，证据的法定种类是法律依据一定的标准对证据进行的多元划分，而证据分类则是按照不同标准对证据进行"二分"。

二、证据分类的意义

分类研究具有重要的理论价值，是人们认识和研究客观事物的一种重要的逻辑思维方法。分类研究法有利于把各种事物区别开来，深入揭示各种事物的共性和差异。对证据进行分类研究，可以充分揭示不同证据的不同特征，使某类证据所具有的复杂属性在不同的视角下得以显现，从而帮助人们理解该类证据在搜集、获取、固定、举示、审查判断等方面的一般规律，并借以将对证据概念、资格、属性、证明力及证据规则等的思考不断引向深入，对于证据法学的研究大有裨益。

证据的分类研究对于证据立法和司法实践也有指导意义。在司法实践中，证据分类无论是对于公安司法机关还是对于诉讼当事人及其他诉讼参与人都具有良好的指导作用。在证据分类理论的指导下，相关主体可以根据证据的不同特性全面正确地收集和运用证据，少走弯路，提高效率，尊重规律，充分发挥各种证据在认定案件事实中的作用。

第二节　言词证据与实物证据的理解与适用

一、言词证据和实物证据的概念

根据证据的内容及表现形式等的不同，证据可以分为言词证据与实物证据。凡以人类语言为内容及表现形式的证据，就是言词证据；凡以实物为内容和表现形式的证据，就是实物证据。

言词证据主要包括证人证言、当事人陈述、鉴定意见等。在刑事诉讼中，当事人陈述主要表现为犯罪嫌疑人、被告人供述和辩解，被害人陈述等。鉴定意见之所以属于言词证据，是因为鉴定意见本质上是鉴定人对案件中涉及的某些专门问题发表的个人意见，而且，法律原则上也要求鉴定人到庭接受询问。就其内容而言，言词证据主要是相关主体基于对案件事实的感知进行的陈述。言词证据的形成通常需要经过感知—记忆—复述这样三个阶段，即案件事实在相关主体的意识中形成映像，并以言词形式外化为证明案件事实的证据。

实物证据是以实物为内容和表现形式的证据。实物证据通常表现为客观的、不以人的意志为转移的物品或痕迹，也可以表现为对客观存在的如实写照及记录。在法定证据种类中，物证、书证、视听资料、勘验笔录，以及刑事诉讼中的检查笔录、侦查实验笔录、电子数据，民事诉讼中的电子证据，行政诉讼中的现场笔录等，都是实物证据。

二、言词证据和实物证据的特征

（一）言词证据的特征

言词证据具有以下特征：

1. 证据形式的动态性。言词证据是以人的陈述形式表现出来的对案件事实及牵涉的某些专门问题的感知或认识，因此，与实物证据不同，它对案件事实的反映是直接的、生动形象的，其与待证事实之间的关联性也比较明显，一般无须进行专门解读。而且，当事人、证人作为案件事实的经历者，通常能够全面、详细、具体地反映案件事实，揭示案件发生、发展的完整过程以及一些有法律意义的细节，公安司法人员可以从言词证据中把握案件的前因后果、来龙去脉，尤其是能借以了解当事人行为的动机、目的等主观心态，从而迅速判明案件性质，发现案件的事实真相。这通常是实物证据无法比拟的。

2. 证据内容的真假混杂性。作为陈述人对案情的主观反映，言词证据的客观真实性很容易受到各种主客观因素的影响，出现虚假或失真的情况。主要表现为以下三种形式：(1)考虑到与案件处理结果的利害关系，陈述人故意作虚假陈述。(2)由于受到外在的威胁、引诱或欺骗，或者受压迫性询问（讯问）环境的影响，陈述人违背自己的真实意愿作虚假陈述。(3)尽管陈述人想如实反映案情，但受感知能力、记忆能力、表达能力等客观因素的影响，导致陈述人的陈述不符合案件事实。事实表明，即使是目睹同一事件的众多证人，其提供的言词证据也存在这样那样的差别，很少有人能够完全准确地复述事件经过。因此，一般而言，言词证据的客观性不及实物证据。

3. 证据源的稳定性。陈述人在感知案件事实后，案件事实的映像就会被大脑储存起来，一般情况下，能够保存相当长的时间。而且，感知时受到的刺激越强烈，映像越清晰，保存的时间就越长。因此，言词证据的收集带有相对的持久性和可重复性。例如，对于同一个证人，可以通过多次询问，形成多份证人证言笔录，对于同一个犯罪嫌疑人、被告人，经过侦查、审查起诉、审判等多个阶段的讯问，可以形成多份口供。这是有利于言词证据收集与审查判断的。

4. 易变性、反复性。由于言词证据的载体是人，而人的言语表达受到其内心思想的左右或者影响，因此，言词证据在司法实践中常常呈现易变性、反复性，如犯罪嫌疑人、被告人经常时供时翻的“翻供”、证人证言的“翻证”、当事人陈述、被害人陈述的反复多变等现象，就是言词证据这一特征的反映。

案例1　唐某友故意杀人案[1]

2019年8月上午，被害人唐某1出言辱骂被告人唐某友，两人因此发生口角，随后在旁人规劝下各自离开。当日中午，饮酒后归家的被告人唐某友仍对被害人唐某1上午的辱骂气愤不已，遂携刀至唐某1家，持刀朝着唐某1的左上臂、左肩部及左颈部连砍三刀。在唐某1的道歉求饶下，唐某友停止侵害，随后离开，并主动报警，等候抓捕。在案件侦查阶段，唐某友作了有罪供述，对其故意杀人行为及主观故意供认不讳。但是，庭审时，唐某友当庭翻供，称其持刀仅是为了吓唬被害人，其既无杀人的主观故意，亦无故意杀人的动机。而且，唐某友亦辩称侦查阶段的有罪供述是在其意志不清醒的情况下所作，并非其真实意思表示，应予以排除。经一审、二审，法院综合被告人供述、被害人陈述、证人证言以及鉴定意见书等证据，同时结合侦查讯问时的同步录音录像等材料，认定被告人唐某友的翻供并不成立、不具有合理性，其构成故意杀人罪。

本案中，唐某友当庭翻供称其无杀人故意，是言词证据易变性、反复性的一种反映。犯罪嫌疑人、被告人的有罪供述作为典型的言词证据，其内容涵盖犯罪的动机、目的、行为以及方式等方面，往往能够直接证明犯罪事实，故而在刑事证据体系中至关重要。不过，虽然有罪供述证明价值大，但是其反复性和易变性亦常常阻碍犯罪事实的准确认定。进言之，面对即将到来的定罪判刑，被告人的心理状态往往非常复杂。出于自利心态、意图逃脱罪责等多方面的心理因素，被告人常常会选择翻供，推翻先前的有罪供述，如此则需要司法工作人员从证据收集的合法性、翻供的合理性、在案证据的印证情况等角度切入，予以综合审查。

案例2　何某等伪证案[2]

2008年7月，重庆市沙坪坝区歌乐山镇民营企业老板张某因民事纠纷将陈某打成重伤。公安机关立案侦查后，询问了当时在案发现场的何某等五名证人，何某等人均证实了张某殴打陈某的相关情况。本案一审判决张某构成故意伤害罪，张某不服提出上诉。在二审期间，何某等人向法院提供了新的证词，以证明张某不是犯罪行为人。公安机关经过调查，发现系一审判决之后，张某的家属、朋友多次给何某等人做工作，并给予了何某等人不同数额的金钱，何某等人遂改变了证词。后何某等5人均被重庆市沙坪坝区人民法院以伪证罪判处刑罚。

司法实践中，诸如前案犯罪嫌疑人、被告人翻供的现象较为常见，而诸如本案涉及的证人翻证，甚至被害人翻证的案件也时有出现。在民事案件中，证人提供虚假证言或者翻证亦是常见现象。这些现象都说明了言词证据具有易变性、反复性的特点，司法实践中应当注意对言词证据的有效固定。

（二）实物证据的特征

实物证据具有以下特征：

1. 证据形式的客观性和稳定性。实物证据表现为物品的形态、存在状况以及对现场、

---

〔1〕 参见河北省唐山市中级人民法院刑事判决书，(2020)冀02刑终341号。

〔2〕 系作者办理的案件。

物品及人身情况的客观记载，是有形的物质实体，因此，较之于表现为人的陈述的言词证据，具有更强的客观性。而且，与易受主观因素影响的言词证据不同，实物证据无论形成于案发之前，还是随着案件的发生而形成，抑或案发后才制作，都是一种客观存在，而且一旦形成，其外部特征或记载的内容就会相对稳定，通过勘验、搜查、扣押、查封、冻结、调取或当事人提供等途径收集并保全固定之后，可以长期保持其原有形态，不易失真。实物证据本身不会"说谎"，它的证明力不会受人的思维影响而改变，因此，它是检验言词证据真实性的可靠依据，一般而言，它对案件事实的证明更有说服力，更能经得起历史考验。

2. 证明方式的被动性。实物证据又被称为"哑巴证据"。它虽然能够客观地记录下与案件事实相关的情况，但通常不能直观地反映案件事实，或者不能自动展示其与案件事实间的客观联系，只能依赖相关主体发挥主观能动性，借助一定的手段对其进行说明或解读。因此，实物证据能否证明案件事实及发挥证明作用的程度在一定意义上取决于人类的认识能力。有些实物证据包含的信息容易被揭示，如一般的书证、视听资料，有些实物证据反映的案件信息需要进行辨认或比对，而还有一些实物证据蕴含信息的识别就要依赖鉴定等科技手段，如 DNA 证据、指纹、足迹、声纹等。

3. 证明对象的片段性。实物证据在证明对象上具有片段性、不完整性。实物证据通常只涉及案件事实的某个方面、某个情节、某个场景，无法单独反映案件主要事实。如现场提取到的犯罪嫌疑人的指纹，在排除伪造现场的前提下，一般只能证明犯罪嫌疑人到过现场，但不能证明案件就是犯罪嫌疑人所为，更无法系统地呈现犯罪经过，必须与其他证据结合，才能证明案件的主要事实。所以，实物证据多数情况下都是间接证据。因此，运用实物证据时应该重视对实物证据与案件事实关联性的揭示，注重发挥多个证据的整体性作用。

4. 灭失后的难以替代性。言词证据，如被告人的供述，在灭失以后还可以通过再次讯问予以收集。然而，实物证据灭失之后却很难找到替代证据。物证、书证形成于案发之前或案发过程，体现于特定的载体之上，而时间无法倒流，案件不能重演，因此，实物证据一旦灭失，就无法恢复。当然，也不允许用同类的物品或者相似的物品替代。视听资料亦是如此，由于其一般直接形成于案件事实，在灭失以后，不可能进行重新录制。然而，物证很可能因为受到自然或者人为因素的影响而出现毁损或灭失，有些实物证据如血液、唾液等在受到污染后可能会传递出错误的信息。这就对实物证据的收集和保管提出了很高的要求。实物证据必须及时收集，并且对于任何收集在案的实物证据均应依照法律要求的方式和程序采取保全措施。

案例 3　李某故意伤害、盗窃案〔3〕

2017 年 4 月 26 日 21 时许，被告人李某在深圳市东湖公园东深派出所对面约 200 米处的草坪上与被害人王某因琐事发生口角。被告人李某手持刀具刺伤王某的脸部、手部及胸部等处。民警在现场勘验过程中，从东湖二路西侧草地小道和东湖公园阳光草地旁一小道均提取了疑似血迹，经鉴定，该两处疑似血迹与被告人李某血样 STR 分型相同。后经鉴定，被害人王某所受损伤属轻伤一级。2017 年 4 月 28 日世界金融中心知止博远资产管理（深圳）有限公司被盗。

〔3〕 参见深圳市中级人民法院刑事判决书，（2020）粤 03 刑再 3 号。

经侦查,犯罪嫌疑人盗得电脑主机两台、手机两部及监控主机设备一台,其中两台被盗电脑主机价值共计人民币4284元。民警在现场勘验中,从显示器数据线接口及桌子下鼠标线接口等处提取到擦拭子,经过鉴定,该两处的擦拭子为被告人李某所留。一审和二审法院均认为,被告人故意非法损害他人身体健康,持刀具刺伤他人,并致人轻伤,构成故意伤害罪;以非法占有为目的,秘密窃取他人财物,其行为已构成盗窃罪。李某在一审中对故意伤害事实没有异议,表示认罪。但对于盗窃罪的判定并不认罪。

进入再审程序后,再审法院发现,原审判决判处李某犯盗窃罪的认定事实不清、证据不足。原因主要有以下几点:(1)一、二审判决认定李某犯盗窃罪的主要事实依据是从盗窃现场提取到了李某的DNA,但公安局在原审判决后出具的核查报告中载明,该盗窃案与李某故意伤害案两案现场提取的物证系在同一天送检、同一天检验,不能完全排除物证受到相互污染的可能,同时在现实办案中也存在DNA转移的可能性。鉴于此,原据以定案的证据DNA鉴定意见的真实性存疑,证明力减弱。(2)李某归案后始终否认到过盗窃案发现场,否认实施过盗窃犯罪。(3)盗窃案现场周围监控视频不能证实李某到过案发现场、实施过盗窃犯罪。再审时通过对原有视频的再次复查,无法确定李某进入案发现场。(4)侦查机关对李某的讯问笔录及侦查机关在原审判决后出具的两份情况说明反映在盗窃案发时间段基站范围显示该手机号码未出现在案件现场附近,综上,现有证据不能排除李某未到过盗窃案现场的合理怀疑。

本案中,在盗窃案现场提取的DNA样本属于物证,是实物证据的一种,但是因为该DNA与故意伤害案现场提取的李某血液是同一天送检并且在同一天检验,在送检过程中或者在检验过程中都不能排除物证受到交叉污染的可能。除此之外,公安机关的情况说明反映了该盗窃案中提取的现场物证可能因为受到李某故意伤害案的物证血样污染,而导致盗窃案的物证鉴定结论为STR分型与李某血样的STR分型一致,极大地削弱了盗窃案鉴定意见的证明力。现场DNA灭失后难以替代,被污染之后不能再次搜集,并且本案并无其他证据指向李某到过盗窃案现场,据此,认定李某犯盗窃案的证据不足。

三、言词证据和实物证据的运用

针对言词证据易受主客观因素影响及易变性等特征,在言词证据的取证、质证及认证活动中应当注意以下几个方面:(1)对言词证据的收集,应当依法通过询问、讯问等方式进行,禁止采用暴力、威胁、引诱、欺骗等影响陈述人意志自由的手段以及侵犯他人合法权益的手段。在刑事诉讼中,采用刑讯逼供等非法方法收集的犯罪嫌疑人、被告人供述和采用暴力、威胁等非法方法收集的证人证言、被害人陈述,应当予以排除。在民事诉讼和行政诉讼中,以严重侵害他人合法权益、违反法律禁止性规定或者严重违背公序良俗的方法取得的言词证据材料,也不能作为认定案件事实的依据。(2)为了防止因时间久远陈述人淡忘案情或者相关对象丧失辨认或鉴定条件,言词证据应当及时收集。并且,应当根据案件的具体情况和证据的不同种类,采取不同的固定形式。言词证据的固定,一般采取笔录的形式,但陈述笔录必须由陈述人签名、按印。在特定情况下,也可由陈述人亲自书写知晓的案件事实或相关情况,并由陈述人、见证人等签名、按印。选择自书方式固定言词证据的,如果陈述人没有书写能力,可由相关主体代书。言词证据的固定还可以采用声像固定法,即对陈述的全过程进行同步录音录像,这样可以大大减少翻证、翻供的比率。

(3)对言词证据进行质证时,宜采用交叉询问的方式,即证人、鉴定人等到庭接受双方当事人的质询。当然,在符合法律规定的情形下,也可以书面的言词证据代替。(4)司法机关在对言词证据进行审查判断时,应当着重审查言词证据的真实性和合法性。为此,审查时应当注意陈述人的生理、心理状态,陈述人的个人品质和表达能力,陈述是基于直接的感知还是对他人感知的转述,感知案情及陈述时的客观环境和条件,陈述人与案件的利害关系,言词证据自身是否存在矛盾,言词证据与其他证据能否印证,有无采取非法的获取手段等。

案例4　刘某昆诉孙某帅等买卖合同纠纷案〔4〕

2016年5月28日,被告孙某帅向原告刘某昆出具欠条一份,内容为"今欠铝材货款64,381元",作为对其前期欠原告铝材货款的确认,并按日常交易惯例落款签名为"孙帅"。后被告杨某丽也在该欠条上签名予以确认,签名按照其日常交易惯例书写为"杨丽丽"。两被告系夫妻关系。出具欠条后未向原告支付上述款项。上述事实有两被告结婚证、原告提交欠条一份和与两被告的手机通话录音两段等证据证实。被告主张已经付款2000元,但提交的微信截图打印件不足以证明该事实。为维护合法权益,原告向法院起诉要求判令两被告立即支付货款及利息。

二审中,济南市中级人民法院经审理认为:在孙某帅提交的微信截图打印件中,一方自称森鑫批发铝材,另一方未显示姓名或名称,且该截图无年份标识,孙某帅未提供其他证据佐证该截图与本案的关联性,无法证明该2000元是孙某帅偿还的本案所涉刘某昆的欠款。虽然孙某帅陈述刘某昆出示的欠条是残缺版不完整,还有"后期把货补齐再支付货款"、刘某昆的签字等内容,但孙某帅认可该欠条的真实性,且其未提交相应证据佐证该欠条还有其他内容。孙某帅在通话录音中明确说明"你有电话录音你可以录音",说明该录音证据取得过程孙某帅完全知情,且完全同意,结合刘某昆的代理人与孙某帅的通话录音,能够认定孙某帅收到了涉案货物。另外,杨某丽与孙某帅系夫妻关系,杨某丽认可涉案欠条上其签名的真实性,其在欠条上签字的行为应视为其共同偿还欠款的承诺,故一审法院认定孙某帅、杨某丽共同偿还刘某昆铝材款并无不当。

本案中,原告刘某昆提供了被告孙某帅与原告代理人之间的通话录音,即为通过声像固定法固定的言词证据,通过录音的方式将双方当时的通话予以记录,可以有效地避免后续出现翻证的问题。孙某帅在通话中明确承认的欠条形成过程以及孙某帅、杨某丽签名情况,说明整个录音是孙某帅的真实意思表示。虽然欠条存在缺陷,但是这段通话录音结合经过被告孙某帅认可的欠条,足以证明孙某帅已经收到了案涉货物。

实物证据的收集和固定应当遵循合法、及时、客观、全面的原则。(1)实物证据的收集必须依照法定程序进行,如经勘验、检查、搜查提取、扣押的物证、书证,必须附有相关笔录或者清单,该笔录或者清单上必须有侦查人员、物品持有人、见证人签名,并应当注明物品的特征、数量、质量、名称等。(2)由于实物证据容易灭失,所以,在收集、固定时必须迅速及时,以防止由于自然因素导致实物证据的毁损、消失,或者由于人为原因被破坏、伪造或变造。(3)在固定、保全实物证据时,应当充分利用各种现代科学技术手段,确保实物

〔4〕　参见济南市中级人民法院民事判决书,(2018)鲁01民终8920号。

证据不变形、不失真,进而保证法庭上所出示、宣读、播放的实物证据的内容,反映了实物证据的真实情况,如实记录了案件事实的本来面目。(4)收集实物证据时必须深入、全面、细致,以发现和提取各种有关联性的实物证据,包括那些细微的痕迹物证。在笔录型实物证据的制作中,也应当力求全面。如勘验、检查笔录应当准确记录提起勘验、检查的事由,勘验、检查的时间、地点,在场人员、现场方位、周围环境;现场、物品、人身、尸体等的位置、特征,勘验、检查、搜查的过程,固定证据的形式、方法,现场、物品、痕迹等的完好度和真实度等详细情况。

在审查判断实物证据时应当注意审查实物证据的来源、保管及鉴定过程,注意审查实物证据收集的全面性以及实物证据的真实性和关联性。然而,长期以来,由于片面强调实物证据的客观性、稳定性和鉴真的技术性,法律和司法解释中对实物证据认证的限制性规范不多,司法人员拥有较大的自由裁量权。而且,在审查时往往只着眼于实物证据的关联性,忽略了实物证据的来源、提取经过和保管情况。两院三部《办理死刑案件证据规定》、《非法证据排除规定》、《严格排除非法证据规定》以及最高法《刑诉法解释》等司法解释颁布后,至少在刑事诉讼中,上述局面有所改变。一方面,上述解释明确了实物证据审查的内容。按照规定,对物证、书证,应着重审查其是否为原物、原件,收集程序、方式是否符合法律及有关规定,在收集、保管及鉴定过程中是否受到破坏或者改变,其与案件事实有无关联,收集得是否全面等。对勘验、检查笔录,应当着重审查勘验、检查是否依法进行,笔录的制作是否符合法律及有关规定的要求,勘验、检查笔录的内容是否全面、详细、准确、规范,勘验、检查笔录中记载的情况与被告人供述、被害人陈述、鉴定意见等其他证据能否印证等。对视听资料,应当着重审查其来源是否合法,制作过程中当事人有无受到威胁、引诱或者是否存在其他违反法律及有关规定的情形,是否载明制作人或者持有人的身份、制作的时间等信息,是否为原件,有无复制及复制份数,内容和制作过程是否真实,有无经过剪辑、增加、删改、编辑等伪造、变造情形,内容与案件事实有无关联性等。另一方面,《刑事诉讼法》及相关司法解释还确立了实物证据的排除规则。收集物证、书证不符合法定程序,可能严重影响司法公正,又不能予以补正或者作出合理解释的,对该证据应当予以排除。而且,最高法《刑诉法解释》还明确要求,在以下情况下,实物证据也不得作为定案的根据:(1)物证的照片、录像、复制品,不能反映原物的外形和特征的;(2)对书证的更改或者更改迹象不能作出合理解释,或者书证的副本、复制件不能反映原件及其内容的;(3)在勘验、检查、搜查过程中提取、扣押的物证、书证,未附笔录或者清单,不能证明物证、书证来源的;(4)物证、书证的来源、收集程序有疑问,不能作出合理解释的;(5)勘验、检查笔录存在明显不符合法律、有关规定的情形,不能作出合理解释的;(6)侦查实验笔录所记录的侦查实验的条件与事件发生时的条件有明显差异,或者存在影响实验结论科学性的其他情形的;(7)视听资料系篡改、伪造或者无法确定真伪的,或视听资料制作、取得的时间、地点、方式等有疑问,不能作出合理解释的;(8)电子数据系篡改、伪造或者无法确定真伪的,或有增加、删除、修改等情形,影响电子数据真实性的,或存在其他无法保证电子数据真实性情形的等。值得一提的是,2021 年修订的最高法《刑诉法解释》还细化了电子数据以及技术调查、侦查证据审查的内容和方法;而 2019 年 12 月修订的最高法《民诉证据规定》第 91、92、93、94 条等增加规定了对公文书证、私文书证、电子数据等实物证据的审核认定方式。

总之，言词证据和实物证据在证据能力问题上各有特征，在证明力上也各有优劣。因此，在运用证据认定案情时，原则上应当综合运用这两种证据，取长补短，从而获得最佳的证明效果。

案例5 江某故意杀人案[5]

2000年9月9日晚，被告人江某与被害人卖淫女刘某搭识后，和刘某一同到刘某的租房内嫖宿。次日凌晨3时许，江某见自己的货款失窃而与刘某发生争执、扭打。其间，江某用水果刀猛刺被害人刘某颈部、腹部等部位数刀，致其机械性窒息合并肺、肝破裂、创伤性死亡。认定案件事实的证据包括：现场勘查笔录、现场图及照片；法医物证检验鉴定书；手印鉴定书；公安机关制作的《抓获经过》。一审法院判决江某犯故意杀人罪，判处无期徒刑。江某辩护人提出原判存在部分程序违法，鉴定检材"沾有被告人血迹的血纱布"没有提取笔录，来源不清，不能作为定案证据采用。

二审法院审理发现，作为本案重要的定案物证，留有江某血迹布片的来源及收集程序存在问题，因为涉案地区公安局当时并未掌握DNA技术，所以，尽管现场勘查笔录显示，案发现场衣物及布橱柜上均留下了大量血迹，但大都没有提取，而是提取了其中怀疑沾有被告人血迹的一块血纱布，但没有制作提取笔录和清单记录提取情况，在程序上并不规范，导致该布片从现场何部位提取、何人提取等情况不清。但是，被告人江某多次供述"其在与被害人抢夺水果刀的过程中，右手食指和中指被被害人咬破，流了很多血，在杀害被害人后去衣柜里翻找过"。人身检查笔录显示江某的右手食指和中指前端有两处疤痕可以佐证。除此之外，从本案破案经过看出，当地公安局在清理多年未破命案积案过程中，发现"义乌2000.09.10篁园新村凶杀案"案卷中有一个"9·10篁园新村案犯血样"字样的信封，里面有一小片血布片，公安局排除了2000年9月10日篁园新村及附近发生过类似案件。二审法院认为，公安机关在多年以来连犯罪嫌疑人都无法确定的情况下，也不可能在这一点上作假，擅自将被告人的血迹沾染到纱布上去。故可以确定该布片与该案犯罪事实存在相关性，不属于来源不清的情形。综上，血纱布"无源之水"的困扰得以解决，可以作为定案证据使用。

刑事诉讼对非法言词证据与实物证据采取了截然不同的态度。对于非法言词证据，采取绝对排除原则。而对于非法实物证据，则给予其进行补正或者合理解释的机会，若得到了补正或者作出了合理解释则具有证据能力，在程序上可采；反之，则沦为非法证据，直接予以排除。对于这类效力待定的证据类型，我们将其称为"瑕疵证据"。本案中，公安机关在案发现场提取到被告人江某所留的血迹，虽然血迹依附于其上的相关检材没有制作提取笔录与清单，但在案其他间接证据能够证明上述检材的来源，故不属于来源不清的情形，可以作为定案证据采用。本案案发时间过于久远，导致证据收集存在一些程序性的瑕疵和问题且不能补正，但是在本案中办案人员可以对此作出合理解释，不属于非法证据排除规则的范围，该证据仍具有定案资格。

---

〔5〕 参见浙江省高级人民法院刑事判决书，(2015)浙刑三终字第47号。

第三节　原始证据与传来证据的理解与适用

一、原始证据和传来证据的概念

根据证据的来源与出处,证据可以分为原始证据与传来证据。认定某一证据是原始证据还是传来证据,其标准就是看在来源上该证据与案件事实的关系是直接的还是间接的。

原始证据就是未经中间环节而直接形成于案件事实或原始出处的证据。原始证据是在案件事实的直接作用或影响下形成的,直接来源于证据生成的原始环境,因此,又被称为“第一手资料”或“原生证据”。在刑事案件中,目击证人根据自己直接感知的情况提供的证言,犯罪嫌疑人、被告人对自己涉嫌的罪行所做的供述和辩解,被害人针对自己的受害经过所作的陈述,侦查人员从犯罪现场提取的以及在搜查中扣押的物证、书证,直接录下案发经过的“母带”“原盘”;在民事、行政案件中,当事人提供的合同原本,欠条的原件,遗嘱的手稿,购物的原始发票、文件的原本、物证的原件,当事人对案件的陈述,证人基于自己对案件情况的直接感知提供的证言等,这些直接来源于案件事实的证据就是原始证据。

传来证据是间接来源于案件事实,经过复制、转抄、转述等中间环节而形成的证据。传来证据不是直接形成于案件事实,而是由原始证据衍生而来,所以又被称为“第二手资料”或“派生证据”。证人转述他人话语的证言,物证的照片或复制品,视听资料、电子数据的复制品,合同、文件的抄本或影印本,勘验、检查、侦查实验笔录的复印件,等等,这些来源于原始证据或者第二手及第二手以上材料的证据都是传来证据。

原始证据与传来证据划分的标准是证据的来源而不是取证的主体或者取证方式。证据的来源表达的是证据与案件事实的关系,不同于证据的表现形式。在有些案件中,原始证据可能表现为复制品。例如,在某些对政府官员进行敲诈勒索的案件中,犯罪分子先手写或者打印一份勒索信,然后再复印成若干份寄发。这种情况下,勒索信无论是犯罪分子手写的、打印的还是复印的,都直接来源于案件事实,属于原始证据。而案发以后侦查人员再对上述信件进行拍照、复制,得来的复制件才属于传来证据。又如,当事人通过复写方式制作的一式几份的合同文本、收据等书证,犯罪分子大量复制后销售的淫秽光盘、录像带,犯罪分子在作案过程中自己对有关证据拍摄的照片,这些证据的形成中虽然都使用了复制、复写手段,但其与案件事实的联系是直接的,都是原始证据。因此,形成传来证据的中间环节即所谓的转抄、转述、复制行为必须是独立于案件事实之外的,如果这些环节属于案件事实本身,则据以形成的仍然是原始证据。

当然,原始证据与传来证据的划分是相对的。电子数据这种新类型证据的出现,对原始证据与传来证据的分类标准提出了一定挑战,因为这种证据在某些情况下很难区分原件与复制件。有鉴于此,最高法《民诉证据规定》第 15 条规定:“电子数据的制作者制作的与原件一致的副本,或者直接来源于电子数据的打印件或其他可以显示、识别的输出介质,视为电子数据的原件。”

二、原始证据和传来证据的特征

（一）原始证据的特征

1. 更大的可靠性和更强的证明力。较之于传来证据，一方面，原始证据直接形成于案件事实或第一来源，没有经过中间环节的转述、复制过程，从而也就减少了因中间环节导致信息失真的可能性，它对案件事实的反映是最直接、最原始的，从而更加真实可靠。另一方面，原始证据与案件事实的联系是直接的，同案件事实的距离更为接近，关联的紧密度更高，因此，相对于传来证据，证明力更强。

2. 数量相对较少，收集难度相对较大。从司法实践来看，一个案件中在同时存在原始证据和传来证据的情况下，原始证据的数量往往较之传来证据相对较少，例如听说案件事实的证人可能有很多个，但现场目击证人可能只有一个；合同的原件可能双方各执一份，但合同的复印件可能有多份等，当然这种情况不能绝对化。由于数量相对较少，因此，收集原始证据的难度往往会比传来证据大，例如发现了多份复印件，但一直找不到原件等。不过，这种情况同样不能绝对化。

（二）传来证据的特征

1. 间接性。对于多数传来证据而言，其都是间接来源于案件事实，直接来源于原始证据的。传来证据与案件事实之间，隔着原始证据这个环节，其可靠性就不及原始证据。有时候，传来证据还会经过多次“转手”。一般来说，传来证据的可靠性和证明力，与其和案件事实之间的间隔多寡成反比。传来证据与案件事实之间的中间环节越少，其证明价值越大，反之，其证明价值就越小。

2. 依赖性。传来证据是在原始证据的直接作用或间接影响下形成的，因此，传来证据虽然也依赖于案件事实，但对原始证据的依赖更为直接。没有原始证据，就不可能有传来证据，而原始证据的真伪也直接影响着传来证据的可靠性。当然，传来证据的依赖性也是就其来源而言的，传来证据一旦形成，其对案件事实的证明作用可以是独立的，无须借助原始证据。传来证据的可靠性不仅由传播环节的多少和原始证据的可靠性决定，还会受到转述或复制方式的影响。如果某一原始文件通过手抄和复印形成两个传来证据，此时，虽然它们的来源相同，而且都经过了一次中间环节，但一般认为复印件更为可靠。

原始证据的证明力一般优于传来证据并不是说传来证据就完全不可靠，没有证明价值。传来证据在定案中仍然发挥着重要作用，具体表现在：(1)传来证据是发现原始证据的线索。在寻找证据时，以已经获得的传来证据为线索，顺藤摸瓜，穷根溯源，有可能获得原始证据。比如目击证人可能害怕犯罪分子报复而知情不报，不愿作证，但是他曾在酒后将看到的情况告诉过甲，公安机关找到了甲，根据甲提供的情况得以找到目击证人。(2)传来证据可用以审查、检验或佐证原始证据。传来证据虽然依赖于原始证据，但传来证据可以反映原始证据的可靠性。如甲曾经杀死三人，其亲戚乙知道这一情况，并将该情况透露给好友丙，甲被抓获后，向公安机关供述只杀死一人，乙作证说杀死三人，丙的证言作为传来证据就能对原始证据乙的证言起到检验和佐证作用，也能帮助审查其他证据如犯罪嫌疑人、被告人供述的真实性。(3)在原始证据无法直接获取或不必直接获取时，传来证据是保存或显示原始证据原貌的有效方式。如因相关物证的体积太大，不便在法庭上展示，可以以该物证的照片替代。(4)在确实无法获得原始证据时，传来证据可以独立地作为定案根据。如目击证人甲将看到的情况告诉了乙，之后不久就去世了，此时，乙的证言就可以独立作为定案根据。当然，这种情况下，独立地作为定案根据是指独立于原始证据，不是说传来证据可以成为定案的唯一根据。

案例6　鹿某河、王某斌民间借贷纠纷案[6]

鹿某河是王某斌的妻侄，2018年2月17日鹿某河向王某斌出具一张借条，借条内容为“鹿某河今借王某斌现金620,000元”，且借款日期、借款人及身份号码俱全。双方因款项用途是出借还是合伙出资产生争议诉至法院，王某斌诉请判决鹿某河归还借款及利息。法庭上，鹿某河对借条的真实性无异议，但认为借条中的借款系其开办混凝土搅拌站期间，王某斌为与其合伙经营搅拌站而支付的股金。而自己向王某斌出具借条的原因是王某斌追到其家中并逼迫其所写，鹿某河念及亲情出具了欠条。鹿某河为证明其主张双方为合伙经营的事实，申请证人鹿某生、鹿某星出庭作证，两位证人均证明“听鹿某河说过，鹿某河和王某斌是合伙关系”。而王某斌为证明双方之间的借贷关系向法院提交了借条，以及鹿某河出具借条整个过程的录音，其中并无逼迫情况。

法院认为，原始证据是指来自原始出处，直接来源于案件事实的证据材料。而传来证据是从间接来源获得的证据材料。因为原始证据直接来源于案件事实，其可靠性和证明力优于传来证据。本案当中，鹿某河向王某斌出具的借条系原始证据。而证人鹿某生、鹿某星的证人证言，均系听鹿某河所述，系传来证据。故鹿某河向王某斌出具借条的证据效力优于证人鹿某生、鹿某星证人证言的证据效力。而鹿某河主张自己是受逼迫才出具的借条，并未提出证据予以证明，反而王某斌提供的录音中并未显示存在逼迫情形。所以，法院认为王某斌主张的借款事实成立。

本案中，鹿某河与王某斌之间的关系为案件的争议焦点。王某斌为证明双方为借贷关系出具了原始证据——借条的原件，鹿某河也认可了该借条是其亲笔出具，借条是民间借贷关系中最基本的、也是最具有说服力的凭证，其证明力不言而喻。而鹿某河主张双方是合伙关系，仅提供了听取由自己所述双方是合伙关系的证人证言，该证人证言为传来证据，证明力本就不强，且又是从鹿某河听说的，其证明力更是大打折扣。

三、原始证据和传来证据的运用

根据原始证据和传来证据在可靠性和证明力上的特征，在运用这两类证据时应当注意以下几点：

1. 在证据的收集过程中，应当尽可能地发现、获取原始证据。我国三大诉讼法及相关司法解释对于物证、书证、视听资料等证据明确了优先获取和使用原始证据的规则。根据相关规定，原则上，提交物证时，应当提交原物，提交原物确有困难的，可以提交与原物核对无误的复制件或者证明该物证的照片、录像等其他证据；提交书证时，应当提交书证的原件，提交原件确有困难的，可以提交与原件核对无误的复印件、照片、节录本；提交视听资料、电子数据的，应当提交有关资料的原件或原始载体，提交原件或原始载体确有困难的，可以提交复制件。因此，公安司法机关和当事人、诉讼代理人等应当根据法律要求，积极主动地追根求源，尽最大努力发现、提取原始证据。

---

〔6〕 参见开封市中级人民法院民事判决书，(2020)豫02民终4375号。

2. 法院在运用证据认定案件事实时，应充分发挥原始证据的证明价值。法院在对物证、书证、视听资料等进行审查判断时，应注意审查证据是否为原件、原物，以及复制件、复制品与原件、原物是否相符，应充分发挥原始证据的证明效用。相关司法解释以及地方性证据规则中明确肯定了原始证据在证明力上的优势：一般情况下，原始证据的证明力大于传来证据；传来证据不能或者不能单独作为认定案件事实的依据；传来证据只有经与原始证据核实无误或经鉴定证明是真实的，才具有与原始证据同等的证明力。三大诉讼法及相关司法解释均要求，据以定案的物证、书证、视听资料等原则上应当是原物、原件。只有在原物、原件不便搬运、不易保存、无法调取或者依法应当由有关部门保管、处理或者依法应当返还等的情况下，才可以使用物证的复制品或者书证、视听资料的复制件。而法院在对单一证据进行审核认定时，证据是否为原件、原物是需要重点考虑的内容之一。

3. 重视传来证据的收集与运用。运用传来证据时，除须遵循一般的证明规则外，还需注意：(1)取证主体应当全面收集任何能证明案件真实情况的证据，当然包括从原始证据派生而来的传来证据。(2)相关主体在法庭上进行举证、质证，符合法定情形时，可以提供经司法机关核对无异的复制件或者复制品。最高法《民诉证据规定》第 12、13、15 条等还具体规定了部分实物证据的提交形式，并且要求当事人以不动产作为证据的，应当向人民法院提供该不动产的影像资料。(3)传来证据在特定情况下具有与原始证据相同的证明力。如最高法《民诉证据规定》第 91 条规定："公文书证的制作者根据文书原件制作的载有部分或者全部内容的副本，与正本具有相同的证明力。在国家机关存档的文件，其复制件、副本、节录本经档案部门或者制作原本的机关证明其内容与原本一致的，该复制件、副本、节录本具有与原本相同的证明力。"(4)在运用传来证据时，为了最大限度地接近真相，应当使用距离案件事实最近的传来证据，即经历中间环节最少的传来证据。(5)法院在对传来证据进行审查时，不仅应审查其本身的合逻辑性、合经验性，以及其与其他证据的印证关系，还应重点审查传来证据与原始证据的距离，也就是传来证据的来源情况。只有在查明其来源可靠，能够真实地反映原始证据之后，传来证据才能作为定案根据，最高法《民诉证据规定》第 87、90 条对此亦有要求。

案例 7　郑某、张某集资诈骗案〔7〕

2012 年 11 月，被告人郑某冒用王某的身份证注册登记了西安市碑林区豪越经销部，并自称公司经理，后吸收被告人张某入伙一起参与经营和利润分配。被告人从某科技公司购进保健品并对外宣称取得了授权，以签订合同书的方式向社会公众集资，会员购买其代理的保健品交由公司代销售，之后将所得返还会员。经统计，被告人郑某、张某骗取被害人共计 2,422,499 元。上述事实有 380 余名被害人的报案材料和陈述、抓获经过、指认照片及笔录、侦查机关出具的情况说明、证人证言及被告人郑某、张某的供述等证据证实。一审法院认为，被告人郑某、张某以非法占有为目的，使用诈骗方法非法集资且数额特别巨大，构成集资诈骗罪。两被告均不服提出上诉。郑某上诉辩称，本案中被害人提交的合同书和收据为复印件，一审法院未经法定审查即将该复印件作为定案证据。张某辩称本案大量证据没有原件无法核实，犯罪数额无法确定。

---

〔7〕 参见西安市中级人民法院刑事判决书，(2015)西中刑二终字第 100 号。

二审法院认为,对上诉人郑某、张某提出的本案中被害人提交的合同书和收据为复印件,一审法院未经法定审查即将该复印件作为定案证据违反法律规定的上诉理由和辩护意见,经查,最高法《刑诉法解释》(法释〔2012〕21号,已失效)第71条第3款规定:"书证的副本、复印件,经与原件核对无误、经鉴定为真实或者以其他方式确认为真实的,可以作为定案的根据。"本案中,侦查机关在与原件核对并在被害人签字确认后依法提取了涉案收据的复印件符合上述法律规定,故此上诉理由和辩护意见,不能成立。

在刑事诉讼中,证据的种类包括原始证据和传来证据,法院在通过证据认定案件事实的时候需要重视原始证据的证明价值,但是,在原始证据难以取得或者不便展示等原因之下,法院可以传来证据作为定案依据,传来证据在特定情况下具有与原始证据相同的证明力。就本案而言,司法实践中集资类的涉众型诈骗案件被害人人数众多,且出于对自身权益的保护,被害群众在报案时大多会向侦查机关提供被告人在实施诈骗时对其开具的合同收据复印件,而将原件自己保留,以便将来被告人财产被追缴时,被害人凭原件可主张自己的权利。而侦查机关在将复印件与原件核对无异后,会在卷中对每一个收据作出核对无异的说明。那么,与原件核对无异的传来证据是可以在刑事诉讼中作为证据使用的。本案中,二审法院在审理中依据2012年《刑诉法解释》第71条,认为侦查机关在与原件核对并在被害人签字确认后依法提取了涉案收据的复印件符合上述法律规定,因此,二审法院依法驳回了上诉人和辩护人该上诉理由和辩护意见。

第四节　直接证据与间接证据的理解与适用

一、直接证据和间接证据的概念

直接证据,指的是能单独直接证明案件主要事实的证据。何为主要事实?在刑事诉讼中案件主要事实指的是犯罪事实是否存在和该犯罪事实是不是犯罪嫌疑人或被告人所实施的事实;在民事诉讼中案件的主要事实是指当事人双方主要争议的民事法律关系发生、变更、消灭的事实;在行政案件中案件的主要事实是指行政机关的行政行为是否合法的事实。常见的直接证据为:(1)能单独直接证明案件主要事实的当事人的陈述。当事人为案件的亲历者,他们的陈述一般能够单独直接证明案件主要事实。(2)能单独证明案件主要事实的证人证言。例如目击证人在案发现场的所见所闻,一般能够单独直接证明案件主要事实。(3)能单独证明案件主要事实的书证。例如,在借贷纠纷中,能够单独证明借贷关系的借款合同。(4)能单独证明案件主要事实的音像证据。例如,公共场所安装的监控录像,恰巧将某人行窃的过程录下,依据录像又可以将该人辨认出来,该录像便可以成为直接证据。

间接证据,指的是不能单独直接证明,需要与其他证据结合才能证明案件主要事实的证据。与直接证据相比,间接证据具有显著的片段性,需要与其他证据结合,才能共同指向案件主要事实。例如,案发现场发现的带有指纹和血迹的刀,就是典型的间接证据,该证据本身无法单独证明主要事实。刀作为本案的作案工具,可以与刀上的犯罪嫌疑人指纹的鉴定意见以及被害人血迹DNA的鉴定意见共同证明犯罪嫌疑人的作案行为。实践中，案件中的大部分证据多为间接证据。与直接证据相比，间接证据的存在范围更为广泛。一般来说，只能证明时间、地点、工具、手段、结果、动机等片段性的事实要素和案件情节的证据，都是间接证据。

案例8　陈某申诉案〔8〕

1992年12月25日19时30分许，海南省海口市振东区（现美兰区）上坡下村109号发生火灾。19时58分，海口市消防中队接警后赶到现场救火，并在灭火过程中发现室内有一具尸体，立即向公安机关报案。20时30分，海口市公安局接报警后派员赴现场进行现场勘查及调查工作。经走访调查后确定，死者是居住在109号的钟某，曾经在此处租住的陈某有重大作案嫌疑。同年12月28日凌晨，公安机关将犯罪嫌疑人陈某抓获。1993年9月25日，海口市人民检察院以陈某涉嫌故意杀人罪为由将其批准逮捕。1993年11月29日，海口市人民检察院以涉嫌故意杀人罪对陈某提起公诉。海口市中级人民法院一审判决认定以下事实：1992年1月，被告人陈某搬到海口市上坡下村109号钟某所在公司的住房租住。其间，陈某因未交房租等与钟某发生矛盾，钟某声称要向公安机关告发陈某私刻公章帮他人办工商执照之事，并于同年12月17日要陈某搬出上坡下村109号房。陈某怀恨在心，遂起杀害钟某的歹念。同年12月25日19时许，陈某发现上坡下村停电并得知钟某要返回四川老家，便从宁屯大厦窜至上坡下村109号，见钟某正在客厅喝酒，便与其聊天，随后从厨房拿起一把菜刀，趁钟某不备，向其头部、颈部、躯干部等处连砍数刀，致钟某当即死亡。后陈某将厨房的煤气罐搬到钟某卧室门口，用打火机点着火焚尸灭迹。大火烧毁了钟某卧室里的床及办公桌等家具，消防队员及时赶到，才将大火扑灭。经法医鉴定：被害人钟某身上有多处锐器伤、颈动脉被割断造成失血性休克死亡。

本案中，陈某的有罪供述，能够单独证明案件主要事实，为直接证据。其他证据，如公安机关火灾原因认定书、现场勘查笔录、现场照片、物证照片、法医检验报告书、物证检验报告书、刑事科学技术鉴定书等仅能证明被害人钟某被人杀害，现场遭到人为纵火；在案证人证言只是证明了案发时的相关情况、案发前后陈某的活动情况以及陈某与被害人的关系等情况。这些证据均不能直接证明案件主要事实，故均为间接证据。

二、直接证据和间接证据的特征

（一）直接证据的特征

1. 证明关系上的直接性。直接证据与案件主要事实之间是直接证明的关系，它同案件主要事实往往具有同一性或能够直接说明案件主要事实。例如，犯罪嫌疑人、被告人对自己涉嫌罪行的直接供认，作为一个直接证据，它可能详细包括犯罪的动机、目的等主观心态，犯罪的预谋或准备过程，犯罪的时间、地点、参与人数、采用的工具和手段，犯罪行为的实施过程，受害人的情况，赃物、赃款情况以及犯罪造成的其他实际危害结果等。这些事实，都是公安司法机关在刑事诉讼中需要查明的事实。这些事实均可以在直接证据中得到反映。又如，在民事案件中，买方请求卖方交付某货物，但卖方却否认与买方之间有买卖关系存在，此时，买方拿出双方签订的买卖合同。该合同作为直接证据，能够直接证明双方之间存在买卖关系。当然，直接证据并不都是肯定性的，也有否定性的。如犯罪嫌

〔8〕　参见最高人民检察院指导案例第26号（2016年）。

疑人的辩解，证明犯罪嫌疑人不在现场的证人证言，能直接证明不存在某种法律关系的书证，证明未发生某侵权事实的视听资料等。根据否定性的直接证据，可以对案件的主要事实直接作出否定的判断。但无论是肯定性的直接证据，还是否定性的直接证据，它们对案件主要事实的证明作用都是直截了当的，无须借助其他证据，甚至无须经过逻辑推理。原则上，直接证据只要查证属实，就可以对案件主要事实直接加以确认。

2. 以言词证据为主要的表现形式。能够单独、直接证明案件事实的证据必须在内容上具备一定的系统性、完整性和连续性，而符合这些要求的主要是言词证据。因此，直接证据主要表现为言词证据。这一特征决定了：一方面，直接证据的种类和形式相对较为单一，获得渠道较为狭窄，数量较少，有些直接证据不易收集。如在刑事诉讼中，实践中依赖的直接证据主要是犯罪嫌疑人、被告人的供述与辩解，以及目击证人的证言，少数视听资料等。另一方面，直接证据容易受主客观因素的影响而出现失真的情形。言词证据表现为陈述人的陈述，是人思维活动的产物。这种证据不仅受客观环境和陈述人自身的感受力、记忆力、表达力的制约，也容易受陈述人主观意愿的影响而出现不真实的情况。例如，民事、行政诉讼中的当事人从自身利益出发故意作虚假陈述，或者故意隐瞒不利于自己的事实；证人被收买或受胁迫故意作伪证，或者因生理状况的限制而在提供证言时出现错误或偏差。直接证据的表现形式决定了直接证据的不稳定性和可能的虚假性。

3. 证明范围上的不一致性和不全面性。直接证据虽然都能单独、直接证明案件的主要事实，但不同的直接证据能够证明的主要事实的范围是不一样的。如证人证言和视听资料可能会展现案件发生的全过程，却在说明行为人的主观方面上存有局限；被害人可以指认犯罪嫌疑人，却可能无法复述犯罪行为的全部经过；同一案件中不同的犯罪嫌疑人、被告人的口供对案件主要事实的证明范围也可能大小各异。而且，直接证据的证明范围也是有限的。直接证据是相对于案件主要事实而言的，不一定能够证明所有案件事实。

（二）间接证据的特征

1. 证明关系上的间接性。单个间接证据对于案件事实的证明具有或然性，只是给出几种可能的结论。如公安机关在甲的家里查获了某盗窃案的赃物，此时至少有这样几种可能性：（1）东西确实是甲偷的，还未来得及销赃；（2）其他人盗窃的，而让甲窝赃或销赃；（3）甲从他人手中购买的，购买时明知是赃物或者不知道是赃物；（4）他人购买的，而在甲处暂存。如果不依赖其他证据，根本无法判断其中哪种结论更为真实可靠。显然，间接证据不能单独、直接证明案件的主要事实，它同案件主要事实的联系不像直接证据那样直观。只有将各个间接证据证明的事实片段联系起来，才能说明或推论出案件的主要事实。间接证据是以“证据链条”的形式发挥对案件主要事实证明作用的，为此，间接证据必须形成相互依赖、环环相扣的证据体系。每一个间接证据对案件主要事实的证明价值都建立在其他间接证据之上，缺少任何一环，案件主要事实可能就无法确立。间接证据的间接性实质上也决定了间接证据的相互依赖性。

2. 证明过程上的推断性。一个间接证据只能证明案件事实中的某一个片段或环节，而不可能直接反映案件的主要事实。所以，在运用间接证据认定案件主要事实时，必须综合运用演绎、归纳、推理以及反证法、排除法等逻辑证明手段，揭示间接证据与间接证据之间，各间接证据与案件事实之间的客观联系，并将案件中的各个间接证据联系起来，组成一个结果排他的证据体系，从而最终将各个间接证据所证明的事实片段有机地联结为案件的主要事实。例如，在刑事诉讼中，在缺少直接证据的情况下，就需要借助间接证据确定犯罪嫌疑人、被告人，逐步推理出作案的动机、目的、时间、地点和手段，进而认定犯罪事实。所以，相比而言，利用间接证据证明案件主要事实的过程难度较大，更加复杂。

3. 表现形式的多样性。间接证据同案件主要事实的联系多种多样，其存在的形式也不尽相同。因此，较之于直接证据，间接证据比较容易收集。一般而言，无论在民事、行政还是刑事案件中，据以定案的证据中，绝大多数都是间接证据。间接证据种类繁多，既可以是实物证据，也可以是言词证据。

三、直接证据和间接证据的适用

对直接证据和间接证据的适用，应当遵循如下证据运用规则：

1. "直接证据"和"间接证据"的区分，体现了证明方式的差异。直接证据不需要中间的推断环节，便能单独证明案件主要事实。有学者将直接证据定义为，如果相信了就能证实某个要件的证据。[9] 与之相对，间接证据需要中间的推断环节，且需要与其他证据一起，方能证明案件主要事实。因此，与直接证据相比，间接证据的审查更需关注证据与证据之间是否能够形成严密的证据链，从而共同指向一个待证要件事实。

案例9　张某勇贩卖毒品案[10]

周某勇、徐某等大量购毒者的证言证明，其等购买毒品首先拨打短号为×××729的手机，与一名外地人联系，然后将购毒款打入尾号为7476的农业银行账户，根据对方发回的短信至藏毒地点取到毒品。相关通信客户详单、机主信息及通话、短信记录、银行账户交易明细、手机检验报告、辨认笔录等证据与上述证人证言相印证，能够证明短号为×××729的手机、尾号为7476的农业银行账户用于贩卖毒品犯罪，毒品的交易价格是每克400元。而短号为×××729的手机系侦查人员抓获张某勇时从其身上扣押，尾号为7476的农业银行账户由张某勇参与申请开户并与张某勇使用的号码为159××××3913的手机绑定、尾号为7476的农业银行账户中有44,050元通过网银转至以张某勇实名开户的尾号为5414的农业银行账户、张某勇从尾号为5414的农业银行账户中取款等事实，均指向利用短号为×××729的手机和尾号为7476的农业银行账户，采用"打卡埋雷"方式贩卖毒品的人即张某勇。

本案中购毒者的证人证言、相关通信客户详单、机主信息及通话、短信记录、银行账户交易明细、手机检验报告、辨认笔录、银行开户信息等间接证据，形成环环相扣的严密的证据链，共同指向被告人张某勇贩卖毒品的事实。

2. "直接证据"和"间接证据"的区分，并不当然体现证明力的差异。[11] 证明力，又称"证明价值"(probative value)，是指证据对待证要件事实证明作用的大小或程度。[12] 在自由心证制度下，任何证据都没有预设的证明力，事实认定者得以对证据的证明力进行自由评价，在具体案件中，结合实践经验在现场作出具体判断。最高法2001年《民诉证据规

---

〔9〕 参见张保生主编：《证据法学》(第3版)，中国政法大学出版社2018年版，第25-26页。

〔10〕 参见浙江省衢州市中级人民法院刑事判决书，(2015)浙衢刑二终字第60号。

〔11〕 See R. Allen, E. Swift, D. Schwartz, M. Pardo & A. Stein, *An Analytical Approach to Evidence: Text, Problems, and Cases*, Wolters Kluwer; 6th edition, 2016, p. 142-143.

〔12〕 参见张保生主编：《证据法学》(第3版)，中国政法大学出版社2018年版，第24页。

定》第 77 条第 4 项关于“直接证据的证明力一般大于间接证据”的规定，混淆了证明方式和证明力，有悖自由证明制度下的证明力判断逻辑。典型的一个反例是，因商场电梯故障导致的人身伤害侵权案件中，作为直接证据的原告陈述，其证明力是否大于作为间接证据的电梯报修记录、就医证明以及伤残鉴定意见？2019 年《民诉证据规定》对此进行了修正，删除了第 77 条对证明力的规定。

3. 在缺乏直接证据的情形下，通过对间接证据证明的客观事实的综合判断，依然可以认定案件事实。最高法《刑诉法解释》第 140 条规定了没有直接证据，但间接证据同时符合下列条件的，可以认定被告人有罪：(1) 证据已经查证属实；(2) 证据之间相互印证，不存在无法排除的矛盾和无法解释的疑问；(3) 全案证据形成完整的证据链；(4) 根据证据认定案件事实足以排除合理怀疑，结论具有唯一性；(5) 运用证据进行的推理符合逻辑和经验。

一般而言，在民事诉讼中确定性程度高的证据(直接证据)往往可单独认定某一案件事实，确定性程度低的证据(间接证据)必须与其他证据结合，才能认定某一事实。一般认为，民事诉讼中对间接证据与待证事实之间关联性的审查，应满足以下四个条件：(1)间接证据应有一定数量。这是对间接证据比较印证的前提。间接证据与事实关联性越弱，其要求数量越多。(2)间接证据之间应在逻辑推理上共同指向同一证明对象事实。(3)各个间接证据之间以及它们与待证事实之间不能产生不合理的矛盾。(4)各个间接证据形成证据链的完整性、一致性足以让法官产生心证，确信待证事实的存在。〔13〕 概言之，判断案件证成与否，与案件中存在的直接证据和间接证据分布情况无关，是否达到了立法规定的证明标准是唯一标准，对此应当进行充分的说理。

案例 10　郑某峰、陈某青诉江苏省人民医院医疗服务合同纠纷案〔14〕

原告郑某峰、陈某青因生育障碍到人民医院就医，与医院签订了《试管婴儿辅助生育治疗协议和须知》(以下简称《协议和须知》)。人工辅助生育存在多种治疗技术，IVF 和 ICSI 都是人工辅助生育的技术手段，《协议和须知》中没有明确约定人民医院将采取哪一种技术为原告进行治疗。医务人员在观察了陈某青的精子后，认为适宜按照 IVF 技术进行治疗，遂按照 IVF 技术操作，但是最终治疗未获成功。

经查明，郑某峰交纳的检查费为 5400 元，与人民医院举证的 ICSI 技术的收费标准中前三项相加的数额相符，而郑某峰交费时 ICSI 技术的收费项目中最后一项相应的医疗措施尚未进行。人民医院举证的 2002 年 9 月 9 日《IVF 促排卵治疗记录单》中也记载了“拟行治疗”为“ICSI”。因此，虽然原、被告双方没有书面约定采取何种技术进行治疗，但是综合分析以上证据可以认定，原告已知悉存在两种不同的治疗技术手段，其交费的行为应当认为是对治疗技术方案做出的选择，人民医院收费的行为应当认为是对原告选择的确认，因此亦可以推定，原、被告之间已经就采取 ICSI 技术进行人工辅助生育治疗达成合意，人民医院有义务按照 ICSI 技术为原告进行治疗。

在本案中，人民医院为郑某峰、陈某青治疗过程中，在未出现需要紧急抢救等非常状态的情

〔13〕 参见肖峰：《最高人民法院民事诉讼证据规则：条文解析与实务运用》，法律出版社 2022 年版，第 463 页。

〔14〕 参见《最高人民法院公报》2004 年第 8 期。

况下,未经郑某峰、陈某青同意,擅自改变治疗方案。人民医院的行为,属于履行合同义务不符合约定,由此造成合同相对方的损失,依法应当承担赔偿损失的责任。

本案的焦点在于,如何认定原告与被告关于治疗方案的约定。双方签署的《协议和须知》系直接证据,但是在该直接证据中,并未明确治疗方案。尽管如此,2002 年 9 月 25 日的交费单据表明,人民医院是按照 ISCI 技术的收费标准收取的医疗费。电话录音及郑某峰、陈某青致人民医院医务处的信件中均提到他们原来是要求采取 ISCI 技术进行治疗的。人民医院提交的 2002 年 9 月 9 日《IVF 促排卵治疗记录单》中亦记载了拟行治疗技术为 ISCI。上述间接证据相互印证,可以认定郑某峰、陈某青与人民医院口头约定采取 ISCI 技术进行人工辅助生育治疗,人民医院应当按照双方的约定全面履行医疗服务合同。概言之,尽管本案缺乏能够证明治疗方案的直接证据,但是相关的间接证据已经能够达到我国民诉法规定的“高度可能性”的证明标准,因此可以认定医院未经郑某峰、陈某青同意,擅自改变治疗方案,由此造成合同相对方的损失,依法应当承担赔偿损失的责任。

案例 11　王某等人利用未公开信息交易案〔15〕

2008 年 11 月至 2014 年 5 月,被告人王某担任某基金公司交易管理部债券交易员,个人账号为 6610,并开通了恒生系统 6609 账号的站点权限。自 2008 年 7 月 7 日起,该 6609 账号开通了股票交易指令查询权限,王某有权查询证券买卖方向、投资类别、证券代码、交易价格、成交金额、下达人等股票交易相关未公开信息;自 2009 年 7 月 6 日起又陆续增加了包含委托流水、证券成交回报、证券资金流水、组合证券持仓、基金资产情况等未公开信息查询权限。2011 年 8 月 9 日,因新系统启用,某基金公司交易管理部申请关闭了所有债券交易员登录 6609 账号的权限。

2009 年 3 月 2 日至 2011 年 8 月 8 日,被告人王某多次登录 6609 账号获取某基金公司股票交易指令等未公开信息,王某强、宋玲某操作牛某、宋某祥、宋某珍的证券账户,同期或稍晚于某基金公司进行证券交易,与某基金公司交易指令高度趋同,证券交易金额共计 8.78 亿余元,非法获利共计 1773 万余元。

三位被告人均不供认犯罪事实。公诉人提出如下证据:

1. 王某与某基金公司的《劳动合同》、《保密管理办法》、6609 账号使用权限、操作方法和操作日志、某基金公司交易室照片等证据,证实:王某在 2009 年 1 月 15 日至 2011 年 8 月 9 日能够通过 6609 账号登录恒生系统查询到某基金公司对股票和债券的整体持仓和交易情况、指令下达情况、实时头寸变化情况等,王某具有获取某基金公司未公开信息的条件。

2. 王某登录 6610 个人账号的日志、6609 账号权限设置和登录日志、某基金公司工作人员证言等证据,证实:交易员的账号只能在本人电脑上登录,具有唯一性,可以锁定王某的电脑只有王某一人使用;王某通过登录 6609 账号查看了未公开信息,且登录次数明显多于 6610 个人账号,与其他债券交易员登录 6609 账号情况相比存在异常。

3. 出示某基金公司股票指令下达执行情况,牛某、宋某祥、宋某珍三个证券账户不同阶段的账户资金对账单、资金流水、委托流水及成交流水以及牛某、宋某祥、宋某珍的证言等证据,证

〔15〕　参见检例第 65 号,载《最高人民检察院公报》2020 年第 2 期。

实:(1)三个证券账户均替王某强、宋玲某开设并由他们使用。(2)三个账户证券交易与某基金公司交易指令高度趋同。在王某拥有登录6609账号权限之后,王某强操作牛某证券账户进行股票交易,牛某证券账户在2009年3月6日至2011年8月2日,买入与某基金旗下股票基金产品趋同股票233只、占比93.95%,累计趋同买入成交金额9661.26万元、占比95.25%。宋玲某操作宋某祥、宋某珍证券账户进行股票交易,宋某祥证券账户在2009年3月2日至2011年8月8日,买入趋同股票343只、占比83.05%,累计趋同买入成交金额1.04亿余元、占比90.87%。宋某珍证券账户在2010年5月13日至2011年8月8日,买入趋同股票183只、占比96.32%,累计趋同买入成交金额6.76亿元、占比97.03%。(3)交易异常频繁,明显背离三个账户在王某具有获取未公开信息条件前的交易习惯。从买入股数看,2009年之前每笔买入股数一般为数百股,2009年之后买入股数多为数千甚至上万股;从买卖间隔看,2009年之前买卖间隔时间多为几天甚至更久,但2009年之后买卖交易频繁,买卖间隔时间明显缩短,多为一至两天后卖出。(4)牛某、宋某祥、宋某珍三个账户停止股票交易时间与王某无权查看6609账号时间即2011年8月9日高度一致。

4.出示的王某、王某强、宋玲某和牛某、宋某祥、宋某珍的银行账户资料、交易明细、取款转账凭证等证据,证实:三个账户证券交易资金来源于王某强、宋玲某和王某,王某与宋玲某、王某强及其控制的账户之间存在大额资金往来记录。

本案中,在缺乏直接证据的情形下,通过对间接证据证明客观事实的综合判断,运用经验法则和逻辑规则,可以依法认定案件事实。首先,通过对3名被告人被指控犯罪时段和其他时段证券交易数据、未公开信息相关交易信息等证据,证明其交易与未公开信息的关联性、趋同度及与其平常交易习惯的差异性;其次,通过身份关系、资金往来等证据,证明双方具备传递信息的动机和条件;再次,通过专业背景、职业经历、接触人员等证据,证明交易行为不符合其个人能力经验;最后,借助证券市场的基本规律和一般人的经验常识,对上述客观事实进行综合判断,认定案件事实。尽管没有3名被告人的供述,本案的直接证据已经形成了完整的证据链,达到了我国刑事诉讼法规定的“排除合理怀疑”的证明标准。

4.在刑事案件中,除有罪供述的直接证据外,无其他证据与之相互印证,对所认定的事实不能排除合理怀疑的,应当坚持疑罪从无原则,不能认定被告人有罪。《刑事诉讼法》第55条第1款规定,只有被告人供述,没有其他证据的,不能认定被告人有罪和处以刑罚。在实践中,应当特别警惕同源证据的虚假印证。

案例12 张氏叔侄强奸案[16]

杭州市中级人民法院一审审理查明:被告人张某、张某平系叔侄关系。2003年5月18日21时许,两人驾驶皖J-11260解放牌货车送货去上海,途中经过安徽省歙县竹铺镇非典检查站时,遇要求搭车的同县女青年王某,张某平同意将王某捎至杭州市。当日24时左右,该车到达浙江省临安市(现临安区)昌化镇停车休息片刻,于次日凌晨1时30分到杭州市天目山路汽车西站附近。王某借用张某平的手机打电话给朋友周某箭要求其前来接人,周某箭让王某自己打

[16] 参见浙江省高级人民法院民事判决书,(2013)浙刑再字第2号。

的到钱江三桥后再与其联系。张某见此遂起奸淫王某的邪念，并将意图告诉张某平后，驾车调头驶至杭州市西湖区留下镇留泗路东穆鸡村路段僻静处停下，在驾驶室内对王某实施强奸。王某挣扎，张某平即应张某要求按住王某的腿，而后张某采用掐颈等暴力手段对王某实施奸淫，并致王某因机械性窒息死亡。随后，张某、张某平将被害人尸体抛于路边溪沟，并在开车逃离途中将被害人所携带的背包等物丢弃。

2004年，该案一审判决：(1)被告人张某犯强奸罪，判处死刑，剥夺政治权利终身；(2)被告人张某平犯强奸罪，判处无期徒刑，剥夺政治权利终身；(3)被告人张某、张某平各赔偿附带民事诉讼原告人经济损失人民币5000元，互负连带责任。同年，二审判决维持了原判。2014年，浙江省高级人民法院对此案进行了再审，对张氏叔侄改判无罪。

此案中，原判认定原审被告人张某、张某平强奸事实，主要包括如下证据：原审被告人的有罪供述、同监犯袁某的证言、现场勘查笔录、尸体检验报告以及指认现场人大代表的见证。对上述证据逐一分析，可以发现：第一，现场勘查笔录和尸体检验报告仅能证明被害人死亡这一事实，并不能证明行为人系张氏叔侄；第二，指认现场人大代表的见证，缺乏关联性，不是适格证据，而仅是形式上的包装；第三，同监犯袁某的证言，本质上与张某的口供同源，且存在不规范取证情况。综上，本案中，仅有被告人口供这一直接证据，没有其他证据能够与其相印证，根据《刑事诉讼法》第55条的规定，应当认定无罪。

5. 根据间接证据定案的，判处死刑应当特别慎重，审查的标准在于，综合全案是否形成严密的证据链，并达到“证据确实、充分，排除合理怀疑”的证明标准。在我国，在确保单个证据符合证据资格的基础上，对证据的审查应当综合全案，采取整体主义的认定模式。

案例13　喻某林故意杀人案〔17〕

2008年12月，两名孩童的尸体在武汉市新洲区某地的大泊塘内被发现。警方查明，死者喻某梅(女，8岁)与喻某超(男，6岁)为姐弟，二人均为生前入水窒息死亡，身上有明显伤痕，其中喻某梅的衣着异常，下身有伤。经勘验，警方获取了一枚在犯罪现场的立体穿袜足迹和被害人衣物中黏附的植物籽，此为本案的重要物证。有村民证实在案发当天曾见同村村民喻某林跟随在两个孩童身后。经调查与鉴定，警方确认喻某林袜子内的提取物与被害人衣物上的提取物为同一，喻某林的右脚穿袜足迹样本与现场提取的穿袜足迹一致。同时，喻某林到案后自行供述，其见姐弟二人放学后在此玩耍，企图猥亵喻某梅，遂上前先将喻某超推进池塘溺死，猥亵喻某梅后同样将其溺死。为掩盖犯罪行迹，喻某林将两具尸体推入塘内用水草掩盖。

本案诉讼过程比较复杂，前后经过7次审理。2015年12月，武汉市中级人民法院作出判决，认定喻某林无罪。武汉市人民检察院不服该判决，向湖北高级人民法院提出抗诉。此过程中，检察院与法院在案件事实的认定和证据的采信上出现较大分歧。法院根据疑罪从无原则作出无罪判决，检察院经两次检察委员会讨论认为，案件已形成完整证据链，犯罪事实清楚，证据确实、充分，提出抗诉意见，并再次提交补强证据，本次抗诉意见得到湖北省人民检察院支持。2016年8月8日，湖北高级人民法院采纳抗诉意见，作出最终判决，判处喻某林死刑，缓期两年执行，因其犯罪情节特别恶劣，犯罪后果特别严重，依法对其限制减刑。

〔17〕　参见湖北省高级人民法院刑事附带民事判决书，(2016)鄂刑终14号。

《关于办理死刑案件证据规定》第33条第2款强调了,根据间接证据定案的,判处死刑应当特别慎重。此案中,除了被告人喻某的口供,其他兼为间接证据。法院和检察院的观点之争,在于如何认定“立体穿袜足迹”“植物籽”“村民证言”等间接证据的证明力,以及如何认定“排除合理怀疑”证明标准的证成。武汉市中级人民法院判决无罪,其采取了“单个审查”的认定模式,即审查每一个单个证据是否达到了“排除合理怀疑”的证明标准,由此得出“足迹不能证明为被告人案发时所留、被告人袜内的植物籽不能证明是在案发现场沾染、证人证言与被告人供述不能证明作案时间与作案动机”的结论。与之相对,检察院采取了“整体审查”的认定模式,在确保证据符合基本属性的基础上,综合全案证据审视,而非着眼于个体证据的单个证明力,由此得出了多个间接证据已经形成了完整的证据链,“排除合理怀疑”的证明标准已然证成的结论。

第五节　本证与反证的理解与适用

一、本证与反证的概念

证据根据证据与证明责任承担者之间的关系,可以分为本证与反证。本证,是指负有证明责任的一方当事人提出的,能够支持其主张,证明其主张的事实存在的证据,又称肯定证据、攻击性证据。反证,是指不负担证明责任的一方当事人提出的,否定、反驳对方当事人的主张,证明对方当事人主张的事实不存在的证据,又称否定证据、防御性证据。由于本证与反证的分类标准本质上是证据与当事人主张事实的关系,所以,和证据由谁提出以及提出证据者在具体诉讼中是处于原告或被告的诉讼地位没有直接关系,不能认为原告提出的都是本证,被告提出的都是反证。

本证与反证的划分是相对的,在某些特殊的情况下,同一个证据既可以作本证,也可以同时充当反证,这取决于其在具体的案件中证明待证事实时所实际发挥的作用。比如,甲诉乙返还1000元借款,并以欠条为据,在此,欠条是支持甲主张事实成立的本证,但乙提出反驳,认为欠条系伪造,并要求对其进行笔迹鉴定,这时,该欠条及笔迹鉴定书又成为被告人乙否定原告主张事实成立的反证。而且,本证与反证只是反映证据对待证事实的证明作用,与对当事人有利与否没有必然联系。

案例14　军粮城公司与顾庄合作社建设工程施工合同纠纷案[18]

2014年10月,原告军粮城公司与被告顾庄合作社签订《建设工程施工合同》,顾庄合作社为发包方,军粮城公司为承包方。工程完工后,军粮城公司与鸿兆翔公司对于何方为实际施工人产生纠纷。原告军粮城公司认为,在一审和发回重审的一审程序中鸿兆翔公司、顾庄合作社均认可张某树为实际施工人,并且鸿兆翔公司、顾庄合作社在庭审中多次反言,应当按照顾庄合作社第一次庭审中所述的“张某树为实际施工人并且已经将支票交给他”为准。被告鸿兆翔公司辩称,首先,军粮城公司仅是代开发票,并没有实际进行施工,张某树也未对涉案工程进行施

〔18〕 参见天津市第三中级人民法院民事判决书,(2021)津03民终7754号。

工,本案涉及的工程系由他人实际进行施工,并提供了另案判决书证明该支票是用来支付某一"商厦工程款"的。其次,鸿兆翔公司申请证人出庭作证。证人马某等就具体所作的工程作证。证言与鸿兆翔公司提供的相关付款明细、转账交易记录、付款凭单等证据材料能够互相印证。而第三人张某树陈述了其施工的范围。

法院认为,本案系建设工程施工合同纠纷,军粮城公司主张工程款的前提在于其完成了相应工程的施工,因此本案的核心问题在于案涉合同是否实际履行以及军粮城公司或者张某树是否实际进行了施工。根据"谁主张,谁举证"的规则,应该由主张具有请求权的当事人就其请求权得以成立的要件事实负举证责任。军粮城公司、张某树对于其实际施工的事实需要承担举证责任。本案中,对实际施工的事实负证明责任的主体是军粮城公司与张某树,其承担的是本证义务,其提出的主张应当达到高度可能性的证明标准。鸿兆翔公司、顾庄合作社承担的是反证义务,其为反驳军粮城公司所主张的事实提供的证据,只需达到使待证事实处于真伪不明的状态即可。庭审中根据张某树的自述,其施工范围并未覆盖涉案殡仪堂改造的土建及装修工程。所以在案证据显示,军粮城公司与张某树提供的证据尚不足以证明其实际对案涉工程进行了施工,难以达到高度可能性的证明标准。而鸿兆翔公司提供的证据已经可以达到反驳对方、让待证事实陷于真伪不明的程度,达到了其应承担的证明要求。一审和二审法院均支持了鸿兆翔公司的主张。

本案明确区分了本证和反证,二者区分是以证据与待证事实之间的关系为标准的,而不是以证据是由哪一方当事人提出的为标准。也就是说,并非原告提出的证据都是本证,被告提出的证据都是反证。在民事诉讼中,原告和被告都有权利提出事实主张,也都有权利提出相反的证据证明对方提出的主张不成立。既然本案的争议焦点是案涉合同是否实际履行以及军粮城公司或者张某树是否实际进行了施工,军粮城公司、张某树对于自己实际进行了施工的事实需要承担相应的举证责任,其承担的即本证义务。而鸿兆翔公司、顾庄合作社为反驳对方主张承担的即反证义务,反证的证明标准要宽松于本证,可以反驳对方并使待证事实处于真伪不明的程度即可。被告鸿兆翔公司、顾庄合作社提供的证据已经足以反驳军粮城公司的主张,达到了反证的证明标准。

二、本证、反证与证明责任

由于以待证事实的判断为前提,本证与反证的划分与证明责任有着密切关系。通说认为,证明责任可以分为行为意义上的证明责任和结果意义上的证明责任。一般而言,本证都是由对待证事实负担结果意义上证明责任的一方当事人提出,而反证则是由对待证事实不负担结果意义上证明责任的当事人提出。但是,证明责任毕竟和本证与反证属于不同的范畴,其解决的是由谁承担证明待证事实的义务问题,而作为一种证据分类方法,本证与反证关注的主要是证据对待证事实的证明作用,不能将两者相混淆。

明确对主张事实或待证事实的证明责任是准确区分本证与反证的一个重要步骤或手段。尤其是在判断反驳推定中提出证据的性质时,对证明责任的分析就显得更为重要。在反驳事实推定时,对于推定事实的成立,当事人不负担结果意义上的证明责任,因此,其提出的否定推定事实成立的证据属于反证。而在反驳法律推定时,需要区分两种情况:(1)当事人如果反驳的是推定事实,当事人对推定事实的不成立承担的是结果意义上的证明责任，为此提出的支持其主张的证据属于本证；(2)当事人如果反驳的是法律推定的前提事实，由于对前提事实，由主张适用法律推定的一方当事人承担证明责任，所以，反驳推定的当事人提出的证据属于反证。

案例15 荣亨公司与中资公司债权人代位权纠纷案[19]

2014年3月20日，荣亨公司(贷款人)与中智公司(借款人)、案外人英辰公司共同订立《借款合同》一份，约定荣亨公司借给中智公司3000万元，于借款当日以网银方式将款项划入中智公司指定的过款账户，户名为英辰公司，借款期限360天。合同签订后款项如约交付，后三方当事人订立《借款合同补充协议》，确认了以上划款事实。2016年1月14日，荣亨公司举报中智公司等涉嫌合同诈骗案，由天津市公安局宁河分局立案侦查。经公安机关协助查询，中智公司与中资公司之间的10个银行账户的借贷存在7538万元的差额，发生期间为2010年至2015年。经查明，中智公司与中资公司的法定代表人原均为冯某，2016年6月，冯某退出中资公司。荣亨公司主张中资公司与中智公司之间存在借款合同，中智公司对中资公司享有债权，故其以债权人身份主张代位权，诉请中资公司返还借款本金及利息。

一审法院认为，荣亨公司对于中智公司的债权在提起本案代位权诉讼时尚未依法确立，荣亨公司对此债权的形成在本案中提交了基础证据。但是在代位权诉讼中，债权人是以自己的名义起诉的，且其请求人民法院加以确认及保护的是债务人和第三人的债权，而非债权人本人与第三人之间的债权。同时，中智公司在本案中的诉讼主体是无独立请求权的第三人，诉讼权利有别于案件当事人(被告)。据此，一审法院认为法院在本案代位权诉讼中，无法启动荣亨公司对于中智公司是否享有债权的审查程序。荣亨公司应当另案先行确立其对于中智公司的债权。另外，代位权的成立与否虽非债权人代位诉讼本身要解决的争议事项，即债权人提起代位诉讼并不是为了证明代位权的存在，而应当是债权人能否取得向第三人代位主张权利的依据，故债权人在起诉时应当对代位权成立的基本要件承担必要的举证责任。本案中，荣亨公司的举证只能反映中智公司与中资公司作为关联公司，在一定期间内有款项往来且存在借贷差额，不能直接证实中智公司对中资公司即享有当然的到期债权。故判决驳回荣亨公司的诉讼请求。

二审中，中资公司主张资金差额系因履行买卖合同产生，2006年6月30日中智公司出具的对账确认函确认两公司的往来账余额为0。荣亨公司辩称，若中资公司称差额是因为买卖合同产生，就应当举证证明，否则就应承担败诉结果。二审法院认为，中资公司提供的0元对账单降低了荣亨公司主张的可信度。荣亨公司本来就待证事实的举证尚不足以达到大致可能、非常可能的程度，对账函使得其主张的可信度再一次大幅降低。综合双方提交的证据，实难采信荣亨公司有关存在巨额到期借款债权的主张。综上所述，荣亨公司提交的证据尚不足以证明中智公司对中资公司享有到期债权，驳回原告荣亨公司的诉讼请求。

间接反证是当事人为了防止对方利用间接事实推定得出的主要事实(要件事实)被认定成立的不利结果，以反证证明另外的间接事实，从而依据经验法则由间接事实推定待证的主要事实不存在。本案中，荣亨公司若行使债权人代位权，必须要证明主债务人中智公司和次债务人中资公司之间债权债务关系存在、主债务人与次债务人之间的债权到期、债权人中智公司怠于到期行使债权，根据“谁主张，谁举证”规则，荣亨公司要对于代位权

---

[19] 参见上海市高级人民法院民事判决书，(2019)沪民终13号。

成立的基本要件承担证明责任,此为本证。为证明中智公司对中资公司存在到期债权的主要事实,荣亨公司提供了书面证人证言、协助查询财产通知书、银行往来流水单、往来汇总表和询问笔录等间接证据来证明两公司之间存在资金流转的间接事实,以两公司银行账户存在资金差额来证明两个独立法人之间存在债权债务的间接事实,并主张双方签订了借款合同。但是,被告中资公司亦可以对原告主张的事实通过间接反证的方式予以反驳。中资公司答辩称中智公司出具的对账确认函确认两公司的往来账余额为0,且中资公司主张两公司因为买卖合同而产生资金往来,依据上述两项间接事实结合一般的经验法则(确认函应是企业对业务往来最终对账的结果),基本可以推定出中资公司与中智公司是已经结清相关款项的买卖合同关系,那么便可以推认中智公司对中资公司不存在因借贷关系成立的到期债权。中资公司提出两公司之间因买卖合同产生资金往来的间接事实作为反证,并且通过该间接事实妨碍主要事实的推认,而该间接事实与原告荣亨公司所主张的间接事实(双方签订借款合同从而产生债权)是相互矛盾的,因此,中资公司有关买卖合同产生资金往来的主张属间接反证。

典型案例评析

案例6-1　赖某聚众斗殴案[20]:言词证据与视听资料的冲突处理

2011年12月23日1时,被告人赖某伙同在逃的同案人“黑鬼”“阿波”等在城市某酒吧饮酒期间,因琐事与被害人陈某、陈某甲、陈某乙、姚某某等发生争执,后双方在酒吧门口发生打斗,赖某一方持菜刀、砖头、啤酒瓶等工具追砍、殴打陈某一方,致陈某、陈某甲、陈某乙轻伤,姚某某轻微伤。赖某被当场抓获。本案中证人酒吧工作人员钟某、钟某甲、毛某某均指认被告人赖某在打架时持菜刀砍人;被害人姚某某证实被人持刀及啤酒瓶打伤头部,指认赖某参与打架;赖某承认参与打架,供称被追打时在地上捡了一把菜刀向对方扔了过去,但不知道有没有伤人,并对菜刀进行了指认,但始终否定持刀伤人;其他同案人均在逃。公安机关在现场提取的监控录像显示现场参与斗殴的人数很多,但录像并不清晰,二审法官反复观看之后发现现场持刀人并非赖某,而是另外二人,其余人员仅是以砖头为武器,赖某开始并未持任何工具,后面从地上捡砖头砸向被害人。经赖某辨认,持刀的二人分别是在逃的同案人“阿波”和“黑鬼”。本案一审法院和二审法院对于被告人赖某是否持刀伤人这一事实的认定不同,庭审中的言词证据包括被告人供述、被害人陈述等均证实赖某确有持刀伤人情节,一审法院据此认定赖某持刀伤人。但是在二审中,法官发现案发现场的监控录像显示赖某并未持刀,二审法院据此证据认定被告人持刀伤人的事实并不成立。

|评析| 本案中,一审法院认为,被告人赖某持刀砍人事实成立。证人证言和被害人陈述之间能够相互印证,即使被告人赖某自始至终未承认过自己持刀砍人,但是因为被告人供述相对于其他言词证据而言,证明力比较低,所以,仅有被告人的辩解无法推翻被害人和证人证言的事实认定。根据证人证言和被害人陈述几乎可以认定被告人赖某持刀砍人的事实。不过,因为本案的证人均为案发地酒吧的工作人员,就本地人(被害人陈某)和外地人(赖某等)发生争执打架斗殴的案件中,不能排除证人之间具有因某种原因袒护当地人

〔20〕 参见高明黎、杨毅:《言词证据与视听资料冲突时应采纳视听资料》,载《人民司法》2015年第6期。

的可能性。经过二审法官对于监控视频的反复查看，发现案发时赖某并未持刀，此时，言词证据与视听资料证明的事实之间产生了冲突，证据种类之间证明力大小比较的问题必须解决。

在刑事诉讼中，各种证据之间出现冲突是常有的，根据证据规则，客观证据的证明效力要高于言词证据。实物证据的客观性要强于言词证据，言词证据受到主观因素的影响，其展现的事实更有与客观事实存在差距的可能性，而作为实物证据的视听资料是伴随案件的发生而产生的，以其客观形态作为证据形式，可篡改和伪造的可能性较小。所以，仅从证据客观性角度来说，视听资料要优于言词证据。就本案而言，证人证言和被害人陈述等言词证据和视听资料存在冲突时，应当优先采纳作为视听资料的监控录像，这也是二审改判的原因。

案例6-2　杨某故意杀人案[21]：拒不认罪且无其他直接证据，运用间接证据也可定案

北京市第二中级人民法院经公开审理查明：2005年9月27日16时许，被告人杨某在北京市丰台区五里店南里某住宅内，因感情问题与李某莲（女，殁年26岁）发生争执，杨某持菜刀砍击李的颈部、腕部，造成李左侧颈总动脉破裂、左侧颈静脉完全离断，致李某莲急性失血性休克死亡。杨某自杀未遂被当场查获。上述事实，有下列证据证实：

1. 证人党某波的证言："我和女友李某莲同租住在丰台区五里店27号楼地下室，杨某是李单位的保安，想要和李交朋友，总给李打电话。2005年9月25日杨某曾把李带到香山，让李和他交朋友。26日22时许，我和石某陪李某莲到苏州桥附近见杨某。我听李某莲说杨某还不肯放手后，想约几个朋友教训他一下。27日1时许，李某莲打电话约杨某到五里店附近见面，我和石某、田某、宋某峰等朋友在附近等着，后警察来了，李某莲说杨某跑了，并和警察说了近几天发生的事。27日16时许，我收到李某莲发的内容为'报'字的短信，因26日晚我们说好如果杨某来就发短信告诉我，所以我就打'110'报警说丰台区五里店27号楼地下室有人持刀行凶，之后我跑回租住处，但打不开门，敲门没人回应，我就到地下室外的半阳台处往里看，李某莲在卫生间里晃了一下，我叫她，她让我走，我觉得不对劲就没离开。警察来了后，我说那男的就在地下室的屋里，警察敲门没反应。我带民警到南侧阳台，阳台的铁丝网被人弄开一个大洞，里面对着的卧室有窗帘挡着，李某莲在里面求我走，接着就是她被捂嘴发出的唔声。警察打电话叫来增援人手后，先来的两个警察从半阳台下去进屋开了门，我进屋后见李某莲趴在地上，杨某仰面躺在地上，二人浑身是血，我打了'120'，十多分钟后，医生和李某莲的母亲都来了。"

2. 证人李某的证言："2005年9月27日16时许，我和刘某栋接'110'报警称五里店小区27号楼地下室有人被劫持。到现场后，一个男的过来说有一男子要劫持她女朋友，两人都在屋里。我们用他的钥匙打不开门，喊话也没有回应。这时那男子过来说后面阳台有个洞。我和那男子到楼南侧的阳台，看见护网被弄开个洞，里面的窗帘是拉上的。我对里面喊话，那个男的抢过警棍要跳进去，并说听到他女朋友说话了，我劝他不要冲动。几分钟后增援警察到了，刘某栋和我先后从洞口下去，刘某栋用警棍打破玻璃后开了门。我们进去

[21] 最高人民法院第512号指导案例。参见中华人民共和国最高人民法院刑事审判第一、二、三、四、五庭主办：《刑事审判参考》（总第65集），法律出版社2009年版，第7-16页。

后见一个女的头朝北趴在地上,一个男子仰面躺在地上,脖子上有个大口子,一会‘120’医生来了,说女的死了,男的还活着。”

3. 证人刘某栋的证言:“2005年9月27日16时许,我和李某到现场后,一个男的说屋里有个男的劫持了他女朋友。我们到地下室但打不开门。报警的人说阳台被弄了个洞,可能对方是从那进去的。李某和他过去看,我留在门口敲门,并给其他警察打电话让他们过来。他们到了后,我到楼南侧的阳台,和李某先后从洞里跳进去,我撩开窗帘时看见卧室地上躺着一男一女,地上有很多血。我打碎阳台门玻璃伸手进去开了门,并让人赶紧打‘120’,李某进屋打开了房门。屋里的男子仰面躺着,脖子上有个大口子,女的趴在地上。急救车来后医生说女的死了,男的还活着。”

4. 证人石某的证言:“2005年9月26日23时许,因一个男的纠缠党某波的女朋友李某莲,党让我和他一起陪李某莲到苏州桥附近去见那个男的,到那后我和党某波在附近等着。27日零时许,李某莲去见过那个男的后回来,说那人还缠着她。”

5. 证人田某的证言:“2005年9月27日2时许,因一个男的纠缠党某波的女朋友‘小雪’,我与宋某峰、石某、党某波、‘小雪’等人在五里店小区附近欲找那个男的。那男的来了后,‘小雪’过去了,我们在原地等着。这时来了辆警车,‘小雪’过来说那个男的报的警,警察来时他走了。警察问完‘小雪’话后走了。”

6. 证人宋某峰的证言:“2005年9月27日2时许,因一个男的纠缠党某波的女朋友李某莲,我与田某、石某、党某波、李某莲等人在五里店小区附近欲找那个男的。那个男的到后与李某莲谈了话,后来就报警了。我们几个人没找到那男的,警察到场问明情况后我们就走了。”

7. 证人杨某明(杨某的叔叔)的证言:“2005年9月27日16时许,杨某给我打电话说把他的尸体放到香山去,还说有人和他一块死,一个女的接过电话说控制不了他,我刚问‘你是谁呀’,杨某就把电话挂了。后来杨某香告诉我杨某可能在五里店小区,我就报警了。”

8. 证人阎某的证言:“杨某是我的亲戚,2005年9月25日他给我打电话说要和女朋友在香山自杀,但他女友‘小雪’在电话里说不想死,我让她把杨某给劝回来。9月26日23时许,我为杨某约了李某莲,让他们见面说清楚后,杨某就回老家,他们见面后杨某还是不愿意走,最后我把杨某劝走了。9月27日16时许,杨某给我打电话说他俩要去死,我认为是开玩笑,后警察来找我才知道出事了。”

9. 证人张某1(李某莲的朋友)的证言:“2005年9月26日李某莲说25日杨某曾强行把她带到香山想和他交朋友。9月27日13时许,李某莲发短信告诉我在收拾家,后来就联系不上了。我和李某莲在一起的时候,杨某总给李某莲发短信或打电话。”

10. 证人杨某香(杨某的亲戚)的证言:“2005年9月初,我帮杨某送过李某莲回丰台区五里店小区。9月27日19时许,杨某明给我打电话问杨某在哪,我说可能在丰台区五里店小区李某莲的住处。”

11. 证人尹某波的证言:“杨某2005年夏天在汉华购物中心当保安时脾气挺火的,还说过如果女朋友不跟他交往就杀了她。”

12. 证人王某的证言及辨认笔录:“我与李某莲及其男友在丰台区五里店地下室共同租住,杨某也曾到过李某莲的租住处。2005年9月27日14时许我回屋时李某莲一个人在屋,后我走了。王某辨认出刀身有不规则孔的菜刀是她住那儿时用过的。”

13. 证人张某2(李某莲母亲)的证言:“党某波是李某莲的男朋友,二人租住在丰台区五里店小区地下室,有个女的和他们同住,住处厨房有两把菜刀。”

14. 证人金某(北京市急救中心员工)的证言:证实急救现场情况。(略)

15. 证人王某吉证言:证实尸体解剖及现场复核情况。(略)法医检验认定排除自杀的可能性。

16. 证人李某雨的证言,证实救治杨某的情况;证人李某丽的证言,证实将房子出租给李某莲的情况;证人霍某旺的证言,证实李某莲工作单位情况及李在丰台区五里店小区租住。

17. 现场勘查笔录及现场照片证实:现场位于北京市丰台区五里店南里某住宅南卧室,屋内西墙及南侧房顶有甩溅血迹,床上有血泊及带血的塑料柄菜刀、木柄菜刀各一把,地面有滴落及甩溅血迹。室内地面头北脚南俯卧一具女尸,头部及上半身有大量血迹。南侧阳台顶部铁丝护网有方形撕开处。

18. 北京市公安局丰台分局法医检验鉴定所出具的尸体检验鉴定书证实:李某莲符合被他人用锐器(砍刀类)砍切颈部,造成左侧颈总动脉破裂、左侧颈静脉完全离断,致急性失血性休克死亡。

19.《工作说明》,证实公安人员咨询鉴定人尹某宁得出鉴定结论的情况。

20.《关于李某莲死亡一案的专家会诊意见》证实:根据下颏创口及颈部损伤创缘整齐、创道深达椎体、椎体可见砍痕等损伤特征,分析李某莲颈部之损伤符合他人形成。

21. 北京市公安局法医检验鉴定中心出具的生物物证鉴定书证实:现场及现场物证上血迹分别为李某莲和杨某各自所留或二人混合所留,其中菜刀1、杨某左鞋、裤子、内裤上血迹为杨某所留,菜刀2、杨某右鞋、李某莲指甲上血迹为李某莲和杨某混合所留。

22. 接受刑事案件登记表、“110”接线出警记录、到案经过、工作说明证实报案、破案情况和刘某栋、李某出现场经过。

23. 手机通信记录证实2005年9月27日16时许李某莲给党某波发短信的内容及李某莲与杨某明、杨某、党某波、阎某等人通话的时间。

24. 户籍证明、考勤表证实被告人身份、工作情况及被害人身份情况;河北省肥乡县人民法院(2002)肥刑初字第165号刑事判决书证实杨某前科情况。

以上证据经庭审举证、质证,法庭审查属实,予以采信。

庭审中,杨某辩称李某莲系与其一同自杀,其没有故意杀人。侦查期间,杨某一直保持沉默,拒绝回答讯问,仅有的一次供述称李某莲在案发前说自己有病,经常吐血,没有钱看病,说要跟其一起死,就自己拿刀先抹脖子,然后其用菜刀砍自己脖子,又割了左手腕,后来晕倒了,醒来就在医院。其辩护人提出,没有任何直接证据证实杨某故意杀害李某莲,认定李某莲系杨某杀害的证据不足,请求法院按疑罪从轻处理。

北京市第二中级人民法院认为,被告人杨某不能正确处理感情问题,持刀故意非法剥夺他人生命,致人死亡,其行为已构成故意杀人罪,且犯罪后果严重,依法应予惩处。关于杨某所提其没有故意杀人的辩解及其辩护人所提本案认定被告人杨某故意杀人证据不足的辩护意见,经查,本案证人证言可以证实被告人杨某与被害人李某莲之间存在感情纠葛,尸体检验鉴定书、专家会诊意见能证实被害人李某莲系他杀,上述证据与现场勘查笔录、生物物证鉴定书等证据能够相互吻合、相互印证,故杨某的辩解及辩护人的辩护意见不予采纳,以被告人杨某犯故意杀人罪,判处死刑,缓期二年执行,剥夺政治权利终身。

一审宣判后,杨某未提出上诉。北京市高级人民法院经复核后核准该判决。

|评析| 本案属于在只有间接证据的情况下,依法定案的典型案例之一。

本案中,被告人杨某拒不认罪,没有证人在现场目击杨某动手杀害李某莲,李某莲已经死亡,亦无监控录像等,所以无法收集到直接证据,在案所有有罪证据都是间接证据。如本案的尸体检验鉴定书和专家会诊意见,仅能证明李某莲系他杀,而不能证明是谁实施了杀人行为;证人党某波、李某等,均不是目击证人,无法证实是被告人杨某杀害了李某莲。但是间接证据如果符合一定的标准,也可以作为定案根据。评价间接证据是否可以作为有罪的定案依据,关键看在案间接证据是否符合最高法《刑诉法解释》第140条规定的五个条件:(1)每一间接证据须查证属实,即拟用于作为定案根据的间接证据经过法庭的举证、质证后,符合证据的"三性"标准,不存在应予排除的情形。(2)间接证据之间相互印证,不存在无法排除的矛盾和无法解释的疑问。(3)全案证据形成完整的证据链,即案件事实要件中的犯罪行为人、案件发生时间、地点、作案动机、手段、被害人身份和死亡原因等,都特有相应的间接证据予以证实,且这些要件事实之间相互支撑,相互勾联,相互锁定,最终聚合成符合逻辑和经验的案件事实。(4)根据证据认定案件事实足以排除合理怀疑,结论具有唯一性。排除合理怀疑也是以间接证据进行定案的难点,是指根据间接证据产生的符合逻辑和经验法则的关于案件事实的所有故事版本,经过相互比较而确定了其中一个"最佳"的故事版本而排除了其他故事版本。(5)运用证据进行的推理符合逻辑和经验。

本案的诸多间接证据符合定案标准,完全可以形成一个完整的证据链,据此可以得出指控罪名成立的结论。首先,所有的间接证据经查证都是客观真实的。如部分证人虽系被害人的朋友,与被告人存在一定的利害关系,但他们的证言与被告人亲属的证言能够相互印证,不存在作假证问题。其次,这些间接证据分别证实本案事实的某一方面,相互结合、相互聚合,共同证明一个完整的事实。具体体现在:(1)证人阎某、张某1、尹某波、杨某明的证言相结合,证明被告人杨某有以自杀、杀人方式胁迫李某莲与其交友的心理倾向,具有杀人动机。(2)证人党某波、阎某、石某、田某、宋某峰、杨某香的证言相结合,证明被害人李某莲与杨某虽存在感情纠葛,但无自杀或和杨某相约自杀的想法。(3)证人党某波、刘某栋、李某、王某、杨某明、张某2的证言和现场勘查笔录、生物物证鉴定书相结合,证明党某波等到场后李某莲尚未死亡,现场房内只有杨某、李某莲二人,杨某有作案条件,并可排除第三人作案。(4)尸体检验鉴定书、专家会诊意见和法医王某吉的证言证明被害人李某莲系他杀,排除了自杀可能。这些间接证据综合起来形成的唯一的排他性结论是:被告人杨某故意杀害了李某莲,具体思维如图6-1所示。一审宣判后,杨某服判,未提出上诉,这也在一定程度上印证了上述分析结论。

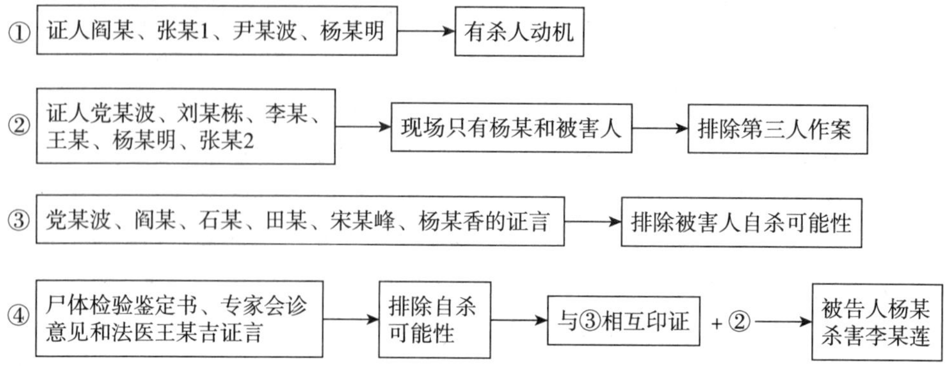

图6-1 间接证据定案逻辑程式

司法实践中，在没有直接证据的情况下，单纯运用间接证据定案需要特别慎重，结合本案处理，实践中应当注意从以下几个方面对间接证据进行把握：[22]

第一，证据之间的结合性。在间接证据定案中，没有任何一个间接证据能直接证明案件的主要事实，每个证据须同其他证据相结合才具有证明作用。例如，本案定罪最重要的证据尸体检验鉴定书、专家会诊意见，这些证据证实了李某莲系他杀，但却无法指向“他”是谁。但这些证据结合证人党某波、刘某栋、李某等人的证言和现场勘查笔录等证据之后，“他”的身份就确定了，继而杨某故意杀人的事实就可以认定了。显然，单个间接证据本身不具有完整的证明作用。

第二，证据之间的印证性。间接证据的特性之一就是证明力较弱，需要其他间接证据进行印证和补强；如果间接证据也是“孤证”，则存在定案风险。本案中，证人杨某明的证言证实其于9月27日16时许接到杨某的电话说“把他的尸体放到香山去，还有人和他一块死”。此内容与证人党某波证实的“其于16时许接到李某莲短信后赶到现场，发现李某莲被人控制在屋内”的情节相吻合，且证人阎某的证言也可以印证这一点。又如，证人王某证实杨某知道李某莲的租住处、凶器来源于案发居室内，此内容与证人党某波、张某2的证言能够印证。

第三，结论的唯一性与排他性。所有间接证据不但应当能够形成证据链条，而且形成证据链条后可得出唯一的、排他的结论。本案所有间接证据所能证明的案件事实，最终指向是一致的，不存在矛盾，且可排除其他可能，首先排除了李某莲自杀的可能，其次也排除了第三人杀害的可能，最终才得出系杨某故意杀人的结论。本案案发场所固定在一套房子的一间居室内，排他性证明比较容易，但在其他完全依靠间接证据定案的案件中，因具体案情不同，如在开放式的环境下，排他性的证明可能会比较困难，这对证据的要求就会更高。如果间接证据之间不能形成完整的证据链条，出现证据链条裂痕，不能得出唯一的、排他的结论，则只能根据“疑罪从无”的原则处理。

第四，疑点的排除性。运用间接证据进行定案时，对证据所产生的疑点要逐一排除，如果不能排除这些疑点，则间接证据就无法形成证据链条。例如，本案中，被告人杨某在庭审和侦查阶段都提出，李某莲答应与他结婚，但李某莲身患疾病经常吐血，不想活了，最后自

〔22〕 参见中华人民共和国最高人民法院刑事审判第一、二、三、四、五庭主办：《刑事审判参考》（总第65集），法律出版社2008年版，第35页。

杀。这一点没有任何证据证实。张某2(李某莲母亲)和党某波这两个与李某莲关系最密切的人的证言都没有印证这一点。而杨某提出的李某莲欲和他结婚的事实亦无任何证据证实,杨某的辩解显然不能成立。但是,如果有证据证实杨某与李某莲关系密切,感情非常好,不存在纠缠或其他纠葛,而李某莲确有严重疾病,那么杨某的辩解就具有一定的可信度,会对证据链条的完整性形成有效冲击,影响定案。

案例6-3　郭某红诉胡某平不当得利纠纷案[23]:不当得利诉讼的本证和反证及其证明责任分配

2014年6月12日,郭某红与新动力公司签订了《专柜制作合同》,由新动力公司承揽制作郭某红的服装专柜,合同价款为包干价。该承揽工程已于2014年8月26日竣工,胡某平作为新动力公司的员工进驻该工程施工。2014年8月9日,郭某红支付胡某平4万元。此后,郭某红与新动力公司该承揽合同发生纠纷诉至浙江省杭州市西湖区人民法院,新动力公司在该案审理过程中对于其公司员工胡某平于2014年8月9日收到的4万元不予认可是承揽合同项下的工程款。2016年,郭某红提起诉讼,请求判令胡某平返还不当得利款4万元。浙江省余姚市人民法院经审理认为,胡某平从郭某红处获得的4万元款项既无法律依据,也没有合同约定等合法根据,属于不当得利,胡某平理应返还。因而,一审法院判决胡某平返还郭某红不当得利款4万元。胡某平不服提起上诉。浙江省宁波市中级人民法院经审理认为,本案事实不符合不当得利的法律构成要件,郭某红基于不当得利请求权要求胡某平返还诉争款项难以支持。因而二审改判驳回郭某红的诉讼请求。

|评析| 本证和反证是以证明责任分配为基准对证据所做的一种具体分类,承担证明责任的一方当事人为证明其主张提出的证据即本证,不负证明责任的一方当事人提出的反驳对方当事人主张的证据即反证。在此类不当得利案件中,我们首先要明确证明责任的分配。一般情况下,在不当得利诉讼中,由不当得利债权人承担"一方获利""使他方利益受损""没有法律上的原因"的证明责任。根据不当得利的证明责任分配,本案中,需要由原告举出本证证明被告方取得财产没有法律上的原因,也即"无合法根据"。需要注意的是,若被告认为己方取得该财产具有"合法根据",则需要提供证据证明,这里被告提出证据属于反证,而不能将此误判为本证,也不能够误以为被告应当对其取得财产具有"合法根据"承担证明责任。

对于给付型不当得利,不当得利请求权人是使财产发生变动的主体,其给付定是基于某种法律关系,因而其应当对欠缺给付原因的具体情形进行举证,此时该证据属于本证。在本案中,郭某红主动支付款项并没有发生给付对象错误或者标的错误的情形,因而郭某红负有对于欠缺给付原因的具体情形提供本证加以证明的责任。但是郭某红提供的本证不能证明对方当事人欠缺给付原因,因而其应当承担举证不能的败诉风险。

---

〔23〕参见谢晓伟:《不当得利诉讼中"无合法根据"的证明责任分配》,载《人民法院报》2017年6月15日,第6版。

主要文献著述

1. 房保国主编:《言词证据研究》,知识出版社 2012 年版。
2. 邱爱民:《实物证据鉴真制度研究》,知识产权出版社 2012 年版。
3. 阮堂辉:《间接证据理论的思辨与实证》,人民出版社 2009 年版。

第七章　证据收集的基本方法与技巧

第一节　证据收集概述

一、证据收集的概念

证据收集，是指特定国家机关和有关诉讼参与人，为了查明案件事实或证明自己的诉讼主张，依照法定的程序和方法，发现、提取、固定及保全证据的活动。证据收集可以简称取证，与举证、质证、认证共同构成诉讼证明活动的主要环节。证据是认定案件事实的基础，没有证据则事实无法认定，因此证据收集是进行诉讼证明活动的前提，对于查明案件事实，正确处理案件，具有十分重要的意义。

诉讼过程就是收集证据、运用证据查明事实、证明事实的过程。取证决定了举证、质证和认证程序能否有效运行。从法律意义上来讲，收集证据是解决纠纷的前提性、基础性工作。在我国三大诉讼法和相关司法文件中，关于证据收集有不同的表述，有的表述为收集证据，有的表述为调查收集证据，有的表述为调查取证，有的表述为调查核实，有的表述为调取证据。总体上来看，其内涵并无本质差别。

二、证据收集的特征

证据收集具备以下特征：

1. 取证主体的广泛性。根据三大诉讼法及相关司法解释的规定，在我国，取证的主体既包括特定的国家机关，也包括诉讼双方当事人及其律师或代理人。在刑事诉讼中，收集证据，支持控诉或查明案情是公安司法机关的职责。因此，刑事诉讼中取证的主体主要是公安司法机关及其工作人员。同时，辩护律师也可以在刑事诉讼中收集证据。在特殊情况下，行政机关或其他国家机关也可能成为刑事诉讼证据的收集主体。在民事、行政诉讼中，当事人及其诉讼代理人是主要的取证主体，在法定情形下，人民法院也可以调查、收集证据。

2. 取证过程的合法性。取证必须由法定的取证主体，严格依照法律规定的程序，采取法律规定的取证方法和手段，收集符合法定形式的证据。主要体现为：一是取证主体必须符合法律规定。二是取证必须符合法定程序。对于证据的制作、发现、提取和固定，法律规定有严格的程序。三是取证的手段和方法必须合法。

3. 取证目的的明确性。无论是公安司法机关，还是当事人及其诉讼代理人，取证都是为了确定待证的案件事实。对于公安司法机关而言，收集证据是其职责所在，取证是为了准确地查明案件事实，使起诉意见、起诉决定、判决及其他定案处理的决定建立在确实、充分的事实基础之上。对于当事人及其辩护人或诉讼代理人而言，取证的目的是证明案件事实，论证本方的诉讼主张或驳斥对方的诉讼主张。围绕上述目的，取证主体可以收集一切同案件事实存在联系、可以证明案件事实的证据材料。

第二节　证据收集的基本要求与原则

一、证据收集的基本要求

(一)围绕诉讼目的

诉讼是为了争取有利于己方的裁判结果,裁判结果的形成有赖于证据支撑。为了达到使裁判结果有利于自己的目的,参与诉讼的各方对己方的证据有一个评估和预判,收集证据的活动必然围绕“胜诉”这一目的展开。换言之,证据收集都是有目的的实践活动,随着诉讼活动的推进,证据收集与查明事实、证明诉讼主张的关联愈发明显。为实现诉讼目的,人们会努力选择最有效的方式、有针对性地收集证据。要收集哪些证据材料,为什么要收集某些证据材料,收集的证据材料用来干什么,收集者心中有明确的指向。

围绕诉讼目的收集证据,既要注意单个证据收集的针对性,又要注意证据体系整体的指向性。在多数情况下,单个证据无法达到查明和证明案件事实的目的,需要收集较多数量的证据来形成证据体系。这就需要注意证据之间的逻辑联系,收集的证据协同发力,共同支撑诉讼主张,不能自相矛盾,特别是不能出现实质性冲突。

案例1　王某某与某装饰公司(毛某某)劳动合同纠纷案[1]

王某某称自己2021年12月入职某装饰公司担任项目经理,负责现场施工管理。双方没有签订书面劳动合同,口头约定待遇为固定工资加提成,以及给予伙食、差旅补助。王某某主张双方事实上形成了劳动关系,自己按公司要求提供了劳动,公司应当依双方约定支付劳动报酬,并要求支付因未签订书面劳动合同的双倍工资的差额。毛某某则称王某某是以技术入股,与王某某是合伙关系,不是劳动关系,不存在支付工资的问题,工程项目亏损,应由双方共同承担。

本案中,由于没有书面劳动合同直接证明双方存在劳动关系,王某某围绕证明劳动关系成立这一目的,需要收集、提供曾经在公司领取工资、伙食和差旅补助等凭证。收集的工资待遇等证据,要能够反映公司曾经按约定标准支付过部分劳动报酬,而不是按照合伙关系约定的标准分配利润,即收集的证据不能与自己主张系劳动关系而非合伙关系发生冲突。

(二)遵守证据规则

证据规则是用来规范证据收集、审查、认定等活动的,解决收集的材料哪些能够作为认定案件的依据是其重点之一。不同的诉讼领域,面对和解决的纠纷性质不同,诉讼原理和证据形成的机理也不相同,由此决定其在证据规则的设置上存在较大差异。收集的程序、方法等是否符合法律规定,直接决定收集的证据能否成为认定案件的根据。三大诉讼活动中,收集证据都需要遵守相应的证据规则,否则可能影响证据能力(资格)、证明力。极端情况下,证据可能被排除使用,导致已经进行的证据收集活动成为无效劳动。

---

[1] 参见湖南省长沙市岳麓区人民法院民事判决书,(2022)湘0104民初18803号。

要使收集的证据最终成为定案根据，或者说提高被采信为定案根据的概率，法律和相关司法文件对证据收集使用的方法、手段有禁止性规定的，不能违背这些禁止性规定。例如，《刑事诉讼法》规定，严禁刑讯逼供；最高法《民诉法解释》第106条规定，对以严重侵害他人合法权益、违反法律禁止性规定或者严重违背公序良俗的方法形成或者获取的证据，不得作为认定案件事实的根据；又如，《行政诉讼法》第35条规定，在诉讼过程中，被告及其诉讼代理人不得自行向原告、第三人和证人收集证据。可见，三大诉讼中，都有对证据收集的禁止性规定，违反禁止性规定收集的证据，不能作为定案根据。其中，对言词证据的获取，都需要尊重陈述人的自愿性，不能强迫其作出陈述。

案例2 李某某与于某某离婚纠纷案〔2〕

李某某怀疑其夫于某某出轨，但一直苦于没有真凭实据。为收集于某某与他人婚外恋的证据，李某某请人在于某某驾驶的小汽车上安装了微型录音设备。2个星期后，录音设备录下了于某某与其公司同事姜某某在车上暧昧的对话。李某某将此录音作为证明于某某出轨的证据，请求法院判决离婚。

在民事诉讼中，当事人提交未经他人同意录音形成的证据并被法院采信已有不少案例，但是录音收集证据不能违反法律的禁止性规定，以侵犯他人隐私的方式录音是法律禁止使用的手段。在他人居所、工作场所、驾驶的车辆等地方安置偷录设备，是违反收集证据的禁止性规定的，不能作为定案根据。换言之，录音必须是在适当的场所进行的，不能采取窃听的方式，侵犯他人隐私权，否则由此取得的录音资料会因为手段违法而被排除。李某某在于某某驾驶的小汽车上安装窃听装置，违反法律禁止窃听的规定，该录音不能作为定案根据。但是某些情况下，即使未经他人同意，录音仍可作为定案根据，如李某某财产受损案。

案例3 李某某财产受损案〔3〕

某小学学生徐某某(11岁)沉迷网游，多次翻窗入室到邻居李某某家中盗取现金。李某某被盗，怀疑是徐某某所为，但苦于没有证据。多次被盗后，李某某在自己房子内安装了摄像头，录下了徐某某盗窃的全过程。当日，李某某拿着拍下的影像资料到徐某某家，将情况告知徐某某的父母。徐某某的父母当着李某某的面询问徐某某，徐某某承认到李某某家盗窃6次，一共盗窃15,000多元。李某某悄悄对徐某某的父母询问徐某某的情况进行录音。因等候两天后，徐某某的父母不愿意退还徐某某盗窃的现金，李某某向派出所报案。派出所民警对徐某某进行询问，徐某某称盗窃李某某家4次，总共有5000多元。双方协商赔偿事宜无果，李某某起诉至法院，提交了自己录制的视频和录音，要求判决徐某某的父母赔偿15,000元。徐某某的父母则主张只赔偿徐某某在派出所承认的5000元。

本案中，李某某在自己家中安装摄像头，拍下徐某某的盗窃过程，在徐某某父母在场

---

〔2〕 参见卿荣波：《录音笔录下丈夫裸聊音频想离婚被驳回！法院：取证方式侵犯丈夫隐私权》，载《华商报》2020年12月11日，B1版。

〔3〕 参见高炳瑞、杨志刚：《公安讯问笔录在民事诉讼中并不必然具有证据效力》，载《人民司法》2014年第14期。

的情况下，录下徐某某承认盗窃15,000元的情况并不违反法律的禁止性规定，真实可信，可以作为诉讼证据使用。徐某某对李某某陈述的案件事实已明确表示承认，李某某无须再举示其他证据来证明。公安机关询问笔录的证明力并不必然高于李某某提交的录音资料，徐某某一方未能提供证据推翻原有对事实的承认。

(三)适应证据特点

不同证据类型，由于在案件中产生、形成、制作、载体等有所不同，会呈现不同特点，甚至同类证据因取证环境、条件不同，也会呈现不同特点。实物证据与言词证据的收集方法显然不同。对实物证据的收集方法，主要是勘验、检查、搜查、扣押、当事人或者相关人员主动提交、责令当事人或者相关人员提交等；对言词证据的收集方法，主要有讯问、询问并制作笔录、当事人自行书写、对陈述录音录像等。虽然同为言词证据，因与案件的利害关系不同，陈述者的心理状态也不相同。如当事人陈述与证人证言存在重大差别，收集当事人陈述与收集证人证言使用的方法需要有所区别。同样是证人证言，因证人与当事人的关系远近亲疏不同，证人在陈述时的倾向性也是不一样的，收集不同证人的证言时，也需要采取不同的方法和技巧。证据收集方法和技巧要“管用”，就必须适应证据特点。

实物证据重在发现、规范提取到案，一般来说阻力、障碍较小。言词证据需要当事人、证人将自己对案件事实的感知回忆出来，再现案件情况，并且最大限度客观、准确地陈述出来，这就需要收集证据人员的正确引导、说服。在刑事诉讼中，适应当事人言词证据的反复性、易变性，通过不同取证人员，以多次询问、讯问的方式，形成多次稳定陈述的态势，避免日后陈述人翻供翻证，出尔反尔，在一些案件中就十分必要。又如电子数据证据，书证式的电子数据证据，可以通过打印出来直接取证。对含有多媒体的电子数据证据，可以从存储设备中拷贝到硬盘、光盘等存储介质中予以固定。含有集声音、图像于一体的电子数据证据，可以采用拍照、摄像的方式予以固定。

(四)遵循客观规律

证据作为一种客观存在，其产生、存在、发展、灭失是遵循一定自然规律的。如实物证据，受其物理性质的影响，随着时间的推移，其外部特征甚至存在整体，会发生一定变化，甚至灭失。当事人、证人对案件情况的印象会逐渐模糊，甚至可能出现完全遗忘的情况，言词证据可能随着当事人、证人的记忆变化而变化。因此，一般情况下，应当注重在第一时间及时收集、固定证据，以防止证据因时间、自然条件等变化导致原始状况发生改变，甚至灭失。

从心理规律、审讯规律来看，一般而言，犯罪嫌疑人(被调查人)心理变化大体要经历三个阶段，即对抗相持—动摇反复—转变认罪，表现为不供、少供、全供，以及其间出现乱供、翻供等复杂情况。与此相对应，案卷中的讯问笔录就不会全部呈现为犯罪嫌疑人的有罪供述。如果入卷的讯问笔录从第一次讯问到最后一次讯问，均为有罪供述，除非是自首案件，否则是不符合心理规律、审讯规律的。其中就可能存在不是所有的笔录都已入卷，特别是无罪辩解没有如实入卷的情况。另外，从言词证据来看，由于不同主体的记忆、陈述能力不同，不同主体对同一事实的陈述必然存在差异。供证之间过于一致，甚至严丝合缝，实际上是不正常的。高度一致的表象，极可能是人为而致，容易引发对供证真实性、可靠性的质疑。证据之间，特别是言词证据之间，存在一定程度的矛盾恰恰符合客观规律。

(五)借助现代科技

新的证据形式,如视听资料、电子数据的出现,给传统证据的收集模式带来了挑战,需要认真研究和适应,克服对新类型证据不会收集、不愿收集等倾向。传统的讯问、询问、记录等收集证据的方法对于以传统形式、载体存在的证据是管用的,但在信息化时代,以计算机及其网络为依托的电子数据在证明案件事实的过程中起着越来越重要的作用。对于视听资料、电子证据等新型证据,需要借助现代科技手段予以固定。在有的案件中,即使是传统的证据类型,也需要通过科技手段来强化收集、固定的效果。例如,讯问时不但有笔录予以固定,而且有同步录音录像,这既可以强化讯问、记录效果,避免记录遗漏,同时,也可以倒逼讯问活动规范展开。刑事诉讼中,在办理重大毒品犯罪等特殊案件时,使用技术侦查手段获取关键证据日益常见,技术侦查成为打击隐蔽化、智能化、组织化、跨区域化重大毒品犯罪活动的重要武器。如在周某某、刘某某贩卖毒品案中,公安机关通过通讯监控掌握二人商谈购买毒品的线索,结合其他证据,查明周某某与刘某某交易"白酒"1"集装箱"实为买卖冰毒1公斤。

从发展趋势来看,运用现代科技手段收集证据,已经不是个别案件偶尔为之。法治与科技互动不断深化,无论是有效收集、获取证据,还是强化收集证据的效果,都不可避免要使用现代科技手段。证据收集主体需要逐步习惯运用现代科技手段获取证据,如适应在镜头下讯问,规范提取电子数据,注意运用先进技术手段提取、固定痕迹、生物遗留等。

案例4 朱某某与某公司劳动合同纠纷案[4]

朱某某入职某公司,签订了2年的劳动合同。2019年6月30日合同到期,公司通过电子邮件向朱某某发出信息,提出愿意与朱某某续签劳动合同,工作岗位、内容不变,工资底薪由4000元每月调整为5000元,另外有提成,合同期限3年。公司在邮件中注明如朱某某同意就回复邮件,一经回复续订的劳动合同即刻生效。朱某某看到信息后,当天就回邮件表示同意续签劳动合同。2019年9月朱某某与公司发生纠纷,以公司没有与他签订劳动合同为由提出单方解除合同,并要求公司赔付经济补偿金,以及以公司没与其签劳动合同为由索要双倍工资差额。

本案中,涉案公司因与朱某某未以传统方式签订书面劳动合同,手中没有书面劳动合同来证明与朱某某已经续签过劳动合同。但是,可以收集、出示双方邮件往来证实双方已经重新订立劳动合同。邮件属于新的证据类型——电子数据。涉案公司需要将双方来往的邮件从系统中提取,这就需要利用科技手段收集证据,而此类收集方法是证据本身的科技性决定的。

二、证据收集遵循的基本原则

(一)合法原则

不论何方主体,合法收集证据是首要原则,也是起码底线。不得为收集相关证据不择手段,甚至采取刑讯逼供、威胁恐吓、株连亲属等严重侵犯人权的手段,也不能采用违背公序良俗的策略方法。

---

[4] 参见廖春勇:《电子证据收集难点及对策建议探析》,载《法制与经济》2019年第10期。

我国三大诉讼都强调证据收集的合法性,如《刑事诉讼法》第52条规定,审判人员、检察人员、侦查人员必须依照法定程序,收集能够证实犯罪嫌疑人、被告人有罪或者无罪、犯罪情节轻重的各种证据。严禁刑讯逼供和以威胁、引诱、欺骗以及其他非法方法收集证据,不得强迫任何人证实自己有罪。最高法《民诉法解释》第106条规定,对以严重侵害他人合法权益、违反法律禁止性规定或者严重违背公序良俗的方法形成或者获取的证据,不得作为认定案件事实的根据。《行政诉讼法》第43条第3款规定,以非法手段取得的证据,不得作为认定案件事实的根据。最高法《行诉法解释》第43条规定,严重违反法定程序收集的证据材料,以违反法律强制性规定的手段获取且侵害他人合法权益的证据材料,以利诱、欺诈、胁迫、暴力等手段获取的证据材料属于"以非法手段取得的证据"。

由于需要解决的纠纷性质不同,对公民、法人和其他组织的权益影响程度不同,三大诉讼中对于取证合法性的强度要求也有所不同。对于刑事案件来说,侦查(调查)机关开展的证据收集往往带有强制性,直接与公民的自由、财产等权利相关,因此必须遵循严格的程序限制。公安司法机关取证过程中如果侵犯当事人、证人基本权利或者重大权益,可能形成非法证据,被排除使用,取证人员可能因非法收集证据被追究法律、纪律责任。但是在民事诉讼中,当事人及其代理人作为证据收集主体,相对限制较少,只要不是严重侵害公民人身、财产权益和社会公序良俗,收集的证据往往都可以在诉讼中使用。

合法性原则具体包括收集主体合法、收集程序合法、收集手段合法、表现形式合法、证据形式合法、证据内容合法等。

收集主体合法。只有有权机关、人员收集的证据才具有合法性,才可以作为定案依据,具有证明案件事实的资格。在不同诉讼领域(活动)中,有权收集证据的主体是不同的,收集证据的权限也是不同的。如民事诉讼中,当事人及其诉讼代理人均有权收集证据,但是刑事诉讼中,公诉案件当事人无权收集证据,只能向辩护人、诉讼代理人或公安司法机关提供线索。当然,如果本人是证据持有者,是可以提供的。即使均为辩护人,律师辩护人与其他辩护人的权限也是不同的。在不同诉讼阶段,辩护律师的证据收集权限也是不相同的,辩护律师在侦查阶段原则上是不能收集证据的,其他诉讼阶段也不是所有的证据都可以直接收集。

收集程序合法。证据收集需要两名以上司法人员才可以进行,需要经过立案、申请、审批等前置程序才合法有效。刑事诉讼中,先经过立案程序才可以收集相关证据,使用技术侦查措施收集证据,必须经过设区的市一级以上公安机关负责人批准,搜查、辨认等应当有见证人在场或者录音录像。民事诉讼中,对于当事人及其诉讼代理人因客观原因不能自行收集的证据,未书面申请人民法院调查收集的,人民法院不得依职权主动为当事人收集。证据保全一般依当事人申请才可能采取。对被执行人及其住所或者财产隐匿地进行搜查,须由院长签发搜查令。

收集手段合法。不能采用刑讯逼供、非法窃听等法律禁止的手段收集证据。收集电子证据的过程中,应当采取符合法律规定的方式收集信息,以维护当事人和第三人的隐私权益。国家机关收集证据具有不同程度的强制力,如人民法院可以采取查封、扣押等证据保全措施,而当事人及其诉讼代理人无权采用强制性手段收集证据。刑事诉讼中,立案前不得使用强制性手段收集证据,只有针对危害国家安全犯罪、恐怖活动犯罪、黑社会性质的组织犯罪、重大毒品犯罪案件等特定范围的案件才可以采用技术侦查措施。行政诉讼中不得以利诱、欺诈、胁迫、暴力等手段获取证据材料。

表现形式合法。三大诉讼法分别规定了法定证据的种类、形式,收集的证据在形式上应当符合法律要求。例如,笔录作为重要的证据载体,对证据收集过程等相关情况的反映、记录应符合法定要求,载明收集时间、地点、人员,收集主体、当事人等的签名、盖章,提取、固定、保全证据的过程等。又如,讯问、询问笔录须反映时间、场所,讯问、询问人员,被讯(询)问人员应当在笔录上签名、捺印或者盖章对笔录予以确认。在涉及电子数据证据的载体(如计算机)需要查封或扣押时,应由两人以上签字确认。

证据内容合法。如所收集的电子数据证据内容必须不得违反法律的禁止性规定,仅限于与待证事实相关的电子数据内容,不得无限制扩大电子数据证据的取证内容,侵犯当事人和第三人的隐私权益、商业秘密。

案例5 袁某某强奸案〔5〕

公诉机关指控,被告人袁某某与被害人原为男女朋友关系,被告人因不满被害人提出分手,以车辆过户为由将被害人骗出,在车上强行与被害人发生性关系,涉嫌强奸罪。其中指控二人发生性行为的重要证据之一为涉案车内提取的纸巾。勘验笔录及侦查机关提交的情况说明证实,涉案汽车案发前实际控制人为袁某某,案发时,该小汽车停放在袁某某居住的西海岸花园小区,提取地点位于派出所的该车内,案发后至侦查人员提取纸巾期间,有人进入该车,车被移动过。被告人袁某某对该纸巾的来源以及收集合法性提出异议。

再审法院审理后认为,该关键物证(纸巾)的收集不符合程序规定,物证来源存疑,可能严重影响司法公正,且不能补正或作出合理解释,对该物证应当予以排除,该物证及相关的鉴定意见均不能作为定案依据。本案经一审、二审及再审,广东省高级人民法院最终认定袁某某不构成强奸罪。

(二)客观公正原则

刑事诉讼中,司法人员收集证据时应当秉持客观公正立场,不能片面追求证明有罪的目的,不但要注重收集各种证明犯罪嫌疑人、被告人有罪、罪重的证据,而且要注重收集证明犯罪嫌疑人、被告人无罪、罪轻的证据;不但要收集定罪的证据,而且要收集量刑的证据;不但要收集各种法定量刑情节证据,而且要收集各种酌定量刑情节证据。收集证据时应当实事求是,不能按主观设想、固定思路行事,更不能弄虚作假伪造证据。

民事诉讼中人民法院收集证据时应不偏不倚,持中立立场。民事诉讼法虽然未强制性要求当事人收集证据时要“大公无私”,但是要求遵循诚信原则。当事人隐瞒对己方不利或对对方有利的证据,一旦被发现,可能要承担败诉的后果,受到法律处罚。行政诉讼中,行政相对人与被诉行政机关相比,处于弱势地位,且行政诉讼证据偏在行政机关,人民法院不能为了被诉行政机关的利益收集证据。

---

〔5〕 参见广东省高级人民法院刑事裁定书,(2018)粤刑再字2号。

案例6 马某、唐某贪污案〔6〕

公诉机关指控：清流镇卫生院财务由某某县吴家镇中心卫生院负责管理。清流镇卫生院采用虚增、虚报手段套取国家新型农村合作医疗补贴资金。该卫生院管理人员马某、唐某从上述套取的补贴资金中取出7万元私分。诉讼中，辩护人申请法院调取了吴家卫生院银行账户的交易明细，交易明细反映马某从吴家卫生院的银行账户上取出7万元，在38秒后又向该账户存入现金6万余元。马某、唐某辩称没有私分这7万元，而是以清流卫生院业务收入的名义又存入了吴家卫生院的银行账户。

本案中，从在卷证据来看，办案机关收集了被告人私分公款的口供，调取了被告人支取涉案7万元的取款凭证。但实际情况是，对被告人接受讯问时提出没有私分的辩解，办案机关没有通过调取被告人取款后又存入的证据等进行核查，也没有对涉案医院的收支情况作会计鉴定或审计，以判断医院是否亏空7万元。由于本案无法排除被告人"取了又存"的合理怀疑，认定被告人贪污公款的证据不足，遂法院宣告其无罪。

（三）完整全面原则

事实认定的准确性，在很大程度上取决于收集在案证据的完整性。没有证据的完整性，认定的事实可能就是片面的、片段式的。通常情况下，孤证不能定案，实践中往往需要收集一定数量的证据来搭建证据体系。案件发生后，会留下诸多可以证明案件事实的证据，但并非所有证据都能自动进入诉讼程序，用于事实认定。因为各种主客观原因，证据可能没有收集到案，流失于事实认定之外，进而影响事实认定的准确性。因此，应当以关联性为标准，与案件事实有关、能够反映案件真实情况的证据材料尽可能收集到位，防止遗漏，形成完整的证据链。

对于刑事案件，有关犯罪动机、犯罪目的、客观行为、危害后果、行为人犯罪前后表现等影响定罪量刑的所有证据都应当收集。例如，犯罪嫌疑人采取人货分离方式交易毒品的案件，应当重视提取毒品包装物上的指纹或者其他生物痕迹。对犯罪嫌疑人交易、运输毒品时的作案地点，及时提取周边监控视频，避免监控视频因时间流逝被覆盖、删除而影响收集。在毒品上家将同一批次毒品部分卖给毒品下家的案件中，应对从上下家处查处的毒品进行同一性认定等。又如，对某单位是否应当独立承担民事责任发生争议时，收集证据时，不能仅收集其法人营业执照，还需要收集股东投资是否到位、是否抽逃出资金，才能准确判定谁是真正的民事责任承担者。

案例7 李某某抢劫杀人案〔7〕

K市一家银行发生持枪杀人案，凶手在银行大厅里枪杀一名办理汇款手续的妇女，又开枪打伤了陪同她来的三名男子后逃离，没有留下什么可供破案的线索。警方调看了银行的监控录像，仔细研究录像中凶手的动作，发现凶手在观察被害人填写汇款单后，走到摆放空白单据的柜台前，从柜台上拿了一张空白单子，然后又放了回去。警方重返现场，从银行柜台前找到凶手曾经拿过的空白单据。在这张单子上，提取到了两枚凶手遗留的清晰指纹。随后，这两枚指纹被

〔6〕 参见重庆市荣昌县人民法院刑事判决书，(2010)荣法刑初字第617号。

〔7〕 参见张华编著：《证据法学原理与案例课堂》，中国政法大学出版社2019年版，第28－29页。

录入公安部的指纹信息比对系统。两年后,某日,K 市警方接到了外地警方的一个电话,对方说从指纹信息比对系统中发现,刚刚因贩毒被判刑入狱的一名罪犯李某某的指纹和 K 警方提供的凶手指纹比较相似。经过进一步比对发现,李某某的指纹和银行枪击案中凶手留下的指纹完全一致。李某某被带回 K 市审讯。在证据面前,李某某承认了持枪抢劫杀人的犯罪事实。

本案中,警方对发案现场的监控视频资料仔细研判,全面细致勘查现场,最大限度地收集有价值的证据材料和信息,以查找犯罪行为人在现场可能遗留的痕迹。通过犯罪行为人在现场接触银行单据这一细微发现,警方推断犯罪行为人可能留下指纹,后成功在行为人接触过的单据上提取到指纹,为最终比对指纹、锁定犯罪行为人打下良好基础,成为破案的关键转折点。

证据收集到位后,往往会形成案卷。案卷的完整性直接影响可供使用证据的完整性。理想状态下,侦查案卷会全面完整地反映侦查阶段的活动和成果。收集证据的完整性是办案机关的客观义务,在全面收集证据的基础上,还应当将收集的证据材料完整归入案卷(涉及国家秘密的另行载入专门案卷),不能选择性入卷,以完整体现证据情况和收集证据的连续过程。如是否长时间连续讯问,仅凭单份讯问笔录无法判定。

案例 8　黄某某滥用职权案〔8〕

经调查认定,黄某某在担任某街道办事处畜牧兽医站站长期间,不认真履行生猪补贴申报的审核、监管职责,导致不符合享受补贴条件的 30 户养殖户得到养猪场(户)建设补贴款 200 余万元,致使国家财产遭受重大损失。审查起诉中,黄某某辩称审核通过 30 户养殖户的补贴申请,是依据区长办公会会议纪要的精神,并非其个人行为。

本案经补充调查,黄某某辩称的会议纪要确实存在,与黄某某的辩解相符。办案人员在调查中实际上已经收集到这份纪要,但是没有归入本案案卷,后在办案人员办公桌的抽屉中找到了这份纪要。因证据出现重大变化,无法认定黄某某滥用职权犯罪,本案作撤销案件处理。

(四)及时性原则

随着时间流逝,物证、书证可能会因为自然条件的影响发生变化、毁坏乃至消失,当事人、知情人对案件事实的记忆逐渐淡化、模糊,难以唤醒回忆,难以准确表达,甚至出现遗漏、错误。极端情况下,当事人、证人死亡,无法向其收集证据。诉讼活动的不同程度对抗性,潜藏诉讼某方利用案件发生到裁判的时间差人为隐匿证据、破坏证据形态、阻碍取证活动等人为风险,其一旦实现目的,可能造成证据不可逆转地无法收集到案。从取证主体的角度来看,取证活动总是在有限时空中进行的,无法脱离案发时间与办案期限来收集证据,还原案件事实受到时间和经费的制约,并且要遵循诉讼法规定的程序规则,久拖不动、久拖不决,也会因证据隐匿、灭失等原因无法收集到案。

对于刑事侦查来说,时限性、及时性尤为重要(除个别案件需要时间经营,等待破案时机外,绝大多数案件在发生后,都是要求第一时间侦查取证的)。因此,有学者指出,“侦查工作的头几个小时,其重要性是不可估量的,因为失掉了时间,就等于蒸发了真

〔8〕　参见重庆市永川区人民检察院起诉意见书,永检移诉(2009)10 号。

理"[9]。以电信网络诈骗案件侦查为例,电子数据具有无形性、易破坏性和易篡改性的特点,很容易灭失。为逃避打击,犯罪嫌疑人往往会定期删除原始电子数据,甚至频繁更换通信运营商,直接在计算机或互联网上收集固定证据难度极大。一旦侦破案件,查获犯罪窝点后,技术人员需要当场立即勘验电子设备,对犯罪窝点内已经登录的即时通讯工具、网络平台进行"抢救式"勘验、固定,最大限度地收集现场留存的电子证据和相关数据,为有效查证犯罪事实打好基础。

案例9 邓某某故意杀人案[10]

2017年2月14日,谢某向C市Y区公安局报案,称其母亲杨某某(48岁)于2017年2月13日8时许离家后一直未归,手机关机无法联系,怀疑失踪。同月21日,Y区公安局以拐卖妇女案由立案。公安机关通过调取杨某某手机通话清单发现杨某某与邓某某(60岁)有联系。经查,邓某某为某煤矿退休工人,租住于该区中山路街道办事处川主沟附近,平日与杨某某来往密切。3月12日,公安机关找到邓某某并询问,邓某某承认与杨某某有不正当男女关系,但否认在2月13日见过杨某某。3月14日,公安机关调看邓某某住家附近聋哑学校监控录像,发现杨某某于2017年2月13日8时39分从该学校路过往邓某某住家方向走去,认为邓某某有重大作案嫌疑,再次对邓某某进行询问,邓某某仍否认当天见过杨某某。

3月30日,J区渔民陈某某在五举沱长江水域发现一尸块后报案。4月5日C市公安局刑警总队向各区(县)局发出通知,要求协查尸源、身份,并提供了该尸块的DNA数据。Y区公安局结合上下游水域情况分析可能为杨某某的尸块,随后提取杨某某父母的血样送检。5月22日检测结论为,送检血样DNA与五举沱发现的尸块DNA检测符合双亲遗传关系。

2017年7月2日20时许,公安机关将邓某某抓获归案,同步开展现场勘查,在邓某某租赁房中找到杨某某的物品,在主卧室内床垫北侧立面、条桌缝隙内等处发现血迹。经DNA检测,为杨某某的血迹。

在对邓某某进行讯问中,前两次邓某某供称,其与杨某某发生关系后,发现杨某某被自己头上佩戴的发簪从耳朵内插进头部死亡,为掩盖二人关系将其分尸。之后的讯问中邓某某供述称,2009年下半年在Y区西山广场跳舞时认识杨某某,交往后发生性关系并长期保持不正当男女关系。2017年2月13日8时许,杨某某来到邓某某租赁房内,二人发生性关系。后邓某某因怀疑杨某某与其他男性也有不正当男女关系,在租赁房主卧室内持家中木工斧质问杨某某,与杨某某发生抓扯,邓某某持斧头在主卧室床上击中杨某某头部致其死亡。之后,邓某某将杨某某尸体拖至租赁房卫生间内,持菜刀、木工斧分尸,清洗现场血迹。之后将尸块分别抛弃于Y区长江水域、Y区西山风情街高压电缆分支箱北侧光缆排水井。根据邓某某的供述,公安机关在西山风情街高压电缆分支箱北侧光缆排水井找到杨某某部分尸块。邓某某供述用于击打杨某某及分尸的木工斧上未检出血迹。后邓某某翻供。

本案公安机关从接受报案,到排查确定嫌疑对象,通过分析杨某某手机通话清单发现杨某某与邓某某有联系后,3月12日才正面接触邓某某,动作过于迟缓。调看邓某某住家附近聋哑学校监控录像,距排查到邓某某的时间近1个月。在认为邓某某有重大作案

[9] 樊崇义、李思远:《论我国刑事诉讼电子证据规则》,载《证据科学》2015年第5期。
[10] 参见重庆市高级人民法院刑事判决书,(2014)渝高法刑终字第00175号。

嫌疑时,仍未组织对其住处进行搜查、勘验,导致从现场提取到的有价值的实物证据太少,对案件最终认定造成困难。

第三节　言词证据收集的基本方法与技巧

言词证据是以人的陈述为承载和表现形式的证据,能够动态直观地反映待证事实,还原案件真相,具有独特优势和作用。在三大诉讼中,言词证据都是认定案件的重要证据,甚至在一些案件中,没有某些言词证据,就无法认定和处理案件,如贿赂案件中行受贿双方关于予受财物的陈述。但是,言词证据的形成和呈现经历人感知、判断、记忆、陈述和处理的过程,容易受到主客观因素的影响,具有易变性、不稳定性,受陈述者认知能力、记忆能力、表达能力和立场倾向的影响,容易出现失真失实的情况。不同于实物证据发现与收集同步,将陈述者的记忆唤醒以呈现案件情况,是一件难度颇高的工作。在双方互动之中,容易夹杂取证者的主观指向,出现情绪失控、刑讯逼供、暴力取证等行为,特别是在获取犯罪嫌疑人、被告人口供时,更是具有对抗性,是产生非法取证风险最高的领域。

鉴定意见虽然在学理上被归入言词证据,但属于鉴定人对案件中存在专业性问题的判断,并非伴随案件事实产生,在证据形成机理上,与当事人陈述、证人证言不同。严格意义上来讲,鉴定意见并非通过收集形成。因此,本节不讨论鉴定意见的“收集”问题,本节所涉及的言词证据只包括当事人陈述(含刑事案件犯罪嫌疑人、被告人的供述与辩解,被害人的陈述,以及民事诉讼、行政诉讼中当事人的陈述)、证人证言。为表述方便,本章使用“陈述”统称这几类言词证据。

一、言词证据的表现形式

言词证据虽然都是通过当事人、证人陈述形成,但由于收集主体、获取方式不同,表现形式相应地也有不同。总体上可以分为口头陈述和书面陈述,具体表现形式包括讯问、询问笔录,当事人自己书写的文字材料(为清晰表述可能增加图示等方式,简称自书材料),录音或录像,当庭陈述等四种形式。

(一)讯问、询问笔录

讯问、询问笔录是取证主体以提问方式,要求陈述者对所知道的案件情况作出回答,并将问答内容通过文字记录下来,包括讯问笔录和询问笔录。讯问、询问是收集言词证据的基本方式。讯问、询问主体合法是讯问、询问笔录可以作为证据的前提。讯问只能由司法人员进行,询问除司法人员可以进行之外,辩护人、诉讼代理人(通常是律师)也可以进行。律师对有关人员进行询问,须征得对方同意。在刑事案件中,辩护律师询问被害人或者其近亲属或其提供的证人,须先经检察院或法院许可。即使是司法人员的讯问,对与本案无关的问题,被讯问人也有权拒绝回答。

(二)陈述人自书材料

自书材料是当事人、证人就知道的案件情况以书面语言的方式表达出来,用文字予以固定,并签名或盖章形成的材料。自书材料往往是讯问、询问笔录的替代形式,当事人、证人可以主动提出来由自己书写知道的案件情况,必要时,司法人员也可以要求当事人、证人亲笔书写。根据《刑事诉讼法》第 122 条的规定，侦查人员通过笔录记录讯问情况，犯罪嫌疑人请求自行书写供述的，应当准许，必要的时候，侦查人员也可以要犯罪嫌疑人亲笔书写供词。犯罪嫌疑人承认犯罪的自书材料是证明力较强的证据，但是不能完全取代讯问笔录。根据《刑事案件程序规定》的规定，对被害人、证人可以通过询问的方式收集其陈述，也可以由被害人、证人自己书写。

案例 10　周某某受贿案[11]

办案机关在办理周某某受贿案过程中，除对周某某进行讯问形成多份讯问笔录外，周某某还自己书写了 7 份陈述材料。7 份自书材料中，周某某都对收受贿赂的事实作了陈述，但其中一份自书材料中，第一部分叙写了犯罪事实，第二部分谈"思想认识"时，有两处"本人如实交待"，周某某对"实"字打上了引号。

形式上，自书材料比讯问笔录更能体现陈述的自愿性和真实性，但自书材料形成的环境、条件、时机等因素容易影响其合法性与真实性。自书材料并不具有更高的证明力，犯罪嫌疑人因为遭受逼供等非法取证，或者心理防线稳固后为逃避处罚，均可能既自己书写陈述材料，又在材料中留下"藏头诗""暗记"，如将"被逼认罪""被打认罪"等字样隐藏其中等。本案中，周某某对收受他人贿赂的事实实际上是否认的，但为了"过关"，违心写下认罪材料，又担心自书材料日后成为定罪根据，在"实"字上作隐蔽性标记以表明自己非真实认罪的态度。

（三）录音或录像

除通过讯问询问笔录、自书材料固定言词证据之外，还可以采用录音或录像的方式收集言词证据，用录音录像设备将陈述的内容和过程记录下来。相对于笔录和自书材料，录音录像对言词证据的反映更加直观、动态、保真。立法上和实践中日益重视以录音录像方式收集、固定言词证据。与讯问笔录相比，讯问录音录像具有直观性、同步性等特点，不但能够直接反映问答内容，还能够反映讯问过程是否合法。讯问录音录像既是证明案件事实的证据，又是反映讯问活动是否合法的证据，具有"事实认定功能和权利保障功能"。[12]《刑事诉讼法》第 123 条规定，侦查人员在讯问犯罪嫌疑人的时候，可以对讯问过程进行录音或者录像；对于可能判处无期徒刑、死刑的案件或者其他重大犯罪案件，应当对讯问过程进行录音或者录像。录音或者录像应当全程进行，保持完整性，不得选择性地录制，不得剪接、删改。实际办案中，对关键证人的证言也可以录音录像方式固定。民事诉讼中，当事人可以通过录音录像收集言词证据，但是不能采用侵犯他人隐私等的非法方式。录音录像以声音、图像固定陈述人陈述的内容，动态记录陈述时的声音、表情等，可以单独使用，也可以辅助讯问、询问笔录使用。由于讯问、询问录音录像更能客观地反映讯问、询问和陈述的内容，讯问、询问笔录记载的内容与讯问、询问录音录像存在实质性差异的，以讯问录音录像为准。

在张某某案[13]中，公安机关制作的讯问笔录反映，张某某供述强行脱去刘某的衣

---

〔11〕 参见重庆市第二中级人民法院刑事判决书，(2013)渝二中法刑再终字 00001 号。
〔12〕 参见王彪：《讯问录音录像的若干证据法问题研究》，载《法律适用》2016 年第 2 期。
〔13〕 参见河北省深州市人民法院刑事判决书，(2015)深刑初字第 178 号。

服，与刘某发生性关系。但相应的讯问录音录像显示，张某某的供述与讯问笔录有较大差异，甚至截然相反。该案中，张某某对公安机关制作的讯问笔录提出异议，对比讯问笔录和讯问录音录像，二者存在重大出入，张某某的供述内容应以讯问录音录像反映的为准，无法认定张某某曾经供认违背刘某意志与其发生性关系。

（四）当庭陈述

庭审前收集的言词证据，须经庭审质证才可以作为定案根据。由于多数案件的证人并不出庭，质证对象变成庭审前收集的询问笔录。少数案件证人应法院通知出庭，在法庭当面作出陈述。有的案件在庭审前当事人、证人没有或者拒绝作出陈述，或者推翻庭审之前的陈述，根据法律规定或应法院要求，当事人、证人在法庭上向审判人员当面作出陈述，如民事案件的当事人、证人当庭就案件事实向法官作出陈述，刑事案件的被告人在法庭作出与庭审前一致或不一致的供述。当庭作出陈述，控辩双方质证，体现了直接言词原则的要求。刑事诉讼中，由于审判活动的公开性，以及相对侦查讯问、询问时环境更为宽松，在理论上讲，当庭陈述具有更强的证明力，因此鼓励当事人、证人当庭陈述。

案例 11　帅某与唐某借款纠纷案〔14〕

帅某与唐某系朋友关系。帅某向法院起诉唐某，称多年来唐某以做生意为由陆续向帅某借款 530 万元，除归还 50 万元外，其余未归还。帅某向法院提供了唐某出具的一张借条。关于借款的交付凭证，帅某仅提交了分两次向唐某出借 80 万元的银行转账凭证，其余借款的交付，帅某称因时间相隔较长，无法找到相关凭证。唐某主张帅某有赌博恶习，自己是为帅某帮忙而出具的借条，涉案借款事实没有发生。当事人双方对借款时间、地点、金额、借条书写的形式、借款原因以及见证人等，均作出截然相反的陈述。法院通知唐某到庭接受询问，询问之前，要求其签署保证书，保证书载明承诺如实陈述，如果有虚假陈述愿意接受处罚等内容，并在保证书上签名或者捺印。唐某最终当场承认向帅某借款的事实。

本案中，双方当事人关于案涉事实的陈述截然不同，其他证据又无法有力地支持当事人主张。当事人陈述成为本案事实认定的关键，法院通知被告到庭询问，并通过让被告具结的方式保障其陈述的真实性，最终查明诉争事实。

二、言词证据收集的特点

1. 容易受取证者、陈述者主观因素的影响，导致所收集的言词证据内容失真。言词证据的优点在于通过当事人、证人的陈述直观全面地揭示案情，缺点在于相对于实物证据客观性不足，容易受取证者、陈述者主观因素的影响。言词证据毕竟不是如同现场同步录音录像一样，机械客观地记录案件发生经过，而是在案件发生后，经过陈述者唤醒记忆再现案件事实。唤醒记忆的程度，描述案件事实的吻合度，都会受陈述者主观条件的限制。在多数情况下，陈述者的回忆和描述还需要通过取证人员的讯问、询问和记录以笔录的方式固定下来，其间又一次过滤、筛选，最终呈现的已不再是纯客观的原初事实，而是掺入了陈述人、取证人、记录人对案件事实的主观反映。在形成过程中，言词证据容易受到陈述人、

〔14〕　参见伍胜、曾志燕：《当事人具结制度的理解和适用》，载《人民司法（案例）》2017 年第 5 期。

取证人的利益、立场等因素的影响，出现失真失实的情况。选择性陈述、虚假性陈述、遗忘性陈述等均可能发生，有的是完全说假话，有的是真话未全说。因取证者角色定位、利益牵涉，取证角度、方式方法不同等，也会影响言词证据内容的客观真实性。在经历两次转化之后，最终呈现出来时，言词证据附载的某些信息可能会被过滤、被处理，也可能夹杂与案件事实无关甚至与案件真实情况不符的信息。

2. 陈述内容稳定性较弱，收集时必须做好防止改变陈述的证据固定工作。陈述者的感知、记忆、表达能力，以及诚信度，讯问、询问人员及记录者的接受、理解能力，讯问、询问的环境条件，强制措施、律师介入等，都是言词证据存在变数的原因。陈述者因其有意或无意，前后陈述容易发生变化，庭前陈述与当庭陈述可能存在重大差异，甚至截然相反，在实践中被称为翻供、翻证。面对不同取证主体，可能出现多个版本的陈述。极端情况下，即使面对同一取证主体，陈述人的说法也可能前后不一，甚至在同一次讯问、询问中，前后陈述也可能不同。除逆转性的翻供、翻证之外，当事人、证人有多份言词证据在案时，关于案件主要事实的陈述可能会前后基本一致，但在某些细节上仍然会出现差异。言词证据出现变化是一种常态，前后完全一致反而违反人的记忆规律、心理规律和审讯规律。因此，在收集言词证据时必须要预防出现陈述反复的问题，做好防止翻供、翻证的固定证据工作。

3. 证据运用中对言词证据的依赖性较高，导致取证违法风险高。由于言词证据多数情况下，对案件事实认定的证明力较强，因此，司法实践中，对于言词证据的依赖性相对较高。但是，只有少数案件，陈述者会完全配合取证者，大多数案件中取证者与陈述者处于不同程度的紧张关系，甚至是对抗对立状态。在考虑到陈述的内容可能对自己或者与自己存在某种特殊关系的人造成不利时，陈述者会有所顾虑，意图刻意回避、掩盖案件真实情况。特别是犯罪嫌疑人，其思想意识中，供述与定罪量刑具有对应关系，多供全供意味着更重处罚，大多数案件犯罪嫌疑人最初不愿意主动供述自己的犯罪事实，不同程度地存在侥幸心理。口供的获取对抗性最强，侦讯人员与犯罪嫌疑人之间的关系最为紧张，获取口供一般会经历对抗、相持、瓦解的过程。部分证人证言的获取也不是自始顺利的，证人权衡利害，不愿意如实作证，或者故意隐瞒、捏造事实，都有可能发生。取证主体由于地位角色不同，需要尽快拿到当事人、证人的如实陈述。一方意图掩真，一方力图求真，较量之中，刑讯逼供、暴力取证、威胁、引诱、欺骗等取证行为发生的概率较高，出现证据造假、伪证等的风险也高。因此，收集言词证据是最容易发生违法风险的领域。

三、言词证据的收集方法与技巧

基于言词证据的独特性，在收集时既要最大限度地发挥言词证据的优势作用，又要克服言词证据的弊端，特别是要防止非法取证。鉴于刑事案件言词证据收集更具复杂性、代表性、典型性（民事诉讼当事人收集证据更多体现为提供证据，“收集”特征并不突出），在讨论言词证据收集的方法和技巧时，本书主要围绕刑事案件口供、被害人陈述和证人证言的收集展开，但讨论中主要涉及共通性的问题，以避免陷于讨论具体的讯问、询问策略中。

（一）口供收集

讯问是重要的刑事侦查手段和收集证据的方式，其工作成果直接体现为犯罪嫌疑人的口供。口供是刑事诉讼证据中最常见的言词证据。法律禁止以非法方式获取口供，司法人员应当严守这一底线。实践中,为达到依法获取口供的目的,需要司法人员把握好引供与唤醒记忆、诱供与教育感化、指供与出示证据的界限。重视第一份口供获取、讯问与适时举示证据相结合、对讯问过程录音录像等,均有利于有效收集、固定口供。适应口供这一特殊言词证据的特点,结合工作实践,还有以下几个方面值得注意和可以运用。

1. 问(讯问)、记(记录)、核(核对)协同

讯问前,讯问人员与记录人员就讯问的目的、重点、拟采取的策略等事先进行沟通交流,以便记录人员在记录时尊重犯罪嫌疑人供述原意,保持对关键信息的敏感度,及时捕捉和固定关键信息。讯问完成后,笔录除交犯罪嫌疑人阅看核对外,讯问人员也需要进行检查核对,发现存在错漏处的,当场予以补救、更正。否则,即使讯问取得成果,仍然可能因为表现形式存在瑕疵甚至重大缺陷而影响讯问笔录作为证据使用。

案例 12　童某强制猥亵妇女案〔15〕

公安机关在办理童某强制猥亵妇女案时,有一份讯问笔录记载的讯问时间是"2018 年 9 月 3 日 4 时 23 分至 2018 年 9 月 3 日 5 时 10 分",童某提出公安民警是在当天下午讯问的他,在凌晨并没有讯问他,提出该份笔录系民警伪造,并据此否认自己猥亵妇女。经查,实际情况是记录人员笔误将 14 时写成了 4 时,将 15 时写成了 5 时所致。

本案中,由于讯问时间记录出现失误,讯问完毕后也没有通过核对及时修正,给犯罪嫌疑人提供了辩解笔录系伪造的理由。虽然通过对犯罪嫌疑人在该份笔录上的签字、指纹与现有签字、指纹进行技术比对,确认只是笔误,讯问的真实性得到了合理解释,但是节外生枝,浪费了司法资源。

2. 采取讯问笔录、自书材料、同步录音录像"三位一体"的固定方式

对于重大、复杂案件,或者一些隐蔽性强的案件,针对被告人容易翻供的问题,可以采取既对犯罪嫌疑人(被调查人)进行审讯形成讯问笔录,同时要求其自己书写犯罪事实经过的材料,并对审讯过程、自书过程全程同步录音录像的方式来固定口供。需要指出的是,实践中,普通刑事案件办理中侦查人员对于讯问笔录和同步录音录像相对较为重视,但对于让犯罪嫌疑人写自书材料不重视,而职务犯罪办理中调查人员虽然比较注意要求被调查人写自书材料,但是往往对其写自书材料的过程不同步录音录像,这就导致实践中给被告人翻供留下了余地,如有的被告人翻供辩称同步录音录像未全程同步、自书材料是被迫书写甚至是被迫"照抄"的等。因此,必须正确运用前述"三位一体"的口供固定工作,切实防止被告人恶意翻供。此外,需要指出的是,对于案件中关键证人的陈述、被害人陈述也可以采取"三位一体"的方式固定,以防止出现翻证的问题。

案例 13　雷某某受贿案〔16〕

雷某某系原重庆市北碚区委书记。2012 年因"赵某某不雅视频案"被免职并立案侦查。侦查机关指控其涉嫌收受贿赂 316 万元。在庭审中雷某某翻供,其中证人范某(系涉嫌行贿人)、聂某(系雷某妻子)出庭作证,接受了法庭的询问和调查。公诉人向法庭举示了雷某某在审查

〔15〕 参见杜心泉:《"五查法"核实非法言词证据》,载《中国检察官》2014 年第 1 期。
〔16〕 系作者参与办理的案件。

起诉期间两次讯问的讯问笔录、同步录音录像、口供自书材料，范某、聂某在审查起诉期间的两次询问笔录、同步录音录像和证言自书材料，以证实雷某某系恶意翻供，范某、聂某系恶意翻证。公诉人举示的证据和发表的意见被法庭采纳。雷某某被判处有期徒刑13年。

司法实践中，很多公诉人在审查起诉期间一般都只是“例行”讯问犯罪嫌疑人一次，更很少在此阶段询问证人，也基本不会在讯问或询问时让犯罪嫌疑人、证人亲笔书写供词或者证词，或者对讯问、询问过程进行同步录音录像，这就导致庭审中一旦被告人翻供和翻证，公诉人出现“应对乏力”的问题。本案中，公诉人在审查起诉阶段就采取了“三位一体”、多次固定的方式，加固了案件中重要的言词证据，从而在庭审中出现雷某某、范某、聂某同时翻供、翻证时，通过向法庭举示审查起诉期间收集、固定的证据，有效地说服法庭不采信翻供、翻证的言词证据，成功地指控了犯罪。需要指出的是，“三位一体”的固定方式在侦查阶段就应当采取，在审查起诉阶段只是起到进一步加固证据的作用。

3. 及时核查辩解辩护意见

在讯问中，犯罪嫌疑人可能对自己的犯罪事实作出供述，也可能提出辩解意见。辩解意见既包括否认实施犯罪行为，又包括虽然承认犯罪事实但提出自己具有从轻、减轻、免除处罚情形的辩解。对于犯罪嫌疑人的辩解，应当同等重视。一方面，讯问中认真听取、详细了解和记录辩解事项及理由，另一方面，围绕其辩解在后续的侦查讯问中做好相应的核实查证工作。经过查证，犯罪嫌疑人的辩解不成立的，可以通过“查否”其辩解进一步丰富完善指控证据体系，犯罪嫌疑人辩解成立的，则可以避免错误追诉，以及给予犯罪嫌疑人公正处理。

案例14 谷某某抢劫致人重伤案[17]

谷某某2018年7月23日抢劫他人财物，致他人重伤。公安机关出具的户籍证明显示谷某某出生于2000年6月15日，谷某某对犯罪事实供认不讳，但称自己实际出生于2000年9月15日。

针对谷某某提出的异议，办案机关收集了某卫生院妇产科的分娩登记表复印件、谷氏族谱复印件以及相关证人的证言。分娩登记表复印件、谷氏族谱复印件记载谷某某出生日期是2000年9月15日，谷某某的父母、与谷某某同一时间在医院待产的吉某某证实谷某某是2000年9月份出生的。

身份证、户籍证明是户籍管理机关按照法定程式制作出具的，规范性较强，较之其他证明身份年龄的书证具有更高的证明价值。在司法实践中，优先使用居民身份证、户口簿等法定身份证件来证明犯罪嫌疑人、被告人的刑事责任年龄。但是，因农村地区公历农历交混使用、部分新生儿并不是在医疗机构出生、未及时申报户口登记等，这些证据记载的有时并非犯罪嫌疑人、被告人真实的出生日期。对于犯罪嫌疑人、被告人提出其真实出生日期与户籍证明不一致，影响刑事责任年龄认定的，应当问清原由，及时收集其他能够证明犯罪嫌疑人、被告人年龄的证明材料，不能简单地以户籍证明或身份证认定其年龄。本

〔17〕 参见聂昭伟：《多种证据材料互相矛盾时的被告人年龄认定》，载《人民司法》2010年第14期。

案关于犯罪嫌疑人的出生日期问题,直接涉及对犯罪嫌疑人的刑罚轻重。虽然法定形式的户籍证明显示其作案时已经成年,但是犯罪嫌疑人提出异议,称自己作案时尚未年满18周岁,户籍证明不准确、不真实。侦查人员对于犯罪嫌疑人的辩解高度重视,收集了相关书证和证人证言予以核实、查对,结果是犯罪嫌疑人的辩解成立,应当依法从轻或者减轻处罚。

4. 运用好认罪教育

认罪认罚从宽为顺利取得口供提供了制度性激励,也进一步强化了口供在认定案件中的作用。有的地方采用"3—2—1"阶梯式的从宽量刑机制[18],认罪越早从宽越多,鼓励被追诉人尽早认罪认罚,在获取口供时发挥了积极作用。

认罪认罚从宽制度入法后,"两高三部"出台了《关于适用认罪认罚从宽制度的指导意见》,"两高"联合出台了量刑指导意见,认罪从宽成为公开的、确定的制度承诺,在讯问时,侦查人员告知犯罪嫌疑人享有的诉讼权利、如实供述罪行可以从宽处理和认罪认罚的法律规定,听取犯罪嫌疑人的意见,对犯罪嫌疑人开展认罪教育是合法的、规范的。在认罪教育中,不得强迫犯罪嫌疑人认罪,应由犯罪嫌疑人自主作出是否认罪的选择,不得作出具体的从宽承诺,以防止异化为"诱供",但是可以明确告知犯罪嫌疑人"主动认罪优于被动认罪,早认罪优于晚认罪,彻底认罪优于不彻底认罪,稳定认罪优于不稳定认罪"[19]的政策,以争取犯罪嫌疑人尽早认罪、主动认罪、彻底认罪、稳定认罪,从而取得完整、详细的认罪供述。

案例15 陈某某等人涉黑案[20]

某公安分局侦办以陈某某为首的涉黑专案中,陈某某具有很强的反侦查意识,多起犯罪系其幕后指挥,且该涉黑组织实施的犯罪多为隐案,直接指向的相关证据取证难度大。侦查人员充分运用"认罪越早、从宽越多"的激励政策,对犯罪嫌疑人开展认罪教育,通过"尽早告知、充分解读、及时帮助、灵活引导"的方法,让犯罪嫌疑人明白"早认罪,从宽多"的道理,促使多名污点证人主动自愿认罪并检举揭发组织犯罪的事实。

犯罪嫌疑人司某到案后,民警第一时间告知其"3—2—1"机制。司某对自己参与违法犯罪活动感到懊悔,表示要坦白自己的罪行。但由于其本人涉及案件较多,担心会被判重刑,显得沉默不语、心事重重。民警再次讲解认罪越早、从宽越多的道理,司某调整心态,稳定、如实地交代了该涉黑组织实施的相关违法犯罪行为,并主动交代公安机关尚未掌握的聚众斗殴犯罪事实,为指证首要分子陈某某和其他同案犯起到了关键作用。

该犯罪集团涉及的组织卖淫犯罪,由于缺乏相应的证据,侦破工作陷入僵局。侦查人员将涉嫌协助组织卖淫的非组织成员檀某作为突破口。民警耐心细致地为檀某宣讲"3—2—1"量刑减让原则,檀某不仅积极提供和指认多名嫖客和卖淫女的具体信息,还主动供述了账本藏匿地点,帮助侦查人员取得本案的关键证据。

---

〔18〕 根据被告人认罪阶段不同,确定不同的从宽幅度,侦查阶段认罪可减少基准刑的30%,起诉阶段认罪可减少20%,审判阶段认罪可减少10%,不认罪的不从宽,体现了"认罪越早、从宽越多"的量刑理念。

〔19〕 "两高三部"《关于适用认罪认罚从宽制度的指导意见》"9. 从宽幅度的把握"部分。

〔20〕 参见宋一心、李晨:《"认罪越早、从宽越多"量刑理念的实例应用及价值探究》,载《法律适用》2019年第22期。

张某系与陈某某涉黑组织合作开设赌场的犯罪嫌疑人，在陈某某等人落网之后，张某主动到案接受讯问，但仅承认参赌，否认参与开设赌场。民警灵活运用"3—2—1"机制对其进行教育引导，摆事实讲证据，使其认识到越早认罪才有从轻处罚的可能，帮助其彻底放下思想包袱，如实供述了其伙同陈某某涉黑组织数次开设赌场牟利的犯罪事实，并指证其所知道的该涉黑组织实施的其他违法犯罪活动。

犯罪嫌疑人陈某是本案首要分子陈某某的胞弟，为该黑社会性质组织的积极参加者，参与实施了开设赌场、寻衅滋事、组织卖淫、诈骗等多起案件。在审讯之初，对抗情绪比较严重。民警指明其已介入组织犯罪的事实，并结合"3—2—1"机制及相关案例就其最关心的量刑问题进行说明，促使其供述了参与有组织犯罪的全部事实。

本案首要分子陈某某虽然始终不认罪，但整个黑社会性质组织的犯罪事实在外围证据的佐证下，定罪证据确实充分，陈某某一审被判处有期徒刑25年。

本案侦查人员成功运用认罪从宽这一制度激励，通过向犯罪嫌疑人宣讲越早认罪获得的从宽幅度越大，促使犯罪组织成员打消顾虑，供认自己及组织犯罪罪行。

（二）被害人陈述收集

被害人陈述是我国刑事诉讼法规定的特有证据种类，具有独立的证据价值。被害人提供虚假陈述是刑事错案发生的重要原因之一。收集被害人陈述时，应充分考虑被害人陈述与证人证言的不同，尊重被害人遭受犯罪侵害的感受，理解其指证犯罪并要求惩罚犯罪行为人的迫切愿望。尽量选择适当的询问地点，营造适宜的询问氛围，以与被询问人尽快拉近心理距离，建立信任关系。询问中既要充分理解被害人的情绪反应，又要做好正面引导工作，促使其实事求是陈述。

询问被害人时，尤其是性侵害案件的被害人，应严格控制询问次数，尽量一次性成功，避免反复询问对被害人造成伤害，以及引起被害人的反感、抵触。同时，也要防止因询问方式不当，对被害人造成"二次伤害"。在办理性侵害未成年人案件时，可以充分发挥各地建立的未成年被害人"一站式"询问救助中心的作用，对未成年被害人一体开展权利告知、询问取证、心理疏导、检查治疗工作，为未成年被害人提供及时、全面、个性化救助，减少"二次伤害"的可能，争取被害人对询问活动的支持、配合。

再者，对于以未成年被害人陈述为中心构建证据体系的案件，应使用被害人听得明白的询问语言和易于接受的方式。固定被害人的陈述时，如实完整反映询问过程，记录时尽量反映原意，多用原话，避免被害人陈述成人化，必要时，可以借助辅助工具（如玩偶）开展询问，但应避免指名指事询问。

案例16　高某某猥亵儿童案[21]

高某某系某幼儿园聘请的保安。某日8时40分许，高某某在幼儿园门口接到刘某某（女，3岁2个月），将刘某某送往小二班教室，然后返回值班岗位。监控录像显示用时约1分30秒，其中高某某牵着刘某某在监控录像中消失（监控有死角）到高某某再次出现在监控录像中的时间

---

〔21〕参见高明黎、杨毅：《有瑕疵的未成年被害人陈述可以作为定案依据》，载《人民司法（案例）》2016年第20期。

约1分钟。当日晚上，刘某某的母亲肖某某帮刘某某洗澡时，刘某某称尿尿的地方痛，是被幼儿园门口的叔叔用尖尖的东西弄疼的。肖某某遂报警。公安机关立案后，民警讯问高某某，高某某最初供认将刘某某送往教室途中猥亵刘某某的事实，后翻供。

公安机关安排了熟悉儿童心理特点的女民警询问刘某某，在询问中注意使用刘某某能听得懂的语言，记录时，尽量用刘某某的原话。据刘某某说，上午到幼儿园去上学的时候，幼儿园门口的叔叔将手伸入她的裤子内，用手指摸尿尿的地方，弄痛了，不愿再去幼儿园上学。刘某某的陈述中，没有出现"生殖器""抠摸""猥亵"等成人化、专业化的表述，但有时间、地点、人物、事件等基本要素，陈述内容与其年龄体现出的认知能力相符。经调查，幼儿园门口没有其他男性，只有高某某一名男性。侦查实验显示，从幼儿园门口到教室正常往返只需要不到40秒，但高某某花了90秒。刘某某的陈述与其母亲的证言、医院医生的证言、视频监控录像、高某某的供述等证据基本吻合。该性侵未成年人案件可以被害人陈述为核心构建证据体系。

本案中，刘某某的陈述是认定高某某猥亵犯罪的关键。被害人刘某某虽然只有3岁多，认知能力、语言表达能力尚未成熟，对案件事实无法完整、具体陈述，但经适当方式取证，其陈述内容包含基本事实要素，可以作为定案根据。

（三）证人证言收集

证人证言具有不可替代性，询问证人是一种法定的取证手段，应当严格遵守法律和司法文件规定的程序、方式，不得使用暴力、威胁、引诱、侮辱证人等手段获取证言。法律对询问证人持续的时间虽然没有具体规定，但是对犯罪嫌疑人传唤、拘传持续时间最长不得超过12小时，举轻以明重，不能以协助调查等为由变相限制证人人身自由，长时间进行询问。

询问证人前，应了解证人的智力状况、性格、知识背景、生活经验、法律意识和专业技能，与当事人的关系亲疏远近等因素，打消证人的思想顾虑，让证人愿意讲真话、全部讲真话。在收集证人证言时，当证人使用猜测、推断或者评论性语言时，应当提醒其客观陈述。

询问证人时，应当围绕与案件事实相关的情况展开，尽量不涉及与待证事实无关的情况，避免证人产生抵触情绪。尽量避免反复、多次询问，干扰证人正常生活工作，给证人造成精神压力，引起证人反感。

询问应具有针对性、前瞻性，做好证人可能出庭作证的准备。对于证人反复、不稳定的证言应当要求其作出合理解释，并固定证言变化原因。在对重要证人取证时，可以考虑同步录音或录像。

案例17　张某某、周某某伪证案〔22〕

2018年6月13日14时许，黄某某（男）无证驾驶丰田普拉多越野车搭乘洪某某（女，有驾驶证）在某公路上发生交通事故。为骗取保险金，黄某某、洪某某谎称系洪某某驾驶发生了交通事故，骗得保险公司赔付10万余元。事故现场目击交通事故发生并实施救助的张某某、周某某在公安机关取证时，均称看见一辆白色越野车冲下了弯道旁边的土坡。他们跑过去朝车里面看时，发现驾驶座上坐着一名男子，副驾驶座上坐着一名女子，两个人都捆着安全带。救人时先把

〔22〕　参见重庆市渝中区人民检察院起诉书，渝中检刑诉［2014］1614号。

坐在副驾驶位置上的女子身上的安全带取下来，然后扶她下车，再把坐在驾驶座位上的男子身上的安全带松开，慢慢移到副驾驶位置，然后从副驾驶座位的一侧把驾驶员移出来。黄某某的辩护律师介入后，公安机关、检察机关和法院工作人员询问该事故经过，以及出庭作证时，张某某、周某某推翻之前在公安机关的证言。公安机关以张某某、周某某涉嫌伪证罪立案侦查后，张某某、周某某供述了受黄某某的律师诱导，改变原在公安机关的证言作伪证的过程，并如实向侦查人员叙述了目击交通事故发生和救人的情况。

本案中，关于交通事故发生时驾驶人是谁这一关键情节，目击证人的证言直接影响案件事实的认定。证人证言经历了如实陈述、翻证，又回到最初陈述的曲折过程，并且证人被追究伪证的法律责任，充分反映了证人证言的不稳定性和易受干扰性。取证中，需要高度重视证人证言这一特点。对于关键证人的证言，询问时录音录像并告知被询问人，可以在一定程度上防止证人任意改变证言。

四、言词证据补强证据的收集

孤证不能定案，主要是指仅有言词证据特别是只有口供不能定案。言词证据能够被补强，主要是因为言词证据在形式上已经包含全部或主要的犯罪构成要件事实。言词证据之所以需要补强，是因为言词证据内容可能虚假，为了防止依赖言词证据认定案件事实时发生错误，需要有其他证据来增强、担保言词证据的证明力。对于口供，收集补强证据是必经程序。对于其他言词证据，是否需要补强需要结合具体案情判断和处置。

通常情况下，根据口供收集到的证据，涉及的事实细节越多、越隐蔽，越能增强口供的可信度，越有利于认定案件事实，也能更有效地防止和应对翻供。反之，如果没有收集到相关的其他证据来补足，犯罪嫌疑人、被告人供述再详细，也不能够直接用于认定案件事实，否则，容易造成冤错案件。

案例18 田某故意杀人案[23]

某县附近涵洞内发现一无名女尸。经公安机关现场勘查和走访，查明死者系县供销社职工焦某某。经查，焦某某与同事田某有不正当两性关系，田某有作案嫌疑。侦查人员准备接触田某时，田某不知去向。后侦查人员在邻县将田某抓获归案。审讯中，田某交代称，他与焦某某有不正当关系后，焦某某一直纠缠要他与妻子离婚，同她组织家庭。田某考虑到离婚会影响小孩成长，一直没有同意。农历腊月28日晚，焦某某到田某处扭闹，称自己不想活了服了毒，躺在田某的床上。田某一时气恼，卡住焦某某的脖子，再用被子捂住焦某某十几分钟。焦某某没有呼吸后，田某将尸体装入麻袋，丢到公路的涵洞内。

但是，尸检结果显示，死者颈部组织无皮下出血，没有窒息死亡现象，胃内容物无毒物，可能系一氧化碳中毒死亡。经复勘和复验，结果表明焦某某是一氧化碳意外中毒死亡。经再次讯问，田某供述他春节回家过年，初五才回到城里，一打开宿舍房门，发现焦某某躺在床上死了，怀疑焦某某服毒死在屋里是想陷害自己。为了不引起麻烦，他等到天黑后将尸体装在麻袋里扔进涵洞。经查证，田某确实春节前就回农村家中过年了，焦某某为天寒取暖，紧闭门窗，导致一氧化碳中毒死亡。

---

〔23〕 参见张华编著：《证据法学原理与案例课堂》，中国政法大学出版社2019年版，第205页。

本案中，田某供述自己杀人抛尸的过程十分具体，从形式上来看，反映了完整的犯罪事实，但是其他证据支撑不足，特别是没有收集到客观性证据补强其有罪供述，反而收集到案的客观性证据与田某的供述存在根本性矛盾，因此不能仅凭田某的供述认定其杀人的犯罪事实。

第四节　实物证据收集的基本方法与技巧

实物证据主要是物证、书证、视听资料、电子数据、笔录类等五种证据，这五种证据具有客观存在性、性状稳定性、证据碎片性、证明能动性的共性特性，同时，各种证据类型之间也存在差异，每种证据均有其自身的特殊性，证据收集方法与证据的特性具有紧密关系。

一、物证收集的基本方法与技巧

物证，主要包括物品和痕迹，物证以其所处位置、所占时间、所在空间等存在方式，以其形状、大小、颜色、多少、损毁程度等外部特征，以其质量、重量、材质、成分、结构、性能等内在属性证明案件事实。物证作为诉讼中重要的证据种类，在刑事诉讼法、民事诉讼法与行政诉讼法中都被明确规定为独立的证据种类。物证类型多样，根据物证状态可以将其划分为固态物证、液态物证、气态物证；根据物证特征可以将其划分为实体物证与痕迹物证；根据体积大小可以将其划分为常观物证与微量物证；根据检验方法可以将其划分为生物物证与其他物证等类型。严格来讲，每类物证收集手段都存在差异，但总的收集方法存在一定的共通性。

（一）物证收集的基本方法

1. 勘验、检查

勘验是公安司法人员在案件侦办过程中，为了发现、收集、核实案件物证，对与案件事实有关的场所、物品等进行调查检验的工作。2018 年《刑事诉讼法》第 128 至 135 条规定了侦查人员勘验和检查的程序与方法，2020 年《刑事案件程序规定》第 213 至 221 条对《刑事诉讼法》规定勘验检查的程序与方法进一步细化，增强了勘验检查的操作性；2021 年《民事诉讼法》第 83 条第 1、2 款规定："勘验物证或者现场，勘验人必须出示人民法院的证件，并邀请当地基层组织或者当事人所在单位派人参加。当事人或者当事人的成年家属应当到场，拒不到场的，不影响勘验的进行。有关单位和个人根据人民法院的通知，有义务保护现场，协助勘验工作。"2017 年《行政诉讼法》对勘验检查作了类似规定。由此可见，我国三大诉讼法关于勘验的规定详略虽然有所不同，但采取勘验的方法是发现、收集、核查物证的共同方法，勘验要制作勘验笔录。

检查是公安机关为了确定被害人、犯罪嫌疑人的某些特征、伤害情况或者生理状态，对人身进行检查的专门调查活动，主要目的是收集与犯罪有关的物证。2018 年《刑事诉讼法》第 132 条规定："为了确定被害人、犯罪嫌疑人的某些特征、伤害情况或者生理状态，可以对人身进行检查，可以提取指纹信息，采集血液、尿液等生物样本。犯罪嫌疑人如果拒绝检查，侦查人员认为必要的时候，可以强制检查。检查妇女的身体，应当由女工作人员或者医师进行。”司法实务中称之为人身检查和信息标准采集（以下简称标采），标采也是一种收集人身信息的重要方法。

刑事诉讼中的检查仅指人身检查，分为强制检查与任意检查两类。对犯罪嫌疑人的某些特征、伤害情况或者生理状态采取强制检查，而对被害人则采取任意检查，如果被害人拒绝接受检查，则应该告诉被害人拒绝检查的法律后果。检查要制作检查笔录，由参加检查的人员签名或盖章等。

2. 复验、复查

复验、复查是检察机关根据案件的审查情况，要求公安机关对已经勘验检查过的案件再次进行勘验检查的调查活动。2018 年《刑事诉讼法》第 134 条规定：“人民检察院审查案件的时候，对公安机关的勘验、检查，认为需要复验、复查时，可以要求公安机关复验、复查，并且可以派检察人员参加。”同样，2019 年最高检《刑事诉讼规则》第 335 条规定：“人民检察院审查案件时，对监察机关或者公安机关的勘验、检查，认为需要复验、复查的，应当要求其复验、复查，人民检察院可以派员参加；也可以自行复验、复查，商请监察机关或者公安机关派员参加，必要时也可以指派检察技术人员或者聘请其他有专门知识的人参加。”复验、复查要求和程序与勘验检查类似，此处不再赘述。

3. 搜查

搜查是指公安司法机关依照法定程序对违法犯罪嫌疑人以及可能隐藏违法罪犯证据的人身、物品、住处和其他有关的地方进行搜索查找的专门调查工作。搜查是公安司法机关收集物证的重要方法之一，2018 年《刑事诉讼法》第 136 条规定：“为了收集犯罪证据、查获犯罪人，侦查人员可以对犯罪嫌疑人以及可能隐藏罪犯或者犯罪证据的人的身体、物品、住处和其他有关的地方进行搜查。”搜查必须严格按照法定程序和要求进行。第 138 条第 1 款规定：“进行搜查，必须向被搜查人出示搜查证。”当然，公安司法人员在执行逮捕、拘留的时候，遇有紧急情况，不另用搜查证也可以进行搜查。搜查应当邀请见证人或者被搜查人在场，并制作搜查笔录，由在场的被搜查人、家属、见证人签字确认。第 139 条规定：“在搜查的时候，应当有被搜查人或者他的家属，邻居或者其他见证人在场。搜查妇女的身体，应当由女工作人员进行。”

（二）物证收集的基本技巧

物证收集需掌握以下技巧：

1. 勘验、检查应当及时。物证虽然具有稳定性的特性，但是难免受到外界自然衰减和突遭毁灭的影响，在现场勘查中，室外现场很容易被风霜雨雪破坏和毁损，也可能遭到人为毁灭，导致现场勘查中的物证和痕迹发生改变或者灭失，从而失去现场勘查的法律意义，给侦查办案带来困难。同理，对人体进行检查也存在伤害情况愈合、生理特征和状态发生改变，导致与违法犯罪时的情况产生差异。因此，勘验、检查必须及时进行。

2. 勘验、检查与证据收集其他方法相结合。勘验、检查作为一种收集物证的重要方法，与讯问、询问、审查、分析等其他案件侦办行为相互沟通，相互协调，避免案件侦办与证据审查脱节，从而出现证据之间不协调不严密甚至矛盾的局面，对诉讼行为产生重大影响。

3. 收集的物证应当予以辨认。辨认是核查证据的重要方式，更是甄别物证真伪、查证物证关联性的重要方法。《刑事案件程序规定》第 258 条规定：“为了查明案情，在必要的时候，侦查人员可以让被害人、证人或者犯罪嫌疑人对与犯罪有关的物品、文件、尸体、场所或者犯罪嫌疑人进行辨认。”收集到的物品、文件、尸体必须经过辨认，确认与案件事实具有关联性方可作为证据使用，抓获的犯罪嫌疑人一般应先进行辨认，初步明确其身份。当然，必要时可以做DNA鉴定，进一步确认身份。辨认时，应当将辨认对象混杂在特征相类似的其他对象中，不得在辨认前向辨认人展示辨认对象及其影像资料，不得给辨认人任何暗示。辨认犯罪嫌疑人时，被辨认的人数不得少于7人；对犯罪嫌疑人照片进行辨认的，不得少于10人的照片。经过辨认，制作辨认笔录。

案例19　徐某抢劫、侮辱尸体案〔24〕

2019年5月21日凌晨，A市某公安分局接到电话报警称：凌晨2时许，该报警人回到其妹妹黄某某在某街道67号302室租房时，发现黄某某躺在床上，脖子上都是血，已经没有知觉，被人杀死了。公安机关立即组织刑事技术人员和侦查人员赶到现场。围绕犯罪现场展开勘验、检查及对犯罪有关的场所进行搜查，提取重要物证如被害人的内裤、圆珠笔、裹笔纸巾等；搜查到重要物证如手机、人民币等；提取到现场遗留的血迹。抓获犯罪嫌疑人后进一步取证，采集到嫌疑人的生物检材：龟头拭子、口腔拭子、十指指甲采取及指纹，搜查到犯罪嫌疑人作案时的衣裤和拖鞋。但重要物证——刀，没有被遗留在犯罪现场，后据犯罪嫌疑人交代：作案后将刀丢入附近垃圾房，因城市垃圾每日一清，经过多方努力仍未找到杀人用的刀。后经法医鉴定，死者黄某某系锐器作用颈部致静脉破裂引起大出血死亡。

经查，2019年5月17日，犯罪嫌疑人徐某因参与网络赌博负债累累而无力偿还，从而产生抢劫念头，遂在超市购买水果刀1把，随身携带以备抢劫使用。5月18日下午，徐某以找宠物为由进入被害人黄某某租住的67号302室房间，为实施抢劫进行踩点。19日下午，徐某再次以同样理由进入被害人房间，持刀将被害人控制并要求被害人交出财物，因被害人极力反抗，犯罪嫌疑人用水果刀刺入被害人颈部，导致黄某某死亡。徐某为了缓解压力，又对被害人黄某某的尸体进行奸淫，用圆珠笔裹上纸巾对现场进行简单清理后，随即在犯罪现场翻出150元现金和一部苹果手机（价格鉴定7140元）逃离现场。

本案中，侦查人员在勘验过程中采取如下手段和方法收集证据：（1）提取重要物证：死者内裤、圆珠笔及裹在笔上的纸巾、现场遗留的血迹；（2）通过影像技术固定现场方位、概貌、尸体及细目；（3）通过搜查手段，收集到犯罪嫌疑人作案时的衣服、拖鞋、抢劫的手机及人民币；（4）提取犯罪嫌疑人生物检材：龟头拭子、口腔拭子、十指指甲采集；（5）提取被害人生物检材：阴道拭子；（6）对重要证据尸体、衣物、手机等进行辨认，初步确定死者身份及物品；（7）采取鉴定方法确定死者死因及确定致死工具痕迹。另外，通过现场走访、画影图形、指认丢弃现场等方式对杀人工具的间接性证据进行收集固定。

因案件特殊性和现场个体化而采用多种方法和手段收集固定证据。本案中，首先，侦查人员在收集证据过程中始终贯彻及时性、准确性、全面性、客观性、关联性、合法性原则，确保收集的证据具有证据能力，能够作为诉讼证据适用；其次，侦查人员能做到应收尽收，应检尽检，在客观证据“灭失”的情况下，围绕该证据进行间接性证据收集，形成证据锁链，实属难能可贵；再次，对收集的证据进行有效固定、辨认、鉴定等进一步确定证据证明

〔24〕　系作者参与办理的案件。

力;最后,侦查人员结合证据锁链,用以证明案件事实。

作案现场作为案件证据收集场和信息获取场,其实质存在三类现场:物理现场、虚拟现场、心理现场。本案收集物证主要针对物理现场展开,这是一起典型室内现场案件,公安侦查人员围绕物理现场开展勘验检查及对相关场所进行搜查,收集证据并构建证据体系,属于刑事案件侦办过程中的初始建构活动。

二、书证收集的基本方法与技巧

(一)书证收集的基本方法

书证是指以文字、符号、图画等形式所表达的思想和记载的内容证明案件事实的文件或物品。书证作为刑事诉讼法、民事诉讼法与行政诉讼法共同规定的证据种类,在证明案件事实中具有重要作用。书证在三种诉讼中性质和调整对象、范围上存在差异,其中,在刑事诉讼中收集方法最为全面,书证主要由公安司法机关通过调取、搜查、勘验、扣押等方法进行收集,与民事诉讼法、行政诉讼法中书证收集方法是包含关系。此处,主要以刑事诉讼中收集方法为主要阐释对象。

1. 调取

调取是指公安司法机关依照法定程序,要求持有书证的单位或者个人向公安司法机关提供相应证据的专门调查工作。2018 年《刑事诉讼法》第 54 条第 1 款规定:"人民法院、人民检察院和公安机关有权向有关单位和个人收集、调取证据。有关单位和个人应当如实提供证据。"第 137 条规定:"任何单位和个人,有义务按照人民检察院和公安机关的要求,交出可以证明犯罪嫌疑人有罪或者无罪的物证、书证、视听资料等证据。"因此,公安司法机关在调取书证工作中,任何单位和个人都必须予以配合。

2. 搜查

搜查是公安司法机关收集书证的重要方法之一,刑事诉讼法关于搜查书证的程序和要求与搜查物证相同,此处不再赘述。

3. 勘验

勘验是指公安司法人员在案件侦办过程中,为了发现、搜集、核实案件物证,从而对与案件事实有关的场所、物品等进行调查检验。勘验是发现书证的重要方法之一,《刑事诉讼法》第 128 条规定:"侦查人员对于与犯罪有关的场所、物品、人身、尸体应当进行勘验或者检查。在必要的时候,可以指派或者聘请具有专门知识的人,在侦查人员的主持下进行勘验、检查。"公安司法人员在勘验与犯罪有关的场所、物品、人身、尸体的过程中,发现与案件事实有关的书证,则对书证进行提取,填写提取证据清单。

4. 扣押

扣押是公安司法机关在侦查办案过程中发现的可用以证明与案件事实有关的各种财物、文件,对其采取扣押留置的方式予以固定。2018 年《刑事诉讼法》第 141 条第 1 款规定:"在侦查活动中发现的可用以证明犯罪嫌疑人有罪或者无罪的各种财物、文件,应当查封、扣押;与案件无关的财物、文件,不得查封、扣押。"第 141 条第 2 款规定:"对查封、扣押的财物、文件,要妥善保管或者封存,不得使用、调换或者损毁。"

为了保证书证对案件事实的证据能力和证明力,维护诉讼参与人的合法权利、保障人权,扣押书证必须按照法定的程序和要求进行。《刑事诉讼法》第 142 条规定:"对查封、扣押的财物、文件,应当会同在场见证人和被查封、扣押财物、文件持有人查点清楚,当场开列清单一式二份,由侦查人员、见证人和持有人签名或者盖章,一份交给持有人,另一份附卷备查。"第143条规定:"侦查人员认为需要扣押犯罪嫌疑人的邮件、电报的时候,经公安机关或者人民检察院批准,即可通知邮电机关将有关的邮件、电报检交扣押。不需要继续扣押的时候,应即通知邮电机关。"第145条规定:"对查封、扣押的财物、文件、邮件、电报或者冻结的存款、汇款、债券、股票、基金份额等财产,经查明确实与案件无关的,应当在三日以内解除查封、扣押、冻结,予以退还。"

(二)书证收集的基本技巧

1. 收集书证以原件为原则,衍生件为例外。所谓原件是指文书最初制成的文本。原件是文书的初始状态,最具客观性,当然,正本是照原本全文抄录或印制形成的,具有与原本同等的法律效力。衍生件是在原件基础上采取复制、扫描、抄录等方法制作的文本。衍生件包括副本、节录本、影印本、译本等,衍生件在制作过程由于多种因素可能与原本产生差异,其客观性可能受损。因此,收集书证,应尽量收集原件,在原件无法收集的情况下,可以收集衍生件。

收集书证衍生件需要询问其提供者关于衍生件的来源、制作过程、制作人、衍生件与原件的差异等,形成笔录并签章。

2. 收集的书证存疑应当予以鉴定。书证作为一种以文字、符号等方式表达思想内容的实物证据,其客观性不言而喻。但在诉讼中,由于涉案人员出于各种动机,或者对书证进行伪造,或者对原有书证所涉及内容加以篡改、变造,或者制造假书证栽赃、陷害、嫁祸于他人等,因此,对书证真伪进行鉴别就显得特别重要。鉴定是鉴别书证真伪的重要科学方法,办案机关或者当事人聘请具有专门知识的人对书证予以科学鉴定,出具鉴定意见书,有助于查清案件事实。

三、视听资料收集的基本方法与技巧

视听资料包括录音资料、录像资料、录音录像资料、计算机存储影像资料等。视听资料采用现代科学技术手段,将涉案声音图像等视听对象存储在一定载体上用来作为证明案件真实情况的资料。一般情况下,公安司法人员采取搜查、扣押、调取、勘查等方法进行收集。

(一)视听资料收集的基本方法

1. 搜查

涉案视听资料可能被涉案人员随身携带,或者藏匿于某个空间中,如住处、汽车、物品等,或者隐藏于不易被人发现的野外空间。因此,对涉案人员隐藏地、人体、物品、住处、电子物品和其他有关的地方进行搜查是收集视听资料的重要方法。2018年《刑事诉讼法》第136条规定:"为了收集犯罪证据、查获犯罪人,侦查人员可以对犯罪嫌疑人以及可能隐藏罪犯或者犯罪证据的人的身体、物品、住处和其他有关的地方进行搜查。"搜查必须严格按照法定程序和要求进行。第138条第1款规定:"进行搜查,必须向被搜查人出示搜查证。"当然,公安司法人员在执行逮捕、拘留的时候,遇有紧急情况,不另用搜查证也可以进行搜查。

2. 扣押

公安司法人员在办案过程中对发现的涉案视听资料,按照法定程序和法律手续进行扣押留置。《刑事诉讼法》第141条第1款规定:“在侦查活动中发现的可用以证明犯罪嫌疑人有罪或者无罪的各种财物、文件,应当查封、扣押;与案件无关的财物、文件,不得查封、扣押。”第141条第2款规定:“对查封、扣押的财物、文件,要妥善保管或者封存,不得使用、调换或者损毁。”

3. 调取

根据国家法律赋予执法机关的职权,公安司法机关有权利及时向有关单位和个人调取涉案视听资料。任何国家机关、社会团体、企业事业单位和公民个人,对于司法机关向其调取的有证据意义的视听资料,都有义务提供,不得拒绝。2018年《刑事诉讼法》第137条规定:“任何单位和个人,有义务按照人民检察院和公安机关的要求,交出可以证明犯罪嫌疑人有罪或者无罪的物证、书证、视听资料等证据。”《国家安全法》和《人民警察法》规定:国家安全机关和公安机关,经过严格的批准手段,执法人员可以在采取监听或者监视措施过程中制作视听资料。

另外,公安司法人员在勘查现场过程中发现涉案视听资料,收集方法与收集物证、书证方法相同,此处不再赘述。

(二)视听资料收集的基本技巧

1. 收集视听资料应该同时收集其来源证据。视听资料具有连贯性和鲜活性的特点,对案件具有重要的证明功能,但实践中在收集该类证据的时候,往往忽略收集其来源性证据,导致收集的视听资料证据能力存疑。因此,收集视听资料来源性证据显得特别重要,具有与视听资料本身同等的证据价值。对视听资料来源性证据的收集通常采用询问方法,对视听资料的所有人、持有人、管理人、安装人、制作人等进行询问,主要对采集视听资料的设备名称、位置、功能、作用、型号、范围、原理、储存期限等证据详细收集,形成询问笔录,对特别重要的视听资料,可以采取同步录音录像的方式固定证据,并予以备份密封,随同案卷保存。

2. 对收集的视听资料必须进行备份、封存。视听资料具有其他证据不具备的独特证明功能,但也存在容易被篡改、删减、增加等问题,或者因气温、风雨雷电等自然原因导致载体变异不能再现视听情况。因此,公安司法人员对收集到的视听资料必须多份备份,然后进行封存,保证证据的完整性,或随案移送用于诉讼,或保留档案室备查。

案例20 C市某县珠宝店被盗案〔25〕

2022年5月20日7时许,C市Z县一珠宝店工作人员打开卷帘门准备营业时,发现珠宝店被人以破窗撬洞的方式盗走105件黄金首饰,被盗总克数为1228.09克,价值546,679.29元,该店员立刻拨打“110”报警电话。当地警方闻讯赶到被盗现场,随即对中心现场及周围开展调查走访、现场勘查、调取监控视频等初查工作,经过10余日的艰苦奋战,通过视频追踪,结合其他证据,抓获了犯罪嫌疑人张某。

经查:犯罪嫌疑人张某因没有正当经济收入,遂产生盗窃金店念头。为此,选定了作案金店,并准备作案工具渔夫帽、液压剪、电工服、解放鞋、裤子、手套、油罐等。作案当日,张某破坏金店附近路灯,剪断窗户钢筋,采取破窗撬洞的方式进入金店盗走黄金,然后烧毁作案衣物,丢弃作案工具,随身携带被盗黄金坐出租车逃离现场。

〔25〕 系作者参与办理的案件。

随着科学技术日益发展,视频侦查在司法实务中的应用越来越广泛。收集视频资料证据,对实时发现犯罪、制止犯罪、查获犯罪嫌疑人及寻找涉案物品等工作具有重要作用。本案中,侦查人员紧紧围绕中心现场,对现场及周围文具店、宾馆、学校、银行以及其他社会监控视频进行调取、封控、扣押、分析,总共收集视频资料时长3万余小时,并根据视频资料进行侦查实验,最终查获犯罪嫌疑人,保障诉讼顺利进行。视频资料证据在本案中的应用过程如下:(1)通过调取、扣押、查封视频资料,防止对视频进行增、删、改,保障证据来源及内容的客观真实性;(2)对收集的视频资料进行研看,结合其他证据,证实犯罪嫌疑人衣着、翻墙进入中心现场、作案后的逃跑路线等犯罪事实;(3)侦查人员对与案件相关的视频资料进行备份封存;(4)组织视频侦查实验,确定犯罪嫌疑人进入现场的时间点、熄灭路灯的时间点,逃离现场的时间点,对进出案发现场和逃跑路线的客观证据进行固定。

随着社会信息化、智能化的进一步发展,犯罪手段与方法随之更新,视频侦查技术在案件侦办中的作用日渐突出,作为证据使用的视听资料因其连贯性、鲜活性等特点,在证明案件事实中价值日益凸显,对惩治违法犯罪、保障公民合法权益方面越来越重要。

四、电子数据收集的基本方法与技巧

电子数据是现代信息数字化的产物,是借助现代信息技术形成的一种新型证据。电子数据在其生成、传输、存储、读取、展示等环节均具有独特性。公安司法人员应当遵守法定程序,遵循有关技术标准,全面、客观、及时地收集、提取涉案电子数据,确保电子数据的真实性和完整性。

(一)电子数据收集的基本方法

收集电子数据一般运用专业化工具和技术,采取扣押、封存、提取、冻结、调取、打印、拍照或者录像等方式。

1. 扣押与封存

对电子数据原始存储介质采取扣押方式进行收集,然后对扣押的原始存储介质进行封存,防止删减、损坏,保证其完整性,并制作笔录,记录原始存储介质的封存状态。

2. 提取

提取电子数据分为两种情形:一是采用传统方法现场提取电子数据;二是采取专门技术和手段网络在线提取电子数据。提取收集电子数据主要有以下情形:原始存储介质不便封存的;提取计算机内存数据、网络传输数据等不是存储在存储介质上电子数据的;案件情况紧急,不立即提取电子数据可能会造成电子数据灭失或者其他严重后果的;关闭电子设备会导致重要信息系统停止服务的;需通过现场提取电子数据排查可疑存储介质的;正在运行的计算机信息系统功能或者应用程序关闭后,没有密码无法提取的。

3. 冻结

电子数据具有下列情形之一的,可以对其进行冻结:数据量大,无法或者不便提取的;提取时间长,可能造成电子数据被篡改或者灭失的;通过网络应用可以更为直观地展示电子数据的。冻结电子数据一般采取如下方法:计算电子数据的完整性校验值;锁定网络应用账号;采取保护措施;其他防止增加、删除、修改电子数据的措施。

4. 调取

公安司法机关调取电子数据应开具调取证据通知书，可以向有关单位和个人调取电子数据，通知电子数据持有人、网络服务提供者或者有关部门执行。必要时，应当采用录音或者录像等方式固定证据内容及取证过程。公安司法机关应当协助因客观条件限制无法保护电子数据完整性的被调取单位、个人对电子数据的完整性进行保护。

5. 打印、拍照或者录像

对于无法扣押原始存储介质并且无法提取电子数据的，或者存在电子数据自毁功能、装置，需要及时固定相关证据的，或者需现场展示、查看相关电子数据的，可以采取打印、拍照或者录像方式收集电子数据。

（二）电子数据收集的基本技巧

1. 扣押原始存储介质时，收集并注明相关情况。例如，原始存储介质及应用系统管理情况，网络拓扑与系统架构情况，是否由多人使用及管理，管理及使用人员的身份情况；原始存储介质及应用系统管理的用户名、密码情况；原始存储介质的数据备份情况，有无加密磁盘、容器，有无自毁功能，有无其他移动存储介质，是否进行过备份，备份数据的存储位置等情况。

2. 校验值。对现场提取的电子数据可以进行数据压缩，并在笔录中注明相应的方法和压缩后文件的完整性校验值。对网络在线提取的电子数据应当计算其完整性校验值；必要时，可以提取有关电子签名认证证书、数字签名、注册信息等关联性信息。

3. 冻结电子数据应当注明其网络应用账号等信息，送交电子数据持有人、网络服务提供者或者有关部门协助办理。

4. 调取电子数据时，被调取单位应附完整性校验值等保护电子数据完整性方法的说明，以便电子数据读取与展示。

案例21　D市某大学生双杀案〔26〕

2018年7月2日凌晨，D市某大学11舍205男生宿舍，周某持刀杀害室友姚某致当场死亡。然后，周某持刀割腕自杀，后经医院抢救无效死亡。警方接到报警后，立即赶赴杀人现场，公安民警现场提取到犯罪嫌疑人周某使用的金立手机1部、华硕X555S笔记本电脑，被害人姚某使用的苹果手机1部、联想笔记本电脑1台以及室友杨某使用的华硕FX50J笔记本电脑1台。

通过初步侦查，周某、姚某使用的手机及电脑均设置密码，侦查人员通过侦查实验等方法破解密码，采取扣押、封存、提取、调取、打印、拍照、录像等手段收集电子数据。同时，侦查人员通过电子物证技术查明周某常与高中同学王某（在东北E市上大学）网络聊天，于是，对王某使用的VIVO X7手机提取镜像后分析获得数据，发现王某与周某的聊天记录，同周某的QQ聊天记录涉案信息一致。结合其他证据综合分析，本案系嫌疑人周某杀人后畏罪自杀。

本案侦查人员在勘验过程中采取如下手段和方法收集证据：(1)扣押并封存电子证据存储介质：金立手机1部、华硕X555S笔记本电脑1台、苹果手机1部、联想笔记本电脑1台、华硕FX50J笔记本电脑1台；(2)通过侦查实验，提取两死者指纹，破解电子存储介

〔26〕 系作者参与办理的案件。

质开机密码;(3)调取手机及电脑内的微信、QQ 等社交媒介以及浏览网站的大量电子数据,并保存校验值;(4)对重要电子数据进行打印、拍照;(5)对整个电子数据的收集过程全程录音录像,保障证据收集过程的客观真实性;(6)对电子证据对端介质提取镜像后分析获得电子数据;(7)对收集到的与案件相关的数据进行分析、研判。

电子证据收集必须遵守法定程序,借助现代信息技术,遵循有关技术标准,全面、客观、及时地收集、提取涉案证据,确保证据的真实性和完整性。本案中,侦查人员首先在收集电子数据的过程中借助现代信息技术,按照相关的技术标准及时、全面、客观地收集电子数据,其实质是对犯罪嫌疑人作案的虚拟现场开展的勘验检查工作;其次,侦查人员通过对犯罪嫌疑人及被害人的年龄、经历、爱好进行分析,结合现场多个电子数据介质,研判出电子数据在本案中的关键证明作用;最后,侦查人员采取快速检验、侦查实验、远程取证等措施及时扣押、封存、提取、调取、打印、拍照与犯罪相关的电子数据,并结合其他证据综合分析,得出令人信服的案件结论。

五、笔录类证据收集的基本方法与技巧

笔录类证据主要是指公安司法人员在案件侦办过程中,对与案件有关的场所、物品、人身进行勘验、检查、辨认或进行侦查实验时,所作的勘验、检查、辨认、侦查实验等笔录,并由案件侦办人员和在场见证人签名的一种书面证据。在诉讼中经常笔录有:(1)现场勘验笔录。现场勘查笔录是公安司法人员在现场勘查中按照一定的格式和程序记录现场勘查人员、勘查条件、勘查过程、勘查结果的笔录。(2)尸体检验笔录。尸体检验笔录是记录法医在检验尸体过程中对尸体的死亡原因、死亡时间、致死方法、致死手段和工具进行记录和分析的笔录。(3)物证检验笔录。物证检验笔录是公安司法人员对与案件相关的物体、物质运用物理或者化学等科学方法进行检验所作的笔录。(4)人身检查笔录。人身检查笔录是公安司法人员对被害人、犯罪嫌疑人的某些特征、伤害情况、生理状态等进行检查所作的笔录。(5)侦查实验笔录。侦查实验笔录公安司法人员查明在一定条件下某一事件或现象是否发生以及后果如何的实验时所作的笔录。(6)辨认笔录。辨认笔录是公安司法人员为了查明案情,组织被害人、证人或者犯罪嫌疑人对与犯罪有关的物品、文件、尸体、场所或者犯罪嫌疑人进行辨认所制作的笔录。

(一)笔录类证据的基本制作方法

1. 笔录类证据的制作主体

笔录类证据是公安司法人员在案件侦办过程中记录侦办过程的书面文件,主体为公安司法人员。另外,根据案件侦办需要,公安司法机关必要时可以指派或者聘请具有专门知识的人参加勘验、检查、侦查实验,但指派或聘请人员应在侦查人员的主持下进行勘验、检查、侦查实验。在司法实践中,勘验、检查、辨认、侦查实验等笔录一般由负责侦办的公安司法人员指定专人制作,并应与勘验、检查同步进行。

2. 笔录类证据内容

笔录类证据记载的勘验、检查、辨认、侦查实验内容必须客观、全面、准确。主要有以下类型:(1)现场勘验笔录。在刑事诉讼中,现场勘验笔录内容主要包括现场笔录、现场影像、现场绘图和证据清单。具体而言,现场勘验笔录内容包括:接报警时间,案件发生或者发现的时间、地点,报案人、被害人或当事人的姓名、职业、住址以及他们叙述的案件发

生、发现的情况；现场保护人员、保护措施、保护情况；现场勘验指挥人员、勘验人员、见证人的姓名、职业和住址；勘验工作开始和结束的时间，勘验顺序、气候情况、光线条件；现场位置(方位)、周围环境；中心现场情况、现场变动情况、反常情况；现场物证、现场痕迹标号、名称、数量；现场拍摄的方位照、中心照、细目照的内容、数量；绘制现场图的时间、方位、种类和数量；现场图应写明名称、图例及说明事项，并由绘图人、侦办人、见证人签名。在民事、行政诉讼中，人民法院按照相关规定制作的现勘笔录相对简单，记录勘验的时间、地点、勘验人、在场人、勘验的经过、结果，由勘验人、在场人签名或者盖章，对于绘制的现场图应当注明绘制时间、方位、测绘人姓名、身份等内容。(2)物证检验笔录。物证检验笔录记载勘验时所见到物品的性质、形状、位置和其他特征等，并附拍摄照片。(3)尸体检验笔录。在尸体检验笔录中，记载尸体检验时间、地点、参加人、见证人，重点记载死者的衣着、尸表以及伤痕形状、大小、位置等，同时对按印指纹、掌纹和提取血液、尿液、胃内容物进行详细记载。根据案件侦办需要，还可记载死者相貌特点、生理状况、病理特征，随身携带物品等。(4)人身检查笔录。人身检查笔录一般记载检查时间、地点；检查人员的姓名、职务；被检查人的姓名、职业、住址；被检查人员的某些特征、伤害情况、生理状态等。在刑事被告人拒绝检查时，公安司法人员认为有必要的可以强制检查，并在笔录中注明。(5)侦查实验笔录。侦查实验笔录主要记载实验时间、地点、环境、条件、工具；实验目的；批准实验的机关；实验指挥人员、参加人员姓名、职务；实验过程和结果等。必要时，笔录可以附上实验影像、实验绘图、制作模型等实验情况。(6)辨认笔录。辨认笔录主要载明辨认人身份、辨认时间、辨认地点、辨认对象及数量、混合情况、辨认过程、辨认结果。特别注意要附表清晰记录辨认对象来源。

3. 见证人见证并签名

为了确保公安司法机关依法、准确、客观、公正地进行勘验、检查以及制作勘验、检查笔录，应当邀请与案件无关的人员作为见证人见证勘验、检查过程。2018 年《刑事诉讼法》第 133 条规定：勘验、检查的情况应当写成笔录，由参加勘验、检查的人和见证人签名或者盖章。2021 年《民事诉讼法》第 83 条第 1 款规定：勘验物证或者现场，勘验人必须出示人民法院的证件，并邀请当地基层组织或者当事人所在单位派人参加。当事人或者当事人的成年家属应当到场，拒不到场的，不影响勘验的进行。

见证人应当全面见证勘验、检查过程，并在勘验、检查笔录上签名或者盖章，确因客观原因无法邀请见证人的，公安司法机关应当对勘验检查全过程进行录音录像，并附卷。

(二)笔录类证据收集的基本技巧

1. 制作笔录注意“四性”。笔录类证据客观反映公安司法人员在案件侦办过程中，对与案件有关的场所、物品、人身进行勘验、检查、辨认或进行侦查实验时，所作的勘验、检查、辨认、侦查实验进行的过程及结果。首先，制作人通过文字、图形、照片、符号等方式客观记录侦办过程及结果，不能自行主观臆断和推测；其次，要对侦办过程及结果进行全面记录，不能遗漏和添加；再次，制作笔录类证据必须与侦办工作同时进行，由客观条件所限不能同时进行的，必须在侦办完毕时及时制作笔录，以免出现遗忘，不能全面客观反映侦办过程及结果；最后，制作笔录必须规范，严格按照每种笔录的程序、格式和要求进行制作。因此，笔录类证据制作要注意客观性、全面性、及时性和规范性。

2. 缺乏见证人的处理办法。笔录类证据需要见证人全程见证公安司法机关依法进行勘验、检查等侦办工作的过程及结果，确保勘验、检查准确、客观、公正地进行，以及核对制作的勘验、检查笔录并签字。但在司法实践中，由于客观原因可能出现无法找到见证人的情形，这时可以采取全程录音录像的方式记录侦办过程及结果，并将其制成光盘，辅助证明笔录的客观、全面、及时性。

典型案例评析

案例7－1 孟某、何某康盗窃案[27]：新型网络犯罪证据的收集

茂立公司通过与腾讯科技(北京)有限公司(以下简称腾讯公司)、广州网易计算机系统有限公司(以下简称网易公司)签订合同，成为腾讯在线Q币以及网易一卡通在上海地区网上销售的代理商。被告人孟某通过互联网，在广州市利用黑客程序窃得茂立公司登录腾讯、网易在线充值系统使用的账号和密码。后孟某通过网上聊天方式与被告人何某康取得联系，向何某康提供了上述所窃账号和密码，二人预谋入侵茂立公司的在线充值系统，窃取Q币和游戏点卡在网上低价抛售。二人成功入侵茂立公司的在线充值系统窃得Q币和游戏点卡，孟某先让何某康为自己的QQ号试充1只Q币。确认试充成功后，孟某即在找到买家并谈妥价格后，通知何某康为买家的QQ号充入Q币，要求买家向其中国工商银行牡丹灵通卡(以下简称770号牡丹卡)内划款。何某康陆续从茂立公司的账户内窃取价值人民币24,869.46元的Q币32,298只，除按照孟某的指令为买家充入Q币外，还先后为自己及朋友的QQ号充入数量不等的Q币。何某康还陆续从茂立公司的账户内窃取价值人民币1079.5元的游戏点卡50点134张、100点60张。以上二被告人盗窃的Q币、游戏点卡，共计价值人民币25,948.96元。被害单位茂立公司发现被盗后，立即通过腾讯公司在网上追回被盗的Q币15,019个。茂立公司实际损失Q币17,279个，价值人民币13,304.83元。连同被盗的游戏点卡，茂立公司合计损失价值人民币14,384.33元。被告人孟某、何某康到案后，家属分别帮助交付人民币8000元和2.6万元以抵顶赃款。侦查机关将其中的14,384.33元发还茂立公司，多余款项退还交款人。

｜评析｜ 新型网络犯罪主要是利用电信网络技术手段，通过远程、非接触等方式实施的犯罪行为，这类犯罪具有智能化、技术性、隐蔽性等特点。因此，证据收集多采取技术性、专业化手段。公安机关在侦办本案件过程中收集了书证、电子证据、物证(照片)、现场勘查(照片)、笔录类证据、证人证言、嫌疑人供述等29份证据。如下：(1)物证：扣押物品清单(照片)、物品发还清单、现场勘查报告、作案地照片；(2)书证：《腾讯在线Q币一级代理商销售合同》、转账汇款凭证、发票、电脑下载网页截图、《网易在线直充系统代理合作协议》、电汇凭单、账户销售报表截图、账户充值记录、查询存款/汇款通知书(回执)及其附件；(3)电子证据：检查意见书、"侦察兵1.1.rar""木马"程序、"挂马的那天.txt"文件以及孟某与何某康的聊天记录、孟某与何某亮的QQ聊天记录、孟某与何某康的QQ聊天记录；(4)笔录类证据：搜查笔录、扣押物品清单、被扣电脑硬盘照片复印件；(5)证人证言：证人徐某雄证言、证人钟某栋证言、证人齐某证言、侦查员赖某烽所写的工作情况、证人尹某证言、证人戎某

---

〔27〕 参见《上海市黄浦区人民检察院诉孟某、何某康网络盗窃案》，载110判裁案例网2006年6月26日，https://www.110.com/panli/。

证言、证人刘某的证言、证人毕某俊的证言、腾讯公司的书面证言;(6)嫌疑人供述:嫌疑人孟某供述、嫌疑人何某康供述。

我国刑事诉讼制度中,立案侦查收集证据,审查起诉审查证据,审理判决甄别证据,公安司法机关的诉讼活动以证据为核心展开,整个诉讼程序以侦查机关收集证据为基础和开端。在司法实践中,每个案件因案情不同而证据各异,虽然《刑事诉讼法》规定了"八类证据",但在具体案件中,或存在全部证据种类,或仅仅只有部分证据种类,或某类证据量多,或某类证据量少,证据种类及数量多寡因案件差异而定。本案中,侦查机关收集物证、书证、电子证据、现场勘查、笔录类证据、证人证言、嫌疑人供述等29份证据。其中,既有直接证据,如犯罪嫌疑人供述,也有间接证据,如扣押物品清单、证人证言等;既有传统证据如物证、书证,也有新型证据如电子证据,这些证据或者证明主要案件事实,或者证明次要(片段)案件事实。全案证据相互关联、相互链接、相互印证、相互协调,形成紧密的证据锁链,证明犯罪嫌疑人孟某、何某康的犯罪动机、犯罪目的、犯罪过程、资金流向、信息交流、犯罪结果等案件事实以及其以非法占有为目的的主观故意,采取现代技术秘密窃取的犯罪手段,被害人受到损失的犯罪危害。在侦查过程中,侦查机关收集证据注重客观性、关联性、合法性,全部证据有机组合、彼此协调,建构证据体系证明孟某、何某康网络盗窃的全部案件事实。

案例7-2 于某生故意杀人案〔28〕:侦查机关将收集到的有利于犯罪嫌疑人的重要证据需随案移送

1996年12月2日,于某生的妻子韩某在家中被人杀害。后于某生被判决认定为作案人。2013年最高人民检察院向最高人民法院提出再审检察建议。安徽省高级人民法院决定对该案再审,最终宣告于某生无罪。2016年,真凶武某元被执行死刑。

法院经再审查明,安徽省人民检察院复查调取的公安机关侦查内卷中的手写"现场手印检验报告"及其他相关证据,能够证实现场存在的2枚指纹不是于某生及其家人所留,属于外来指纹,但侦查机关并未将该情况写入检验报告,而关于该两枚指纹的相关证据在移送审查起诉时,公安机关未随案移送。根据DNA鉴定意见,被害人阴道提取的精子也不是于某生的精子。同时,根据侦查机关蜡烛燃烧实验反映的情况,该案存在杀害被害人并伪造现场均在8时之前完成的可能,但是公安机关没有将实验报告随案移送。

原审判决认定于某生有罪的证据主要是现场勘查笔录、尸检报告以及于某生曾作过的有罪供述。而于某生在侦查阶段虽曾作过有罪供述,但其有罪供述不稳定,时供时翻,供述前后矛盾。且其有罪供述与现场勘查笔录、尸检报告等证据亦存在诸多不一致的地方,如于某生曾作有罪供述中有关菜刀的位置、拽断电话线、用于点燃蜡烛的火柴梗丢弃在现场以及与被害人发生性行为等情节与现场勘查笔录、尸检报告等证据均存在矛盾。

|评析| 本案涉及侦查机关收集到的有利于犯罪嫌疑人的证据应当随案移送的问题。本案再审期间,安徽省人民检察院向安徽高院提供了两组新证据:一组是公安局勘查现场时提取的但没有随案移送的两枚成年人指纹材料,其属于外来指纹。现场出现他人指纹,不能排除他人作案可能。另一组证据是关于于某生伪造现场作案时间方面的证据。公安

---

〔28〕 参见安徽省高级人民法院刑事附带民事判决书,(2013)皖刑再终字第00006号。

机关当时做了蜡烛燃烧实验用来证明作案时间,但没有将实验报告随案移送。该组证据能证明于某生没有作案时间,也能证明于某生没有伪造现场的时间。侦查机关未能全面移送证据,导致审判机关无法根据证据对案件事实、证据情况作出全面、准确的判断,是造成错判的最主要原因。于某生案件是侦查人员违法隐瞒有利于被告的证据导致错案的典型案例,充分证明了侦查机关收集证据时一定要坚持合法、客观公正、完整全面原则的重要性。

案例7-3　唐某、黄某玩忽职守案[29]:侦查人员未依法收集、保管实物证据导致国家赔偿被定罪

一审判决认定:2010年11月11日临武县公安局经侦大队对松某纳米公司员工李某1、李某3、梁某以涉嫌职务侵占罪立案侦查。时任经侦大队教导员的黄某负责主办该案。2010年12月18日,时任经侦大队大队长的唐某带领黄某和办案人员周某1持搜查证来到松某纳米公司,在没有李某1、李某3本人及亲属在场的情况下,唐某邀请松某纳米公司股东李某2作见证,对李某1、李某3等人的办公室及住处进行了搜查,但未发现与案件有关的证据,只发现李某1、李某3的办公室各有一个保险柜。搜查期间对整个搜查过程没有制作搜查笔录。因怀疑这两个保险柜内有与案件有关的证据,但又没有密码和钥匙,唐某、黄某等人决定扣押这两个保险柜。

在未办理扣押物品、文件清单等扣押手续,未对两保险柜采取贴封条等任何措施,又没有见证人同行监管的情况下,唐某、黄某等人将两个保险柜抬上车,并运到临武县城周某1认识的位于文昌路城关派出所对面的“临武某王”店内。

在未通知李某1、李某3本人、亲属或其他见证人到场的情况下,要专业开锁人龙某将两保险柜打开,对从两保险柜内搜出的物品、文件没有进行逐一清理、登记,也没有办理扣押物品、文件清单等扣押手续,唐某安排办案人员周某1对保险柜内认为与案件有关的物品、文件扣押,周某1将这些物品、文件交给周某2,周某2将一部分物品、文件存放在黄某办公室的铁皮柜内,还有一部分物品放置在地板上一纸箱内。

唐某、黄某对两保险柜内搜出的物品、文件不闻不问,既不提出自行保管,也不指定专人保管,更为严重的是留有部分物品、文件的两个保险柜继续放在了“临武某王”店内。店主龙某多次打电话给办案人员,要求将两保险柜拖走,但办案人员一直没有拖走。其中李某3的保险柜后来被龙某当废品卖掉,已无法寻回。

2011年1月28日,李某1被取保候审后,知道保险柜被临武县公安局经侦大队扣押后,曾多次找办案人员要回保险柜内的票据,未果,因而上访到湖南省公安厅。

2014年11月7日,李某1以临武县公安局违法扣押其保险柜,并遗失了保险柜内的某些物品,致其无法实现债权为由,向郴州市中级人民法院赔偿委员会申请国家赔偿。郴州市中级人民法院赔偿委员会经审理,于2015年2月10日作出(2014)郴中法委赔字第7号国家赔偿决定书:由赔偿义务机关临武县公安局赔偿赔偿请求人李某1欠条灭失造成的损失740,000元。2015年5月29日,临武县公安局将740,000元全部赔偿给李某1。

一审法院判决唐某、黄某构成玩忽职守罪,免予刑事处罚。二人不服上诉,二审法院裁定维持原判。

---

〔29〕　参见湖南省郴州市中级人民法院刑事裁定书,(2018)湘10刑终99号。

｜评析｜ 本案是司法实践中鲜见的侦查人员因为未依法搜查、扣押、保管涉案实物证据，致使犯罪嫌疑人民事权益受损而导致国家赔偿的案例。唐某、黄某在办案过程中，未按照刑事诉讼法的相关规定收集证据，而是严重违反法定程序，在搜查期间未制作搜查笔录，未办理扣押手续，未对搜出的物品、文件履行妥善保管的义务，致使犯罪嫌疑人的财产遭受损失，引发犯罪嫌疑人上访，并导致国家赔偿，最终自己也被法院判决有罪。该案警示侦查人员在收集证据的过程中，必须遵守依法取证的原则，严格按照刑事诉讼法的相关规定取证，否则就可能会因为取证过程中的严重违法行为造成重大的危害后果进而导致自己承担相应的法律责任，甚至付出沉重的代价。

主要文献著述

1. 杨迎泽、孙锐主编：《刑事证据的收集、审查与运用》，中国检察出版社 2013 年版。
2. 赵言荣：《审前证据收集与案件事实发现》，北京大学出版社 2019 年版。
3. 熊志海：《网络证据收集与保全法律制度研究》，法律出版社 2013 年版。
4. 邱爱民：《行政执法证据收集与运用规则研究》，知识产权出版社有限责任公司 2022 年版。
5. [美]佛瑞德・E. 英鲍等：《刑事审讯与供述》，刘涛等译，中国人民公安大学出版社 2016 年版。

第八章　证据审查判断的基本方法与技巧

第一节　证据审查判断概述

一、证据审查判断的概念

证据的审查判断，是指公安、司法人员以及当事人、诉讼代理人、辩护人等对于收集的证据材料进行分析、研究和鉴别，确定证据与案件之间有无客观联系，证据是否具有真实性与合法性，并判断证据有无证据能力和证明力以及证明力的大小，以此认定案件事实的一种诉讼活动。审查判断证据贯穿于诉讼的全过程。在收集证据时，往往要对证据进行审查判断，以保障收集证据的有效性；在证据审查判断的过程中，常常需要进一步收集、补充证据，司法工作人员和当事人及其辩护人、诉讼代理人对收集的证据材料进行分析，去伪存真，运用概念进行推理和判断，从而逐步加深对案件事实的认识。因此，从收集证据到审查判断证据，是司法工作人员和当事人及其辩护人、诉讼代理人对案件事实认识由浅入深的过程，是对案件事实由感性认识上升到理性认识的过程。简言之，审查判断证据就是根据证据的本质属性，结合案件的具体情况，对所收集的证据进行分析、鉴别，是一个"去粗取精，去伪存真，由此及彼，由表及里"的逐步深入的认识过程[1]。

审查判断证据是诉讼过程中的关键环节，对于正确认定案件事实具有重要意义。通过对证据的审查判断，可以鉴别证据与案件有无相关性，分辨证据的真伪，确保证据的合法性，以保证作为定案依据的证据符合法律要求，以准确地认定案件事实，适用法律，从而顺利地完成刑事诉讼、民事诉讼或者行政诉讼的任务。

二、证据审查判断的内容

我国传统证据法学理论认为，证据审查判断的主要内容是证据是否符合"三性"特征，即客观性、关联性和合法性，且认为客观性不仅是证据的三大基本属性之一，甚至是最重要的属性[2]。但是，证据是否具有"客观性"的基本属性是值得商榷的，有的教材将客观性解释为真实性，而实际上客观性和真实性是不能完全等同的。表现为"客观"的东西未必就一定是"真实"的。例如，司法实践中一般认为，物证是典型的"客观证据"，但如果一个物证是"赝品"，而办案人员未能审查出其是虚假的，并最终将其作为定案依据，则该物证外在特征是一个客观存在的物体，但却是一个不具备真实性的虚假证据。因此，证据属性中以"真实性"取代"客观性"更为切合实际和符合证据法学原理。证据审查判断的主要内容应当为证据的真实性、关联性和合法性。

---

〔1〕 参见樊崇义主编：《证据法学》，法律出版社2017年版，第302页。

〔2〕 参见陈光中主编：《证据法学》（第4版），法律出版社2019年版，第143页。

案例1 吴某故意杀人案[3]

2000年某月,四川省广元市吴某涉嫌用新购买的棕绳勒死其情人。该案移送审查起诉之后,承办检察官发现案卷中没有犯罪工具棕绳,侦查人员表示不知何时遗失。检察官遂将案件退回补充侦查,指示侦查人员到吴某购买棕绳的五金店铺购买了一根新的棕绳,并安排吴某再次对棕绳进行辨认,吴某确认了该棕绳是犯罪工具。该案提起公诉后,庭审中被告人及其辩护人均对棕绳未提出任何异议,法官亦当庭采信该证据。一审吴某被判处死刑立即执行,未提出上诉。该案经四川省高级人民法院核准(当时死刑复核权未收归最高人民法院),吴某被执行了死刑。

本案从实体法来看,无论定罪还是量刑均无不当。但是,从证据运用上来看,承办检察官和侦查人员用"李代桃僵"的办法,购买新的棕绳来"弥补"原始物证棕绳"遗失"的问题,无疑是错误的。但是在被告人、辩护人和法官均不知道呈堂棕绳系"赝品"的情况下,该棕绳被"客观地"展现在庭审中,并当庭被法官采信作为定案依据。本案在一定程度上能够很好地说明证据的"客观性"和"真实性"应当如何认识的问题。

证据审查判断时应当注重审查证据的真实性、关联性和合法性,这在我国刑事、民事、行政诉讼的证据相关规定中均有所体现。例如,最高法《刑诉法解释》第139条规定,"对证据的真实性,应当综合全案证据进行审查。对证据的证明力,应当根据具体情况,从证据与案件事实的关联程度、证据之间的联系等方面进行审查判断";最高法《民诉法解释》第104条第1款规定,"人民法院应当组织当事人围绕证据的真实性、合法性以及与待证事实的关联性进行质证,并针对证据有无证明力和证明力大小进行说明和辩论";最高法《行诉证据规定》第39条第1款规定,"当事人应当围绕证据的关联性、合法性和真实性,针对证据有无证明效力以及证明效力大小,进行质证"等。

值得注意的是,前述相关司法解释对于证据审查判断内容的顺序表述是不一致的,如最高法《刑诉法解释》表述的顺序为真实性、关联性和合法性;最高法《民诉法解释》表述的顺序为真实性、合法性和关联性;最高法《行诉证据规定》表述的顺序为关联性、合法性和真实性。这实际上与不同的诉讼中对证据审查判断的侧重点有所不同有一定的关系,如行政诉讼中对行政证据合法性的关注要高于真实性。但从证据法学的视角来看,证据审查判断的内容表述为关联性、真实性、合法性更为适当,主要理由在于:在司法实践中,司法工作人员和当事人及其辩护人或诉讼代理人对收集到案的证据,在审查判断时,首先是判断其是否与案件有关,即界定证据的相关性,这涉及证据能否进入诉讼的门槛、前提问题。其次是判断证据是否真实,即证据真伪问题,因为虽然有关联性,但实际上是虚假的证据就不需要再审查其合法性了。最后才是判断证据是否符合法律的相关规定,即证据的合法性问题,并在此基础上对证据的证据能力及证明力进行评判,从而依法认定有关案件事实。当然,这种顺序并不影响在不同的诉讼实践中对于"三性"审查判断可以适当侧重于某一方面。

---

[3] 本案系作者调研时由承办检察官亲自陈述的真实案例。案号不详。

第二节　关联性审查判断的基本方法与技巧

证据的关联性，又称相关性，是指证据必须与需要证明的案件事实或争议事实具有一定的联系，且对证明案情具有实际意义。诉讼是一个用证据来发现、建构案件事实的活动，在此过程中，关联性引导诉讼主体进行证据的收集、审查和判断，甄别具有关联性的证据，剔除无关证据就成为认定案件事实活动中的一项关键工作。可以这样说，关联性是证据的首要属性，一个证据是否能进入诉讼领域，首先要解决的就是关联性问题。所以，在诉讼中，运用每一项证据时最先应当关注的就是该证据与案件有无关联。

一、证据关联性审查判断的基本方法

在司法证明中，证据关联性的标准要求每一个具体的证据都必须对证明案件事实具有实质性意义，即在判断一个证据有无关联性时，一般要考量证据是否具有实质性与证明性。具体而言，在判断某个证据是否具有相关性时，法官必须考虑两个问题：其一，提出的某个证据，与证明案件中的某个"要件事实"（要素性事实）是否相关？这个问题称为"实质性"问题，是指运用证据证明的问题属于依法需要证明的要件事实。其二，提出的证据，对该实质性问题是否具有证明作用，即提出该证据是否有助于确立实质性问题。有相关性的证据必须使一个要件事实更有可能成立或更不可能成立。换言之，一个证据必须使一个要件事实"更可能或更不可能"，才是相关的〔4〕。故对证据关联性判断的基本方法主要包括以下内容：

1. 依据事实与法律对证据的实质性进行审查。实质性即将要运用证据证明的问题属于依法需要运用证据加以证明的待证事实，它描述的是证明对象与案件争点之间的关系。如果某一项证据并非指向案件的争议点问题，那么该证据在案件中就不具有实质性。同时，证据是用来证明待证事实的，如果案件事实是人所共知的或推定的事实，那么证据就失去了关联性意义。故诉讼一方可以证实所有与争议事实有关的情况，而不能去证实别的东西。这种相关情况不仅包括主要争议事实本身的各个部分，而且包括所有为辨明或解释主要争议事实需要的辅助事实。另外，有学者还指出，"有时候一个证据可能与诉讼中的任何争点均无关联性，但可能因为陪审团或法官有其他资讯而有关联性"〔5〕，此即"附条件的关联性"。

在证据关联性的判断过程中，实质性与证明性是一种递进关系，实质性先于证明性，只有实质性得以确立，证明性的判断才具有诉讼意义，如果证据所证明的事实不属于案件实质性争议范围，那么即便该证据具有证明性，也无法解决案件争议，其对于诉讼纠纷的解决没有实质意义。因此，在诉讼中审查证据的关联性时，首先要审查证据的实质性，而审查证据的实质性时则必须关注什么是"案件待证事实"，即理清案件需要证明的问题或

---

〔4〕　参见张保生主编：《证据法学》，中国政法大学出版社2018年版，第15页。

〔5〕　[美]Arthur Best：《证据法入门：美国证据法评释及实例解说》，蔡秋明、蔡兆诚、郭乃嘉译，台北，元照出版有限公司2002年版，第12页。

主要争议点是什么。如在刑事诉讼中,《刑事诉讼法》第52条规定:“审判人员、检察人员、侦查人员必须依照法定程序,收集能够证实犯罪嫌疑人、被告人有罪或者无罪、犯罪情节轻重的各种证据……”该条规定了刑事诉讼证明中的实体法事实。《刑事诉讼法》第238条规定:“第二审人民法院发现第一审人民法院的审理有下列违反法律规定的诉讼程序的情形之一的,应当裁定撤销原判,发回原审人民法院重新审判:(一)违反本法有关公开审判的规定的;(二)违反回避制度的;(三)剥夺或者限制了当事人的法定诉讼权利,可能影响公正审判的;(四)审判组织的组成不合法的;(五)其他违反法律规定的诉讼程序,可能影响公正审判的。”该条体现了刑事诉讼证明对象中的部分程序法事实。总而言之,证据如若具有实质性,必须能够对以下事实的一项或者多项予以证明:一是起诉条件事实;二是诉讼行为要件事实;三是可以对证据的证据能力和证明力进行证明的事实;四是其他诉讼法规定的必须予以证明的事实〔6〕。

案例2 季某滥用职权案〔7〕

季某等人系运政管理部门工作人员,负有查办超限超载车辆的职责。某日夜间,季某率领运政工作人员上路违规拦截查验正在行驶的货运车辆,与车主温某发生争执,饱受罚款之苦的温某不服查办,去农药经销部买回一瓶农药在查车现场服毒自杀,经抢救脱险。该案被中央电视台跟踪报道,引起广泛关注。关于被害人温某服农药的事实,有现场目击证人的证言、“120”救护人员的证言、医生诊断证明、病历资料可以证明。但在本案的调查过程中,有办案人员认为应当对被害人扔到河水中的农药瓶子进行打捞,且由于被害人无法说清农药的来源,还应当按其陈述调取沿途监控录像,查明其在何处购买的农药。这两项工作需要耗费时间和大量人力、物力,因此,是否需要调查一度引起争论。案件承办人认为,这两个问题对证明被害人服农药具有补强作用,但被害人服农药这一事实基本不存在争议,而且服农药没有造成被害人重伤以上的后果,不是滥用职权罪构成要件的后果,如果纳入调查范围,意义不大,且会造成诉讼拖延。上面两个问题对投毒案件来说具有实质意义,但对滥用职权案件来说不会影响定罪量刑,故没有实质性证明作用,应当判断上述两个证据在季某滥用职权一案中没有相关性。

在厘清案件待证事实的情况下,审查证据的实质性,还要关注当事人提出该证据的证明目的,即还要注意判断适用证据实现的证明目的是否限制在与本案有关的争议事实内。

用证据证明的对象应当是与争议事实有关的事项。不过,这种相关情况不仅包括主要争议事实本身的各个部分,也包括所有为辨明或解释主要争议事实所需的其他辅助事实。而且,实质性问题并非一成不变,证据是否具有实质性,关键在于它是否指向本案的争点问题。为识别一项证据是否具有实质性,可以通过考察对方提出该项证据的证明目的,并进一步决定该证明目的是否有助于认定本案的争点问题作出判断。

---

〔6〕 参见杨迎泽、赵培显:《证据关联性的逻辑结构及判断》,载《中国检察官》2017年第23期。

〔7〕 参见尹海英:《如何审查判断刑事案件证据相关性》,载《检察调研与指导》2016年第1期。

案例 3　钟某阳职务侵占案〔8〕

2014 年,中余建设集团有限公司与龙南县城市建设投资有限公司签订了建设工程施工合同,承建龙南县阳光龙苑工程。钟某阳在担任上述工程项目的负责人期间,于 2016 年至 2017 年,利用职务之便,多次虚报支付的工程供应商材料款、工程施工工人工资等款项,侵占工程款共计人民币 193.45 万元。江西省南昌县人民法院一审以职务侵占罪判处被告人钟某阳有期徒刑 6 年 6 个月。钟某阳不服提起上诉,与其辩护人一并辩称:钟某阳与中余公司是挂靠关系,工程系其个人投资完成,钟某阳不构成职务侵占罪。在二审审理期间,辩护人向法院提交对账明细等书证,拟证明钟某阳是工程实际投资人,进而证明钟某阳不具有职务侵占罪的主体身份。二审法院经审查认为,钟某阳对外以中余公司的名义开展施工活动,中余公司对外承担相应责任,本案主体身份的认定并不因钟某阳是否挂靠中余公司、是否个人投资而发生改变,因此,上述书证因不具有证据相关性,法院依法不予采信。且无论钟某阳是否个人投资,其资金和项目均受中余公司管理,因此,钟某阳可以认定为中余公司的工作人员,钟某阳利用职务上的便利,非法占有其单位资金 193.45 万元,数额巨大,其行为已构成职务侵占罪。故上诉人及其辩护人所提上诉理由和辩护意见与查明的事实和相关法律规定不符,依法不能成立。二审法院后裁定驳回上诉,维持原判。

2. 结合逻辑与经验对证据的证明性进行审查。所谓证明性,是指证据依事物间的逻辑或经验关系具有使实质性问题可能更为真实或不真实的能力。证明性描述的是证据与主张之间的关系,它是一个逻辑问题,由事物与事物之间的客观联系决定,即按事物的通常进程,其中一项事实与另一事实相联系,能大体证明另一事实在过去、现在或将来存在或不存在。因证明性指的是证据同待证事实之间逻辑、经验上的联系,所以,对证明性的审查判断通常需要借助复杂的逻辑规则、经验法则进行。

揭示证明性通常需要的逻辑方法包括形式推理方法和逻辑基本规律。形式推理是以法律规则中逻辑常项的逻辑性质为依据的推理,主要包括演绎推理、归纳推理。演绎推理是一种从已知前提事实推出必然性推论的推理,通常适用在法律规定较为明确、案件事实清楚情况下的证据证明性判断,其基本方法是三段论:以两个包含一个共同概念的直言命题为前提,推出另一个直言命题作为结论。归纳推理是从若干个别现象推出普遍结论的推理过程,其推理的前提往往涉及若干大前提及推论,一般用来对间接证据的证明性做出判断。归纳推理通常先于演绎推理而适用,从而为演绎推理的前提提供支撑。除形式推理方法之外,判断证明性还需依靠逻辑基本规律对逻辑论证形式加以检验,主要包括矛盾律、同一律以及排中律,这三个规律分别凸显了思维过程的无矛盾性、确定性和明确性,从不同角度体现并反映人类理性思维的基本特征与要求。在证据证明性的逻辑判断中,一般是综合运用形式推理方法和逻辑规律来判断具体证据的证明性〔9〕。

所谓经验法则,在实际运用中有两种含义:其一,是指依靠普遍性经验,即被确认的某种一般性知识,判定案件事实的法规则;其二,是指总结这些具有普遍性的社会经验所形成的,据以判断证据事实的实际经验内容,即社会普遍确认的各种知识定则〔10〕。证明性

---

〔8〕参见江西省南昌市中级人民法院刑事裁定书,(2020)赣 01 刑终 363 号。

〔9〕参见杨迎泽、赵培显:《证据关联性的逻辑结构及判断》,载《中国检察官》2017 年第 23 期。

〔10〕参见龙宗智:《刑事证明中经验法则运用的若干问题》,载《中国刑事法杂志》2021 年第 5 期。

体现的是证据与案件待证事实之间逻辑上的证明关系，这种关系是事实之间具有逻辑推理性的经验性实质关系，受制于客观事实之间因常态事理而产生的因果关系规则，此即经验法则对证据证明性的基本作用。在判断证据是否具有证明性时，当法官确认某一证据拥有形式逻辑上的证明性之后，就需要运用经验法则验证推断该证据具有证明性所依据推理大前提的真实性，如果法官依据经验法则认为作为推理大前提的事实不真实，则有关该证据证明性的逻辑推理就缺乏实质有效性，该证据因而也就没有证明性。

案例4　黄某礼交通肇事案〔11〕

2019年1月10日，被告人黄某礼驾驶加装雨棚的无牌正三轮电动车沿长沙市天心区韶山南路由北往南行驶至南园小区光大银行人行道路段时，无牌正三轮电动车右前部与倪某3相碰，造成倪某3倒地受伤后因抢救无效死亡。黄某礼驾车逃离现场。经长沙市公安局天心交警大队认定，黄某礼负此次事故的全部责任。一审法院判决被告人黄某礼犯交通肇事罪，判处有期徒刑3年。

在法院二审期间，上诉人倪某1、倪某2提交了680元交通费票据（火车票）一组。车票载明，2019年1月11日，倪某1的妻子李某从广州坐火车到达长沙，2019年1月30日，倪某1的女儿倪某2从广州坐高铁到达长沙。上诉人长沙市天心区环卫中心诉讼代理人提出上诉人倪某1、倪某2提交的火车票与其父亲治疗及办理其父丧葬事宜没有关联性的质证意见。二审法院认定，两张火车票可以用于证明治疗及办理丧葬事宜期间支出的交通费，具有关联性。对该组证据，经查证属实，法院予以确认。被害人倪某3于2019年1月10日发生交通事故，事故发生后被送往长沙市中心医院治疗，因伤重于1月29日去世。倪某1发生交通事故住院就医，其妻次日即从外地乘火车赶回医院护理，符合一般的生活经验，故相关车票与本案附带民事诉讼需要证明的事实具有关联性；同时，倪某2在父亲去世后第二日从外地赶回长沙办理父亲丧葬事宜亦符合一般的生活常识。故根据生活经验判断，该组火车票与本案的相关事实具有关联性。

另外，在对证据的证明性进行审查时，要注意有些证据尽管与案件事实存在一定的客观联系，但并不能证明案件真实情况，因此这类证据也不具有关联性。具体来说，证据不具有证明性在实践中一般表现为两种情况：一是证据内容模糊不清，难以确定。如现场遗留的指纹，如果模糊难辨，无法作同一认定，则缺乏证据的关联性。二是虽然该证据内容清楚明确，但其与案件事实的客观联系尚未被人们认识到，或者人们已经认识到该事实与案件事实之间的联系，但这种联系的规律性或趋势尚未被认识，这种情况下，该证据也不认为具有关联性。以指纹为例，尽管人们早就认识到它与案件事实之间的客观联系，但直至人们发现了指纹的三大规律：每人都有各自独特的指纹，指纹终生不变，指纹可以分类，后又发现了提取比对指纹的科学方法，指纹才作为证据得到广泛应用。

二、证据关联性判断的基本技巧

判断证据的关联性显然是一个重要而复杂的问题。有的事实及证据比较明显，证据的关联性容易判断；有的证据则需要经过反复辨认、检验、鉴定、分析才能确认其关联性，

〔11〕 参见湖南省长沙市中级人民法院刑事附带民事判决书，(2020)湘01刑终22号。

因此发现和确定证据的关联性，是办案人员的一个基本功，直接反映办案人员的业务能力和认识水平。在办案的过程中，办案人员要正确地认识和理解证据的关联性，掌握证据关联性的判断技巧。

（一）证据关联性的把握

证据与案件事实之间的联系具有客观性，这种联系不以办案人员的主观意志为转移，办案人员在认识及理解这种联系时，既不能主观臆造、牵强附会，也不能有意回避、视而不见，否则就会导致冤假错案，也就是说在诉讼过程中，侦查人员、检察人员、审判人员在收集、审查、判断证据的过程中，需要坚持实事求是的态度，秉承客观中立的立场，来理解、把握案件证据的关联性，既要防止把没有关联性的证据强行解释为有关联性的证据进行事实认定，也要避免有意或无意将有关联性的证据错认为无关联性而排除。具体来说，在诉讼过程中，诉讼主体要坚持客观中立的立场来理解、把握、分析证据的关联性，具体可以关注以下几个方面的内容：

1. 证据材料收集时可以适当扩大范围，全面收集。在我国的证据理论中，证据与材料分属不同的概念，只要是能够证明案件事实的材料都是证据。以刑事诉讼为例，由于证据材料对于案件事实的证明价值具有或然性，所以在侦查取证初期案情尚不明朗的情况下，各类材料的出现具有随机性，这就决定了此时证据材料收集的范围可以适度扩大，某一材料在形式上与案件可能相关就应当收集，而不应遗漏，如提取杀人案件现场的全部血迹、毛发、指纹、足迹等生物样本、痕迹，扣押犯罪嫌疑人持有的物品、文件等。待案件侦查进入后期，甚至进入审查起诉、审判阶段之后，案件事实逐渐清晰展现，此时办案人员发现先前收集的证据与待证事实或争议事实无关联性，则应依法处理或及时返还权利人。适当扩大证据材料的收集范围有助于办案人员更全面地了解案件的关键事实及背景信息，在认定证据的关联性时，一是能防止出现关键证据被遗漏，二是也能让办案人员审查思路及视野更为开阔。

2. 分析判断证据的关联性要严防结论导向思维。所谓结论导向思维即先行凭借经验和直觉对案件事实做出结论，甚至形成内心确信之后，再回头寻找支持自己结论的证据，赋予支持其结论的证据以证据能力与证明力，排除与其结论相反的证据，随后每一步论证都旨在验证其最初结论正确〔12〕……这种思维方式极易引发事实认定偏差。所以，在判断证据的关联性时，也要防止这种思维倾向，严禁从预设的结论出发认定证据的关联性。

案例5　张氏叔侄强奸案中DNA的关联性判断〔13〕

在张氏叔侄冤案中，死者王某的8个指甲末端均检出男性的皮肤组织，法医对此所作的DNA检验报告称，在王某的8个指甲末端检出混合的DNA谱带，由死者与一名男性的DNA谱带混合形成，“排除由死者和犯罪嫌疑人张某或张某平的DNA谱带混合形成”。但本案一审中，杭州市中级人民法院认为，“因手指为相对开放部位，不排除被害人因身前与他人接触而在手指甲内留下DNA的可能性”。浙江省高级人民法院则干脆在终审判决中写道，“本案中的DNA鉴定结论与本案犯罪事实并无关联”。

---

〔12〕　参见杜邈：《证据为王：“阶层式”刑事证明思维的应用》，中国法制出版社2022年版，第21页。

〔13〕　参见鲍志恒：《一桩没有物证和人证的奸杀案》，载《东方早报》2011年11月21日，第15版。

本案作为一起强奸案,在被害人的指甲内发现其他男性皮肤组织,对此所作的DNA鉴定,作为否定张氏叔侄作案的有利于被告人的辩护证据,与案件的关联性是非常紧密的。至于如何分析、判断这种关联性是另一回事,但是,浙江省高级人民法院在终审判决中直接武断地认为"本案中的DNA鉴定结论与本案犯罪事实并无关联"无疑是错误的,事实也证明这种误判导致了冤假错案。

(二)证据关联性的挖掘

如前所述,在诉讼中,有的证据的关联性较为明显,案件主要事实较为简单,证据内容一目了然,判断其关联性较为简单直接,无须作过多的思考与推理,典型的如刑事诉讼中嫌疑人、被告人的供述与辩解,民事、行政诉讼中的当事人陈述、能反映案件主要事实的视听资料等,这类证据的关联性容易判断;但有的证据的信息、内容则不甚明确,需要经过反复辨认、检验、鉴定、分析才能确认其关联性,如某些物证、电子数据等客观证据。因此,发现和确定证据的关联性,尤其是对于后者,在特定情况下对一些证据的关联性需要多角度深入挖掘。首先,要全面分析案件可能的争点,以发现、收集、审查可能与案件存在关联性的证据。具体来说,诉讼主体在诉讼过程中,要全面把握相关案件的起诉条件事实、行为要件事实、涉及与证据的证据能力和证明力相关的事实等可能的争点,以尽量全面收集、审查可能具有关联性的证据。

案例6 济公神像被盗案〔14〕

被告人因窃取济公神像被起诉。被告人辩解称,其"因热爱中华民族",才取走邪神济公像,并向法院供称:"她有帮美国写伊拉克方案,美国才卖(中国)台湾最先进武器,此点请法院向CNN询问。她有跟领导部下联络,此部分请询问岳天将军……"被告人此部分供述与辩解,对于被告人有无窃取神像的犯罪事实而言,并无关联性。但如争点在于被告人的责任能力(精神状态),上述陈述本身,则可能是有关联性的证据,被告人可能因此要进行精神状态鉴定。

其次,要注意从证据材料的细节入手解读证据,以发现并有效识别其与案件存在与否的关联性。在司法实践中,关联性的表现形式是多种多样的,如因果联系、时间联系、空间联系,偶然联系和必然联系,直接联系和间接联系,肯定联系和否定联系等。办案人员在审查判断证据是否具有关联性时,有必要从上述多种联系形式入手,全面审查证据的相关细节,以充分挖掘证据的潜在信息。

案例7 胡某职务侵占案〔15〕

胡某系某地产公司工作人员,该地产公司开发某住宅小区时与当地政府签署协议约定:"该公司开发住宅小区的同时应配建小学一所,配套建设的小学土地由国家划拨,地产公司免费修建。小学的产权归政府所有。小学在建成后,地产公司在第一期销售时无偿移交区政府。"2010年9月,该小学建成后移交某区政府,但产权证未办理完毕。后地产公司与教委相关人员约定将小学办公楼负一楼的1至10号教学辅助用房的产权无偿转让给地产公司,地产公司下

〔14〕 参见林钰雄:《刑事诉讼法》(上),台北,元照出版有限公司2007年版,第66页。

〔15〕 系作者办理的案件。

属的物业公司遂将该1至7号房屋出租牟利。小学于2013年向地产公司去函要求将8、9和10号房移交小学管理使用，地产公司同意将上述房屋交还小学后，胡某负责协调处理此事，后胡某经区教委同意后将8、9和10号房自行出租，收取租金38.4万元。后某区检察院以其涉嫌职务侵占罪向人民法院提起公诉。

本案中，地产公司称涉案房屋未实际移交小学，故房屋租金应属于公司财产。本案的争议焦点之一即涉案房屋是否移交小学的问题。就房屋移交问题，辩护律师向法院及检察院提交了两份证据：一是某区教委[2015]99号文件"某市某区教育委员会关于××小学校办理房地产权缓交税费的请示"；二是地产公司的税票、纳税申报表等材料。对于该两组书证，检察机关认为与本案没有关联性。但如果审查上述两份材料的细节，则能发现其具有关联性。首先，对于教委请示，该文提及小学需向有关部门缴纳大修基金90.5万元，而根据《某市物业专项维修资金管理办法》第7条的规定，大修基金按50元每平方米缴纳，而包含辅助用房在内的小学总面积为18,082.9平方米，刚好要缴大修基金90.5万元。从教委角度来看，因包含涉案房屋在内的小学已全部移交小学，大修基金理应由业主即小学缴纳，所以才计算出小学办理学校产权本应缴纳大修基金90.5万元。其次，地产公司的税票、纳税申报表等材料，亦能从地产公司角度证明涉案房屋是否移交的问题。通过细查地产公司在相关年份的税票、纳税申报表等材料，该公司因全部无偿向政府移交小学后，享受了在企业所得税和土地增值税方面的优惠政策。地产公司有关报税书面材料显示，该公司已根据上述规定，将小学的全部建筑作为"公共配套设施"进行处理，未单独归集核算成本，而是将其建设成本、费用全部摊进了可售物业的建设成本中，并经国家税务机关认可，从而降低所得额，减少所得税缴纳额。故从地产公司有关税务资料可知，地产公司已经将小学全部无偿移交国家，因此享受了国家税收的优惠政策。简言之，在本案中，通过对教委请示中大修基金数额、地产公司报税资料及税票中有关税收优惠的计算方式及税额等细节的审查与推理，可以挖掘出上述材料与本案争议问题（涉案的38.4万租金元是否属于地产公司的财产）的关联性。

（三）证据关联性的系统分析

分析某项证据材料是否与案件事实具有相关性，一方面，我们可以从该证据的内容及形式等要素出发来判断其是否与案件事实有关；另一方面，对于一些客观证据如物证等，还需结合本案其他事实与证据甚至综合全案事实与证据判断该证据的关联性。

根据前文提及附条件的关联性概念，有时证据看似与诉讼争点没有明显的关联性，但可能因为案件中存在其他的证据和事实，而结合有关证据与事实，这个证据因此也具备了关联性。故判断某项证据是否有关联性时不仅要在充分挖掘该证据自身的潜在信息，全面把握案件争点基础上对证据是否具有关联性进行思考，还可以结合案件其他事实或证据对其关联性的存在与否进行判断。如在一个杀人案中，检方试图提出被告人拥有一顶有蓝色羽毛的红帽子的证据。如果单纯看该证据，似乎其与杀人案并无明显的关联性。但如果目击证人目睹杀人者逃离现场时戴有同样的一顶帽子，则"被告帽子的资讯将是有罪与否的重要间接证据。但要注意，帽子所有权的关联性，只有目击证人的证词存在时才明显"[16]。

---

〔16〕［美］Arthur Best：《证据法入门：美国证据法评释及实例解说》，蔡秋明、蔡兆诚、郭乃嘉译，台北，元照出版有限公司2003年版，第12页。

另外，在特定情况下，判断证据的关联性，还需要综合全案证据材料进行判断。以刑事案件的办理为例，随着诉讼进程的推进，办案机关前期收集形成的证据材料需要充分细致的分析与甄别，在此过程中既有一些证据的关联性较为明显，证明价值较高，但亦有可能存在一些关联性存疑，甚至具有干扰性的材料，如某些案件的现场勘查笔录表明案发现场遗留有大量的痕迹物证，但其中哪些痕迹物证与本案具有关联性，哪些关联性存疑，甚至无关联性，则往往需要综合全案事实与证据加以评判。

案例 8　董某故意杀人案〔17〕

董某与被害人宋某夫妻关系不睦。某日，二人在家中发生激烈争吵，董某一怒之下用绳子将宋某勒死，作案后，董某锁上房门到旅馆居住，后在旅馆服安眠药自杀，经抢救脱险。案发后，董某在医院治疗期间向公安办案人员交代了自己杀死妻子的犯罪事实。本案的发案过程，犯罪嫌疑人作案的动机、前因、手段、后果等事实均有充分证据予以证实，证据之间能够相互印证，最大的干扰因素在于：现场勘查笔录表明犯罪现场提取了 30 个烟头，但公安机关没有对这些烟头进行鉴定。审查起诉阶段，检察机关将此案退回补充侦查，要求对这些烟头进行 DNA 鉴定。鉴定的结果是：其中 16 个烟头为犯罪嫌疑人所留，5 个烟头为证人郭某所留，7 个烟头为两个未知男性所留，其余 2 个烟头未检出 DNA。有办案人员认为，由于有 7 个烟头检出为两个未知男性所留，2 个烟头未检出 DNA，本案仍存疑。但综合全案证据看，犯罪嫌疑人和被害人都是建筑工人，其工友同事经常去其家中，故留有烟头较为正常；同时，家中留有这么多烟头，从一个侧面反映了犯罪嫌疑人和被害人对家庭环境、卫生状况的漠视，关系不睦；另外，在案发当日，没有任何迹象表明有他人进入案发现场；最后，犯罪嫌疑人犯罪后服安眠药自杀未遂，在医院治疗期间作了首次有罪供述，可以排除刑讯逼供可能。故应当判断现场提取的其他烟头与案件犯罪事实缺乏相关性，不宜就此问题作无谓调查。

第三节　真实性审查判断的基本方法与技巧

证据的真实性指证据的形式与所表现的内容是客观存在的，而不是虚假的，即证据应当具有客观存在的属性，证据必须是伴随案件发生、发展过程而遗留下来的，不以人们的主观意志为转移而存在的事实。证据必须是对客观事物的反映。从证据内容来看，证据是对客观事物的反映。虽然这种反映可能会存在一定的偏差或错误，但它必须以客观事物为基础，不能以主观臆断来代替客观事实。同时，证据还必须具有客观的外在表现形式。从证据的表现形式来看，证据必须具备客观存在形式，必须是人们可以通过某种方式（如视觉、听觉、触觉等）所感知的东西。就物证、书证、视听资料等实物证据而言，这一点是不言而喻的；而对于证人证言、被害人陈述等言词证据来说，则表现为必须由证人、被害人等以口头或书面的形式表达出来，如果与案件有关的事实仅存在于某人的大脑中，而没有以证人证言、被害人陈述等形式体现出来，它就无法进入诉讼程序，也不可能成为证据。

证据是不以人的意志为转移的客观存在。证据是随着案件的发生而出现的，证据的

---

〔17〕 参见尹海英：《如何审查判断刑事案件证据相关性》，载《检察调研与指导》2016 年第 1 期。

产生是由案件本身决定的，证明主体只能发现、认识它，并加以收集、固定和保管，而不能以主观猜测、随意捏造、任意歪曲的方式改变或替换收集到的证据材料。证据材料能否作为证据使用，也要以案发当时的情况而定，而不能根据案发后人为变化而定。在司法实践中，办案人员不能把任何个人的想象、推测、臆断、怀疑、虚构作为证据。在此需要指出的是，所有证据都是人的主观认识与客观事物相结合的产物。严格来说，任何形式的证据都包括人的主观因素。在证据的形成过程中，只有先存在客观事实本身，才谈得上主体的主观意识作用，一项带有主观因素的证据材料能否成为证据，最终取决于它是否与事实真相相吻合，经过筛选审查成为证据的证据材料必须与客观事实基本一致，否则就可能酿成错案。

一、证据真实性审查判断的基本方法

只有通过对证据真实性的审查，鉴别证据真伪，才能保证定案的证据具有客观真实性从而对案件事实作出正确认定。对证据真实性的审查判断，主要依据的是认识论、逻辑学等领域的知识，同时需要结合审查者的法律素养、实践经验以及常理常识等，并遵循一定的方法与原则。具体来说，对证据真实性判断的方法主要包括四种。

（一）分解验证法

分析单个证据是证据审查判断的基础和起点。对单个证据的真实性审查，可以对该证据本身进行分解验证，即将某个证据的相关信息掰开揉碎，仔细甄别，以查看其自身内容有无问题，如言词证据中，当事人对于是否存在对关键事实的陈述前后矛盾、反复不定、随证而变、不合常理的情况等。通过对单个证据的分解、甄别，往往就能审查出问题[18]。

案例9　余某锋交通肇事案[19]

高州市人民法院经审理查明：2014年8月17日0时，一辆车牌号为×××的小轿车从广东省茂名市往高州市方向行驶，在途经高州市石仔岭大转盘路段时，与从石鼓往高州方向由被害人朱某驾驶的二轮摩托车发生碰撞，造成两车损坏、朱某当场死亡的重大交通事故。事故发生后，粤KEM626小轿车司机弃车逃离现场。当天14时许，本案被告人余某锋到交警部门投案自首，主动认罪。交警部门认定，余某锋应负事故的全部责任。

一审法院认为，公诉机关指控被告人余某锋犯交通肇事罪事实不清，证据不足，指控的犯罪不成立，判决被告人余某锋无罪。检察院提起抗诉。二审法院对本案开庭审理后，亦认为本案证据存在较多问题。其中被告人余某锋的口供难以证实其所述"犯罪各环节事实"，且有诸多不合理及矛盾之处：一是在检察机关供述，自己是受余某2的邀请到乐天酒店喝茶，但在二审庭审中却称在乐天酒店恰巧碰上余某2；二是在一审庭审时供述，在乐天酒店当晚，他见过余某2，仅仅是他与余某2两人，当时没有其他人在那里，然而，在此外的所有供述中，均称当时有第三人在场；三是在公安机关供述，其是趁余某2上卫生间之机拿走车钥匙，但在检察机关及二审庭审中却称趁余某2和他朋友上卫生间之机拿走车钥匙；四是关于开车动机的供述说法不一，反复不定。再如，余某锋关于案发当天凌晨1时左右回家的供述亦有不合理之处，余某锋关于案

---

〔18〕 参见于同志：《刑事实务十堂课：刑事审判思路与方法》，法律出版社2020年版，第88页。

〔19〕 广东省茂名市中级人民法院刑事裁定书，(2016)粤09刑终17号。

发当天凌晨1时左右回到泗水镇后,先到其堂兄家向其奶奶杨某1借手机,然后回到自己家中打手机的供述亦不合常理。

另外,余某锋供述的部分内容存在与其他在案证据明显矛盾的情形,与证人余某2的证言相互矛盾:一是余某2证实其在乐天酒店恰巧碰到余某锋;二是余某2证实是阿某1将车钥匙放到桌子上的;三是余某2证实他与阿某1一起去卫生间;四是余某2证实余某锋、陈某2、阿某1都很熟,经常在一起玩。余某锋称,其从乐天酒店负一楼的停车场开车出来经过高州信宜的那个交通转盘往高州方向走,经过法院门口,沿着高凉路开到高州大酒店,经过宏大酒店,从素水路(现在的东方大道)开车回乐天酒店,到了乐天酒店的转盘就撞到人了,对该供述,无任何证据可以印证。因此,现有证据不足以证明余某锋所述"行车路线"的事实。又如,现场目击证人梁某1证言与余某锋供述相互矛盾。梁某1证实,小车停下后从驾驶室冲下来一名男青年,片刻都没有停留,径直往乐天酒店方向逃离事故现场,但余某锋却称车摩擦停下来后,他还下车看了看车底有没有东西。而且,余某锋指认的花坛撞击点与现场勘查照片中显示的花坛撞击点亦明显不符,相互矛盾。

二审法院认为,虽然余某锋始终认罪,但本案没有任何能够将余某锋与肇事现场或肇事现场车辆联系起来的客观性证据,也没有提取到其仅为亲历者所知晓的隐蔽性证据。特别是在如何取得肇事车辆这一重要环节上,余某锋的供述不但前后矛盾,且与其他证人证言相互矛盾。而且,纵观全案证据,余某锋的供述亦存在诸多无法解释的不合常理之处。因此,对余某锋的有罪供述无法查证属实,其有罪供述的真实性存疑,全案证据尚未达到确实、充分的法定证明标准,故对抗诉机关和支持抗诉机关的相关抗诉请求,不予支持。最终,二审裁定维持原判。

(二)比对印证法

比对印证是对证明案件事实的两个或两个以上的证据进行比较和对照,分析证明的内容是否重合、交叉或指向是否同一,找寻证据之间可衔接的信息点,以证据的相互支持和印证查明案件事实。比对又可以分为对证明同一事实的不同种类证据的横向比对和对同一事实作出多次陈述、供述言词证据的纵向比对[20],它是审查分析证据真实性的基本方法。横向比对既包括言词证据之间的比对(如不同被追诉人供述及辩解之间的比对、不同证人之间的比对等),也包括实物证据与言词证据之间的比对,而纵向比对则主要针对言词证据。

采用比对印证的方式审查证据的真实性时,必须坚持科学、合乎认知规律的基本原则,具体来说,一是要注意相关证据相互印证在实践中的表现有不同情形,如证据之间在信息内容上基本重合,一项证据所包含的信息内容被其他若干项证据所包含的信息内容分别印证,证据与证据之间在信息内容上具有同向性,证据之间只有部分信息内容相互印证等。二是避免印证的绝对化与机械化,即不能因证据之间有个别非主要情节相互吻合就确认证据的真实性,也不能强行要求相关证据之间必须细节全部印证才能认定证据的真实性,而是要结合案件的具体情况及证据间的印证情形,结合经验法则及逻辑规则来判断证据的真实性。如在判断口供的真实性时,对于先供后证的案件,根据被追诉人的供述及指认,取得的物证、书证等证据,这类证据越隐蔽、越重要,越能够起到增强口供真实性的效果,因为根据生活常理和司法经验,如果非被追诉人本人作案,则基本不可能带领侦

---

〔20〕 李勇主编:《审查起诉的原理与方法》,法律出版社2015年版,第96页。

查人员找到作案后抛弃的作案工具、赃物等证据。而先证后供案件，由于被追诉人供述前已有相关证据锁定或者指向被追诉人作案，相应地，其供述的价值便有所减弱。先证后供不能明显增强口供的真实性和客观性，相关供述内容的证明力较弱，对于认定案件事实的价值没有先供后证大〔21〕。另外，在司法实践中，还应当避免这样一个倾向，即只考虑用实物证据来印证言词证据，把言词证据当成验真对象的单向印证，潜意识中已经不将言词证据所描述的事情经过作为一种假说，而是必须去论证确信的证明目标，一旦实物证据不能印证言词证据，就会不知如何处理，甚至不惜制造虚假印证来完成证明任务。实物证据与言词证据之间应当双向互动、彼此验真，既要用实物证据检验言词证据的真假，又要注重从言词证据中挖掘蕴含实物证据的细节信息，还要注重言词证据对实物证据的解释、解读。实物证据与言词证据不是简单笼统的概貌式印证，而是细节上的多点印证〔22〕。三是要注意防止虚假印证导致对证据真实性的误判。如要注意判断是否存在围绕虚假供述组建证据体系形成的虚假印证、忽视或隐匿无罪证据形成的虚假印证、误判证据失真风险形成的虚假印证以及任意裁剪证据体系形成的虚假印证〔23〕。

案例10　张某强奸案〔24〕

2017年9月8日，被告人张某在陈某工作的KTV订包厢唱歌并由陈某陪侍，结束后陈某、张某等4人一起吃了夜宵。凌晨3时许，张某欲送陈某回家，陈某表示拒绝，但答应让张某送其到有出租车的地方。后在张某的车上，张某强行与陈某发生性关系。事后，张某向陈某微信转账1300元(陈某未接收)，并开车送其至小区外打车。陈某随即与其丈夫王某联系，其丈夫赶到后发现陈某一直在哭泣，称自己被整，差点被捂死，王某联系张某未果后报警。被告人张某否认强奸，辩称双方系性交易，因其事后支付的款项不足被害人才报警。

本案为典型的无明显暴力的强奸案，犯罪嫌疑人供述与被害人陈述"一对一"，认定的关键在于言词证据的采信。本案中对有关证据的重点审查内容主要包括以下几方面：第一，确认可以直接认定的片段事实。对比被告人供述与被害人陈述双方一致的部分以及DNA鉴定、微信转账记录、通话记录等证据可以确认如下事实：张某在吃夜宵时有向陈某提出过开房，但被陈某拒绝；张某与陈某在张某车内发生了性关系；事后张某向陈某微信转账1300元陈某未接收；事后陈某电话联系其丈夫，陈某短信告知张某已报警。第二，对被告人供述的审查，主要结合供述的稳定性、合理性以及被告人提出辩解的情境、动机等分析。本案中，张某供述缺乏稳定性，关于与被害人发生性关系的动作、姿势等关键情节的描述前后不一；在侦查阶段前期的3次供述均未提到性交易的情况，第四次供述才辩解称嫖娼，辩解理由是怕被公安机关以嫖娼处罚故隐瞒嫖娼事实，而显然被人控告强奸的后果远大于嫖娼的行政处分，其辩解的理由有悖常理；另外，其关于与陈某系"嫖资"纠纷的辩解与事后陈某未就其微信转账的款项查收的事实不符。因此，被告人张某的供述有违常情常理，意图逃避罪责，可信度低。第三，对被害人陈述的审查，主要结合其陈述内容的稳定性、合理性，是否符合逻辑、经验，陈述时是否受外界因素的影响等方面进行审查。本案被害人系在事后主动联系其丈夫，及时报警，事后未接受张某的微信转

〔21〕参见杨建文、张向东：《印证规则与刑事错案预防》，载《法律适用》2013年第6期。
〔22〕参见杨斌：《证据审查必须遵循四项法则》，载《检察日报》2021年7月28日，第3版。
〔23〕参见刘静坤：《论刑事程序中的虚假印证及其制度防范》，载《当代法学》2022年第1期。
〔24〕参见章志丰：《刑事证据印证模式下"一对一"证据的审查》，载《中国检察官》2019年第2期。

账，详观被害人案发后的态度判断应作出有利于被害人的解释；陈某陈述的当天一直跟着张某吃夜宵、上车的原因是索要小费的证言能够得到其同事姚某证言的证实；人身检查笔录证实被害人陈某脖子上一块红肿、左大腿一块瘀青、一块红肿，陈某陈述大腿瘀青系自己以前造成，红肿系蚊子咬后自己抓的，陈某陈述客观，并未就其伤情作扩大或隐瞒陈述，被害人陈某就事发经过的陈述较为客观且稳定，合情合理，真实性、可信度高。第四，对印证关系的审查。对于倾向采信的被害人陈述是否有其他证据印证，是否存在矛盾或疑点。本案陈某陈述的内容能够与人体检查记录、通话记录、微信转账记录以及证人证言相互印证，没有矛盾之处。关于张某提出陈某系害怕被丈夫发现而报警以及陈某没有明显反抗的两处疑点，现有证据均可予以排除或作出合理解释。对于前者，从陈某事发后主动联系丈夫，及时报警的行为即可看出该辩解有违客观事实；对于后者可依据现场环境判断，案发在凌晨，地点在轿车内，陈某与张某力量悬殊，在这样一个狭小的空间内，陈某处于孤立无援的状态，再加上被告人有捂嘴、语言威胁的行为使得陈某不敢反抗、不能反抗，故被害人无法通过激烈的方式进行反抗也是合理的。因此，法院最终认定张某构成强奸罪，判处有期徒刑3年9个月。

（三）亲历审查法

亲历审查证据，是指办案人员在书面阅卷的基础上，通过亲身感知证据的形成过程等，对证据的真实性进行审查。以亲历复核的方式审查判断证据的真实性是要改变以卷宗审查为中心的办案方式，从孤立、静态、封闭的书面式审查向全面、动态、开放的亲历性审查转变，充分运用观察、走访等方式，多渠道、多层次审查证据，全面掌握和挖掘在案证据，主动发现、核实证据的缺陷和疑点，通过直接感知和判断对证据的真实性展开审查。具体来说，适用亲历复核法审查证据的真实性，首先，可以采取的是观察法，即通过近距离接触证据提供者（主要是指言词证据的提供者，如证人、被害人、犯罪嫌疑人及被告人等），观察其提供证据时的情态，对证据的真实性进行审查。以言词证据为例，通过与陈述者的直接交流或接触，观察其言谈举止可能泄露的内心想法。通过审查相关人员的身体动作、表情、眼神、语调、语速，特别是在连续追问下的瞬间反应，能够判断其提供的信息是否为真实意思表示。其次，还可以采用对照核实的办法审查证据的真实性。如同案犯、证人、被害人表示记忆模糊或与先前作出的陈述相矛盾时，可以让其对照书证、物证等客观性证据进行说明，核实两者之间差异的原因。最后，还可以采取实地走访的方式审查证据的真实性，如对于犯罪现场及不便搬运的书证、物证等可以采取实地走访的方式进行审查，对事物外部特征进行直观、全面的感知。对于言词证据也可以采取实地观察、走访的形式验证其真实性。例如，某证人王某陈述某天傍晚，在二楼听到楼下一声尖叫，急忙跑到二楼阳台上，发现一名男青年从女厕所走出来，此人身高1.5米，身穿棕黑色衣服，而且头发很长。破案后，被抓获的犯罪嫌疑人却身高1.8米，当天穿着浅色衣服，而且头发不是很长，容易辨认。为了核对该证人陈述的真实性，审查人员到现场进行了调查，结果发现，当天18时光线很差，浅色衣服从视觉上变成了棕色衣服，由于从二楼往下看，视觉角度不同，证人对犯罪嫌疑人身高和头发的陈述与实际产生了偏差〔25〕。

亲历审查证据的特点之一就是要走出卷宗、感受现场、直面人证。如办案人员可以到

〔25〕 参见张少林：《刑事证据的运用》，中国方正出版社2003年版，第139页。

案发、抛尸、弃赃等涉案场所亲眼观察、亲走路线，根据犯罪嫌疑人的供述和现场勘查笔录等对照现有证据，分析其中有无疑点，必要时重新勘查，重新讯问犯罪嫌疑人或被告人〔26〕。在具体采用亲历法审查证据时，一是要注意亲历性审查要以阅卷审查为基础。只有在充分阅卷、熟悉案情、发现问题的基础上，才能形成现场走访的思路和重点。二是亲历法审查证据，尤其是亲历现场还应有明确的目的和重点，即应根据阅卷审查发现的疑点以及需要进一步厘清的问题，确立审查的重点及目的。三是采用亲历法审查证据应有挖掘和补强证据的意识，即在审查过程中，应注重察觉是否有取证人员忽略或遗漏的重要信息〔27〕。

案例 11　朱某某盗窃案〔28〕

朱某某因涉嫌盗窃罪被移送新北区人民检察院审查起诉，建议依法认定其盗窃电动车后将车丢弃的行为属犯罪既遂，但朱某在侦查机关侦查和审查起诉阶段均供述，其将车推行一段距离后便放弃了盗窃念头，遂把车推回盗窃地点附近。根据该供述，不能排除犯罪中止的合理怀疑。承办检察官仔细阅看侦查卷中所附辨认笔录，但辨认照片无法全面反映盗窃地点和车辆最后放置地点之间的准确方位和距离。为查清犯罪事实，承办检察官在司法警察的协助下，至案发现场实地查看，由犯罪嫌疑人再次辨认案发现场，并由司法警察携带执法记录仪对辨认经过进行全程同步录音录像。经过实地查看，承办检察官发现盗窃地点与车辆最后放置地点直线距离不足 30 米，车辆并未脱离被害人的实际控制范围，嫌疑人也未实际控制该车，结合嫌疑人辩解放弃盗窃的主观心态，检察官形成了该笔盗窃属犯罪中止的内心确信。

案例 12　刘某甲、刘某乙失火案〔29〕

刘某甲、刘某乙系父子关系。重庆市 J 区公安局起诉意见书指控二人涉嫌清明节上坟时引发山火。该次山火燃烧了两天两夜，过火面积巨大，引发社会关注。在审查起诉期间，刘某甲委托了重庆中联世通律师事务所律师潘某担任辩护人。潘某在接受委托之后，三次到火灾现场进行实地勘察、测量，拍摄了大量的现场照片，制作了多幅现场分析图，结合相关证据进行了详细的证据分析，向检察机关提交了辩护意见，其中否定了公安部森林公安局下属的森林火灾鉴定机构出具的鉴定意见，辩护意见得到检察机关的充分采纳。该案中刘某乙在审查起诉阶段被取保候审后作了不起诉决定，刘某甲在起诉后被法院判处缓刑。

上述两个案例中，承办案件的检察官和辩护人均分别采取了现场实地勘察亲历审查证据的方法，最后都增强了内心对案件处理的确信，取得了良好的办案效果。

二、证据真实性审查判断的基本技巧

证据是认定案件事实的依据，案件事实的准确认定必须建立在确实、充分的证据基础之上，因此准确把握证据的真实性对于刑事案件的合法公正处理具有关键作用。司法实

〔26〕 参见张广华：《公诉人亲历性审查应当做到的几个方面》，载《检察调研与指导》2016 年第 6 期。

〔27〕 参见贾宇、黄生林编：《刑事客观性证据审查运用指引》，中国检察出版社 2022 年版，第 109 页。

〔28〕 参见江澔：《亲历性复看现场，助力犯罪形态准确认定》，载江苏检察网，http://czxb. jsjc. gov. cn/shijue/202007/t20200720_1060447. shtml。

〔29〕 系作者办理的案件。

践中，为了保证使用证据认定案件事实结论的正确性，在审查证据的真实性时可以重点关注三个方面。

（一）全面深究证据细节

对证据真实性的审查需要多听、多看、多调查，从细微之处入手，对细节作深层次的分析解剖，方能对证据的真实性作出客观判断。多听即要听当事人、证人、辩护人及诉讼代理人等的意见。多看，就是对涉案的相关材料及场所等多看，除了看案卷材料，还要看有关视频资料、实物证据及案发现场等。多调查，就是要调查当事人的身份背景，调查与案件关联的气象、水文、时间、事件，调查有关取证手段、实验操作、鉴定过程、实地调查、社会调查等细节，既关注证据自身细节，又要关注证据及案件的相关背景细节，从多个角度挖掘与证据有关的细节，从而确定证据真实与否。

案例 13　邓某贩卖毒品案〔30〕

某检察机关指控，被告人邓某受肖某指派，于 2008 年 2 月 1 日从家乡某县出发，到深圳龙岗从绰号叫“刀疤”的毒贩手中购得海洛因 130 余克用于贩卖。虽然肖某供述了该指控事实，但被告人邓某只承认从肖某处买过毒品，没有替肖某运过毒品。庭审时，针对出租车司机陈述曾于 2008 年 2 月 1 日接送邓某到火车站的证言，邓某矢口否认，称曾经多次租乘该司机的出租车，但 2008 年 2 月 1 日他没有租过车，并称当时下雪被封了山路，他出不了山。为此，承办法官查阅了当地的气象资料，发现 2008 年 2 月 1 日的前后一个月里，该县正处于严重冰灾时期，停水停电，通讯不畅，公路，铁路全面中断。被告人家在山区，本来就交通不便，冰灾时期更是与世隔绝，加上被告人邓某是个跛子，要到千里之外的深圳运毒，其可能性接近零。结合上述有关天气情况及邓某身体状况，邓某关于自己没有运毒行为的陈述具有真实性。据此，法院认定公诉机关指控邓某运输毒品罪不成立。

另外，值得注意的是，在分析、审查案件证据细节时应注意区分案件证据细节与细枝末节，防止纠缠于案件的细枝末节，以致案件久拖不决。以刑事诉讼为例，案件证据事实细节一般会影响案件的定罪量刑。如作案时间，尤其涉及长期多次作案的盗窃、受贿等案件，时过境迁，一般难以精确到具体日期或小时，这可以视为细枝末节。被告人提出无作案时间辩解的，该作案时间则成为事实认定至关重要的细节，必须查明。又如，在一起持刀故意伤害他人的案件中，对于正常人而言，无论是左手持刀还是右手持刀伤人，都不影响本案的定罪量刑，是细枝末节；但如果被告人有一只手系残疾，存在肌无力状况，那么持刀情况就是案件细节〔31〕。

（二）科学适用经验法则

审查证据真实性，回归基本经验常识也至关重要，“生活经验虽然不能像理论法则那样揭示事物之间联系的规律性，但它揭示的事物之间的某种常态联系、某种程度的可能性或盖然性，也可以作为审查判断的重要依据”〔32〕。

---

〔30〕 参见余向阳、李斌：《防范刑事错案的证据审查方法探究》，载《人民法院报》2022 年 7 月 21 日，第 6 版。

〔31〕 参见贾宇、黄生林编：《刑事客观性证据审查运用指引》，中国检察出版社 2022 年版，第 66 页。

〔32〕 江健等：《客观证据审查模式探索》，转引自于同志：《刑事实务十堂课：刑事审判思路与方法》，法律出版社 2020 年版，第 99 页。

所谓经验法则，在实际运用中有两种含义：一是指依靠普遍性经验，即被确认的某种一般性知识，判定案件事实的法规则；二是指总结这些具有普遍性的社会经验所形成的，据以判断证据事实的实际经验内容，即社会普遍确认的各种知识定则。[33] 审查判断证据的真实性时，审查者可以依据经验法则的内容从证据的表象中推理出常识矛盾，从而发现在案证据疑点。故经验法则在证据的真实性判断中主要起到验证性功能。

在使用经验法则对证据的真实性进行审查时，要特别注意对经验法则的误用风险。首先，要防止将个人所见所闻甚至偏见，误以为是具有普适性的经验法则。书本中记载的经验往往是有限的，主要靠生活中的经历、感悟，才能够对案件事实、证据认知有自己的判断。因此，在运用经验法则时，要从日常生活中反复践行、为社会普遍接受、能够亲身感受三个方面把握[34]。其次，不能轻信其他办案人员未经确证的经验判断。如在刑事案件中，有的侦查人员在发现破案线索、调查案件的过程中，经常会基于办案经验作出各类经验判断……需要指出的是，有些案件侦查人员在侦查初期对犯罪嫌疑人的怀疑因缺乏证据确证，逐渐成为没有根据的怀疑。一旦轻信这种未经确证的经验判断，极易陷入有罪推定，进而增加冤假错案风险[35]。最后，对于存在疑点的证据要理性分析。如证据在真实性方面存在疑点，且该疑点系有事实依据、符合经验法则的疑点，则不能据此武断地得出证据不具有真实性的结论，而是应对证据进行细致审查、认真分析，并根据案件特点，判断该疑点能否得到合理解释。

案例 14　林某仙等贩卖、运输毒品案[36]

2008 年上半年至 2009 年 7 月，文某、张某群分别通过银行账户汇给林某仙共计人民币 81 万余元用于购买毒品。林某仙收款后，以坐火车或客运汽车等方式，陆续将 1760 余克冰毒、100 颗麻古、480 余克 K 粉从福建省运输至浙江省衢州市，贩卖给文某、张某群。浙江省衢州市中级人民法院以贩卖、运输毒品罪判处被告人林某仙死刑。

一审宣判后，被告人林某仙不服，提出上诉。浙江省高级人民法院二审裁定驳回被告人林某仙的上诉，维持原判，核准对被告人张某群的死缓刑判决。对被告人林某仙的死刑判决，依法报请最高人民法院核准。

最高人民法院经复核后认定林某仙犯有贩卖、运输毒品罪。但认为本案认定的贩卖、运输毒品的数量中，除少量毒品系当场查获之外，大部分冰毒（1700 余克）是根据林某仙、张某群的银行卡交易明细记录的资金往来总额（60 余笔共计 789,300 元），除以二人供述的交易最高价（450 元/克）推算出来的。依据推算出的毒品数量判处林某仙死刑不妥。而且，林某仙关于其中有巨额借款的辩解，虽然根据逻辑和生活经验法则可以推断出该辩解很难成立，但却没有证据能够否定。因此，本案的现有证据尚达不到对林某仙适用死刑的证明标准。为此，依据相关法律裁定不予核准，发回衢州市中级人民法院重审。衢州市中级人民法院经审理后，认定被告人林某仙犯贩卖、运输毒品罪，判处死刑，缓期 2 年执行，剥夺政治权利终身，并处没收全部个人财产。浙江省高级人民法院予以核准。

---

〔33〕 参见龙宗智：《刑事证明中经验法则运用的若干问题》，载《中国刑事法杂志》2021 年第 5 期。

〔34〕 参见杨斌：《证据审查必须遵循四项法则》，载《检察日报》2021 年 7 月 28 日，第 3 版。

〔35〕 参见刘静坤：《论刑事程序中的虚假印证及其制度防范》，载《当代法学》2022 年第 1 期。

〔36〕 参见浙江省高级人民法院刑事裁定书，(2012)浙刑三复字第 65 号。

本案中的一个争议焦点在量刑证据上，即在认定被告人所涉毒品的数量中，绝大部分毒品（1700余克）是根据被告人林某仙、张某群的银行交易明细记录的资金往来总额（共计789,300元），除以二人供述的交易最高价（450/克）推算出来的。在这里，关键是要证明被告人银行交易明细记录的往来资金系毒资。在这一点证据上，公安机关查获被告人的银行卡并提取了交易明细，被告人林某仙、张某群对于公安机关提取的银行卡账单均进行了核对，其中林某仙供称有81万余元系张某群、文某打给其的购毒款，张某群供称有80余万元系其与文某打给林某仙的购毒款。此外，林某仙在供述中还多次讲到，张某群、文某将购毒款打入其弟弟林某通银行卡上之后，其用于购买毒品之后贩卖给张某群和文某；张某群亦供称，其将购毒款打入林某通账上，从林某仙处购买毒品；林某仙弟弟林某通亦证实，其在老家办过四张农业银行卡，其中三张放在家中抽屉里，其兄林某仙知道密码，要用的时候就会自己拿去用。上述证据能够相互印证，供证相符，可以认定银行交易明细记录的往来资金系购毒款，在此基础上根据二人供述的交易最高价折算出毒品交易数量是适当的。然而，在此后的庭审当中，林某仙辩称银行卡内包含巨额借款，其曾向张某群先后借过20多万元，向文某借过六七十万元，这些钱都被用于赌博、外面玩了。上述辩解，根据逻辑和生活经验法则可以推断很难成立，不属于合理怀疑，故将被告人林某仙、张某群银行交易明细记录的往来资金认定为毒资，进而按照有利于被告人的最高价格折算毒品数量，已经达到了排除合理怀疑的证明标准。但是由于毒品数量是决定毒品犯罪死刑适用的重要情节之一，在对毒品数量作出认定之后，已经达到了判处死刑的数量标准，此时能否判处被告人死刑？一般认为，死刑案件应当适用更高的证明标准。尽管林某仙关于银行卡内有巨额借款的辩解不符合逻辑和生活经验法则，但同样没有证据能够直接予以否定。也就是说，上述辩解虽不合理但并非不可能，故在证明标准上尚未达到排除一切可能性的程度，因此不应判处其死刑立即执行。

（三）理性分析证据矛盾

证据的矛盾是证据所含信息的差异与冲突。在对证据的真实性进行审查时，除对证据自身进行审查外，还有必要进一步发现、识别、分析证据之间的矛盾。在司法实践中，一个案件的全部证据之间要做到完全一致，是很困难的，证据之间总会存在一些矛盾，但证据矛盾的存在并不一定表明有矛盾的证据中必然有虚假证据，因此在审查判断证据的真实性时，对于客观存在的证据矛盾需要理性分析。

首先，分析证据矛盾应重点关注冲突性证据矛盾。根据证据矛盾的性质可以将其分为冲突性矛盾与差异性矛盾。冲突性矛盾是指矛盾各方处于一种十分对立的关系中，其不相容性非常突出。差异性矛盾是指不同证据所含信息具有一定的一致性，同时有某些不一致性，形成同中之异[37]。差异性证据矛盾十分普遍甚至构成证据间关系的一种常态，而冲突性证据矛盾往往会影响对有关证据证明的事实及情节的认定，故对冲突性证据矛盾应重点关注。具体来说，对于案件关键证据存在冲突性证据矛盾，必须彻底核查，不能随意对证据矛盾作解释；而对于不影响定罪量刑的证据矛盾，无须专门处理，可以结合案情作出合理认定。

其次，分析证据矛盾要核实矛盾产生原因。审查证据矛盾，必须对矛盾产生的原因予

〔37〕 参见龙宗智：《试论证据矛盾及矛盾分析法》，载《中国法学》2007年第4期。

以核实，分析矛盾是客观存在还是因理解偏差造成，如是言词证据不真实、不可靠还是客观性证据在取证、鉴定等环节出现了问题等。只有找出矛盾原因，才能给出准确的处理结论。

最后，分析及解决证据矛盾宜采用多元化方法。一是要合法有效地排除矛盾，即通过证据调查排除矛盾是对已形成矛盾的一方或多方证据源深入调查核实，在此过程中既要注意排除证据矛盾的方法要合法适当，也要注意平等对待证据各方。二是要合理地解释矛盾，即合理解释矛盾的形成原因及矛盾信息本身的内容与意义。三是适度地容忍证据矛盾。这主要是指在基本事实能够被证据证实的情况下，容许在某些非基本事实上存在一些矛盾，或者虽然在基本事实上存在某些矛盾，但通过证据印证可以确证基本事实，或者通过合理解释使证据矛盾的存在成为一种比较正常的可以理解的情况。总的来说，如证据矛盾能得以合理解决，证据的真实性通常就能得到确认。

案例15　伍某某、黄某某绑架案〔38〕

2008年8月，被告人黄某某提议绑架前女友许某某以勒索财物，被告人伍某某表示同意。两人为此进行多次商议，决定杀死许某某再勒索财物。同年9月13日晚，黄某某、伍某某从温州市瓯海区丽岙镇一起来到仙岩镇。当天22时许，黄某某将许某某骗至伍某某选定的仙岩镇河口塘村河滨中路南侧的河口塘村公变(5)号变电房内，与伍某某一起掐昏许某某，从许某某身上搜得60余元现金及一只手机。随后两人将许某某捆绑后扔入附近的温瑞塘河，致被害人许某某溺水死亡。14日10时许，黄某某打电话给许某某的外婆索要人民币5万元。14日下午，黄某某去约定地点取赎金时被抓获。当天晚上，在黄某某的协助下，公安机关在温州市瓯海区丽岙镇超蓝网吧抓获伍某某。证明被告人黄某某年龄的证据主要有：(1)户籍证明反映：黄某某出生于1990年8月11日；(2)《梧田区卫生院妇产科分娩登记表》复印件证明，黄某某出生于1990年9月23日；(3)《黄氏宗谱》反映，黄某某出生于共和庚午年八月初五，即1990年9月23日；(4)温州市人民检察院文件检验报告证明，送检的《黄氏宗谱》不是近年制作。被告人黄某某的辩护人提出，被告人作案时未满18周岁，有重大立功，其亲属已赔付8万元给被害人家属，要求从轻处罚。浙江省温州市中级人民法院审理认为，关于被告人黄某某的出生年月，尽管户籍证明显示其出生于1990年8月11日，但该户籍证明系2003年补申报，而作为申报依据的《出生医学证明》是2003年出具，在客观真实性上明显不足。相反，证明黄某某出生于1990年9月23日的《梧田区卫生院妇产科分娩登记表》系出生当时所填写，《黄氏宗谱》经鉴定亦是早年形成，二者最能反映黄某某出生时的真实情况。在这种情况下，应当排除户籍证明等法定证据，以其他证据认定被告人黄某某出生于1990年9月23日，其作案时未满18周岁。

第四节　合法性审查判断的基本方法与技巧

证据的合法性，是指证据的来源、形式、收集和认定等应符合法律规定，这样证据才能在诉讼中使用。在诉讼中，相关材料具有证据资格的要求之一即需要满足合法性的要求。

〔38〕 参见浙江省高级人民法院刑事裁定书，(2009)浙刑三终字第102号。

从诉讼过程中证据收集、审查与判断过程来看，证据具有合法性也是证据关联性与真实性的重要保证。

一、证据合法性审查判断的基本方法

从广义角度理解，我国诉讼证据的合法性主要可从四个方面进行审查。

（一）取证主体的合法性

证据的收集及制作主体必须合法。前者是指证据应当由法定人员收集，我国三大诉讼法均对取证主体有明确规定。如我国《刑事诉讼法》第52条规定："审判人员、检察人员、侦查人员必须依照法定程序，收集能够证实犯罪嫌疑人，被告人有罪或者无罪、犯罪情节轻重的各种证据。"《刑事诉讼法》第42条规定："辩护人收集的有关犯罪嫌疑人不在犯罪现场、未达到刑事责任年龄、属于依法不负刑事责任的精神病人的证据，应当及时告知公安机关、人民检察院。"《律师法》第35条第2款规定："律师自行调查取证的，凭律师执业证书和律师事务所证明，可以向有关单位或者个人调查与承办法律事务有关的情况。"这条规定实际上修改了现行《刑事诉讼法》第43条的规定，即律师调查取证不再需要经人民检察院许可并经被害人同意，只需出示执业证书和律师事务所证明即可。另外，根据我国《刑事诉讼法》第54条第2款规定："行政机关在行政执法和查办案件过程中收集的物证、书证、视听资料、电子数据等证据材料，在刑事诉讼中可以作为证据使用。"《监察法》第33条第1款规定："监察机关依照本法规定收集的物证、书证、证人证言、被调查人供述和辩解、视听资料、电子数据等证据材料，在刑事诉讼中可以作为证据使用。"因此，在刑事诉讼中，除审判人员、检察人员、侦查人员、监察人员、行政执法人员、辩护律师以及被害人的诉讼代理律师以外，其他人员无权收集证据。另外，行政机关超越其法定权限收集的证据材料，也属于主体不合法的情况，不能作为证据采用。

案例16　周某1、潘某雄故意伤害、故意毁坏财物案〔39〕

潘某雄因寻找前妻周某3未果，而与被害人周某1发生口角，潘某雄持铁棒将被害人周某1打致轻伤，且潘某雄为了泄愤，持铁棒故意毁坏被害人周某1家的财物，致财物损失达26,351元。一审法院以判处被告人潘某雄犯故意伤害罪、故意毁坏财物罪，决定执行有期徒刑1年6个月并承担民事赔偿责任。周某1不服一审判决提起上诉，并举示周某1所提的相关证据，其中周某1在诉讼过程中就此误工赔偿标准提供的相关证据资料为其诉讼代理人对上诉人周某1以及其他有关人员所作的调查笔录，而本案上诉人周某1的诉讼代理人并非律师。二审法院认为，按照《律师法》第35条第2款有关"律师自行调查取证的，凭律师执业证书和律师事务所证明，可以向有关单位或者个人调查与承办法律事务有关的情况"等规定的精神，不仅该调查笔录的取证主体不符合法律规定，而且前述对其他有关人员的调查笔录亦没有在程序上体现践行了介绍调查人员身份、告知作伪证或隐匿罪证要负的法律责任等调查和收集证据的基本要求。与此同时，就这些证据资料，被上诉人潘某雄在庭审中提出了异议，而且相关人员亦没有出庭作证。因此，这些证据资料不足以作为本案的定案依据，原判认定周某1所提交的证人证言不足以证明其所从事的行业和该行业的平均工资收入情况，这在证据的审查与运用方面是正确的。

〔39〕 参见贵州省黔东南苗族侗族自治州中级人民法院刑事判决书，(2018)黔26刑终28号。

我国《民事诉讼法》第 67 条第 1、2 款规定："当事人对自己提出的主张，有责任提供证据。当事人及其诉讼代理人因客观原因不能自行收集的证据，或者人民法院认为审理案件需要的证据，人民法院应当调查收集。"第 64 条规定："代理诉讼的律师和其他诉讼代理人有权调查收集证据，可以查阅本案有关材料。查阅本案有关材料的范围和办法由最高人民法院规定。"由此可见，在民事诉讼中，当事人及其诉讼代理人、人民法院均为合法的取证主体。

我国《行政诉讼法》第 32 条规定："代理诉讼的律师，有权按照规定查阅、复制本案有关材料，有权向有关组织和公民调查，收集与本案有关的证据。对涉及国家秘密、商业秘密和个人隐私的材料，应当依照法律规定保密。当事人和其他诉讼代理人有权按照规定查阅、复制本案庭审材料，但涉及国家秘密、商业秘密和个人隐私的内容除外。"第 34 条规定："被告对作出的行政行为负有举证责任，应当提供作出该行政行为的证据和所依据的规范性文件。被告不提供或者无正当理由逾期提供证据，视为没有相应证据。但是，被诉行政行为涉及第三人合法权益，第三人提供证据的除外。"第 40 条规定："人民法院有权向有关行政机关以及其他组织、公民调取证据。但是，不得为证明行政行为的合法性调取被告作出行政行为时未收集的证据。"

（二）证据形式的合法性

证据的形式必须合法是指证据应当符合法律规定的形式要件，即第一，证据必须符合法律规定的证据形式，即必须属于法定的证据种类。我国《刑事诉讼法》第50 条第2 款规定："证据包括：（一）物证；（二）书证；（三）证人证言；（四）被害人陈述；（五）犯罪嫌疑人、被告人供述和辩解；（六）鉴定意见；（七）勘验、检查、辨认、侦查实验等笔录；（八）视听资料、电子数据。"我国《民事诉讼法》第 66 条第 1 款规定："证据包括：（一）当事人的陈述；（二）书证；（三）物证；（四）视听资料；（五）电子数据；（六）证人证言；（七）鉴定意见；（八）勘验笔录。"我国《行政诉讼法》第 33 条规定："证据包括：（一）书证；（二）物证；（三）视听资料；（四）电子数据；（五）证人证言；（六）当事人的陈述；（七）鉴定意见；（八）勘验笔录、现场笔录。以上证据经法庭审查属实，才能作为认定案件事实的根据。"不属于这些法定证据形式的，不得采纳为证据。第二，证据必须符合特定的形式要件，如刑事诉讼中讯问笔录应当由犯罪嫌疑人、被告人签名或者捺印；询问笔录必须有证人的亲笔签名、捺印；对精神病的鉴定须由省级以上的人民政府指定的医院进行；物证的照片、录像、复制品应注明是否与原物、原件相符，是否由二人以上制作，有无制作人关于制作过程以及原物、原件存放于何处的文字说明和签名等。

案例 17　徐某某非法持有枪支案〔40〕

被告人徐某某持非法购买的枪支在寿县隐贤镇牌坊村瓦房组树林里打鸟时，被公安民警当场抓获。在本案的审理过程中，公诉机关向法庭举示了作为物证的枪支照片。但法院认为，根据最高法《刑诉法解释》的规定，据以定案的物证应当是原物。原物不便搬运，不易保存，依法应当由有关部门保管、处理的，可以拍摄、制作足以反映原物外形和特征的照片，物证照片……应当附有关制作过程及原件、原物存放处的文字说明，并由制作人和物品持有人或者物品持有

〔40〕　参见安徽省六安市寿县人民法院刑事判决书，（2014）寿刑初字第 00133 号。

单位有关人员签名……物证的照片、录像、复制品是否与原物、原件相符，是否由二人以上制作，有无制作人关于制作过程以及原物、原件存放于何处的文字说明和签名，而本案中公诉机关所举的枪支照片系鉴定机构根据《公安机关涉案枪支弹药性能鉴定工作规定》在《枪支、弹药鉴定书》中应附的样本照片，不符合上述规定，因此不予采纳。

在民事诉讼中，如当事人提供的公文书证系在中华人民共和国领域外形成的，该证据应当经所在国公证机关证明，或者履行中华人民共和国与该所在国订立的有关条约中规定的证明手续。另外在民事诉讼中，中华人民共和国领域外形成的涉及身份关系的证据，应当经所在国公证机关证明并经中华人民共和国驻该国使领馆认证，或者履行中华人民共和国与该所在国订立的有关条约中规定的证明手续。当事人向人民法院提供的证据是在我国香港特区、澳门特区、台湾地区形成的，应当履行相关的证明手续。当事人向人民法院提供外文书证或者外文说明资料的，还应当附中文译本等。

案例18 宜兴市明月建陶有限公司与北京和风国际物流有限公司多式联运合同纠纷案[41]

上诉人宜兴市明月建陶有限公司（以下简称宜兴明月公司）因与被上诉人北京和风国际物流有限公司（以下简称北京和风公司）多式联运合同纠纷案，不服天津海事法院（2010）津海法商初字第173号民事判决，向天津市高级人民法院提起上诉。诉讼过程中，宜兴明月公司提交的六份证据均系境外形成的材料，没有经过公证、认证，没有中文译本，法院认为，上述书证不符合最高法《民诉证据规定》的规定，证据形式不合法，该证据不能作为认定案件事实的依据。

（三）取证方法的合法性

我国现行刑事诉讼法所规定应被排除的证据主要指以非法方法取得的证据，根据我国《刑事诉讼法》第52条的规定："审判人员、检察人员、侦查人员必须依照法定程序，收集能够证实犯罪嫌疑人、被告人有罪或者无罪、犯罪情节轻重的各种证据。严禁刑讯逼供和以威胁、引诱、欺骗以及其他非法方法收集证据，不得强迫任何人证实自己有罪。必须保证一切与案件有关或者了解案情的公民，有客观地充分地提供证据的条件，除特殊情况外，可以吸收他们协助调查。"由此可见，我国刑事诉讼法所禁止的非法取证方法主要包括"刑讯逼供和以威胁、引诱、欺骗以及其他非法方法"。而根据我国《刑事诉讼法》第56条第1款的规定："采用刑讯逼供等非法方法收集的犯罪嫌疑人、被告人供述和采用暴力、威胁等非法方法收集的证人证言、被害人陈述，应当予以排除。收集物证、书证不符合法定程序，可能严重影响司法公正的，应当予以补正或者作出合理解释；不能补正或者作出合理解释的，对该证据应当予以排除。"由此可见，我国刑事诉讼法所指的导致证据排除的非法取证方法主要包括"刑讯逼供等非法方法及暴力、威胁等非法方法"。

需要指出的是，虽然刑事诉讼法禁止采用"威胁、引诱、欺骗以及其他非法方法"取证，但由于"威胁""引诱""欺骗"确实存在非法取证方法和合法侦查策略界分较难的问题，尤其"引诱"和"欺骗"的取证方法在《严格排除非法证据规定》中完全被回避，因此在

---

[41] 参见天津市高级人民法院民事判决书，(2011)津高民四终字第0169号。

实践中，采用“威胁”“引诱”“欺骗”的方法取证是否构成非法证据是一个较难把握的问题。“威胁”“引诱”“欺骗”的方法主要针对言词证据的收集，其中又主要针对口供的收集，但实践中也存在对证人、被害人取证时采用前述方法甚至暴力取证的个案。对于以“威胁”“引诱”“欺骗”的方法取证是否构成非法取证，在实践中应当具体分析，不能简单地“一刀切”，可以考虑从以下方面进行“裁量排除”：

1. 注意审查“威胁”“引诱”“欺骗”的方法是否损害了证据的真实性。证据必须是真实反映案件事实的材料，这是证据运用的基准和底线。采用前述方法获取的证据是否属于“违背事实”的虚假证据，是判断其应否采用的前提和基础。如果采用前述方法导致证据内容失真，形成虚假证据和虚假事实，极易导致冤假错案，无疑属于非法取证，所获证据应当予以排除。反之，如果采用前述方法形成的证据内容本身是真实的，能够和其他证据相互印证，则可以考虑结合其他方面综合判断是否采信该证据。例如，侦查人员以严厉的语气告知犯罪嫌疑人“抗拒从严”，本身具有威胁成分，但如果犯罪嫌疑人害怕顽抗到底会被重判而供述了犯罪事实，口供内容本身是真实的，就不能因为其采用了带有威胁意味的方法而排除该口供，从《严格排除非法证据规定》来看，威胁一般应当到形成一定强度的精神强制足以使嫌疑人违背意愿作出供述。侦查人员告知犯罪嫌疑人“坦白从宽”、认罪认罚从宽本身带有一定的利益引诱成分，如果犯罪嫌疑人在被告知后作出的供述内容本身是真实的，这种引诱未必违背犯罪嫌疑人的意志自由，其应当知道供述可能导致的不利法律后果，这实际上是一种司法利益交换，所获取口供就不宜一概排除。侦查人员制造某种假象，使犯罪嫌疑人、被告人形成错误判断，进而供述真实的犯罪事实，则不仅不是非法取证，而且体现了一定的侦查水平，虽然确实欺骗了犯罪嫌疑人，但所获取的口供不能作为非法证据排除。

2. 注意审查“威胁”“引诱”“欺骗”的方法是否具备一定的合法性基础。如果从法律上考察，并非所有的“威胁”“引诱”“欺骗”方法都找不到具有一定“许容性”的法律依据。例如，犯罪嫌疑人的近亲属实际上涉嫌共同犯罪，之所以暂不追究其刑事责任，有时是出于司法政策和人道主义精神的考量，如果侦查人员在讯问过程中告诉犯罪嫌疑人其近亲属已经涉嫌犯罪，如果不如实供述则将对其近亲属立案侦查，犯罪嫌疑人遂交代犯罪事实，则这种威胁方法不宜认定为非法取证，因为在这种情况下依法可以对其近亲属立案侦查，侦查人员只是将法律后果告知了犯罪嫌疑人。但是，如果犯罪嫌疑人的近亲属与案件没有任何关系，不涉嫌任何犯罪，侦查人员以对其近亲属立案侦查相威胁，则这种威胁方法应当认定为非法取证，由此获取的口供应当予以排除。因为这种情况下对其近亲属立案侦查无任何法律依据。因此，对于采用前述方法但具有一定合法性基础且内容是真实的，不宜一律作为非法证据予以排除。

3. 注意审查“威胁”“引诱”“欺骗”的方法是否严重违反了司法伦理道德。法律是道德的升华，收集证据不能违反司法伦理道德，否则会对社会的道德观、价值观造成不良影响和冲击。因此，如果侦查人员在收集证据的过程中使用“威胁”“引诱”“欺骗”的方法时严重违反了司法伦理道德，则所获取的供述或者证词即使是真实的，也应当作为非法证据予以排除。例如，实践中曾经发生侦查人员将犯罪嫌疑人怀孕的、与案件无关的妻子故意带到讯问现场附近，以“威胁”犯罪嫌疑人并最终迫使犯罪嫌疑人违心作出供述的真实案例；又如，侦查人员编造行贿人的妻子与受贿人有染进而突破行贿人的口供最终导致行贿人夫妻反目的真实案例。使用这些严重违反司法伦理道德的方法获取的证据无疑应当作为非法证据予以排除。

4. 注意审查“威胁”“引诱”“欺骗”的方法是否严重影响了司法公正。如果侦查人员采用“威胁”“引诱”“欺骗”方法严重损害了公安司法机关的形象，严重影响了司法公正，则由此获取的证据应当予以排除。因为从证据法理上来说，我国对非法实物证据的排除条件之一是“可能严重影响司法公正”，所谓“举轻以明重”，对非法实物证据可能严重影响司法公正的，在不能补正或者作出合理解释的情况下尚且要予以排除，对于更容易侵犯公民权利的收集言词证据的“威胁”“引诱”“欺骗”方法严重影响了司法公正的，更应当作为非法证据予以排除。

案例19　张某某受贿案〔42〕

张某某系贵州省B市J县城投公司的董事长。监察机关以张某某涉嫌受贿罪对其立案调查。其中，张某某涉嫌收受重庆市某公司总经理以张某某女儿考上大学为由送的10万元银行卡。该银行卡交给了张某某的妻子，其妻子在使用该卡支付费用时才知道有10万元金额，便告知张某某，但张某某女儿对此并不知情。该10万元由张某某妻子全部花费完毕。调查人员在讯问过程中，告诉张某某，如果不如实供述全部犯罪事实，则将把其妻子和女儿全部抓起来立案调查，张某某遂供述了主要犯罪事实。张某某在进入审查起诉阶段后以调查人员采用威胁方法获取口供为由申请启动非法证据排除程序。

本案中，对于调查人员在审讯过程中对张某某采取的“威胁”方法的合法性问题，应当区别看待：调查人员对张某某说如果不如实供述将对张妻进行立案调查，本身带有“威胁”的成分，但是对张妻立案调查有一定的合法性基础，因为张妻涉嫌共同收受10万元贿赂，调查人员称可以对其妻立案并未损害其妻子的“合法权益”，但是对张某某说将对其女儿立案调查则没有合法性基础，属于非法取证，因为张某某女儿与本案无关，调查人员称可以对其女立案损害了其女的“合法权益”。因此，张某某如果以前者作为理由申请非法证据排除则不能成立，如果以后者作为理由申请非法证据排除则能够成立。需要强调的是，这种类型的“威胁”有其特殊性，实践中应当注意审查办案人员除此之外是否还有其他非法取证行为、据此形成的口供是否具有真实性、与其他证据是否相互印证等来综合裁量是否排除供述。

案例20　刘某河故意杀人案〔43〕

刘某河被控故意杀人案，经安徽省芜湖市中级人民法院三次一审，先后一次判处死刑，剥夺政治权利终身和两次判处无期徒刑，剥夺政治权利终身。刘某河对三次一审判决均不服，提出上诉。安徽省高级人民法院前两次二审程序均以事实不清、证据不足为由裁定发回重审。2001年4月27日，安徽省高级人民法院第三次则以原判证据不足为由，撤销原审判决，终审判决刘某河无罪。至此，刘某河一案历经5年6审，终以宣告被告人刘某河无罪而终结。根据披露的

〔42〕 系作者办理的案件。

〔43〕 张立：《诱供、骗供之非法言词证据排除的法理辨析及规则构建》，载《中国检察官》2023年第2期。

刘某河的说法，预审人员在提审时，不止一次告诉刘某河，“如果承认是自己杀的，还可以定个过失杀人或者得到从宽处理，即罪不至死。但如果不承认，仅仅根据测谎结论照样可以定罪，而且肯定是死路一条。”尤其是“测谎器的测定结果是科学结论，不管是否招供，都可以单独作为杀人证据认定”的说法，更使刘某河真的相信“违心认罪能够活命，拒不承认必死无疑”。刘某河的上述陈述与录像资料的内容相一致，证明了诱供骗供行为的存在。

本案中，侦查人员确实对刘某河采取了引诱、欺骗获取口供的行为。有观点认为，刘某河曲解了测谎器测定结果的法律效力，使刘某河受骗，以为不认罪必定是死路一条，认罪了还可以获得从宽处刑的诉讼利益，为此违心认罪，因此获得的供述不具有可靠性，应作为非法证据予以排除。[44] 此观点值得商榷。应当看到，“违心认罪”和“违背事实认罪”是两回事，司法实践中，认罪是被追诉人各种考量后不得已的选择。本案中，侦查人员的诱供、骗供行为是否应当作为非法证据排除，关键在于刘某河是否在此方法下“违背事实虚假认罪”，如果刘某河误认为测谎器真有如此法律效力，从而供认了真实的犯罪事实，与其他证据能够相互印证，则侦查人员本案中这种减小认罪法律后果、夸大测谎结论证明力的引诱、欺骗行为不宜简单地作为非法证据排除。反之，如果刘某河因为侦查人员的引诱、欺骗而编造了虚假的犯罪事实，则其供述应当作为非法证据予以排除。

综上所述，由于“威胁”“引诱”“欺骗”的方法牵涉到社会公众对于司法公正、伦理道德等法律观、价值观的导向，因此对于侦查人员采用前述方法获取的证据，应当在首先确保真实性的基础上，综合兼顾其合法性、伦理性和公正性等因素，裁量决定是否作为定案的依据。需要强调的是，不能仅仅因为采用前述方法所获证据具有真实性，就不考量其他方面的价值因素，而一概对其不予排除，换言之，即使侦查人员采用前述方法获取的证据具有真实性，但严重损害合法性、严重违背伦理道德、严重影响司法公正的，也应当依法予以排除。

另外，在民事、行政诉讼中，同样应当注意审查取证方法是否合法。最高法《民诉法解释》第106条规定：“对以严重侵害他人合法权益、违反法律禁止性规定或者严重违背公序良俗的方法形成或者获取的证据，不得作为认定案件事实的根据。”最高法《行诉证据规定》第57、58条规定以偷拍、偷录、窃听等手段获取侵害他人合法权益的证据材料，以利诱、欺诈、胁迫、暴力等不正当手段获取的证据材料，以违反法律禁止性规定或者侵犯他人合法权益的方法取得的证据均不能作为定案依据。

案例21　福建省三明成兴融资担保股份有限公司与林某等公司决议纠纷案[45]

上诉人福建省三明成兴融资担保股份有限公司（以下简称成兴融资公司）因与被上诉人林某，原审被告谢某雄、黄某、郑某松、周某平公司决议纠纷案，不服福建省三明市梅列区人民法院(2016)闽0402民初875号民事判决，向福建省三明市中级人民法院提起上诉。在本案的一审程序中，原审被告举示了该公司的档案资料作为证据，但一审法院在判决书中认定因该证据林

〔44〕 张立：《诱供、骗供之非法言词证据排除的法理辨析及规则构建》，载《中国检察官》2023年第2期。
〔45〕 参见福建省三明市中级人民法院民事判决书，(2017)闽04民终348号。

某提出系谢某雄、黄某等人通过非法手段撬取其办公室门锁获取的,谢某雄、黄某无法证实其获取证据的途径的合法性,故根据最高法《民诉法解释》第106条"对以严重侵害他人合法权益、违反法律禁止性规定或者严重违背公序良俗的方法形成或者获取的证据,不得作为认定案件事实的根据"的规定,该证据不予采信。二审法院在二审中亦肯定了一审法院对该证据的意见。

(四)取证程序的合法性

根据我国诉讼法的规定,取证必须要符合法定程序。如我国《刑事诉讼法》对讯问犯罪嫌疑人、被告人,询问证人和被害人,勘验、搜查、扣押、鉴定等取证程序都作了具体明确的规定,如违反有关程序则会导致证据的合法性瑕疵,影响诉讼中的证据资格。另外,我国《民事诉讼法》也对勘验物证等的程序作了明确规定,该法第83条第1款规定:"勘验物证或者现场,勘验人必须出示人民法院的证件,并邀请当地基层组织或者当事人所在单位派人参加。当事人或者当事人的成年家属应当到场,拒不到场的,不影响勘验的进行。"而最高法《行诉证据规定》第57条规定:严重违反法定程序收集的证据材料不能作为定案依据。《行政诉讼法》第35条则规定:"在诉讼过程中,被告及其诉讼代理人不得自行向原告、第三人和证人收集证据。"如果在行政诉讼过程中作为被告的行政机关自行向原告收集证据,那么其收集到的证据就会因程序违法而不能作为定案依据使用。

案例22 谭某义故意杀人案〔46〕

1993年7月,河南省周口市某村村民谭某某一家三口遇害身亡。警方调查后认定其邻居谭某义为犯罪嫌疑人,随后将其拘捕并获取了认罪口供。由于案件中的证据存在疑点,该案于6年后才有一审判决。1999年12月,周口市中级人民法院以故意杀人罪判处谭某义死缓。2000年5月,河南省高级人民法院以事实不清为由,裁定撤销原判,发回重审。2002年1月,周口市中级人民法院作出重审判决,以故意杀人罪和强奸罪两罪并罚,再次判处谭某义死缓。2003年7月31日,河南省高级人民法院裁定驳回上诉,维持原判。此后,谭某义坚持申诉。2022年,经由最高人民检察院抗诉和最高人民法院指令再审,河南省高级人民法院于12月16日再审改判谭某义无罪。本案中的证据收集程序存在较多问题,其中较为典型的即讯问笔录制作程序的瑕疵问题,根据本案再审判决书的内容,讯问谭某义的笔录制作存在瑕疵。其中,谭某义1993年7月21日晚被刑拘至24日白天,其间所作无罪辩解未制作笔录。此外,再审庭审中检察员出示的检验鉴定书证实,在谭某义本人具有阅读、签字能力的情况下,其有罪供述讯问笔录非本人签名。最终,河南省高级人民法院认为,原审被告人谭某义有罪供述存在供证矛盾,真实性存疑,不予采信。除有罪供述外,无其他直接证据证明其犯强奸罪和故意杀人罪,客观证据不具有唯一性,间接证据不能形成完整证据链条。在案证据尚未达到确实、充分的法定证明标准,谭某义犯故意杀人罪、强奸罪的事实不清、证据不足。

此外,应当注意证据材料还应经法定程序审查属实。我国《刑事诉讼法》规定,证据必须经过查证属实,才能作为定案根据;证人证言必须在法庭上经控辩双方或当事人询问、质证;物证必须当庭出示,请当事人辨认;未到庭的证言笔录、鉴定意见等应当当庭宣读,听取控辩双方或当事人双方的意见。未经法庭查证属实的材料,均不得作为定案根

〔46〕 参见河南省高级人民刑事判决书,(2022)豫刑再12号。

据。《民事诉讼法》及相关司法解释规定，人民法院应当按照法定程序，全面、客观地审查核实证据；证据应当在法庭上出示，并由双方当事人互相质证；未经质证的证据，不能作为认定案件的依据。最高法《关于执行〈中华人民共和国行政诉讼法〉若干问题的解释》第31条也规定，未经法庭质证的证据不能作为人民法院裁判的根据。

二、证据合法性审查判断的基本技巧

合法性是证据的重要属性之一，它也直接影响了证据的证据能力问题，因此，在诉讼过程中对证据进行审查时，往往是在初步明确证据关联性的基础上，再对证据的合法性进行审查与判断的，以解决证据资格问题，然后再进一步审查证据的真实性问题。在司法实践中，办案人员审查判断证据合法性的基本技巧主要有六种。

（一）全面阅卷

由于我国目前的证据收集，绝大部分是以案卷的方式进行汇总的，因此全面查阅案卷材料是对证据合法性展开审查的重要方法。在我国的诉讼中，一份完整的卷宗主要包括诉讼文书卷、诉讼证据卷等内容。其中法律文书卷的内容绝大部分为制式文书，主要涉及程序性问题；诉讼证据卷则包括诉讼法中各类形式的证据；有时卷宗中还会有视听资料的光盘，这部分材料是近几年来才出现，如刑事诉讼中，对特定的刑事案件要求同步录音录像，则该部分内容有时会以光盘的形式附卷。通过阅卷审查证据的合法性时，需要注意以下几个问题：

1. 在查阅证据卷时要注意对证据既要进行形式审查，也要注意实质审查。通过对有关证据进行形式审查，可以初步发现证据在形式上的瑕疵或违法问题，如讯问笔录有无漏签、错签的情况，证人询问笔录起止时间是否记录，勘验笔录是否有见证人签字，鉴定意见有无相关的资质证书等。另外，通过仔细研读证据内容，亦能发现案件中可能存在的违法收集证据等方面的线索，如审查证人的询问笔录时，询问人员所提问的方式有明显的威胁或诱导的情况，那么就有可能存在违反询问规范的问题。同时办案人员细致研读证据卷，并逐一对证据的合法性进行审查时，还应在深入审查单个证据材料合法性的同时，结合其他在案证据对有关证据的合法性问题进行综合判断。如在张某抢劫杀人案中，辨认笔录表明证人李某准确地在15张照片中认出被告人张某。但李某此前的证言中有这样一段陈述："案发时，现场光线较暗，我也没有看清楚嫌疑人的体貌特征"，那么结合李某证言与辨认笔录的内容，就有这样一个疑点：既然证人李某并未看清嫌疑人的体貌特征，那么为何李某能准确地辨认出张某？后审判人员通过查阅张某在案发现场指认笔录的照片及录像时，发现此时证人李某亦在现场围观，故李某才能在辨认中准确指认张某的照片。最高法《刑诉法解释》第105条规定，"辨认笔录具有下列情形之一的，不得作为定案的根据：……（二）辨认前使辨认人见到辨认对象的……"，故该辨认笔录因违反辨认的程序要求，不具有合法性。

2. 审查证据的合法性问题不能忽略诉讼文书卷。以刑事诉讼为例，刑事案件的诉讼文书卷，一般包括立案、拘留、逮捕、取保候审等强制措施手续、起诉意见书等法律文书，它们较清晰地反映了刑事案件的办案过程与程序。全面审查有关诉讼文书，对于发现证据形成、收集等过程中可能的违法线索，具有一定的积极意义。例如公安部《刑事案件程序规定》第174条规定："对接受的案件，或者发现的犯罪线索，公安机关应当迅速进行审查。发现案件事实或者线索不明的，必要时，经办案部门负责人批准，可以进行调查核实。调查核实过程中，公安机关可以依照有关法律和规定采取询问、查询、勘验、鉴定和调取证据材料等不限制被调查对象人身、财产权利的措施。但是，不得对被调查对象采取强制措施，不得查封、扣押、冻结被调查对象的财产，不得采取技术侦查措施。”简言之，在公安机关正式立案之前，侦查取证不得采取带有强制性的措施，因此通过审查诉讼文书卷中的立案材料，准确把握案件的立案时间，即可了解有关强制取证措施的适用在时间上是否规范。

3. 审查证据的合法性问题可适当关注有关同步录音录像资料。如刑事诉讼中，讯问同步录音录像可以作为证明侦查机关、调查机关取证过程合法性的证明材料，因此阅看同步录音录像能够较为直观地审查有关讯问程序及方法是否符合法律规范，比如讯问人员的讯问方式是否规范，是否诱导犯罪嫌疑人作出了不利的供述或者推测性供述，是否对犯罪嫌疑人的回答进行了过度总结，是否在讯问时对犯罪嫌疑人进行了虚假承诺或者其他诱导，足以使犯罪嫌疑人可能作出虚假供述等。

（二）听取诉讼参与人的意见以及询问取证人员

诉讼中对言词证据的合法性进行审查，除阅卷之外，充分听取有关当事人与其他诉讼参与人的意见也是一个较为重要的方法。在诉讼中，言词证据的载体即当事人及其他相关诉讼参与人。具体来说，在民事诉讼、行政诉讼中，当事人陈述时的载体即当事人，刑事诉讼中犯罪嫌疑人、被告人供述与辩解，被害人陈述的载体也分别为犯罪嫌疑人、被告人及被害人，而证人则是证人证言的载体。办案人员既可以就有关询问、讯问的相关程序、方法等细节直接向当事人及证人听取有关证据合法性的意见，也能够通过与证人及当事人就有关案情进行交流来发现证据合法性是否存在疑点。

案例 23　王某雷故意杀人案〔47〕

2014 年 2 月 18 日，河北省保定市顺平县白云乡（现白云镇）北朝阳村发生一起杀人命案。顺平县公安局认为报案人、该村村民王某雷有重大嫌疑。2014 年 3 月 15 日，顺平县公安局以王某雷涉嫌故意杀人罪提请批准逮捕。顺平县检察院检察人员在王某雷已经承认杀人犯罪的情况下，经认真审查，王某雷案的口供和物证均存疑点。公安机关移送的案卷显示，王某雷询问、讯问笔录共有 9 次。经审查 9 次笔录，检察人员发现前 5 次均为无罪供述，后 4 次为有罪供述。同时在有罪供述中，王某雷对作案工具有斧子、锤子、刨锛三种不同的供述。对王某雷作案工具及其作案时所穿衣服的下落，公安机关未能查清。2014 年 3 月 18 日，两名检察人员前往看守所对王某雷进行提讯。见到王某雷后，检察官们发现，王某雷右臂打着石膏缠着绷带。而对检察官有关伤情形成的询问，王某雷极力回避，一再表示“记不清了”。提讯中，王某雷坚持说自己杀了被害人王某 1，但被问到“作案工具和衣服去哪时”，他的回答却前后不一致：对于作案工具，一会儿称擦净血迹后放回家了，一会又称扔到河里了；对于衣服，先称拿到村里桥下给烧毁了，后又称洗净后放回家了。基于上述情况，办案检察官认为公安机关在询问、讯问犯罪嫌疑人时可能存在违法行为。2014 年 3 月 19 日，检察人员再次前往看守所提讯王某雷，并对这次提讯

〔47〕 参见徐盈雁：《纠正王某雷冤错案：排除非法证据引导抓获真凶》，载检察日报数字网，https://www.spp.gov.cn/spp/zdgz/201502/t20150213_91078.shtml。

进行了同步录音录像。在此次提讯中,经过检察人员耐心的思想工作,王某雷否认自己杀人,并称之前之所以作有罪供述,是因为“被打了”。2014 年 3 月 22 日,根据保定市检察院的指导意见,顺平县检察院以事实不清、证据不足对王某雷案作出不批准逮捕决定。2014 年 7 月 1 日,王某雷被无罪释放。后公安机关经过侦查,抓获真凶王某 2,其被判处死刑,缓期 2 年执行,剥夺政治权利终身。

另外,如果对证据进行审查的人员对有关证据的形式、取证程序、方法等的合法性有疑问,还可以进一步向收集、保存证据的人员有针对性地了解情况,以确认证据是否存在合法性问题。例如,在孟某涉嫌诈骗案的审查起诉过程中,孟某向检察人员反映其第一次被讯问时,没有吃午饭与晚饭,认罪口供系侦查人员以饥饿逼供的方式取得,该证据系非法证据应当予以排除。检察人员遂对有关该份口供笔录进行审查,发现该份笔录制作时间较长,讯问时间从 10 时左右到 20 时,从笔录记录中没有记录孟某用餐的有关情况。检察人员随后向侦查人员了解该份笔录的情况,重点向侦查人员询问了在讯问中是否保证了孟某饮食的问题,后侦查人员向检察人员说明,第一次对孟某进行讯问时,在午餐及晚餐时间,讯问人员为其提供了盒饭,但孟某均表示心情不好不想吃。也就是说,孟某的当天讯问过程确实未吃午饭与晚饭,但不是侦查人员以饥饿逼供的非法手段取证所为,该口供也不属于非法证据。在本案中,检察人员通过与侦查取证人员充分交流的方式澄清了有关口供的合法性问题。

(三)调取、查询有关记录

在司法实践中,对证据的合法性进行审查,还可以结合调取、查询有关记录的方式。例如,在刑事案件中,如犯罪嫌疑人提出自己被刑讯逼供,那么对相关口供合法性审查的方法之一即调取、查询犯罪嫌疑人、被告人出入看守所的身体检查记录及相关材料。另外,还可以通过审查提押凭证相关记录的方法来判断有关证据的合法性,如最高人民检察院《关于切实履行检察职能防止和纠正冤假错案的若干意见》第 11 条规定:“……对被羁押的犯罪嫌疑人要结合提讯凭证的记载,核查提讯时间、讯问人与讯问笔录的对应关系。”《严格排除非法证据规定》第 13 条规定:“看守所应当对提讯进行登记,写明提讯单位、人员、事由、起止时间以及犯罪嫌疑人姓名等情况……”在实践中,办案人员在审查有关讯问笔录的合法性时,首先可以审查提讯凭证记载的讯问时间与笔录是否一致。如提讯凭证记载的起止时间较短,而讯问笔录的内容繁多,应核实笔录是否事先制作、是否经犯罪嫌疑人阅签;如提讯凭证记载的起止时间较长,而讯问笔录极为简略,应核实讯问是否涉及与犯罪无关的内容,是否存在刑讯逼供等情况。另外,如提讯凭证记录的起始时间与讯问笔录记录的起始时间时间间隔过长,则应核实讯问人员是否有长时间威胁、引诱或“做工作”等不规范的审讯情况。其次要审查提讯凭证记载的讯问人员与笔录是否一致。如两者不一致,需要核实讯问人员的身份,是否存在违反回避等规定的情形。最后还要审查提讯凭证记载的讯问次数与笔录是否一致。如果提讯凭证未记载本次讯问,但存在相应的讯问笔录,则应核实该次讯问是否发生于看守所内。

(四)同等关注证据的形式与内容

一般而言,通过对证据的形式进行审查往往能发现有关证据常见的合法性问题,如取证主体不具有法定资质、询问证人违反“两人原则”,询问地点不符合法律规定等。但是,由于目前我国诉讼法中对证据合法性要求的内容较广，且在司法实践中，证据不合法的问题既有显性的，也有隐性的，故除对证据进行形式审查外，也有必要对其展开内容及实质审查，这样才能对证据的合法性作出正确的判断。如对鉴定意见合法性审查的重要内容之一即对鉴定人的资质进行审查，常规的审查方法即对鉴定意见所附的资质证书进行形式审查，但在某些专业性较强的案件中，对资质证书形式审查有时可能还不足以解决鉴定人的合法性问题，还需要进一步进行实质审查。例如，在林某、罗某等人非法收购、出售珍贵、濒危野生动物案中，办案机关委托某鉴定机构对涉案的巨蜥进行鉴定，以确定其是否属于珍贵、濒危野生动物。鉴定人黄某与侯某出具了鉴定意见，称涉案巨蜥为国家一级保护野生动物。但辩护律师经查询有关鉴定人的背景资料后提出，鉴定人黄某虽有教授职务，但其所学专业是刑事科学技术，而非珍稀动植物及制品鉴定专业，不能认为其具有对珍稀动植物及其制品进行专业鉴定的能力，故该鉴定人无鉴定资质，鉴定主体不合法，鉴定意见不也具有合法性。[48]

（五）深入分析证据材料的细节

审查判断证据的合法性要从证据材料的细节入手，深入分析，方能从细微处发现有关证据的合法性问题。证据材料成为诉讼证据需经历一个收集、提取、固定等过程，从单个证据来看，有对该证据的相关信息进行分解等诸多细节要素，如收集时间、地点、人员、有关内容、反映的案件事实等，那么对某些细节要素的深入分析、比对，或者结合生活经验与常识对细节进行判断，往往就能发现其中存在的问题，比如将时间要素与案件办理程序中的其他相关细节比对，就可能发现证据存在的合法性问题。

案例24　武某峰、王某平诉被告重庆市北碚区城市管理局撤销行政行为案[49]

2019年4月8日，北碚区规划和自然资源局作出北碚规资限拆字（2019）第0139号限期拆除违法建筑决定书，责令重庆渝泓土地开发有限公司拆除违法建筑面积约1500平方米。原告武某峰、王某平诉称，两原告系夫妻，均为原重庆特钢厂职工。1995年特钢厂将闲置土地免费交给原告等下岗工人开展养殖业。原告在北碚区童家溪镇南一支路使用土地6亩作为养殖业基地，原告在该地种植了大量名贵果木，并兼作养殖场，在1996年修建了约700平方米的房屋一直使用至今。现第三人告知原告被告将原告修建的居住达23年的房屋认定为违法建筑并要求拆除。因该房屋形成于特定历史时期，有特殊历史背景，被告不顾历史事实将其认定为违法建筑错误，且违背法定程序，请求法院判决撤销被告作出的北碚规资限拆字（2019）第0139号限期拆除违法建筑决定书。

被告重庆市北碚区城市管理局辩称：（1）重庆市北碚区规划和自然资源局具有作出案诉行政行为的法定职权；（2）被诉限期拆除违法建筑决定书认定事实清楚，证据确凿充分，适用法律法规正确；（3）被诉限期拆除违法建筑决定书的程序合法。综上，重庆市北碚区规划和自然资源局作出限期拆除违法建筑决定书合法，请求驳回原告的诉讼请求。

被告重庆市北碚区城市管理局向法院提交并当庭举示了14项证据。其中，被告出具了重庆市北碚区规划和自然资源局作出的《未办理规划手续的证明》以证明涉案建筑系违法建筑，该证明的出具时间为2019年11月25日。而北碚区规划和自然资源局于2019年4月8日作出

[48] 参见林宇：《刑事辩护策略与技巧：寻找辩护视野的公正》，法律出版社2012年版，第207页。
[49] 参见重庆市沙坪坝区人民法院行政判决书，（2019）渝0106行初401号。

本案被诉的限期拆除违法建筑决定书,法院认为,《未办理规划手续的证明》的出具时间系在重庆市北碚区规划和自然资源局已作出被诉具体行政行为之后,最高法《行诉证据规定》第60条规定:“下列证据不能作为认定被诉具体行政行为合法的依据:(一)被告及其诉讼代理人在作出具体行政行为后或者在诉讼程序中自行收集的证据……”故该证据不能作为认定涉案建筑系违法建筑的依据。

(六)全面审查与重点审查相结合

审查判断证据的合法性时,一方面对案件证据要结合有关法律及司法解释的相关规定,对证据的主体、形式、取证方法、程序等进行全面的合法性审查,另一方面也要注意根据案件、证据的不同特点及不同情况对证据合法性的相关问题进行重点审查。

1. 要注意总结不同类别的证据实践中易出现的违法风险点,并对此类风险点作重点审查。如刑事案件中的言词证据,其容易出现的违法风险点往往在取证方法与程序问题上,因此在审查言词证据的合法性时要重点关注言词证据取得的时间、地点是否符合规定,办案人员的主体身份是否适格,并结合同步录音录像审查取证过程是否自然流畅,制作笔录、核对笔录时间是否合理等,从而查明言词证据的获取、固定等是否符合法律规定。对实物证据,其容易出现的合法性风险点则主要集中于证据形式、收集程序、方式、保管、鉴定等方面,那么在审查过程中也要重点围绕上述内容展开审查。

2. 还要注意根据案件中证据的不同情况有侧重性地展开对其合法性的审查。一是要注意根据证据本身的特殊情况来确定合法性审查的重点,如刑事证据的审查中,对于侦查初期的口供或前后陈述不一致的口供,对其合法性问题即应重点关注。二是对于当事人、辩护人、诉讼代理人等提出合法性异议的证据,应重点审查。三是对于定案关键证据,其合法性应重点审查。

典型案例评析

案例8-1 孙某均故意杀人案[50]——证据审查过程中应注意通过审查供证关系判断证据的真实性

被告人孙某均与被害人张某于2006年结婚,婚后二人常因经济问题发生矛盾。2012年1月25日左右,孙某均在家中,因张某向其要钱发生争执后,孙某均采用扼颈手段致张某死亡。之后,孙某均用丝袜绑住张某的手脚,将尸体放置家中阁楼里。数月后,孙某均将张某尸体用布包裹,再用金属丝捆扎后,运至慈溪市桥头镇一山上,掩埋在其家的杨梅树附近。2013年12月6日,孙某均归案后带领民警指认了掩埋张某尸体的地点,后民警在该处找到尸体。

一审法院宁波市中级人民法院认为,被告人孙某均故意非法剥夺他人生命,其行为已构成故意杀人罪。被告人孙某均犯罪情节恶劣、后果严重,应依法惩处。鉴于本案因家庭矛盾激化引发,孙某均归案后能如实供述自己的犯罪事实,以及审理期间其亲属积极代为赔偿被害人亲属部分经济损失等情节,对孙某均判处死刑,可不立即执行。法院以故意杀

〔50〕 参见聂昭伟:《供证关系在证据审查及事实认定中的价值分析》,载《人民司法》2015年第24期。

人罪，判处被告人孙某均死刑，缓期2年执行，剥夺政治权利终身。一审宣判后，被告人孙某均未提出上诉。浙江省高级人民法院依法核准以故意杀人罪判处被告人孙某均死刑，缓期2年执行，剥夺政治权利终身。

｜**评析**｜ 本案侦查机关发现被害人尸体时距其遇害已近两年，很多证据已经不可得，而且由于尸体被挖出来时已经高度腐败，被害人的死因亦无法查明，加之本案案发时没有目击证人，在案发现场也没有提取到有价值的血迹、斑迹等痕迹，这些都不利于案件事实的认定。然而，由于公安人员根据孙某均的供述找到了被害人的尸体，这种先供后证的情形既增强了有罪供述的真实性，也增加了案件中的客观性证据，完善了证据链条，对于本案事实的认定具有重要价值。有关全案证据具体分析的主要思路如下：

具体来说，第一，本案的破案经过自然。在被告人孙某均归案之前，公安机关在外围调查中发现，孙某均与张某关系不和，张某失踪前两人吵过架，孙某均还打过张某。民警在询问孙某均时，孙某均表示张某失踪后，其曾打过电话给张某，但张某手机都是关机的。民警发现，案发后孙某均的手机卡曾在张某的手机上使用，如果按照孙某均所说的那样，其曾给张某打过电话，那么其手机卡显然不可能插到张某的手机上，孙某均明显在说谎。民警遂将其列为重点怀疑对象，孙某均在再次接受询问时交代了杀害张某的犯罪事实，并带领民警在阴尖山自家杨梅树附近挖出了张某的尸体。上述侦破经过表明，公安机关尽管已经将孙某均列为重点怀疑对象，但并没有掌握证明其作案的有力证据，后根据孙某均的供述与指认，起获了张某尸体这一隐蔽性证据，属于典型的先供后证情形，对于本案事实的认定具有很大的价值。

第二，结合破案经过及相关录音录像，被告人口供真实性的可能性较高。一方面，从被告人孙某均最初交代罪行的审讯录像来看，其供述自然、连贯，不存在刑讯逼供、诱供情形，更重要的是，由于被害人尸体相关细节具有隐蔽性，民警之前不可能知道该细节，故也不存在诱供、逼供的前提。另一方面，从被害人尸体对案件事实的证明价值来看，该证据与案件事实直接关联，系认定案件事实的重要证据。

第三，被告人关于本案案发起因、案后表现的供述也能够得到在案其他证据的印证。其一，关于本案案发起因，被告人孙某均供称与张某关系不好，在案发前几天还吵过架，并打过张某。该供述能够得到众多证人证言的印证。其二，从案发后被告人孙某均的表现来看，多名证人反映其作案后不积极寻找张某，行为反常，特别是拒绝在阴尖山附近修路，也与其害怕尸体暴露的供述能够相印证。其三，被告人供称其掐死被害人之后，将尸体放置在阁楼上，数月后招来很多苍蝇，于是就把尸体埋掉了，民警根据这个供述细节，在阁楼上发现了很多蛆虫壳。

综上，被告人的供述与在案其他证据能够相互印证，并能排除逼供、诱供的可能性，故一、二审法院据此认定了被告人孙某均的犯罪事实。

本案的证据审查中，供证关系在审查判断证据方面发挥了重要作用。在审查有关证据的真实性、合法性时，要高度关注供证关系。具体来说，在先证后供的印证模式中，尽管被告人的供述与先前查获的物证、书证、证人证言等能够相印证，但由于其他证据形成在先，侦查人员事先已经掌握了相关证据情况，此后犯罪嫌疑人再供述的，对于供述的自愿性与真实性往往难以判断，故在这种模式中，犯罪嫌疑人相关供述内容的证明力通常较弱，对于认定案件事实的价值没有先供后证大。另外，在这类案件中，由于侦查人员根据在案证据事先已经锁定了作案人,一旦犯罪嫌疑人归案后拒不供认,个别侦查人员为突破口供,还有可能采取刑讯逼供等非法手段。综观近年来的刑事冤案错案,在公安人员已经发现案发现场及被害人尸体的情况下,被告人对现场勘查、尸体检验的供述往往与公安人员刑讯逼供、诱供有关,故仅凭被告人供述与现场勘验、检查笔录、尸体鉴定结论一致就认定被告人作案,往往并不可靠。因此,对于被告人的供述与现场勘验、检查笔录以及尸体检验情况相吻合,但其他直接客观性证据单薄的案件,如果是先证后供,且不能完全排除串供、逼供、诱供等可能性,在认定被告人有罪时要慎重,以避免错案的发生。

在先供后证的模式中,如果根据被告人供述或指认提取到了隐蔽性很强的证据,且其供述与在案其他证据能够互相印证,并排除了串供、逼供、诱供等可能性,则可以认定其有罪。先供后证系侦查机关在抓获犯罪嫌疑人后,根据其口供进一步取得其他物证、书证、证人证言等。如根据犯罪嫌疑人的供述或者在其指认下,侦查人员找到了被掩埋于地下、山洞、废弃矿井中的被害人尸体,找到了作案时所穿的沾有被害人血迹的衣物,作案后被其抛弃的作案工具(如尖刀、棍棒、石块),以及被害人的手机、银行卡、身份证等。较之先证后供模式,先供后证对于案件事实认定具有更大的价值。首先,这种模式对供述的证明力具有明显的补强功能,能够大大增强司法人员对供述真实性的内心确信。因为根据生活常理,如果案件非犯罪行为人本人所为,除非其听作案者转述(这属于极罕见的情形),否则不可能带领侦查人员找到被弃于隐蔽之处的作案工具、被害人尸体以及财物等证据。不仅如此,即便口供系在刑讯逼供、诱供等非法取证的情形下获得,如果犯罪嫌疑人未实施犯罪,也不可能供述出这些隐蔽性证据所处场所,故先供后证对于供述的真实性具有明显的补强作用。其次,在侦查人员事先并不掌握相关证据的情况下,犯罪嫌疑人供述了相关证据与案件情况,表明其与这些证据及案件事实之间存在某种直接关联。此外,根据犯罪嫌疑人供述收集到的物证、书证不仅增加了案件的证据总量,完善了证据链条,而且由于这些证据系客观性证据,证明力本身就很强,这也非常有利于案件事实的认定。司法实践表明,当侦查人员根据犯罪嫌疑人口供或者在其指认下找到的证据越隐蔽、越重要,就越能起到增强口供真实性的效果,并越有利于案件事实的认定。即使是在没有目击证人也缺乏指向性明确的直接客观性证据的案件中,先供后证情形仍然能够认定案件事实。对此,《办理死刑案件证据规定》第 18 条及《刑诉法解释》第 141 条均明确规定:"根据被告人的供述、指认提取到了隐蔽性很强的物证、书证,且被告人的供述与其他证明犯罪事实发生的证据相互印证,并排除串供、逼供、诱供等可能性的,可以认定被告人有罪。"

当然,尽管先供后证比先证后供更有利于事实认定,但仅仅是审查判断证据的内容之一,并非全部。在司法实践中,针对先供后证模式对案件事实的认定价值,我们要实事求是地进行客观评价,防止一发现隐蔽性证据就先入为主地认定有罪。归根到底,认定有罪的标准仍然是事实清楚,证据确实、充分,并排除合理怀疑。这就要求我们在考察供证关系之外,还需要审查证据本身的提取是否合乎规范,与案件事实的关联性大小,以及被告人供述是否系在非法情形下取得,供述的内容与其他证据能否印证等。一方面,即使是先供后证的案件,如果其他证据的提取不规范,也可能影响到定案。例如,根据被告人供述找到了作案工具(如尖刀、棍棒、石块)、被害人尸体或者财物,但没有制作提取笔录,就会导致物证的来源不清,进而影响其作为定案证据使用的资格,甚至可能导致最终无法定案。另一方面,还需要审查该证据与案件事实的关联性大小,及与其他证据能否印证。如在一起绑架案件中，公安机关根据被告人的交代，提取到了其为实施绑架勒索而购买的一只手机。该手机虽然属于隐蔽性证据，但由于在作案过程中并未使用过，与案件的关联性不强，无法证明案件的主要事实，故仍然不能将其作为认定案件事实的重要证据，不能据此定案。对此，《办理死刑案件证据规定》第18条及《刑诉法解释》第141条均强调，对于"根据被告人的供述、指认提取到了隐蔽性很强的物证、书证"的，还要求"其供述与其他证明犯罪事实发生的证据相互印证，并排除串供、逼供、诱供等可能性"，才"可以认定被告人有罪"。

案例8－2　康某良故意杀人案〔51〕：根据案件要件事实审查判断DNA鉴定意见的关联性

2010年9月4日凌晨，被告人康某良到本村村民徐某某（被害人，女，殁年41岁）家附近，发现徐某某家堂屋两间南侧窗户未关严，遂产生与徐某某发生性关系之念，便翻窗入室。徐某某被惊醒后从卧室出来，发现康某良后与之厮打，康某良用马扎（用绳子编制的木板凳）猛击徐某某头面部数下，又将徐某某推倒在地扼住颈部致徐死亡。经法医鉴定，徐某某系被他人用木质钝器打击头面部致重度颅脑损伤合并机械性窒息死亡。

亳州市中级人民法院认为，被告人康某良采用暴力手段剥夺徐某某的生命，其行为构成故意杀人罪。公诉机关指控罪名成立。对康某良提出其在侦查阶段的供述系刑讯逼供，徐某某不是其杀害的辩解及其辩护人无罪的辩护意见，经查，侦查机关同步录音录像及检察机关相关证明证实在侦查阶段公安机关未采取非法手段对康某良进行讯问，康某良的有罪供述与证人证言、马扎上检出康某良与徐某某混合DNA的鉴定意见、法医鉴定意见等证据相互印证，足以认定康某良故意杀害徐某某的犯罪事实，相关辩解及辩护意见与事实不符，不予采纳。一审以故意杀人罪判处康某良死刑，剥夺政治权利终身。宣判后，被告人康某良以受到刑讯逼供才在侦查阶段作出有罪供述，认定其作案证据不足为由，向安徽省高级人民法院提出上诉，请求宣告其无罪。

安徽省人民检察院出庭检察员认为，本案有充分证据证明被害人徐某某系他杀，对物证马扎上DNA的鉴定意见能够认定康某良接触过徐某某家的马扎，康某良在侦查机关和检察机关的有罪供述部分细节与在案证人证言印证。有一定证据证明康某良杀害徐某某的犯罪事实，但还有待进一步证明，建议二审法院在进一步查清事实的基础上依法作出公正裁决。经过发回重审，安徽省高级人民法院维持原判，并依法报请最高人民法院核准。

最高人民法院复核认为，第一审判决、第二审裁定认定被告人康某良犯故意杀人罪的事实不清，证据不足，裁定不核准康某良死刑，发回安徽省高级人民法院重新审判。最后，安徽省高级人民法院经审理认为，认定被告人康某良犯故意杀人罪的事实不清，证据不足，裁定撤销原判，宣告康某良无罪。

最高人民法院复核阶段对本案中的DNA鉴定意见，特别是其关联性进行了重点审查，并综合案件其他证据，认为不能依据该鉴定意见得出上述具有排他性的唯一结论，主要理由是：

1. 康某良家与徐某某家是对过邻居。徐家的马扎曾出借给其他邻居使用，马扎本身是能随意搬动之物，按照农村人经常搬动马扎或小凳随地而坐的生活习惯，难以全面彻底排

---

〔51〕参见中华人民共和国最高人民法院刑事审判第一、二、三、四、五庭主办：《刑事审判参考》（总第115集），法律出版社2019年版，第37页。

除作为邻居的康某良接触徐家马扎的可能性。

2. 康某良在审判阶段辩解称，案发前一两个月，其路过徐某某家门口，徐要把借他家的铁锹还给他，叫他在门口坐一会儿，他不知道当时坐的是不是涉案马扎。现有证据无法排除康某良当时曾接触该马扎的可能性。

3. 康某良的上述辩解与其在侦查阶段关于不知道徐某某家有马扎，更没接触过徐家马扎的供述相矛盾，但不能据此就认定其没有见过、接触过徐家马扎：一是接触马扎是生活中的小事，未留下深刻记忆也属正常；二是徐某某被发现遇害时，康某良也到场围观，知道马扎是作案凶器，因此其在侦查阶段声称自己从未见过、接触过徐家马扎，不排除基于避祸心理，对马扎避而远之，以免引火烧身。

4. 一审法院的两次咨询未针对康某良“在案发前一两个月曾接触过马扎”的辩解进行。在复核阶段，承办法官就涉案混合 DNA 能否检出先后附着的时间，以及接触 DNA 能在物体表面保存多久的问题进一步咨询了公安部出具该鉴定意见的鉴定人员，得到的答复是：保存时间取决于保存条件等因素，有的汗斑、唾液可以保存几个月甚至几年，他们曾从一枚烟头上检出嫌疑人几年前留下的唾液；康某良和徐某某先后接触马扎，也可能从马扎上检出该两人的混合 DNA，且检验不出附着的先后顺序。因此，DNA 鉴定意见仅仅表明康某良曾经接触过马扎，而不能从科学层面否定康某良有关案发前一两个月曾接触过马扎的辩解。故该鉴定意见与案件事实的关联性很弱。

5. 证据材料显示，可以确定案发后至少有三人接触过涉案马扎，而 DNA 鉴定却未检出该三人的 DNA，说明在马扎上未检出 DNA 并不代表未接触马扎。也就是说，如果另有真凶，虽然使用了马扎作案，也可能检不出其 DNA，这从另一方面说明该 DNA 鉴定意见对证明案件事实不具有排他性。综上，在马扎上检出康某良和徐某某的混合 DNA，只能表明康某良曾经接触过该马扎，不能得出康某良使用该马扎杀害徐某某的唯一结论。

｜评析｜ 本案是最高人民法院收回死刑复核权后，以事实不清、证据不足为由不予核准、发回重审，经重新审判，宣告无罪的指导性案例。本案涉及 DNA 证据的关联性和被告人翻供的审查认定问题。其中 DNA 鉴定意见在原审案件事实认定中发挥了重要作用。一般认为，DNA 鉴定意见在种属认定、同一认定中具有较强的证明力。尤其是故意杀人案件现场遗留的 DNA 信息，对查获、认定犯罪嫌疑人具有重要指引作用。但本案表明，DNA 鉴定意见必须指向案件的要件事实才具有证明价值，否则其不但无益于准确认定案件事实，甚至可能会误导案件事实。在 DNA 鉴定意见的审查认定中，一方面，要严格审查 DNA 鉴定意见对案件要件事实的证明力，即该份鉴定意见在证成或反驳案件事实上的关联性大小；另一方面，也应注重鉴定意见与其他证据之间有无矛盾、能否相互印证。

案例 8-3 孙某安诉北海天隆房地产开发有限公司商品房销售合同纠纷案[52]：鉴定人不具备司法鉴定职业资格，主体不合法，鉴定意见不应采信

上诉人孙某安、上诉人北海天隆房地产开发有限公司商品房销售合同纠纷案，均不服广西壮族自治区北海市银海区人民法院(2019)桂 0503 民初 1662 号民事判决，向北海市中级人民法院提起上诉。

---

〔52〕 参见广西北海市中级人民法院民事裁定书，(2021)桂 05 民终 1525 号。

北海市中级人民法院裁定认为，一审委托北京市国宏信艺术品鉴定中心广西分部对于案涉房屋的装修材质进行鉴定，同时委托国宏信价格评估集团有限公司南宁分公司对房屋的装修现状价值进行价格评估。对于装修材质鉴定结论报告即国宏信（鉴·广西）字2020第003号中署名人员分别为：审核人云某平，鉴定人陈某，鉴定人蔡某，其中只有云某平具备价格鉴定师职业资格，而陈某、蔡某是北京价格评估师协会的会员。对于案涉房屋装修现状价值评估报告即国宏信（桂·南宁）（评）字2020第001号，评估人员分别为：云某平、吴某良、邓某颜、黄某政，其中，云某平、吴某良二人具备价格鉴定师职业资格，而邓某颜、黄某政为北京价格评估师协会的会员。根据2020年《民诉证据规定》第32条第1、2款“人民法院准许鉴定申请的，应当组织双方当事人协商确定具备相应资格的鉴定人。当事人协商不成的，由人民法院指定。人民法院依职权委托鉴定的，可以在询问当事人的意见后，指定具备相应资格的鉴定人”，以及2015年人大常委会《司法鉴定管理决定》第4条“具备下列条件之一的人员，可以申请登记从事司法鉴定业务：（一）具有与所申请从事的司法鉴定业务相关的高级专业技术职称；（二）具有与所申请从事的司法鉴定业务相关的专业执业资格或者高等院校相关专业本科以上学历，从事相关工作五年以上；（三）具有与所申请从事的司法鉴定业务相关工作十年以上经历，具有较强的专业技能。因故意犯罪或者职务过失犯罪受过刑事处罚的，受过开除公职处分的，以及被撤销鉴定人登记的人员，不得从事司法鉴定业务”的规定，北京价格评估师协会是一个社团组织，不属于国家规定的具备司法鉴定资格的执业单位，其成员陈某、蔡某、邓某颜、黄某政均未经全国注册价格评估师管理行政主管部门考核颁发价格评估人员职业资格证书，不具备从事司法鉴定评估资质。一审出庭接受双方当事人及法庭质询的是邓某颜、蔡某，亦不是具备职业资格的鉴定人员。鉴定程序不合法，一审法院采信该鉴定结论作出的判决缺乏法律依据，应发回重审，由一审重新委托具有鉴定资质的机构及人员进行评估后再作出判决。

| **评析** | 证据合法性审查的一个重要方面是取证的主体是否符合法律规定，其中包括证据的制作主体是否合法，如出具鉴定意见的鉴定人是否具备法定的职业资格，就是审查鉴定意见的合法性时必须关注的一个问题。司法实践中，由于鉴定管理体制不够完善，存在一些不具备鉴定资质的人员出具鉴定意见的现象，尤其是如本案反映出的由有资质的鉴定人加上无资质的人员共同出具鉴定意见的做法较为常见，但像本案中出庭接受双方当事人及法庭质询的亦不是具备职业资格鉴定人员的并不多。在鉴定人不具备法定职业资质的情况下，本案一审法院采信鉴定意见无疑是错误的，二审法院裁定发回重审是正确的。需要指出的是，本案主要涉及的是鉴定主体不合法的问题，二审裁定认为系鉴定程序不合法，可能是从宽泛意义上将主体问题纳入程序问题考量，这种认定是值得商榷的。

主要文献著述

1. 刘静坤：《证据审查规则与分析方法：原理·规范·实例》，法律出版社2018年版。
2. 李勇：《刑事证据审查三步法则》（第2版），法律出版社2022年版。
3. 潘美玉等：《刑事证据审查手册》，法律出版社2021年版。
4. 曾庆鸿编著：《刑事证据审查实务指引》，中国政法大学出版社2022年版。
5. 刘玉民主编：《民事证据收集、举证、审查》，中国民主法制出版社2014年版。

第九章 言词证据的审查判断

第一节 犯罪嫌疑人、被告人供述和辩解的审查判断

犯罪嫌疑人、被告人供述和辩解是指，犯罪嫌疑人、被告人向侦查人员、检察人员和审判人员所作的陈述，也称为“口供”。从内容上看，口供包括供述、辩解和攀供三种情形。前两种口供是犯罪嫌疑人、被告人对自己犯罪行为的承认和否定，关涉到单一口供的审查认定；后一种口供是犯罪嫌疑人、被告人揭发同案共犯的行为，涉及共犯口供的审查判断。

与其他证据种类相比，犯罪嫌疑人、被告人的供述和辩解具有“两面性”。一方面，犯罪嫌疑人、被告人通常会直接参与案件事实，全面了解案发过程，由其形成的口供具有直接证明价值。例如，犯罪嫌疑人、被告人进行有罪供述时，其能够全面反映作案的动机、目的及详细过程，尤其是对于一些不易证明的主观事实、隐蔽性事实，如果无法获取有罪供述，会为案件事实的准确认定带来较大挑战。另一方面，受限于各种主客观因素，犯罪嫌疑人、被告人的供述和辩解又具有虚假性、不稳定性，需要予以重点审查。例如，犯罪嫌疑人、被告人会避重就轻、掩盖罪行、嫁祸他人、捏造事实。基于上述特征，在我国司法传统中，公安司法人员将收集、审查和认定口供作为办理刑事案件的重心，乃至形成了“口供中心主义”的侦办模式。为规范口供收集行为，确保口供真实性，我国《刑事诉讼法》及其相关司法解释规定了大量有关犯罪嫌疑人、被告人供述和辩解的收集、审查和认定规则，确立了审查认定口供的基本原则和判断方法。

一、犯罪嫌疑人、被告人供述和辩解审查判断的基本原则

为确保公安司法人员收集的犯罪嫌疑人、被告人供述和辩解具有合法性、真实性，以及尊重犯罪嫌疑人、被告人的基本人权和主体地位，我国《刑事诉讼法》规定了相应原则。

（一）“反对强迫自证其罪”原则

反对强迫自证其罪，是指在讯问犯罪嫌疑人、被告人时，严禁刑讯逼供和以威胁、引诱、欺骗以及其他非法方法收集证据，不得强迫其证实自己有罪。我国《刑事诉讼法》第52条规定：“……严禁刑讯逼供和以威胁、引诱、欺骗以及其他非法方法收集证据，不得强迫任何人证实自己有罪……”从文义可知，公安司法人员不得采用任何方式强迫犯罪嫌疑人、被告人作出有罪供述；如果采用肉刑或变相肉刑等方式，即使获取了真实的供述，也会排除该份证据。从反面解释可知，犯罪嫌疑人、被告人的供述必须具有自愿性。这既是为了体现尊重和保障犯罪嫌疑人、被告人的诉讼主体地位，也是为了确保供述的真实性，即只有在其知晓所控罪名及刑罚的情况下，自愿供述犯罪事实，方能确保案件事实的准确认定。如我国《刑事诉讼法》第15条规定，“犯罪嫌疑人、被告人自愿如实供述自己的罪行，承认指控的犯罪事实，愿意接受处罚的，可以依法从宽处理”。这里的“自愿如实供

述”“承认指控的犯罪事实”均在强化口供自愿性的重要性。进言之,供述自愿性是反对强迫自证其罪原则的应有之义。因此,“反对强迫自证其罪”原则要求,审查判断犯罪嫌疑人、被告人的供述和辩解时,要注重是否存在供述的“强迫”或“非自愿”情形。

案例1　赵某海“故意杀人案”[1]

1998年2月15日,商丘市柘城县老王集乡赵楼村赵某晌的侄子赵某亮到公安机关报案,称其叔父赵某晌已失踪4个多月,怀疑被同村的赵某海杀害,公安机关当年进行了相关调查。1999年5月8日,赵楼村在挖井时发现一具高度腐烂的无头、膝关节以下缺失的无名尸体,公安机关遂把赵某海作为重大嫌疑人于5月9日刑拘。5月10日至6月18日,赵某海作了9次有罪供述。2002年10月22日,商丘市人民检察院以被告人赵某海犯故意杀人罪向商丘市中级人民法院提起公诉。2002年12月5日商丘市中级人民法院作出一审判决,以故意杀人罪判处被告人赵某海死刑,缓期2年执行,剥夺政治权利终身。河南省高级人民法院经复核,于2003年2月13日作出裁定,核准商丘市中级人民法院上述判决。2010年4月30日,赵某晌回到赵楼村,经公安司法人员调查,以及近亲属的确认,赵某晌是本案的被害人。5月5日下午,河南省高级人民法院听取了商丘市中级人民法院汇报后,决定启动再审程序,最终宣告赵某海无罪。事后发现,认定赵某海有罪的9次供述均为刑讯逼供所得,不具有任何证明价值。

(二)“重证据、重调查研究、不轻信口供”原则

我国《刑事诉讼法》第55条第1款第1句规定,“对一切案件的判处都要重证据,重调查研究,不轻信口供”。其中,“‘重证据’是指要重视一切证据,也就是以事实为根据。‘不轻信口供’是指不能不经核实,不经与其他证据相互印证,就轻易相信口供”[2]。本原则既是对我国刑事司法经验的总结,也是对“无供不录案”“由供到证”等传统办案模式的反思。从立法层面限制公安司法人员对口供的畸重确有必要,毕竟刑事案件既关涉犯罪嫌疑人、被告人的基本权利,又涉及其刑事责任,由其提供证据的证明力判断极为复杂。与此同时,公安机关有时为追求办案效率,过度依赖甚至力求口供,可能会采用刑讯逼供等非法方式取证,口供的真实性更无法保证。故此,“重证据、重调查研究、不轻信口供”是指导公安司法人员收集取证的原则,更是综合审查判断案件证据的方法。

(三)“只有被告人供述,没有其他证据的,不能认定被告人有罪”原则

我国《刑事诉讼法》第55条第1款规定,“……只有被告人供述,没有其他证据的,不能认定被告人有罪和处以刑罚;没有被告人供述,证据确实、充分的,可以认定被告人有罪和处以刑罚”。本原则是对“重证据、重调查研究、不轻信口供”原则的具体化,也是审查判断口供证明力的指导原则。“只有被告人供述,没有其他证据的,不能认定被告人有罪和处以刑罚”一方面表明,公安司法人员在审查判断口供时,需遵循“孤证不能定案法则”;另一方面,体现了口供运用中的补强规则。这体现了立法者对口供证明力的审慎态度,要求公安司法机关在收集、审查和认定口供时,必须要同时注重收集其他非口供证据,以补强口供证据的证明力。例如,在运输毒品犯罪等隐蔽性案件中,如果涉案证据仅有犯罪嫌疑人的供述,则无法直接证明案件事实,仍需收集其他证据,以补强口供。此外,“没

---

[1] 参见胡云腾主编:《宣告无罪实务指南与案例精析》,法律出版社2014年版,第175-178页。
[2] 胡康生、李福成主编:《〈中华人民共和国刑事诉讼法〉释义》,法律出版社1996年版,第56页。

有被告人供述,证据确实、充分的,可以认定被告人有罪和处以刑罚”表明,被告人供述并不是开展侦查、审查起诉和审判活动的必要条件。案件现有证据只要达到了“证据确实、充分”的法定证明标准时,即可认定案件事实。

案例2　郑某田、傅某抢劫案[3]

广东省深圳市人民检察院以被告人郑某田、傅某于2007年实施抢劫,向深圳市中级人民法院提起公诉。该案被告人傅某不认罪,其辩护人亦提出,公诉机关指控的事实不清、证据不足,傅某不构成抢劫罪。经过一审、二审及死刑复核程序,法院认定被告人郑某田犯抢劫罪,判处死刑,缓期2年执行,剥夺政治权利终身,并处没收个人全部财产;被告人傅某无罪。该案难点在于傅某有较大作案嫌疑,但认定其构成抢劫罪的证据单一,其有罪供述证明力较低。

法院认为,通过上述分析,证实被告人傅某参与作案的证据仅有其先前的有罪供述及被告人郑某田的当庭指证,此外再无任何证据证实其有罪。由于被告人供述的自愿性难以准确判定,在没有其他证据支撑的情况下不能仅凭口供定罪。在主要依靠被告人供述等言词证据定案的情况下,应重点审查被告人的有罪供述是否稳定,其供述的作案细节与同案被告人的供述能否印证(特别是必须亲临现场才能感知的细节),是否根据被告人的有罪供述延伸收集到其他可印证的证据。本案中傅某的有罪供述前后不一且当庭翻供,之前的有罪供述与郑某田的供述及其他证据存在多处矛盾,其供述中没有现场感知的个性化细节能与郑某田的供述相印证。公安机关也未能根据傅某的供述延伸收集到其他可印证其有罪供述的证据,如未找到被其扔弃的手表,在其“作案”时所穿衣物上未检测出被害人血迹,未调查其“作案”后回厂时间及衣着等。认定傅某有罪的证据不符合“证据与证据之间、证据与案件事实之间不存在矛盾或者矛盾得以合理排除”的要求,其有罪供述及郑某田指证其参与作案的供述的真实性本身也存在疑问。同时,对傅某提出的没有作案时间的辩解,公安机关也未能找到陈某(当晚与傅某一起上网)和网吧核实相关情况,无法排除傅某没有作案时间的可能。因此,认定傅某犯抢劫罪的证据不足,无法排除合理怀疑,不能认定傅某有罪。

二、犯罪嫌疑人、被告人供述和辩解审查判断的内容与方法

(一)犯罪嫌疑人、被告人供述和辩解的合法性

在刑事案件中,公安司法人员必须通过法定的讯问程序,收集犯罪嫌疑人、被告人的供述和辩解。如果讯问程序违反了《刑事诉讼法》及其相关司法解释的规定,则有可能导致该份证据被排除或无法作为定案的根据。因此,要着重审查判断犯罪嫌疑人、被告人供述和辩解的合法性。这里的“合法性”包括两种情形:一种是违反了法定取证要求的不合法证据。此时,需要根据最高法《刑诉法解释》等规定予以审查。另一种是侵犯公民宪法性权利所获取的非法口供,须结合《刑事诉讼法》第56条规定的非法证据排除规则予以审查。根据最高法《刑诉法解释》第93条的规定,讯问程序的合法性审查应从以下方面展开:

1. 审查讯问的时间、地点,讯问人的身份、人数以及讯问方式等是否符合法律有关规定。讯问工作是一项侦查取证措施,必须严格遵循法定的主体、地点、时间和方式。

---

〔3〕参见中华人民共和国最高人民法院刑事审判第一、二、三、四、五庭主办:《刑事审判参考》(2012年第3集,总第86集),法律出版社2013年版,第48-54页。

(1)就讯问主体的资格和人数而言,根据《刑事诉讼法》第118条第1款的规定:“讯问犯罪嫌疑人必须由人民检察院或者公安机关的侦查人员负责进行。讯问的时候,侦查人员不得少于二人。”实践中,主要结合讯问笔录和讯问录音录像,审查判断讯问主体是否为法定侦查人员、是否符合讯问人数要求。例如,有的讯问笔录缺乏讯问人签字,或找警务辅助人代签字;有的笔录表明同一讯问人在同一时间、同一地点讯问不同的犯罪嫌疑人。诸如此类证据瑕疵,均须讯问人员作出合理解释。(2)就讯问地点而言,需要结合案件和嫌疑人的具体情况进行判断。犯罪嫌疑人已被适用拘留、逮捕措施,则应当在看守所讯问。若需要犯罪嫌疑人交代犯罪证据和赃款赃物藏匿地,有必要提审犯罪嫌疑人离开看守所接受讯问的,需要重点审查提审讯问的理由和相关情况。对不需要拘留、逮捕的犯罪嫌疑人,可以传唤到犯罪嫌疑人所在市、县内的公安机关执法办案场所的讯问室进行。此外,根据2020年公安部《刑事案件程序规定》第198条的规定,公安机关在特定情形下,还可以在现场、住处或就诊的医疗机构和行政拘留等执行场所展开讯问。(3)就讯问时间而言,对于已经拘留、逮捕的犯罪嫌疑人,侦查人员开展羁押讯问通常没有时间限制。对于尚未拘留、逮捕的犯罪嫌疑人,侦查人员可以采用传唤、拘传等方式进行讯问,最长不得超过12小时;案情特别重大复杂,需要采取拘留、逮捕措施的,传唤、拘传持续时间不得超过24小时。为保障犯罪嫌疑人的合法权利,不得连续传唤、拘传或变相拘禁,需要保证犯罪嫌疑人必要的饮食和休息。对此,应重点审查讯问笔录的起止时间,以及前后羁押讯问的间隔时间。

2. 审查讯问笔录的制作、修改是否符合法律有关规定,是否注明讯问的具体起止时间和地点,首次讯问时是否告知被告人有关权利和法律规定,被告人是否核对确认。讯问笔录是记载犯罪嫌疑人、被告人供述和辩解的书面材料,承载着案件的实体事实和程序事实;前者关涉到证据的关联性、真实性,后者体现证据收集的合法性。因此,需要根据讯问笔录记载的程序性信息审查讯问的时间、地点、权利告知、确认核实等信息。例如,公安部《刑事案件程序规定》第206条规定:“讯问笔录应当交犯罪嫌疑人核对;对于没有阅读能力的,应当向他宣读。如果记录有遗漏或者差错,应当允许犯罪嫌疑人补充或者更正,并捺指印。笔录经犯罪嫌疑人核对无误后,应当由其在笔录上逐页签名、捺指印,并在末页写明‘以上笔录我看过(或向我宣读过),和我说的相符’。拒绝签名、捺指印的,侦查人员应当在笔录上注明。讯问笔录上所列项目,应当按照规定填写齐全。侦查人员、翻译人员应当在讯问笔录上签名。”按照该条规定,讯问笔录必须全面客观记载犯罪嫌疑人的供述和辩解,并由其签字确认,否则无法确认该份笔录的效力。又如,《刑事诉讼法》第120条第2款规定:“侦查人员在讯问犯罪嫌疑人的时候,应当告知犯罪嫌疑人享有的诉讼权利,如实供述自己罪行可以从宽处理和认罪认罚的法律规定。”为确保侦查人员在首次讯问时,告知了犯罪嫌疑人享有的诉讼权利,必须审查讯问笔录中相关表述或权利义务告知书。此外,讯问犯罪嫌疑人,记录讯问笔录的同时,还可以对讯问过程进行录音录像,强化讯问笔录的证明力。

讯问笔录不符合法定程序并不必然导致该份证据无法作为定案的根据。只要不合法讯问行为并未实质影响到该份证据的真实性,具有补正或者合理解释的可能,即可进行瑕疵补救。此时,需要审查讯问笔录的补正或者合理解释是否有效。根据最高法《刑诉法解释》第95条的规定,“讯问笔录有下列瑕疵,经补正或者作出合理解释的,可以采用;不能补正或者作出合理解释的，不得作为定案的根据：（一）讯问笔录填写的讯问时间、讯问地点、讯问人、记录人、法定代理人等有误或者存在矛盾的；（二）讯问人没有签名的；（三）首次讯问笔录没有记录告知被讯问人有关权利和法律规定的"。对上述瑕疵的补正或者合理解释，需要进行如下审查：（1）上述口供瑕疵只影响讯问笔录的形式要件，并未在实质上影响被告人供述的真实性。（2）具有补正的可能性。例如，缺乏一名侦查人员的签字。补正信息与原始讯问行为具有相关性，不能随意找人代签。（3）如果无法补正瑕疵，则须合理解释证据瑕疵。例如，在特定地点、紧急情况下的讯问，如果未能及时告知犯罪嫌疑人相关权利和法律规定，也无法补正，则允许进行合理解释。与之相对，如果办案人员无法补正或作出合理解释，不能确保讯问笔录的合法性和真实性，则应排除该份讯问笔录。

案例3　陈某昊故意杀人案〔4〕

陈某昊被指控用手捂住被害人其前女友张某璐的口鼻并将其按倒在床上，致被害人张某璐窒息死亡。一审被判处死刑，缓期2年执行，剥夺政治权利终身。宣判后，陈某昊以原判认定事实不清、侦查阶段遭到刑讯逼供、侦查机关存在证据造假等问题，其没有实施杀人行为为由提出上诉。

广东省高级人民法院审理认为，针对本案多项证据的证据能力及证明力存在问题，在庭前依职权要求侦查机关进行补充侦查，最终仍无法完善证据，而在随后的法庭审理中依法排除了多项非法证据。其中包括：陈某昊入所后一周身体状况跟踪表上有关陈某昊署名的真伪，侦查机关的鉴定部门已作了检验鉴定，得出了7份陈某昊的署名均为伪造的意见。两份相隔一个月零五天的笔录记录文字高度雷同，显示出侦查人员讯问方式违反相关的程序规定，存在明显的指事问供迹象，该迹象与陈某昊提出侦查人员教其供述杀人方法和写好了笔录让其签名的控告内容相吻合。而该侦查人员非但未能对此作出合理解释，其庭上的证词及作证表现反而加深了合议庭成员对讯问笔录合法性的疑虑等。本案未被排除的证据已达不到认定上诉人陈某昊构成犯罪的确实、充分的证明标准，无法排除合理怀疑，无法得出陈某昊实施杀害张某璐犯罪行为的唯一性结论。原判认定上诉人陈某昊犯故意杀人罪的事实不清、证据不足，原公诉机关指控上诉人陈某昊的犯罪不能成立。遂改判陈某昊无罪。

本案侦查人员在7份身体状况跟踪表上伪造陈某昊署名的做法，虽然不是讯问笔录的署名，但直接影响了法官对于讯问笔录合法性的判断。而两份相隔一个月零五天的笔录记录文字高度雷同与陈某昊提出侦查人员教其供述杀人方法和写好了笔录让其签名的控告内容相吻合，这种讯问笔录虽然是陈某昊签名，但由于不具备真实性，且存在指供的非法讯问问题，所以该两份讯问笔录均未被采信。

3. 审查讯问在场人员是否符合法律规定。我国刑事诉讼法为保护未成年人的合理权益，要求讯问未成年人时，需要通知其法定代理人或合适成年人在场。我国《刑事诉讼法》第281条规定："对于未成年人刑事案件，在讯问和审判的时候，应当通知未成年犯罪嫌疑人、被告人的法定代理人到场。无法通知、法定代理人不能到场或者法定代理人是共犯的，也可以通知未成年犯罪嫌疑人、被告人的其他成年亲属，所在学校、单位、居住地基

〔4〕 参见广东省高级人民法院刑事判决书，（2014）粤高法刑一终字第351号。

层组织或者未成年人保护组织的代表到场,并将有关情况记录在案……”也就是说,在讯问未成年犯罪嫌疑人、被告人时,必须要有法定代理人和其他合适成年人在场。实践中,需要审查讯问笔录是否有法定人员在场,以及在场人员是否符合法律要求。例如,讯问女性未成年被告人时,需要女性工作人员在场。若上述人员未能到场或到场后不符合法律要求的,应当作出合理解释;无法作出合理解释的,则讯问笔录不能作为定案的根据。

4. 审查取证的方法是否合法,是否存在“刑讯逼供”等非法取证行为。从学理上看,不符合法定程序的讯问并不等于非法证据。只有侦查机关的讯问行为侵犯到犯罪嫌疑人的宪法性权利时,才会启动非法证据排除程序,决定排除该份非法供述。从我国《刑事诉讼法》的规定可知,需要排除的非法供述有特定范围。《刑事诉讼法》第 52 条规定:“……严禁刑讯逼供和以威胁、引诱、欺骗以及其他非法方法收集证据,不得强迫任何人证实自己有罪……”《刑事诉讼法》第 56 条规定:“采用刑讯逼供等非法方法收集的犯罪嫌疑人、被告人供述和采用暴力、威胁等非法方法收集的证人证言、被害人陈述,应当予以排除……”根据上述规定可知,只要能够证明侦查人员采用了刑讯逼供等非法方法,收集了犯罪嫌疑人、被告人的供述,就应当排除该份证据。但由于立法表述不明确,在我国司法实践中,对如何认定“刑讯逼供等非法方法”,以及如何启动非法证据排除程序聚讼不断。为有效激活非法证据排除规则,减少冤假错案,威慑违法取证,相关部门相继出台了多部司法解释。刑讯逼供、冻饿晒烤等显性的非法讯问已大幅减少,但疲劳审讯、变相肉刑等隐性非法讯问尚未完全消除。对此,需要结合非法证据排除规则,综合审查讯问笔录、录音录像、入所体检表、同案犯供述等内容。

2017 年两院三部《严格排除非法证据规定》进一步明确了非法证据排除的范围,也为审查判断非法证据提供了法律指引。其内容包括以下方面:

(1)刑讯逼供的认定。我国《刑事诉讼法》仅象征性规定严格禁止“刑讯逼供”,但并未明确何种行为属于刑讯逼供。两院三部《严格排除非法证据规定》第 2 条规定:“采取殴打、违法使用戒具等暴力方法或者变相肉刑的恶劣手段,使犯罪嫌疑人、被告人遭受难以忍受的痛苦而违背意愿作出的供述,应当予以排除。”据此,刑讯逼供除包括殴打、暴力等肉刑外,还包括故意采取冻、饿、晒、烤、疲劳讯问等变相肉刑的恶劣手段。当前司法实践中,显性的刑讯逼供行为较为少见,但变相肉刑等非法讯问行为依然存在,且手段方法更为隐蔽。在个案中,需要注意本案是否有线索或证据材料证明变相肉刑存在,以及侦查行为是否让犯罪嫌疑人、被告人遭受难以忍受的痛苦。特别提出的是在实践中,诸如监视居住期间没有足够的食物〔5〕、背后佩戴戒具〔6〕等均被法院认定为遭受难以忍受的痛苦。在认定疲劳审讯时,既要审查讯问笔录记载的时间,也要犯罪嫌疑人、被告人提供讯问主体、时间、场所等线索信息。

(2)威胁的认定。威胁是对犯罪嫌疑人、被告人进行的精神强迫,是刑事诉讼法明确禁止的方式。两院三部《严格排除非法证据规定》第 3 条规定:“采用以暴力或者严重损害本人及其近亲属合法权益等进行威胁的方法,使犯罪嫌疑人、被告人遭受难以忍受的痛苦而违背意愿作出的供述,应当予以排除。”无论是针对本人的暴力威胁还是以损害合法

〔5〕 参见浙江省台州市路桥区人民法院刑事判决书,(2019)浙 1004 刑初 381 号。
〔6〕 参见河南省新郑市人民法院刑事判决书,(2020)豫 0184 刑初 446 号。

权威进行的威胁都难以收集到直接、固定的客观线索或证据材料,而且这种威胁是否对犯罪嫌疑人、被告人造成了难以忍受的痛苦也存在证明难题。例如,在郑某文贪污、受贿、滥用职权案中,法院认为,李某平交代的行贿细节与被告人郑某文的供述存在不吻合之处,且郑某文当庭否认受贿,提出侦查办案人员以取保候审相利诱和以抓捕其子女相威胁获取其有罪供述,公诉机关未能提出有罪供述系合法取得的相关证据,故相关有罪供述依法应当排除。之所以认定本案"威胁"属于非法证据,是因为郑某文被讯问时已退休近10年、年近70岁,因个人的原因导致女儿、女婿(公职人员)被检察机关"抓起来",这对其心理必然起到强烈的胁迫作用,迫使他为保住一家老小的平安,选择作出牺牲,违背意愿作出有罪供述。这种以针对被告人本人及其亲属的重大不利相威胁,若产生的精神强制效力达到了严重程度,极大可能导致被告人精神痛苦并违背意志进行供述。[7]

(3)引诱、欺骗的认定。两院三部《严格排除非法证据规定》并未细化"引诱、欺骗"的具体认定方法,因为两种方式与合法审讯行为界限极为模糊。当然,这并不意味着司法实践中不存在"引诱、欺骗"的非法取证行为。这类更为隐蔽且与审讯策略界限模糊的行为反而需要予以审慎对待。例如,在郑某文贪污、受贿、滥用职权案中,郑某文辩解其之所以供认受贿的事实,除受到"女儿、女婿被检察机关抓起来"威胁的影响外,还因为侦查人员承诺其供认受贿的事实后对其取保候审,即侦查人员同时以取保候审对郑某文进行引诱。郑某文所作辩解有讯问笔录等材料相印证。这种引诱与威胁相配合的方法在一定程度上加强了胁迫的作用,使被告人精神上遭受极大痛苦。由于引诱、欺骗的方法不会对犯罪嫌疑人、被告人造成肉体痛苦,而是造成精神痛苦,因此,审查认定引诱、欺骗非法取证行为时,需要根据犯罪嫌疑人、被告人个体情况,结合案件事实,以是否遭受难以忍受的精神上的痛苦作为主要判断标准。此外,实践中要注意严格区分诱供和指供的界限,指供是绝对禁止的非法取证方法,诱供应当根据引诱的具体方法来作出是否非法取证的认定。[8]

(4)非法限制人身自由方法的认定。两院三部《严格排除非法证据规定》第4条指出:"采用非法拘禁等非法限制人身自由的方法收集的犯罪嫌疑人、被告人供述,应当予以排除。"非法限定人身自由的方法通常也会违反《刑事诉讼法》及其相关司法解释有关强制措施的规定,具体表现为非法定程序拘禁、超期羁押。

(5)重复性供述的认定。两院三部《严格排除非法证据规定》第5条规定:"采用刑讯逼供方法使犯罪嫌疑人、被告人作出供述,之后犯罪嫌疑人、被告人受该刑讯逼供行为影响而作出的与该供述相同的重复性供述,应当一并排除……"据此可知,我国立法对重复性供述采用区别对待规则,若认定后续供述属于受刑讯逼供影响的相同供述时,应当排除该证据。根据两院三部《严格排除非法证据规定》规定,如果出现以下两种例外情形时,则可以采纳重复性供述。一是主体变更的例外。侦查期间,如果侦查机关确认或者不能排除以非法方法收集证据而更换侦查人员,其他侦查人员再次讯问时告知诉讼权利和认罪的法律后果,犯罪嫌疑人自愿供述的,之后收集的重复性供述可以作为证据使用。二是诉讼阶段变更的例外。审查逮捕、审查起诉和审判期间,检察人员、审判人员讯问时告知

---

〔7〕 参见中华人民共和国最高人民法院刑事审判第一、二、三、四、五庭编:《刑事审判参考》(总第106集),法律出版社2017年版,第30页。

〔8〕 关于"威胁""引诱""欺骗"的具体把握和认定,参见本书第八章第四节的相关论述。

诉讼权利和认罪的法律后果,犯罪嫌疑人、被告人自愿供述的,有关供述可以作为证据使用。

(6)其他非法方法的认定。虽然对于何为非法获取口供中的"其他非法方法",法律没有明确规定。一般认为,"其他非法方法"应当和"刑讯逼供""威胁"等非法取证方法具有"同质性",即虽然法律没有明文规定,但如果采取足以使犯罪嫌疑人、被告人遭受剧烈痛苦或者丧失意志自由而违背意愿作出供述的方法,达到和刑讯逼供等非法方法同样程度的,应当认定为以"其他非法方法"收集证据,所获取的口供应当予以排除。例如,实践中存在个别侦查人员采取给犯罪嫌疑人服用致幻类药片或者注射"诚实剂"的方法获取口供的做法就属于以其他非法方法收集的证据,所获取的口供应当作为非法证据予以排除。

案例4　刘某鹏、罗某全贩卖毒品案〔9〕

法院经审理认定,被告人刘某鹏贩卖冰毒469.72克,被告人罗某全贩卖冰毒464.84克,其行为均构成贩卖毒品罪,且系共同犯罪。公诉机关指控的事实及罪名成立。但是,公诉机关出示刘某鹏在侦查阶段的有罪供述及录音录像资料不能作为定案根据。法院认为本案存在"不能排除以非法方法收集证据"的情形。

司法实践中,对于言词证据非法取证的具体认定方法如下:

第一,从取证人员、时间、地点、方式、内容入手进行判断。取证人员、时间、地点、方式、内容是判断言词证据取得是否合法的重要线索,也是被告人讯问笔录中必须写明的内容,更是审查证据合法性的关键所在。对于取证人员是异地公安人员的,如被告人是因为被网上追逃而被异地公安机关抓获,异地公安机关在不负责侦办案件的情况下第一次讯问被告人的,通常可以排除公安机关采取了非法方法;反之则应当予以注意。对于讯问时间异常,如讯问持续时间长而笔录内容简短、讯问在深夜进行等情形应当予以注意。对于讯问地点在法定羁押场所之外的,如有罪供述在刑侦大队、提出看守所外期间作出,应当予以注意。对于讯问笔录中供述细节与其他证据具有不寻常的高度吻合,或者细节在侦查人员的提示下由不吻合到吻合等情形应当予以注意。对于被告人翻供比较突兀,前后供述无理由出现截然不同的情形应当予以注意。对于以上情形,应当结合被告人提出被刑讯逼供的具体线索,审查被告人翻供的时间和前后供述的变化内容,进行综合认定,判断被告人供述是否属于非法证据。

第二,对重大案件,应当结合同步录音录像进行判断。《刑事诉讼法》第123条规定:"……对于可能判处无期徒刑、死刑的案件或者其他重大犯罪案件,应当对讯问过程进行录音或者录像。录音或者录像应当全程进行,保持完整性。"由于设备、技术以及侦查人员的记录习惯等,要求录音录像与讯问笔录完全一致并不现实,但是如果录音录像存在剪辑、关键问题处不清晰或者与讯问笔录存在出入的地方应当予以注意,特别是讯问笔录记载与录音录像显示的时间长短、内容繁简等明显不符的,应当结合其他证据进行认真审查。

---

〔9〕 参见中华人民共和国最高人民法院刑事审判第一、二、三、四、五庭主办:《刑事审判参考》(总第92集),法律出版社2014年版,第87－93页。

需要说明的是,证据收集合法性的证明标准与刑事案件的定罪标准在本质上是一致的,需要达到"证据确实、充分"的证明标准。如果无法提供确实、充分的证据证明取证的合法性,如对于重大犯罪案件,侦查机关未进行全程同步录音录像,讯问又未按照法律规定在看守所内进行,且没有其他证据能够证明讯问的合法性,此种情况就属于"不能排除以非法方法收集证据情形"。

(二)犯罪嫌疑人、被告人供述和辩解的真实性

在我国刑事诉讼法律规范中,存在因不合法而影响到证据客观真实性判断的情形。这类情形的立法表达通常为"不得作为定案的根据"。最高法《刑诉法解释》第94条规定了因不合法导致证据不真实的情形。第94条规定:"被告人供述具有下列情形之一的,不得作为定案的根据:(一)讯问笔录没有经被告人核对确认的;(二)讯问聋、哑人,应当提供通晓聋、哑手势的人员而未提供的;(三)讯问不通晓当地通用语言、文字的被告人,应当提供翻译人员而未提供的;(四)讯问未成年人,其法定代理人或者合适成年人不在场的。"如果讯问笔录存在上述情形,则会因为缺乏法定程序要件,导致该份证据的真实性存疑,最终无法作为定案的根据。例如,未经被告人签字、捺手印的笔录,无法确保其内容真实。又如,在讯问特殊类型的被告人时,若无法为其提供通晓聋哑手势的人员、翻译人员,则无法确保供述的真实性。对此,需要根据法律规定,先审查判断该份证据的规范性,进而决定是否采纳该份证据。由于立法并未赋予此类口供补正或合理解释的机会,因而需要审慎判断此类口供。

(三)犯罪嫌疑人、被告人供述和辩解的合理性

犯罪嫌疑人、被告人供述和辩解的合理性是对犯罪嫌疑人、被告人供述和辩解内容真实性、可靠性的实质判断。最高法《刑诉法解释》第93条第1款第8项指出,被告人的辩解内容是否符合案情和常理,有无矛盾。尽管第93条第1款第8项主要针对"被告人的辩解",但从第93条规定的审查判断口供的顺序可知,口供审查应从形式要件走向实质要件。无论是犯罪嫌疑人的供述还是辩解,均应注重内容的合理性。首先,要判断口供是否符合案情,是否与案情存在矛盾。此时,需要严格遵循口供补强规则,有效应用口供印证规则。也就是说,如果案件只有口供,则不能将其作为定案根据。口供具有主观性、不稳定性,需要结合案件其他证据进行综合判断,遵循相互印证规则。口供只要与其他案件能够有效印证,且不存在矛盾,即可认定其符合案件基本事实。通常而言,与其他言词证据相对,实物证据对口供的印证功能更为有效。如讯问时录音录像能够有效补强口供证明力。

其次,判断口供是否符合常理,有无矛盾。所谓"常理",包括常识、常情和常理三个方面,更多是从经验法则和逻辑法则判断口供的证明力。例如,在沈某某等寻衅滋事案中,关于被告人是否殴打黄某的事实,不能仅依靠单独且反复的口供,还需根据案情和常识进行判断。作为劝架人员,黄某与双方并无争执,若认定其伤势为被告人一方所为,不符合常情常理。

案例5　沈某某、杨某某寻衅滋事罪[10]

2014年11月28日晚，被告人沈某某、杨某某等数人相约在本市徐汇区华山路×号×歌城饮酒唱歌。其间，沈某某饮酒后在该歌城洗手间门口与陈某发生冲突进而互相扭打，随后双方发生多次争执。姚某某、沈某某等人对华某某拳打脚踢并打伤前来劝架的被害人黄某。涉案多名参与殴打的人员构成寻衅滋事罪，其中关于黄某的损伤，法院认为，根据现有证据表明，虽黄某的伤系在本次纠纷中造成，但是否系被告人故意或过失造成仅有黄某前后不一致的指证，无其他旁证佐证，而本案绝大多数被告人均未目睹或供述曾殴打过黄某，仅姚某某供述目睹黄某系被华某某误伤，故在不能排除该供述合理性的前提下，公诉机关指控的该节事实证据尚不充分，不能认定黄某伤势系被告人一方造成。

（四）翻供的审查

翻供是犯罪嫌疑人、被告人供述和辩解出现反复的情况，其在司法实践中较为常见。翻供的原因较为复杂，既包括犯罪嫌疑人、被告人的恶意串供、记忆减退、表达习惯等内在因素，也存在因刑讯逼供、受到威胁利诱等外在因素。根据翻供与案件真实之间的关系，可将其分为据实翻供和不实翻供两种类型。据实翻供能够促进公安司法机关发现证据与证据、证据与案件事实之间的矛盾，进而有助于准确认定案件事实；不实翻供会耗费大量司法资源，但若能揭穿虚假供述，也会促使案件达到证据确实、充分的程度。德国证据法学家密特麦尔对翻供现象作出了类似区分，其按先前口供的性质将“翻供”分为两种情形：一是先前口供完整、有效，符合定罪标准，但被告此后又予以推翻的；二是先前口供原本存有缺陷。[11] 因此，要正视翻供原因的多样性和翻供现象的普遍性，从据实翻供和不实翻供两种角度，综合审查判断翻供的原因、动机、时机、内容及方式。

根据最高法《刑诉法解释》第96条的规定，应结合控辩双方提供的所有证据以及被告人的全部供述和辩解，从以下三个方面审查判断翻供的情形：(1)被告人庭审中翻供，但不能合理说明翻供原因或者其辩解与全案证据矛盾，而且庭前供述与其他证据相互印证的，可以采信其庭前供述。被告人在庭审翻供时，需要承担证明其翻供的合理性责任，否则将减损翻供的证明力。例如，在郭某儒等人贩卖毒品案中，检察人员通过调查核实发现，被告人吴某林翻供的原因与案件证据矛盾，且足以证实其虚假翻供的事实，纠正了原审的错误认定。由于我国尚未确立传闻证据规则，庭审供述与庭前供述存在不一致时，庭前供述并不当然无效。此时，需要根据庭前笔录证据与其他证据的印证关系，决定庭前供述的证明力。(2)被告人在庭前供述和辩解反复，但庭审中供认，且与其他证据相互印证的，可以采信其庭审供述。例如，某盗窃案中，被告人在第一次开庭时因父母在场旁听，不忍刺激父母，而否认了犯罪事实，当管教做其工作、向其说明自首的成立条件后，在第二次开庭时能够如实说明情况，并能与其他同案犯、证人相互印证，对其有罪供述可以采信。[12] (3)被告人在庭前供述和辩解反复，庭审中不供认，且无其他证据与庭前供述印证的，不得采信其庭前供述。

---

〔10〕 参见上海市徐汇区人民法院刑事判决书，(2015)徐刑初字第1183号。
〔11〕 参见施鹏鹏：《跨时代的智者——密特麦尔证据法学思想述评》，载《政法论坛》2015年第5期。
〔12〕 参见杨迎泽、孙锐主编：《刑事证据的收集、审查与运用》，中国检察出版社2013年版，第131页。

案例6　郭某儒等人贩卖毒品案〔13〕

2014年七八月，王某（另案处理）欲向被告人李某新、刘某华、马某二苏等人购买毒品。马某二苏联系被告人郭某儒提供毒品用于贩卖给王某，并派吴某林从郭某儒处拿到毒品，后吴某林与王某在广州某大厦门前准备交易时被公安机关抓获，当场查获冰毒1995克。随后公安机关抓获刘某华、李某新，当场查获毒资人民币8.3万元。广州市中级人民法院一审认为，被告人郭某儒归案后一直否认贩毒。庭审中，直接与其交易毒品的吴某林翻供，否认侦查阶段辨认郭某儒及其车辆的辨认笔录的真实性，法院遂以事实不清、证据不足为由判决郭某儒无罪。广州市人民检察院通过对照地图对交易毒品的位置、郭某儒汽车的行动轨迹以及抓获郭某儒所在的公寓位置进行精准复核，结合案发当天郭某儒与马某二苏之间20余次通话，证明郭某儒关于其与马某二苏偶遇，开车搭载并非取毒资的辩解明显不合常理。关于被告人吴某林在庭审中翻供的原因，通过讯问马某二苏了解到，在押解去开庭的囚车上，郭某儒向吴某林许诺如果不指认他，今后可以负担吴家人的生活费。其他三名同案人亦证实听到类似的谈话。在确凿证据面前，吴某林承认了上述事实并表示愿意再次指证郭某儒。通过复核证据，广州市人民检察院认为一审判决认定郭某儒无罪确有错误，于2016年6月22日依法提出抗诉。广东省人民检察院支持抗诉。广东省高级人民法院二审认为，检察机关抗诉理由成立，于2017年10月24日改判郭某儒犯贩卖毒品罪，判处有期徒刑15年。

对于毒品犯罪等隐蔽性案件，犯罪嫌疑人、被告人为逃避罪责而不供认犯罪、供认后又翻供的现象在司法实践中较为普遍。本案属于人赃并获的情形，但除口供以外的其他实物证据相对稀缺，且对案件事实的证明价值有限，主要依靠共犯的口供、指控。本案被告人郭某儒并未直接出现在犯罪现场，且一直否认犯罪，加之吴某林的翻供，致使案件处于“零口供”。在主要同案被告人翻供的情况下，检察机关加强调查核实，复勘案发现场，增强办案亲历性，构建以客观性证据为核心的审查模式，并通过其他证据相互印证，形成完整的证据链，有效证明了犯罪事实并打击了犯罪。对于此类犯罪案件而言，需要重点审查翻供的原因，并寻求其他客观性证据的印证。

（五）共犯口供的审查

共同犯罪案件中，犯罪嫌疑人、被告人供述和辩解的最大特点是其内容不仅关涉自己的利害关系，还攸关同案犯口供的真实性认定问题。以被告人作为参考系，共犯在诉讼程序中会出现不同的诉讼角色，进而会增加事实认定的难度：他们可能是同案被告人，也可能是已经被先行判决的他案被告人，还可能是被赦免的“污点证人”。〔14〕尤其是在走私犯罪、职务犯罪、毒品犯罪以及黑社会性质犯罪案件中，共同犯罪案件的同案犯通常形成攻守同盟，或互相包庇，或互相推诿。但实践中，同案犯受羁押措施的约束，侦查人员采用指供、诱导发问等讯问策略，出现翻供、虚假供述等现象并不鲜见。如果缺乏其他证据印证，则会加剧认证难度。根据我国刑事司法实践及相关司法文件，共犯口供审查认定规则如下：（1）审查单一口供的关联性、合法性、真实性等，判断单一口供的证据能力和证明力问题。共犯中单一口供必须符合口供的形式要件和实质要件，否则其无法作为定案的根据。

---

〔13〕参见《最高人民检察院发布6起检察机关依法惩治毒品犯罪典型案例》，载北大法宝2018年6月6日，https://www.pkulaw.com/。

〔14〕参见王晓华：《共犯陈述的信用基础及规则构建》，载《中外法学》2021年第3期。

(2)共犯口供的印证规则。例如,毒品犯罪案件的实物证据相对稀缺,只有被告人和同案其他被告人的供述。此时,不仅需要确认共犯口供是否相互吻合,而且须排除诱供、逼供、串供等情形,才可以将共犯口供作为定案的证据。仅有被告人口供与同案被告人供述作为定案证据的,对被告人判处死刑立即执行要特别慎重。可见,共犯口供虽对部分案件事实认定具有证明价值,但其证明力相对脆弱,要注重共同口供与其他涉案证据的印证,尤其要谨慎对待同案犯口供的证明价值。(3)对于共同犯罪案件,在逐个审查各犯罪嫌疑人、被告人供述的基础上,还应综合审查各犯罪嫌疑人、被告人对同一事实情况的供述在细节上是否一致。

第二节　被害人陈述的审查判断

一、被害人陈述审查判断的基本要点

被害人陈述是法定的证据种类,是指受到犯罪行为侵害的人就其了解的案件情况向公安司法机关作出的陈述。被害人陈述和证人证言均属于广义的“证人”或“人证”,在证据的来源、内容、形式及审查认定方法上具有相似性。因此,我国《刑事诉讼法》及相关司法解释往往使用“对被害人陈述的审查与认定,参照适用本节的有关规定”的表达,[15] 即要求参照证人证言的审查判断规则。但“参照”并不等同于完全适用,更何况被害人及其陈述之于诉讼程序和实体评价具有特殊功效。因此,审查认定被害人陈述除须注重证人证言的审查认定规则外,仍需关注如下要点:

1. 认识到被害人陈述的复杂性。被害人是直接受犯罪行为侵害的人,也是与案件结果有利害关系的人,其陈述具有两面性、复杂性。在审查判断被害人陈述时,一方面要认识到被害人与犯罪行为之间的特殊关系,注重审查被害人陈述的直接证明价值。在直接接触过犯罪行为的案件中,被害人较为了解案发过程,可以叙述犯罪行为的细节和行为人特征。例如,在故意伤害案件中,被害人可以叙述案发的环境、犯罪起因、犯罪嫌疑人特征、行为过程及结果等信息。在无直接接触犯罪行为的案件中,被害人仅能陈述与案件相关的基本特征。例如,在盗窃案中,无直接接触犯罪行为的被害人仅能陈述与盗窃行为相关的场所、物品的特征。另一方面也要认识到,被害人与案件结果具有利害关系,与控方共同承担控诉职能。这一特征与犯罪嫌疑人、被告人供述和辩解的审查要求类似,都需要谨慎对待其陈述,尤其要注意被害人可能出现报复陈述、夸大陈词、避重就轻等问题。隐蔽性犯罪、“一对一犯罪”案件中,在缺乏其他实物证据的情况下,需要客观中立地审查被害人陈述,注重运用印证规则、补强规则、经验法则等综合判断方法。

2. 注重审查被害人陈述的特殊保护。审查被害人陈述,不仅要从发现真的角度,注意到被害人陈述的特性,还需要从追求善的角度,注重审查被害人陈述的收集方式是否符合“避免二次伤害”“特殊被害人保护”等伦理要求。从被害人保护的基本价值出发,有必要避免为实现刑事追诉、惩罚犯罪等目的,而在收集、审查和调查被害人陈述的过程中,对其造成再次伤害。从被害人保护的附带效应可知,保护被害人的诉讼利益和身心权益,更能

---

〔15〕“本节有关规定”是指最高法《刑诉法解释》第 87～91 条规定的有关证人证言审查判断规则。

确保其陈述的自愿性、真实性和可信性。因此，要审查证据收集的来源，过滤不规范的收集方式，尽量减少对被害人带来负面效应和伤害。对此，2020年《未成年人保护法》第112条规定："公安机关、人民检察院、人民法院办理未成年人遭受性侵害或者暴力伤害案件，在询问未成年被害人、证人时，应当采取同步录音录像等措施，尽量一次完成；未成年被害人、证人是女性的，应当由女性工作人员进行。"该条规定明确了收集未成年被害人、证人的法定要求，同时体现了"特殊被害人的保护"的理念。尽管"尽量一次完成""询问时的女性辅助"并非未成年被害人陈述的法定要求，但若违反相关规定，对被害人造成一定损害，应从维护刑事诉讼法、证据法的人权、和谐等价值出发，注重审查被害人陈述的特殊保护。

二、被害人陈述审查判断的内容与方法

被害人陈述的关联性、合法性审查与证人证言基本一致，特别是合法性判断基本可以参照本章第四节证人证言的规定。但就被害人陈述的真实性、合理性以及综合判断而言，仍需结合其特征进行判断。

（一）被害人陈述的真实性

在审查判断被害人陈述的真实性方面，需要考虑以下内容：

1. 被害人陈述的来源。这是要查明被害人陈述内容是他直接感知到的，还是以间接方式获取的。如果被害人陈述是其直接感知到的案件事实，则需进一步审核被害人获取证据信息时的环境、方式及其现实可能性。例如，被害人看到犯罪嫌疑人进入室内实施盗窃，则要陈述感知到上述信息的时间要素、空间要素和环境要素。若被害人并未直接获取犯罪信息，则要说明其所陈述信息的来源，进一步查明原始证据的真实性、可靠性。

2. 被害人陈述与案件之间的关系。这是因为被害人直接了解案件事实，其陈述内容会直接影响诉讼活动推进。例如，根据立案材料的来源，刑事受案类型分为控告、举报和报案。控告是被害人积极主动向公安司法机关陈述犯罪嫌疑人及其案件事实的行为。控告包括陈述对是否达到立案标准具有决定作用。报案是被害人发现有犯罪事实，但尚不明确犯罪嫌疑人的情况下，向公安司法机关报告。在这两种情形下，被害人均是主动向公安司法机关陈述案件事实，其中控告具有明显的追诉倾向，需要重点审查被害人陈述是否自愿，有无他人指使、动员、劝说甚至是强迫的情形。相对而言，报案仅包括案件事实，并不指向犯罪嫌疑人，需要注意判断被害人陈述的全面性、完整性。而举报是当事人以外的人，向公安司法机关的告诉。被害人会被动接受侦查人员询问，向侦查机关提供证据材料。此时，被害人及其陈述以配合公安司法机关为主，需要考虑到被害人可能会因为担心被打击报复，而不敢陈述、虚假陈述。例如，部分刑事案件的被害人陈述会因为刑事和解、退赔退赃等因素，导致陈述出现变动。被害人陈述会影响诉讼进程，也可能因为相关条件或因素的变化而变得不稳定，因而要注重被害人陈述在诉讼案件中发挥的作用。

3. 被害人与被告人之间的关系。被害人陈述的证明力可能会因为被害人与被告人之间的特殊关系而发生变化。例如，故意伤害案件中，被害人与犯罪嫌疑人之前是否相识等因素均会决定被害人陈述的可靠性。特别需要注意的是，被害人与被告人之间是否为朋友关系、邻里关系、抚养关系、近亲属关系等。一般而言，对素不相识的陌生人，被害人陈述虚假性的可能性相对较低；而在熟人之间，被害人陈述虚假性的可能性较高。

4. 被害人的品格和先前行为。也就是说,公安司法人员要根据被害人的品性、先前行为判定该陈述的可信度。在英美证据法中,这种情形属于品格证据,通常需要予以排除,但其在例外的情况下可以作为证据。例如,先前行为或品格证据可以作为弹劾证人可信度的铺垫性证据。在特定犯罪案件中,若有证据表明,被害人一贯品性不佳、为人狡诈,有前科劣迹,熟悉相应犯罪活动并具有一定防范意识,则需谨慎对待其陈述。在一例诈骗案件中,被害人具有虚假诉讼的前科,具有较强的风险防范意识。为追偿债务,被害人故意模糊民事合同纠纷和刑事诈骗之间的界限,企图通过刑事追诉的方式,迫使犯罪嫌疑人偿还相应债务。此时,需要重点审查被害人及其陈述的动机,防止将民事纠纷作为刑事案件处理。

(二)被害人陈述的合理性

审查被害人陈述的合理性是因为被害人可能会受主客观因素影响,陈述虚假或失真的"事实"。此时需要根据经验法则和逻辑法则,将被害人陈述放置于刑事案件的整体之中,从何时、何地、何人、何事、何情、何故、何物等要素进行综合判断。由于被害人陈述符合证据的形式要件,公安司法人员、辩护律师只能通过经验法则、逻辑法则和伦理法则进行自由心证。例如,经验法则要求,事实认定者要根据自身的司法知识,结合被害人陈述及其对案件事实的证明力,审查判定案件事实。又如,被害人陈述是否符合其年龄、经历、阅历等。

司法实践中,大部分被害人陈述以笔录方式呈现于法庭,因而审查判断的对象主要为询问笔录。此时,需要核实笔录记载内容是否与被害人的认知、表达习惯相符,是否存在虚假陈述的痕迹。例如,在一起强奸案的侦查办理中,被害人受近亲属劝说,出具了一份与犯罪嫌疑人自愿发生性关系的情况说明,企图改变之前的陈述,要求公安机关撤案。经审查发现,该份情况说明的内容、表述方式与被害人之前的表达习惯不符,而且部分表述不符合被害人的认知能力。公安机关进一步调查发现,该情况说明是犯罪嫌疑人一方写好后,交由被害人抄写所形成的。可见,在诉讼活动进程中,被害人陈述会受到各种因素影响,特别是熟人之间的犯罪案件,被害人及其近亲属可能会碍于情面、压力、威胁、赔偿承诺等因素影响,作出非自愿的陈述。此时,被害人陈述可能会出现不稳定要素,甚至可能出现虚假陈述,这些内容必然会存在与经验、逻辑、常识和伦理规则不相符情形,需要细致审查。此外,被害人陈述是否与一般人在相同情况下的行为方式和行为预期相符。例如,素不相识的男女相识后,女性独自一人在深夜前往男方指定场所后立即与其发生性关系,在行为发生后也没有离开现场,反而与被告人进行喝酒等其他活动。被害人若作出上述陈述,便明显存在不符合正常被性侵成年女性应有的反应和逻辑。经验表明,如果被害人遭到犯罪嫌疑人的性侵,则会想方设法离开、脱逃或求救。被害人可能不会立即报案,但也不会在没有暴力威胁的情形下,继续自愿与犯罪嫌疑人从事其他活动。

案例7 齐某强奸、猥亵儿童案〔16〕

被告人齐某原系某县某小学班主任。2011年夏天至2012年10月,被告人齐某在担任班主任期间,利用午休、晚自习及宿舍查寝等机会,在学校办公室、教室、洗澡堂、男生宿舍等处多次

---

〔16〕 参见《第十一批指导性案例》,载中华人民共和国最高人民检察院,https://www.spp.gov.cn/spp/jczdal/201811/t20181118_399377.shtml。

对被害女童A(10岁)、B(10岁)实施奸淫、猥亵,并以带女童A外出看病为由,将其带回家中强奸。齐某还在女生集体宿舍等地多次猥亵被害女童C(11岁)、D(11岁)、E(10岁),猥亵被害女童F(11岁)、G(11岁)各一次。

被告人及其辩护人坚持事实不清、证据不足的辩护意见,理由是:一是认定犯罪的直接证据只有被害人陈述,齐某始终不认罪,其他证人证言均是传来证据,没有物证,证据链条不完整。二是被害人陈述前后有矛盾,不一致,且其中一个被害人在第一次陈述中只讲到被猥亵,第二次又讲到被强奸,前后有重大矛盾。

针对辩护意见,检察员答辩:一是被害人陈述的一些细节,如强奸的地点、姿势等,结合被害人年龄及认知能力,不亲身经历,难以编造。二是齐某性侵次数多、时间跨度长,被害人年龄小,前后陈述在有些细节上的差异和模糊是正常的,恰恰符合被害人的记忆特征,且被害人对基本事实和情节的描述是稳定的。有的被害人虽然在第一次询问时没有陈述被强奸,但在此后对没有陈述的原因做了解释,即当时学校老师在场,不敢讲。这一理由符合孩子的心理。三是被害人同学证言虽然是传来证据,但其是在犯罪发生之后即得知有关情况,因此证明力较强。四是齐某及其辩护人对其辩解没有提供任何证据或者线索的支持。

2018年7月27日,最高人民法院作出终审判决,认定原审被告人齐某犯强奸罪,判处无期徒刑,剥夺政治权利终身;犯猥亵儿童罪,判处有期徒刑10年;决定执行无期徒刑,剥夺政治权利终身。

性侵案件为典型的"一对一"犯罪案件,认定犯罪事实的证据主要为犯罪嫌疑人、被告人的供述和辩解,以及被害人陈述。该案认定齐某实施性侵难点在于:(1)犯罪的隐蔽性;(2)犯罪时间久远,客观性证据缺失;(3)被害人均为儿童,需要审慎对待其陈述的关联性、稳定性和真实性。该案在审查认定齐某实施的性侵时,着重进行了如下审查:一是多名被害人儿童陈述稳定。这意味着被害人编造、虚构案件事实的可能性较低,同时能表明犯罪行为对被害人造成了一定的惊吓和伤害。二是被害人陈述之间能够相互印证,特别是犯罪行为的方式和细节。即使被告人不认罪,但多名被害人之间的陈述固定了案件主要事实。三是根据经验常识,结合齐某长时间的类似犯罪行为,建立了完整的证明体系,排除了合理怀疑。

(三)被害人陈述的补强证据、印证证据

根据"孤证不能定案规则"的要求,被害人陈述虽对案件事实具有重要证明价值,但由于其存在虚假和失真的可能性较高,仍需补强证据、印证证据的辅助证明。如此一来,在以被害人陈述为核心证据体系之中,需要重视审查其他证据对被害人陈述的补强、印证,认定被害人陈述的证明力。如果仅以被害人陈述为主要证据,构建指控事实,不仅在形式上难以达到"证据确实、充分,排除合理怀疑"的证明标准,而且容易酿成错案。在某涉嫌诈骗案中,由于犯罪行为相对隐蔽,且缺乏其他实物证据,被害人的陈述是否真实直接关系到被告人的刑事责任。由于未全面审查被害人陈述,庭审中被告人出具没有作案时间的书面证据,致使控方指控不成立。对于此类证据相对稀缺的案件,需要对被害人陈述中要件事实进行细致的核实和补充侦查,以补强被害人陈述的缺陷。

案例8 张某涉嫌诈骗案〔17〕

2014年至2015年，被告人刘某带领张某、孙某、何某等团伙成员，先后四次非法拘禁李某某。被告人刘某指使张某等人将被害人李某某强行带回某公司，由张某等人轮流看管，并使用威逼、恐吓等方式追讨欠款，收到部分违约金后，才允许被害人李某某离开。本案主要证据为被害人李某某陈述，其在询问笔录中多次提及，张某参与非法拘禁，并实施了看管、威逼、恐吓、收款等行为。庭审中，张某提出自己2013年至2015年在某省戒毒，其没有作案时间，指控行为与其无关。为证明该事实，张某提交了他当时在戒毒的证明材料，证明他在戒毒所戒毒的具体时间，被害人李某某关于张某参与非法拘禁的陈述明显不属实。最后，法院认为，被害人所陈述张某参与该宗非法拘禁的事实不清，证据不足。

印证是审查认定被害人陈述真实性，强化其证明力的有效方式。在一起盗窃案件中，被告人韦某某以秘密盗窃方式，先后多次盗窃雪林鱼馆、中驿超市内财物。控方指出，韦某某先后三次在凌晨撬窗进入商店，盗窃大量烟酒等物品，给被害人造成了损失。由于该案缺乏直接证据，韦某某拒不承认犯罪事实，加上商店的交易量和流通量较大，主要依据被害人陈述确认损失金额。该案在审理中，控辩双方就盗窃次数、方式和数额产生了争议。辩护方提出，"认定犯罪金额的唯一依据是被害人陈述，仅有部分烟酒在被告人韦某某车内发现，但被告人韦某某有系客人遗忘的合理解释"。法院认定韦某某仅实施了两次盗窃，即进货单、监控视频及车辆行驶轨与被害人陈述失窃物品能印证的指控构成犯罪。该案中，被害人并未直接接触犯罪嫌疑人及其行为，仅能证明商店失窃物品，属于间接证据。被害人提供的进货单、监控视频均不能独立证明案件事实。因此，被害人陈述必须与其他间接证据印证，方能认定案件事实。〔18〕

印证在审查认定被害人陈述具有特殊优势，特别是在办理性侵犯罪、诈骗等隐蔽性较强、"一对一"犯罪案件中。例如，在"零口供"性侵案件中，假如被害人向朋友甲讲述被人性侵，被告人也向朋友乙讲过性侵了被害人。在被告人不认罪的情况下，有实务观点认为，尽管证人甲乙的证言是间接证据，但甲乙印证被害人的陈述，补强了直接证据的证明效力，可以用于证明被告人性侵的犯罪事实。〔19〕 但从学理层面来看，无论将印证作为证据分析方法还是证明模式，其在司法实践中的"有效性"和"实用性"毋庸置疑，但也应注意到印证方法具有一定的灵活性、恣意性。在我国证据规则尚未体系化和健全化的背景下，过度使用印证容易出现强求印证、随意印证的情况。上述"零口供"性侵犯罪案件，尽管使用了甲乙两份证言印证了被害人陈述，强化了其证明力。但由于甲乙二位并未亲自感知、见证犯罪事实，属于传闻证人，其所谓"证人证言"的可靠性亦不足。故此，在以被害人陈述为核心的证据体系中，需要使用印证方式，补强其证明力，但也应结合个案具体分析案情，避免出现强求印证、不实印证的情形。

---

〔17〕 参见赖建东：《被害人陈述的七大质证要点》，载微信公众号"宋氏律师事务所"2022年7月15日，https://mp.weixin.qq.com/s/XbmVuWPtJVM9AZz58sVlWw。

〔18〕 参见桐乡市人民法院刑事判决书，(2020)浙0483刑初656号。

〔19〕 参见蒋文军、蒋毅：《言词证据审查"五法"》，载《检察日报》2021年6月18日，第3版。

第三节 当事人陈述的审查判断

当事人陈述是证据的法定表现形式之一,广义的当事人陈述包括被害人陈述以及犯罪嫌疑人、被告人供述和辩解,狭义的当事人陈述仅指民事诉讼、行政诉讼中以该术语表达的证据形式。本书采用狭义的当事人陈述的概念。当事人陈述,是指在民事、行政诉讼中,原告、被告等当事人就自己所知道的案件事实情况向司法机关所作的说明。对于当事人陈述,法院应当结合其他证据,审查其能否作为认定事实的根据。

一、当事人陈述审查判断的基本要点

1. 应当重视真实的当事人陈述具有较强的证明力。当事人作为当事人陈述的证据来源,是发生争议的实体法律关系的主体,大多是案件事实的经历人,是引起争议的实体法律关系发生、变更和终止行为的实施者。因此,当事人对争议案件的事实情况了解和掌握得最直接、最全面,也是最深刻的人。当事人如果尊重客观事实,如实向法庭作出真实的陈述,其证明力是很强的,通常是定案的直接证据。

2. 应当注意当事人陈述存在虚假的可能性。从认识论的角度看,作为“人证”的当事人陈述,是主体对客观真实的主观的、能动的反映。这种反映可能是正确的、全面的,也可能是错误的、片面的,甚至是故意歪曲的反映。由于当事人与案件处理结果有直接的利害关系并且有强烈的胜诉欲望,因此,当事人陈述是具有真假两面的可能性的。当事人在利己主义的心理作用下,往往会千方百计地隐瞒对自己不利的有关事实和证据,而夸大甚至编造对己有利的事实和证据,向法院作虚假的陈述。与物证、视听资料、书证、鉴定结论、勘验检查笔录等客观证据材料相对比,当事人陈述的内容往往具有虚假性、主观性和片面性。为了规避因当事人作出虚假陈述影响人民法院对案件事实的认定,我国《民事诉讼法》和相关司法解释对当事人陈述的程序性事项进行了规制,从而在很大程度上有效规避了当事人陈述的虚假性问题。

二、当事人陈述审查判断的内容与方法

(一)区分两种属性的当事人陈述

当事人在诉讼中扮演着两种角色,即诉讼主体与证据方法。在当事人陈述中,相对应也存在诉讼主体的当事人陈述与证据意义的当事人陈述。前者被称为诉讼资料,后者被称为证据资料。

从法律规定以及司法实践来看,法庭调查程序的第一项均为当事人陈述,这是否意味着法庭调查程序中的当事人陈述就是证据资料,当事人在此程序中是否作为证据方法呢?从司法实践来看,此处的当事人陈述一般是由原告宣读起诉状、口头陈述事实再说明诉讼请求和理由,若当事人未出庭通常由诉讼代理人为之。由此可见,此处当事人陈述从外观而言更像是英美法系庭审中的开场陈述,是作为辩论主体的陈述而不是证据方法。

案例9 黄某诉谢某民间借贷纠纷案[20]

2011年1月21日谢某向黄某出具借条一张，借条载明："今借到黄某人民币伍拾万元正，借款期为三个月，利息按月息3分计算，共计本息545000元，借条内容均由谢某亲笔书写。"后因谢某资金困难，双方于2013年重新约定欠款暂缓归还且将3分利改为月利率1.5分。因谢某到期不还欠款，黄某于2014年将谢某诉至法院，本案双方的争议焦点在于关于50万元的借贷事实是否存在。黄某为证明案件事实，向法院提交了谢某出具的欠条以及谢某亲笔签名的暂缓还款的凭证。谢某虽承认借条是其亲笔出具，但辩称借款未实际交付，且黄某提供的2013年的凭据除签名和落款时间外均为伪造。

法院认为，在民间借贷关系中，一般情况下借条本身就是借款发生的凭证，但因为原告没有提供其他证据，法院为查明案件事实，通知了当事人本人到庭接受询问，进一步要求黄某对借款交付情况作出解释说明及相应举证，并依职权作了尽可能的调查。对于为何以现金方式交付案涉较大金额的借款，而不采用银行转账这一更加安全的方式，黄某解释系因生意来往家里经常存放大额现金，并进一步提供了其个人账户在借款期间的交易明细，据以证明其家里一直放有足够现金，从其出借款项时的个体经济能力上补强了证据。对于谢某辩称的凭证伪造，司法鉴定机构表示受技术限制无法作出检验意见，并且谢某在审理期间未提供有效证据对抗债权人黄某持有的债权凭证。综上，法院认为，黄某出庭对于案件事实进行了合理解释，结合黄某提供的借条，可以判断双方之间50万元的借贷关系存在，判令谢某归还黄某50万元借款。

该案中的争议焦点为借贷关系是否成立，原告黄某除借条和暂缓还款的凭证之外无其他证据证明自己的主张，但因为案件是大额的现金借款，且谢某对借款的事实持根本上的否定态度，双方分歧明显。所以，法院为查明事实，在借款交付事实的认定上，除黄某提供借条外，还通知当事人本人到庭接受询问，法院此举已适当地加重了黄某的举证义务，黄某出庭作出解释并进一步补强了证据。这种情况下当事人出庭接受询问所做的陈述就是证据方法意义上的当事人陈述，而非诉讼主体意义上的当事人陈述。

（二）当事人询问制度

最高法2015年《民诉法解释》出台时，新增第110条当事人询问制度以试图解决当事人在陈述时遇到的困境。该条主要包括询问条件、询问时的具结以及询问后果三个方面的内容。在2019年修订最高法《民诉证据规定》时增设第64条，该条是在最高法2015年《民诉法解释》第110条第1款的基础上的细化规定。

最高法《民诉证据规定》第64条第1款进一步明确了在人民法院认为有必要的情形下，可以询问当事人；第2款规定，在人民法院要求当事人到场接受询问的，应当通知当事人询问的时间、地点以及拒不到场的后果。当事人本人到场接受询问，是人民法院认为有必要的情形下对于当事人提出的要求，也有利于人民法院查明案件事实。相较于最高法2015年《民诉法解释》第110条，最高法《民诉证据规定》第64条在表述上将"到庭"改为"到场"，体现出其为适应审判实践变化的需要。

根据最高法《民诉证据规定》第65条的规定，人民法院应当在询问前责令当事人签署保证书并宣读保证书的内容。保证书应当载明保证据实陈述，绝无隐瞒、歪曲、增减，如

---

〔20〕 参见杭州市中级人民法院民事判决书，(2015)浙杭商终字第1049号。

有虚假陈述应当接受处罚等内容。当事人应当在保证书上签名、捺印。当事人有正当理由不能宣读保证书的，由书记员宣读并进行说明。就违反当事人询问的法律后果而言，当事人无正当理由拒不到场、拒不签署或宣读保证书或者拒不接受询问的，人民法院应当综合案件情况，判断待证事实的真伪。待证事实无其他证据证明的，人民法院应当作出不利于该当事人的认定。

案例 10　李某诉左某民间借贷纠纷案〔21〕

李某和左某曾为恋人关系，2015 年 8 月 30 日，左某向李某出具欠条，载明："今欠李某人民币捌万元整，于 2015 年 10 月 30 日前归还。左某 2015 年 8 月 30 日。"两人于 2015 年年底分手，之后李某多次通过电话和微信向左某催款，在此期间，左某向两人共同好友提过借钱的事情，左某一直答应还款但以各种理由迟迟不还。李某于 2019 年诉至法院，诉请左某归还本金及利息，为证明自己的主张，李某向法院提供了左某出具的欠条、索要欠款未果的聊天记录，并申请二人的共同朋友为证人出庭作证。法院认为，李某提供的欠条证明了双方的借贷关系成立，聊天记录证明了左某不否认需要归还李某的欠款以及李某多次催款未果的事实，证人证言亦可以证明多年向左某催款未果的情况。而左某代理人虽反驳称，双方不存在真实借款关系，左某是基于想挽回与李某的感情才出具的欠条，但是该待证事实缺少其他证据证明。因为双方在该借贷关系成立时是比较特殊的恋人关系，法院认为有必要就案件相关事实由当事人本人到庭接受询问，并已通知当事人必须到庭参加诉讼，李某已到庭接受询问，但左某却无正当理由拒绝到庭，最终该法院作出对左某主张的事实不予认定的结果。

根据最高法《民诉证据规定》的规定，法院认为有必要时有权要求当事人到庭接受讯问，无故拒不到庭的，待证事实无法认定，人民法院可以作出不利于该当事人的认定。该案中，当事人双方均委托律师到庭参加诉讼，但是因为双方曾经为恋人关系，律师并不了解借贷关系中的细节，所以，法院认为当事人有必要亲自出庭接受询问，故交待双方诉讼代理人通知当事人必须到庭参诉。李某到庭并就相关事实作出解释，而左某无正当理由拒不到庭，且左某代理人并未就其抗辩的借贷行为尚未实际发生作出合理说明，所以，法院作出了对左某不利的认定。

（三）自认的审查判断

当事人的自认是当事人陈述中的一种特殊情况，是指在诉讼过程中，一方当事人对另一方当事人所提出的对他不利的事实陈述表示认同或者不加争执，通常也被称为事实自认或当事人的承认。2019 年最高法《民诉证据规定》结合当前司法实践状况，对自认制度进行了全面而系统的修改完善，其在第 3 条进一步扩充了自认的内容和场合。

1. 自认的构成要件

（1）时间要件。自认必须是在诉讼过程中作出，包括开庭审理前的准备阶段及开庭审理的过程。自认的具体时间是从当事人提交起诉状起至法庭辩论终结止，且必须是在法官或法庭面前作出才有效。需要注意的是，2019 年最高法《民诉证据规定》将自认的场合从最高法《民诉法解释》第 92 条所规定的"法庭审理中"明确扩展至包括"证据交换、询问、调查过程中"。

〔21〕 参见湖南省湘潭市中级人民法院民事判决书，（2020）湘 03 民终 635 号。

(2)实质要件。第一,自认是一种于己不利的陈述。至于是否为不利益,应当根据客观情况而定,自认者方面知悉与否,在所不问。第二,自认必须与对方当事人的事实主张一致,自认人所承认的事实与对方当事人所主张的事实之间不存在矛盾。即使一方当事人自认在前,对方当事人主张在后,即自认人先在程序中陈述了对自己不利的事实,而后对方当事人在程序中引用了该承认,只要双方当事人主张一致,即可构成自认。第三,自认的对象是对方当事人主张的具体事实,不同于以诉讼请求为对象的认诺。

(3)形式要件。诉讼上的自认在形式上原则性要求是"明确表示"。当事人以口头或书面方式对于对方当事人陈述的事实明白、确定、无误地加以承认,不能有模棱两可、含糊其词的现象。最高法《民诉证据规定》第4条规定:"一方当事人对于另一方当事人主张的于己不利的事实既不承认也不否认,经审判人员说明并询问后,其仍然不明确表示肯定或者否定的,视为对该事实的承认。"因此,在有明确规定的特殊情况下,当事人的沉默可以拟制为自认,产生与诉讼上的自认相同的法律效果。

(4)主体要件。最高法《民诉证据规定》第3条和第4条对当事人自认作出了明确规定,第6条基于共同诉讼的特殊性,分别对普通共同诉讼和必要共同诉讼中当事人的自认问题作出了规定。普通共同诉讼中,共同诉讼人中一人或者数人作出的自认,对作出自认的当事人发生效力。必要共同诉讼中,共同诉讼人中一人或者数人作出自认而其他共同诉讼人予以否认的,不发生自认的效力。其他共同诉讼人既不承认也不否认,经审判人员说明并询问后仍然不明确表示意见的,视为全体共同诉讼人的自认。

自认的主体通常限于诉讼当事人,例外情况下委托诉讼代理人可以作出自认。最高法《民诉证据规定》第5条是关于诉讼代理人自认的规定。所谓的诉讼代理人自认,是指在诉讼过程中,当事人委托的诉讼代理人承认对对方当事人或其诉讼代理人所主张的事实。诉讼代理人作出的自认产生与当事人自认相同的法律效果。但由于代理人对于案件事实的认知不及当事人,所以,法律对代理人的自认作出了一定的限制,即当事人委托诉讼代理人参加诉讼的,除授权委托书明确排除的事项外,诉讼代理人的自认视为当事人的自认;当事人在场对诉讼代理人的自认明确否认的,不视为自认。

案例11 中国航铁公司诉贵州机械技术学校合同纠纷案[22]

原告中国航铁公司与被告贵州机械技术学校、第三人重庆航铁公司三方合作进行校企合作办学,由被告负责合作项目的报批手续,原告及第三人负责垫资进行校园装修扩建,并全面组织招生、教学、日常管理和就业等工作,三方依照比例分配国家补助金。在原告资金投入后、学校建成并成功招生获得了国家资助,但被告并未返还原告垫付的资金,也并未按约定比例向原告支付国家资助金,据此原告将被告诉至法院,诉请被告支付返还校园装修扩建费340万元。为证明该项主张,原告向法院出具了已经被告审核确认的装修合同、支出凭证和结算单,以及双方的聊天记录和会议记录,被告在质证中认可了装修扩建款的金额。虽然在此后的调查中被告又认为该款项在程序和金额认定上有瑕疵,但法院认为,根据禁反言规则,庭审中被告贵州机械学校已经对此予以认可,除此之外,原告出示的会议纪要包括该款项、被告法定代表人在结尾处书写情况属实且签名,并盖有被告贵州机械技术学校的印章,应当视为被告对于校园装修扩建款340万元的认可。

〔22〕 参见贵阳市中级人民法院民事判决书,(2020)黔01民初2814号。

本案中,被告贵州机械技术学校对于校园装修扩建款的认可符合自认的构成要件。第一,满足时间要件。被告是在庭审过程中的质证阶段认可了装修扩建费的金额340万元。第二,满足实质要件。首先,“340万元的校园装修扩建款”对于被告来说,属于“于己不利”的事实,对于该款项的承认会导致自己有败诉风险。其次,双方对于装修扩建款是340万元事实的认定是一致的,并不存在矛盾。第三,满足形式要件。原被告双方之间存在签署认定过的书面会议纪要,表明双方对于该事实均已明确承认。第四,满足主体要件。案件中自认的主体是本案的被告,符合诉讼当事人的要求。综上,被告对于340万元校园装修扩建费用的承认满足自认成立的所有条件而构成自认,法院也据此自认对原告中国航铁公司的诉讼请求予以了支持。

2. 自认的效力

(1)对对方当事人的免证效力。当事人一旦作出自认,即免除了对方当事人对事实的证明责任,而法官直接推定自认的事实为真实。这样有助于通过压缩诉讼争点提高诉讼效率,并且有利于法院集中精力查明当事人之间有争议的事实。

(2)对法院的拘束力。当事人一旦作出自认,法院原则上应以自认的事实为裁判的基础,不必进行审查,不得作相反的认定,使法院的裁判受自认的严格约束。当然,自认对法院产生的审理排除效力并非绝对,也受到一定的限制,主要表现为:第一,“身份关系的案件”不适用自认。第二,法院依职权调查的事项不适用自认。第三,诉讼调解中作出的让步不构成自认。当事人为达成调解协议的目的作出妥协,所涉及的对案件事实的认可,不得在其后的诉讼中作为对其不利的证据。

案例12 宋某明诉心宠伙伴公司买卖合同纠纷案[23]

宋某明根据心宠伙伴公司(以下简称心宠公司)的58售宠平台提供的联系方式,线下购买宠物猫一只。后该宠物猫被诊断为猫瘟,宋某明为此花费医药费1万余元。宋某明将心宠公司诉至法院,要求心宠公司赔偿宠物猫医疗费、营养费、宋某明的误工费、陪床费等损失。望京工商所曾在双方争议期间组织过调解,并且出具了《终止消费者权益争议调解告知书》。但双方因无法达成一致意见而终止调解,并在调解告知书下有手写字迹“无法达成一致原因如下,用户诉求为退赔全部损失,我方拒绝或无法满足其诉求。我方售后保障方式为免费更换同品种、同品类、同价格宠物一只,客户表示无法接受,强烈要求赔偿全部损失”,落款处有心宠公司盖章。本案的争议焦点之一为双方之间是否成立买卖合同关系。

法院认为,双方不存在合同关系,原因如下:(1)宋某明诉称购宠协议系宋某明与猫场的人员签订,但宋某明无法提供购宠协议的原件,且心宠公司对于该协议的真实性不予认可,故对于购宠协议的真实性,法院不予认可。(2)宋某明未在心宠网站上进行注册。根据其提供的购宠协议复印件上记载的订单号,在心宠公司的网站上及客服电话里均查询不到涉案订单,无法证明宋某明通过心宠网站的介绍购买宠物的事实。(3)关于宋某明称在望京工商所心宠公司认可双方存在买卖关系的意见。根据法律规定,在诉讼中,当事人为达成调解协议作出妥协而认可的事实,不得在后续的诉讼中作为对其不利的根据。在本案诉讼中,心宠公司明确表示不认可与宋某明之间存在买卖合同关系,故法院不能将心宠公司在工商调解阶段的陈述作为认定双方存在买卖合同关系的依据。

〔23〕 参见北京市第三中级人民法院民事判决书,(2019)京03民终12292号。

本案中，宋某明提供的调解告知书属于调解阶段的材料，根据最高法《民诉法解释》第107条的规定，在诉讼中，当事人为达成调解协议或者和解协议作出妥协而认可的事实，不得在后续的诉讼中作为对其不利的根据，但法律另有规定或者当事人均同意的除外。所以，本案在调解阶段对于事实的认可不能作为诉讼中认定事实的依据。而原告宋某明提供的其他证据也不足以证明其主张，因此宋某明应当承担举证不能的不利后果。

3. 自认的撤回和反悔

诉讼上的自认一经作出，对当事人和法院都产生相应的拘束力。一般情况下自认不得撤回或反悔。但是，为了平衡当事人的处分权和法院的审判权，在满足法定条件的例外情况下赋予当事人对自认的撤回和反悔的权利。根据2019年最高法《民诉证据规定》的规定，自认的撤回和反悔包括以下情形：(1)对方当事人同意撤回的自认。对方当事人同意作出自认的当事人撤回自认，法院应尊重当事人的权利予以准许。(2)未经对方当事人同意撤回的自认。这种情况下当事人撤回自认，应当符合自认是在受胁迫或重大误解的情况下作出的条件。(3)当事人反悔。"对己方不利的事实"的自认，允许"当事人反悔并有相反证据足以推翻"，人民法院不予确认其效力。本着实质正义与程序正义并重的理念，当事人如果在提出足以推翻自认的证据的情况下，应当允许其反悔。

自认的撤回或反悔应当在法庭辩论终结前作出。自认被撤回或反悔后，不具有免除对方当事人举证的效力，对方当事人仍须对事实承担举证责任。

案例13　张某与天山大峡谷景区管理公司的劳动争议案〔24〕

自2015年2月起，张某和天山大峡谷景区管理公司（以下简称天山大峡谷管理公司）之间存在劳动关系，双方签订了劳动合同（合同时间:2020年11月1日至2021年3月31日）。2021年5月20日，张某向天山大峡谷管理公司提出辞职，双方于2021年6月3日签订解除劳动合同关系证明书，天山大峡谷管理公司承诺当年6月给张某发放5月工资，张某表示同意。2021年11月22日，张某申请仲裁请求天山大峡谷管理公司支付因未签订劳动合同的二倍工资、经济补偿金、加班费、垫付培训费及确认劳动关系，后天山大峡谷管理公司对裁决不服，提起诉讼。在一审中，张某表示其于2022年5月20日向天山大峡谷管理公司提出辞职，且认可了双方对于6月付清工资的约定。一审法院认为，张某给天山大峡谷管理公司提供劳动，其工资由天山大峡谷管理公司所属部门发放，可以确定2014年12月31日至2021年6月3日双方存在劳动关系。张某主动辞职，且与对方达成了6月结清工资的合意，张某应向天山大峡谷管理公司主张债权，天山大峡谷管理公司不应支付给张某补偿金。

二审中张某反言，表示自己并未向天山大峡谷管理公司提出辞职。二审法院认为，根据最高法《民诉证据规定》第9条的规定，"有下列情形之一，当事人在法庭辩论终结前撤销自认的，人民法院应当准许：（一）经对方当事人同意的；（二）自认是在受胁迫或者重大误解情况下作出的。人民法院准许当事人撤销自认的，应当作出口头或者书面裁定"。张某的上诉主张系撤销一审自认的意思表示，违反禁止反言原则，未经对方当事人同意，亦未提供证据证明其自认是在受胁迫或者重大误解的情况下做出，故二审法对张某该项上诉主张不予采信，维持原判。

自认对法院的约束力并非来源于该事实的真实性，而是源于民事诉讼中辩论主义这

〔24〕 参见新疆维吾尔自治区乌鲁木齐市中级人民法院民事判决书，(2022)新01民终2884号。

一基本原则，要求法官对双方无争议的事实视为真实，而不需要调查该事项是否真实存在。基于此，当事人不能任意撤销自认行为，否则会直接影响对方当事人的诉讼利益。本案中，虽然张某上诉否认其于2021年5月20日主动向天山大峡谷管理公司提出辞职，但一审庭审及2022年2月25日一审法院向其制作的询问笔录中，张某均自认其于2022年5月20日向天山大峡谷管理公司提出辞职。张某二审中予以否认，且未提出新的证据加以佐证存在可以撤销自认的条件，所以，张某在二审中的主张不能产生撤销自认效力。

第四节　证人证言的审查判断

证人证言是指当事人以外知道案件真实情况的人，就其所知道的案件事实向公安司法机关所作的陈述。在我国立法中，证人证言、被害人陈述分别属于不同证据种类，证人证言通常是指狭义的当事人以外知道案情的人。因为是当事人以外感知到案件事实的人，其对案件事实的陈述相对客观。但由于证言形成过程会经历感知、记忆、陈述（表达）阶段，任何一个阶段均有可能因为主客观因素出现证言危险。因此，如何提高证人证言的准确性，以及如何审查认定证人证言是证据法学永恒的话题。

一、证人证言审查的基本要点

1. 重点审查证人证言的稳定性。与其他言词证据相比，证人证言不仅对案件事实认定具有直接证明力，而且更具客观性。正如美国学者所言："目击证人的指认是对被告最残忍的证据。"[25]与此同时，证人证言又具有主观性和不稳定性，进而会影响到其证明价值。如果同一个证人的证言前后有变化，或者不同证人的证言相互不一致，或者证人证言与其他证据有矛盾，尤其是在案件关键情节上有出入，那就说明该证人证言可能有问题。这是因为证人证言会受到记忆机理和机能的影响，不可避免地会出现记忆偏差和失真。目击证人对案件事实的记忆力通常也会随着诉讼活动的推进而递减，甚至会不自觉地出现记忆模糊。为确保目击证人证言的可靠性，要及时记录证人所感知到的案件事实，更要多次确认证人证言，直至证人出庭接受法庭调查。在这个过程中，我们需要根据多份证人证言笔录，审查核实其共同内容，尤其是重点审查同一证人不同证言的差异，以及证人和其他证据之间是否存在矛盾。

2. 重点审查证人证言笔录的规范性。从理论上看，证人证言一般是口头陈述，特殊情况下司法机关可以要求证人提供书面材料。实践中，证人提供的口头陈述主要以证人证言笔录的方式，呈现于案卷材料之中，乃至成为法庭证据调查的对象。这是我国证人证言发挥证明价值的重要载体，也是审查认定证人证言的重要内容，即证人证言笔录的形式规范和实质内容。前者要求收集证人证言时，公安司法人员、律师必须严格遵守证人证言笔录的法定形式。而后者要求，若证人无法出庭作证，接受原被告、控辩双方和法庭的质询时，则主要围绕证人的庭前笔录而展开调查。这可能是我国在诉讼活动中对证人证言审

---

〔25〕 参见［美］伊丽莎白·罗芙托斯、［美］凯撒琳·柯茜：《辩方证人：一个心理学家的法庭故事》，浩平译，中国政法大学出版社2012年版，第15页。

查认定的特殊之处。从比较法来看,英美法系创立的传闻证据规则、交叉询问规则,要求证人必须出庭作证、接受交叉询问,否则不具有可采性。尽管大陆法系国家的审前证据过滤机制相对简略,但在庭审中要求证据调查应遵循直接言词原则,进而减少了“二手材料”的准入。总之,由于我国尚未建立健全相关证据规则,加之证人作证制度未臻完善,证人证言笔录规范性和实质性仍为证据审查的中心。

二、证人证言审查的内容与方法

(一)证人证言的关联性

审查证人证言的关联性,是指证人及其证言内容与案件事实、其他证据之间是否具有关联性,具有何种关联性。

1. 证人与案件事实的关联性。这需要审查证人是否具备作证资格。根据我国《刑事诉讼法》第62条的规定,凡是知道案件情况的人,都有作证的义务。生理上、精神上有缺陷或者年幼,不能辨别是非,不能正确表达的人,不能作证人。根据最高法《民诉证据规定》第67条规定:“不能正确表达意思的人,不能作为证人。待证事实与其年龄、智力状况或者精神健康状况相适应的无民事行为能力人和限制民事行为能力人,可以作为证人。”据此可知,审查判断证人资格包括积极条件和消极条件两方面。第一,证人必须是了解案件情况的人。这是诉讼活动中证人最为基础的特征,了解案情则具备亲身知识,与案件事实具有关联性。反之,证人不了解案情,则与案件事实不具有关联性,如果采纳其证言,就会误导案件事实认定。第二,证人必须具备认知性、明智性和正确表达能力。需要注意的是,“生理上、精神上有缺陷或者年幼”与“不能分辨是非,不能正确表达”是并列关系,并非生理上、精神上只要有缺陷,就一概不具备证人资格。例如,盲人可以提供耳闻事实的证言;聋哑人可以提供目睹事实的证言;间歇性精神病患者在神智正常期间也可以提供证言。

案例14 李某某与李某某1健康权纠纷案[26]

申请再审人李某某因与被申请人李某某1健康权纠纷案,不服安阳市中级人民法院(2011)安少民终字第20号民事判决,向河南省高级人民法院申请再审。申请再审的理由之一为,生效判决认定李某某将李某某1推下墙头摔伤依据的是两个五六岁孩子的证言,且这两个孩子与本案有利害关系,有可能是受其家长或他人误导作证。

法院认为,根据2012年《民事诉讼法》第72条的规定,凡是知道案件情况的单位和个人,都有义务出庭作证。最高法2001年《民诉证据规定》第53条第2款规定,待证事实与其年龄、智力状况或者精神健康状况相适应的无民事行为能力人和限制民事行为能力人,可以作为证人。证人李某某3、李某某2作证时虽然不满十周岁,系法律所规定的无民事行为能力人,但在诉讼过程中,二人对自己亲身经历的,与同为无民事行为能力人的李某某1、李某某共同玩耍过程进行作证,与其年龄、智力状况相适应。由于李某某不能证明李某某3、李某某2作证时精神状况与待证事实不适应,生效判决采信二人的证言,并据此认定李某某1受到的损害是由李某某造成的并无不当。李某某称李某某1受到的损害是由四个小朋友的共同危险行为所导致与事实不符。

---

〔26〕 参见河南省高级人民法院民事判决书,(2011)豫法民申字第00607号。

2. 证人证言与案件事实的关联性。这包含了证言与事实主张、事实主张与审判要素之间的两种关系。只要证人证言能够有助于证明或反驳要件事实,就具有了关联性。例如,在张三谋杀李四案件中,检方要求张三的母亲就张三有脚气作证。这份证言与张三有脚气的事实主张是相关的,也与待证事实相关,但与故意杀人的要件事实不具有相关性。在判断证人证言与案件事实是否具有关联性时,需要重点审查该份证言对待证的要件事实是否具有促进作用。实践中,有些案件存在“以量充质”的情况,即涉案证人数量众多,但能对案件要件事实发挥证明作用的却不多见,因此要进一步判断证人证言对案件事实到底存在何种联系。又如,在李某某故意杀人案件中,案件材料中虽有36名证人,但这些证人仅证实案发前被害人的行踪、案发后尸体被发现的经过及案发前被害人曾某偷钱经历等情况,证人证言均没有反映被告人李某某在案发前与被害人曾某接触,无法将被告人李某某与案件联系起来,不能证实被告人李某某杀害被害人。[27] 因此,证人证言与案件事实的关联性判断是证言审查的首要环节,不但要判断证人证言与案件要件事实之间的关联性,还需判断其与案件事实存在何种关联。

在审查判断证人证言关联性大小及其与其他证据的关联性时,一般需要结合具体案情,进行自由心证。但我国相关司法解释明确规定了采信证人证言证明力的规则。这些规则在一定意义上,成为判断证人证言关联性大小的指导性规则。例如,最高法《行诉证据规定》第63条规定,证明同一事实的数个证据,鉴定结论、现场笔录、勘验笔录、档案材料以及经过公证或登记的书证的证明效力一般优于其他书证、视听资料和证人证言。

(二)审查证人证言的真实性

证人证言的真实性审查应当从以下方面展开:

1. 审查证人证言的来源。证人以其亲自感知的案件信息为作证根据,须首先要审查证人证言的来源。如果证人是亲自听见、看见、闻到与案件事实相关的信息,可以就其感知到的案件事实作证。如果证人并未直接感知到案件事实,而是道听途说、听人转述获取的案件信息,则属于传来证据,证明力较低。在英美证据法中,证人在法庭外听到行为人的陈述,则该证人属于传闻证人,其所作证言为传闻证据,一般需要予以排除。倘若证人并非直接或间接感知到案件事实,而是进行了猜测性、评论性、推断性证言,则属于意见证据。最高法《刑诉法解释》第88条第2款规定:“证人的猜测性、评论性、推断性的证言,不得作为证据使用,但根据一般生活经验判断符合事实的除外。”

2. 审查证人的自身状况。这包括了证人的生理、心理、精神状态、年龄、阅历、文化水平等内容。这是因为证人证言的真实性与人的感知、记忆和表述机能密切相关。如果证人的身体、生理等客观情况存在缺陷,证人证言的可靠性自然会降低。例如,最高法《民诉证据规定》第96条规定:“人民法院认定证人证言,可以通过对证人的智力状况、品德、知识、经验、法律意识和专业技能等的综合分析作出判断。”此外,证人的特殊生理状况、表达能力也会影响到证言的效力。比如,我国《刑事诉讼法》第62条规定:“凡是知道案件情况的人,都有作证的义务。生理上、精神上有缺陷或者年幼,不能辨别是非、不能正确表达的人,不能作证人。”在一起贩卖毒品犯罪案件中,证人张某见证了毒品交易过程,其证人证言成为认定贩卖毒品的关键证据。但被告人及其辩护人提出,证人张某当时吸收

〔27〕 参见广东肇庆市中级人民法院刑事判决书,(2015)肇中法刑二初字第12号。

了海洛因,其精神状态不佳,不具备作证资格。本案侦查人员若能够出具张某尿检报告,表明其生理状况正常,则该证人证言有效。反之,则该份证人证言的证明力相对薄弱,仍需要其他证据印证。对此,最高法《刑诉法解释》第 88 条规定,处于明显醉酒、中毒或者麻醉等状态,不能正常感知或者正确表达的证人所提供的证言,不得作为证据使用。最高法《刑诉法解释》第 87 条进一步规定:“对证人证言应当着重审查以下内容:(一)证言的内容是否为证人直接感知;(二)证人作证时的年龄,认知、记忆和表达能力,生理和精神状态是否影响作证……”最高法《民诉证据规定》第 67 条规定:“不能正确表达意思的人,不能作为证人。待证事实与其年龄、智力状况或者精神健康状况相适应的无民事行为能力人和限制民事行为能力人,可以作为证人。”

3. 审查证人证言的形成过程。如前所述,证人证言的形成过程会经历感知、记忆和表达三个阶段,其中任何一个阶段均有可能因为主客观因素,导致证人证言存在失真或虚假。例如,案发过程的天气、光线、视线等环境条件,均会成为干扰证人证言可信度的制约因素。

4. 审查证人证言与案件有无利害关系。证人与当事人有无利害关系也会影响到证据的可靠性。最高法《民诉证据规定》第 87 条规定,审判人员对单一证据的审查,需要关注证人或者提供证据的人与当事人有无利害关系。第 90 条进一步规定,与一方当事人或者其代理人有利害关系的证人陈述的证言,不能单独作为认定案件事实的根据。例如,在一起强奸案中,被告人王某某系公安人员,在执行治安管理任务时“得罪”了被害人张某。张某向公安机关控告王某某对其实施了强奸,并有证人刘某作证。在侦查、审查起诉阶段,根据张某的陈述、刘某的证人证言,案件进入审判阶段。在案件审理阶段,法院查明,证人刘某系“被害人”张某儿子的女朋友,其证明王某某“强奸”系伪证。本案在之前的证据审查认定环节,未能重视证人与被害人的特殊关系,险些酿成错案。

5. 审查有无其他影响证人证言可靠性的情形。最高法《刑诉法解释》第 89 条规定:“证人证言具有下列情形之一的,不得作为定案的根据:(一)询问证人没有个别进行的;(二)书面证言没有经证人核对确认的;(三)询问聋、哑人,应当提供通晓聋、哑手势的人员而未提供的;(四)询问不通晓当地通用语言、文字的证人,应当提供翻译人员而未提供的。”上述情形在学理上被称为不可靠证据排除规则。但其本质上仍然是因为无法认定证人证言的真实性,而否定其作证资格的情形。这是因为如果没个别单独询问证人,那么证人证言会出现同质性、虚假性问题;未经证人签字确认、未提供作证辅助的证人证言,其真实性亦无法保证。

6. 审查证言之间以及与其他证据之间能否相互印证,有无矛盾;存在矛盾的,能否得到合理解释。例如,在案例 16 中,当事人双方之间存在复杂的融资、信托及物权确认关系,案情极为复杂。最高人民法院在认定核心争议事实时,回归到案件的证据基础,细致核实了关键证人证言的证明力。面对复杂的案件事实和法律关系,一是审查认定多份当事人陈述、证人证言内容是否一致、稳定。如果当事人、证人就同一待证事实做出了不同的陈述,或者证人之间前后矛盾,则其证明力存疑。二是结合案件其他证据,审查判定证人证言的证据能力和证明力。

案例 15　在肯考帝亚农产品贸易(上海)有限公司因与广东富虹油品有限公司、第三人中国建设银行股份有限公司湛江市分行所有权确认纠纷案〔28〕

就本案的证人证言认定而言,最高人民法院查明,肯考帝亚农产品贸易(上海)有限公司(以下简称肯考帝亚公司)在涉案提单何时由广东富虹油品有限公司(以下简称富虹公司)交付给其的前后陈述以及其提交的相关证据内容并不一致:原审法院 2009 年 5 月 21 日的谈话笔录中,肯考帝亚公司称涉案提单是于质押合同签订时由富虹公司交付给其,再由其在富虹公司协助下交给承运人;情况说明和袁某锋证人证言则又称提单是由元亨公司和富虹公司一起交给承运人;原审法院 2009 年 9 月 25 日庭审时,肯考帝亚公司则又称元亨公司于 2008 年 9 月 5 日代其收取提单。法院认为,肯考帝亚公司的陈述以及情况说明、袁某锋的证人证言不足采信。

(三)审查证人证言的合法性

审查证人证言的合法性应从如下方面进行:

1. 审查证据收集主体是否合法。关于证人证言收集主体是否需要遵循法定程序,在理论上尚有争议,且立法中的规定相对模糊。根据三大诉讼法调整的法律关系可知,刑事案件、行政案件的证人证言收集主体应当有相应资质或法定要求。例如,在刑事案件中,侦查机关作为法定侦查主体可以询问证人,并制作证人证言笔录,其中收集证人证言的主体必须为侦查人员、检察人员和审判人员。但就询问时的人数而言,《刑事诉讼法》和公安部《刑事案件程序规定》均未明确规定,只有最高检《刑事诉讼规则》第 192 条规定:"询问证人,应当由检察人员负责进行。询问时,检察人员或者检察人员和书记员不得少于二人。"此外,刑事案件中的辩护人,民事诉讼、行政诉讼中的律师、诉讼代理人也具有收集证人证言的资格。

2. 证人证言的收集程序是否违法。在刑事诉讼案件中,首先需要判断证人证言是否为非法证据。《刑事诉讼法》第 56 条规定,如果采用暴力、威胁等非法方法收集的证人证言、被害人陈述,应当予以排除。此外,最高法《刑诉法解释》第 87 条规定,出现下列情形,也属于收集程序不合法:询问证人未个别进行;询问笔录的制作、修改不符合法律、有关规定,未注明询问的起止时间和地点,首次询问时没有告知证人有关权利义务和法律责任,证人对询问笔录没有核对确认;询问未成年证人时,没有通知其法定代理人或者《刑事诉讼法》第 281 条第 1 款规定的合适成年人到场,有关人员没有到场等。

证人证言收集程序违法,并不必然会导致该份证据被排除。根据最高法《刑诉法解释》第 90 条规定:"证人证言的收集程序、方式有下列瑕疵,经补正或者作出合理解释的,可以采用;不能补正或者作出合理解释的,不得作为定案的根据:(一)询问笔录没有填写询问人、记录人、法定代理人姓名以及询问的起止时间、地点的;(二)询问地点不符合规定的;(三)询问笔录没有记录告知证人有关权利义务和法律责任的;(四)询问笔录反映出在同一时段,同一询问人员询问不同证人的;(五)询问未成年人,其法定代理人或者合适成年人不在场的。"据此可知,收集证人证言时,若出现上述情况,则应当尽早排除该份

〔28〕 载中华人民共和国最高人民法院公报,http://gongbao.court.gov.cn/Details/cee76d5737e9eff73beff5197beed7.html。

证据;如果该份证据违反了证据收集的法定程序,但符合补正或者合理解释的要求,则需审查补正或者合理解释是否正当、合理。

第五节 鉴定意见的审查判断

鉴定意见是指公安司法机关以及当事人委托或聘请的具有专门知识的人,对案件某些专门性问题进行检验、分析后,形成的判断性意见。与其他言词证据相比,鉴定意见不属于对案件事实的陈述或记录,而是鉴定人运用科学技术,对案件中的专门性问题进行的判断。鉴定意见与证人证言都是相对客观的证据,但二者在介入诉讼的时间节点、作出判断的根据上有所不同。尽管鉴定意见会体现出较强的科学性和专门性,但"外行人"仍需结合鉴定意见的特性,审查判断其证据能力和证明力。在审查判断鉴定意见时,需要注重鉴定意见本身的科学性、间接性、主观性等特征,主要从以下方面进行审查判断。

一、鉴定意见审查判断的基本要点

1. 应当重视鉴定意见的科学性。鉴定意见又被称为"科学证据",在司法实践中具有较高的证明价值。但在学理上,如何界定"科学证据"、识别"专门性问题"仍不够明确。例如,对案件中的血液、DNA 信息进行鉴别时,需要依靠科学仪器和设备;但对于艺术品价值、赃物价格认定、自然环境破坏程度等内容的判断,不仅要依靠科学知识,还会涉及特定经验和专门知识。对此,司法鉴定中的"专门性问题"包括以下含义:第一,它是案件证明对象范围内的问题;第二,它是需要专门的知识和技能,有时需要借助特定技术设备才能认识和说明的问题;第三,它不是常识性问题,也不是一般法律性问题,公安司法机关无法直接作出判断。据此,可将我国司法领域的专门性问题大致分为科学、技术和艺术性的专门性问题,国家或行业标准的专门性问题,国家授权的认定鉴定。由此可知,尽管鉴定意见具有较强的科学性,但并不是所有的司法鉴定意见均会依靠科学技术知识,只要鉴定人在某一领域具有一定的专门性、可靠性知识,能帮助司法机关准确认定案件事实即可。综上,在审查认定鉴定意见时,需要认识到鉴定意见的科学性源于鉴定人所具有的专门性和可靠性知识。

2. 应当关注鉴定意见的法律性。作为诉讼活动的组成部分,鉴定意见必须符合我国法律及相关司法解释的规定,否则将无法作为证据使用。我国法律对鉴定主体资质、鉴定范围、鉴定程序、鉴定方法、鉴定意见形式要件均作出了明确规定。例如,根据全国人大常委会《司法鉴定管理决定》及相关规定,我国司法鉴定范围大致包括法医类、物证类、声像资料类、环境类等"四大鉴定"。又如,我国司法部定期会颁行特定行业司法鉴定的行业标准和规范,如 2020 年颁布了《电子数据存证技术规范》《网络文学作品相似性检验技术规范》《法医毒物分析方法验证通则》等司法行政行业标准。如此一来,司法鉴定机构的鉴定根据、鉴定标准和鉴定行为必须根据法定的行业标准和行为规范展开。此外,即使鉴定机构根据法律规定出具了鉴定意见,该份鉴定意见也不会直接作为定案的根据,仍需经过法定的调查程序。以刑事案件为例,鉴定机构出具意见在未经法庭查证属实之前,仅为证据材料。只有经过法庭的举证、质证、认证等证据调查程序后,方能成为定案的根据。

在证据调查环节，为辅助法庭质询和认定鉴定意见，我国《刑事诉讼法》第 197 条还规定，公诉人、当事人和辩护人、诉讼代理人可以申请法庭通知有专门知识的人出庭，就鉴定人作出的鉴定意见提出意见。由此可知，在审查认定鉴定意见时，既要重视从法律规范层面审查认定鉴定的法律属性，也应利用法律规范辅助公安司法人员认定鉴定意见的证明力。

二、鉴定意见审查判断的内容与方法

（一）鉴定主体的资格

在诉讼活动中，无论是公安司法机关指派或聘请，还是当事人委托的鉴定单位或个人，都必须具备法定资质，否则由其出具的鉴定意见，无法作为定案的根据。在鉴定机构或鉴定人不具备法定资格和条件的情况下，无论其所提供的鉴定意见是否科学、可靠和权威，都要被排除于法庭定案根据之外。鉴定主体的资质是审查判断鉴定意见证据能力的前提要件。对鉴定资格的审查，应从以下内容展开：

1. 审查专业性资格。最高法《刑诉法解释》第 97 条规定，对鉴定意见应当着重审查鉴定机构和鉴定人是否具有法定资质。人大常委会《司法鉴定管理决定》规定了鉴定机构应当具备何种专业性的资质。该决定第 4 条规定："具备下列条件之一的人员，可以申请登记从事司法鉴定业务：（一）具有与所申请从事的司法鉴定业务相关的高级专业技术职称；（二）具有与所申请从事的司法鉴定业务相关的专业执业资格或者高等院校相关专业本科以上学历，从事相关工作五年以上；（三）具有与所申请从事的司法鉴定业务相关工作十年以上经历，具有较强的专业技能。因故意犯罪或者职务过失犯罪受过刑事处罚的，受过开除公职处分的，以及被撤销鉴定人登记的人员，不得从事司法鉴定业务。"第 5 条规定："法人或者其他组织申请从事司法鉴定业务的，应当具备下列条件：（一）有明确的业务范围；（二）有在业务范围内进行司法鉴定所必需的仪器、设备；（三）有在业务范围内进行司法鉴定所必需的依法通过计量认证或者实验室认可的检测实验室；（四）每项司法鉴定业务有三名以上鉴定人。"又如，公安部《行政程序规定》第 89 条规定："对精神病的鉴定，由有精神病鉴定资格的鉴定机构进行。"因此，鉴定机构不具备法定资质，或者鉴定事项超出鉴定机构业务范围、技术条件的，鉴定人不具备法定资质，不具有相关专业技术或职称的，由其作出的鉴定意见不得作为定案的根据。

案例 16 陈某浴与内蒙古昌宇石业有限公司合同纠纷案〔29〕

2005 年 5 月 1 日，陈某浴与内蒙古昌宇石业有限公司（以下简称昌宇公司）签订了开采内蒙古自治区和林格尔县榆树沟花岗石材的合同。后因陈某浴违约，昌宇公司将其诉至和林格尔县人民法院，最终法院判决解除双方签订的协议。2008 年 9 月 22 日，陈某浴向呼和浩特市中级人民法院（以下简称呼市中院）提起诉讼，请求昌宇公司补偿其在矿山投入的 900 万元。呼市中院委托内蒙古兴益联合会计师事务所（以下简称兴益会计师事务所）对陈某浴承包花岗岩矿期间的土方剥离、岩矿开采费用进行鉴证。兴益会计师事务所出具了《和林县榆树沟花岗岩矿土方剥离、花岗岩开采费用鉴证报告》（以下简称《鉴证报告》），确定陈某浴投入费用为 7,112,080 元。后因陈某浴未按期缴纳诉讼费，呼市中院于 2011 年 2 月 28 日作出（2008）呼民二初字第 88

〔29〕 参见最高人民法院民事判决书，（2014）民提字第 178 号。

号民事裁定,裁定该案按陈某浴撤诉处理。

2011年11月1日,陈某浴又向福建省宁德市中级人民法院(本案原一审法院)提起诉讼,请求昌宇公司依据上述《鉴证报告》的结果,补偿其在矿山投的入7,112,080元。宁德市中级人民法院认为,陈某浴提交的《鉴证报告》有呼市中院委托鉴定函、兴益会计师事务所出具的说明,昌宇公司经质证对其真实性无异议,可以作为定案依据。一审法院认定昌宇公司对陈某浴承担投资损失赔偿责任的基础主要是双方后续的5.3补充协议的可信性和《鉴证报告》的客观性及合法性。二审福建省高级人民法院维持了原审判决。

本案经最高人民法院再审,纠正了原审法院采信《鉴证报告》的做法,澄清了当事人在本案审理中提供的人民法院在另案审理中提出鉴定意见的使用规则。本案裁判文书指出,原审法院采信呼市中院审理陈某浴诉昌宇公司合同纠纷案中的《鉴证报告》作为认定陈某浴实际损失的证据,存在以下问题:第一,《鉴证报告》是陈某浴申请呼市中院委托兴益会计师事务所所作鉴证,因陈某浴申请撤诉,呼市中院已对该案作出撤诉处理。本案原审期间,陈某浴并未向原审人民法院(福建省宁德市中级人民法院)提出有关损失鉴定申请,原审法院将陈某浴提供的该《鉴证报告》作为鉴定意见予以质证和认定,违反2012年《民事诉讼法》第76条第1款的规定,属适用法律错误。同时,依据2012年《民事诉讼法》第78条的规定,鉴定意见即使为原审法院依法委托,该鉴定意见在当事人提出异议的情况下,原审法院亦应通知鉴定人出庭作证,否则不能采信为认定案件事实的证据。第二,本案《鉴证报告》属投入费用鉴证,不能作为认定投资损失事实的依据。该《鉴证报告》在内容上虽列明了陈某浴开采期间开挖的土方量和石方量及各项费用,但并未说明开挖的石方量中有商品荒料及形成多少商品荒料,即并未包含产品产出情况。综上,原审法院根据上述《鉴证报告》认定陈某浴的投资损失,认定事实和适用法律均有错误。

司法实践中,诸如该案中兴益会计师事务所出具的《鉴证报告》,一般将其视为鉴定意见的一种来进行审查,但实际上和严格意义上的鉴定意见有一定的区别。最高法《刑诉法解释》中笼统地将其称为"专门性问题报告",同时将其纳入鉴定意见的审查判断范围,具有相对的合理性。本案涉及实践中较为少见的鉴定意见审查中与鉴定主体有关的一个问题,即鉴定机构在与该案有关的他案中出具的鉴定意见能否直接作为证据使用?

根据2012年《民事诉讼法》第76条第1款的规定,"当事人可以就查明事实的专门性问题向人民法院申请鉴定。当事人申请鉴定的,由双方当事人协商确定具备资格的鉴定人;协商不成的,由人民法院指定"。第78条规定:"当事人对鉴定意见有异议或者人民法院认为鉴定人有必要出庭的,鉴定人应当出庭作证。经人民法院通知,鉴定人拒不出庭作证的,鉴定意见不得作为认定事实的根据;支付鉴定费用的当事人可以要求返还鉴定费用。"因此,鉴定意见只能在本案审理中依法申请、形成和使用。另案审理鉴定意见并非在本案依法形成,不具有合法性,不能在本案中直接作为鉴定意见使用。这体现了我国鉴定制度启动、适用和审查认定中的法定性要求。最高人民法院公报指出:"对于当事人在本案审理中提供的人民法院在另案审理中作出的鉴定意见,只宜作为一般书证,而不应作为本案的鉴定意见使用。"因此,对于同一事实提起不同诉讼的,只能在本案中通过法定程序另行委托鉴定机构出具鉴定意见,不能将他案中鉴定意见直接在本案中使用。

2. 审查是否违反法律禁止的其他事项的问题。根据我国《刑事诉讼法》及相关司法解释的规定,需要审查鉴定人是否与案件当事人有亲属或其他利害关系,是否符合回避条件而未回避。例如,一起故意伤害案件中,办案机关委托当地鉴定机构对被害人进行伤情鉴定,由于鉴定人与被害人系亲属关系,违背事实作出了有利于被害人的伤情鉴定意见,后因被告人不服,申请重新鉴定,发现原鉴定意见有误。[30]

(二)鉴定的过程

鉴定过程是鉴定机构根据法定程序和科学方法,对鉴定检材进行的分析、判断。审查判断鉴定过程,主要应当从以下几个方面进行:

1. 要审查鉴定检材是否真实、有效。因为检材是鉴定的对象,而有效、可靠的检材则是确保鉴定意见真实性的前提。对检材的审查判断包括以下方面:

(1)检材的来源。只有检材真实可靠,才能得出正确的鉴定意见。若检材来源不清,即使鉴定意见有助于认定案件事实,也可能会因为检材错误酿成错案。例如,在马某某故意杀人案中,现场提取的血指纹、泥掌印与马某某指纹比对一致,能够证明马某某可能去过犯罪现场,甚至实施了犯罪行为。但是该份鉴定意见的检材来源是不明确的,无法排除检材被调包、污染的可能性。该案亦无其他客观证据、直接证据予以印证。该份鉴定意见最终无法作为定案的根据。因为来源不清的检材可能与案件事实不具有关联性,若使用错误的检材信息,即使鉴定过程是正确的,也会导致结论南辕北辙。

(2)检材的取得、保管、送检是否合法,有无提取笔录、扣押清单予以支撑。之所以要重视检材提取、保管、送检等过程性证据,是因为上述证据保全链条若出现断裂,检材的可靠性亦无法得以保障。例如,在毒品犯罪案件中,毒品是定罪量刑的核心证据,涉案毒品的来源及其收集、保管、送检程序极为关键。公安机关在收集提取毒品的过程中,如果违反了相关规范,可能会导致涉案鉴定意见无法作为定案根据。因此,需要通过审查判断搜查、扣押、提取、保管等笔录的完整性、连续性,确保检材的同一性、真实性。

案例17　马某某涉嫌故意杀人案[31]

1998年9月11日晚12时许,被告人马某某在银川监狱砖厂夜间劳动值勤过程中乘机脱逃。1998年9月19日7时许,孙某某到吴忠市利通区金积镇阀门厂东侧某商店发现丈夫吴某甲遇害后报警。经法医鉴定,被害人吴某甲系钝器多次打击致颅脑严重损伤而死亡。2017年2月初,在开展命案积案专项工作行动中,吴忠市公安局利通区分局刑侦大队进行指纹入库比对,确认被告人马某某有作案嫌疑,于2017年3月3日在吴忠市利通区某餐厅北侧抓获被告人马某某。

本案马某某当庭对控方指控提出异议,表示其到过现场,但并未实施杀人行为。法院对本案关键的鉴定意见进行审查后,认为"本案中没有提取血指纹、泥掌印的笔录或清单,视频资料反映不出是否提取载有血指纹、泥掌印的玻璃板,是否提取血指纹、泥掌印。故两份手印鉴定意见所依据的检材来源不明,真实性存疑,不能作为证据使用。现因载有血指纹、泥掌印的玻璃板遗失,无法再行提取和重新鉴定"。

2. 审查鉴定技术和方法的科学性、合理性。例如,最高法《民诉证据规定》第24条规定:"人民法院调查收集可能需要鉴定的证据,应当遵守相关技术规范,确保证据不被污染。"这里的"技术规范"主要是指司法行政机关或行业出具的指导性规范,如《亲权鉴定

---

〔30〕 参见刘静坤:《证据审查规则与分析方法:原理·规范·实例》,法律出版社2017年版,第162页。

〔31〕 参见宁夏回族自治区吴忠市中级人民法院刑事判决书,(2018)宁03刑初15号。

技术规范》《道路交通事故痕迹物证鉴定通用规范》等鉴定技术规范，用于指导司法鉴定机构科学地分析和判断。此外，除采用行业规范约束司法鉴定行为外，在审查鉴定技术和方法时，还需要根据经验法则和逻辑法则，评估鉴定过程的合理性。

案例18 赵某侵犯商业秘密案〔32〕

公安机关立案侦查阶段，就权利人损失委托鉴定，鉴定机构以原材料价格与销售价格正相关为计算假设依据，剔除国外贸易、视同销售的营业收入及营业成本金额，销售收入/原材料比作为计算依据，认定企业损失为415.27万元。检察机关认为该损失计算为估计损失，而非实际损失，犯罪数额存疑。为查明损失数额，检察院启动自行补充侦查，调取25册3000余页账证进行核对，根据金税系统中的出库单和发票，以产品的实际出厂单价和数量为计算依据，认定鲁樱公司、久和公司损失数额为342.63万元，得到法院判决支持。检察人员细致审查了鉴定意见所采用的鉴定方法、鉴定依据，认为权利人计算的损失数额有误，最终使用了合理的损失计算方法，准确认定了案件事实。

3. 如果出现重新鉴定情况，则须严格审查重新鉴定的程序、事由和效力是否符合法律规定。这需要根据最高法《民诉证据规定》第40条的规定，审查如下内容：鉴定人不具备相应资格的、鉴定程序严重违法的、鉴定意见明显依据不足的、鉴定意见不能作为证据使用的其他情形。对鉴定意见的瑕疵，可以通过补正、补充鉴定或者补充质证、重新质证等方法解决的，人民法院不予准许重新鉴定的申请。重新鉴定的，原鉴定意见不得作为认定案件事实的根据。

案例19 常某文、王某等侵权责任纠纷案〔33〕

常某文因与王某骑行的自行车发生碰撞而受伤，依法应获得赔偿。本案的争议在于双鸭山市中医院司法鉴定所出具的双中司(2021)临鉴字33号司法鉴定书是否应予采信。二审法院维持了一审法院不采信鉴定意见的判决，其理由如下：首先，依据最高法《民诉证据规定》第39条的规定，因鉴定意见不明确或者有瑕疵需要鉴定人出庭的，出庭费用由其自行负担。鉴定意见作为民事证据的一种，应充分接受法庭和各方当事人的质询，在鉴定人第一次出庭后，王某胜等三上诉人明确提出鉴定人第一次出庭陈述与司法鉴定书记载不一致，双鸭山市中医院司法鉴定所在向一审法院复函中亦认可。其第二次未出庭原因为“结合鹤岗市南山区法院第一次出庭答疑出现的问题，经我鉴定机构专家组讨论鉴定意见中存在瑕疵因素”，与王某胜等三上诉人要求鉴定人出庭的理由相吻合，且经一审法院审查，该鉴定意见中鉴定人未依法签署承诺书，2021年6月23日X线片亦未经当事人质证，在鉴定意见可能存有瑕疵的情况下，一审法院未要求当事人预缴出庭费用通知鉴定人再次出庭接受询问并无不当。其次，依据最高法《民诉证据规定》第81条的规定：“鉴定人拒不出庭作证的，鉴定意见不得作为认定案件事实的根据。……当事人因鉴定人拒不出庭作证申请重新鉴定的，人民法院应当准许。”故在该机构拒不出庭的情况下，一审法院不采信其鉴定意见，并准许王某胜等三上诉人关于重新鉴定的申请符合法律规定。最后，双鸭山市中医院司法鉴定所于二审期间已明确表示撤回所作双中司(2021)临鉴

〔32〕 2020年度检察机关保护知识产权典型案例之二。

〔33〕 参见鹤岗市中级人民法院民事判决判决书，(2022)黑04民终490号。

字33号司法鉴定意见书，并声明无效。综上，一审法院不采信案涉双中司（2021）临鉴字33号司法鉴定书并无不当，应予维持。

（三）鉴定意见的形式要件

鉴定意见是鉴定结果的载体，是审查判断鉴定意见证据能力和证明力的重要根据，其中鉴定意见的形式要件是否规范、完备是决定其能否作为定案根据的必要条件。我国法律及相关司法解释规定了大量审查判断鉴定意见形式要件的内容。例如，最高法《民诉证据规定》第36条规定："人民法院对鉴定人出具的鉴定书，应当审查是否具有下列内容：（一）委托法院的名称；（二）委托鉴定的内容、要求；（三）鉴定材料；（四）鉴定所依据的原理、方法；（五）对鉴定过程的说明；（六）鉴定意见；（七）承诺书。鉴定书应当由鉴定人签名或者盖章，并附鉴定人的相应资格证明。委托机构鉴定的，鉴定书应当由鉴定机构盖章，并由从事鉴定的人员签名。"最高法《刑诉法解释》第97条第4项规定，鉴定意见的形式要件是否完备，是否注明提起鉴定的事由、鉴定委托人、鉴定机构、鉴定要求、鉴定过程、鉴定方法、鉴定日期等相关内容，是否由鉴定机构盖章并由鉴定人签名。

（四）鉴定意见的实质内容

鉴定意见是对送检材料的性质状态、种属认定、同一认定进行的结论判断。公安司法人员即使无法认识到鉴定的原理、方法和根据，但也可以根据案件事实和其他证据材料，进行如下判断：

1. 鉴定意见是否与案件事实具有关联性，以及关联性大小问题。如在康某良故意杀人案中，尽管作案工具马扎上检出康某良与徐某某混合DNA的鉴定意见，但其对认定康某良故意杀害徐某某的证明价值有限，即关联性较小。不能因为犯罪现场或工具提取到了嫌疑人的DNA信息，就认定其到过现场，实施过犯罪行为。

2. 鉴定意见与案件其他证据之间是否存在矛盾，能否相互印证。如果鉴定意见与案件其他关联性、真实性较高证据之间不一致，则应当细致审视鉴定意见的证明力。这其实也与鉴定意见对证明案件事实的间接性相关。

案例20　江苏源达机械科技有限公司与苏州市司法局、苏州市人民政府行政复议一审行政案〔34〕

原告江苏源达机械科技有限公司（以下简称源达公司）不服被告苏州市司法局司法鉴定投诉处理结果及被告苏州市人民政府行政复议决定，向苏州市姑苏区人民法院提起行政诉讼。法院认为，该案争议焦点在于，原告关于同济所鉴定意见与法院委托事项不相关、构成虚假鉴定的投诉是否成立，被告苏州市司法局所作投诉处理结果是否合法。关于案涉鉴定意见与法院委托事项是否相关问题，经查，同济所关于检材《借款借据》中还款日期处年份栏中文字是由"2014"改写为"2015"，其中"5"字笔画存在重描修饰，可视为此处文字经过一次改动的结论意见，与建湖法院委托鉴定的《借款借据》相关数字是经过一次改动还是二次改动、如果二次改动则二次改动间隔时间（是否为同时时间改动）及修改后所形成文字的事项能够形成相互对应关系，即同济所完成了建湖法院委托鉴定事项；同时，建湖法院生效判决对上述鉴定程序及结论亦予以

〔34〕　参见苏州市姑苏区人民法院行政判决书，（2019）苏0508行初35号。

确认,故原告关于同济所鉴定意见与委托事项不相关、构成虚假鉴定的主张,人民法院不予采纳。至于同济所鉴定意见适用《篡改(污损)文件鉴定规范》是否正确,涉及鉴定活动专业技术问题,系投诉人对鉴定结论本身的异议,根据《司法鉴定执业活动投诉处理办法》(司法部令第123号)第12条第3项的规定,不属于投诉受理范畴。被告苏州市司法局告知原告行政机关不介入专业技术争议、原告对鉴定意见有异议可向办案机关提出证据并由办案机关进行处理,并无不当。据此,被告苏州市人民政府经复议审查,决定维持苏州市司法局所作投诉处理结果,符合行政复议法的规定,所作复议程序亦无不当。

(五)专门性报告、事故调查报告的审查判断

在我国长期实行的司法鉴定制度中,由法定部门核准的司法鉴定机构及其鉴定人是解答涉案专业性问题的唯一主体,其他专家的意见均被排除在诉讼之外。在司法实践中,这类非鉴定性专家意见对认定案件事实中的专门性问题具有重要的价值,逐步受到立法机关的关注。例如,在2012年《刑事诉讼法》修正时,增加了“具有专门知识的人”。2021年,最高法《刑诉法解释》第100条规定:“因无鉴定机构,或者根据法律、司法解释的规定,指派、聘请有专门知识的人就案件的专门性问题出具的报告,可以作为证据使用。对前款规定的报告的审查与认定,参照适用本节的有关规定。经人民法院通知,出具报告的人拒不出庭作证的,有关报告不得作为定案的根据。”第101条规定:“有关部门对事故进行调查形成的报告,在刑事诉讼中可以作为证据使用;报告中涉及专门性问题的意见,经法庭查证属实,且调查程序符合法律、有关规定的,可以作为定案的根据。”上述规定赋予了专门性问题报告、事故调查报告证据资格。对于专门性报告,其审查判断方式可以参照鉴定意见。但仍需注意非鉴定专家意见的资质问题,特别是该份意见对专门性问题的认定优势,避免出现此类意见过度使用的现象。事故调查报告属于行政证据,更为强调行政主导、综合审查,严谨性和独立性不足。[35] 因此,在审查认定事故调查报告时,需要注重取证主体的中立性、取证人员的专业性、取证程序的正当性、报告结论的可靠性。[36] 总之,专门性问题报告、事故调查报告等新型的类鉴定意见将会促进诉讼活动中的专门性事实的准确认定,但同时应明确该类证据的适用边界和审查方式。

案例21 刘某等人重大责任事故罪[37]

2020年12月4日16时40分,重庆市永川区吊水洞煤业有限公司(以下简称吊水洞煤矿)井下发生重大火灾事故,造成23人死亡、1人重伤,直接经济损失2632万元。12月7日,依据国家有关法律、法规规定,国家矿山安监局和重庆市人民政府组织成立了吊水洞煤矿“12·4”重大事故调查组(以下简称事故调查组)。经调查认定,吊水洞煤矿“12·4”重大火灾事故是一起生产安全责任事故。

〔35〕 参见龙宗智:《立法原意何处寻:评2021年最高人民法院适用刑事诉讼法司法解释》,载《中国法学》2021年第4期。

〔36〕 参见冯俊伟、王玉荣:《论事故调查报告证据能力问题——以新〈刑诉法解释〉第101条为中心》,载《上海政法学院学报(法治论丛)》2022年第1期。

〔37〕 系作者参与办理的案件。

事故调查组最终出具的《重庆市永川区吊水洞煤业有限公司"12·4"重大火灾事故调查报告》(以下简称事故调查报告)内容包括以下部分:

1. 事故有关情况:(1)事故发生和救援情况;(2)事故发生地点;(3)事故发生单位基本情况;(4)吊水洞煤矿关闭退出情况;(5)吊水洞煤矿井下设备回收情况。

2. 事故直接原因(此部分均附有相关图片):(1)燃烧物的分析认定;(2)引火源分析认定。

3. 有关责任单位存在的主要问题:(1)吊水洞煤矿;(2)胜杰回收公司;(3)茶山竹海街道办事处及其应急办;(4)永川区能源局;(5)永川区应急管理局;(6)其他有关单位。

4. 对有关责任人员和单位的处理意见:(1)已被公安机关采取强制措施人员;(2)有关公职人员;(3)建议给予行政处罚的单位和个人。

5. 事故的主要教训:(1)企业严重违法违规;(2)对岩层渗出油认识不足;(3)属地及部门监管不力;(4)煤矿关闭退出安全监管规定不完善。

6. 事故防范和整改措施建议:(1)加强煤矿安全生产工作的领导;(2)严格落实企业安全生产主体责任;(3)加强岩层渗出油的管理;(4)加强煤矿驻矿安监员管理;(5)明确关闭退出煤矿的管理规范;(6)加强煤矿安全生产监管工作。

在该次事故调查中,事故调查组坚持"科学严谨、依法依规、实事求是、注重实效"的原则,通过现场勘查、调查取证、检测鉴定、模拟实验、专家论证,查明了事故发生经过、类别、原因、人员伤亡和直接经济损失情况,查清了胜杰回收公司、吊水洞煤矿相关情况,认定了事故性质和责任,提出了对有关责任人员和责任单位的处理建议,指出了事故暴露出的突出问题和教训,提出了加强和改进工作的措施建议。从《事故调查报告》的内容来看,既涉及事实认定问题,也涉及法律适用问题;既包括了证据分析,也包括了责任认定;既涉及刑事责任认定,也涉及党纪政纪责任认定;既包括事故本身的调查,还包括了问题教训的分析,并提出了改进工作的建议;等等。因此,《事故调查报告》作为处理此类案件中最为重要的一个证据,其法律属性很难简单界定为现有法定证据种类中的哪一类,最高法《刑诉法解释》将其纳入鉴定意见的审查判断之中,同时解释认为其属于一种相对独立的证据种类,是囿于刑事诉讼法对证据种类的闭合性规定而作出的不得已的一种处理。司法实践中,对于事故调查报告的审查判断应当综合鉴定意见、书证等相关证据的知识来综合分析认定。

典型案例评析

案例 9-1　秦某强奸、猥亵儿童案:被告人零口供情形下证据的审查判断运用[38]

河北省石家庄市人民检察院指控被告人秦某犯强奸罪、猥亵儿童罪,向石家庄市中级人民法院提起公诉。被告人秦某否认犯罪。石家庄市中级人民法院以(2013)石少刑初字第00011号刑事附带民事判决,认定被告人秦某犯强奸罪,判处死刑,缓期2年执行,剥夺政治权利终身;犯猥亵儿童罪,判处有期徒刑4年6个月,决定执行死刑,缓期2年执行,剥

[38] 参见最高人民法院刑事审判一、二、三、四、五庭编:《刑事审判参考》(第129辑),人民法院出版社2022年版,第24-34页。

夺政治权利终身。被告人在法定期限内没有上诉、抗诉。石家庄市中级人民法院依法报请河北省高级人民法院复核。河北省高级人民法院于2013年12月24日作出(2013)冀刑四复字第61号刑事裁定,撤销原判,发回重审。

石家庄市中级人民法院经重新审理查明,2011年夏天至2012年10月,被告人秦某在河北省行唐县某某小学办公室、澡堂、学生宿舍及其家中多次将其学生柴某某、李某某强奸、猥亵,将其学生严某某、靳某某、袁某某、刘某某、刘某佳猥亵。

石家庄市中级人民法院认为,被告人秦某利用教学便利条件,长期多次对幼女学生柴某某、李某某实施奸淫,情节恶劣,其行为已构成强奸罪;长期多次对幼女学生柴某某、李某某、严某某、靳某某、刘某某实施猥亵行为,对袁某某、刘某佳各实施一次猥亵行为,其行为已构成猥亵儿童罪,应依法数罪并罚。依法判决如下:秦某犯强奸罪,判处无期徒刑,剥夺政治权利终身;犯猥亵儿童罪,判处有期徒刑4年6个月,决定执行无期徒刑,剥夺政治权利终身。

宣判后,被告人秦某提出上诉。

河北省高级人民法院认为,被告人秦某对不满14周岁的幼女实施奸淫、猥亵行为,已分别构成强奸罪、猥亵儿童罪,应当数罪并罚,并应根据其犯罪的事实、性质、情节等,依法在法定量刑幅度内从重处罚。原判决认定事实正确,诉讼程序合法,但对强奸罪部分量刑不当。以秦某犯强奸罪改判有期徒刑6年,剥夺政治权利1年,与其犯猥亵儿童罪判处的刑罚并罚,决定执行有期徒刑10年,剥夺政治权利1年。

裁判发生法律效力后,河北省人民检察院认为生效裁判确有错误,提请最高人民检察院按照审判监督程序提出抗诉。

最高人民检察院抗诉认为,原审被告人秦某利用其教师身份,对两名不满12周岁的幼女学生多次实施强奸,属于"奸淫幼女情节恶劣"依据《刑法》第236条第3款第1项之规定,应当判处10年以上有期徒刑、无期徒刑或者死刑;秦某在集体宿舍内利用夜间查寝之机猥亵儿童,其行为属于"在公共场所当众"猥亵儿童,依据《刑法》第237条第2款之规定,应当判处5年以上有期徒刑。二审判决适用法律错误,量刑不当,应予纠正。为支持其抗诉意见,最高人民检察院提交三份新证据以补强原有证据:(1)被害人柴某某于2012年10月31日在行唐县人民检察院所作的陈述;(2)涉案学校女生集体宿舍内部陈设的照片,证实该宿舍内有上下两层大通铺共20个床位;(3)涉案学校班级西边教室、洗澡堂现场布局及设施的照片,证实秦某强奸柴某某、李某某的犯罪地点。

最高人民法院经再审查明,2011年夏天至2012年10月,原审被告人秦某在河北省行唐县某某小学担任被害人柴某某、李某某、严某某、靳某某、袁某某、刘某某、刘某佳的年级班主任期间,利用午休、晚自习及宿舍查寝、带学生看病等机会,分别在学校办公室、教室、洗澡堂、集体宿舍等地多次将柴某某、李某某强奸、猥亵,并将柴某某带回其家中强奸;多次猥亵靳某某、严某某、刘某某,猥亵袁某某、刘某佳各一次。

最高人民法院认为,原审被告人秦某对不满14周岁的幼女实施奸淫、猥亵,其行为已构成强奸罪、猥亵儿童罪,应依法数罪并罚;其利用教师身份和便利,多次奸淫两名不满12周岁的幼女学生,属于奸淫幼女情节恶劣,应依法从重处罚;其利用教师身份和便利,猥亵多名不满12周岁的幼女学生,并多次在公共场所当众猥亵儿童,应依法从重处罚。秦某的犯罪行为不仅给各被害人的身心健康造成了极大的伤害,而且引发多名女学生产生心理恐慌,继而出现逃学、辍学情形,危害后果严重;其身为人民教师却违背师德,对多名幼女学生实施强奸、猥亵行为,严重挑战社会伦理道德底线,影响极其恶劣;其利用被害人年幼无知以及对其教师身份的忌惮心理,在长达1年多时间里持续实施强奸、猥亵行为,社会危害性极大,应依法从严惩处。原判认定秦某犯强奸罪、猥亵儿童罪的事实清楚,证据确实、充分,定罪准确,审判程序合法。但原判未认定秦某奸淫幼女系多次且属于情节恶劣,猥亵儿童具有在公共场所当众猥亵的情节,导致适用法律错误,量刑不当,应依法予以纠正。依照刑法相关规定,判决秦某犯强奸罪,判处无期徒刑,剥夺政治权利终身;犯猥亵儿童罪,判处有期徒刑10年,决定执行无期徒刑,剥夺政治权利终身。

|评析| 证据上具有"一对一"特点的受贿、强奸、奸淫幼女、猥亵妇女儿童等案件的被告人为了逃避法律追究,拒不供述犯罪事实的情形时有发生。对此,我国《刑事诉讼法》明确规定"没有被告人供述,证据确实、充分的,可以认定被告人有罪和处以刑罚"。在刑事司法实践中,办理零口供案件,应当准确把握案件事实证据特点,结合社会常识、生活逻辑、常理常情,实事求是地加以判断。对于性侵未成年人案件,在被告人拒不供述的情况下,应当着力构建以被害人陈述为中心的证据审查判断和运用体系,注重从案件侦破揭发过程、被告人同被害人之间的关系、被害人的认知表达能力以及指证被告人的动机、被害人陈述是否自然合理并得到其他证据印证等方面对被害人陈述进行全面审查。同时,也要注重审查被告人的辩解是否能得到证据证实,是否符合常识常理常情,是否能够使人对其实施了被控行为形成合理怀疑。

该案7名被害人均为不满12周岁的女童,是原审被告人秦某的学生。一方面,这些被害人年龄小和阅历浅,对性侵害行为缺乏足够认知和辨识能力,更不具备保存和收集证据的意识和能力;另一方面,面对作为老师的被告人,充满敬畏和忌惮,长时间忍辱和迁就,使得案发时已时过境迁,侦查机关失去了提取证据的最佳时机,导致未能收集到足以锁定秦某作案的痕迹、物证等客观证据,以至于出现证据薄弱,认定困难的局面,加之秦某更是百般辩解,拒不供认。最高人民法院在审理本案过程中重点审查被害人陈述和证人证言,逐一审查各被害人的陈述及证人证言是否客观真实,是否存在无法排除的矛盾和合理怀疑,在此基础上结合其他证据的审查,综合认定犯罪事实:

第一,该案案发正常,侦破过程自然。案发的起因系学生李某因听被害人柴某某向其诉说被班主任老师秦某性侵害的事后感到害怕,先告诉自己母亲柴某红,继而在柴某红陪同下向校方负责人宇某某反映,并叫来被害人柴某某进行了核实。柴某某母亲王某某在询问女儿后,便于第二天带柴某某到公安局报案。侦查人员在侦查中陆续发现另外6名被害人并逐个进行了核实。案件因此告破。

第二,7名被害人不约而同均指证原审被告人秦某。被害人柴某某、李某某关于被秦某用性器官接触的方式奸淫,7名被害人关于被秦某亲嘴搂抱、抚摸阴部的陈述,内容完整、语言自然、意思清晰,前述被害人关于被侵害时间、地点、情节的陈述符合各自的年龄阶段的认知和行为特征,且不存在无法排除的矛盾,具有客观性和合理性。

第三,从被害人同被告人之间的关系来看,被害人没有诬告原审被告人秦某的动机。各被害人都是秦某的学生,经调查,这些被害学生及其家长与作为班主任的秦某之间不存在矛盾和纠纷,没有理由以自毁清白和名誉的方式构陷秦某。因此,可以排除本案多名被害人同时诬告陷害秦某的可能性,可以认定被害人陈述客观真实。与此同时,不同的被害人在与证人日常交谈中，不自觉地说出了被秦某性侵的事实，亦符合这些学生的年龄和心理特征。

第四，相关医院门诊诊断证明被害人柴某某和李某某的处女膜破裂，能够间接印证二人关于被性侵害事实的陈述。这些诊断证明虽不能直接指证系秦某作案，但是二被害人均系只有10岁幼童，没有性行为的经历，也无证据证明曾遭他人性侵，该二被害人明确指证秦某实施性侵行为，可以排除他人作案的可能。

第五，被害人对现场的指认过程自然客观，其描述被性侵的细节与现场环境相符合。经现场查看，柴某某指认的被秦某奸淫的教室中确有高约十几厘米的讲台，洗澡堂洗浴间确有高度20多厘米的门槛台阶。讲台、门槛台阶的位置和高度（接近秦某与柴某某之间的身高差）与柴某某的陈述吻合，能够印证柴某某陈述中"秦某让其站在讲台上、门槛高台上进行性器官接触"这一事实情节。

第六，原审被告人秦某关于自己无罪的辩解与其他相关证据之间存在诸多矛盾，其亦不能对这些矛盾作出合理解释。秦某称在其家卧室床单上提取的血迹系柴某某流的鼻血，而柴某某陈述当晚没有受伤也没有流过鼻血，经鉴定，该可疑血迹亦不是柴某某所留；秦某关于几名被害人主动认其为干爹的辩解与相关被害人及其家长关于秦某要认孩子做干女儿，她们均不同意的陈述和证言相互矛盾；秦某拒不供认将被害人单独叫出教室，而多名被害人及同班学生均证明秦某经常在晚自习时将几名被害人从教室单独叫出。综前所述，秦某的辩解与被害人陈述、证人证言及鉴定意见存在诸多矛盾，不能作为定案的根据。综上，最高人民法院认为，虽然原审被告人秦某始终否认强奸、猥亵儿童的犯罪事实，但多名被害人陈述和证人证言及其他相关证据能够相互印证，认定秦某犯强奸罪、猥亵儿童罪的犯罪事实，证据确实、充分。

案例9-2 念某故意杀人案：改判无罪的关键在于死因鉴定意见存在较多问题，未被采信〔39〕

2006年7月27日夜，福建省平潭县澳前村17号两户居民家中多人出现中毒症状，其中两人经抢救无效死亡。警方经过侦查，确定是人为投入氟乙酸盐鼠药所致，认为其邻居念某有重大作案嫌疑，念某后被提起公诉。该案历时6年10次开庭审判，4次被判处死刑立即执行。2012年8月22日，福建省高级人民法院作出终审判决，判决念某无罪。

该案中，控辩双方的主要争议焦点之一是被害人俞乙、俞丙是否系氟乙酸盐鼠药中毒死亡。法院再审认为：检辩双方出示的上述证据能够证实，被害人俞乙、俞丙系中毒死亡。但原判认定系氟乙酸盐鼠药中毒，证据不确实、不充分。

1. 检材与标样的质谱图不应相同。标注为被害人俞丙尿液和标注为标样的两份质谱图相同，有悖常理。同时，标注为俞丙尿液的质谱图、检验电子数据的文件名，与俞丙尿液检材的名称也不相符。检方聘请的专业人员提出，该质谱图是否为俞丙尿液的质谱图存疑。辩方聘请的专业人员提出，该质谱图就是标样而非尿液的质谱图。鉴定人出庭说明二者质谱图相同，系将俞丙尿液的质谱图当作标样的质谱图归入档案造成；检验电子数据的文件名与检材的名称不相符，系因命名规则不统一造成。该解释不足以采信。补充的尿液

---

〔39〕 参见福建省高级人民法院刑事判决书，(2012)闽刑终字第10号。

实验因检验条件不相同，缺乏证明价值。因此，俞丙尿液检材的检验结果的真实性存疑。

2. 分别标注为被害人俞乙心血、呕吐物的两份质谱图也相同，同样有悖常理。同时，标注为俞乙呕吐物的质谱图、补充所称的俞乙心血的质谱图以及检验电子数据的文件名，与俞乙呕吐物、心血检材的名称也不相符。鉴定人出庭说明二者质谱图相同，系因文件名近似误把呕吐物的质谱图当成心血的质谱图归入档案造成；检验电子数据的文件名与检材的名称不相符，系因命名规则不统一造成。该解释亦不足以采信。因此，俞乙心血、呕吐物检材的检验结果的真实性也存疑。

3. 鉴定机构在对俞丙的尿液、心血和俞乙的尿液、心血和呕吐物检材的检验过程中，均未按照专业规范要求进行"空白"对照检验，以防止假阳性检验结果，因此难以排除检材被污染的可能。

4. 根据俞丙心血、俞乙尿液检材的检验数据，能否判定检出氟乙酸盐鼠药成分，双方聘请的专业人员提出的意见严重分歧。因此，从俞乙心血、俞丙尿液中检出氟乙酸盐鼠药成分的检验结论可靠性存疑。此外，与被害人共进晚餐的俞甲、念某珠有中毒症状，但未做相应检验，无法认定中毒原因；丁某虾、陈某娇自述并无明显中毒症状，也未做相应检验，是否中毒不明。综上，据以认定二被害人中毒原因的理化检验报告不足以采信，其他共进晚餐人员认定中毒原因或有无中毒缺乏充分依据，原判认定二被害人死于氟乙酸盐鼠药中毒的事实不清，相关证据不确实、不充分。

｜评析｜ 该案之所以不能认定二被害人死于氟乙酸盐鼠药中毒，关键原因在于对毒物的鉴定存在若干问题。无论是"检材与标样的质谱图不应相同"、"心血、呕吐物检材的检验结果的真实性存疑"还是"难以排除检材被污染的可能"等，其问题的实质都在于违反了司法鉴定的相关程序规定，进而导致无法保障鉴定意见的准确性。根据最高法《刑诉法解释》第 98 条的规定，如果鉴定意见存在送检材料、样本来源不明；鉴定对象与送检材料、样本不一致；鉴定程序违反规定以及鉴定过程和方法不符合相关专业的规范要求等情形之一的，不能作为定案的依据。因此，福建省高级人民法院据此认定"二被害人死于氟乙酸盐鼠药中毒的事实不清，相关证据不确实、不充分"是符合法律规定的。通过此案也反映出，虽然鉴定意见具有较强的科学性，但其对案件真实情况的反映是建立在严格遵守法定程序的基础之上的。对鉴定意见的审查和判断，既要关注鉴定本身所依托的技术、手段是否符合科学性，也要着重审查鉴定意见的形成过程是否严格遵守了相关程序规定。同时，从该案念某被最终改判无罪，也可以看出鉴定意见的审查判断在定案中的重要意义。

案例 9-3　山东德嘉液压制品有限公司诉山东聊建集团有限公司、赵某国建设工程施工合同纠纷案〔40〕：当事人自认的事实与法院查明的事实不一致时的处理

再审申请人山东德嘉液压制品有限公司因与被申请人山东聊建集团有限公司、一审第三人赵某国建设工程施工合同纠纷案，不服山东省德州市中级人民法院(2018)鲁 14 民终 1481 号民事判决，向山东省高级人民法院申请再审。山东德嘉液压制品有限公司申请再审称：(1)证据规则适用错误。被申请人在原一、二审中对申请人给付的工程款数额在诉状、开庭陈述中予以认可，应认定构成了法律上的自认，二审法院裁定将本案发回一审法院重

〔40〕 参见山东省高级人民法院民事裁定书，(2019)鲁民申 1585 号。

审后,被申请人不认可申请人给付被申请人的工程款数额,二审判决没有采信被申请人自认的事实,在证据规则适用上存在错误。(2)本案欠款数额计算错误。二审判决没有对被申请人主张的工程款数额以及申请人给付的数额进行认真核算,所确认的欠付工程款数额缺乏事实依据,计算存在严重错误。

法院经审查认为:关于民事诉讼自认规则的适用问题,自认是当事人对自己不利事实的承认,属于免证事实的范畴。一般而言,在同一诉讼程序中,当事人自认的事实无须对方承担举证责任,法院也应当对当事人自认的事实予以确认,除非当事人反悔并有充分相反证据予以推翻,这是民事诉讼诚实信用原则的具体体现。从原审查证的事实来看,被申请人对于申请人的付款500万元在原一、二审程序中予以认可,但本案被发回重审后,当事人在重审程序中反悔。尔后,二审法院根据双方在案涉合同中约定的工程价款付款方式,以及申请人提交的付款证据本身存在的瑕疵,没有在后续程序中对被申请人的自认事实作出确认,而是根据本案在案的现有证据,对涉案工程价款数额作出认定,不宜认为二审判决违反了民事诉讼证据规则。二审判决对涉案工程价款欠付数额的认定,主要依据的是2015年4月22日申请人出具并加盖印章的对账函。经法院审查,该对账函系申请人在案涉工程竣工验收后出具的,对账函记载事项清晰,欠款数额明确,且对账函在建设工程合同中通常具有对账结算协议的性质。因此,二审判决采信该对账函作为确认涉案工程价款的依据亦符合建设工程领域的常理。

|评析| 该案在程序上涉及证据法中的当事人自认规则等有关问题。根据2019年最高法《民诉证据规定》第3条的规定,在诉讼过程中,一方当事人陈述的于己不利的事实,或者对于己不利的事实明确表示承认的,另一方当事人无须举证证明。案件事实的发现,主要依赖当事人之间展开的诉答与抗辩,但如果一方当事人对于己不利事实既不承认也不否认,经审判人员询问后,仍然不明确表示意见,则视为对该事实的承认。此处所谓的"自认"为法律上的拟制,即默示的自认(也称拟制自认)。拟制自认的法理基础主要来自辩论主义、诉讼促进义务和诚实信用原则。

该案中,被申请人对于申请人的付款500万元在原一、二审程序中予以认可,但此种承认不是采取明示的方式表达出来,而是采取拟制自认的方式。该案被发回重审后,在重审审理时对于当事人在原审时自认的事实是否对当事人和法院具有约束力,特别是当事人在重审程序中反悔的,法院能否直接确认原来程序中自认的事实,无论在证据法理论上还是实务上均存在认识分歧,这也是该案原一、二审法院认知不一致的原因所在。根据最高法《民诉证据规定》第8条第2款的规定,自认的事实与已经查明的事实不符的,人民法院不予确定。基于此规定,在当事人已经对自认的事实提出异议的情形下,法院并非简单地援引之前当事人自认的事实,而是根据其他有力证据对涉案工程价款数额作出认定,且根据已查明的事实作出认定,这本身亦符合民事诉讼的规则和目的。因此,申请人申请再审对二审判决的该事实认定虽持有异议,但不能提供充分的相反证据动摇二审判决的认定,法院理应驳回申请人的再审申请。

主要文献著述

1. 王峥、许昆编:《命案口供治理与错案预防的证据学对策研究》,东北大学出版社2018年版。

2. 张伟:《证言可信性研究》,法律出版社 2022 年版。
3. 颜飞:《书面证言使用规则研究》,中国法制出版社 2012 年版。
4. 刘丽云:《常见司法鉴定意见质证要点》,法律出版社 2021 年版。
5. 章宣静:《司法会计鉴定意见审查实务》,法律出版社 2022 年版。

第十章　实物证据的审查判断

第一节　物证的审查判断

一、物证概述

物证是以其外部特征、物质属性、存在状况等证明案件事实的物品与痕迹。物证作为诉讼程序的重要证据,其既包括有交易价值和使用价值的动产、不动产,如确权之诉中争议的物品、房屋、土地等,也包括不属于物权客体的各种物品,如毒品犯罪案件中的毒品、故意杀人案件中的尸体等。物证是以其外部特征、物质属性、存在状况等证明案件事实,这是物证区别于其他证据种类的重要特征。其他种类的证据可能也具有物质载体或物质表现形式,如书证、视听资料,但它们主要是以其记载或表达的内容、思想来证明案件事实。物证并不是以其记载的内容或表达的思想来证明案件事实,其本身的特征、属性等就可以发挥证明作用。

物证具有较强的稳定性、客观性,其形成之后物质形态就相对较为固定,但有些物证因为其物理或化学性质,导致其稳定性相对较弱,比较容易受到外部环境的影响,如指纹、血迹等痕迹类物证。物证作为客观存在的物品,无法自己揭示与案件之间的联系,也无法自己表达对案件事实的证明作用,因此,物证也被称为“哑巴证据”,它需要借助于人的识别或者借助于相关科学设备、技术方法来揭示案件信息。另外,物证具有不可替代性,其证据价值专属于特定物品或痕迹中,即便是属于种类物的物证,也无法通过其他相同物品来替代该物证,因为其替代物与案件事实之间缺乏关联性。因此,对于物证的审查判断,既需要审查其收集、移送、保管等内容,也应当审查其与案件事实的关联性、对案件事实的实质证明价值等内容。

二、物证审查判断的要点

(一)物证是否为原物,复制品等是否与原物相符

根据最佳证据规则的要求,物证作为证据使用时原则上应当是原物,仅在法定例外情形之下才可以使用其复制品、照片、录像。物证的原物是直接来源于案件事实的原始证据,也是用于证明案件事实的最佳证据。基于原件所形成的复制品、照片、录像等证据,属于传来证据,它们并非直接来源于案件事实,其复制、录像等过程中可能存在案件信息的减损、丢失等问题,从而降低其真实性与可靠性。根据最高法《刑诉法解释》第 82 条第 1 项之要求,对于物证首先需要审查其是否为原物;若为物证的照片、录像、复制品,则需要审查其是否与原物相符,是否由二人以上制作,有无制作人关于制作过程以及原物存放于何处的文字说明和签名。最高法《民诉证据规定》也有类似要求,法院调查收集物证,原则上应当收集原物;当事人提交物证,原则上应当是物证原件,仅在法定例外情形下,才可

以使用复制品、照片、录像等;法院在审查物证时,需要审查物证是否为原物,审查复制品是否与原物相符。在诉讼程序中,若当事人提供了物证原件,对方当事人通常不会对其形式真实性提出异议。比较有争议的是当事人提出了物证的复制品、照片、录像等传来证据。

案例1　王某非法毁坏国家重点保护植物案[1]

在王某非法毁坏国家重点保护植物案中,检察机关提供了扣押清单及照片,证明王某非法毁坏的树木情况。辩护方对扣押清单证实的内容有异议,法庭举证没有对实物进行质证,物证没有实物,只有几张照片。法院经审理后认为:本案涉案关键物证没有随案移送,不能当庭质证,庭审提供的照片不能反映原物的外形及特征,且涉案树木不是由被告人持有,是在现场提取,应制作提取笔录,用扣押清单替代涉案物证不当;上述证据不能证明涉案物证的来源合法,无法判断物证的客观性。故对该物证照片不予采信。

在该案中,涉案珍稀树木是认定案件事实的关键物证,但树木属于土地附着物,其通常无法取得原物。即便取得原物,该物证也不便直接在诉讼程序中移送、流转、出示。此类物证就属于收集、出示原物确有困难的情形,其只能通过拍照、录像等方式移送的传来证据。在该案中,侦查人员对涉案树木予以拍照。该照片属于物证的传来证据,其作为定案根据需满足相应条件,即复制品应当与原物相符。在该案中,照片应当完整、全面反映毁坏树木类型、数量、方式、程度等信息。另外,侦查人员需要对拍摄涉案树木照片的过程、原因、方法等制作笔录,以便为法院后期审查照片与原物是否相符提供基础材料。但是,该案中侦查机关制作的物证照片不能反映原物的数量、外形、特征等信息,由此导致控辩双方对毁坏树木的数量发生争议。在该照片无法反映原物中案件信息的情况下,法院没有采信该证据。

最佳证据规则并不绝对禁止在诉讼中将复制品作为证据,但由于复制品属于传来证据,其存在复制过程中可能会因证据信息丢失从而产生阻碍事实正确认定的风险,因此仅在符合法定例外的情形下,才可以使用复制品。最高法《民诉证据规定》第61条规定了复制品使用的两种情形:出示原物确有困难并经法院准许出示复制品;原物已不存在,但有证据证明复制品与原物一致。上述两种情形符合其中之一,就可以将复制品作为证据使用。上述两种情形下,复制品使用的条件存在差异。前者要求"出示原物确有困难",此种情况下允许使用复制品,并非源于物证原物在客观上已经不存在,而是存在原物,但出示原物确有困难。

在司法实践中,"出示原物确有困难"通常包括下列情形:(1)需要由国家机关、社会团体归档保存的物证,不能由当事人随意提取、支配;(2)体积庞大、无法移动的物证;(3)属于鲜活品等不易保存的物证。[2] 对于上述物证可以通过拍照、录像、制作复制品等方式获取其传来证据,对于复制品的使用在程序上需经由法院审查同意。法院既需要审查复制品是否属于"出示原物确有困难"的具体情形,也需要审查复制品与原件是否

---

〔1〕 参见黑龙江省迎春林区人民法院刑事判决书,(2019)黑7526刑初17号。

〔2〕 参见最高人民法院民事审判第一庭编著:《最高人民法院新民事诉讼证据规定理解与适用》(下),人民法院出版社2020年版,第567页。

一致。

在“原件已不存在”的情形中，若要求当事人提供原件就是强人所难。此种情况下，当事人可以提交复制品，但也应当提供能够证明复制品与原件相一致的证据，即提供复制品与原物具有一致性的佐证，此种佐证可以为法院审查认定复制品真实性奠定基础。虽然最高法《民诉证据规定》第61条没有要求“原件已不存在”情形下使用复印件需要经过审查，但这并不意味着法院无须审查就可以直接认定其形式真实性。在“原件已不存在”的情况下，法院仍然需要对复制件的“一致性”予以审查，在确认其具有“一致性”时才能够认定复制件具有证据能力。

在复制品审查认定中，复制品与原物具有“一致性”是其具有证据能力的重要条件。若复制品与原物不一致，或者无法证明其与原物具有一致性，法院通常不会采纳。复制品的“一致性”是较为典型的证据性事实，[3]其需要由提供证据复制品来证明其事实主张的当事人承担证明责任。最高法《民诉证据规定》第61条就要求在原物不存在的情况下，需要“有证据证明”复制品与原物一致。用以证明复制品“一致性”的证据，主要来源于提供证据复制品来证明其事实主张的当事人的举证。在该方当事人没有提供证据证明复制品“一致性”时，则需承担相应不利后果，即法院通常不会采纳该复制品。

对于物证复制品，通常需要从两个方面审查其形式真实性：一是复制品反映的原物是否客观存在，即物证的存在性问题。对于物证存在性的审查，主要是防止当事人通过制作复制品来伪造客观上不存在的物证。二是物证与复制品是否一致，即复制品的“一致性”问题。对于“一致性”的审查，主要是防止因主客观原因导致复制过程中信息丢失或歪曲。对于上述两方面内容的审查，可以借助于对复制品制作过程的文字记录、同步录像等，在复制笔录中需要对原物存在地点、使用复制品的原因、复制方法和过程等信息予以详细记载，从而为法院审查复制品的“一致性”奠定基础。

（二）物证的收集取证过程

物证的收集取证过程，既会影响对物证合法性的审查判断，比如采取非法方法收集的物证，也会影响物证真实性的审查判断，比如物证取证中没有采取有效固定、保全方法，可能导致无法确认其真实性。因此，在物证审查判断过程中，需要对其收集取证过程予以审查。

在不同诉讼制度中，对物证收集取证的程序并不完全相同。在刑事诉讼中，物证收集主要借助于搜查、扣押、勘验、检查等侦查行为，《刑事诉讼法》及其相关司法解释对搜查、扣押、勘验、检查等侦查措施予以详细规定。例如，在搜查中，需要由两名以上侦查人员进行，需要取得县级以上侦查机关负责人签发的搜查证，需要制作取证笔录、物品清单等。公安司法机关在侦查取证中，应当按照《刑事诉讼法》及相关司法解释规定的取证程序。我国《民事诉讼法》及其司法解释对于当事人收集取证的行为、程序没有具体规定，但是，其规定的证据审查认定规则会倒逼当事人物证收集行为的规范化。又如，最高法《民诉法解释》规定了对于通过严重侵犯他人合法权益、违反法律禁止性规定或者严重违背公序良俗方法形成或获取的证据，需要予以排除。这从消极层面限定了当事人取证的方法或者手段。

---

〔3〕 参见刘静坤：《证据审查规则与分析方法：原理·规范·实例》，法律出版社2018年版，第27－29页。

相对于证据审查判断，物证的收集取证行为具有前置性，物证收集取证行为发生于审查判断行为之前。这就需要通过取证笔录、同步录像等方式对物证的收集取证过程予以固定，从而为后期审查物证的收集取证过程提供基础性材料。

（三）物证的关联性

任何材料要成为证据都需要和待证事实具有关联性，物证亦是如此。在实践中，当事人可能为了避免败诉、遗漏证据，将与待证事实不具有关联的材料提交给法院。与案件不具有关联的材料，既无助于法院查明事实，也会增加诉讼程序运行成本。因此，对于物证需要审查其与待证事实之间是否具有关联性。物证关联性的审查判断，需要审查物证与待证事实是否相关。由于物证是“哑巴证据”，它不会自己揭示与案件事实的关联性，需要通过鉴定、勘验、比对等方式来揭示其与案件事实的关联性。对于关联性的审查判断，需要借助经验常识、逻辑法则等，对物证进行逻辑推理才可以证明特定的案件事实。有些物证关联性的审查判断，可能会涉及相应专业知识，此时就需要借助鉴定对关联性予以审查。

案例2 施某非国家工作人员受贿案〔4〕

在施某非国家工作人员受贿案中，公诉方向法院提交了物证五粮液白酒袋子，主张行贿人用该袋子装的烟、酒和现金行贿。辩护方认为公诉人当庭出示的袋子不是当时送烟酒的袋子，侦查机关提供的五粮液白酒袋子并不是从施某家中搜去的袋子，该袋子根本放不下酒、烟和8万元人民币。法院经审理后认为：该物证不能证明系行贿人用于送烟酒、现金的袋子。该证据与本案不具有关联性，故不予采纳。

在该案中，公诉方提供了五粮液白酒袋子作为物证，并主张它是行贿的工具。公诉方提出事实主张的真实具有或然性，若该事实主张是真实的，则该白酒袋子与案件事实具有关联性；反之则不具有关联性。辩护方对公诉方的上述观点不予认可，主张该袋子不是该案中用于送烟酒、行贿款的袋子。按照辩护方的观点，该袋子与案件事实不具有关联性，其不能作为该案证据。该白酒袋子无法自己揭示或陈述与案件之间的关联性，此时就需要相应的方法或证据材料予以证明。此种关联性事实的证明责任，需要由物证提出方即公诉方来承担，如可以通过行贿人辨认方式予以证明。在司法实践中，经常会出现对物证关联性的证明或查明问题。比如，侦查人员在某杀人案现场搜到一把刀，该刀是否为犯罪嫌疑人作案的凶器，就需要采用相应方法或证据予以查明确认，可以对刀把上是否有犯罪嫌疑人指纹、刀口是否有血迹、该血迹是否为被害人血迹、刀的形状与被害人伤口是否吻合等进行勘验或鉴定，通过相应证据材料来审查判断该刀是否为作案凶器、是否与案件具有关联性。但是，该案中，公诉方并未提供相应证据或方法来证明该白酒袋子系用于行贿的工具。在无法确认该袋子关联性的情况下，法院对该物证没有采纳。

（四）物证的真实性

物证的真实性会受到不同因素的影响，由此决定了对物证真实性的审查判断可以在不同层面展开。例如，物证是否为原物，物证在保管、移送中是否受到破坏，这些要素的审

〔4〕 参见浙江省玉环县人民法院刑事判决书，(2013)台玉刑初字第104号。

查主要是物证形式真实性的审查，它们通常受到最佳证据规则、实物鉴真规则的调整。又如，物证中蕴含证据信息是否符合客观事实，这是对物证实质真实性的审查，它通常需要纳入证明力审查范围。由于对复制品的审查判断，前文已经详细介绍，此处就主要介绍物证的鉴真和物证证明力的审查判断。

物证从收集提取到当庭出示通常会存在较长的时间间隔，若在此阶段发生变化、破坏、修改等情形，就会损害物证的真实性和同一性。在庭审中，对方当事人对物证"是否属于那份物证"质疑，提供物证用于证明事实主张的当事人就需要提供证据来证明物证的同一性，此时就涉及物证的鉴真。物证鉴真在本质上是对物证形式真实性或同一性的初步证明。物证鉴真的主要方法有"证据保管链条"和"独特性确认"，前者主要通过在物证收集、保管、移送等环节制作的取证笔录或录像等方法予以证明或认定；后者则主要是通过接触或了解物证的相关人员对物证予以辨别、指认等方式来证明认定其同一性。对于物证实质真实性的审查，需要从物证与案件事实之间的关联程度、物证与其他证据之间的相互关系等方面予以审查，确保物证与其他证据之间能够相互印证。

案例3 夏某故意伤害案[5]

在夏某故意伤害案中，公诉方向法院提交了某矿泉水瓶及其照片一张，证明夏某用矿泉水瓶打伤被害人。辩护方认为出示的物证矿泉水瓶新旧程度不像夏某扔下的那个。由于铁路沿线有众多同样矿泉水瓶，夏某所扔与被害人提供的矿泉水瓶不能保证为同一个。该物证来源、收集程序有疑问，不能作出合理解释，不得作为定案依据。法院经审理后采纳了该辩护意见，对物证矿泉水瓶不予采纳。

在该案中，控诉方将某矿泉水瓶作为案件的重要物证提交给法院，并主张其为作案工具。但是，辩护方从该瓶子的来源、与案发现场其他瓶子的相似度等方面，认为控诉方提出的证据无法排除合理怀疑地认定该瓶子就是作案工具。由于物证属于"哑巴证据"，其无法自己揭示或证明与案件之间的关联，此时通常就需要物证提出方的当事人提供证据材料或方法来证明其与案件事实存在真实的关联性。在正常情况下，侦查机关在收集该瓶子后，需要对其进行封存保管，并制作相应的取证笔录，提取保存该瓶子上的指纹、唇纹等痕迹物证，对其进行鉴定，查明其是不是夏某的指纹或唇纹。由于该案已经不具备鉴定的条件，也无法通过其他证据或方法来证明物证的真实性，故法院对其予以排除。

（五）物证的合法性

我国《刑事诉讼法》已经建立了非法证据排除规则，物证属于非法证据排除规则的适用范围。因此，物证审查判断中需要审查其合法性。并非任何违反法定程序收集、获取的物证都属于非法证据，非法证据排除规则中的"非法证据"有其特定含义，它仅是指取证行为严重违法、侵犯被调查人基本权利方式所收集的证据。排除非法物证，是要求对收集不符合法定程序、可能严重影响司法公正、不能补正或者作出合理解释的物证予以排除。"收集不符合法定程序"的物证涵盖范围较广，包括取证主体不合法、表现形式不合法、取证手段不合法等。例如，由不具备办案资格的人员收集的物证，勘验笔录缺少见证人签字

[5] 参见吉林省通化铁路运输法院刑事判决书，(2017)吉7103刑初6号。

的物证,未出示搜查证而获得的物证等。不过,很多不符合法定程序的物证,都属于技术性违法的程序瑕疵,并不会侵害犯罪嫌疑人、被告人基本权利。对于技术性违法的程序瑕疵,若动辄采取证据排除,会让程序性制裁措施与非法取证行为的严重程度不相适应,故需要通过"严重影响司法公正"条件限定非法实物证据范围。"严重影响司法公正"主要考虑取证行为违法自身对公民基本权利的侵害。对于收集不符合法定程序、侵犯公民基本权利的物证可以纳入非法证据范围,其证据能力处于待定状态。因此,对于非法物证应给予补正或者解释的机会。若能够补正或者作出合理解释,则承认其证据能力;若不能补正或者作出合理解释,则否定其证据能力。

我国最高法《民诉法解释》也对证据合法性予以规范,确立了民事诉讼中的非法证据排除规则,对于通过严重侵犯他人合法权益、违反法律禁止性规定或者严重违背公序良俗方法形成或获取的证据,需要予以排除。在非法物证的审查认定中,需要遵循利益衡量原则,即对违法取证行为所损害的利益与诉讼所保护的利益进行衡量,以衡量结果作为判断非法证据的重要参考因素。若违法取证行为造成的利益损害明显小于诉讼活动所保护的利益,则不能将证据认定为非法证据予以排除。[6]

案例4　陈某故意杀人案[7]

在陈某故意杀人案中,侦查人员于2009年2月24日在没有取得搜查证的情况下,对陈某租住房屋进行搜查,发现两部手机和一个小挂包(内有学生证、银行卡、吊坠等物品),公安机关扣押了上述物品。辩护方认为,上述物证系由无证搜查的违法侦查行为所收集的证据,公安机关出具的两份情况说明亦无法对其予以有效补正,故上述物证应作为非法证据予以排除。法院经审理认为:侦查人员于2009年2月24日对陈某租住房屋进行的搜查行为属于无证搜查,该搜查行为不合法。法院对上述物证予以排除。

在该案中,侦查机关在搜查时并没有取得搜查证,且不符合无证搜查的法定情形,其取证行为已经构成违法,该违法取证行为严重侵犯公民住宅权、隐私权等基本权利。虽然侦查机关试图通过倒签搜查证方式来补救,但由于违法取证行为已经发生,该违法行为侵害公民基本权利的后果已经发生,事后倒签搜查证无法有效补正该违法取证行为。侦查人员虽然出庭对无证搜查及补办搜查证的情况予以说明,但没有对其违法行为作出合理解释。故本案中的关键物证最终被法院认定非法证据予以排除。

第二节　书证的审查判断

一、书证概述

书证是以文字、符号、图画等表达的思想或记载的内容来证明案件事实的文件或物品。书证与物证都是客观存在的物质材料,它们二者被纳入广义物证范畴。但是,书证是

〔6〕 参见最高人民法院民事审判第一庭编著:《最高人民法院新民事诉讼证据规定理解与适用》(下),人民法院出版社2020年版,第567页。

〔7〕 参见广东省高级人民法院刑事附带民事判决书,(2014)粤高法刑一终字第351号。

以其表达的思想或记载的内容来证明案件事实，物证是以其外部特征、物质属性、存在状况等来证明案件事实，这是两者的根本区别。二者的共性决定了书证审查判断规则在很多方面和物证是相同的，如它们都需要遵守最佳证据规则、实物鉴真规则等。最高法《刑诉法解释》在规定证据审查判断规则时，将物证、书证放在一起合并规定。但两者的差异决定了书证存在自身独特的审查判断规则，比如物证主要是通过展示方式供质证辩论、审查认定，书证则主要通过宣读方式供质证辩论、审查认定。

二、书证审查判断的要点

（一）证据材料是否属于书证

我国尚未完全建立传闻证据规则，特别是在刑事诉讼中，很多言词证据也具有书面形式，如证人证言笔录、讯问笔录、鉴定意见书等。我国刑事审判在司法实践中呈现出“卷宗笔录式”的庭审方式，证人、鉴定人、侦查人员等不出庭成为常态，通常采取的书面证言笔录、鉴定意见、情况说明等书面化言词证据，它们在外观上和书证具有相同的表现形式，也都是通过记载的内容来证明案件事实。此时在证据审查判断中，就需要认定其属于书证，还是属于其他证据。只有正确认定该证据材料所属证据种类，才可以确定适用何种规则对其进行审查判断。

案例5　Y公司与张某知识产权合同纠纷案〔8〕

在Y公司与张某知识产权合同纠纷案中，Y公司向法院提交了郭某、张某、陈某、刘某、陈某1出具的《情况说明》，内容中除个人基本信息处为手写外，其余内容均为统一打印。法院经审理后认为：这些《情况说明》既不是书证，也不符合证人证言形式要件，故对这些《情况说明》不予采信。

在该案中，郭某等人出具的《情况说明》在外观上虽然具有书面形式，也是通过该书面材料记载的内容来证明案件事实，但这些书面材料记载的事实信息并不是直接来源于案件事实，也不是在案件发生过程中形成的。这些书面材料记载的案件事实信息来源于郭某等人对案件事实的记忆和表述，这些信息经历了被郭某等人感知、记忆、表达的过程，其在本质上属于证人证言，而不是书证。这些《情况说明》仅仅是对证人证言的书面记载、固定方式，其属于证言的传来证据，而并不是书证。证人证言需要遵循传闻证据规则，即证人在法庭之外对案件事实所作陈述原则上不具有证据能力。最高法《民诉证据规定》第68条第3款规定：“无正当理由未出庭的证人以书面等方式提供的证言，不得作为认定案件事实的根据。”该款之规定体现了传闻证据规则的基本精神。该案中，原告仅通过《情况说明》向法院提交郭某等人书面证言，不符合传闻证据规则的基本要求，故法院对其予以排除。

在司法实践中，比较有争议的是单位出具证据材料的证据种类。我国《民事诉讼法》将证人区分为个人和单位。单位向法院提出的证明材料，应当由单位负责人及制作证明材料的人员签名或者盖章，并加盖单位印章。单位出具的证明材料虽然在证据种类上属

〔8〕 参见四川省成都市中级人民法院民事判决书，（2019）川01知民初016号。

于证人证言，但其在形式上具有“准书证”的性质，由此决定了对其审查判断可以参照适用书证的某些规则，比如需要对单位证明材料中签名、盖章等形式要件予以审查。考虑到单位仅具有拟制人格，其出具证明材料中的真实意思与经办人、负责人的个人意思不易区分，故要求单位出具证明材料上需要同时有单位公章和经办人或负责人签名或印章。若不具备这些形式要件，则会影响其真实性与可靠性而被法院不予采信。

（二）书证是否为原件，复制件与原件是否无异

书证作为广义物证，需要遵守最佳证据规则，即当事人提供书证时原则上应当提供原件，仅在法定例外情况下才可以提供复制件。这主要源于书证原件通常直接来源于案件事实，是最具有说服力的证据形式。复制件是书证原件经复制、复写、拍照等方法所形成的传来证据，其信息可能存在丢失、修改、增减等风险。根据最高法《民诉证据规定》第 11 条之规定，当事人向法院提交书证，应当提供书证原件，若确需自己保存书证原件或提供原件有困难，可以提供经法院核对无异的复制件。在实践运行中，关于复制件是否可以作为定案依据，通常会在当事人之间产生较大的争议，有时不同法院的认定也会存在差异。

案例 6　S 银行不服执行裁定案〔9〕

C 公司诉 T 公司金融借款合同纠纷案，上海市高级人民法院作出民事判决：T 公司偿还 C 公司借款本金人民币 50,000 万元及利息。判决生效后，上海市高级人民法院指定上海市第二中级人民法院执行。后 C 公司请求撤销强制执行，上海市第二中级人民法院作出终结执行裁定。C 公司将该判决确定的权利转让给 S 银行。S 银行向上海市高级人民法院申请执行，并提交债权转让协议复印件等申请资料。上海市高级人民法院经审查后认为：向法院申请执行，应当符合形式要件与实质要件的要求，权利承受人申请执行，应当提交承受权利的证明文件。S 银行仅提供判决确定债权的转让协议复印件，经法院告知，仍无法在要求期限内提供转让协议原件，不能确定 S 银行权利承受人的身份，其申请不符合执行立案条件，故驳回了 S 银行执行申请。S 银行向最高人民法院申请复议。最高人民法院经审查后认为：本案中，S 银行提供了债权转让协议复印件，并提出了不能提供原件的合理理由，法院在可以通过核对原件、发函或者当面询问（制作笔录）等方式核实生效法律文书确定的债权人是否认可第三人取得债权情况下，仅以 S 银行未能提交原件为由，裁定驳回其执行申请欠妥。

在该案中，S 银行以债权转让协议复印件等资料向法院申请执行，但两级法院对该复印件能否作为变更其为申请执行人的证据存在分歧。从最高法《民诉证据规定》第 11 条之规定来看，书证复制件并非绝对不能作为证据使用，但其使用需要具备“前提条件”和“实质条件”两个要素。使用复制件的前提条件是存在正当事由，即“需要自己保存原件”和“提供原件确有困难”；其实质条件是复制件与原件经法院核对无异。作为使用复制件前提条件的“需要自己保存原件”和“提供原件确有困难”，主观性都较强，在司法实践中的裁量空间较大。

从实践运行来看，“需要自己保存原件”通常包括以下情形：（1）该书证原件对当事人具有唯一性、不可替代性，一旦提交灭失后，将无法补救；（2）该书证原件需要被当事人用于其他法律关系场合；（3）该书证原件涉及当事人的重大人身或财产利益，如档案身份信

〔9〕　参见最高人民法院民事裁定书，（2020）最高法执复 91 号。

息、房产证等。[10] 在符合“需要自己保存原件”的前提条件下，其后续的“实质条件”通常比较容易满足。当事人仅需要先将原件、复制件一并交由法院审核，在法院审核确认复制件与原件无异后，将原件取回自己保存，而将复制件交由法院。在S银行不服执行裁定案中，S银行向法院提交债权转让协议复制件的主要原因，并不是其需要自己保存该协议书原件，而是另有他因。

“提供原件确有困难”在实践中主要包括以下情况：(1)书证原件已经遗失、灭失或者毁损；(2)书证原件在对方当事人控制之下，经合法通知而拒不提交；(3)书证原件在他人控制之下，其有权不提交；(4)书证原件因篇幅或体积过大而不便提交；(5)承担举证责任的当事人通过申请法院调查收集或其他方法无法获得书证原件。在符合“提供原件确有困难”前提条件下，其后续的“实质条件”通常较难满足，因为当事人在此种前提条件下无法向法院提交作为“核对无异”基础材料的书证原件，法院无法基于当事人提交原件来开展审查核对工作。在S银行不服执行裁定案中，S银行向法院提交复制件就属于“提供原件确有困难”的情形。作为债权转让协议中的受让方，S银行原本是有转让协议原件的，但因其保管人员调动频繁，原件已无法找到，其符合“提供原件确有困难”中的第一种情形。该债权转让协议的原件，除S银行曾经保存之外，作为债权转让方C公司也有保存。但在S银行向C公司沟通借取原件时，C公司以其内部政策为由予以拒绝，此时亦符合“提供原件确有困难”中的第三种情形。故最高人民法院经审查后认为S银行提交书证复制件具有正当事由。

法院在使用书证复制件中，还需要审查其实质条件，即复制件与原件是否一致或无异。在“提供原件确有困难”时，法院通常需要在没有见到原件情形下开展审查核对工作。对于此种情形，实践中存在两种处理方法：第一，直接排除。法院会直接以当事人没有提供原件、法院无法对复制件与原件是否一致展开核对为由排除复制件。上海市高级人民法院在处理书证复制件的问题上，就采取了此种方法。该处理方式可以降低直接采用复制件而产生的虚假诉讼等风险，但可能导致当事人实体权利无法得到保障。若直接以书证系复制件为由予以排除，S银行受让的巨额债权就无法得以实现。第二，通过其他方法审查。法院会通过原件之外的其他材料或方法来审查复制件与原件是否一致，如通过接触过书证原件的当事人进行比对确认。在该案中，最高人民法院就认为直接排除复制件欠妥，而应当采取其他方法，如通过发函、当面询问等方式对书证内容予以确认。

通过该案例可知，当事人可以向法院提交书证复制件，法院在收到复制件后需要从以下方面展开审查判断：(1)前提要件的审查。法院需要审查当事人提出复制件是否符合上述法定原因，若符合上述法定原因，才允许提交书证复制件。(2)实质要件的审查。法院需要审查复制件与原件是否一致，复制件经审查核对与原件无异后，才能使用复制件。复制件是否具有“一致性”的审查方法，并不局限于将复制件与原件进行比对，还包括通过接触过书证原件的人员进行比对确认等方法。

（三）书证的关联性

书证需要与待证事实具有关联性，即能够证明待证事实存在或不存在。若书证与案件事实之间不具有关联性，则不能作为认定案件事实的依据。与物证不同，书证是以其记

---

〔10〕 参见肖峰：《最高人民法院民事诉讼证据规则：条文解析与实务运用》，法律出版社2022年版，第63页。

载的内容或表达的思想来证明案件事实,其与案件事实的关联性相对容易判断。绝大多数书证通过记载的内容本身就可以判断是否与案件事实有关联。但是,也有些书证无法通过其记载的内容直接判断是否与案件事实有关联,此时就需要运用经验法则和逻辑推理予以审查判断。

案例7　孙某与杨某、Y公司增资纠纷案[11]

在孙某与杨某、Y公司增资纠纷案中,孙某提交了杨某向其控制的Z公司借款4笔总计1200万元的《借据》《放款审批通知单》,杨某收到孙某400万元现金的《收条》,2012年1月19日杨某向孙某借款350万元的《借据协议》《收据》《G区法院民事判决书》,以及借款35万元的《收据》,用以证明杨某及Y公司与孙某以及其Z公司之间存在多笔借款关系,杨某及Y公司返还的2591万元并非投资款,而系借款。杨某提交了《还款结算单》《电汇凭证》《银行划款凭证》《G区法院民事判决书》《和解协议》,以证明上述1200万元借款已经于2009年结清,35万元借款于2011年11月4日结清,350万元借款与孙某欠杨某的350万元债务已经和解冲抵。双方当事人对对方提供证据的真实性均不持异议。最高人民法院经审查后认为:孙某提交证据显示的借款数额为1585万元,而不是2591万元;从借款关系当事人及借款时间上看,在该1585万元当中,有600万元是杨某向D公司的借款,而不是杨某向孙某借款;杨某向孙某借款350万元发生在2012年1月19日且已经另行结清,2591万元则是在2011年11月8日、29日支付;Y公司与孙某之间的35万元借款也在2591万元支付之前即已结清。因此,孙某提供证据与其主张2591万元是杨某及Y公司返还借款的事实之间不具有关联性。

在该案中,当事人是因股权转让协议、投资入股协议而产生纠纷,各方当事人在诉讼中均同意该协议,但关于投资款及其返还数额存在争议。在二审中,孙某向法院提交了《借据协议》《放款审批通知单》《收据》等书证。若仅从上述书证记载内容来看,它们和案件争议事实之间没有关联性,因为借款协议与股权转让协议、投资入股协议属于不同法律关系。但是,提供上述书证的孙某对其证明事项和内容予以说明,它们是用于证明杨某及Y公司与孙某之间存在多笔借款关系,杨某及Y公司返还给孙某的2591万元并非投资款而是借款。若孙某说明的上述内容成立,则上述书证与案件争议事实之间具有关联性,因为它们可以用来证明投资款及其返还数额。杨某向法院提供了《还款结算单》《电汇凭证》《银行划款凭证》等书证。仅从内容上看,这些书证与股权转让、投资入股、投资数额等事实不具有关联性。但是,这些书证与本案证据性事实具有关联性,即可以用于证明孙某提交前述书证不具有关联性,孙某就其提供书证所证明内容和事项的陈述不具有真实的关联性。最高人民法院从借款时间、结清时间等方面分析了孙某提交的上述书证与本案争议实体事实不具有关联性,并以这些书证不具有关联性为由对其不予采纳。

(四)书证的真实性

对于书证真实性的审判判断,可以分为形式真实性和实质真实性两个层面。形式真实性包括其是否为原件、复制件与原件是否相符、是否有篡改或增减等情况。关于书证原件、复制件的审查判断,前文已经详细阐述。对于书证篡改、增减等情况的审查,可以通过审查其收集、移送、保管等环节,也可以通过辨认、鉴定等方式予以审查认定。书证某些部

---

〔11〕参见最高人民法院民事判决书,(2015)民二终字第191号。

分存在破损、污渍等情形，若不影响书证表述的思想或内容，则不会减损其证据效力。书证形式真实性若在某些方面有瑕疵，如书证来源、收集程序存在疑问，应该给予补正或解释的机会。若作出的补正或合理解释，能够弥补现有瑕疵，保障书证的真实性与可靠性，则可以将其作为定案根据；若不能补正或无法作出合理解释，则不能作为定案根据。书证的实质真实性主要涉及其表达思想或内容是否真实，它要求书证的内容应当反映案件发生时的客观情况。这既需要从书证本身是否存在修改、增减等方面予以审查判断，也需要从书证与其他证据之间是否相互印证、有无矛盾等方面予以审查判断。

案例8　黄某等人组织卖淫案[12]

在黄某等人组织卖淫案中，检察院向法院提交了案涉88张单据，用以证明卖淫次数、款项等事实，证据清单载明这些单据系由被告人周某提交给侦查机关。侦查机关对该88张单据出具情况说明，载明这些单据是侦查人员对池浴场检查时发现并予以收集、扣押。辩护方认为：在案的88张单据被告人没有看到过，不知道该88张单据的来源，其不具有合法性、真实性，不能作为证据使用。法院经审理后认为：在案的证据清单显示，案涉88张单据系被告人周某于2019年10月21日提交至公安机关，但被告人周某当庭辩解该单据并非其提交。公安机关出具的情况说明显示，该88张单据系2019年10月19日，民警为查明案情对池浴场进行检查，在检查过程中发现并带回，但在案未附相关提取笔录、清单，亦无单据持有人、见证人签名。案涉88张单据来源前后存在重大出入，在案亦无其他证据证实系从池浴场提取，且收集程序不符合法律相关规定，此外，部分单据存在更改等痕迹或背面打草稿，故该88张单据不能作为定案依据。

在该案中，涉案88张单据是认定案件事实的关键书证，它是认定卖淫次数、款项等案件事实的重要证据。但是，该书证真实性存在重大瑕疵：第一，书证来源瑕疵。书证来源、存放位置和周围环境等信息，可用于判断书证被改动的可能性大小。在该案中，证据清单显示该涉案书证来源于当事人提供，但当事人对此并不认可。侦查机关出具情况说明显示，该涉案书证是侦查人员在检查中收集扣押。上述观点截然相反，且无其他可靠材料来证明88张单据的来源。该涉案书证来源不清，导致其真实性大受质疑。第二，取证程序瑕疵。合法的取证程序有利于保障收集证据的真实性，也可以为事后审查判断证据真实性奠定基础。在该案中，涉案书证的取证方式可能有两种，即当事人提交和侦查人员检查收集。若该涉案88张单据系由当事人提交给侦查机关，则侦查机关在接收这些书证时，应当制作详细的证据清单，写明证据名称、数量等信息，并由提交人和接收经办人签字。若事后就书证来源或真实性发生争议，可以通过询问提交人、经办人等方式审查书证来源。若该涉案88张单据系由侦查机关在检查过程中收集扣押，则需要制作取证笔录、物品清单等材料，并将其交由经办人、见证人、物品持有人等人员签字。该案对88张单据采取何种方法收集存在争议，两种可能的取证方法或程序又存在瑕疵。第三，内容存在更改。书证是以其表达思想或内容来证明案件事实，若书证记载的内容有修改、增减，就会阻碍查明案件事实。在该案中，部分单据存在更改等痕迹，这会阻碍法院对卖淫次数、款项等事实的正确认定。因此，在无法保障涉案88张单据真实性的情况下，法院没有将其作为定案根据。

---

〔12〕 参见安徽省芜湖经济技术开发区人民法院刑事判决书，(2020)皖0291刑初64号。

一般而言,公文书证具有较高的真实性、可靠性,其证明力也更高,因为它是国家机关或者其他具有社会管理职能的组织在行使职权过程中制作,其制作过程有严格的程序要求,内容要求真实,形式要求规范。但是,法院不能因为公文书证具有较高的真实性与可靠性,就忽略了对其审查判断。对于公文书证的审查判断,除要审查其关联性、合法性之外,在其真实性审查中需要注意以下问题:(1)审查判断该书证是否属于公文书证。公共管理机关制作的书证并不都是公文书证,也可能是私文书证,如公权力机关在民事活动中订立的买卖合同、与临时聘用人员订立的劳动合同等。公文书证的审查认定标准,主要看其是否属于公共管理机关在行使公权力过程中基于其职权而制作。(2)需要审查该公文书证是否为原件。若是原件,其真实性、可靠性就较有保障;若是复制件,则需要审查该复制件是否"经过认证",即该公文书证的制作机关或存档部门是否审查认定其与原件内容一致。若经过认证,则该复制件与原件具有同等证明力。(3)对于公文书证形式真实性的审查判断。它要求公文书证本身是真实的,而并非当事人伪造或变造的。若对公文书证的形式真实性存在异议,可以由公文书证的制作主体进行识别。(4)对于公文书证实质真实性的审查判断。这主要是对公文书证记载内容真实性的审查判断。在公文书证形式真实性得以有效保障的情况下,其内容真实性通常比较有保障。此时,可以推定其记载内容的真实性。公文书证的特殊性就在于,它是国家机关或者其他具有社会管理职能的组织职权运行的文书载体,它是体现了公法上信赖利益保护原则,是保护公民基于对已经生效公文书信赖而作的利益选择。[13] 此种实质真实性的推定效果,应当给予相对方当事人反驳、质疑的机会。在形式真实性得以确认的情况下,公文书证具有实质真实性的推定效果,提供公文书证方的当事人无须提供证据来证明其内容的真实性,而需要出相对方当事人对公文数据内容不真实承担证明责任。

私文书证真实性的审查判断,与公文书证有较大差别。从形式真实性来看,若对方当事人对私文书证的形式真实有异议,需要由提供私文书证的当事人提供证据予以证明。例如,可以通过接触或知悉该私文书证的人予以识别,来证明其是否经过篡改、增减等。从实质真实性来看,私文书证具有形式真实性不能保障其记载内容或表达思想的真实性,即不具有推定实质真实性的效果。若对方当事人对私文书证记载内容的真实性存在异议,则需要提供私文书证的当事人就其内容真实性承担证明责任。对于私文书证实质真实性的审查判断,并不能因为其具有形式真实性就直接认定其具有实质真实性,而需要结合其他证据、当事人陈述等因素进行审查判断。

(五)书证的合法性

书证具有合法性,才可能成为定案根据。书证属于非法证据排除规则适用范围,若通过侵犯他人基本权利方式收集的书证,可能严重影响司法公正,在无法补正或作出合理解释的情形下,则需要予以排除。因此,法院在审查书证时应对其合法性予以审查判断。书证合法性通常包括两个层面:第一,书证制作程序的合法性。制作程序的合法性在公文书证中体现得较为明显。根据书证的制作主体,可以将其分为"公文书证"和"私文书证"。公文书证是国家机关或者其他具有社会管理职能的组织在行使职权中制作的文书,公文书在作为证据使用时被称为公文书证。私文书证是公文书证以外的其他书证。公文书证

〔13〕 参见肖峰:《最高人民法院民事诉讼证据规则:条文解析与实务运用》,法律出版社2022年版,第63页。

具有较高的证明力,它以国家机关职权的公信力、程序规范性等为保障。若公文书证的制作程序本身存在瑕疵或违法,则会影响其证明力,甚至可能会导致证据效力的丧失。在对公文书证合法性进行审查时,需要重点审查其制作程序的合法性,包括制作主体是否具有相应资质或权限、制作程序是否符合法律法规、公文书证形式要件是否符合法定要求等。第二,书证收集程序的合法性。书证收集程序存在瑕疵或者违法,既可能影响书证的真实性或关联性,也可能减损诉讼程序本身的独立价值,如程序正义、人权保障等法律价值。我国《刑事诉讼法》规定了非法证据排除规则,收集书证不符合法定程序,可能严重影响司法公正,应当予以补正或者作出合理解释;不能补正或者作出合理解释,对该书证应当予以排除。

案例 9　范某危险驾驶案〔14〕

在范某危险驾驶案中,辩护方申请排除《血样提取登记表》等证据,主要理由是血样提取人员曾某在提取该案血样时未取得国家或行业认可的医疗技术人员资格证书,其血样提取行为违反《医疗机构管理条例》等规定,血样提取违反侦查程序;血样提取登记表中有关范某否认饮酒的内容记载与实际不符;表中部分内容系机打形成,曾某未在"医务人员填写"处手写内容且其并非医务人员却在"医务人员姓名"处签名;血样提取地点并非医疗机构。法院经审理后认为:我国《刑事诉讼法》及其他法律、司法解释、规范性文件均未对提取血样资格问题作出明确规定,《车辆驾驶人员血液、呼气酒精含量阈值与检验》(GB 19522—2010)国家标准第 5.3.1 条仅规定,抽取血样应由专业人员按要求进行。曾某已在普通高等学校完成临床医学专业学习并取得毕业证书。对于血样提取,曾某相对警察及其他普通人员而言应属专业人员。本案由曾某提取血样,并未违反法律及其他相关规定。曾某提取血样,系协助公安机关针对范某涉嫌违法犯罪行为的侦查取证,而非系协助执业医师针对范某所患疾病的诊疗救治,因而曾某提取本案血样并不需要取得国家或行业认可的医疗技术人员资格。在血样提取、送检及检验等程序中,曾某参与工作仅限于提取范某血样、装入容器封存并交由警察送往检验。在该过程中,警察全程在场并全程录像,未见违反法律规定。同时,范某本人亦参与其中,不仅在现场口头表示认可血样提取过程,且在《血样提取登记表》上签字确认。辩护方意见缺乏法律依据、不能成立,故不予采纳。

在该案中,《血样提取登记表》是认定案件事实的重要书证之一,它记载的信息或内容可以用以证明血样来源、抽取时间、抽取地点、容器编号等事实,它也是后期进行血样检测、证据鉴真等重要基础材料。但是,辩护方以取样人员不适格、取样地点不合法等为由主张排除该书证。血样提取具有较强的专业性,若取样人员欠缺专业知识或实践经验,不仅无法有效提取血样,还可能对血样污染或破坏。血样提取虽然要求专业人员按照法定标准进行,但现有法律法规并未将其限定于具有医疗技术执业资格的人员。在该案中,曾某提取血样前完成临床医学学习并取得毕业证书,其属于血样提取的专业人员,其按照规范要求提取了范某血样、装入容器封存,此过程有全程录像,范某本人亦在《血样提取登记表》上签字确认。故法院经审查后认为《血样提取登记表》具有合法性,可以作为定案根据。

〔14〕 参见北京市第一中级人民法院刑事裁定书,(2020)京 01 刑终 142 号。

第三节　电子数据的审查判断

一、电子数据概述

电子数据已经成为网络信息时代的“证据之王”,[15]很多案件中都会涉及电子数据。在司法实践中,较为常见的电子数据有微信、短信、电子支付记录、电子邮件、系统程序、数字音视频、数字图片、电子文件、数据库等。《刑事诉讼法》《民事诉讼法》等法律法规已经将电子数据确定为法定证据种类之一,赋予其独立法律地位。但是,如何收集提取、审查判断电子数据成为司法机关在案件办理中不可回避的难题。两院一部《电子数据规定》较为全面地规定了电子数据的收集提取和审查判断规则,其中关于电子数据的审查判断规则,绝大部分内容被2021年的最高法《刑诉法解释》吸收和采纳。

电子数据具有以下特征:(1)科技性。电子数据是借助现代信息技术形成的一类证据,在生成、传输、存储和读取等环节均体现出信息技术的高科技性。这也对电子数据的审查判断提出了更高的技术要求。(2)依赖性。电子数据以数字化形式存在于虚拟空间,按照编码规则处理成“0”和“1”的数据,其存在和展现对其他物质具有较强的依赖性,主要体现为对存储介质和解读设备的依赖。(3)稳定性。随着电子信息技术的发展,发现并恢复被破坏、篡改、删除的电子数据已经不是一件难事,电子数据前期发展过程中的脆弱性已经逐渐被消弭,其稳定性已经显著增强。

二、电子数据审查判断的要点

(一)电子数据的关联性

电子数据应当具有关联性,这是其具有证据能力的重要条件。只有与案件事实具有关联性,电子数据才能作为证据使用。但是,电子数据关联性存在其特殊性,它既要求电子数据本身与案件事实之间的关联性,也要求电子数据存储介质与案件事实之间的关联性,即电子数据“双关联性”要求。[16] 这主要源于电子数据具有虚拟性特征,其必须依赖于相应的电子设备或存储介质而存在。电子数据无法被人直接感知,人们须通过电脑、手机等电子设备才可以对其进行操作,但是,某一特定电子设备可能被多人使用,如某电子数据可能在当事人不知情的情况下由病毒、入侵者等利用程序漏洞植入电脑或手机等电子设备之中。这就要求通过某些证据或方法来确定存储介质与当事人之间的关联。在有些情况下,仅依据电子数据无法建立其与具体操作人之间的对应关系,其和特定人之间的关联性需通过存储介质或者电子设备才能建立,如在被告人个人所有的手机、电脑上提取到电子数据,通常就可以初步建立被告人与该存储介质之间的关联性,但若被告人辩称有其他人曾使用过其手机或电脑,此时就需要对存储介质的关联性作进一步审查判断,既可以通过提取存储介质上的指纹、DNA等痕迹物证予以审查判断,也可以借助证人证言、被告人供述等予以审查判断。

---

〔15〕 参见刘品新:《电子证据法》,中国人民大学出版社2021年版,第3页。

〔16〕 参见刘品新:《电子证据法》,中国人民大学出版社2021年版,第34－39页。

在涉网络信息案件中,需要通过审查网络身份与现实身份的同一性,来确定电子数据与当事人之间的联系。在虚拟网络空间中,经常会出现一个人具有多个虚拟网络身份,或者一个虚拟网络身份由多个人使用,可能出现多人共享同一上网路线的情况。两院一部《电子数据规定》第25条规定:“认定犯罪嫌疑人、被告人的网络身份与现实身份的同一性,可以通过核查相关IP地址、网络活动记录、上网终端归属、相关证人证言以及犯罪嫌疑人、被告人供述和辩解等进行综合判断。认定犯罪嫌疑人、被告人与存储介质的关联性,可以通过核查相关证人证言以及犯罪嫌疑人、被告人供述和辩解等进行综合判断。”该条明确了审查认定网络身份与现实身份同一性的主要方法,既包括核查IP地址、网络活动记录等,也可以借助于证人证言、被告人供述等证据。因此,在审查电子数据关联性时,既应关注电子数据与案件事实之间的关联性,也应关注存储介质与案件当事人之间的关联性。

案例10 Z公司与黄某、F公司计算机软件著作权案[17]

Z公司向法院提交了某软件内容截图打印件,用以证明涉案软件研发团队成员共同使用的软件开发管理软件工具,该系统数据显示黄某仅负责开发团队的进度管理工作。黄某对该证据的真实性和关联性不予认可。法院经审理后认为:公证书显示Z公司提交的该软件数据记录提取于Z公司的台式电脑,但该文档不能完整显示名称,且对于不同用户对应人员并无清晰指向,亦无法完整体现涉案软件代码形成的整个过程,与案件不具有关联性,故对该证据不予采纳。

在该案中,软件内容截图属于书面化电子数据,该证据虽然能够证明软件管理、使用过程等事实,与案件具有关联性,但此电子数据本身并无法建立该软件仅系由黄某负责项目进度管理的事实,因为该文档不能完整显示使用者名称,对系统用户实际的操作人员并无清晰指向,无法建立该电子数据存储介质与黄某之间的使用操作关系,缺乏存储介质身份关联性的证据,故该电子数据因欠缺载体关联性而没有被法院采纳。电子数据所处空间是人不能直接亲临的虚拟空间,这些虚拟空间同案件事实所处的物理空间并非总是能够有效直接对应,这就需要载体关联性来建立电子数据与物理世界中案件事实之间的联系。人通常是直接操作载体来间接实现对其中存储电子数据的处理,载体关联性通常是用于确立电子数据载体与当事人或其他参与人之间的关联性。在该案中,Z公司主要就是因为没有向法院提供载体关联性的证据,而导致法院认为其提交的电子数据欠缺关联性而不予采信。

(二)电子数据的真实性

电子数据在生成、存储、传输、处理过程中,若出现系统故障、硬件损害等情况,就可能导致电子数据灭失或破坏,也会出现人为修改、增减、删除等因素,从而导致电子数据变化或灭失。如何保障电子数据的真实性就成为网络信息时代重要的证据问题。在司法实践中,绝大多数被排除的电子数据主要是源于其真实性无法保障。因此,在电子数据审查判断中,对其真实性的审查判断就成为重点内容。两院一部《电子数据规定》第22条规定了电子数据真实性的审查规则,其要求重点审查以下内容:

---

〔17〕 参见最高人民法院民事判决书,(2019)最高法知民终371号。

1. 审查是否移送原始存储介质，在原始存储介质无法封存、不便移动时，有无说明原因，并注明收集、提取过程及原始存储介质存放地点或电子数据来源等情况。这是基于最佳证据规则的要求。电子数据具有虚拟性，需要依附于存储介质而存在，若将电子数据直接从其原始存储介质中提取、复制至其他存储介质之中，可能会损害其原始性、完整性。在电子数据提交或移送中，需要将电子数据连同其原始存储介质一并提交、移送至法院。有些情况下，原始存储介质不便收集或移送，如云服务器中存储电子数据、境外网站中电子数据等，此时就只能将电子数据提取、复制至其他存储介质上，并向法院提交或移送该存储介质。但此时需要在取证笔录中，对不移送原始存储介质的原因、收集提取过程、原始存储介质存放地点等予以详细记录，从而为审查判断电子数据的形式真实性奠定基础。法院在审查电子数据复制件时，可以通过审查上述笔录来判断其与原始存储介质中电子数据是否相符。

2. 审查电子数据是否具有数字签名、数字证书等特殊标识。若电子数据附有数字签名、可信时间戳、数字证书等特殊标识，可以通过审查、比对这些特殊标识来认定电子数据的真实性和同一性。以数字签名为例，数字签名在数据电文中以电子形式所含或所附用于识别签名人身份并表明签名人认可其中内容的数据。数字签名是对交易类电子数据鉴真的重要方式，数字签名可从以下方面实现电子数据鉴真：（1）对身份关联性的证明。数字签名本身蕴含了签名者的身份信息，有助于确保签名就是文件创始人所签，也有助于防止他人伪装成特定文件创始人，从而为身份关联性提供初步的筛查或证明机制。（2）对数据完整性的证明。通过数字签名所发送的数据信息，需要经过公钥进行加密处理，从而生成该传递信息所对应的 Hash 值，而 Hash 值的确定性和唯一性保障了发送数据信息的真实性和完整性。（3）认证机制增强了数字签名的可信性。数字签名解决了数据电文的身份识别和确认问题，而公正、权威的第三方机构对签名人身份信息、相关资料的核实管理，可以增强对电子交易主体和内容的信任程度，增强电子签名的真实性与可靠性。[18] 需要注意的是，并非所有电子数据都有数字签名或数字证书，不能因为没有数字签名或数字证书就直接否定电子数据的真实性，它们仅仅是用于审查、鉴别电子数据真实性的方法之一。

3. 审查电子数据的收集、提取过程是否可以重现。有些电子数据通过技术手段会恢复，此时可以利用复现性审查来认定电子数据是否具有真实性。比如，有些电子数据被收集提取之后，可以通过数据恢复方式，并将收集电子数据与恢复电子数据进行比对，从而审查判断其真实性。当然，并非所有电子数据收集提取过程都可以重现，也并不能因为无法重现其收集提取过程，就直接否认电子数据的真实性。

4. 电子数据如有增加、删除、修改等情形，是否附有说明。若电子数据有增减、修改等情形，也会损害其真实性。在电子数据真实性审查中，需要对其是否存在增减、修改等予以审查判断。若电子数据存在增减、修改等情形，则需要审查其修改原因、是否存在恢复可能性、是否影响其内容的真实性。有些增加或删除的内容可能并不会影响电子数据的真实性，如仅在视频类电子数据增加不影响主体内容的片头。若电子数据增减或删除已经影响其内容信息的真实性，达到无法保障其内容信息真实性的程度，则该电子数据就不

---

〔18〕 参见谢登科：《电子数据的技术性鉴真》，载《法学研究》2022 年第 2 期。

能作为定案根据。

5. 电子数据的完整性是否可以保证。电子数据完整性是保障其真实性的重要基础，若电子数据不具有完整性，则意味着电子数据可能被删减或修改，其真实性通常也无法得到保障。

案例 11 黄某侵犯公民个人信息案[19]

在黄某侵犯公民个人信息案中，侦查人员在搜查扣押黄某电脑后，检查提取电脑内存储的公民信息达 6.52G，经统计含有公民信息约 551 万条。辩护方认为：公诉机关作为证据出示的载有 551 万条公民个人信息的两张光盘，来源不清，提取过程不完备；该存有 551 万条公民个人信息的电脑主机，属于原始存储介质，与当初侦查人员查扣的电脑主机不具有同一性，不能作为定案根据。法院经审理后认为：侦查机关在从黄某电脑中提取公民信息时应制作笔录但没有制作，侦查机关称进行全程录像，但因执法记录仪损坏，致使录像无法移交，故无法确认是否全程录像；侦查机关应以封存状态移送扣押黄某的电脑主机，经法院要求侦查机关移送主机，侦查机关移送了该主机，该主机经当庭出示，经黄某辨认确认是其主机，但已不完整，主机机箱正面下半部、机箱右侧贴有封条，但主机机箱正面上半部没有封存是一个空洞，明显有缺少零件；侦查机关在原始介质（电脑主机）发生改变，辩护方对侦查机关提供的光盘记载电子数据的完整性、真实性提出异议的情况下，应当根据两院一部《电子数据规定》第 17 条规定进行鉴定，以证实其提取数据的真实性、完整性，但侦查机关没有进行鉴定。故依据两院一部《电子数据规定》第 28 条之规定对上述电子数据予以排除。

在电子数据真实性发生争议时，需要由电子数据的举证方对其真实性承担证明责任。在该案中，辩护方不认可含有约 551 万条公民信息电子数据的真实性，此时需要控诉方证明该电子数据的真实性。通常来说，控诉方可以通过取证笔录、同步录像、见证人辨认、存储介质封存状态、鉴定意见等来证明电子数据的真实性。但是，侦查机关在该案中没有制作提取笔录，没有进行同步录像，没有封存状态移送扣押涉案电脑主机箱，后期对电子数据发生争议时，也没有委托鉴定机构对其真实性和完整性予以鉴定，故无法证明和保障光盘中电子数据的真实性、完整性。故法院依据两院一部《电子数据规定》第 28 条之规定对电子数据予以排除。

案例 12 樟芝（上海）投资中心诉深圳牛樟芝制药有限公司等民间借贷纠纷案[20]

2014 年 7 月 10 日，牛樟芝公司经中国工商银行深圳市分行向樟芝中心企业账户分别汇入 1 万元、4 万元，合计 5 万元。其中客户回单用途摘要一栏中写为“借款”。2014 年 7 月 11 日，樟芝中心及李瑾通过微信方式向牛樟芝公司法定代表人出具一张借条。因牛樟芝公司多次催讨未果，故诉至法院。

法院裁判认为：原告主张被告向其借款，通过微信方式出具了借条，但其未能充分证明微信借条真实存在，亦未能证明该微信借条为被告出具，故对微信借条的真实性，法院不予认可，该微信聊天记录不能作为证明借款关系存在的证据。

---

〔19〕 参见河南省鹿邑县人民法院刑事判决书，(2018)豫 1628 刑初 374 号。

〔20〕 参见上海市第一中级人民法院民事判决书，(2015)沪一中民四(商)终字第 965 号。

微信平台上的信息属于证据中的电子数据。由于使用的普及性,微信聊天记录目前在诉讼中作为证据出现的频率也越来越高。根据证据真实性、关联性、合法性要求,微信聊天记录在司法实践中作为定案证据应当满足以下条件:微信聊天记录的来源必须符合法律规定;非实名制微信注册时,应当确定微信聊天的双方为本案当事人;确定微信聊天时间在涉案事实的时间段内;微信聊天的内容不能含混不清,需具有相对完整性,能够反映当事人想要证明的事实等。本案中原告以微信借条为证据主张被告向其借款,但未能充分证明微信借条的真实性,故承担败诉的法律后果。

(三)电子数据的合法性

我国《刑事诉讼法》规定的非法证据排除规则,没有将电子数据纳入其适用范围。在司法实践中,电子数据被认定为非法证据予以排除的案件较为罕见。从应然层面来看,电子数据可能承载着公民财产权、隐私权、通信自由和通信秘密权等基本权利,侦查机关在电子数据取证中的违法行为可能会侵犯公民基本权利,故需要将电子数据纳入非法证据规则适用范围。在电子数据审查判断中,需要对其合法性予以审查。两院一部《电子数据规定》第 24 条、最高法《刑诉法解释》第 112 条明确了电子数据合法性审查的具体内容,主要包括以下内容:

1. 取证主体和取证方法。这要求审查收集、提取电子数据是否由二名以上侦查人员进行,其主要包括两方面内容:(1)取证主体人数。对于取证主体人数限制,既是为了保障侦查人员人身安全,保障取证活动的警力优势以震慑犯罪嫌疑人,防止发生民警被不法分子袭击等危险情况,也可以防止在侦查取证活动中发生违法行为,为后期证据合法性提供证明,还可以在取证活动中取长补短,弥补单人取证在知识、经验上的不足。在刑事诉讼中对电子数据的侦查取证,通常也要求二名以上侦查人员。例如,《电子数据取证规则》第 6 条就要求收集、提取电子数据,应当由二名以上侦查人员进行。但是,取证主体人数不符合法定要求并不会导致侵犯或干预公民基本权利的后果。(2)取证主体身份。在刑事诉讼中,取证主体通常要求是侦查(调查)取证权限的侦查人员、检察人员等,对于上述主体以外的其他人员,通常并不具有刑事诉讼中侦查(调查)取证权。但是,对于取证主体身份的法定要求,仅限于强制性侦查措施,对任意性侦查措施执行主体的要求则可以适当宽松。对于法定主体以外的其他人员,并不具有实施强制性侦查措施的权限,此时就可能产生对公民基本权利的违法干预或侵犯的问题。这就要求审查电子数据取证方法是否符合相关技术标准。技术标准是对法律执行中技术措施的具体操作指南,其目的主要是规范电子数据取证过程,保障电子数据取证质量。我国刑事侦查依据的取证标准体系主要有国家标准(GB/T)、行业标准等,如作为国家标准的《电子物证数据搜索检验规程》(GB/T 29362—2012)等。电子数据取证标准主要是规范取证过程、保障取证质量,故对取证方法的技术性规范主要是保障电子数据真实性。

2. 取证笔录、见证人、取证录像。这要求审查电子数据的取证笔录、见证人见证、取证录像等材料,这都是固定证据收集保管链条的重要方式,也都是电子数据的鉴真方法。取证笔录是对侦查人员取证活动、过程、证据状况等情况的记录,它是取证过程中固定、保全证据的重要方法之一。在后期诉讼活动中,若对证据的真实性、合法性发生争议时,取证笔录是证明取证程序合法的重要依据,也是实物证据鉴真的重要方法之一。当取证笔录的签名、盖章、记载事项等发生欠缺或错误时，将会使实物证据合法性与真实性受到质疑。[21] 见证人见证、取证录音录像等，承担着与取证笔录基本相同的诉讼功能，它们主要是用于证明实物证据合法性和真实性的证据材料，但是这些材料缺失或错误本身并不意味着对被调查人基本权利的侵犯或干预。在电子数据审查认定中，对取证笔录、见证人、取证录像等证据材料予以审查，主要是审查电子数据的真实性和合法性。

3. 电子数据备份和写保护设备。这主要是对电子数据检查中写保护、备份的审查。电子证据检查与刑事诉讼法规定的检查并不相同，它是电子数据取证中产生的新型侦查措施。写保护是电子数据取证中"不得改变数据原始性"技术原则的基本要求，对于采取写保护措施的设备，其存储的数据就只允许读出以被使用，但不允许写入以防破坏。通过写保护措施，可以让电子数据取证中的相关操作不会影响，从而保障提取、分析电子数据的完整性和可靠性。电子数据备份主要是为事后审查电子数据完整性和真实性提供比对依据。因此，对电子数据写保护、备份的审查主要为了保障电子数据的真实性。

4. 技术侦查的审批程序。最高法《刑诉法解释》第 112 条第 4 项要求对采用技术侦查（调查）措施收集、提取的电子数据，需要审查是否经过严格的批准手续。技术侦查中"严格的批准手续"要求，是为了防止侦查人员随意启动技术侦查而侵犯公民基本权利。在对技术侦查收集电子数据的合法性审查中，专门要求审查"是否依法经过严格的批准手续"，对于保障公民基本权利具有积极意义。此规定体现了电子数据合法性审查中权利保障的价值取向。

在民事诉讼中，电子数据取证主体通常是承担举证责任的当事人或者其委托人。电子数据的私人取证活动，通常遵循"法不禁止即可为"，但需要采取相应措施或方法来保障收集电子数据的真实性。若私人在电子数据收集过程中，采取了严重侵害他人合法权益、违反法律禁止性规定或者严重违背公序良俗，则该电子数据亦需要作为非法证据予以排除。

案例 13　H 公司与 M 公司侵犯著作权纠纷案[22]

在 H 公司与 M 公司侵犯著作权纠纷案中，M 公司向法院提交了电子数据截图、录屏等证据，这些电子数据来自境外网站，需使用 VPN 访问。H 公司认为这些电子数据系通过"翻墙"方式从境外网站获取，取证手段不合法，对其真实性、合法性、关联性均不予认可。法院经审理后认为：《计算机信息网络国际联网管理暂行规定》第 6 条规定："计算机信息网络直接进行国际联网，必须使用邮电部国家公用电信网提供的国际出入口信道。任何单位和个人不得自行建立或者使用其他信道进行国际联网。"M 公司通过"翻墙"方式，以非正常渠道突破网络管制措施，对在我国地区不能自由访问的网站进行访问，违反了上述行政性管理规定。但是，M 公司"翻墙"后在案涉相关网站搜索、截图、下载并同步录屏的行为没有违反法律的禁止性规定，通过该行为取得的证据，并非最高法《民诉法解释》第 106 条规定的"对以严重侵害他人合法权益、违

[21]　参见王景龙：《论笔录证据的功能》，载《法学家》2018 年第 2 期。
[22]　参见《翻墙获得的证据可以采信吗？看广州互联网法院法官如何说？》，载微信公众号"最高人民法院司法案例研究院"2020 年 12 月 9 日，https://mp. weixin. qq. com/。

反法律禁止性规定或者严重违背公序良俗的方法形成或者获取的证据,不得作为认定案件事实的根据”。因此,对于M公司通过“翻墙”方式访问境外网站收集的证据,不宜作为非法证据予以排除。

“翻墙”是指绕过相应IP封锁、内容过滤、域名劫持、流量限制等监管方式,访问、浏览境外服务器网页内容。通过“翻墙”方式收集境外网站电子数据,违反了行政法规的禁止性规定。该案法院认为,“翻墙”访问境外网站行为违反法律禁止性规定,但“翻墙”后在案涉相关网站搜索、截图、下载、录屏的行为没有违反法律禁止性规定。此种将访问行为和取证行为相区分的裁判思路,并没有厘清访问行为和取证行为之间的关系,实际上它们都属于“翻墙”行为的组成部分。通过“翻墙”搜索、截图、下载、录屏等方式收集电子数据,也违反法律的禁止性规定。但是,最高法《民诉法解释》中作为非法证据排除的“违反法律禁止性规定”,是与“严重侵害他人合法权益”“严重违背公序良俗”相并列。这就决定了并非任何“违反法律禁止性规定”情形下收集的证据都会被认定为非法证据,仅在“违反法律禁止性规定”产生的危害程度或违法程度,与“严重侵害他人合法权益”“严重违背公序良俗”基本相同时,才可以将其认定为非法证据。在该案中,M公司通过“翻墙”方式访问境外网站收集到相关电子数据,但其“翻墙”行为主要是收集证据,其目的具有正当性,而且M公司没有将境外网站信息用于违法犯罪活动,其行为虽然违反法律禁止性规定,但其产生的危害性尚未达到与“严重侵害他人合法权益”“严重违背公序良俗”基本相同的程度。故此种“翻墙”方式收集的电子数据不宜认定为非法证据。

(四)电子数据的完整性

电子数据完整性不是其独立的证据属性,它是保障电子数据真实性的重要基础,也是审查判断电子数据真实性的重要方法。两院一部《电子数据规定》第23条规定了电子数据完整性的审查判断规则,对于电子数据完整性需要从以下方面审查判断:

1. 审查原始存储介质的扣押、封存状态。若原始存储介质处于封存状态,在没有解除封存的情况下,其通常无法被增减或修改,其完整性比较有保障。在司法实践中,封存原始存储介质有多种方法,既可以将其装入物证袋封存,也可以在其电源接口等处加贴封条;对于具有无线通信功能的存储介质,则应当采取信号屏蔽、阻断等技术措施。通过封存原始存储介质,使得无法对电子数据修改或增减,从而保障电子数据的真实性和完整性。

2. 审查电子数据的收集、提取过程,查看录像。在电子数据取证中,若操作不当或故意破坏,可能导致电子数据丢失、毁损等。通过审查电子数据的取证过程,可以为审查判断电子数据的完整性奠定基础。

3. 比对电子数据完整性校验值。完整性校验值是使用散列函数等特定算法对电子数据予以计算所得出的用于校验数据完整性的数值。实践中应用较多的是Hash值,Hash值被称为“数字DNA”,任何一条电子数据,比如文本文件、运用程序、音视频文件等,无论其存量多大,有且仅有唯一的Hash值。若电子数据发生修改或增减,其Hash值也会发生变化。通过比对完整性校验值,可以审查判断电子数据是否完整、是否发生变化。

4. 与备份的电子数据进行比较。在电子数据取证中,需要对电子数据进行备份,并将备份予以封存。若后期因电子数据真实性、完整性发生争议,可以通过与备份进行比较来审查判断其完整性与真实性。

5. 审查冻结后的访问操作日志。冻结是固定、保全电子数据的重要方法，特别是对难以直接扣押、封存、提取的海量数据。电子数据冻结后，可以通过锁定网络应用账号、采取写保护措施等技术方法来防止电子数据被增减、修改，从而保障电子数据完整性。通过审查电子数据冻结后的访问操作日志，可以判断电子数据是否具有完整性和真实性。

保障电子数据完整性的方法较多，除上述五种常见的方法之外，还有很多其他方法，如比对数字签名、可信时间戳等。在电子数据取证中，需要根据具体情况采取一种或多种方法来保障电子数据完整性。在电子数据审查判断中，需要根据取证中采取的相关方法来审查判断其完整性和真实性。

案例 14　陈某贩卖毒品案〔23〕

在陈某贩卖毒品案中，检察院提交了手机显示屏照片、微信截屏照片及清单、提取笔录、提取清单等证据，用于证实毒品交易时间、金额等事实。法院经审查后认为：公安机关从陈某处扣押手机后虽制作电子数据勘验检查笔录并刻录光盘，但勘验检查笔录没有见证人签章，未详细记录案由、提取电子数据过程、内容，未全部计算电子数据完整性校验值，未对勘验、检查过程进行录像；刻录电子数据光盘没有备份，无电子数据持有人签章，未对电子数据的名称、类别、格式、大小予以注明，未封存移送；扣押的原始介质（手机）未封存移送，未制作封存笔录记录原始存储介质的封存状态。电子数据取证程序存在重大瑕疵，且不能作出合理解释，故对其予以排除。

在该案中，侦查机关在电子数据取证中，虽然制作取证笔录，但取证笔录存在严重瑕疵（没有注明电子数据名称、类别、格式、大小等信息）；侦查机关没有计算电子数据的完整性校验值，也没有对电子数据进行备份；既没有对原始存储介质作封存处理，也没有对取证过程进行同步录像。在辩护方对电子数据真实性、完整性不予认可的情况下，控诉方无法提供相应证据材料或方法来证明电子数据的真实性与完整性，故法院对该电子数据予以排除。

第四节　视听资料的审查判断

一、视听资料概述

视听资料是以录音或录像资料存储的、用于证明案件事实的音像信息。在很多国家或地区，视听资料被纳入广义书证范畴，其审查判断通常适用与书证相同的证据规则。在我国《刑事诉讼法》、《民事诉讼法》及其司法解释中，视听资料是独立的证据种类之一。这主要源于视听资料相对于书证而言有其自身特点，需要赋予其独立的法律地位，其审查判断方法和规则也存在不同于其他证据之处。

具体来说，视听资料主要具有以下特点：首先，视听资料具有动态直观性。视听资料是以动态的声音或图像、动画等直观地再现案件事实，通过对视听资料的当庭播放，可以

---

〔23〕 参见云南省通海县人民法院刑事判决书，(2018)云0423刑初219号。

生动地再现案件发生、进行过程中的相关事实，其对案件事实具有较强的证明力。其次，视听资料具有科技性。视听资料是现代科学技术发展的产物，其制作、存储、播放等环节都离不开相关软硬件设备。视听资料可以通过相应技术手段进行增减、篡改等操作，也可以借助于相应技术手段来甄别真伪。最后，视听资料具有较强的客观性。言词证据是案件事实发生中相关信息被人们所感知、记忆，经过陈述后可以用于证明案件事实。但是，在感知、记忆、存储、表达等环节就存在较强的主观性。视听资料是案件发生过程中借助于录像机、录音机等电子设备对案件发生过程的相关信息进行记录、存储，通过播放来证明案件事实。在排除伪造、变造、篡改等情形下，视听资料能够与案件事实高度契合，其具有较强的客观性和证明力。

我国《刑事诉讼法》及其司法解释将视听资料、电子数据并列为独立的证据种类，由此决定了视听资料和电子数据都具有独立法律地位，它们在法律上属于两类不同的证据。在司法实践中，经常出现数字化音视频证据，此类证据在形式上看和视听资料较为相似，它们都是通过动态音像资料来证明案件事实，但是在本质上属于“0－1”二进位数字，在证据种类上属于电子数据。视听资料是以模拟信号在介质上进行存储的音像信息，电子数据是以数字信号在介质上进行存储的数据。随着数字技术和数字经济的不断发展，数字化照片、音频、视频等资料越来越多，而传统的磁带录像机、录音机、胶卷相机等模拟信号的音像设备则越来越少。因此，电子数据在司法实践中的使用范围和数量呈现快速扩张之势，视听资料在诉讼中作为证据使用的案例则呈现递减态势。

二、视听资料审查判断的要点

（一）视听资料的关联性

视听资料与案件事实具有关联性，是其作为证据的前提条件，若其与待证事实之间没有关联性，则不能作为证据。最高法《刑诉法解释》要求审查视听资料的内容与案件事实有无关联。视听资料是以其存储的动态声音、图像等资料来证明案件事实，用于证明案件事实的是其中存储的内容，而不是存储介质本身。对于视听资料关联性的审查，需要收听或观看视听资料中存储的声音、图像等，进而判断其是否可用以证明案件事实。

案例15　何某1、何某2、何某3贩卖毒品案[24]

三被告人系姐弟关系。重庆市渝中区人民检察院指控：2021年4月26日14时许，何某2、何某1二人乘坐被告人何某3驾驶的出租车赶到本市九龙坡区九滨路九龙广场，向代某购买毒品后拟贩卖。何某2、代某当场被抓获，另查获毒资74,000元，毒品海洛因共计200.24克。后何某1、何某2被抓获。三被告人均不认罪。

渝中区人民法院认定三被告人构成贩卖毒品罪，其中关键证据之一是当天三人系乘坐何某3驾驶的出租车去购买毒品。出租车作为营运车辆，均安装有监控视频，而该车上的监控视频将三人在车上协商贩卖毒品的言行全部清晰记载。例如，在出租车监控视频中，何某2与何某1在出租车中商量后续贩卖的事情：“……便宜也只有他万大（音）才想得出来，别个给我们的价格，比如说是400，他说你莫去给别个涨价……哪怕是200，他都说你贵了，能不能少一点……”；

〔24〕　参见重庆市渝中区人民法院刑事判决书，（2021）渝0103刑初1030号。

> “你今天要给他首先申明,因为他觉得你给他的价格好高嘛,你说别个是原版,没掺过,百分之百没掺过,反正你哪个说嘛。如果他要要,你也没得了,你不要拿给他。他也不可能拿,你也没得了。但是确实是原版,你说十几年了,从来没有打到这么好的,反正乱说嘛……你想嘛,你拿的这个价格比别个拿的价格高好多嘛,高几块钱很正常,高那么多你只能说是原版了。其实我跟你说,原版要800,600根本拿不到”。

该案据以定案的重要证据之一是车载监控视频。该视听资料的内容形成于三被告人贩卖毒品的过程中,属于原始证据,虽系三被告人忽略了监控视频的存在而“无意”中形成,但与案件的关联性非常紧密,无疑其证明力很强,对于认定案件事实具有重大价值。

(二)视听资料的真实性

视听资料是以动态的声音或图像、动画等直观地再现案件事实,其在具备真实性的情况下通常具有较高证明力,对裁判者心证的形成具有重要影响。因此,对视听资料真实性的审查就成为重要内容。

对于视听资料的真实性,需要重点从以下方面予以审查:

1. 视听资料的来源。证据来源对其真实性具有重要影响。在司法实践中,侦查机关主要通过以下方式收集、获取视听资料:公安机关专用监控系统记录的视听资料(如“天网监控系统”)、公共或私人机构安防系统记录的视听资料、现场目击证人拍摄的视听资料、犯罪现场电子设备拍摄的视听资料。[25] 来源不清的视听资料,其真实性、可靠性会大打折扣。侦查机关在收集视听资料时,应当制作详细的取证笔录,详细记载视听资料的来源、收集方法、取证过程等。最高法《刑诉法解释》第109条第2项规定了制作、取得的时间、地点、方式等有疑问,不能作出合理解释的视听资料,不得作为定案根据。这主要就是来源存疑而导致视听资料被排除。

2. 审查视听资料是否为原件;若为复制件,则需要审查提交复制件的理由、复制件与视听资料原件是否相符。视听资料作为实物证据,需要遵循最佳证据规则。当事人提交视听资料,原则上应当提交视听资料原件,仅在具有正当理由时,才可以提交复制件。对于当事人提交的视听资料复制件,法院需要审查提交复制件是否具有正当理由,审查视听资料复制件与原件是否一致。最高法《刑诉法解释》第108条第1款第2项规定了视听资料复制件的审查,其要求审查是否附有无法调取原件的原因、复制件制作过程和原件存放地点的说明,制作人、原视听资料持有人是否签名。

3. 审查视听资料有无剪辑、增减等情形。当事人可能通过剪辑、增减等方式来伪造或变造视听资料,若视听资料存在剪辑、增加、删减等情形,会损害其真实性与可靠性。因此,需要审查视听资料有无剪辑、增减等情形。

4. 审查视听资料内容的真实性。视听资料内容真实性属于其证明力的审查判断,主要审查其与其他证据是否相互印证、有无矛盾等内容。

(三)视听资料的合法性

视听资料的合法性是司法实践中经常面临的争议问题。在司法实践中,通常存在未经对方同意而将谈话、电话等予以录音,有些录像资料可能未经对方同意而予以偷拍或者

---

〔25〕 参见刘静坤:《证据审查规则与分析方法:原理·规范·实例》,法律出版社2018年版,第185页。

偷录。在视听资料使用中，需要审查判断其合法性。最高法《刑诉法解释》要求审查视听资料的来源是否合法，审查视听资料制作过程中是否存在威胁、引诱当事人等违反法律有关规定情形，这些都涉及视听资料合法性审查，比如视听资料系通过盗窃方式取得，会损害公民财产权、隐私权等基本权利；视听资料系在宾馆、住宅等场所安装的监控设备偷拍或偷录等方式制作，会侵犯公民隐私和人格尊严等基本权利。因此，对于视听资料合法性进行审查时，需要审查其来源、制作过程等是否符合法律规定。

案例16　贾某与何某离婚纠纷案[26]

贾某与何某结婚多年，育有一子一女。在该离婚纠纷案审理中，贾某当庭出示录像证据，证明何某多次在家卖淫。贾某称该录像是其在自己家中用秘密安装的微型摄像头拍摄。鉴于该证据涉及个人隐私，法庭对该证据进行不公开质证。后该案调解结案。

在该案中，原告在自己家中安装的微型摄像头拍摄的录像，在证据种类上属于视听资料。该视听资料的合法性存在较大争议。否定者认为，该视听资料是对卖淫过程的记录和固定，卖淫嫖娼行为本身属于违法行为，其在本质上也是卖淫者与嫖娼者之间的性交易行为。而性生活情况属于典型的个人隐私范畴，虽然卖淫嫖娼行为不具有合法性，但作为性生活的个人隐私应受到法律保护。在未经性行为双方人员同意的情况下，私自拍摄、录像，已经严重侵犯公民合法权益，故该视听资料应作为非法证据予以排除。肯定者认为，该案中安装微型摄像头的场所较为特殊，其是在作为原告方当事人贾某自己家中安装的。在夫妻关系存续期间，夫妻双方在家庭生活中的隐私期待相对较弱。在家中安装摄像头，偷录下相对方与他人之间的性交易行为，虽然侵犯了性交易行为双方人员的隐私权，但违法性相对较弱，故该案当事人在自己家中安装摄像头拍摄的视听资料不应作为非法证据予以排除。总体来看，"肯定说"的观点更为适当，这主要由于摄像头安装的地点是原告方当事人自己的家中，其违法性相对较弱，故该视听资料不宜作为非法证据。但是，若该案当事人不是在自己家中安装摄像头，而是在其他场所安装摄像头，比如若被告在宾馆某房间卖淫，原告提前在该房间偷偷安装摄像头，偷拍下被告卖淫的过程，此时该视听资料则因取证行为严重侵犯他人隐私权而需要作为非法证据予以排除。

第五节　笔录证据的审查判断

一、笔录证据概述

我国《刑事诉讼法》将勘验、检查、辨认、侦查实验等笔录作为独立的证据种类，《民事诉讼法》也将勘验笔录作为独立的证据种类，它们可以统称为"笔录证据"。笔录证据不仅包括文字所记载的书面材料，还包括绘图、照相、录像等形式的资料。关于笔录证据的分类，在理论界存在较大争议，主要有"言词证据说"和"实物证据说"两种观点。前者认

---

〔26〕 参见《一男子偷拍妻子在家中卖淫录像，离婚时当庭出示》，载长江网2012年9月9日，http://news.cjn.cn/shxw/201209/t2050614.htm。

为笔录证据属于言词证据,[27] 它们是侦查人员、审判人员对调查取证过程和结果的记录,其经历了较为完整的感知、记忆、存储、表达等言词证据形成过程。后者认为笔录证据属于实物证据,它们是办案人员在勘验、检查等过程中对观察到客观情况的如实记载,而不是办案人员的陈述。[28] 本书主要采取"实物证据说"的观点,故将笔录证据置于实物证据审查判断部分予以探讨。

笔录证据有其特定范围和内涵,并非所有笔录都可以纳入笔录证据,它主要是指办案人员在勘验、检查、辨认、侦查实验、搜查、扣押以及证据提取过程中制作的书面笔录。勘验、检查、辨认、侦查实验、搜查、扣押等属于法定的侦查手段。办案人员需要将上述侦查活动的过程、结果、收集证据情况等予以书面记录,它们都属于笔录证据。侦查机关在收集证人证言、犯罪嫌疑人供述等言词证据时,通常也会制作证人证言笔录、讯问笔录。这些言词证据收集过程中制作的笔录不属于此处的"笔录证据",它们是对证人证言、被害人陈述、犯罪嫌疑人供述等言词证据的固定方法,在本质上不是独立的证据种类,而属于证人证言、被害人陈述、犯罪嫌疑人供述等言词证据。

笔录证据主要从以下方面发挥着证明作用:

第一,对于实体事实的证明。勘验、检查等笔录是办案人员在对与案件有关的场所、物品、人身、尸体等予以勘验、检查过程中获取案件信息的收集和固定,如案发现场的位置信息、环境信息、温度信息等,这些信息有些处于动态变化之中,需要及时予以固定和记录。这些信息本身就可以对案件事实产生证明作用。

第二,对于证据事实的证明。在勘验、搜查等侦查活动中,办案人员会对相关物证、书证予以收集固定。笔录证据中记载的勘验、搜查等过程收集的证据名称、数量、特征等内容,可以证明实物证据来源、真实性。

第三,对于程序事实的证明。笔录证据是对勘验、检查、辨认、侦查实验、搜查等侦查活动过程的记载和固定,后期若控辩双方对上述侦查行为的合法性发生争议时,笔录证据可以用于证明侦查行为合法性。

二、笔录证据审查判断的要点

(一)笔录证据的形式要件

笔录证据形式要件主要是指办案人员在勘验、检查等笔录中是否完整记载了相关事项与过程,是否具有相关人员签名或盖章。根据《刑事诉讼法》的要求,对于勘验、检查的情况应当制作笔录,在笔录中需要详细记载勘验时间、地点、参加人员等信息,由参加勘验、检查的人员和见证人签字或者盖章。通常来说,若在形式要件上有瑕疵,如遗漏了应当记载的相关内容、没有勘验人或见证人签字,并不直接否认笔录证据的证据能力。若仅仅因为笔录证据有形式瑕疵而直接否定其证据能力,就可能导致勘验、检查等侦查活动中收集物证、书证等丧失合法来源,从而会阻碍对案件事实的正确认定。[29] 此种情况下的笔录证据属于"瑕疵证据",此时应当给予控诉方予以补正或者作出合理解释的机会。

---

〔27〕 参见陈瑞华:《刑事证据法》(第4版),北京大学出版社2021年版,第320页。

〔28〕 参见陈光中主编:《证据法学》,法律出版社2011年版,第209页。

〔29〕 参见刘静坤:《证据审查规则与分析方法:原理·规范·实例》,法律出版社2018年版,第185页。

对于笔录证据形式要件的审查判断，虽然从其审查对象或内容来看，主要涉及笔录证据形式要件问题，但它们可能会影响对后续实质内容的审查判断。比如在某盗窃案中，被害人报警时间是2011年4月2日下午6时许，公安机关到案件现场的时间是晚上7时30分左右，勘验笔录记载的勘验起始时间是上午11时30分，[30]该勘验笔录记载的时间明显错误，这就会让人们对其真实性、可靠性产生怀疑。若对该错误无法给予合理解释或补正，无法消除法官对真实性的合理怀疑，则该时间要素错误可能会产生勘验笔录排除的风险。

案例17 邓某故意杀人案[31]

在邓某故意杀人案中，辩护方认为：公安机关现场勘验笔录没有见证人签字，均为电脑打印，勘验程序不符合法律规定，不能作为证据使用。检察机关认为：公安机关侦查程序合法，收集的证据应当作为定案依据，并当庭举示了公安机关出具的情况说明及现场勘验笔录原始签名页、见证人夏某的身份信息、见证人询问笔录、物证登记表等证据，证明案发现场基本情况，证明现场勘验程序合法、现场勘验情况真实。法院经审理后认为：针对侦查机关制作的现场勘验笔录，二审期间检察机关提交了侦查机关的情况说明和见证人询问笔录，证实打印签名为现场勘验系统录入时自动生成，现场勘验完毕后已由侦查人员和见证人当场对原始记录签字确认。该现场勘验笔录不存在明显不符合法律有关规定的情形，检察机关出示证据时，对打印签名作出了合理解释，侦查机关现场勘验程序合法，可以作为定案的根据。故对辩护人主张排除勘验笔录的意见不予采纳。

在该案中，控辩双方对勘验笔录中见证人签字发生争议。在勘验、搜查等刑事侦查活动中，见证人可以对侦查人员的侦查取证活动予以观察、监督和证明，若发现侦查人员有违法行为，可以提出意见，从而保障侦查活动的合法性和收集证据材料的真实性。见证人在勘验笔录上签字则意味着其对记载内容的认可。在司法实践中，勘验笔录中缺少见证人签字的现象时有发生，可能存在多种原因。有的可能是因为没有见证人，有的可能是因为侦查人员疏忽而忘了让见证人签字，还有的可能是因为见证人对勘验过程、勘验笔录等的合法性、真实性不予认可而拒绝签字，这些原因对勘验笔录真实性与合法性的影响并不相同。因此，勘验笔录欠缺见证人签字并不是直接将其排除，而需要给予补正或作出合理解释的机会。在该案中，辩护方虽然以勘验笔录欠缺见证人签字为由主张将其直接排除，但法院将其作为瑕疵证据，给予控诉方补正或合理解释的机会。控诉方通过侦查机关的情况说明、见证人询问笔录等证明现场勘验完毕后已由侦查人员、见证人当场对原始记录签字确认，打印签名为现场勘验系统录入时自动生成，从而对于勘验笔录瑕疵予以有效补正。法院经审查后对该勘验笔录予以采信。

（二）笔录证据的内容信息

笔录证据既是对侦查人员开展勘察、检验等侦查活动过程或程序的记载，也是对犯罪场所、物品、人身等证据信息或案件事实信息的记载。因此，对于笔录证据内容信息的审查判断，亦可以从上述两个层面展开。

---

〔30〕 参见杨迎泽、孙锐主编：《刑事证据的收集、审查与运用》，中国检察出版社2013年版，第219－220页。

〔31〕 参见重庆市第二中级人民法院刑事裁定书，(2021)渝02刑终125号。

1. 需要对笔录中记载勘察、检验等侦查程序予以审查。这主要包括:勘验主体、对象、步骤、方法等内容。从主体上看,勘验、检查应当由侦查人员进行,在必要时,可以指派或聘请有专门知识的人,在侦查人员主持下进行。对于勘验主体应当重点审查其身份、资质。勘验人员不具有侦查人员身份或权限,会影响勘验笔录的合法性;勘验人员不具有相应技术资质,会影响勘验中收集证据材料的真实性与合法性。作为勘验对象的场所、物品、人身、尸体等,应当与案件具有关联性,若与案件事实无关,则不得作为勘验对象,即便勘验也无法获得与案件有关的事实信息。勘验、检查应当持有相关证明文件,否则会影响勘验的合法性。在勘验中应当邀请见证人在场,以便对勘验活动进行监督、见证,也有利于保障勘验中收集证据材料的合法性和真实性。法院在对笔录证据进行审查判断时,应当审查笔录中记载的上述事项,审查判断的标准是《刑事诉讼法》及其相关司法解释中关于勘验、检查、搜查、扣押等侦查措施的程序规定。

2. 侦查人员会在勘验、检查过程中发现、收集和固定与案件有关的物品或痕迹,了解案件性质、作案手段和犯罪活动等情况。这些信息需要如实、客观地记载在笔录中。例如,犯罪现场的方位、周围环境等信息,物品、人身、尸体等的位置、特征等信息,相关物品、痕迹是否被破坏或伪造等信息,相关人员的人身特征、伤害情况、生理状况等信息。在审查判断笔录证据时,需要对笔录中记载的上述信息展开审查。审查方法主要将其与被告人供述、被害人陈述、鉴定意见等证据进行对比,审查它们是否相互印证,有无矛盾。

(三)法院勘验笔录

在民事诉讼中,勘验主体是承办案件的法官,这与刑事诉讼中的勘验笔录存在较大差别。最高法《民诉证据规定》第 43 条第 3 款规定了法院勘验物证或者现场,应当制作笔录,记录勘验的时间、地点、勘验人、在场人、勘验的经过、结果,由勘验人、在场人签名或者盖章;对于勘验过程中绘制的现场图应当注明绘制时间、方位、测绘人姓名、身份等内容。法院制作的勘验笔录,在作为证据使用前也应当接受当事人质证辩论,并由法院依法审查判断后才可以作为定案依据。法院制作的勘验笔录,除了要求勘验主体具有法定权限和资质、勘验笔录与案件事实有关联性、笔录记载内容齐全、形式合法等内容之外,还要求当事人到场。根据《民事诉讼法》第 83 条之规定,法院在勘验时,当事人或者当事人的成年家属应当到场。确立勘验中的当事人在场制度,主要是因为勘验笔录作为法定证据之一,在很大程度上决定当事人的诉求能否得到支持,对当事人影响重大。当事人作为与案件具有利害关系的人,他们比其他人更清楚案件现场、物品等勘验对象的情况,在勘验现场让其向法院说明、解释具体的勘验事项和可能涉及的专业问题等,并提醒法院在勘验中需要重点关注的内容,有利于提高勘验的针对性和准确性。法院在勘验前,应当将勘验时间、地点等信息告知当事人。经法院依法通知后,当事人没有到场通常不会影响勘验笔录的证据能力。但若法院在勘验前未履行通知义务,则会影响勘验笔录的证据能力。

案例 18 B 公司和孙某侵害发明专利权纠纷案〔32〕

在 B 公司和孙某侵害发明专利权纠纷案中,B 公司以原一审法院勘验程序违法,未提前 3 天通知勘验时间和地点,且未提供勘验笔录,导致其无法对勘验笔录的内容提出异议为由,向最

〔32〕 参见最高人民法院民事裁定书,(2013)民申字第 308 号。

高人民法院申请再审。最高人民法院经审理认为:根据原一审庭审笔录查明,一审法院先后两次通知B公司勘验时间和地点,B公司因自身原因未到勘验现场;一审庭审中,合议庭审判长当庭宣读勘验笔录,B公司亦未提出异议。因此,一审法院的勘验程序符合法律规定,B公司的该项申请再审理由不能成立。

在该案中,B公司以勘验时当事人不在场为由对勘验笔录提出异议。但是,最高人民法院经审理后认为,原审法院已经告知B公司勘验时间和地点,B公司因自身原因未到场。在法庭审理过程中,审判长通过宣读勘验笔录方式出示了该证据,B公司在庭审质证中亦未提出异议,故法院经审理后认为其可以作为定案根据。

典型案例评析

案例10-1　吴某故意杀人案[33]:物证来源不明不能作为定案的依据

1998年7月23日凌晨,吴某从江苏省南京市打工回来,到本村被害人孙某家,进屋后与孙某发生争吵。吴某对孙某实施殴打,将孙某掐死。孙某2岁的儿子吴甲醒后喊妈,吴某怕被人发现,即殴打该小孩,并将其掐死。经法医鉴定,被害人孙某、吴甲系他人扼颈后形成机械性窒息死亡。

2004年11月24日晚6时许,吴某手持矿灯到本村被害人蒋某家中,进入堂屋东间,蒋某进屋时,吴某用矿灯朝其头部连砸两下后逃走。经法医鉴定,蒋某的伤情属于轻伤。

公诉机关认为被告人吴某的行为已构成故意杀人罪、故意伤害罪,提请法院依法惩处。

被告人吴某对公诉机关指控其故意杀人及故意伤害的犯罪事实当庭拒不供认,辩称杀人案发生时其在江苏省南京市打工,无作案时间。其辩护人辩称,被告人吴某被采取强制措施后如实供述了故意杀人事实,应视为自首。

周口市中级人民法院经审理认为:虽然被告人吴某当庭拒不供认故意杀人的犯罪事实,但其在公安机关曾多次供认,且从现场提取的血掌印经鉴定确系吴某所留,足以认定。故判被告人吴某犯故意杀人罪,判处死刑,剥夺政治权利终身;犯故意伤害罪判处有期徒刑3年;决定执行死刑,剥夺政治权利终身。

被告人吴某以"没有杀人"为由向河南省高级人民法院提出上诉。

河南省高级人民法院经审理认为:本案事实清楚,证据确实、充分,足以认定。对于被告人吴某所提"没有杀人"的上诉理由。经查,吴某曾多次供述其将孙某和吴甲杀死,与证人证言、现场勘验笔录及尸体检查报告相吻合;二审期间委托公安部物证鉴定中心对现场提取的血掌印重新鉴定,与吴某左掌有19个细节特征相同点,鉴定意见为:血掌印与吴某左掌样本同一,足以认定本案系吴某实施。故裁定驳回上诉,维持原判,并依法报请最高人民法院核准。

最高人民法院经复核后认为:一、二审认定被告人吴某故意杀人案的主要证据是经鉴定为被告人所留的"血掌印"和被告人在侦查阶段的有罪供述。但现场勘验、检查笔录不能

---

〔33〕参见中华人民共和国最高人民法院刑事审判第一、二、三、四、五庭主办:《刑事审判参考》(总第70集),法律出版社2010年版,第39页。

清楚地反映该掌印来源,也无提取笔录;该掌印是否是"血掌印"也无证据证实,在案证据不能形成完整的证据链。一审判决和二审裁定认定被告人吴某故意杀人犯罪事实不清,证据不足。故裁定不核准死刑、撤销原判、发回重新审判。

|**评析**| 在该案中,血掌印是认定案件事实的关键证据。作为案件现场的痕迹物证,它是具有较强客观性、稳定性的间接证据,对犯罪人和案件事实认定具有重要意义。物证在收集保管、移送流转等环节存在失真的风险,若不能有效证明物证来源、保管程序、未发生增减或修改等情形,则其真实性与可靠性将大打折扣。在该案中,血掌印收集程序不合法,现场勘验笔录记载提取了该掌纹和另外两枚指纹,但没有见证人证明,对血掌印没有单独制作提取笔录,现场照片不能确切证明血掌印是从哪里提取。血掌印来源不明确,从该案破案经过看,血掌印是从现场床帮上提取,但卷内只有一块有掌印木块的照片,看不出该木块来自哪个部位,现场勘查照片不能反映重点区域概貌、局部、痕迹物证具体特征等细节。血掌印来源不清楚、取证程序有瑕疵,其真实性就无法保障。

从血掌印与案件事实的关联性来看,鉴定意见只能证明该物证与被告人之间的联系,不能证明该物证与案件本身的关联性。案发现场的床上既有血掌印,也有两枚带血指印。公安机关称"现场提取的3枚手印,除血掌印外均是被害人邻居、亲属所留"。单纯认定留下血掌印的人作案,而不认定留下血指印的人具有作案可能的理由并不充分,不能排除作案者系被害人邻居、亲属的合理怀疑。鉴定意见仅能建立血掌印与被告人之间的联系,而无法排除合理怀疑地证明杀人事实。故从关联性角度,亦不能将血掌印作为认定被告人杀人的依据。最高人民法院在该案裁判中遵循了证据裁判原则和无罪推定原则,在案件事实存疑的情况下作出了有利于被告人的裁判结果。

案例10-2 S公司等走私普通货物案〔34〕:电子数据真实性、合法性、关联性的审查判断

在S公司等走私普通货物案中,部分被告单位、被告人提出该案据以认定犯罪数额的电子证据证明力弱等辩护意见。

法院经审理后认为:电子数据的证据资格认定是本案最具争议的问题之一。本案非法交易涉及多个包税人,且系层层转包,各被告人为确保数据在传送中不遗漏、不受损,没有采用电话、传真等传统通信手段,而是选择网络传输。被告单位和被告人,从老板到经办文员,签订合同、单证往来,到付汇、收款等,均用电子邮件、MSN、QQ等进行。对于这些电子数据如何审查判断,将直接影响案件事实认定。

第一,电子数据的真实性,即电子数据表达内容或者证据事实是真实的,而不是想象、臆测或者虚构的。电子数据作为信息技术的产物,容易存在拼凑、篡改、增删等情形。因此,应首先审查电子数据真实性,包括电子数据来源(电子数据形成时间、地点、对象、制作人、制作过程及设备情况),电子数据收集、传送和保存方法。必要时,可以通过鉴定来确认电子数据真实性。

该案中,侦查机关现场固定电子数据时采用了"封存—扣押"模式:召集见证人、切断电源及接口、封存介质、拍照录像固定、制作搜查笔录和扣押清单、送有资质部门鉴定。对于

---

〔34〕 参见中华人民共和国最高人民法院刑事审判第一、二、三、四、五庭主办:《刑事审判参考》(总第93集),法律出版社2014年版。

计算机中未被删除的数据，在其他证据足以佐证的前提下，采用了“打印—确认”模式。最终固定、提取涉案电脑100多台，一批U盘、移动硬盘、手机卡等存储介质。侦查机关在获得上述电子数据后即提交给鉴定机构进行鉴定，鉴定意见均在法庭审理时予以出示并进行质证。侦查机关对扣押的100多台电脑进行分析，在不破坏数据的情况下，对现有数据提取、分析，对已删除数据恢复后提取，并使用60部只读设备和电子数据专业分析软件，解决对已删除数据固定、分析难题。所有提取、固定的电子数据，在侦查和起诉阶段均打印成文字件，交被告人及证人签字确认。

侦查机关还向第三方取证。第三方包括网络服务提供商、电子数据交换机构等。侦查机关通过电子邮件所属服务商确定网络服务商地址，向服务商调取了30个涉案邮箱中的20万封电子邮件，经过筛选后将其中与本案有关联的部分作为电子数据提交法庭。向第三方取证的数据，由第三方存储在只能读不能写的光盘里，阅读者无法对这些数据进行修改，从而保证了电子数据真实性。

第二，电子数据的合法性，即电子数据收集主体、取证方法和程序应符合法律规定。该案中，侦查机关在对案件关键场所进行搜查时，邀请了G市网警支队协助开展现场勘查；侦查机关成立电子数据分析小组。侦查机关在提取、固定电子数据过程中严格执行相关法律法规，制作《电子证物检查笔录》，详细记载了电子数据调取、封存、打印、鉴定等情况。在向第三方取证时，出示了《调取证据通知书》《介绍信》等材料，取证程序符合法律规定。

第三，电子数据的关联性，即电子数据与待证案件事实有关，具有证明案件待证事实的属性。以该案中数量最多的电子数据——电子邮件为例。被告人之间来往的电子邮件中包含大量的真实上货清单，这些清单在境外供应商、国内货主、揽货人、多层包税人、洗单操作员等多个环节流转，是证明存在走私犯罪共同故意和共同行为的重要证据，也是计算被告人参与走私犯罪数额的重要依据。

故法院认为案涉电子数据的真实性、合法性，且与该案具有关联性，达到了证据的认定标准，可以作为定案证据使用。

| **评析** |　电子数据已经成为网络信息时代的“证据之王”，对电子数据需要按照证据规则对其真实性、合法性、关联性予以审查判断。在该案中，法院主要从电子数据的来源、取证过程、移送流转等方面来审查认定了电子数据的真实性；从取证主体、取证方式、取证程序等方面审查认定了电子数据的合法性；从电子数据是否能够证明待证事来审查认定了电子数据的关联性。在确认电子数据真实性、合法性、关联性之后，将其作为定案依据。

案例10－3　王甲诉Z公司、王乙、贺某融资租赁合同纠纷案〔35〕：私文书证的鉴真问题

2011年2月18日，王乙向Z公司提出融资租赁申请，申请融资租赁摊铺机，融资金额为238万元，期限48个月。同日，贺某出具配偶承诺书一份，表示贺某与王乙系夫妻关系，对王乙融资租赁摊铺机的事实完全知晓，承诺愿意与王乙共同承担付款义务。王甲向Z公司出具担保书，对该融资租赁合同下债务承担连带保证担保。后因王乙拒付租金，经多次催讨未果，Z公司向法院提起诉讼，请求王乙、贺某共同支付租金和违约金，王甲对上述债务承担连带清偿责任。在案件一审中，王甲对担保书真实性提出异议，认为担保上签名并

---

〔35〕　参见最高人民法院民事裁定书，(2019)最高法民申5849号。

非其本人所签,并对担保书上签名申请司法鉴定。在鉴定过程中,王甲撤回鉴定申请。经法院释明后,王甲再次申请鉴定,法院准许。在鉴定过程中,因王甲拒不选择鉴定机构,鉴定被退回。

一审法院经审理后认为:Z公司提供了王甲签名的担保书,同时提供了王甲身份证复印件,王甲不认可签订的担保书,故应由王甲对该担保书签名的真实性承担证明责任。虽然法院根据王甲申请,两次委托鉴定,但王甲在鉴定过程中先是撤回鉴定申请,后又拒不选择鉴定机构,导致鉴定被退回,王甲应对此承担举证不能的法律后果。故判决王甲承担连带清偿责任。

王甲对一审判决不服,提出上诉。二审法院审理后认为:Z公司不仅提供了王甲签名的担保书,还提供了王甲身份证复印件,王甲在庭审中亦承认其与借款人王乙相识,Z公司已完成初步举证责任。王甲对担保书签名的真实性提出异议,应就该主张承担相应的举证责任。针对该项主张,王甲一审中两次申请鉴定,原审法院根据王甲申请,两次委托鉴定,但王甲先是撤回鉴定申请,后又拒不选择鉴定机构,导致鉴定被退回,王甲应对此承担法律后果。王甲在二审中仍未提供证据来证明案涉担保书签名非其本人所签。故判决驳回上诉、维持原判。

判决生效后,王甲向最高人民法院申请再审。最高人民法院经审理后认为:Z公司作为债权人请求判令王甲对案涉债务承担连带清偿责任,向法院提交了王甲签名的《担保书》、王甲身份证复印件,完成了初步证明责任。王甲否认《担保书》上签名的真实性,依法需要提供证据予以证明,必要时可申请司法鉴定予以佐证。在一审过程中,王甲曾就此申请鉴定,但随后又撤回申请;经一审法院释明,王甲再次申请鉴定,但在法院准许后又拒不选择鉴定机构,后鉴定被退回;二审中王甲仍未提供证据证明案涉《担保书》上的签名非其本人所签。一、二审判决基于前述事实与最高法《民诉证据规定》,认定王甲依法承担相应法律后果并无不当。故裁定驳回王某的再审申请。

|**评析**| 该案主要涉及私文书证鉴真中的证明责任分配问题。担保书是认定王甲是否承担连带保证责任的私文书证。王甲认为担保书上签名并非其本人签字,对担保书真实性提出异议,此时就需要对担保书进行鉴真。最高法《民诉证据规定》第92条第1款规定了私文书证鉴真中的证明责任,即“私文书证的真实性,由主张以私文书证证明案件事实的当事人承担举证责任”。按照此规定,需要由Z公司对担保书的真实性承担举证责任。在该案中,法院主要依据Z公司提供的王甲身份证复印件来认定其已完成举证责任。但是,王甲身份证复印件能否作为对担保书中签名真实性的有效鉴真方法,则值得探讨。若身份证复印件中有王甲的签名笔迹,且该签名笔迹仅借助于肉眼识别、生活经验就能与担保书中签名笔迹进行比对,能够让法官形成笔迹具有一致性的心证,则该身份证复印件可用于担保书鉴真。但是,人们通常不会在身份证复印件上签名,即便有签名笔迹,其真实性通常也无法经由不熟悉该笔迹的人员借助于肉眼识别、生活经验进行比对,而需要由笔迹鉴定人借助技术知识、专门经验、设备仪器等来鉴定。由于该担保书鉴真中的证明责任,是由主张以私文书证证明案件事实的当事人承担,即Z公司承担,在王甲对担保书签名真实性不予认可的情况下,Z公司需要提供相应证据来证明担保书签名的真实性,如知情人(熟悉该签名笔迹的人员)辨认、笔迹鉴定等证据。在既没有笔迹鉴定意见,也没有其他证据来证明担保书签名真实性的情况下,则应由Z公司承担案件事实真伪不明的法律后果。

主要文献著述

1. 贾宇主编:《刑事客观性证据审查运用指引》,中国检察出版社 2022 年版。
2. 刘品新:《电子证据法》,中国人民大学出版社 2021 年版。
3. 李学军、朱梦妮等:《物证鉴定意见的质证路径和方法研究》,中国人民大学出版社 2015 年版。
4. 宋维彬:《刑事笔录证据研究》,中国法制出版社 2020 年版。
5. 谢登科:《电子数据的技术性鉴真》,载《法学研究》2022 年第 2 期。

第十一章　证明对象的理解与适用

第一节　证明对象概述

一、证明对象的概念和范围

所谓证明对象，又称证明客体，是指证明主体运用证据予以证明的对审理案件有重要意义的事实。证明对象的范围包括：

1. 实体法事实。实体法事实，在刑事领域，主要是指与被告人定罪量刑有关的事实。在民事领域，是指引起民事法律关系发生、变更或消灭的事实（基础事实）以及就民事权利义务发生争议的事实（纠纷事实），具体包括主要事实和间接事实。其中主要事实是指由民事实体法规范规定的作为形成特定民事权利义务关系的基本要素的事实。主要事实直接影响对作为诉讼标的的法律关系的判断和认定。间接事实是指用来推断主要事实是否存在的事实。在主要事实本身难以直接证明的情况下，需要通过先证明与主要事实有关的其他事实来间接地推断主要事实存在与否。

2. 程序法事实。刑事诉讼中的程序法事实，是指对于解决案件的诉讼程序问题具有法律意义的事实，主要包括程序法争议事实（如非法证据排除程序）和程序法请求事实（如证据保全、申请恢复诉讼等）。在民事诉讼领域，程序法事实是指能够引起民事诉讼法律关系发生、变更或消灭的事实。程序法事实虽然不直接涉及当事人之间实体权益的分配，但却对民事诉讼程序的开始、进行和终止都具有重要的意义。

3. 外国法和地方性法规、习惯。作为裁判依据的法律渊源，各种形式的法律规范体系繁杂，数目众多，当事人所主张适用的法律规范，涉及外国法、地方性法规以及习惯时，负有证明规范存在及有效的证明责任，故上述规范依据亦属于证明对象的范畴。

4. 特殊性经验法则。经验法则，是指人们从生活经验中归纳获得的关于事实因果关系或属性状态的法则或知识。经验法则包括两类：（1）一般性经验法则，即日常生活中一般人所熟知的常识；（2）特殊性经验法则，即不为一般人所知晓的某些专门性知识。前者无须证明，就后者而言，法官没有终极性探知义务，当事人就此发生争议时，则应当加以证明。

此外，从案件事实是否需要证明的角度出发，案件事实包括证明对象和免证事实两部分。相较于证明对象而言，免证事实是指不需要当事人举证证明并可以为裁判者直接认定的案件事实。下列事实，当事人无须举证证明：（1）自然规律以及定理、定律；（2）众所周知的事实；（3）根据法律规定推定的事实；（4）根据已知的事实和日常生活经验法则推定的事实；（5）人民法院发生法律效力的裁判确认的基本事实；（6）生效仲裁裁决确认的事实；（7）有效公证文书证明的事实；（8）自认的事实。

二、证明对象的理解

正确认识证明对象,是与诉讼证明有关的法律规定及实践得以有效展开的基本前提。理解证明对象需要从以下两个维度进行:其一,诉讼证明的根本目标是为法律适用提供事实基础,法律适用的根据是法律规定的法律要件事实。因此,理解证明对象需要结合法律要件事实构造的维度。其二,诉讼证明是一种认识活动,而且是一种特殊的认识活动,即一般是对消失在历史视野中的过去事实的认知。这种认知会受到一定的诉讼制度构造的影响。因此,理解证明对象也需要结合诉讼认知构造的维度。[1] 这两个维度是相互关联的,需要结合起来对证明对象的概念进行理解。

(一)法律要件事实构造维度中的证明对象

法律适用所直接对应的事实,称为法律要件事实。法律要件事实是证明对象的基本锚定点。

1. 法律要件事实是证明对象的基础指引。法律要件事实是对生活世界的有限"截取"。在繁多、琐碎的社会生活中,法律要件事实是一种有限的、特殊的事实。相较于案件事实而言,法律要件事实对证明对象的指向更为准确。因为,在任何一个案件里都可以"截取"无穷多的事实,[2]但是,对于法律适用有意义的事实只是其中很少的一部分。例如,在一个故意杀人案件的诉讼中,对法律适用有意义的只是被告人是否有杀人的主观故意、是否实施了可能或实际致命的客观行为等法律要件事实。而被告人穿什么颜色的衣服、作案工具的材料构造是什么等事实,尽管属于案件事实,但不属于法律要件事实,对法律适用也没有意义。

案例1 "北大学生雇凶杀人"乌龙事件[3]

2021年8月19日,有媒体援引了一份刊载在"12309中国检察网"上的四川渠县检察院的起诉书,曝出"北京大学一女生"雇凶杀害前男友事件。仅仅一天后,多家媒体向北京大学宣传部核实后发现,该案犯罪嫌疑人并非北京大学学生,甚至没有考上大学,只是参加了北京大学外国语学院的日语培训班,但嫌疑人一直对外宣称自己是北京大学学生。由此产生了这场乌龙事件。尽管渠县人民检察院已经向媒体承认"我们搞错了",并迅速从网上撤下了该份起诉书,但这一乌龙事件造成的影响显然不会迅速消退。网络上依然有未了解真相的群众在抒发高学历不等于好人品之类的情绪。

本案中的雇凶杀人案件与犯罪嫌疑人和被害人在高考后考入了哪所大学并无法律上的利害关系。将这一事实载入起诉书,不会对定罪量刑产生任何影响。办案机关无须查明这些事实,起诉书也不应当载明这些事实。

2. 法律要件事实包含的具体生活事实是司法证明的具体对象。每一个法律要件事实往往能够包含许多不同的具体生活事实。如作为法律上的杀人、诈骗等事实,在纷繁复杂的生活世界里都有很多不同的现象形态和表现形式。就此而言,法律要件事实只是对证

[1] 参见周洪波:《证明对象的基本法理与中国问题》,载《江海学刊》2022年第1期。
[2] 参见周洪波:《刑事证明标准问题之争中的四大误区》,载《清华法学》2008年第5期。
[3] 参见刘哲玮:《起诉书中指控事实的边界:从北大学生雇凶杀人乌龙事件谈起》,载《南方周末》2021年8月26日。

明对象的一个初步指引,其所包容的具体生活事实才是司法活动的具体证明对象。

案例2 顾某与上海某商厦"真假水晶球"案〔4〕

1999年1月,顾某在上海某商厦以2944元的价格购买了一个"天然黄水晶球"。后前往珠宝测试鉴定处结果为方解石。顾某要求售货员按信誉卡上"假一赔百"的承诺给予赔偿,交涉未果,顾某将该商厦告到法院。法庭上,被告提出原告拿去鉴定的球并非其生产并在该商厦出售的水晶球(此球非彼球)。原告则坚持拿去鉴定的球是该商厦出售给她的球(此球即彼球)。但对此争议焦点,双方均未能拿出有力的证据来证明。一审法院因原告未能举证证明"此球即彼球"而判决其败诉。后原告上诉,二审维持原判。

此案证明责任的分配在理论界有分歧,但证明对象就是原告拿去鉴定的球是否为被告生产并在某商厦出售的水晶球这一具体生活事实。

3. 证明对象只包括法律要件事实中的纯粹事实要件。法律要件事实可以分为纯粹事实要件和规范要件。纯粹事实要件,是指存在或不存在某一现象。规范要件,是指对某一现象进行肯定性或否定性的法律价值评价。法律要件事实中的纯粹事实要件与规范要件常常是"纠缠"在一起的。例如,对于刑法的因果关系这一要件事实而言,在一果多因的事件中,是否存在引起特定结果的某一客观原因,就是纯粹事实要件的探查,探查对象就是证明对象。对于此一关系是否应当被设定为法律上的因果关系,就是规范的评价。法律要件事实中,纯粹事实要件的争议问题可以按诉讼证明的制度原理处理,而规范要件的争议问题则需要按法律解释的制度原理进行处理。

4. 作为证明对象的法律要件事实具有复数性。对于一个诉讼案件而言,法律要件事实一般是复数性的,往往还需要作进一步的细分。法律要件事实的复数性,是指在一个案件里可以或有必要区分出多个更微观的要件事实。当一个案件包括多个独立的责任要件事实或权利要件事实,或者是一个独立的责任要件事实或权利要件事实包括多个方面的事实时,从证明的步骤或方法来说,需要分别进行,然后再"加总",而不能直接进行"囫囵吞枣"式的证明。另外,能够区分开来的要件事实,往往在法律上有不同的地位、属性,作为证明对象就需要进行必要的区分。例如,同一个证据事实,对此法律要件事实有相关性,是直接证据,但是对同一案件的彼法律要件事实却可能相关性较小,是间接证据,甚至没有相关性。

案例3 朱某与曹某等房屋买卖合同纠纷案〔5〕

原告与被告王某系夫妻关系。被告曹某系被告王某之母。原告与被告王某于夫妻关系存续期间购买房屋一套,总价款为380,000元,权利人为被告王某。2011年9月原告起诉离婚,同年11月16日被判决驳回其诉讼请求。2011年11月23日,二被告签订《房产买卖协议》,约定"王某将房屋卖予曹某,房价款为430,000元;双方同意以一次性付款方式支付全部购房款,对房价款自行交付不实施监管;被告王某于2011年11月23日前将该房产及相关证明交付被告

〔4〕 参见胡学军:《在"生活事实"与"法律要件"之间:证明责任分配对象的误识与回归》,载《中国法学》2019年第2期。

〔5〕 参见郑博涵:《民事推定在合同恶意串通案件中的适用方法》,载《天津法学》2017年第3期。

曹某”。后被告曹某取得涉诉房屋产权。2012 年原告第二次起诉离婚，后撤诉。2013 年原告第三次起诉离婚，被驳回。2014 年 2 月，原告第四次起诉离婚，其间知涉诉房屋已由被告王某卖予被告曹某。

庭审中，二被告就涉诉房屋交易的资金如何支付咨询过相关房管部门，答复是，基于二被告双方的近亲属关系（母子），可以不用办理资金监管，因此双方协商以现金形式交付。被告曹某已分三次将全部房款支付给被告王某，前两次付款原告均在场，而且基于二被告系母子关系、原告与被告曹某是婆媳关系，在付款时没有开具收条。法院经审理认为，涉诉房屋系夫妻共同财产，故王某在对涉诉房屋进行处分前应当征得朱某同意，王某虽称朱某知晓其将涉诉房屋卖给其母曹某，但是并无证据证实，朱某对此予以否认，其后也没有同意王某的处分行为；本案中曹某既然主张自己系善意买受人，则须提供充分证据证实，但是其并未提供证据证实己方主张。因此被告构成恶意串通，合同无效。

在该案中，争议焦点在于被告是否构成恶意串通。原告朱某举证了如下事实：(1)朱某与王某系夫妻关系；(2)涉诉房屋系双方婚后购置，系夫妻共同财产；(3)2011 年 11 月 16 日法院判决驳回朱某的离婚请求，现婚姻关系仍在持续中；(4)二被告于 2011 年 11 月 23 日签订的《房产买卖协议》损害其利益，因而证实了其具有请求权基础。而被告并未能就其属于善意进行举证，已取得房屋所有权不能表明系善意取得，因此不具备抗辩权基础。原告与被告就请求权与抗辩权分别具有需要证明的证明对象，这也是最终判断被告是否构成恶意串通、合同是否无效的前提。

（二）诉讼认知构造视野中的证明对象

1. 诉讼证明的多步性与复杂性对证明对象的影响。首先，从当前的证据事实到核心证明对象即法律要件事实的证明多不是“一步到位”，而是具有多步性和复杂性。最简单的诉讼推理由三个逻辑要素构成，即证据事实、待证事实以及在二者之间建立推理桥梁的事理。例如，证据事实：证人 A 在法庭上说，其在某年某月某一天亲眼看见甲向乙胸口连续刺了 5 刀。事理：一个人陈述出某一事实，一般是因为其看见了。待证事实：被告人甲对被害人乙实施了杀人行为。通过这里的证据事实与事理判断待证事实，就是一种最简单的推理认知构造。单纯依靠这种简单推理构造完成证明，在实践中基本上是极为少见的，更常见的情形是在证据事实与法律要件事实之间需要一个或多个中间事实的推理进行过渡。在推理认知构造上，证据事实、中间事实、法律要件事实之间是靠事理建立推理联系的，但事理不为一般人所熟知时，其也会成为需要证明的对象。例如，通过某一死亡现象的证据事实溯因证明某人实施了投毒行为这一待证事实，这种证明关系是靠对毒物的致害原理的认知而建立起来的，如果这一原理不为一般人所熟知，就需要通过鉴定或专家证人等证据方法来进行证明。由此，证明对象除核心性的法律要件事实之外，还有派生性的中间待证事实、待证事理。

2. 证明标准的类型差异对证明对象的影响。证明标准的类型差异，尤其是或然性真实的证明标准与“结论具有唯一性”的证明标准的类型差异，[6] 对证明对象的范围和分类也有较大的影响。在采取或然性真实标准的法域内，证明对象既包含法律要件事实及

〔6〕　参见龙宗智：《我国刑事诉讼的证明标准》，载《法学研究》1996 年第 6 期。

其派生性的待证事实、待证事理，还包括与法律要件事实在情理上具有引起与被引起的其他事实及其派生性的待证事实、待证事理。此外，在采取或然性真实标准的法域内，证明对象法律推定所确认的事实以及免证事实被允许普遍存在。

3. 证明责任在当事人之间的不同分配对证明对象的影响。证明责任在当事人之间的不同分配，使证明对象也需要进行相应的分类。在一个诉讼中，某些法律要件事实的证明责任由一方当事人承担，另一些法律要件事实的证明责任由相对方的当事人承担，要使这种证明责任分配制度得以运行，自然需对要件事实进行区分。

案例4　张某健等1721人与福建省榕屏化工有限公司环境污染责任纠纷案〔7〕

福建省（屏南）榕屏化工有限公司（以下简称榕屏公司）自1995年投产后，对周边地区陆续造成污染，排放的废水、废气、废渣，对环境和人体造成严重损害，特别是排放的氯气，造成大片树林、竹林、果树、庄稼枯死，鱼虾不能生存。张某健等1721人提起诉讼，请求判令榕屏公司立即停止侵害，赔偿农作物及竹、木等损失，清除厂内及后山废渣。宁德市中级人民法院一审认为，榕屏公司虽主张排放达标，但不能证明排放不会造成损害，应推定因果关系存在，侵权责任成立。

在该案中，根据《民法典》第1230条的规定，环境污染侵权实行因果关系的举证责任倒置，即该案的证明对象“榕屏公司具有法律规定的不承担责任或者减轻责任的情形”以及“排放行为与溪坪村受污染之间不具有因果关系”应由被告人榕屏公司证明。可见，证明对象的确定与法律事实要件相关，亦与后续举证责任的分配息息相关。

第二节　刑事诉讼证明对象的理解与适用

一、实体法事实

在刑事诉讼中，实体法事实主要是指与定罪和量刑有关的事实。我国《刑事诉讼法》第52条规定：“审判人员、检察人员、侦查人员必须依照法定程序，收集能够证实犯罪嫌疑人、被告人有罪或者无罪、犯罪情节轻重的各种证据……”其中，“犯罪嫌疑人、被告人有罪或者无罪、犯罪情节轻重”，即对作为证明对象的实体法事实的概括。在此基础上，最高法《刑诉法解释》第72条第1款对待证实体法事实作了进一步的细化规定：“应当运用证据证明的案件事实包括：（一）被告人、被害人的身份；（二）被指控的犯罪是否存在；（三）被指控的犯罪是否为被告人所实施；（四）被告人有无刑事责任能力，有无罪过，实施犯罪的动机、目的；（五）实施犯罪的时间、地点、手段、后果以及案件起因等；（六）是否系共同犯罪或者犯罪事实存在关联，以及被告人在犯罪中的地位、作用；（七）被告人有无从重、从轻、减轻、免除处罚情节；……（十一）与定罪量刑有关的其他事实。”总体而言，刑事证明对象中实体法事实主要包括以下方面。

（一）定罪事实

定罪事实是指证实犯罪嫌疑人、被告人有罪或无罪的事实。定罪事实需要对照《刑

〔7〕　参见宁德市中级人民法院民事判决书，（2003）宁民初字第1号。

法》所确定的犯罪构成要件进行确认。

首先,根据相关法律法规,定罪事实为证明该罪名所包括的全部构成要件事实,以四要件理论为例,则包括犯罪主体、犯罪主观要件、犯罪客体、犯罪客观要件。犯罪客体要件的事实判定要点为,某生活事实是否侵害了国家有司法能力进行治理的客体,即受《刑法》保护的具体的社会关系、政治关系、经济关系等。犯罪客观要件的事实通常可以包括:犯罪行为是否已经发生,实施犯罪行为的时间、地点、方法、工具过程、环境和条件等。通常,只有先证实犯罪行为已经发生,才能进一步去查清案件的全部情况。如果否定犯罪事实的存在,其他情节就不必去查证了。犯罪主体的事实通常可以包括:被告人具备特殊主体资格,如具备国家工作人员、国家机关工作人员等方面的资格如不是国家工作人员的人犯罪不构成渎职罪;被告人达到法定的刑事责任年龄,如不满 14 周岁的人犯罪不负刑事责任;被告人具备法定的刑事责任能力等。犯罪主观要件的事实通常可以包括:被告人具备某一犯罪罪名所要求的主观罪过,如直接故意、间接故意、过失等。故意和过失的具体情况关系到确定犯罪性质和社会危险性的大小。

其次,被告方提出的正当防卫、紧急避险等免责事由,也属于定罪事实的范畴。根据《刑事诉讼法》第 2 条规定,"中华人民共和国刑事诉讼法的任务,是保证准确、及时地查明犯罪事实,正确应用法律,惩罚犯罪分子,保障无罪的人不受刑事追究,教育公民自觉遵守法律,积极同犯罪行为作斗争,维护社会主义法制,尊重和保障人权,保护公民的人身权利、财产权利、民主权利和其他权利,保障社会主义建设事业的顺利进行"。为保障无罪的人不受刑事追究,排除行为人行为可罚性的事实也应当查清。其一,排除行为违法性的事实属于证明对象。某些行为在外观上类似犯罪行为,但由于客观条件和支配这些行为的目的、动机等主观意志具有正当性,《刑法》明确否定这类行为的犯罪性质。行为既然因排除了其中的违法性因素而不构成犯罪,当然也就排除了受刑事追究的可能性。其二,排除可罚性的事实属于证明对象。这类事实一经发生,尽管构成犯罪,但并不产生相应的刑事处罚责任。例如,犯罪行为实施后已过多年,超出了《刑法》所规定的追诉时效;经特赦令免除刑罚的;依照《刑法》告诉才处理的犯罪,被害人没有告诉,或者告诉后又撤诉的;被告人已经死亡等。

(二)量刑事实

量刑是定罪基础上进一步产生的问题。根据我国《刑法》的规定,量刑事实具体包括:从重处罚的事实。如组织、领导犯罪集团或者在共同犯罪中起主要作用,教唆不满 18 周岁的人犯罪,累犯等。从轻、减轻处罚或者免除处罚的事实。如犯罪未遂、犯罪中止,在共同犯罪中起次要或者辅助作用的从犯或者系被胁迫、诱骗参加犯罪的胁从犯,犯罪人在犯罪时不满 18 周岁,犯罪人是又聋又哑的人或者是盲人,犯罪以后自首等。根据两院三部《办理死刑案件证据规定》第 36 条规定,在对被告人作出有罪认定后,人民法院认定被告人的量刑事实,除审查法定情节外,还应审查以下影响量刑的情节:(1)案件起因;(2)被害人有无过错及过错程度,是否对矛盾激化负有责任及责任大小;(3)被告人的近亲属是否协助抓获被告人;(4)被告人平时表现及有无悔罪态度;(5)被害人附带民事诉讼赔偿情况,被告人是否取得被害人或者被害人近亲属谅解;(6)其他影响量刑的情节。此外,根据法律与司法实践,待证量刑事实亦可分为由检方提出与由被告方提出两种类型。其中,检方提出的待证量刑事实可能包括主犯、累犯,自首、立功、坦白等。被告方所提出的待证量刑事实可能包括从犯、未成年、认罪悔罪、被害人过错、平常表现、社会评价、犯罪起因、赔偿被害方并取得谅解、积极退赃等。

案例5 向某界故意伤害案〔8〕

2002年7月18日20时许，朱某林因买卖砖块之事，在上海市普陀区西苏州河路1369号建筑工地与被害人蔡某春发生争执，后朱某林电话通知向某界等人前来帮忙。向某界等人赶至案发现场后，向某界持刀分别捅刺被害人蔡某春、邓某胸腹部，致邓某死亡、蔡某春构成轻伤，后逃逸。2012年5月10日，冒名"吴某"的向某界因赌博被重庆市城西派出所处行政拘留10天，"吴某"虽对赌博行为供认不讳，但对自己身份情况拒不供认。后经公安人员教育、劝诫，"吴某"交代其真名为向某界，并供述2002年在上海市持刀刺戳他人的犯罪事实。公安人员通过网上比对，发现向某界的在逃编号，遂将其拘留。

上海市第二中级人民法院经审理后认为，被告人向某界故意伤害他人身体，致一人死亡、一人轻伤，其行为已构成故意伤害罪。被告人向某界因赌博被行政拘留期间，主动向公安机关交代尚未被掌握的罪行，系自首，依法可从轻处罚。

在该案中，关于被告人向某界"故意伤害他人身体，致一人死亡、一人轻伤"这一事实证实了被告人有罪，符合故意伤害罪的构成要件，属于定罪事实。关于被告人"因赌博被行政拘留期间，主动向公安机关交代尚未被掌握的罪行"这一事实是从轻处罚的事实，属于量刑事实。

二、程序法事实

根据最高法《刑诉法解释》第72条第1款第10项的规定，应当运用证据证明的案件事实包括"有关管辖、回避、延期审理等的程序事实"。具体而言，在刑事诉讼中视案件的具体情况需要加以证明的程序法事实主要包括以下方面。

（一）有关管辖的事实

根据《刑事诉讼法》第25条的规定，"刑事案件由犯罪地的人民法院管辖。如果由被告人居住地的人民法院审判更为适宜的，可以由被告人居住地的人民法院管辖"。第26条规定，"几个同级人民法院都有权管辖的案件，由最初受理的人民法院审判。在必要的时候，可以移送主要犯罪地的人民法院审判"。公安机关或者检察机关等在立案之前或者法院在受理案件之前，应当根据《刑事诉讼法》，以证明自己是否有管辖权为对象进行审查。

（二）有关申请回避的事实

根据《刑事诉讼法》第29条的规定，审判人员、检察人员、侦查人员有下列情形之一的，应当自行回避，当事人及其法定代理人也有权要求他们回避：（1）是本案的当事人或者是当事人的近亲属的；（2）本人或者他的近亲属和本案有利害关系的；（3）担任过本案的证人、鉴定人、辩护人、诉讼代理人的；（4）与本案当事人有其他关系，可能影响公正处理案件的。有关人员应以是否符合法定的回避条件为证明对象进行司法证明。

---

〔8〕 参见上海市高级人民法院刑事判决书，（2013）沪高刑终字第36号。

案例6 冷某寻衅滋事案〔9〕

2019年12月14日凌晨，被告人冷某为发泄不满情绪，先后窜至中国铁路沈阳局集团有限公司丹东站、沈阳铁路公安局丹东公安处、丹东铁路运输法院、丹东铁路运输检察院办公楼门前，采取用汽油焚烧的手段，任意损毁上述单位牌匾，并用随身携带的斧头将丹东市文化旅游和广播电视局立于中国铁路沈阳局集团有限公司丹东站办公楼院门前的刻有“满铁安东地方事务所”字样的文物保护标志石碑损坏。损毁财物价值共计6266.67元。被告人冷某于2019年12月14日被公安机关抓获归案。到案后，被告人冷某自愿如实供述自己的罪行，并主动赔偿了被害单位损失，取得部分被害单位谅解。

丹东铁路运输法院以其为本案受害人为由申请回避，请求上级法院将本案指令其他法院审理。沈阳铁路运输中级法院受理该疑请案件后，遂向辽宁省高级人民法院报送疑请报告。沈阳铁路运输中院认为丹东铁路运输法院作为本案受害人继续审理此案，属于做自己案件的法官，有损害公正审判、影响法院声誉的因素存在，法院的审判过程和判决结论也很难产生公信力，请求确认丹东铁路运输法院整体回避，由省法院指定其他法院管辖。

该案的焦点是作为受害人的丹东铁路运输法院是否应予回避，需要就丹东铁路运输法院是否符合法定的回避条件为证明对象进行司法证明。我国立法上虽然没有明确规定整体回避制度，但是基于其办公楼被被告人损毁的事实，对照司法解释，丹东铁路运输法院作为受害人属于不宜行使管辖权的情形。

（三）有关对犯罪嫌疑人、被告人采取强制措施是否符合法定条件的事实

根据《刑事诉讼法》第74条的规定，“人民法院、人民检察院和公安机关对符合逮捕条件，有下列情形之一的犯罪嫌疑人、被告人，可以监视居住：（一）患有严重疾病、生活不能自理的；（二）怀孕或者正在哺乳自己婴儿的妇女；（三）系生活不能自理的人的唯一扶养人；（四）因为案件的特殊情况或者办理案件的需要，采取监视居住措施更为适宜的……”对于这些条件需要有相关证据加以证明。

（四）关于诉讼期限是否超越法律规定的事实

根据《刑事诉讼法》第206条的规定，在审判过程中，有下列情形之一，致使案件在较长时间内无法继续审理的，可以中止审理：（1）被告人患有严重疾病，无法出庭的；（2）被告人脱逃的；（3）自诉人患有严重疾病，无法出庭，未委托诉讼代理人出庭的；（4）由于不能抗拒的原因。其中，被告人是否患有严重疾病，属于明显的程序性待证事实，查明后方可采取中止审理。

（五）有关违反法定诉讼程序的事实

包括违反回避制度、审判组织不合法、违反公开审判原则、剥夺当事人的合法权益等，若第二审人民法院因第一审人民法院有上述违反法定诉讼程序的事实而准备撤销原判，则应先对上述事实进行证明。

---

〔9〕 参见沈阳铁路运输中级法院（2020）辽刑他179号决定书。

案例7 夏某栋危险驾驶案[10]

2016年1月21日21时许，上海某酒店使用的公共地下停车库内，被告人夏某栋饮酒后在车旁一名代驾的指挥下，驾驶小型轿车倒车时尾部撞上处于停止状态的他人轿车而发生交通事故，整个过程正好被在酒店用餐完毕后至地下停车库准备取车的被撞轿车车主裘某目击。裘某在与夏某栋沟通过程中，察觉夏某栋有饮酒嫌疑，后因纠纷协商未果报警。代驾在双方纠纷过程中离去。民警接到报警后赶至现场调查，并询问被告人夏某栋是否驾驶轿车，夏某栋谎称代驾驾驶。在调查过程中，民警发现夏某栋有酒驾嫌疑，即通知"110"指挥中心指派交警赶至现场处理。交警陈某至现场后多次要求夏某栋接受呼气酒精测试，但其拒绝配合。陈某与增援警力姜某、张某合力将夏某栋押上警车，带至医院，因夏某栋不配合抽取血样，在陈某、姜某控制其身体的情况下，该院医生抽取其血样。经鉴定，夏某栋血样中乙醇浓度为2.28毫克/毫升。2016年1月22日，公安机关正式立案。另查明，案发后夏某栋已补偿裘某受损车辆损失3800元，并取得裘某的谅解。

该案的争议焦点主要在于危险驾驶罪中提取血样行为属于行政强制措施还是刑事侦查行为；公安机关在抽取血样过程中违反相关行政法规的，所提取的血样能否作为刑事案件定案的依据。对于此违反法定程序的事实，应当予以证明。

（六）有关执行的特殊事实

根据《刑事诉讼法》第262条第1款第3项的规定，若罪犯正在怀孕，则停止执行死刑。在此，罪犯是否怀孕属于待证的程序性事实。

（七）有关非法侦查行为的事实

非法证据排除规则在我国法律中得到确立后，犯罪嫌疑人、被告人有权向检察院、法院提出排除非法证据的申请，并需要提供线索或者材料。检察院、法院可以对侦查行为的合法性进行审查，并作出处理。由此，非法侦查行为就成为司法证明的对象。因此，对于犯罪嫌疑人、被告人的供述是否通过刑讯逼供等非法手段取得，证人证言、被害人陈述是否采用暴力、威胁等非法手段取得以及物证、书证的收集程序是否符合法定程序，是否严重影响司法公正，是否已经补正或作出的解释是否合理等必须予以证明，之后才能确定其是否应当依法予以排除。

案例8 张某、谭某羽、秦某发非法利用信息网络案[11]

2016年10月25日，被告人谭某羽、张某出资共同注册了"广西羽源信息咨询有限公司"，并接受发送刷单信息的业务，即向不同的淘宝用户发送"刷单获取佣金"的信息，信息内容大致为"你好，我是×××，最近库存压力比较大，代理不给力，请你来刷单，一单能赚10~15元，一天能赚一两百元，详情加QQ×××××××××，阿里旺旺不回复"。每有一个人添加上述信息里的QQ号为好友，该公司就可以从上家处得到30~70元不等的报酬。2016年12月，被告人谭某羽、张某负责购买阿里旺旺账号、租赁电脑服务器、购买软件等，被告人秦某发负责招揽有刷单需求的上家（广告主）。三被告人在明知不存在刷单事实，系上家用于诈骗（刷单后不发还

[10] 参见上海市第一中级人民法院刑事判决书，(2017)沪01刑终337号。

[11] 参见江苏省宿迁市中级人民法院刑事判决书，(2018)苏13刑终203号。

本金)的情况下,仍然帮助发布虚假信息,赚取利润。公诉机关指控被告人谭某羽、张某、秦某发明知他人实施诈骗而发布信息,情节严重,应当以非法利用信息网络罪追究其刑事责任。

在二审中,上诉人张某上诉称其曾受到侦查人员刑讯逼供。二审法院对上诉人张某以往在侦查阶段的供述是否应作为非法证据予以排除的问题进行了证明。经查,入所体检表证明上诉人张某入所检查时身体无异常情况,侦查人员出具的情况说明证明对上诉人张某无刑讯逼供行为,上诉人张某在一审庭审中对侦查机关取证的合法性没有提出异议,并供认在侦查机关所作出的供述属实,二审中其未提供受到刑讯逼供的证据材料,从讯问笔录内容来看,上诉人张某不仅在公安机关办案中心作出过有罪供述,在看守所也作出过有罪供述,其供述与同案犯的供述亦能够相互印证。综上,上诉人张某以往在侦查阶段所作的供述可以作为证据使用。

第三节　民事诉讼证明对象的理解与适用

一、实体法事实

在民事诉讼中,以实体法律规范性质为标准,可以将实体法事实划分为:(1)权利发生事实,即民事权利发生或者成立的事实,又被称为“基本事实”“请求权事实”或“通常事实”;(2)权利妨害事实,即导致权利不能成立的事实,如缺乏相应的民事行为能力;(3)权利消灭事实,即导致现有的民事权利消灭的事实,如债的履行、免除等;(4)权利受制事实,即限制当事人行使其民事权利的事实,如重大误解、诉讼时效等。

案例9　彭某平诉吕某福买卖合同纠纷案〔12〕

2014年11月14日,2015年6月1日、5日,彭某平向工地运送大理石,吕某福签收两张送货单,共计6852元,另一张金额为7038元的送货单,不是吕某福签收的,而是吕某福的儿子吕某林。由于吕某福在收到大理石后始终未支付相应的货款,彭某平诉至法院。二审时,吕某福主张:(1)2015年6月1日、5日,两次送货单上的签名,均系其代老板傅某成签收的,因此其与彭某平之间不成立合同关系。而且傅某成说钱已经付清,忘记拿回送货单了。(2)2014年11月14日的送货单上,不清楚是否为其子吕某林所签,况且签收时其子尚未年满18周岁,系未成年人。

该案中,彭某平提供的三张送货单证明自己与吕某福之间存在买卖大理石合意,并且自己已经履行了交付大理石的义务,而吕某福尚未支付货款的事实,属于本案的权利发生事实,彭某平因此享有请求吕某福支付相应货款的请求权。在吕某福的抗辩中,首先,吕某福主张其中两张送货单是自己代老板傅某成签收,所以自己与彭某平之间不存在大理石买卖的事实,而另一张送货单上虽然有自己儿子吕某林的签名,但签收时其子尚未年满18周岁,系未成年人,缺乏相应的民事行为能力。上述两个抗辩都属于权利妨害事实,即属于可能导致彭某平对吕某福的货款给付请求权不能成立的事实。其次,吕某福主张自己的老板傅某成已经付清货款,属于权利消灭事实,即属于可能导致彭某平货款给付请求

〔12〕　参见浙江省湖州市中级人民法院民事判决书,(2018)浙05民终1363号。

权消灭的事实。

权利发生事实是“基本事实”，以当事人要求对方承担的民事责任为标准，将权利发生的事实划分为侵权民事责任的发生事实、返还不当得利民事责任的发生事实和违约责任的发生事实。

第一，侵权民事责任的发生事实。此类事实包括：存在违法行为；造成损失；违法行为与损失之间存在因果关系；主观上符合归责原则规定。归责原则包括过错（故意或过失，包括过错推定）归责原则、严格责任原则（也称无过错责任原则）和公平责任原则。

案例10 李某帅诉上海通用富士冷机有限公司、上海工商信息学校人身损害赔偿纠纷案〔13〕

2013年7月8日，原告李某帅在被告上海工商信息学校安排下，到被告上海通用富士冷机有限公司（以下简称上海通用富士公司）处实习。2013年11月2日上午11时左右，实习处的机械设备压伤李某帅右手，造成李某帅右手第2至5指完全断离，经过治疗，接上了食指和中指。经司法鉴定，李某帅右手伤残等级相当于道路交通事故九级伤残。故李某帅诉诸法院，要求判令上海通用富士公司、上海工商信息学校赔偿护理费、误工费、营养费、住院伙食补助费、残疾赔偿金、精神损害抚慰金、鉴定费、律师费、交通费等各项费用，总计226,144元。

法院审理后认为，本案中，上海通用富士公司是李某帅实习期间劳动工具的提供者和工作内容的指挥者，对实习生负有日常管理、保护之责，亦应尽到必要的安全保障义务。由于工作设备有一定危险性，上海通用富士公司要求原告李某帅在实习期操作机器却未安排带教师傅在旁指导，未履行必要的安全保障行为，具有违法性。李某帅的受伤与上海通用富士公司未履行安全保障义务的行为之间具有因果关系，并且上海通用富士公司对李某帅受伤存在过错。上海工商信息学校作为李某帅实习期间的间接管理人，应就学生在实习中的安全防范和权益依法提供必要的保障。上海工商信息学校虽无法直接支配李某帅的工作，但其作为职业教育机构应当清楚学生参与实习工作的危险性，其应通过对学生的安全教育以及与企业的沟通协商，控制和防范风险。然而，上海工商信息学校未尽到其防范督促职责，未通过加强对学生的安全教育以及与企业明确约定等方式予以防范，具有违法性和过错，与李某帅最终的受伤存在因果关系。李某帅因为受伤产生的护理费、误工费、营养费、住院伙食补助费、残疾赔偿金、精神损害抚慰金、鉴定费、律师费、交通费等各项费用，属于上海通用富士公司和上海工商信息学校的侵权行为造成的损害后果。

第二，返还不当得利民事责任的发生事实。根据我国《民法典》第985条的规定，返还不当得利民事责任的实体法事实应该包括：取得了利益、致人受损、无法律上的原因。

案例11 中国建设银行石林县支行诉杨某斌不当得利纠纷案〔14〕

2002年2月16日上午，杨某斌及妻子到中国建设银行石林县支行花园街储蓄所，持存折和储蓄卡要求取款2.1万元。储蓄所工作人员在其储蓄卡上登记取款1000元，在其存折上登记取款2万元，但实际付款时，误将3.1万元作为2.1万元付给被告，致使被告多领1万元现金。

〔13〕 参见《最高人民法院公报》2015年第12期。

〔14〕 参见《最高人民法院公报》2003年第6期。

当时工作人员支付给被告的现金为四把,其中:50 元面额的纸币两把,每把 100 张;100 元面额的纸币两把,每把 100 张。事后,工作人员经查账并查看当时的录像,发现杨某斌多领 1 万元现金,遂与其协商并向公安机关报案,但杨某斌始终拒不退还。中国建设银行石林县支行遂向法院起诉请求判令杨某斌退还多领的 1 万元现金。

按照银行系统的规定,整点纸币现金时,无论纸币面额大小,均应以 100 张为单位扎成把,这已形成惯例。据此本案的审理法院可以认为,杨某斌当日取走现金总计 3.1 万元。由于储蓄所工作人员的疏忽大意,误将 3.1 万元当作 2.1 万元交付给杨某斌,杨某斌当日实际多领 1 万元。杨某斌多领的 1 万元现金没有合法根据,也给中国建设银行石林县支行造成了损失,应属不当得利,杨某斌有责任返还。

第三,违约责任的发生事实。此类事实包括:存在违约行为;主观上符合归责原则规定。一般情况下采用过错责任原则,《民法典》合同编中大量的有名合同采取过错归责原则,《民法典》第 823 条规定承运人应对旅客的伤亡承担第三人过错致害责任。

案例 12 鲁某庚诉东港市公安局悬赏广告纠纷案[15]

1999 年 12 月 13 日,东港市公安局通过东港市电视台向全市发布了一则悬赏提供“12 · 12”特大持枪杀人案线索的通告:“一、凡是提供线索直接破案的,被害人家属奖励人民币 50 万元……”被害人家属于 1999 年 12 月 13 日将用于奖励举报人的 50 万元交给东港市公安局。1999 年 12 月 19 日,鲁某庚向在东港市公安局工作的亲属提供了案件的线索。东港市公安局对该线索查实后,一举破获了“12 · 12”特大持枪杀人案。但案件破获后,东港市公安局一直未按照悬赏通告履行自己的义务,把被害人家属奖励的 50 万元人民币给鲁某庚。鲁某庚遂诉请法院请求判令东港市公安给付悬赏奖金 50 万元人民币。

我国司法实践长期将悬赏广告视为合同之一种。该案中,悬赏广告是以公安局的名义发布的,但是报酬是被害人家属提供的,悬赏行为实际上是被害人家属的委托行为。被害人家属的本意是以 50 万元奖励能够提供破案线索的举报人,希望能够有助于公安机关迅速破案。鲁某庚提供线索的行为使公安机关据此及时侦破案件,完成了悬赏广告所指定的行为,因此获得了取得被害人家属所提供报酬的权利。东港市公安局不支付悬赏报酬的行为,属于违约行为。鲁某庚有权请求东港市公安局支付相应的报酬。

二、程序法事实

在民事诉讼中,需要当事人证明的程序法事实主要包括:(1)关于回避的事实。如果当事人申请审判人员、书记员、翻译人员、鉴定人、勘验人回避,就应当对是否存在《民事诉讼法》第 47 条规定的回避事实加以证明。(2)申请证据保全的事实。当事人向法院申请保全证据时,应当证明“证据可能灭失或者以后难以取得的情况”。(3)申请顺延诉讼期限的事实。当事人申请顺延诉讼期限时,应当证明耽误期限的不可抗拒的事由或其他正当理由。(4)申请保全的事实。当事人申请法院采取保全措施,应证明可能因当事人一方的行为或者其他原因,使判决难以执行或者造成当事人其他损害的事实。利害关系

---

〔15〕 参见《最高人民法院公报》2003 年第 1 期。

人申请法院采取诉前保全措施的,还应当证明因情况紧急,不立即申请保全将会使其合法权益受到难以弥补的损害事实。(5)申请先予执行的事实。当事人申请先予执行,应证明当事人之间权利义务关系明确,不先予执行将严重影响申请人的生活或者生产经营及被申请人有履行能力。(6)违反法定程序的事实。当事人以法院违反法定诉讼程序为由提起上诉或申请再审,应证明有关程序违法的事实。

案例13 任某诉代某等机动车交通事故责任纠纷案〔16〕

2011年2月22日21时54分,代某驾驶大型货车,沿国道210线从綦江县城往三江方向行驶。当车行驶至綦江县(现綦江区)现古南街道某加油站路段左转弯时,与相对方向驶来的由任某驾驶的两轮摩托车正面碰撞,任某受伤严重,两车受损。交通事故认定书认定:代某承担事故全部责任,任某不承担责任。任某于3月16日向綦江县人民法院提起诉讼要求损害赔偿,由于急需治疗费用,同时要求人民法院先予执行。3月22日,綦江县人民法院经审查作出裁定:先行支付任某医疗费25万元,于2011年3月30日将案款25万元执行到位。2011年5月7日,任某再次申请,要求再先行支付15万元。

该案中,法院在先前已经裁定过先予执行,申请人和被申请人双方就先予执行的次数产生争议。申请人任某在法庭上提供了诊断证明书、住院费用清单,用以证明第一次先予执行费用使用情况的事实,以及还需要继续治疗费用情况的事实,如果不先予执行将严重影响其正常生活。法院审查认为申请人申请先予执行符合法律规定,予以准许。

案例14 美国礼来公司、礼来(中国)研发有限公司与黄某炜行为保全纠纷申请案〔17〕

黄某炜于2012年5月入职礼来(中国)研发有限公司,双方签订了《保密协议》。2013年1月,黄某炜从礼来(中国)研发有限公司的服务器上下载了48个申请人所拥有的文件,并将上述文件私自存储至被申请人所拥有的设备中。经交涉,被申请人签署同意函,承认下载了33个属于公司的保密文件,并承诺允许礼来(中国)研发有限公司指定的人员检查和删除上述文件。此后,礼来(中国)研发有限公司曾数次派员联系黄某炜,但黄某炜拒绝履行同意函约定的事项。礼来(中国)研发有限公司于2013年2月27日致信黄某炜宣布解除双方劳动关系。2013年7月,美国礼来公司、礼来(中国)研发有限公司以黄某炜侵害技术秘密为由诉至上海市第一中级人民法院,同时提出行为保全的申请,请求法院责令被申请人黄某炜不得披露、使用或者允许他人使用从申请人处盗取的21个商业秘密文件。

该案中,申请人向法院提供了涉案21个商业秘密文件的名称及内容、同意函、承诺书等证据材料,法院经审查认为,上述的材料能够初步证明被申请人获取并掌握了申请人的商业秘密文件的事实,被申请人未履行允许检查和删除上述文件的承诺,致使申请人所主张的商业秘密存在被披露、使用或者外泄的危险,可能对申请人造成无法弥补的损害,符合行为保全的条件。

---

〔16〕 参见重庆市綦江区人民法院民事裁定书,(2011)綦法民初字第1073号。
〔17〕 参见《最高人民法院公报》2014年第5期。

但是，在民事诉讼中，并非所有的程序法事实都需要当事人予以证明，有些程序法事实由法院应依职权调查，并非当事人证明的对象。应由法院依职权调查的事实主要有：(1)关于起诉要件的事实。(2)采取妨害民事诉讼的强制措施的事实。(3)中止、终结诉讼的事实。(4)中止、终结执行的事实。上述程序法事实，由于当事人不承担举证责任，所以不是民事诉讼中的证明对象。

此外，民事诉讼中的免证事实也不属于当事人的证明对象，包括当事人自认的事实、裁判法官司法认知范围内的事实、推定的事实、已为生效法律文书确定的事实。对于自认的事实，对方当事人无须举证证明，原则上人民法院受到当事人自认事实的拘束。另外，最高法《民诉证据规定》第10条规定："下列事实，当事人无须举证证明：(一)自然规律以及定理、定律；(二)众所周知的事实；(三)根据法律规定推定的事实；(四)根据已知的事实和日常生活经验法则推定出的另一事实；(五)已为仲裁机构的生效裁决所确认的事实；(六)已为人民法院发生法律效力的裁判所确认的基本事实；(七)已为有效公证文书所证明的事实。前款第二项至第五项事实，当事人有相反证据足以反驳的除外；第六项、第七项事实，当事人有相反证据足以推翻的除外。"

三、外国法律

在审理涉外民事诉讼时，法院根据冲突规范或当事人的选择而适用外国法律时，或者在起诉与答辩中当事人援用外国法律作为自己权利的依据时，法院应当查明该外国法律的有效性及其具体内容。对于外国法律的性质，存在事实说、法律说、折中说等不同的见解。

在我国，对于应当适用的外国法律，可通过下列途径查明：(1)由当事人提供；(2)由与我国订立司法协助协定的缔约对方的中央机关提供；(3)由我国驻该国使领馆提供；(4)由该国驻我国使领馆提供；(5)由中外法律专家提供。通过以上途径仍不能查明的，适用中华人民共和国法律。

案例15　陈某春诉方某雄等股权转让纠纷案〔18〕

2010年10月20日，金安亦新蒙古有限责任公司(以下简称金新公司)在蒙古国成立。2012年11月15日，金新公司独资设立蒙古国奥日其楞敖德有限责任公司(以下简称奥德公司)。自2014年6月22日起，金新公司的股东为方某雄、郑某裕，二人分别持有该公司70%和30%股权。2013年5月，方某雄、方某新、陈某春先后订立《合作勘查开发协议》《补充协议书》《股权转让协议书》，约定方某雄将持有的奥德公司的70%股份以人民币100万元的对价转让给陈某春并办理股权变更手续。陈某春支付股权转让款后，上述股权至今未变更至陈某春名下。陈某春在中国起诉要求方某雄、方某新、郑某裕履行相关义务。

该案属于涉外股权转让纠纷，标的物为金新公司的股权，金新公司的登记地位于蒙古国。根据《涉外民事关系法律适用法》的规定，本案应当适用蒙古国法律。案件审理过程中，原告陈某春提供了《蒙古国商法汇编》等国内出版物作为法院查明蒙古国法律的线

〔18〕　参见福建省宁德市中级人民法院民事判决书，(2015)宁民初字第540号。

索。同时,法院委托中国政法大学外国法查明研究中心提供蒙古国法律关于合同的效力、重大误解、可变更合同、外国投资、有限责任公司股东股权转让、股权变更登记等相关规定。该中心以法律查明意见书的形式提供了《蒙古国民法典》《蒙古国公司法》等法律,并对有关语词、条文进行了解释。对于法院查明的相关法律,法院听取了当事人对法律查明意见书的意见,经审核后对查明的蒙古国法律予以确认并依法予以适用。

第四节 行政诉讼证明对象的理解与适用

一、实体法事实

行政诉讼中需要证明的实体法事实主要包括以下几类。

(一)与被诉行政行为合法性有关的事实

行政行为是指行政机关行使行政职权,依法作出的具有法律效力的行为,包括具体行政行为和抽象行政行为。

1. 与被诉具体行政行为合法性有关的事实

具体行政行为是指行政机关行使职权,对特定的公民、法人或者其他组织和特定的事件单方面作出的直接产生法律效力的行为。虽然2014年修改后的《行政诉讼法》使用“行政行为”替换了“具体行政行为”,但是《行政诉讼法》第12条和第13条对行政行为的可诉范围作出了明确列举,实际上是明确了《行政诉讼法》规范的主要对象仍然是具体行政行为。由于被诉具体行政行为的合法性是行政诉讼的主要客体,因此,与此有关的事实也就成为行政诉讼的主要证明对象。被告行政机关应当证明与被诉具体行政行为合法性有关的事实具体包括三个方面:(1)行政机关是否具备相应的行政主体资格和行政权限的事实。(2)被诉具体行政行为是否由行政机关依法作出。(3)被诉具体行政行为是否符合法定程序的事实。我国《行政诉讼法》第70条规定,具体行政行为违反法定程序的,人民法院判决撤销或部分撤销,并可以判决被告重新作出具体行政行为。这一规定将行政程序的合法性也作为行政行为合法性的一个要素,并纳入法院司法审查的范围。

案例16 黄某富、何某琼、何某诉四川省成都市金堂工商行政管理局行政处罚案[19]

2005年6月2日,四川省成都市金堂工商行政管理局(以下简称金堂工商局)会同金堂县文体广电局、金堂县公安局对原告金堂县赵镇桔园路门面房进行检查时,黄某富等三人未能出示网络文化经营许可证和营业执照。金堂工商局按照《互联网上网服务营业场所管理条例》第27条“擅自设立互联网上网服务营业场所,或者擅自从事互联网上网服务经营活动的,由工商行政管理部门或者由工商行政管理部门会同公安机关依法予以取缔,查封其从事违法经营活动的场所,扣押从事违法经营活动的专用工具、设备”的规定,以成工商金堂扣字(2005)第02747号《扣留财物通知书》决定扣留原告的32台电脑主机。金堂工商局在作出处罚决定前只按照

[19] 参见《最高人民法院公报》2012年第12期。

> 行政处罚一般程序告知黄某富等三人有陈述、申辩的权利，而没有告知听证权利。何某琼对该扣押行为及扣押电脑主机数量有异议遂诉至法院，认为实际扣押了其33台电脑主机，并请求撤销该《扣留财物通知书》。

该案中，法院在审查被诉具体行政行为合法性的有关事实时，首先审查金堂工商局是否具备相应的行政主体资格和行政权限的事实。根据国务院令第363号发布的《互联网上网服务营业场所管理条例》第4条的规定，金堂工商局是法律授权的“负责对互联网上网服务营业场所经营单位登记注册和营业执照的管理，并依法查处无照经营活动”的执法机关，是适格的执法主体，具有检查经营主体“营业执照”的权限，并可以依法对无照经营活动进行行政处罚。其次，法院审查金堂工商局作出的具体行政行为是否依法作出。金堂工商局在2005年6月2日对黄某富等三人处进行检查时，检查项目为“营业执照”。黄某富等三人在被检查时不能出示网络文化经营许可证和营业执照。且开通“ADSL”宽带时是以“网吧”为由申请的，黄某富等三人因此对现场上网的人员收取了3元上网费用，黄某富等三人的行为违反了《互联网上网服务营业场所管理条例》第7条的规定，同时也违反了原国家工商行政管理总局第58号令发布的《无照经营查处取缔办法》第4条第一项的规定，属于擅自设立互联网上网服务营业场所的无照经营行为，因此金堂工商局查封黄某富等三人从事违法经营活动的场所并扣留32台电脑主机的行政处罚行为是依法作出的。最后，法院在审查被诉具体行政行为是否符合法定程序的事实时，发现金堂工商局在没收较大数额的财产时，只按照行政处罚一般程序告知黄某富等三人有陈述、申辩的权利，而没有告知听证权利。然而根据当时适用的2017年《行政处罚法》第42条规定：“行政机关作出责令停产停业、吊销许可证或者执照、较大数额罚款等行政处罚决定之前，应当告知当事人有要求举行听证的权利……”同时比照《四川省行政处罚听证程序暂行规定》第3条第1款“本规定所称较大数额的罚款，是指对非经营活动中违法行为处以1000元以上，对经营活动中的违法行为处以20000元以上罚款”中对罚款数额的规定，金堂工商局的行为违反了法定程序，应当予以撤销。

2. 与被诉抽象行政行为合法性有关的事实

抽象行政行为是指行政机关依法对不特定的人和事件制定具有普遍约束力的行为规则的行为。根据《行政复议法》的有关规定，行政法规和规章以外的抽象行政行为可以成为行政诉讼附带审查的对象，因此，与其合法性有关的事实也就相应地成为行政诉讼的证明对象。这些事实主要包括：(1)行政机关是否享有实施该抽象行政行为的行政职权；(2)作出该抽象行政行为的程序是否合法；(3)该抽象行政行为的适用范围和效力情况；等等。

案例17　袁某北与于都县人民政府等征收上诉案[20]

> 袁某北的住房属江西省于都县中心城区规划范围。江西省于都县人民政府委托于都县自来水公司，根据袁某北户从2010年2月1日起至2015年11月的自来水使用情况，征收了袁某北户的污水处理费共计1273.2元。袁某北以于都县政府对其征收污水处理费违法为由，诉至

〔20〕 参见江西省高级人民法院行政判决书，(2016)赣行终245号。

法院，请求于都县政府全部退还已征收的污水处理费；依法对《于都县城市污水处理费征收工作实施方案》的合法性进行审查。

当事人提起行政诉讼，可以附带提起对行政规范性文件进行审查。该案中，法院在审查抽象行政行为的合法性事实时，根据中华人民共和国财政部、中华人民共和国国家发展和改革委员会、住房和城乡建设部《污水处理费征收使用管理办法》第8条第1款的规定，"向城镇排水与污水处理设施排放污水、废水的单位和个人（以下称缴纳义务人）应当缴纳污水处理费"。江西省发改委赣发改收费字〔2010〕135号《关于统一调整全省城市污水处理费征收标准的通知》及赣州市物价局赣市价费字〔2010〕15号《关于核定于都县城市污水处理费征收标准的批复》确定的征收范围均明确是"在城市污水集中处理规划区范围内向城市排污管网和污水集中处理设施排放达标污水的所有用水单位和个人"。但《于都县城市污水处理费征收工作实施方案》所确定的污水处理费征收范围却扩大至"于都县中心城区规划区范围内所有使用城市供水的企业、单位和个人"，违反法律法规规章及上级行政机关规范性文件规定，不能作为于都县政府征收袁某北污水处理费的合法性依据。在袁某北未向城市排污管网和污水集中处理设施排放污水的情况下，于都县政府向其征收污水处理费没有事实和法律依据，应予返还。故法院判决撤销于都县政府征收袁某北城市污水处理费的行为。同时，江西省高级人民法院向于都县政府发送司法建议，建议其对涉案规范性文件的相关条款予以修改。

（二）被诉具体行政行为所适用的规范性文件

被告不仅应当证明具体行政行为所依据的事实，而且还应该进一步证明自己在作出具体行政行为时所依据的规范性文件。根据《行政诉讼法》第34条的规定，被告应当提供作出该具体行政行为所依据的规范性文件。根据该规定，被告应当对其作出的具体行政行为的法律依据加以说明，说明自己是否适用了应当适用的法律、法规及具体条款，自己作出的行政处理决定在定性、形式、程度等方面是否符合法律、法规的要求。行政诉讼是一种建立在法治原则和国家权力分工制约原则基础上的司法审查制度。法院通过审查具体行政行为的合法性来实现司法权对行政权的监督与制约。在行政诉讼中，由行政机关证明被诉具体行政行为适用了何种规范性文件，有利于监督行政机关遵循依法行政原则，促使行政机关依法行使职权。

案例18 鲁潍（福建）盐业进出口有限公司苏州分公司诉江苏省苏州市盐务管理局盐业行政处罚案[21]

2007年11月12日，鲁潍（福建）盐业进出口有限公司苏州分公司（以下简称鲁潍公司）从江西等地购进360吨工业盐。江苏省苏州市盐务管理局（以下简称苏州盐务局）认为鲁潍公司进行工业盐购销和运输时，应当按照《江苏盐业实施办法》的规定办理工业盐准运证，鲁潍公司未办理工业盐准运证即从省外购进工业盐涉嫌违法。2009年2月26日，苏州盐务局经听证、集体讨论后认为，鲁潍公司未经江苏省盐业公司调拨或盐业行政主管部门批准从省外购进盐产品的行为，违反了《盐业管理条例》第20条，《江苏盐业实施办法》第23条、第32条第2项的规定，

〔21〕 参见《最高人民法院公报》2012年第12期。

并根据《江苏盐业实施办法》第 42 条的规定，对鲁潍公司作出了(苏)盐政一般[2009]第 001－B 号处罚决定书，决定没收鲁潍公司违法购进的精制工业盐 121.7 吨、粉盐 93.1 吨，并处罚款 122,363 元。

该案中，被告苏州盐务局辩称在江苏省人民政府未废止《江苏盐业实施办法》之前，苏州盐务局作为工业盐主管部门必须执行省人民政府规章。《江苏盐业实施办法》是根据《盐业管理条例》的授权制定的，属于法规授权制定，整体合法有效。苏州盐务局根据《江苏盐业实施办法》设立准运证制度的规定执法并进而对鲁潍公司未取得工业盐准运证的情况下进行工业盐购销和运输的行为作出行政处罚并无不当。然而，法院在审查被诉具体行政行为所适用的规范性文件时，根据《行政许可法》(2019 年修正)第 15 条第 1 款、第 16 条第 3 款的规定，在已经制定法律、行政法规的情况下，地方政府规章只能在法律、行政法规设定的行政许可事项范围内对实施该行政许可作出具体规定，不能设定新的行政许可。法律及《盐业管理条例》没有设定工业盐准运证这一行政许可，地方政府规章不能设定工业盐准运证制度。因此，苏州盐务局对鲁潍公司作出行政处罚时，虽然适用了《江苏盐业实施办法》，但是《江苏盐业实施办法》并不符合《行政许可法》的规定，属于法律适用错误。因此，苏州盐务局对鲁潍公司作出行政处罚不合法，应当予以撤销。

(三)被告作出过被诉具体行政行为

原告应当证明被告作出过被诉的具体行政行为。例如，原告不服治安处罚决定提起诉讼，那么原告应当能够证明行政主体已作出了某一治安处罚决定。如果被告提出该具体行政行为并非本机关所作，而原告又不能对之加以证明，则原告的主张不能成立，法院应判决其败诉。

案例 19　吴某模与岑巩县人民政府行政诉讼案[22]

吴某模在位于岑巩县新兴大道下段思州文苑东侧有两块基本农田。2007 年，岑巩县人民政府以在该区域建设休闲广场为由，拟征收该区域内的集体土地，并于当年作出了针对包括吴某模基本农田在内的农用地的征收决定。岑巩县人民政府虽然作出征收决定，但并未向原告出示任何书面的征收决定，且未进行公示。后经吴某模了解得知，岑巩县人民政府作出的征收决定并没有依法定程序进行，并且没有得到省人民政府的批准，违反了《土地管理法》的相关规定，系违法的具体行政行为。吴某模诉请法院确认岑巩县人民政府的征收决定违法，并提供如下证据：(1)身份证，拟证明原告的身份信息；(2)《土地承包经营权证书》《承包合同书》，拟证明原告对涉案的两块基本农田具有使用权；(3)照片，拟证明原告耕地的原貌实景情况；(4)照片，拟证明被告在强征原告的耕地时与原告发生争吵的事实。

该案中，法官经过法庭调查的举证和质证，根据最高法《行诉证据规定》第 4 条第 1 款的规定，公民、法人或者其他组织向人民法院起诉时，应当提供其符合起诉条件的相应的证据材料，原告吴某模的诉讼请求为确认征收决定违法，但并未向法院提供被诉的征收决定，亦未举证证明被诉征收决定的主要内容、制作时间、制作机关等，被告岑巩县人民政

〔22〕 参见贵州省黔东南苗族侗族自治州中级人民法院行政裁定书，(2016)黔 26 行初 95 号。

府也否认作出过征收决定。本案原告吴某模提交的证据并不能证明被告岑巩县人民政府作出过被诉的具体行政行为,故原告诉请确认被告作出征收决定违法,没有事实根据,因此法院驳回原告吴某模的起诉。

(四)行政不作为案件中原告提出申请的证据材料

根据最高法《行诉证据规定》的相关规定,在起诉被告不作为的案件中,原告应当提供其在行政程序中曾经提出申请的证据材料。被告不作为,应当是发生在原告申请其作为之后,因而原告起诉被告不作为,必须证明自己曾经向被告提出过申请。但下列两种情况除外:一是被告应当依职权主动履行法定职责的;二是原告因被告受理申请的登记制度不完备等正当事由不能提供相关材料并能够作出合理说明的。

案例 20 启东市发圣船舶工程有限公司诉启东市人民政府渡口行政许可及南通市人民政府行政复议案〔23〕

启东北新镇至启隆乡长江段上原设有汽渡,并一直由启东市发圣船舶工程有限公司(以下简称发圣公司)经营,后因周边进行围垦致原汽渡被启东市政府撤销,现完全符合重新设置渡口的条件。2014 年,发圣公司就汽渡重设及复航事项向启东市北新镇人民政府、启隆乡人民政府提出了书面报告。2014 年 10 月 13 日,启东市北新镇人民政府、启隆乡人民政府根据发圣公司的申请,向启东市政府提交了《关于设立启东至启隆乡汽渡的申请》,建议重新开设启东至启隆的航线。启东市政府当时的分管领导在该申请上签署了“请交通局按程序审核批准,确保安全和运营规范”的意见。2015 年,发圣公司再次提交了关于筹建和经营红阳港至兴隆沙渡口的报告,启东市政府未予答复。发圣公司认为启东市政府未许可其设置渡口的申请违法,遂提起行政诉讼。

该案中,原告发圣公司提供证据证明自己在 2014 年已经向启东市北新镇人民政府、启隆乡人民政府提出了重新开设启东至启隆的航线书面报告,在 2015 年再次向启东市政府提交了关于筹建和经营红阳港至兴隆沙渡口的报告,但是启东市政府始终未给予其答复。法院经过调查发现,启东市政府对原告发圣公司的书面报告进行了全面审查,但是当时的《内河交通安全管理条例》第 35 条及《江苏省渡口管理办法》第 7 条第 1 款规定,征求海事部门、交通主管部门的意见是行政许可必经的前置程序。启东市政府是作出行政许可的职能机关,当然应当遵守法律、法规和规章的规定。且相关法律、法规及规章并未对被征求意见的机关何时答复作出明确规定,被征求意见的单位何时作出答复,并非启东市政府所能控制的期限。因此,法院认为当法律规范未对行政机关履责期限作出规定的,应结合具体案情,充分考虑当事人合法权益保护的及时性和行政机关履责的可行性等因素,合理确定行政机关的履责期限。如存在正当理由或不可抗力,即便行政机关超出期限作出行政决定,亦不能认定该行为构成程序违法。

(五)行政赔偿的事实

行政赔偿,是指行政机关及其工作人员在行使行政职权过程中违法侵害公民、法人或其他组织合法权益造成损害的情况下,由国家承担的赔偿责任。在行政侵权赔偿诉讼中,

---

〔23〕 参见《最高人民法院公报》2020 年第 12 期。

行政赔偿构成要件的事实是主要的证明对象。这些事实具体包括如下四个方面:(1)侵权行为是否由作为被告的行政机关及其工作人员实施。对工作人员应当作广义上的理解,不仅包括具有公务员身份的工作人员,而且包括接受行政机关指派或唆使实施侵权行为的公民。(2)侵权行为是否行政机关及其工作人员在行使行政职权的过程中实施。(3)侵权行为是否给作为原告的受害人造成人身权或者财产权的损害;如果造成了损害,损害的大小如何。(4)侵权行为与损害之间是否具有因果关系。

案例21 沙某保等诉马鞍山市花山区人民政府房屋强制拆除行政赔偿案〔24〕

2012年年初,被告马鞍山市花山区人民政府组织相关部门将沙某保等四人的房屋及地上附着物拆除。原告沙某保等四人认为马鞍山市花山区人民政府对案涉农民集体土地进行征收,未征求公众意见,原告四人亦不知以何种标准予以补偿,马鞍山市花山区人民政府对原告四人的房屋进行拆除时,事前未达成协议,未告知何时拆迁,屋内财产未搬离、未清点,属于非法房屋拆除,侵犯了其合法财产权。故四原告提起诉讼,请求人民法院判令马鞍山市花山区人民政府赔偿房屋损失、装潢损失、房租损失共计282.7680万元;房屋内物品损失共计10万元,主要包括衣物、家具、家电、手机等5万元,实木雕花床5万元。

该案中,法院经过审理对案件的主要事实进行认定:被告马鞍山市花山区人民政府是依据安徽省人民政府皖政地〔2011〕769号《关于马鞍山市2011年第35批次城市建设用地的批复》和马鞍山市人民政府2011年37号《马鞍山市人民政府征收土地方案公告》作出征收土地的行政行为,属于依法行使行政职权的范畴。然而,被告马鞍山市花山区人民政府尚未就涉案房屋的补偿问题与原告沙某保四人达成一致,就组织相关部门对原告四人的房屋及地上附着物进行拆除,属于侵权行为。被告马鞍山市花山区人民政府的侵权行为由此给原告四人造成若干财产损失。原告提供了初步证据,但因行政机关的原因导致原告无法对房屋内物品损失举证,行政机关亦因未依法进行财产登记、公证等措施无法对房屋内物品损失举证,人民法院对原告未超出市场价值且符合生活常理的房屋内物品的赔偿请求予以支持。

二、程序法事实

行政诉讼中的程序法事实主要包括:(1)起诉符合法定的起诉条件;(2)有关主管和管辖的事实;(3)有关审判组织的事实;(4)有关采取排除妨害行政诉讼强制措施的事实;(5)有关诉讼期间的事实;(6)被告及其代理人是否在诉讼过程中自行向原告和证人取证的事实;(7)有关行政诉讼执行程序是否合法的事实;等等。

但是,并非所有的程序性事实都属于行政诉讼中的证明对象。例如,行政诉讼中的自认事实和免证事实。最高法《行诉证据规定》第65条对行政诉讼中的自认规定:“在庭审中一方当事人或者其代理人在代理权限范围内对另一方当事人陈述的案件事实明确表示认可的,人民法院可以对该事实予以认定。但有相反证据足以推翻的除外。”第68条规定:“下列事实法庭可以直接认定:(一)众所周知的事实;(二)自然规律及定理;(三)按

〔24〕 参见最高人民法院指导案例91号(2017年)。

照法律规定推定的事实;(四)已经依法证明的事实;(五)根据日常生活经验法则推定的事实。前款(一)、(三)、(四)、(五)项,当事人有相反证据足以推翻的除外。”第70条规定:“生效的人民法院裁判文书或者仲裁机构裁决文书确认的事实,可以作为定案依据。但是如果发现裁判文书或者裁决文书认定的事实有重大问题的,应当中止诉讼,通过法定程序予以纠正后恢复诉讼。”

典型案例评析

案例11－1　赵某某故意杀人案[25]:将被告人的刑事责任能力作为证明对象

被告人赵某某自幼因病致肢体活动受限,日常生活中有一定的自理能力,长大后嫁到重庆市巴南区某镇,与丈夫刘某某生育一女名刘某。2014年3月,刘某某因病瘫痪,刘某放弃工作回家护理。同年4月2日,赵某某、刘某母女之间因琐事发生争执,刘某动手打了赵某某,赵某某遂迁怒于刘某某。4月3日16时许,赵某某趁刘某外出之机,持塑料尿壶殴打瘫痪在床的刘某某面部,邻居姚某某听见刘某某的呻吟声便进屋查看,见赵某某用尿壶殴打刘某某,遂出手阻止。因姚某某劝阻未果,便出门寻求赵某某的亲友帮助制止赵某某。姚某某离开后,被告人赵某某相继持木凳、铁錾子猛击刘某某头、面部。赵某某妹妹赵某及村民张某甲等人闻讯赶到刘某某家中,获悉刘某某伤势严重,便拨打了“120”急救电话,医务人员到现场后确诊刘某某已死亡,随即报警,民警赴现场将赵某某抓获。经法医学尸体检验鉴定,刘某某系他人用钝器击打造成头、面部多处创口致失血性休克合并颅脑损伤死亡。归案后,被告人赵某某如实供述了本案犯罪事实。

重庆市人民检察院第五分院以被告人赵某某故意非法剥夺配偶的生命并致其死亡,构成故意杀人罪,向重庆市第五中级人民法院提起公诉,指出赵某某犯罪时尚未完全丧失辨认及控制能力,提请法院依法判处。为证实指控,公诉机关当庭举示了木凳、铁錾子、塑料尿壶等物证;医院出诊登记本等书证;被告人赵某某的供述;姚某某、赵某、刘某等证人证言;尸体检验报告、DNA鉴定、司法精神病学鉴定等鉴定意见;检查、提取辨认笔录等证据。

被告人赵某某对指控的事实和罪名均无异议。其辩护人提出赵某某系限制刑事责任能力人,建议对赵某某从轻或减轻处罚。

诉讼中,重庆医科大学附属第一医院对被告人赵某某进行了司法精神病鉴定。经鉴定,赵某某自幼患有神经系统疾病,肢体活动受限,做事冲动,不计后果。检查得出赵某某的记忆计算、理解、常识、判断等能力全面削弱,属于轻一中度精神发育迟滞,本次案发与其智力水平、精神因素有一定关系。鉴定意见为赵某某系轻一中度精神发育迟滞,属于限制性刑事责任能力。

重庆市第五中级人民法院审理认为,被告人赵某某未能正确处理家庭矛盾和排解不良情绪,故意非法剥夺其配偶的生命,致其配偶死亡,其行为构成故意杀人罪。控方指控事实和罪名成立,依法应当追究赵某某的刑事责任。被告人赵某某犯罪时尚未完全丧失辨认或者控制自己行为的能力,系限制刑事责任能力人,依法可从轻处罚。被告人赵某某归案后,能如实供述本案犯罪事实,具有坦白情节,依法可从轻处罚。辩护人提出的相关意见,本院

---

〔25〕 参见马丽丽、傅君佳主编:《刑事诉讼法案例教程》,中国民主法制出版社2016年版,第82页。

予以采纳。根据《刑法》和《刑事诉讼法》的相关规定，判决被告人赵某某犯故意杀人罪，判处有期徒刑14年，剥夺政治权利1年。

｜**评析**｜ 本案中，被告人赵某某的精神状况属于证明对象。我国《刑法》第18条第3款规定："尚未完全丧失辨认或者控制自己行为能力的精神病人犯罪的，应当负刑事责任，但是可以从轻或者减轻处罚。"对于赵某某的精神状况的司法鉴定，直接决定着对其有无刑事责任能力的判断，决定着其刑事责任的承担问题，被告人赵某某的精神状况属于证明对象中需要证明的实体法事实，具体为排除可罚性事实。经过重庆医科大学附属第一医院司法精神病鉴定，可证明赵某某系轻一中度精神发育迟滞，属于限制性刑事责任能力。其认识能力和控制能力较常人有所削弱，但并不等于完全不能辨认和控制自己的行为，其所实施的危害社会行为，既有犯罪成分，也有病理性精神障碍因素，因此，法院最终认定被告人赵某某的行为构成故意杀人罪，但由于其系限制刑事责任能力人，依法可从轻处罚。

案例11－2　华裕公司诉粤汉公司执行异议之诉案〔26〕：执行异议之诉中的证明对象

2010年1月1日，李氏公司与龚家岭村签订《土地股份合作协议》，将龚家岭村闲置荒地租给李氏公司20年。2010年1月1日，李氏公司与华裕公司签订《租赁合同》，将李氏公司在龚家岭村承租范围内的全部土地，有偿租赁给华裕公司开发建设仓储物流中心。2017年李氏公司与粤汉公司发生民间借贷纠纷争议，粤汉公司于2017年10月30日申请法院查封李氏公司承租的龚家岭地块上所建的厂房、仓库等地上建筑物。2018年4月27日，法院判决李氏公司向粤汉公司偿还本金及利息。2018年8月14日，华裕公司向法院提出执行异议，2018年9月29日，法院裁定驳回华裕公司的异议请求。2018年10月26日华裕公司向法院提起案外人执行异议之诉。

｜**评析**｜ 证明对象的确定是诉讼证明过程的第一个环节，也是整个证明活动的起点。只有确定了证明对象，纠纷当事人和裁判法官的诉讼行为才能做到有的放矢。但是，在具体的诉讼程序中，并非所有的事实都能够成为诉讼中的证明对象，需要运用证据加以证明的，往往只是其中一部分案件事实。在诸多案件事实中决定哪些需要证明、哪些不需要提出证据加以证明，这是证明对象的确定问题。

根据最高法《民诉法解释》第309条关于"案外人或者申请执行人提起执行异议之诉的，案外人应当就其对执行标的享有足以排除强制执行的民事权益承担举证证明责任"的规定，执行异议之诉中的证明对象就是案外人对执行标的是否享有足以排除强制执行的民事权益。因此，本案的证明对象就是华裕公司是否对在龚家岭地块上被法院查封的土地及厂房、仓库等地上建筑物享有足以排除强制执行的民事权益，具体体现为华裕公司与李氏公司之间是否就龚家岭地块形成转租合同法律关系，并且华裕公司是否实际投资建设了龚家岭地块上的厂房、仓库等地上建筑物。围绕本案的证明对象，华裕公司在一审程序中提交了2010年1月1日签订的《租赁合同》以及其与相关设计、施工单位、银行签订的《建设工程设计合同》《建筑工程施工合同》《固定资产借款合同》及借款、转账凭证等证据，在二审程序中补充提交了《工程结算书》《法定代表人授权委托书》《情况说明》等证据，拟证明

---

〔26〕　参见《最高人民法院公报》2022年第9期。

华裕公司对被法院查封的土地及厂房、仓库等地上建筑物享有足以排除强制执行的民事权益。粤汉公司围绕证明对象就华裕公司提交的证据发表质证意见，认为华裕公司提交的证据及证明目的存在诸多缺陷，证据真实性存疑，且多数证据无法与本案争议标的物建立关联，证据之间无法形成完整、有效的证据链以支持其享有足以排除强制执行的诉讼主张。

法院在审理次承租人以案外人提起的执行异议之诉案件时，既要依法维护次承租人的正当权利，也要防止其滥用案外人执行异议之诉，妨害强制执行程序的正常进行。本案中，法院综合法庭调查和法庭辩论的内容，围绕本案的证明对象，审查认为：首先，在无诸如租金支付凭证以及其他合同履行证据佐证的情况下，仅仅依据华裕公司提交的《租赁合同》尚不足以认定华裕公司与李氏公司之间就龚家岭地块形成了转租关系的事实。其次，华裕公司提交的《建设工程设计合同》《施工图》《建筑工程施工合同》等证据与本案争议的厂房、仓库等主体建筑物并不一致，即便华裕公司补充提交了《工程结算书》《法定代表人授权委托书》，也不能以此证明华裕公司投资建设了案涉厂房、仓库等主体建筑物。最后，华裕公司提交的《固定资产借款合同》及借款凭证，只能证明华裕公司以仓储扩建的名义向银行借款3000万元的事实，而该借款合同对应的具体工程项目不明，且转账凭证中用途未填写，无法证明与龚家岭块地上建筑物存在关联。综上，法院认为，华裕公司提交的证据并没有达到证明其对涉案的地上建筑物享有足以排除强制执行的民事权益。

案例11－3　王某德诉乐山市人力资源和社会保障局工伤认定案[27]：程序性行政行为作为证明对象的证实

原告王某德系王某兵之父，王某兵系四川嘉宝资产管理集团有限公司峨眉山分公司职员。2013年3月18日，王某兵因交通事故死亡，由于无法查实死亡原因，公安交警大队于同年4月1日作出《道路交通事故证明》。2013年4月10日，第三人四川嘉宝资产管理集团有限公司峨眉山分公司向被告乐山市人力资源和社会保障局就王某兵因交通事故死亡申请工伤认定，并提交《道路交通事故证明》等证据。被告以公安机关尚未对本案事故作出交通事故认定书为由，于当日作出《工伤认定时限中止通知书》，并向第三人和王某德送达。2013年6月24日，王某德通过国内特快专递邮件方式，向被告提交了《恢复工伤认定申请书》，要求恢复对王某兵的工伤认定。因被告未恢复对王某兵工伤认定程序，王某德遂于同年7月30日向法院提起行政诉讼，要求判决撤销《工伤认定时限中止通知书》。

法院认为，乐山市人力资源和社会保障局作出的《工伤认定时限中止通知书》属于工伤认定程序中的程序性行为，如果该行为不涉及终局性问题，对相对人的权利义务没有实质影响的，属于不成熟的行政行为，不具有可诉性，相对人提起行政诉讼的，不属于人民法院受案范围。但如果该程序性行政行为具有终局性，对相对人权利义务产生实质影响，并且无法通过提起针对相关的实体性行政行为的诉讼获得救济的，则属于可诉行政行为，相对人提起行政诉讼的，属于人民法院行政诉讼受案范围。就本案而言，交警大队就王某兵因交通事故死亡，依据所调查的事故情况，只能依法作出《道路交通事故证明》，而无法作出《交通事故认定书》，因此，本案中《道路交通事故证明》已经是公安机关交通管理部门依据《道路交通事故处理程序规定》就事故作出的结论。除非出现新事实或者法定理由，否则公

〔27〕　参见最高人民法院指导案例69号（2016年）。

安机关交通管理部门不会就本案涉及的交通事故作出其他结论。而被告在第三人申请认定工伤时已经提交了相关《道路交通事故证明》的情况下,仍然作出《中止通知》,并且一直到原告起诉之日,被告仍以工伤认定处于中止中为由,拒绝恢复对王某兵死亡是否属于工伤的认定程序。由此可见,虽然被告作出《中止通知》是工伤认定中的一种程序性行为,但该行为将导致原告的合法权益长期,乃至永久得不到依法救济,直接影响了原告的合法权益,对其权利义务产生实质影响,并且原告也无法通过对相关实体性行政行为提起诉讼以获得救济。因此,被告作出的《中止通知》,属于可诉行政行为,人民法院应当依法受理。

乐山市人力资源和社会保障局作出的《工伤认定时限中止通知书》是否侵害当事人的合法权益,是本案的证明对象。根据《工伤保险条例》第 20 条第 3 款规定,"作出工伤认定决定需要以司法机关或者有关行政主管部门的结论为依据的,在司法机关或者有关行政主管部门尚未作出结论期间,作出工伤认定决定的时限中止"。如前所述,第三人在向被告就王某兵死亡申请工伤认定时已经提交了《道路交通事故证明》,也就是说,第三人申请工伤认定时,并不存在《工伤保险条例》第 20 条第 3 款所规定的依法可以作出中止决定的情形。因此,被告依据《工伤保险条例》第 20 条规定,作出《中止通知》属于适用法律、法规错误,侵害了当事人的合法权益,应当予以撤销。

| 评析 | 行政诉讼中,无论是纠纷的当事人,还是作为裁判主体的人民法院,都是围绕行政行为的合法性展开具体的诉讼活动,当事人的证明对象也是围绕行政行为的合法性展开,人民法院根据当事人的证明活动作出行政行为是否合法的判定。

该案中,原告和被告争议的焦点为乐山市人力资源和社会保障局作出的《工伤认定时限中止通知书》是否具有可诉性和合法性的问题。行政诉讼的受案范围是法院受理行政争议案件的重要前提,法官提出了以权利义务是否受到实质影响、可否通过实体性行政行为予以救济、是否具有终局性等三项标准作为判断程序性行政行为是否具有可诉性,确立程序性行政行为可诉性标准,拓宽了行政诉讼的受案范围,从而拓展了公民基本权利的保障范围。

主要文献著述

1. 陈瑞华:《刑事证据法》(第 4 版),北京大学出版社 2021 年版。
2. 江伟、邵明主编:《民事证据法学》(第 3 版),中国人民大学出版社 2021 年版。
3. 张某平:《民事证据法》,法律出版社 2017 年版。
4. 周洪波:《证明对象的基本法理与中国问题》,载《江海学刊》2022 年第 1 期。
5. 孙远:《证明对象、要件事实与犯罪构成》,载《政治与法律》2011 年第 8 期。

第十二章　证明责任的理解与适用

第一节　证明责任概述

一、证明责任的概念

所谓证明责任，是指证明主体就其诉讼主张承担的提供证据予以证明的责任，当其没有提供证据或所提供的证据不足以证明其诉讼主张时，要承受其诉讼主张不被裁判者采纳的风险。一般认为，证明责任包括两个层面的内容：一是行为责任，它是证明主体提出证据对自己的诉讼主张加以证明的责任；二是结果责任，它是证明主体因不提供证据或者提出的证据达不到法定证明标准时所需承担的不利后果，即案件事实真伪不明时所承担的责任。证明责任问题在证据制度中占有重要地位，证明责任的分配对于保证诉讼程序的顺利进行和案件的公正处理有重大意义。

目前，学界对于证明责任的概念有较大争议，尤其是对证明责任与举证责任这两个内涵接近的概念可谓是“众说纷纭”。在司法实践中，证明责任与举证责任的使用也并不统一，有使用“举证责任”的，也有将“举证责任”和“证明责任”置于一体的表述。对于司法实务而言，无太大必要刻意区分证明责任与举证责任，因为举证是为了证明案件事实，而证明责任的履行又以举示证据为基础，两者在实质上没有根本区别。

二、证明责任与查证职责

裁判的基础在于事实的查明。作为裁判者的法官，有审查核实证据甚至收集证据的职责是否意味着法官也在诉讼中承担一定的证明责任？一般认为，法官的查证职责只是法官基于裁判职能而产生的为了查明案件事实的一种诉讼职责，并不意味着法官因此而承担证明责任。证明责任是基于诉讼主张而产生，法官在诉讼中只是裁判哪一方当事人的诉讼主张应当得到支持，本身并无诉讼主张。更进一步说，即便最终案件事实仍处于真伪不明的状态，法官也不因此承担没有查清事实的不利诉讼后果。在我国诉讼法中，也有涉及法官查证职责的规定。例如，《刑事诉讼法》第 196 条规定：“法庭审理过程中，合议庭对证据有疑问的，可以宣布休庭，对证据进行调查核实。人民法院调查核实证据，可以进行勘验、检查、查封、扣押、鉴定和查询、冻结。”《民事诉讼法》第 132 条规定：“审判人员必须认真审核诉讼材料，调查收集必要的证据。”《行政诉讼法》第 40 条规定：“人民法院有权向有关行政机关以及其他组织、公民调取证据。但是，不得为证明行政行为的合法性调取被告作出行政行为时未收集的证据。”这些规定只能理解为法官在依法履行查证职责，不能理解为法官在承担证明责任，证明责任与查证职责不能混同。

第二节　刑事诉讼证明责任的理解与适用

一、公诉案件中证明责任的承担

在公诉案件中，证明被告人有罪的责任由公诉机关承担，被告人不承担证明自己无罪的责任。《刑事诉讼法》第51条规定："公诉案件中被告人有罪的举证责任由人民检察院承担，自诉案件中被告人有罪的举证责任由自诉人承担。"在刑事诉讼中，由控诉方承担证明责任具有两层内涵：(1)控诉方需提供证据证明被告人有罪，被告人无须提供证据证明自己无罪。当然这并不排斥被告人及其辩护人提供证据证明自己无罪，但其提供证据主要目的在于反驳对方的指控，这是其行使辩护权的表现，而不是履行证明责任的要求。(2)在被告人是否实施了犯罪行为的案件事实处于真伪不明状态时，即控诉方不能提供证据或者提供的证据不足以排除合理怀疑时，法院应当作出宣告被告人无罪的判决。因此，在审判阶段，公诉机关要向法院提供充分的证据证明其指控的犯罪事实，并且其证明要达到案件事实清楚、证据确实、充分的证明标准。如果公诉人不举证，或者举证达不到法律规定的证明标准的要求，法庭就可对被告人作出无罪判决。

此外，根据《刑事诉讼法》第59条的规定，在对证据收集的合法性进行法庭调查的过程中，人民检察院应当对证据收集的合法性加以证明。现有证据材料不能证明证据收集的合法性的，人民检察院可以提请人民法院通知有关侦查人员或者其他人员出庭说明情况；人民法院可以通知有关侦查人员或者其他人员出庭说明情况。有关侦查人员或者其他人员也可以要求出庭说明情况。经人民法院通知，有关人员应当出庭。据此，检察机关不仅要承担证明被告人有罪的责任，同时还要承担证明证据收集合法性的责任。如果检察机关不能切实履行证明证据收集合法性的责任，那么就要对有关证据予以排除，不能作为定案的根据。

案例1　李某周运输毒品案〔1〕

江西省萍乡市人民检察院以被告人李某周犯运输毒品罪，向萍乡市中级人民法院提起公诉。审理过程中，被告人李某周提出，其在派出所接受讯问期间遭到刑讯逼供，并提供相关线索、材料，申请排除其所作供述。萍乡市中级人民法院经审查认为，公安人员可能存在以刑讯逼供方法收集被告人供述的情形，依法启动证据收集合法性调查程序。公诉机关出示相关办案说明等证据材料证明取证合法性。萍乡市中级人民法院经审理认为，现有证据不能排除被告人供述是公安人员采用刑讯逼供方法收集的，对有关供述应当予以排除。

在公诉案件中，犯罪嫌疑人、被告人不承担证明责任，他既没有义务向法庭证明自己有罪，也没有义务向法庭证明自己无罪。不能因为犯罪嫌疑人、被告人不能证明自己无罪，便据此得出犯罪嫌疑人、被告人有罪的结论。《刑事诉讼法》第120条规定，对于侦查人员的提问，犯罪嫌疑人应当如实回答。如实回答的含义是：有罪的犯罪嫌疑人应当如实

〔1〕参见中华人民共和国最高人民法院刑事审判一、二、三、四、五庭主办：《刑事审判参考》(总第101集)，法律出版社2015年版，第150页。

交代罪行，提供自己能够提供的证据；无罪的犯罪嫌疑人则应当如实陈述无罪的事实，并提供自己能够提供的证据或线索。犯罪嫌疑人、被告人应当如实回答，不等于他负有证明责任，因为司法工作人员不能据其是否如实回答以确定其是否犯罪。而且，《刑事诉讼法》第 52 条明确规定了“不得强迫任何人证实自己有罪”，基于此，也不能强迫被告人承担证明自己有罪或者无罪的责任。

在我国，人民法院为了正确行使国家的审判权，实现刑事诉讼的任务，负有调查核实证据、运用证据认定案件事实真相的职责，为此，人民法院可以依法进行勘验、检查、查封、扣押、鉴定和查询、冻结。在法庭审理中，法院可以讯问被告人，询问证人、鉴定人等。但是，这种调查核实证据的职责，并不能认为是法院也承担证明责任，法院在刑事诉讼中不应承担证明责任。

(一)定罪的证明责任

《刑事诉讼法》第 12 条规定：“未经人民法院依法判决，对任何人都不得确定有罪。”关于该条与无罪推定原则之间的关系，主流观点认为，该规定体现了无罪推定原则的基本精神。无罪推定原则是国际通行的刑事诉讼基本原则，也是证明责任分配的基本根据。无罪推定原则要求控方承担被告人有罪的证明责任。因此，由控方承担被告人有罪的证明责任也应当是我国刑事诉讼中证明责任分配的一般原则。对此，《刑事诉讼法》第 51 条明确规定：“公诉案件中被告人有罪的举证责任由人民检察院承担，自诉案件中被告人有罪的举证责任由自诉人承担。”根据该规定，无论是在公诉案件中，还是在自诉案件中，都应当由控方承担被告人有罪的证明责任，即控方应当提供证据证明犯罪构成要件事实存在，在犯罪构成要件事实存疑时，应当由控方承担不利后果，即宣告被告人无罪。对此，《刑事诉讼法》第 200 条规定：“证据不足，不能认定被告人有罪的，应当作出证据不足、指控的犯罪不能成立的无罪判决。”

(二)量刑的证明责任

对于量刑的证明责任，《刑事诉讼法》中没有作出明确规定。但 2016 年两院三部《以审判为中心意见》第 2 条第 3 款对量刑的证明责任分配作出了规定，“……对于量刑证据存疑的，应当作出有利于被告人的认定”。根据该规定，无论是罪重事实，还是罪轻事实，证明责任都应由控方承担；当量刑事实存疑时，应当作出不利于控方的认定。也就是说，量刑事实适用与定罪事实相同的证明责任分配规则。

(三)程序性事实的证明责任

对于程序性事实的证明责任分配问题，我国法律也没有作出明确规定。由于程序性事实与定罪量刑没有直接关系，因此在程序性事实的证明中不适用无罪推定原则。通常情况下公安司法机关对有关程序法事实承担证明责任。例如，公安司法机关没收取保候审的犯罪嫌疑人、被告人的保证金的，应当证明被取保候审人有违反《刑事诉讼法》第 71 条规定的事实。

但是对于某些程序法事实，提出主张的诉讼当事人也负有证明责任。如果被告方申请回避，那么他就应当提出证据证明存在回避的理由，并对此承担证明责任。又如，依照法律，当事人由于不能抗拒的原因或者其他正当理由而耽误期限的，在障碍消除后 5 日以内，可以申请继续进行应当在期满以前完成的诉讼活动。如果有关当事人提出此项申请，则必须提供有关耽误期限是由于不能抗拒的原因或者其他正当理由的证据。对上述事实,如果被告人没有进行合理的证明,将产生不利的后果:被告人程序法事实上的主张不被采纳。[2]

二、自诉案件中证明责任的承担

自诉案件中证明责任的承担与公诉案件有所不同。根据《刑事诉讼法》第51条的规定,自诉案件中被告人有罪的举证责任由自诉人承担。自诉人向人民法院提出控诉时,必须提供足够的证据。人民法院认为缺乏罪证,而自诉人又提不出补充证据时,人民法院应当说服自诉人撤回自诉,或者裁定驳回。

自诉案件中的被告人同样不负证明自己有罪或无罪的证明责任。如果被告人在诉讼过程中提起反诉,他在反诉中便成为自诉人,对反诉的主张负有证明责任,必须提供证据来证明反诉的主张和事实。

三、被告人除法律另有规定外不承担证明责任

基于诉讼公正的要求,在刑事诉讼中由控方承担证明责任是一般原则,被告人不承担证明自己无罪的证明责任。但是,作为控诉方承担证明责任的例外,在法律明文规定的情况下,被告人需承担一定的证明责任。在我国刑事诉讼中也存在证明责任分配的例外情形。

(一)巨额财产来源不明犯罪及持有型犯罪中的证明责任

作为犯罪嫌疑人、被告人不负证明责任的例外,是"巨额财产来源不明"的案件。《刑法》第395条第1款规定:"国家工作人员的财产、支出明显超过合法收入,差额巨大的,可以责令该国家工作人员说明来源,不能说明来源的,差额部分以非法所得论……"根据这一规定,对于此类案件,首先承担证明责任的仍是司法机关,当司法机关收集到足够证据证明某国家工作人员的财产或支出明显超过合法收入且差额巨大时,证明责任即转移到犯罪嫌疑人身上,他必须说明差额部分的来源是合法的,若不能说明,差额部分即以非法所得论。法律的这一规定是为了加大打击国家工作人员贪污贿赂犯罪的力度,促进廉政建设。

另外,《刑法》第282条第2款规定,非法持有属于国家绝密、机密的文件、资料或者其他物品,拒不说明来源与用途的,构成非法持有国家绝密、机密文件、资料、物品罪。可见,按本条的规定,公安、司法机关只需证明犯罪嫌疑人、被告人持有不该持有的属于国家绝密、机密的文件、资料、物品,在上述事实得到证明的情况下,被告人应承担主张责任和证明责任,主张并证明自己持有该文件、资料、物品的合法;如果他不能以优势证据证明自己持有该文件、资料、物品的合法,那么他将承担其所持有的文件、资料、物品被推定为是非法而招致被定罪量刑的不利后果。

---

〔2〕 参见李玉萍:《试论刑事诉讼中被告人的证明责任》,载《人民检察》2001年第6期。

案例2 黄某东非法持有毒品案[3]

重庆市人民检察院第一分院以被告人黄某东犯非法持有毒品罪,向重庆市第一中级人民法院提起公诉。黄某东的辩护人认为,黄某东的行为属于窝藏、转移毒品,不构成非法持有毒品罪。法院审理后认为,虽黄某东辩称其毒品来自张某伟、小胖,自己是为张某伟保存、窝藏毒品,但公诉机关考虑到对黄某东的辩解,其本人不能提供任何证据或任何证据线索供查实(小胖其人无从查证,张某伟其人无法查证),公诉机关亦无法获得任何证据予以验证,而黄某东非法持有大量毒品却是无可争辩的客观存在,故以非法持有毒品罪予以指控。对该案审判机关而言,如认定被告人黄某东犯窝藏、转移毒品罪,需要运用查证属实的证据予以支持。显然,仅依被告人的辩解作为认定被告人黄某东犯窝藏、转移毒品罪,从而变更公诉机关指控的罪名是不够的。该案是指控非法持有毒品罪证据确实、充分,但认定窝藏、转移毒品罪无确实、充分的证据的支持。

(二)非法证据排除中的初步证明责任

《刑事诉讼法》第58~59条对非法证据排除的证明责任分配问题作了两个方面的规定:一是当事人及其辩护人、诉讼代理人有权申请人民法院对以非法方法收集的证据依法予以排除,申请排除以非法方法收集的证据的,应当提供相关线索或者材料;二是在对证据收集的合法性进行法庭调查的过程中,人民检察院应当对证据收集的合法性加以证明。最高法《刑诉法解释》第127条则进一步明确了当事人申请所需提供的线索、材料,包括涉嫌非法取证的人员、时间、地点、方式、内容等。其中,所谓"材料"是指被告人出示的血衣、伤痕、伤痕照片、医疗证明、伤残证明、同监人证言等能够证明存在刑讯逼供等非法取证事实的证据材料;所谓"线索"是指可以显示刑讯逼供等非法取证事实确实存在的比较具体的事实,如关于刑讯逼供的时间、地点、方式、人员等信息。

按照证明责任分配的一般原则,如果被告方提出控方证据是非法取得,那么其应当提供证据证明该主张,并对该主张承担结果责任。但是,根据《刑事诉讼法》的规定,在被告方提出证据是非法取得的情况下,由控方证明该证据是合法取得的,并对此承担结果责任,这属于典型的证明责任倒置。[4] 在非法证据的排除问题上实行证明责任倒置的原因是,被告人的取证能力十分有限,而与此相反,控方则有能力证明取证程序的合法性。辩护方只要提供"相关线索"或者"材料"就完成了证明义务,这种证明责任理论上一般视为辩护方要承担"初步证明责任",[5]而证据合法性的最终证明责任由检察院承担。

案例3 文某运输毒品案[6]

某区人民检察院以被告人文某犯运输毒品罪,向某区人民法院提起公诉。被告人文某辩称,其在侦查阶段的有罪供述系侦查机关刑讯逼供的结果,其行为不构成运输毒品罪,并提供如

---

〔3〕 参见中华人民共和国最高人民法院刑事审判第一庭、第二庭编:《刑事审判参考》(总第36集),法律出版社2004年版,第167页。

〔4〕 参见罗国良、刘静坤:《证据收集合法性事实的证明方式和证明标准》,载《法律适用》2015年第3期。

〔5〕 参见陈瑞华:《非法证据排除规则的中国模式》,载《中国法学》2010年第6期。

〔6〕 参见中华人民共和国最高人民法院刑事审判第一、二、三、四、五庭主办:《刑事审判参考》(总第101集),法律出版社2015年版,第156页。

下材料、线索:(1)提交的照片显示文某进看守所时脸有浮肿、眼睛青紫;(2)看守所出具的健康检查笔录,载明文某入所时“双眼青紫,左头部痛,自述系在派出所被吊飞机和被按在地上所致”;(3)文某曾于2013年2月22日、26日两次到当地某医院就诊,其中2月22日的病历载明患者“头部外伤后头痛3天,约3天前头部撞伤”。

某区人民法院认为:关于审判前供述取得合法性的审查。首先,关于文某在侦查机关所作的有罪供述的合法性审查。文某自2013年2月19日被抓获至同月26日进入看守所,多份证据证明其有眼睛青紫、面部肿胀的外伤。文某在入所体检及公诉机关提审时均进行了反映,而公诉机关为论证侦查机关证据收集的合法性仅提供了文某自书的情况说明、侦查机关出具的情况说明,未能提供同步录音录像等更有力的客观证据。根据现有的证据及线索,不能排除文某的伤情系侦查人员刑讯逼供所致的可能,故对文某在侦查机关所作的供述笔录应当依法予以排除。

(三)积极抗辩中的证明责任

我国《刑事诉讼法》第42条规定了辩护人对不在犯罪现场、未达到刑事责任年龄、属于依法不负刑事责任的精神病人等三项辩护理由的“告知”义务,而没有明确辩护方的证明责任。不过,主流观点认为,在被告人提出不在犯罪现场这一抗辩主张时,被告人应就此承担举证责任。[7] 之所以如此,是因为依据证明责任分配的一般原理,只要一方程序主体提出积极的诉讼主张,即应承担其证明责任。因此,在特殊情形之下,如果被告人在犯罪构成要件之外另行提出了某项“争议事实”,如被告人依据刑法主张其行为系出于正当防卫、紧急避险或者意外事件,即在犯罪构成要件之外另行提出阻却违法、阻却有责等积极抗辩事由,则该积极抗辩事由就不再属于控方承担证明责任之证明对象。由于该争议事实独立于控方主张且经被告人提出而形成一个新的争点,需要纳入审判的对象,因此就蕴含着被告人就此正当证明责任的可能。应当说,对于刑法中的一些“但书”或者“豁免”的情形,不宜由控诉方一一举证排除,而应由辩护方举证。[8]

案例4　蒋某盗窃案[9]

2016年4月的一天晚上,某地一家手机门市的玻璃门把手被人强行撬断,门市柜台内摆放的华为、三星等品牌手机60余部被盗,损失价值共计人民币60,000余元。次日上午,被害人发现门市被盗遂立即报案,当地公安机关迅速赶至现场开展勘查工作,从店内的柜台内侧、散落的手机盒上提取到可疑斑迹。后公安机关将上述提取的斑迹送检,经检验,均检测出蒋某的DNA信息。6月5日,公安机关将犯罪嫌疑人蒋某抓获,当场从其轿车后备厢内查获一台索尼笔记本电脑、九部手机,并且还从其身上查获其正在使用的三部手机。经过比对手机IMEI(俗称串号),其中犯罪嫌疑人蒋某使用的手机以及从其轿车后备厢查获的三部手机共计四部手机均系被害人门市被盗的手机。后根据犯罪嫌疑人蒋某交代的销赃地点,公安机关从另外一地的手机回收门市查获二十余部手机,经过核对,亦均系被害人门市被盗手机。办案民警经调查核实,犯

〔7〕 参见崔敏:《刑事证明责任概论——侧重谈谈刑事被告人应否承担部分举证责任》,载何家弘主编:《证据学论坛》(第6卷),中国检察出版社2003年版,第40页。

〔8〕 参见房保国:《论辩护方的证明责任》,载《政法论坛》2012年第6期。

〔9〕 参见云凤飞、提亚运:《“幽灵抗辩”的应对——以蒋某盗窃案为例》,载《中国检察官》2017年第8期。

罪嫌疑人蒋某出售手机的价格明显低于市场的正常价格。犯罪嫌疑人蒋某到案后却始终否认其实施过盗窃，辩解称未到过某地，从其身上、车上以及手机回收门市内查获的被盗手机系“黑子”交给其让其帮忙出售的，但是犯罪嫌疑人蒋某却提供不出“黑子”的具体姓名、联系方式、住处、工作单位等身份信息。

该案中，由于没有蒋某实施盗窃的直接证据（如监控录像、有罪供述等），而蒋某对此又提出辩解，根据现有的证据能否认定蒋某实施盗窃，是该案的争议焦点。解决该案争议焦点的关键在于如何解决犯罪嫌疑人提出的“幽灵抗辩”问题。该案中，被害人发现被盗后立即报案，公安机关也及时进行现场勘查，提取案发现场的DNA信息，经检验，该DNA信息为犯罪嫌疑人蒋某所留。虽然案发现场为手机门市，人员流动性较大，但是DNA信息提取的位置位于柜台内侧，是顾客难以触摸到的地方，故能够排除蒋某曾经到过手机门市无意中留下DNA信息的可能。犯罪嫌疑人蒋某对于为何在案发现场留有其DNA信息，无法作出合理解释。此外，犯罪嫌疑人蒋某辩解称上述查获的被盗手机系“黑子”让其帮助出售的，其应当承担相应的说明责任，即提供线索或者材料的义务，但是犯罪嫌疑人蒋某却无法提供“黑子”的具体情况，再结合犯罪嫌疑人蒋某无业，曾有多次盗窃的前科、劣迹，该案虽然没有蒋某实施盗窃的直接证据，但是其他的间接证据已经查证属实，证据之间相互印证，已经形成较为完整的证据锁链，能够排除合理的怀疑，足以认定犯罪嫌疑人蒋某构成盗窃罪。

第三节　民事诉讼证明责任的理解与适用

一、我国民事诉讼中证明责任分配的一般规则

在我国民事诉讼中的证明责任分配，一般实行“谁主张、谁举证”的基本规则。通常认为，1991年《民事诉讼法》第64条第1款（2021年《民事诉讼法》第67条第1款）的规定，即“当事人对自己提出的主张，有责任提供证据”是“谁主张、谁举证”规则的法律依据。

最高法2001年《民诉证据规定》在总结审判实践经验的基础上，吸收了理论界的研究成果和其他国家的有益经验，将法律要件分类说作为证明责任分配的一般规则。在最高法2001年《民诉证据规定》的基础上，最高法2015年《民诉法解释》第91条进一步明确了法律要件分类说是我国民事诉讼中证明责任分配的一般规则。该条规定：“人民法院应当依照下列原则确定举证证明责任的承担，但法律另有规定的除外：（一）主张法律关系存在的当事人，应当对产生该法律关系的基本事实承担举证证明责任；（二）主张法律关系变更、消灭或者权利受到妨害的当事人，应当对该法律关系变更、消灭或者权利受到妨害的基本事实承担举证证明责任。”而最高法《民诉证据规定》将最高法2001年《民诉证据规定》第2、5、6条予以删除，至此，最高法《民诉法解释》第91条成为我国民事诉讼中证明责任分配的一般规则之法律依据。

案例5 王某林与中国大地财产保险股份有限公司苏州中心支公司保险合同案〔10〕

王某林为其所有的轿车与中国大地财产保险股份有限公司苏州中心支公司(以下简称大地公司)签订机动车辆保险单,向大地公司投保了家庭自用汽车损失保险及其不计免赔特约险等险种。保险合同生效后,王某林驾驶投保轿车行驶至盐徐高速公路马甸路段时与保险公司联系,称车辆碰擦了停车道边的护栏,并拍下了三张照片,之后驾车离开事故现场。照片显示,投保车辆停放于高速公路靠护栏一侧的紧急停车带上,该车辆的右侧车门与反光镜均被撞毁,车身右侧前方有明显刮擦痕迹,靠车辆右侧的紧急停车带护栏无明显碰撞或刮擦痕迹。王某林根据保险公司的提示拨打了"110"报警电话报警。当地交警赶到事发地点后发现王某林已离开事故现场,后与王某林取得联系并一起重新回到事故现场,但未出具事故证明。王某林在事故发生后驾车回到苏州,维修车辆共花费17,500元。王某林就上述交通事故向保险公司索赔,遭拒绝,故起诉请求法院判令保险公司支付赔偿金17,500元并承担诉讼费用。

该案中,根据《保险法》第22条和最高法《民诉法解释》第91条的规定,原告王某林在发生交通事故后,按照保险合同请求大地公司支付保险金,应当向保险人提供能够与确认保险事故的性质、原因、损失程度有关的证据和资料,以证明自己享有请求大地公司支付保险金的给付请求权。同时,根据《保险法》的规定,王某林在提供了其客观上能够提供的材料后,在不存在故意或过失不提供其他相关材料的情形下,如果根据这些证据能够初步证明事故发生在保险责任范围内,即完成了证明保险事故发生的证明责任。大地公司在收到王某林提供的证据后,如果拒绝承担保险责任,应当提供证据证明:(1)该事故不属于保险事故;(2)该事故虽然属于保险事故,但符合保险合同所约定的除外责任情形;(3)该事故属于保险事故,但符合保险法规定的法定免除责任情形。如果保险公司不能证明属于以上三种情形之一,应当承担赔付责任。

二、我国民事诉讼中证明责任分配的倒置规则

证明责任倒置,是指当事人对提出的诉讼请求所依据的事实或者反驳对方的诉讼请求所依据的事实不承担证明责任,而由对方当事人承担相反事实的证明责任。证明责任倒置是以法律要件分类说为前提的,即将法律要件分类说作为证明责任的"正置",与法律要件分类说不符的证明责任分配方式为证明责任倒置。

最高法2001年《民诉证据规定》第4条第1款规定:"下列侵权诉讼,按照以下规定承担举证责任:(一)因新产品制造方法发明专利引起的专利侵权诉讼,由制造同样产品的单位或者个人对其产品制造方法不同于专利方法承担举证责任;(二)高度危险作业致人损害的侵权诉讼,由加害人就受害人故意造成损害的事实承担举证责任;(三)因环境污染引起的损害赔偿诉讼,由加害人就法律规定的免责事由及其行为与损害结果之间不存在因果关系承担举证责任;(四)建筑物或者其他设施以及建筑物上的搁置物、悬挂物发生倒塌、脱落、坠落致人损害的侵权诉讼,由所有人或者管理人对其无过错承担举证责任;(五)饲养动物致人损害的侵权诉讼,由动物饲养人或者管理人就受害人有过错或者第三

〔10〕 参见江苏省苏州市中级人民法院民事判决书,(2010)苏中商终字第89号。

人有过错承担举证责任;(六)因缺陷产品致人损害的侵权诉讼,由产品的生产者就法律规定的免责事由承担举证责任;(七)因共同危险行为致人损害的侵权诉讼,由实施危险行为的人就其行为与损害结果之间不存在因果关系承担举证责任;(八)因医疗行为引起的侵权诉讼,由医疗机构就医疗行为与损害结果之间不存在因果关系及不存在医疗过错承担举证责任。"2009 年原《侵权责任法》对最高法 2001 年《民诉证据规定》第 4 条第 1 款作了一定修改的同时,增加了一些证明责任倒置的情形,后被 2020 年《民法典》所吸收。而 2019 年最高法《民诉证据规定》将最高法 2001 年《民诉证据规定》第 4 条删除。因此,我国民事诉讼中证明责任分配的倒置规则主要规定于民事实体法律规范之中。

综合《民法典》等实体法律规范,我国民事诉讼中证明责任倒置主要适用于以下几类案件:(1)因新产品制造方法发明专利引起的专利侵权责任案件。因新产品制造方法发明专利引起的专利侵权诉讼,由制造同样产品的单位或者个人对其产品制造方法不同于专利方法承担证明责任。(2)环境污染责任案件。因环境污染引起的损害赔偿诉讼,由加害人就其行为与损害结果之间不存在因果关系承担证明责任。(3)物件损害责任案件。《民法典》第 1253 条规定:"建筑物、构筑物或者其他设施及其搁置物、悬挂物发生脱落、坠落造成他人损害,所有人、管理人或者使用人不能证明自己没有过错的,应当承担侵权责任……"第 1255 条规定:"堆放物倒塌、滚落或者滑落造成他人损害,堆放人不能证明自己没有过错的,应当承担侵权责任。"第 1257 条规定:"因林木折断、倾倒或者果实坠落等造成他人损害,林木的所有人或者管理人不能证明自己没有过错的,应当承担侵权责任。"第 1258 条第 2 款规定:"窨井等地下设施造成他人损害,管理人不能证明尽到管理职责的,应当承担侵权责任。"(4)共同危险行为案件。《民法典》第 1170 条规定:"二人以上实施危及他人人身、财产安全的行为,其中一人或者数人的行为造成他人损害,能够确定具体侵权人的,由侵权人承担责任;不能确定具体侵权人的,行为人承担连带责任。"从该规定可以得出"因果关系推定"的结论。共同危险行为人只有在能够证明损害后果不是由其行为造成的情况下,才不承担赔偿责任。(5)教育与管理职责案件。《民法典》第 1199 条规定:"无民事行为能力人在幼儿园、学校或者其他教育机构学习、生活期间受到人身损害的,幼儿园、学校或者其他教育机构应当承担侵权责任;但是,能够证明尽到教育、管理职责的,不承担侵权责任。"(6)非法占有高度危险物案件。《民法典》第 1242 条规定:"非法占有高度危险物造成他人损害的,由非法占有人承担侵权责任。所有人、管理人不能证明对防止非法占有尽到高度注意义务的,与非法占有人承担连带责任。"(7)动物园的动物致人损害案件。《民法典》第 1248 条规定:"动物园的动物造成他人损害的,动物园应当承担侵权责任;但是,能够证明尽到管理职责的,不承担侵权责任。"

案例 6 曾某诉贵阳双辉钢铁公司等水污染责任纠纷案[11]

曾某承租的养殖场出现鸭子大量死亡现象,造成了 237,064.5 元的经济损失。曾某认为鸭子死亡是上游的贵阳双辉钢铁公司等企业排放重金属所导致的。为了证明自己的经济损失是上游企业排污导致的水污染造成的,曾某提供了:(1)兽疫防治检疫站、兽医卫生监督检验所出具的紧急流行病学调查一份,证明鸭子是非疫病性死亡;(2)市环境监测中心站监测报告一份,

〔11〕 参见张宝:《论环境侵权案件中的举证责任分配——以贵阳市水污染责任纠纷案为例》,载《环境保护》2013 年第 14 期。

证明鸭子死亡是重金属超标所致;(3)被告排污照片、光碟若干,证明三被告排放污水的地点和污染情况;(4)贵州师范大学分析检测中心检测报告一份,表明鸭肝中氰化物含量为2.95毫克/千克。

该案属于环境侵权因果关系证明责任倒置的情形,根据《民法典》第1230条的规定,原告曾某只需证明损害事实与排污行为存在即可推定因果关系成立,而被告贵阳双辉钢铁公司若想不承担责任必须对法律规定的不承担责任或减轻责任的情形及其行为与损害之间不存在因果关系承担全部的证明责任。根据最高人民法院《关于审理环境侵权责任纠纷案件适用法律若干问题的解释》第6条的规定,即使原告曾某不需要提供证据证明侵权行为与损害结果之间的因果关系,也仍需要证明侵权行为与损害结果之间具有关联性。该案的承办法官认为,这种"关联性"的证明只需要达到普通人的逻辑思维程度即可,具体到该案中,原告曾某认为其鸭子死于氰化物,鸭肝中也检测到氰化物,而氰化物可以导致动物死亡几接近于常识,故其已经完成了基本因果关系的证明,从而推定因果关系成立。然而该案中,原告曾某提供的证据无法证明被告的排污行为或排放物中含有氰化物,即无法证明被告实施了污染环境的侵权行为,因此法院无法支持原告曾某的请求。

案例7 谢某某诉上海动物园饲养动物致人损害纠纷案〔12〕

原告谢某某与其父母至被告上海动物园游玩。当日15时许,原告及其家人行至灵长类动物展区时,原告谢某某穿过笼舍外设置的防护栏,给猴子喂食食物时,右手中指被猴子咬伤。事发时,上海动物园无工作人员在场,原告父亲向动物园相关部门投诉后,因情况紧急,自行带原告至上海市儿童医院医治并报警,原告用去医疗费4058.09元。被告辩称已经尽到了管理职责,不应当承担侵权责任:(1)防护措施到位。伤人猴子被关在铁质网状笼舍内,起到了第一层保护作用。笼舍外金属栏杆,这是第二层保护,使游客无法近距离靠近动物。(2)已尽到警示告知义务。动物园门口就张贴告示和安全警示牌。(3)动物园的工作人员已尽到巡视义务。

关于动物园的动物致害责任,《民法典》采取过错推定原则,由受害人证明存在侵权行为、因果关系和损失,由动物园证明尽到了管理职责,不存在过错。该案中,法院审查认定原告谢某某穿过动物园的笼舍外设置的防护栏,给猴子喂食食物时,右手中指被猴子咬伤,花去费用若干,造成人身损害和财产损失的事实。法院在审查动物园是否存在管理上的过失时,结合动物园提供的证据和法院的勘查,认定动物园尽到了告知提醒义务、有较为完善的巡视制度,已尽到对游客擅自翻越、穿越栏杆靠近动物等行为的劝阻义务,但是动物园灵长馆设施、设备存在安全问题,不能防止幼童的钻入,以及在事发后,动物园缺乏有效的紧急处置措施,因此动物园在管理上存在一定的过失,应当承担一定的侵权责任。

第四节 行政诉讼证明责任的理解与适用

我国法律中关于行政诉讼证明责任分配规则的规定主要体现在《行政诉讼法》、行政

〔12〕 参见谢某某诉上海动物园饲养动物致人损害纠纷案,载《最高人民法院公报》2013年第8期。

诉讼法司法解释和最高法《行诉证据规定》中。

一、我国行政诉讼证明责任分配中被告承担的证明责任

我国《行政诉讼法》第34条第1款规定："被告对作出的行政行为负有举证责任，应当提供作出该行政行为的证据和所依据的规范性文件。"对此，最高法《行诉法解释》和最高法《行诉证据规定》进一步规定，"……被告对作出的具体行政行为负有举证责任，应当在收到起诉状副本之日起十日内，提供据以作出被诉具体行政行为的全部证据和所依据的规范性文件。被告不提供或者无正当理由逾期提供证据的，视为被诉具体行政行为没有相应的证据"。由此可见，在行政诉讼中，证明具体行为合法性的责任由被告承担。众所周知，具体行政行为违法的诉讼主张是由原告提出的。根据《行政诉讼法》第37条的规定，原告可以提供证明行政行为违法的证据；原告提供的证据不成立的，不免除被告的证明责任。对于原告提出的具体行政行为违法性的诉讼主张不是由原告承担证明责任，而是由被告对其相反的事实，即具体行政行为合法性的事实承担证明责任，这属于典型的证明责任倒置。在行政诉讼中对具体行政行为合法性的证明实行证明责任倒置主要是基于如下三方面的原因：

第一，由被告承担证明责任，是被告在行政程序中遵守"先取证，后裁决"规则的必然要求。在行政程序中，行政机关在作出具体行政行为前，应当充分收集证据，在证据充分、事实清楚的基础上正确适用法律，作出具体行政行为。因此，一旦行政机关作出的具体行政行为被诉，由作出该行为的行政机关承担证明其行为合法性的责任，实属必然。

第二，由被告承担证明责任，有利于发挥其举证优势。其一，被诉的具体行政行为是由被告作出的，所以被告对该具体行政行为所依据的证据最为了解。其二，在行政程序中，被告行政机关行使职权无须征得公民、法人和其他组织同意，与原告相比，其具有较强的举证能力。

第三，由行政机关承担证明责任，能够有效地保证行政机关依法行政。所谓依法行政是指法律规定行政机关的组织、权限、手段、方式和违法的后果，行政机关的行政行为必须严格遵守法律的规定并积极保证法律的实施。根据依法行政的要求，在行政诉讼中，行政机关应当对其作出的具体行政行为的合法性负证明责任。

案例8　深圳宇辉塑胶制品有限公司诉深圳市市场监督管理局工商登记纠纷案[13]

深圳市葵涌土洋股份合作公司（以下简称深圳土洋公司）与香港宇辉实业公司（以下简称香港宇辉公司）设立性质为中外合作经营企业的深圳宇辉塑胶制品有限公司（以下简称宇辉塑胶公司）。2009年，深圳土洋公司与香港宇辉公司签订协议书，约定废止合作经营合同，深圳土洋公司不再参与经营，香港宇辉公司为唯一股东，公司类型变更为港商投资的外资企业。2014年，宇辉塑胶公司根据协议进行了股权变更登记，股权登记为香港宇辉公司占100%、深圳土洋公司占0%。2017年8月，宇辉塑胶公司向深圳市大鹏新区经济服务局申请变更为外商独资企业，取得变更备案后，当月通过网上预约向深圳市市场监督管理局（以下简称深圳市场监管局）

〔13〕 参见《2019年度广东法院行政诉讼十大典型案例》，载广东法院网2020年8月16日，https://www.gd-courts.gov.cn/index.php? v = show&cid = 170&id = 55546。

申请变更登记为外商独资企业，并提交了企业变更（备案）登记申请书、修改后的公司章程、协议书、董事会决议等材料。深圳市场监管局作出网络回复，内容为“……决定不予受理，原因如下：经审查，材料不齐全，不符合法定形式，不予登记”。宇辉塑胶公司不服诉至法院，请求：确认深圳市场监管局不予变更决定违法，判令依法予以变更。深圳市场监管局在法庭辩论中提出宇辉塑胶公司不符合股权转让变更登记条件和期限，但并未提出相关的证据证明。

该案中，首先，深圳市场监管局对于未在法定期限作出处理、未履行告知补正程序、同时作出不予受理和不予登记处理的行政行为，无法提供证据证明行政行为的合法性，行政程序违法。其次，根据当时的《公司登记管理条例》第27、33条的规定，深圳市场监管局并未提交依法制定并公布的登记申请材料目录以证明宇辉塑胶公司申请材料不齐全、不符合法定形式，行政行为缺乏证据。最后，宇辉塑胶公司在取得外商投资企业变更备案之后30日内申请公司类型变更登记，并无违反禁止性规定或者强制性规定的情形，深圳市场监管局不予登记的意见没有法律依据。综上，深圳市场监管局在无法证明不予登记的行政行为具有合法性，应当承担举证不能的证明责任，法院据此认定该行政行为主要证据不足且缺乏法律依据，应当予以撤销。

二、我国行政诉讼证明责任分配中原告承担的证明责任

虽然在行政诉讼中被告对具体行政行为的合法性承担证明责任，但是这并非意味着原告在行政诉讼中不承担任何证明责任。在行政诉讼中原告承担证明责任的情形包括以下三类。

1. 原告应当证明其起诉符合法定条件。关于起诉的条件，《行政诉讼法》第49条规定：“提起诉讼应当符合下列条件：（一）原告是符合本法第二十五条规定的公民、法人或者其他组织；（二）有明确的被告；（三）有具体的诉讼请求和事实根据；（四）属于人民法院受案范围和受诉人民法院管辖。”但是，如果被告认为原告起诉超过法定期限，则应由被告承担证明责任。需要指出的是，由于起诉条件属于程序性问题，所以对其的证明标准要求较低，在证明理论中属于自由证明或疏明。根据《行政诉讼法》第51条第1款的规定，人民法院在接到起诉状时对符合本法规定的起诉条件的，应当登记立案。

案例9　孙某荣与吉林省人民政府行政复议不予受理决定案〔14〕

2011年4月26日，孙某荣以吉林省住房和城乡建设厅对其申请推托未予书面答复为由向吉林省人民政府提起行政复议，请求依据《政府信息公开条例》及相关法律规定，责令吉林省住房和城乡建设厅依法给予书面答复。2011年4月28日，吉林省人民政府作出吉政复不字〔2011〕号不予受理决定，认为孙某荣提出的行政复议申请不在行政复议范围之内，根据《行政复议法》第6、17条的规定，决定不予受理。2011年7月6日，孙某荣向吉林省长春市中级人民法院提起行政诉讼，请求人民法院撤销吉林省人民政府吉政复不字〔2011〕号不予受理决定，并责令其重新作出行政行为。

---

〔14〕　参见《最高人民法院公报》2016年第12期。

行政诉讼实行立案登记制度，意味着对程序性的起诉条件，当事人在起诉时只需要证明到一个较低证明标准。但是法院在审理过程中，应当依职权调查登记立案的案件是否符合法定条件。法院如果发现登记立案的案件不符合行政诉讼起诉的条件，应当依法驳回起诉。法院经过审理认为，孙某荣向吉林省住建厅申请了解的是吉建房字〔1999〕27号通知的效力问题，并非《政府信息公开条例》第2条规定的申请公开"以一定形式记录、保存的"政府文件本身，在性质上属于咨询，不属于《政府信息公开条例》调整的范畴，况且针对咨询作出答复以及答复与否，不会对咨询人的权利义务产生实际影响。因此，孙某荣的起诉不属于人民法院受案范围，应当驳回起诉。

2. 在起诉被告不作为的案件中原告应提供其在行政程序中曾提出申请的证据材料。对于依申请的行政行为，申请人的申请是行政机关作出具体行政行为的前提，没有申请人的申请行政机关不得作出该行为。因此，对依申请的行政行为，原告起诉被告不作为，其应当提供证据证明自己在行政程序中曾向行政机关提出过申请，否则其要求被告履行法定职责就失去了基础。应当注意的是，上述规定对起诉被告不作为案件中原告的证明责任设定了两项例外。(1)被告应当依职权主动履行法定职责时，原告无须提供证据证明其在行政程序中曾经提出过申请。(2)原告因被告受理申请的登记制度不完备等正当事由不能提供相关证据材料并能够作出合理说明的，豁免原告对其提出申请事实的证明责任。

案例10　绥中县永宏长石矿与绥中县自然资源局资源行政管理案〔15〕

因绥中县永宏长石矿的采矿许可证于2016年4月30日到期，原告绥中县永宏长石矿于2016年3月末向被告绥中县自然资源局提交了采矿权许可延续登记书面申请及相关申请所需要的材料。绥中县自然资源局受理后，称因行政职能调整等原因，一直未作出针对原告申请的处理，于2017年8月7日向原告出示了《关于绥中县永宏长石矿采矿权过期的情况说明》，该说明中载明：采矿权人将相关材料提交我局，而此时辽宁省"省管县"的模式已经取消，绥中县不再享有市级经济管理权限，按规定，该矿山应由市局审批发证，且此期间又遇我局领导工作调动，法人变更，故该采矿权延续至今没能办理。后原告又继续多次找被告要求延续办理采矿许可证，始终未果。原告诉至法院，请求人民法院判令被告依法履行为原告办理采矿权延续登记的法定职责。

该案中，法院根据"关于绥中县永宏长石矿采矿权过期的情况说明"，认定原告绥中县永宏长石矿的申请行为属于因被告受理申请的登记制度不完备，导致原告不能提供被告收到该申请证据材料的情形。原告绥中县永宏长石矿于2016年3月末向被告绥中县自然资源局提出采矿权延续登记的行政许可申请，被告至今未出具书面受理凭证，也没有告知原告是否立案、针对原告申请内容作出正式结论性处理，应视为被告绥中县自然资源局已经于2016年3月末受理了原告关于采矿权延续登记的申请。因被告至今未针对原告申请事项内容作出正式结论性书面处理决定，故原告要求被告履行法定职责的请求有事实根据和法律依据，法院应予支持。

3. 在行政赔偿诉讼中原告应当对被诉具体行政行为造成损害的事实提供证据。行政

〔15〕 参见辽宁省葫芦岛市中级人民法院行政判决书，(2021)辽14行终51号。

赔偿是指行政机关违法行使职权侵犯公民、法人或其他组织的人身权、财产权所承担的侵权赔偿责任。在行政赔偿诉讼中,原告因被诉具体行政行为遭受损害是原告主张被告给予赔偿的前提,因此,原告在行政赔偿诉讼中应当对损害已经发生、损害是由具体行政行为造成的事实承担证明责任。对于造成损害的具体行政行为的合法性问题仍然应由被告承担证明责任。

案例11 许某云诉金华市婺城区人民政府房屋行政强制及行政赔偿案〔16〕

2014年9月26日,案涉许某云的房屋由婺城区政府组织拆除。2014年10月25日,婺城区政府作出《金华市婺城区人民政府关于迎宾巷区块旧城改造建设项目房屋征收的决定》将案涉的许某云的房屋纳入本次房屋征收范围。法院认定婺城区政府组织拆除房屋的行为属于违法行为,应当对许某云进行行政赔偿。许某云诉请婺城区政府赔偿房屋的损失、因房屋被拆除导致其停业的损失、屋内物品的损失。

该案中,许某云应当就房屋的损失、因房屋被拆除导致其停业的损失、屋内物品的损失等事项承担证明责任。第一,房屋的损失。鉴于案涉房屋已被违法拆除,所以许某云无法提供直接的证据证明房屋本身的价值。于是,法院认为房屋损失的确定,可以交由房地产价格评估机构,根据婺城区政府与许某云提供的原始资料,本着疑点利益归于产权人的原则,独立、客观、公正地出具评估报告。第二,因为房屋被拆除导致其停业的损失。由于许某云无法提供营业执照、纳税证明等证据,而且征收过程中的停产停业损失的补偿只适用于因房屋征收给所有权人经营造成的临时性经营困难,同时所有权人也应当在适时的时间内及时寻找合适地址重新经营,不能将因自身原因未开展经营的损失,全部由行政机关来承担,因此,法院认为许某云主张按每月停产停业损失2万元标准赔偿至房屋恢复原状时的请求,缺乏事实和法律依据,法院不予支持。第三,屋内物品的损失。许某云向法院提供的相关照片与清单,以证明案涉房屋内有鸟笼等物品。法院经审查认为,许某云提供的证据与其实际经营花鸟生意的情形相符,已经初步证明了其损失,婺城区政府可以根据市场行情,结合许某云经营的实际情况以及所提供的现场照片、物品损失清单等,按照有利于许某云的原则酌情确定赔偿数额,对房屋内财产的损失依法赔偿。

典型案例评析

案例12-1 杨某龙故意杀人案〔17〕:非法证据排除中证据合法性的证明责任

河北省保定市中级人民法院审理保定市人民检察院指控被告人杨某龙犯故意杀人罪一案,于2010年8月30日以故意杀人罪判处被告人杨某龙无期徒刑,剥夺政治权利终身。宣判后,附带民事诉讼原告人提出上诉。河北省高级人民法院于2010年12月15日裁定撤销原判,发回重审。保定市中级人民法院依法重新审理后,于2011年9月14日以故意杀人罪判处被告人杨某龙无期徒刑,剥夺政治权利终身。宣判后,附带民事诉讼原告人又提出

〔16〕 参见《最高人民法院公报》2018年第6期。

〔17〕 参见中华人民共和国最高人民法院刑事审判第一、二、三、四、五庭主办:《刑事审判参考》(总第108集),法律出版社2017年版,第26-28页。

上诉。河北省高级人民法院于2012年3月29日再次裁定撤销原判,发回重审。保定市中级人民法院于2013年1月30日对该案依法重新审理,保定市中级人民法院经审理认定的事实如下:被告人杨某龙与被害人郭某某有不正当男女关系。2009年1月13日19时许,杨某龙因欲与前妻复婚,约郭某某到河北省定州市韩家庄村西砖窑西侧谈分手之事,二人因此发生争执,杨某龙将郭某某打晕,后用刀将郭某某头颅割下,埋到附近小麦田里。据此,保定市中级人民法院以故意杀人罪判处被告人杨某龙无期徒刑,剥夺政治权利终身。宣判后,被告人杨某龙不服,提出上诉。河北省高级人民法院经审理认为,原判据以定案的证据主要是上诉人杨某龙的有罪供述,杨某龙写的悔过书虽明确承认实施了犯罪,但悔过书从证据分类来看也属于被告人供述的一种方式。杨某龙在侦查期间曾作过有罪供述,但对检察机关推翻有罪供述,称有罪供述系侦查人员刑讯逼供取得,现公安机关讯问录像和指认现场录像均存在瑕疵,讯问录像不是同步录制,指认现场录像中显示指认过程也不完整,未能体现杨某龙指示侦查人员寻找杀人现场和掩埋被害人头颅的地点,指认过程的客观性存疑。杨某龙的有罪供述没有其他客观证据印证,间接证据也未能形成完整的证明体系,二审期间检察机关亦没有补充证明杨某龙犯罪的新证据。原判认定杨某龙于2009年1月13日杀害被害人郭某某的事实不清,证据不足,不能认定杨某龙有罪。据此,河北省高级人民法院判决撤销原判,宣告上诉人杨某龙无罪。

|**评析**| 该案三次认定被告人实施了故意杀人行为,但最终改判无罪。案件审理的核心问题是被告人杨某龙在侦查阶段的有罪供述是否排除。一审期间,被告人杨某龙提出其有罪供述系侦查人员刑讯逼供所得,并提供了讯问人员的姓名、相关情况等线索。一审法院对证据收集的合法性启动了专门调查程序。根据非法证据排除规则中证明责任的分配原则,应当由检察机关对供述的合法性承担证明责任,但正如两位法官在撰写该案评析时所分析的,“一审法院在某种程度上让被告方承担了证明侦查人员刑讯逼供的证明责任,这种做法并不符合法律规定由人民检察院证明取证合法性的要求,也不符合非法证据排除规则的基本原理。例如,首先,一审法院指出,杨某龙在侦查阶段所作的有罪供述和其主动向公安机关提交的悔过书相同;杨某龙当庭承认作出有罪供述时对其讯问的两名侦查人员郝某某、陆某未对其刑讯逼供,并有录像为证,这实际上是通过杨某龙的有罪供述本身来证明取证合法性,但这些有罪供述恰恰是杨某龙申请排除的证据,并不能作为证明取证合法性的根据。其次,一审法院指出,杨某龙所称对其刑讯逼供的侦查人员均出庭作证,并称没有对其实施刑讯逼供。实践中,侦查人员出庭鲜有承认非法取证的情形,但侦查人员出庭作证并不能仅是简单地否定没有刑讯逼供,而是应当阐述取证细节,并对被告人提供的线索或者材料作出合理的解释。如果被告人与侦查人员对取证合法性问题各执一词,在缺乏其他证据特别是讯问录音录像等客观证据佐证的情况下,简单地采信侦查人员的供述并不妥当。再次,一审法院指出,看守所体检记录记载杨某龙入所时体表无外伤,但实际上,2009年1月16日1时的讯问录像显示,杨某龙额头上有明显的伤痕,这与看守所体检记录记载的情况存在矛盾,对于该问题,应当由侦查人员作出合理的解释。最后,一审法院指出除杨某龙供述外,无其他证据证实侦查人员对其有刑讯逼供行为,这明显是要求被告人承担侦查人员刑讯逼供的证明责任”。

由此可见,到底是由被告人还是检察机关对证据的合法性承担证明责任直接决定了该案中有罪供述是否排除的问题,而这直接影响案件最终审理结果的作出。

案例 12－2　龚某心诉王某歆争夺遗产案〔18〕：证明责任如何分配决定巨额财产归属

香港华懋集团主席龚某心是1990年遭绑架而失踪的香港地产商王某辉之妻。1999年9月，香港高等法院宣告王某辉在法律上死亡。王某辉曾于1960年、1968年各订有一份遗嘱。王某辉之父王某歆要求法院确认王某辉在1968年所立的指明其为遗产唯一继承人及执行人的遗嘱。而龚某心则向法院提交了据称是王某辉1990年所立但从未公开的第三份遗嘱，声言将所有财产留给妻子龚某心，并有王家当时管家谢某炎的见证签名，但谢某炎在出具证言后不久即病逝。2001年8月，争产案正式在香港高等法院开庭审理。2002年11月，香港高等法院原审法庭判定龚某心所持1990年遗嘱为伪造，龚某心不服提起上诉。2004年6月，香港高等法院上诉法庭裁定龚某心上诉失败，龚某心再次上诉。2005年9月，5名终审法院法官对"世纪争产案"作出最终判决，出人意料地推翻此前判决，一致裁定王某辉1990年遗嘱为其生前最后遗嘱，宣告龚某心胜诉，龚某心获得近400亿港元的遗产。

｜**评析**｜　本案是轰动一时的"香港世纪争夺遗产案件"，龚某心是当时的华人"女首富"。本案的处理可谓跌宕起伏，龚某心曾经为此案而被法院裁决伪造证据入狱取保，而最终决定诉讼结局的最关键因素是本案的证明责任的分配问题。高等法院和终审法院对本案的证明责任分配有完全不同的认识。香港采用的是英美法系法律原理与规则，英美法系证明责任的分配规则一般是"谁主张，谁举证"。本案中，从证明责任角度来看，龚某心只需证明1990年遗嘱乃王某辉订立即可，原审法官要求龚某心举证推翻其所持遗嘱的多项疑点，存在不合理之处，分配给龚某心过重的证明负担。终审法院改判的理由是以证明责任为切入点，根据"谁主张，谁举证"的原则，认为王某歆既然对龚某心所持遗嘱为假的诉讼主张证据不足，应当承担举证不力的后果；而证人谢某炎尽管未能出庭作证及接受质证，但其生前提供的证词前后一致，称自己曾亲见王某辉在1990年遗嘱上签字并要求自己作为见证人，证词清晰无可置疑。终审法院法官主要据此两点理由，推翻原判，宣告龚某心胜诉。

案例 12－3　田某诉北京科技大学拒绝颁发毕业证、学位证案〔19〕：财物灭失的损害事实由被告承担证明责任

原告田某于1994年9月考取被告北京科技大学，取得本科生的学籍。1996年2月29日，田某在考试中被发现有作弊行为，被告根据1994年制定的校发（94）第068号《关于严格考试管理的紧急通知》（以下简称第068号通知），于1996年3月5日认定田某的行为属作弊行为，并作出退学处理决定。同年4月10日，被告填发了学籍变动通知，但退学处理决定和变更学籍的通知未直接向田某宣布、送达，也未给田某办理退学手续，田某继续以该校大学生的身份参加正常学习及学校组织的活动。被告也继续向田某收取教育费，为其进行注册、补办学生证、发放大学生补助津贴，安排其参加毕业实习等学习活动。1998年6月，田某所在院系向被告报送田某所在班级授予学士学位表时，被告以田某已按退学处理、不具备北京科技大学学籍为由，拒绝为其颁发毕业证书，进而未向教育行政部门呈报田某的毕业派遣资格表。田某认为自己符合大学毕业生的法定条件，北京科技大学拒绝给其颁

〔18〕　参见何家弘、张某平主编：《简明证据法学》（第5版），中国人民大学出版社2020年版，第157页。

〔19〕　参见最高人民法院指导案例38号（2014年）。

发毕业证、学位证是违法的,遂向北京市海淀区人民法院提起行政诉讼。

| 评析 | 行政诉讼中,原告应当就起诉符合法定条件承担证明责任。在起诉被告不作为的案件中,原告应提供其在行政程序中曾提出申请的证据材料。在行政赔偿诉讼中,原告应当对被诉具体行政行为造成损害的事实提供证据。被告应当就具体行政行为合法性的事实承担证明责任。

本案中,原告田某应当就起诉符合法定条件承担证明责任,核心在于证明被告北京科技大学是否具有行政主体资格。根据我国法律法规的规定,高等学校对受教育者有进行学籍管理、奖励或处分的权力,有代表国家对受教育者颁发学历证书、学位证书的职责。高等学校与受教育者之间属于教育行政管理关系,受教育者对高等学校涉及受教育者基本权利的管理行为不服的,有权提起行政诉讼,高等学校是行政诉讼的适格被告。

本案中,被告北京科技大学应当就拒绝颁发毕业证、学位证行为的合法性事实承担证明责任。虽然高等学校依法具有相应的教育自主权,有权制定校纪、校规,并有权对在校学生进行教学管理和违纪处分,但是其制定的校纪、校规和据此进行的教学管理和违纪处分,必须符合法律、法规和规章的规定,必须尊重和保护当事人的合法权益。原告实施了违反考场纪律的行为,被告可以按照有关法律、法规、规章及学校的有关规定处理,但其对原告作出退学处理决定所依据的该校制定的第068号通知,与当时的《普通高等学校学生管理规定》第29条规定的法定退学条件相抵触。同时,退学处理决定涉及原告的受教育权利,为充分保障当事人权益,从正当程序原则出发,被告应将此决定向当事人送达、宣布,允许当事人提出申辩意见。而被告既未依此原则处理,也未实际给原告办理注销学籍、迁移户籍、档案等手续。被告于1996年9月为原告补办学生证并注册的事实行为,应视为被告改变了对原告所作的按退学处理的决定,恢复了原告的学籍。因此被告所作退学处理决定违法,原告符合高等学校毕业生的条件,被告应当依当时的《教育法》第28条第1款第5项及《普通高等学校学生管理规定》第35条的规定,为原告颁发大学本科毕业证书。

主要文献著述

1. 霍海红:《证明责任的法理与技术》,北京大学出版社2018年版。
2. 孙长永、黄维智、赖早兴:《刑事证明责任制度研究》,中国法制出版社2009年版。
3. 王国征等:《合同纠纷证明责任研究:基于买卖合同等4种合同的分析》,法律出版社2020年版。
4. 敖玉芳:《税收核定的证明责任研究》,中国社会科学出版社2019年版。
5. [德]莱奥·罗森贝克:《证明责任论——以德国民法典和民事诉讼法典为基础撰写》,庄敬华译,中国法制出版社2018年版。

第十三章　证明标准的理解与适用

第一节　证明标准概述

一、证明标准的概念和意义

证明标准，又称为证明程度、证明要求或证明任务，是指在诉讼过程中，证明主体根据法律规定运用证据证明案件待证要件事实所应达到的程度。证明标准在诉讼过程中具有重要的意义，它是诉讼证明活动的方向和准绳，指导着当事人和事实认定者实施正确的诉讼行为。具体表现在以下几个方面：

1. 证明标准指引证明主体以履行证明责任的方式寻求证明标准的实现，即提供证据对待证事实加以证明，直至达到法定的程度和要求。同时，证明标准又对证明主体履行证明责任的行为加以规范和制约，证明主体对待证事实提供证据加以证明时必须达到法定的证明标准和要求，否则将因此承担不利后果。

2. 证明标准是事实认定者对待证事实进行认定的准则。根据当事人提供的证据，如果事实认定者认为这些证据对待证事实的证明符合证明标准，则认定该事实为真；反之，如果证明主体提供的证据未能满足证明标准，则认定该事实为伪。事实之真伪，就在于与证明标准是否吻合。

3. 证明标准是诉讼事实认定的基本尺度。证明标准既规制证明主体的证明活动，也作用于审判者的认证或裁判行为。证明标准事实上为证明主体的证明活动设定了目标，有助于调动其举证的积极性，促进其履行证明责任，从而推动诉讼活动向前发展。合理的证明标准，对于查清事实，实现实体公正，尤其是防止刑事诉讼中出现冤假错案，及时解决诉讼中需要裁决的事项实现诉讼效率等有很重要的意义。

二、证明标准与证明对象、证明责任的关系

证明标准与证明对象、证明责任具有紧密的联系，对证明标准进行研究具有重要的理论与实践意义。

证明标准因证明对象而设立，对于不属于证明对象的事实，无须证明，也就不涉及证明标准；而对于证明对象范畴内的事实，则需要根据具体情形设定相应的证明标准，并根据证明是否达到法定的程度和标准来判定该事实是否得到证实，如果没有证明标准，将无从对此进行判定。此外，对于不同的证明对象，证明标准亦有所不同。

从证明标准的概念看，证明标准和证明责任本质上是一物之两面的概念，两者从不同的角度就同一诉讼现象进行考察所得出来的不同概念。证明责任解决的问题是，对于待证事实，谁应当提供证据加以证明；证明标准解决的问题是，对于待证事实，应当证明到什么程度。证明责任确定了提供证据的主体。证明标准确定了提供证据的内容。如果证明

主体提供的证据达到了证明标准，就意味着证明主体完成了证明责任，其提出的主张就会成立，也就是不会因为待证事实的证明问题承担不利后果；反之则不然。从逻辑上来说，证明标准是在证明责任基础上产生的概念，没有证明责任制度便没有证明标准制度。同时，证明标准又是证明责任的方向和准绳，证明责任因为证明标准而具体化和富有可操作性。

从以上内容不难发现，证明对象是证明责任的前提，证明责任又是证明标准的前提。所以，在诉讼过程中，要明确该案件中哪些事实需要证据证明，谁需要对于该项事实承担证明责任，提供的证据需要到达何种标准，从而使其主张的事实得到支持。

第二节　刑事诉讼证明标准的理解与适用

根据我国刑事诉讼法的规定，刑事公诉案件大概分为立案、侦查、起诉、审判、执行五个阶段，其中又包括逮捕、侦查终结、审查起诉、审判等环节。我国刑事诉讼法对不同的诉讼阶段的证明标准作出了不同规定，这是因为各个阶段的证明主体和证明对象有所差异。[1]

一、立案标准的理解与适用

《刑事诉讼法》第112条规定："人民法院、人民检察院或者公安机关对于报案、控告、举报和自首的材料，应当按照管辖范围，迅速进行审查，认为有犯罪事实需要追究刑事责任的时候，应当立案；认为没有犯罪事实，或者犯罪事实显著轻微，不需要追究刑事责任的时候，不予立案，并且将不立案的原因通知控告人。控告人如果不服，可以申请复议。"根据该条规定可知，立案的条件是人民法院、人民检察院或者公安机关认为有犯罪事实需要追究刑事责任，这是刑事诉讼中最低标准。"有犯罪事实"发生，既可能是发生了犯罪事件，也可能是发现了犯罪嫌疑人。只有犯罪事实时不能立案，还需该犯罪事实依照刑法规定应当追究刑事责任时才能立案。因为刑事诉讼的主要目的之一是实现国家的刑罚权，立案以追究刑事责任为目的，而并非所有发现的犯罪事实都需要追究刑事责任。《刑事诉讼法》第16条第2～5项规定的四种情形就属于虽然是犯罪但免予追究刑事责任的情况。

案例1　赖某育等人涉嫌套路贷案[2]

2017年邓某飞因资金周转，陆续向赖某育借款共计72.64万元，却被赖某育以"砍头息""高额违约金"等方式要求还款292万元（超出219.36万元）。为了偿还这笔巨额款项，邓某飞只得在赖某育的安排介绍下，向其舅舅黄某安、朋友何某强等人借款，通过"借新还旧"的方式偿还。2018年，邓某飞先后向何某强借款共计280万元，向黄某安借款共计190万元，何某强通过"砍头息"诈骗邓某飞43.6万元，黄某安通过"砍头息"诈骗邓某飞26.6万元。邓某飞只借款70余万元，却被套路贷还款近300万元。2020年，意识到被骗的邓某飞向南昌市进贤县举报

---

〔1〕参见熊晓彪：《刑事证据标准与证明标准之异同》，载《法学研究》2019年第4期。

〔2〕参见南昌市进贤县公安局进公（刑）不立字［2021］0011号不予立案决定书，南昌市公安局洪公（刑）复字［2021］001号刑事复核书。

赖某育、何某强、黄某安向其进行套路贷。2021年9月22日,进贤县公安局以未发现违法犯罪事实为由,向邓某飞出具不予立案决定书;邓某飞对此不服,于2021年9月29日向进贤县公安局申请复议。2021年10月28日,进贤县公安局作出维持原决定的复议决定。邓某飞对此仍然不服,向南昌市公安局申请复核。2021年12月29日,南昌市公安局作出洪公刑复核字[2021]037号刑事复核决定书,决定撤销进贤县公安局进公(刑)复字[2021]001号复议决定。

在该案中,进贤县公安局在接到邓某飞报案后,以"未发现违法犯罪事实"为由决定不予立案,即其认为邓某飞与赖某育等人发生的借贷行为,属于正常的民间借贷关系。然而,在邓某飞提出证据证明赖某育与黄某安、何某强之间的关系以及三人放贷与还款方式明显符合套路贷典型特征之后,南昌市公安局最终撤销了进贤县公安局的不予立案决定书。

二、逮捕标准的理解与适用

《刑事诉讼法》第81条第1款规定:"对有证据证明有犯罪事实,可能判处徒刑以上刑罚的犯罪嫌疑人、被告人,采取取保候审尚不足以防止发生下列社会危险性的,应当予以逮捕:(一)可能实施新的犯罪的;(二)有危害国家安全、公共安全或者社会秩序的现实危险的;(三)可能毁灭、伪造证据,干扰证人作证或者串供的;(四)可能对被害人、举报人、控告人实施打击报复的;(五)企图自杀或者逃跑的。"因此,检察机关批准或者决定逮捕犯罪嫌疑人、被告人,证明标准应当达到"有证据证明有犯罪事实"。对于"有证据证明有犯罪事实"的含义,公安部《刑事案件程序规定》第134条将其解释为:"……同时具备下列情形:(一)有证据证明发生了犯罪事实;(二)有证据证明该犯罪事实是犯罪嫌疑人实施的;(三)证明犯罪嫌疑人实施犯罪行为的证据已有查证属实的。前款规定的"犯罪事实"既可以是单一犯罪行为的事实,也可以是数个犯罪行为中任何一个犯罪行为的事实。"最高检《刑事诉讼规则》第128条也有该规定。可见,逮捕的标准要高于立案,但并不要求达到"犯罪事实清楚、证据确实充分"的程度,只要"有证据证明有犯罪事实"即可。另外,逮捕的证明标准应当是双层次的,第一层次是对逮捕犯罪事实的证明标准,第二层次是对社会危险性的证明标准。[3]

案例2 廖某涉嫌非法猎捕珍贵、濒危野生动物案[4]

廖某未取得特许猎捕证,在重庆市某山林多次、分批使用禁猎工具设置猎套和猎夹,在禁猎期、禁猎区内非法狩猎,猎获野生动物20余只,其中,国家一级重点保护野生动物3只、国家二级重点保护野生动物1只等,部分被食用,部分销售给他人,剩余部分储存在自家冰柜中。公安机关对廖某涉嫌非法猎捕珍贵、濒危野生动物案立案侦查,并采取取保候审强制措施,后提请批准逮捕。检察机关审查认为,廖某的行为已涉嫌犯罪且情节严重,依法可能判处5年以上10年以下有期徒刑。但考虑到廖某系对行为违法性及后果认识不足才发生犯罪行为,无前科,主观恶性不大;犯罪后自首且自愿认罪认罚;证据已收集固定,不致发生毁灭、伪造证据、串供或者逃

---

[3] 参见孙谦:《司法改革背景下逮捕的若干问题研究》,载《中国法学》2017年第3期。

[4] 参见2021年最高人民检察院发布的首批贯彻少捕慎诉慎押刑事司法政策典型案例之三。

跑等情况，经充分评估，检察机关认为对廖某采取取保候审足以防止发生社会危险性，作出不批准逮捕决定。

该案充分彰显了如何准确把握逮捕标准中的“社会危险性”条件。对犯罪嫌疑人主观恶性不大、案件证据已经固定、采取非羁押强制措施足以防止发生社会危险性的，即使犯罪嫌疑人可能被判处较重刑罚，也可依法适用非羁押强制措施，加强监管，促其严格遵守取保候审的各项制度，保障刑事诉讼顺利进行。

三、侦查终结标准的理解与适用

2012年《刑事诉讼法》第160条规定：“公安机关侦查终结的案件，应当做到犯罪事实清楚，证据确实、充分，并且写出起诉意见书，连同案卷材料、证据一并移送同级人民检察院审查决定；同时将案件移送情况告知犯罪嫌疑人及其辩护律师。”据此，案件侦查终结的标准必须具备两个条件：

第一，犯罪事实清楚。所谓犯罪事实清楚，就是要求侦查机关查清犯罪主体、主观要件、犯罪客体和客观要件，包括犯罪时间、地点、动机、目的、手段、情节、危害结果，并且没有遗漏犯罪罪行，没有遗漏应当追究刑事责任的其他人等。犯罪事实清楚，是侦查终结的事实条件，因为侦查程序启动的目的就是查明案件事实真相。

第二，证据确实、充分。案件事实是否查清，不是单凭侦查人员的主观判断，而是依赖所获取的证据，即是否有确实、充分的证据表明犯罪事实已经查清。因此，证据确实、充分构成了侦查终结的证据条件。所谓证据确实、充分，形象地讲，就是证明各项犯罪构成要件事实成立的证据推论链条均已完整牢固，各个证据材料的来源可靠、已查证属实，足以支持或允许作出犯罪嫌疑人已经构成所控罪名的认定。

案例3　陈某明失踪遇害案〔5〕

2004年10月7日，河南新密某村的村民老陈跟大学刚毕业的长子陈某明因工作的事在电话里大吵了一架。然而，自此之后，老陈就再也联系不上儿子陈某明。随后老陈报了案，但始终找不到人。2013年，老陈和家人到派出所录入DNA信息，又等了2年之后，终于有了结果，却是一个噩耗：陈某明早已身亡，尸体是2004年12月16日在广州番禺发现的。当时有两个路人经过一处草丛时，发现一个装着人体组织的黑色塑料袋，遂报了案。由于当时陈家人没有录入DNA信息，现场遗留的线索又太少，既不能确定死者的身份也难以锁定凶手。直至警方获取陈家人DNA之后经比对才确定了死者正是陈某明，案件才有了进展。警方通过陈某明的一位好友得知，陈某明当时是跟着一位高中同学张某去了广州。据张某交代，她和陈某明到了广州后就被骗去做传销，到了传销组织的第二天陈某明就失踪了。警方顺藤摸瓜，从该传销组织“主任”冯某江那里得知，由于陈某明坚持要退出，“领导”王某遂指使吴某玉、程某文、冯某江共同殴打陈某明，导致其死亡。随后，王某、吴某玉、程某文、冯某江伙同上级“领导”刘某、周某、李某共同实施肢解并抛尸，再谎称已经买火车票把陈某明送走。案件至此总算水落石出。

---

〔5〕　参见左燕燕：《15年前“无名碎尸案”告破，大学生毕业后被骗进传销致死》，载新京报官微2019年10月23日，https://mi.mbd.baidu.com/r/UjP9sKluNO?f=cp&u=2c605a4a32d47d0e。

该案前后历经11年，证据、线索较少，侦查难度相当大。直至确定了无名尸体的身份就是陈某明之后，案件才有了进展。但即便警方根据冯某江的供述锁定了犯罪嫌疑人，也还达不到“案件事实清楚，证据确实、充分”的侦查终结标准。必须进一步获取到能够证明王某、吴某玉、程某文等人实施杀害、肢解、抛尸等犯罪行为的其他证人证言和痕迹物证，才能形成完整的推论链条。例如，王某、吴某玉、程某文等人的供述，指认的作案工具，案发现场，抛尸地点，尸体发现的地点以及其他隐蔽性证据之间能够形成完整的推论链条，故意杀人罪的所有构成要件事实皆已查清，才能说案件达到了侦查终结标准。

四、提起公诉标准的理解与适用

《刑事诉讼法》第176条第1款规定：“人民检察院认为犯罪嫌疑人的犯罪事实已经查清，证据确实、充分，依法应当追究刑事责任的，应当作出起诉决定，按照审判管辖的规定，向人民法院提起公诉，并将案卷材料、证据移送人民法院。”因此，提起公诉的证明标准是“犯罪事实清楚，证据确实、充分”。

在刑事诉讼提起公诉活动中，检察机关承担证明被告人有罪的责任，是否达到证明标准的判断主体是人民检察院，同时，提起公诉活动也是检察人员对案件事实认知的过程。证据是否确实、充分，还需要检察人员将客观上的“证据确实、充分”转化为其主观上的有罪确信才能作出相关决定，包括最终作出起诉决定。我国提起公诉的证明标准和法院定罪判决的证明标准都具有一定的主观性，虽然二者的证明标准在表述上基本是一致的，但其实在层次上有所区别，提起公诉的证明标准与定罪判决的证明标准有差别。

案例4 陈某涉嫌故意杀人案[6]

2012年3月10日上午，陈某向昆明市公安局盘龙分局派出所报案，称其同居女友胡某英自3月9日下午外出后失联。3月13日下午，胡某英的哥哥胡某阳向警方报案，称其与朋友在寻甸县红色庄园(陈某的别墅)附近的山沟里发现一个被埋在泥土里疑似装有尸体的黑色塑料袋。民警立即赶到现场，发现袋内确实装有一具尸体，经胡某阳辨认和尸体检验报告证实，死者正是胡某英。警方经过调查，认为死者的同居男友陈某有重大作案嫌疑。2014年8月7日，昆明市人民检察院以陈某犯故意杀人罪提起公诉，指控被告人陈某于2012年3月8日晚至9日凌晨，在家中用钝器将胡某英杀害，并埋尸在其位于寻甸县红色庄园别墅附近的山沟内。2015年5月19日，昆明市中级人民法院以“证据不足”为由，判决被告人陈某无罪。

在该案中，倘若提起公诉的证明标准与定罪判决的证明标准相同，那么就不应该出现无罪判决，审判环节也就没有了意义。昆明市检察院肯定认为该案证据已经达到确实充分，才会提起公诉。但是，其判断只是单方面的，并且具有强烈的入罪倾向，相应的判准不可能等同于审判中完整诉讼构造与动态对抗条件下的定罪证明标准。此外，将提起公诉的证明标准与定罪的证明标准等同，将会导致检察机关实质上成为定罪判决的主体，从而虚置整个审判过程。审查起诉的目的主要在于核实案件证据的“三性”，以及评估其是否足以支持作出一项入罪裁决。

---

〔6〕 参见昆明市中级人民法院刑事判决书，(2014)昆刑一初字第120号。

五、有罪判决的证明标准的理解与适用

《刑事诉讼法》第200条规定:“在被告人最后陈述后,审判长宣布休庭,合议庭进行评议,根据已经查明的事实、证据和有关的法律规定,分别作出以下判决……”其中,关于定罪的证明标准,该条第1项规定:“案件事实清楚,证据确实、充分,依据法律认定被告人有罪的,应当作出有罪判决。”根据该条规定,在刑事诉讼活动中,认定被告人有罪的证明标准是“案件事实清楚,证据确实、充分”。

(一)案件事实清楚

所谓案件事实清楚,我国长期以来的基本理解就是,除要求作为法律适用前提的每个待证事实都有证据证明外,对于每个待证事实而言证明标准的实质是:在法律上要认定某一事实,其条件必须是该事实确实(曾经)存在,而且证据能够保证事实认定与事实存在具有确实的“符合”关系。例如,被告人实施盗窃整个过程被监控录像拍了下来,根据录像这一证据认定被告人实施了盗窃行为,一般就符合这种证明要求。[7]

(二)证据确实、充分

所谓证据确实、充分,是对证据的质和量作出的总体要求。《刑事诉讼法》第55条从以下三个方面对何谓证据确实、充分作出了明确规定:(1)定罪量刑的事实都有证据证明。这是指作为认定犯罪嫌疑人、被告人是否犯罪,犯何种罪,决定是否对其判处刑罚,判处何种刑罚所依据的事实,包括构成某种犯罪的各项构成要件和影响量刑的各种情节,都有办案机关经法定程序收集的证据证明。该项条件是认定证据确实、充分的基础,也是证据裁判原则的体现。(2)据以定案的证据均经法定程序查证属实。“经法定程序”要求据以定案的证据必须经过法定的举证、质证和认证程序。“查证属实”是对证据之证明力的要求,即据以定案的证据必须是客观真实的。(3)综合全案证据,对所认定事实已排除合理怀疑。这是指办案人员在对每一个证据进行查证属实的基础上,以排除合理怀疑为标准对全案证据进行综合审查,运用逻辑、经验和常识进行判断和推理,使所认定的案件事实达到排除合理怀疑的程度。这种综合性判断既包括所认定事实的确实性之判断,也包括认定事实所依据的证据的充分性之判断。

关于排除合理怀疑与案件事实清楚、证据确实充分之间的关系,有不同的认识。理论上认为,排除合理怀疑是我国案件事实清楚,证据确实、充分证明标准的重要补充,是证据确实充分的判断依据,而非独立的证明标准。[8] 但是,实践中“排除合理怀疑”有逐渐取代“案件事实清楚,证据确实、充分”成为公安司法人员实际把握的证明标准的趋势。实践中在应用排除合理怀疑这一刑事诉讼证明标准时,对于如何把握“排除合理怀疑”的证明标准,一般认为应当注意以下几点:(1)“合理怀疑”不能是凭空猜想、臆测,无端猜疑。合理怀疑应当是基于现有证据存在的问题而产生,而不是办案人员的臆想、猜测,尤其办案人员不能脱离当事人陈述的案件基本事实而在当事人未主张某种事实情节的情况下去设想某种事实情节的存在。(2)应当注意从以下方面判断怀疑是否具有合理性:一是“怀疑”是否符合情理分析。既然是合理怀疑,首先必须分析判断怀疑是否符合情理。二是

---

〔7〕 参见周洪波:《迈向“合理”的刑事证明新〈刑事诉讼法〉证据规则的法律解释要义》,载《中外法学》2014年第2期。

〔8〕 参见陈光中主编:《证据法学》(修订版),法律出版社2013年版,第363页。

“怀疑”是否符合逻辑推理，即需要分析判断所持的怀疑在逻辑推理上能否成立。三是“怀疑”是否符合经验法则，即根据日常生活经验能否产生怀疑。四是“怀疑”是否有相应证据佐证，即怀疑是否基于现有证据存在的问题而产生，怀疑有无在案证据为基础加以佐证。[9]

案例5　邓某明故意杀人案[10]

2009年年底，被告人邓某明在重庆市永川区渝西广场跳舞时认识被害人杨某兰（女，殁年48岁），并长期与其保持不正当男女关系。2012年2月13日8时许，杨某兰来到重庆市永川区龙王巷邓某明家中后死亡。重庆市检察院第五分院指控认为，被告人邓某明仅因琐事纠纷竟在家中故意杀死杨某兰，后将尸体拖至卫生间内，使用斧头、菜刀等工具对尸体进行肢解，并于当晚将部分尸块抛至永川区渝西风情街高压电缆分支箱北侧的光缆排水井内，次日上午又将剩余尸块携带至永川区松溉镇抛弃于附近长江中。一审法院审理认为，公诉机关指控被告人邓某明在其家中主卧室内用斧头砸死杨某兰的直接证据只有邓某明在侦查阶段的有罪供述，而邓某明在侦查阶段同样作过且当庭作出杨某兰系自然死亡、其没有理由也没有杀害她的无罪辩解。虽然公诉机关提供证据证明了邓某明家中主卧室内有杨某兰血迹，与邓某明的有罪供述能够印证，但由于该血迹的形态及形成原因不明确，同样与邓某明无罪辩解中提到的该血迹系杨某兰猝死后其把装有杨某兰尸块的旅行箱放在床上后形成的不矛盾，不能得出该血迹系邓某明杀害杨某兰时所形成的唯一的、排他性结论。且公诉机关没有提供充分的证据证明邓某明具有杀人的动机，也没有提供证据证明杨某兰的死因，邓某明的无罪辩解不能得到合理排除。公诉机关指控邓某明故意杀害杨某兰的证据不能形成完整的证据锁链，尚不能达到确实、充分，排除一切合理怀疑的刑事诉讼证明标准，故公诉机关指控邓某明犯故意杀人罪的证据不足，指控罪名不能成立。

这是一起因证据材料达不到排除合理怀疑心证程度导致指控罪名不成立的案件。在该案中，控方指控被告人邓某明杀死了被害人杨某兰，但并未提供证据证明其作案动机、杀人行为等要件事实，甚至连被害人的死亡原因、作案现场、作案工具等重要事项也未查明。而唯一能够证明犯罪的被告人有罪供述，不但缺乏确实证据的支持，而且已经被被告人当庭翻供。在此情况下，即使被害人死在被告人家中，裁判者也不能据此认定被告人就是凶手，一方面，难以排除被告人所辩称的“被害人系自然死亡”的可能性，另一方面，现有证据明显达不到证据确实、充分的标准。

六、根据间接证据定罪的证明标准的理解与适用

对于缺乏直接证据，只有间接证据的案件，我国在立法上也对相应的定罪证明标准作了具体规定。最高法《刑诉法解释》第140条规定：“没有直接证据，但间接证据同时符合下列条件的，可以认定被告人有罪：（一）证据已经查证属实；（二）证据之间相互印证，不存在无法排除的矛盾和无法解释的疑问；（三）全案证据形成完整的证据链；（四）根据证据认定案件事实足以排除合理怀疑，结论具有唯一性；（五）运用证据进行的推理符合逻

［9］　参见潘金贵主编：《证据法学》，法律出版社2022年版，第308页。
［10］　参见重庆市高级人民法院刑事判决书，（2014）渝高法刑终字第00175号。

辑和经验。”该规定将根据间接证据定罪的证明标准直接提升至“铁案”标准与“绝对真实”的程度，其内在理由不难理解，即对于缺乏直接证据的案件的定罪应当慎之又慎，除非根据间接证据能够形成唯一结论，否则不能认定有罪。遗憾的是，将定罪标准设置成接近百分之百的程度有些过于理想化，既不符合诉讼认识规律，也难以具体实现。

证据之间相互印证，是指两个以上证据的内容具有同一性或指向同一待证事实；全案证据形成完整的证据链指的是，在案证据对各项犯罪构成要件事实的证明能够环环相扣，形成没有断裂的闭合锁链；运用证据进行推理符合逻辑和经验，则是对据以推出结论的大前提之要求。至于“排除合理怀疑”与“结论具有唯一性”之关系以及如何具体把握问题，需要注意以下几点：(1)“排除合理怀疑”具有强弱两种意义上的不同要求，其强意义上的要求(必然性事实确信)等同于结论具有唯一性，而弱意义上的要求(或然性事实确信)显然不能形成唯一结论；(2)运用常情事理等经验法则所得出的事实推论属于归纳逻辑，其只能得出或然性的判断，因此排除合理怀疑只能从弱意义上进行理解；(3)当裁判者根据庭审证据确信案件事实已经达到排除合理怀疑，但还不能够得出该结论具有唯一性之时，其应当作出符合内心确信的定罪裁决。例如，在一起真实发生的贩卖毒品共同犯罪案件中，主犯甲拒不认罪，但从犯乙和丙皆已认罪并指认是在甲的指使与安排下进行贩卖毒品活动。对于乙和丙的指认，甲完全予以否认，并声称根本不认识他们二人。后来，侦查机关通过调取甲的手机通信记录得知，甲与乙、丙二人存在频繁通话。对此，主审法官认为控方对于主犯甲的指控已经达到排除合理怀疑，但还不能据此得出结论具有唯一性，不过，其仍然能够确信甲是该案主犯，因此对甲作出了相应的定罪量刑。

案例6 陈某军故意伤害案〔11〕

北京市高级人民法院认为，原审公诉机关指控陈某军犯故意伤害罪，所提供的证人证言、现场勘查笔录、尸体检验鉴定书、侦查实验笔录、刑侦专家会诊登记表、工作说明等证据，能够证明本案被害人系非正常死亡的事实及陈某军在本案中有报复被害人的动机，但是，上述证据尚不能证明公诉机关指控陈某军系故意伤害吴某甲的凶手的事实成立。在公诉机关提供的案发现场多名目击证人中，仅刘某一人证明其看见陈某军持镐把“杵”或“打”了被害人吴某甲“头肩部一下”，且其所做多次证言前后不一致；而同在场的证人郑某某则在庭审中作证陈述其没有看到陈某军持镐把打被害人；案发时在场的其他证人的证言也不能印证刘某的证言。公诉机关指控认定案发现场在北京市怀柔区怀柔镇富乐加油站南侧路口向西200米的北京常友物流有限公司门口附近，但该现场没有提取到与案件有关的物证，而被害人尸体是在常友物流公司西侧B区(仓库)内西侧靠墙处被发现的，周围还发现擦蹭血迹、点状血迹、血泊、呕吐物、毛发、大面积擦蹭痕迹、足迹、手机等大量证据；证人林某证明当晚发生纠纷时看到被害人走入仓库，其步态未见任何异常。上述证据既不能证明吴某甲是在公司门口附近被打伤头部，也不能排除对吴某甲尸体发现地就是其遭殴打致死发生地的合理怀疑；另外，未对在被害人尸体发现地的两枚不完整足迹，按程序提取进行足迹鉴定；在案发后第二天从他人家中提取的镐把上亦未检验出相关血迹及指纹等，致使上述证据与证明本案指控事实缺乏关联性。本案在直接证据缺乏的情况下，间接证据亦无法形成完整的证据证明体系，北京市人民检察院在二审期间亦未提供新的证据，故指控陈某军犯故意伤害罪的证据不足，指控犯罪不能成立。

---

〔11〕 参见北京市高级人民法院刑事判决书，(2009)高刑终字第551号。

该案的唯一直接证据是证人刘某的证言,但证明力很弱,不足采信。除此之外的证据均是间接证据,但这些间接证据无法形成完整的证据链,所得出的结论不具有唯一性、排他性。主要体现在:(1)第一作案现场不能确定。公诉机关指控的第一作案现场是北京常友物流有限公司门口附近,但该现场没有提取到相关物证,被害人尸体的发现地点是该公司西侧B区(仓库)内西侧靠墙处,周围有擦蹭血迹、点状血迹、血泊、呕吐物、毛发、大面积擦蹭痕迹、足迹等证据,而灰色"夏新"手机是在院中央东西向矮墙北侧地上的货物间发现的。此外,证人林某证实吴某甲进院后向院内西边走去时,步态未见任何异常。故现有证据既不能证明吴某甲是在公司门口附近被打伤头部,也不排除尸体发现地就是其被殴打致死的地点。(2)作案工具无法确认。经法医鉴定,吴某甲符合被人用条形钝器(棍棒类)打击头部致颅脑损伤合并胃内容物阻塞呼吸道窒息死亡。同时,吴某甲体质特异,颅骨厚度比正常人薄约一半。通过法医会同讨论,可以排除吴某甲的伤情系高空坠落造成以及被现场发现的长约7厘米的禾条打击造成,不排除从陈某军处提取的2根镐把击打造成的可能性。但是,案发次日提取陈某军使用过的镐把后,上面未检出相关血迹和指纹。(3)有一些疑点尚未得到合理解释。现场勘查发现,吴某甲的足印在西数第二列纸箱顶部及下层纸箱上,但吴某甲为何要去西边库房,为何要爬上叠放的纸箱子?吴某甲的尸体在仓库内西侧靠墙处,为何其手机在院内矮墙处被发现?现场仓库有很多灰,为何除吴某甲的足迹外,没有其他人的足迹?这些疑问都没有得到合理的解释和排除。

七、达不到定罪证明标准的处理机制:疑罪从无的理解与适用

所谓疑罪从无,是指在刑事司法中对被告人是否犯罪既不能排除嫌疑又达不到证明标准时,应作出被告人无罪的判决。疑罪从无被视作现代法治的基石,作为一项刑事司法原则为世界各国所承认并遵照奉行。2013年发布的《中央政法委关于切实防止冤假错案的规定》第7条明确要求:"……对于定罪证据不足的案件,应当坚持疑罪从无原则,依法宣告被告人无罪,不能降格作出'留有余地'的判决……"尽管我国立法至今也没有明文规定"疑罪从无"原则,但无论是理论界还是司法实务部门,基本上承认该原则作为刑事司法原则的地位。

在《刑事诉讼法》中,疑罪从无原则主要体现在审查起诉和审判阶段。在审查起诉阶段,第175条第4款关于存疑不起诉的规定为,"对于二次补充侦查的案件,人民检察院仍然认为证据不足,不符合起诉条件的,应当作出不起诉的决定"。该规定明确了人民检察院对于经过两次补充侦查证据仍然不足的案件,就"应当"不起诉而不是"可以"不起诉。在审判阶段,第200条第3项关于一审无罪判决的规定为,"证据不足,不能认定被告人有罪的,应当作出证据不足、指控的犯罪不能成立的无罪判决"。第236条关于二审发回重审次数的规定为,原审人民法院对于依照"事实不清楚或者证据不足"发回重新审判的案件作出判决后,被告人提出上诉或者人民检察院提出抗诉的,第二审人民法院应当依法作出判决或者裁定,不得再发回原审人民法院重新审判,从而确立了二审中的"疑罪从无"原则。

最高人民法院《关于建立健全防范刑事冤假错案工作机制的意见》重申了疑罪从无原则,第6、15、26条规定:定罪证据不足的案件,应当坚持疑罪从无原则,依法宣告被告人无罪,不得降格作出"留有余地"的判决。死刑案件,认定对被告人适用死刑的事实证据

不足的，不得判处死刑。定罪证据存疑的，应当书面建议人民检察院补充调查；人民检察院在两个月内未提交书面材料的，应当根据在案证据依法作出裁判；对确有冤错可能的控告和申诉，应当依法复查，原判决、裁定确有错误的，依法及时纠正。

案例 7 吴某红故意杀人案〔12〕

2004 年 11 月 15 日下午，河南民权县周岗村电工王某胜的两个儿子出现中毒症状，一人死亡，一人被抢救回来，法医在其体内发现了毒鼠强。2004 年 11 月 20 日，吴某红因涉嫌故意杀人被刑事拘留，后被逮捕，关押期间被多次刑讯逼供。

商丘市人民法院一审判决认定，被告人吴某红在本村经营带锯加工木材生意，因安装电表及用电与村里电工王某胜产生矛盾。2004 年 11 月 14 日早上，王某胜在村里的大喇叭上催缴电费时，吴某红认为其口气强硬并联想到以前的矛盾，便产生了投毒报复王某胜之恶念，遂从家中取出存放的鼠药带在身上到王某胜家交电费。吴某红在交完电费后，乘人不备溜入王某胜家的厨房内，将鼠药投放在厨房案板上的面瓢内的面粉中。次日早上，王某胜用豆掺及面瓢内的面粉煎了面托，其子王某龙（时年 3 岁）、王某峰（时年 6 岁）食用后先后中毒，王某龙经抢救无效死亡，王某峰经抢救脱离危险。

2005 年 6 月 19 日至 2007 年 10 月 31 日，商丘市中级人民法院 3 次判处死缓，河南省高级人民法院 3 次发回重审。2016 年 6 月 3 日，吴某红向最高人民法院申请再审。2018 年 9 月 29 日，最高人民法院作出再审决定，认为吴某红犯故意杀人罪“证据不确实、不充分”，指令河南省高级人民法院进行再审。

2020 年 4 月 1 日，河南省高级人民法院再审开庭，法院认为原审认定吴某红犯故意杀人罪的主要证据是吴某红的有罪供述，以及吴某红的有罪供述与在案部分证据印证一致。但综观全案，本案缺乏能够锁定吴某红作案的客观证据，吴某红的有罪供述中对多个犯罪细节供述前后不一致，且与证人证言存在矛盾，有罪供述的作案动机及选择的作案时机不合常理，不能排除其他人作案的可能。原判据以定案的证据没有形成完整锁链，没有达到证据确实、充分的法定证明标准。原审认定吴某红犯故意杀人罪的事实不清、证据不足。最终判决吴某红无罪，当庭释放。

吴某红案与念某案、李某莲案等案件一样，都是涉嫌投毒的案件，最后都是经过再审，法院遵循疑罪从无原则判决无罪而昭雪。综观近些年的此类案件可以发现，当控方对案件事实的证明没有达到法定证明标准时，裁判者不遵循疑罪从无原则将造成悲剧。在司法活动中坚持落实疑罪从无原则，可以在最大限度上避免冤假错案的发生。这一原则要求，若用以认定案件事实的证据未达到确实、充分，足以排除合理怀疑程度，应从有利于被告人的原则出发，判决被告人无罪。疑罪从无作为现代刑事司法的一项基本裁判原则，在人权保障、规范司法权以及实现程序公正方面具有重要的功能价值，贯彻落实疑罪从无是法治国家的重要标识，也是遵循诉讼认识规律与防范冤案的必然要求。然而，需要注意的是，在实践中需要准确把握“疑罪”的具体含义，只有裁判者既不能对案件事实形成“真”的确信也不能形成“假”的确信，而是处于一种介于真与假之间的“犹疑不定”状态之时，才能认定为“疑罪”。将“疑罪”等同于“证据不足”的案件，或者扩大解释为“任意怀疑”

〔12〕 参见河南省高级人民法院刑事判决书，（2018）豫刑再 19 号。

的案件,都是对疑罪从无原则的背离。此外,对于我国刑事诉讼法所坚持的"铁案"证明标准,尽管其对于疑罪从无的有效适用而言具有积极意义,但是,从诉讼认识规律来看,这种要求"结论具有唯一性"或追求"绝对真实"的"铁案"标准,无疑是过于理想化的。

第三节　民事诉讼证明标准的理解与适用

一、民事诉讼证明标准概述

我国民事诉讼证明标准经历了逐步发展和调整的过程。最高法 2001 年《民诉证据规定》第 73 条规定:"双方当事人对同一事实分别举出相反的证据,但都没有足够的依据否定对方证据的,人民法院应当结合案件情况,判断一方提供证据的证明力是否明显大于另一方提供证据的证明力,并对证明力较大的证据予以确认。因证据的证明力无法判断导致争议事实难以认定的,人民法院应当依据举证责任分配的规则作出裁判。"该条被认为在我国民事诉讼中确立了"优势证据"的证明标准。[13]

但是,"优势证据"的证明标准却与 1991 年《民事诉讼法》的规定不符。1991 年《民事诉讼法》第 153 条第 1 款规定:"第二审人民法院对上诉案件,经过审理,按照下列情形,分别处理:(一)原判决认定事实清楚,适用法律正确的,判决驳回上诉,维持原判决;(二)原判决适用法律错误的,依法改判;(三)原判决认定事实错误,或者原判决认定事实不清,证据不足,裁定撤销原判决,发回原审人民法院重审,或者查清事实后改判;(四)原判决违反法定程序,可能影响案件正确判决的,裁定撤销原判决,发回原审人民法院重审。"一般认为,该条体现了民事诉讼的证明标准是"事实清楚,证据充分"。很显然,"优势证据"的证明标准低于"事实清楚,证据充分"的证明标准。2012 年《民事诉讼法》第 170 条第 1 款对 1991 年《民事诉讼法》第 153 条第 1 款作了修改,规定:"……(三)原判决认定基本事实不清的,裁定撤销原判决,发回原审人民法院重审,或者查清事实后改判;……"从而为降低民事诉讼中的证明标准提供了空间。

最高法 2015 年《民诉法解释》确立了我国民事诉讼中二元化的证明标准。该解释第 108 条第 1 款规定:"对负有举证证明责任的当事人提供的证据,人民法院经审查并结合相关事实,确信待证事实的存在具有高度可能性的,应当认定该事实存在。"该款确立了"高度可能性"的证明标准。第 108 条第 3 款规定:"法律对于待证事实所应达到的证明标准另有规定的,从其规定。"为了响应该款的规定,第 109 条紧随其后规定:"当事人对欺诈、胁迫、恶意串通事实的证明,以及对口头遗嘱或者赠与事实的证明,人民法院确信该待证事实存在的可能性能够排除合理怀疑的,应当认定该事实存在。"其确立了"排除合理怀疑"的证明标准。而随着 2019 年最高法《民诉证据规定》将最高法 2001 年《民诉证据规定》第 73 条删除,我国民事诉讼排除了"优势证据"的证明标准,而代之以一般情形下适用"高度可能性"的证明标准以及特殊情形下适用"排除合理怀疑"的证明标准。

---

〔13〕 参见李国光主编:《最高人民法院〈关于民事诉讼证据的若干规定〉的理解与适用》,中国法制出版社 2002 年版,第 462－464 页。

二、民事诉讼证明标准的理解与适用

(一)高度可能性证明标准的理解与适用

最高法《民诉法解释》第108条确立了一般情况下适用“高度可能性”的证明标准。“高度可能性”的证明标准实际上是证据法学中“高度盖然性”证明标准的中国式表述,因此对于“高度可能性”的证明标准如何理解,可以借鉴国内外关于“高度盖然性”理解和把握的理论或实践。德国学者以刻度盘为例子,假定刻度盘的两端为0和100%,高度盖然性要求在穷尽可以获得的证据后,证明程度达到75%以上,才能认定待证事实存在。[14]然而,法官对于案件事实的认识以及案件证据的评价始终是一个主观的、内在的过程,很难为此设定一个外在的、客观的标准,案件中的证据情况无法将其按照百分比来进行量化,因此,即便明确高度盖然性的证明程度需要达到75%以上的客观标准,司法实践中法官面对这一客观标准的要求依旧是无所适从。日本最高裁判所1958年的判旨指出:“理论证明的目标是‘真实’,与此不同,历史性证明只要具有‘高度盖然性’就可以了。换言之,即确信达到了普通人无论谁都不再怀疑程度的真实就是证明成立了。”[15]应当看到,盖然性是一种可能的状态,一种可能而非必然的性质。结合法律规定和相关理论,在我国民事司法实践中,对于“高度盖然性”的理解,把握的基本尺度可以为:法官对提出诉讼主张的一方证明所主张事实的成立的可能性已经远远大于不成立的可能性。此外,可以从司法实践中本证与反证相互比较的角度来理解高度盖然性,在综合评价案件全部证据的基础上,对待证事实负有证明责任的当事人所进行的证明活动为本证,本证的证明需要使法官对待证事实的内心确信达到高度盖然性的标准才算完成证明责任;对待证事实不负有证明责任的当事人所进行的证明活动为反证,反证的证明标准比本证低,只需要使本证证明的待证事实陷入真伪不明即可。[16]

案例8　吴某东、吴某芝与胡某明、戴某球交通事故人身损害赔偿纠纷案[17]

2010年11月23日,吴某东驾驶吴某芝的普通三轮摩托车在全宽6米的机非混合车道超车时,与胡某明驾驶的电动自行车(搭载其妻戴某球)发生交通事故。电动自行车失控侧翻致胡某明及戴某球二人受伤,随后吴某东送二人至医院治疗。双方就吴某东是否谨慎驾驶及其所驾摩托车与胡某明所驾电动自行车是否发生刮擦及碰撞,各执一词。交管部门对事故成因及责任无法认定。超车过程中,胡某明车辆靠道路右侧行驶,距道路右边半米左右,吴某东车辆距离道路右边一米多远,两车横向距离为40~50厘米。吴某东超车时为五档,迎面有一黑色轿车快速驶来,吴某东称感觉有点危险。事发现场道路平坦,事发时除黑色轿车外无其他车辆经过。

该案中,法官根据高度盖然性的证明标准,综合吴某东超车前未注意到前方驶来的车辆,超车时车速较快(五档),以及吴某东超车与胡某明车辆横向距离较短(仅为40~50厘米)等证据,确信吴某东在超车过程中未尽谨慎驾驶的注意义务,在超车过程中胡某明

[14] 参见[德]汉斯·普维庭:《现代证明责任问题》,吴越译,法律出版社2000年版,第108-109页。

[15] [日]小林秀之:《证据法》,弘文堂1996年版,第66-67页。

[16] 参见最高人民法院民法典贯彻实施工作领导小组办公室编著:《最高人民法院新民事诉讼法司法解释理解与适用》(上),人民法院出版社2022年版,第292页。

[17] 参见《吴某东、吴某芝与胡某明、戴某球交通事故人身损害赔偿纠纷案》,载中国法院网2014年7月25日,https://www.chinacourt.org/article/detail/2014/07/id/1352085.shtml。

的电动自行车发生左右晃动而侧翻与吴某东的超车行为之间具有因果关系。

（二）排除合理怀疑证明标准的理解与适用

最高法《民诉法解释》第109条确立了特殊情况下适用“排除合理怀疑”的证明标准。无论是大陆法系还是英美法系的国家，对于证明标准的理解都呈现出层次化与多元化的特征。[18] 在纠纷的现实中对所有情形均采取同一个证明标准有可能导致裁判的非正当性——或者过于轻率，或者难以使实体权利得以实现。由此，理论上应该在某些特殊情形下适当提高证明标准或降低证明标准。最高法《民诉法解释》正是基于这一考虑，提高了当事人对欺诈、胁迫、恶意串通事实的证明标准，可能是考虑到如果对这些主张的事实依然采取高度盖然性的证明标准将会导致这些主张的事实容易得以确认，并使当事人之间的合意行为或其他自己实施的民事法律行为被轻易否定，影响了法律关系的稳定性。[19] “排除合理怀疑”是最高法《民诉法解释》将刑事诉讼中更为严格的证明标准引入民事诉讼。与其说立法者对于特殊事项有拔高证明标准的意图，不如说审判实践中对于特殊情况也适用高于“高度盖然性”的证明标准。[20] 结合法律规定和相关理论，在我国民事司法实践中，对于涉及欺诈、胁迫、恶意串通事实的证明，以及对口头遗嘱或者赠与事实的证明的案件，其证明标准“排除合理怀疑”的理解，把握的基本尺度可以为：法官充分确信对提出诉讼主张的一方证明所主张事实的成立已经没有任何合理的疑问，所主张事实已经没有不成立的可能性。需要指出的是，排除合理怀疑并非绝对的证明，其只是较之“高度盖然性”更高的标准，因此，法官在裁判此类案件时把握的标准较之其他案件适用的“高度可能性”标准更为严格，形成内心充分确信即可。

案例9　程某诉李某、滕某娟债权人撤销权纠纷案[21]

2018年10月23日，程某取得要求李某偿还800万元借款的生效判决。经过执行程序，执行法官已执行财产约100万元，除青岛市开发区106户房产外，未发现李某其他可执行财产。2020年7月7日，李某与滕某娟签订《借款抵押合同》，将滕某娟登记为青岛市开发区106户房产的他项权利人，债权金额500万元。合同中约定借款金额为500万元，借款自2020年6月2日起至2030年6月1日止，共计120个月，无利息，同时青岛市开发区106户房产作为借款的抵押财产。程某提起诉讼，作为债权人要求确认李某、滕某娟签署的《借款抵押合同》无效，同时判令解除青岛市开发区106户房产的抵押权登记。

该案中李某与滕某娟约定借款合同期限为10年，无利息。在庭审中，李某、滕某娟未提交作为合同组成部分的“借款借据”来证明实际借款日期及交付借款情况。经过法官释明后，李某与滕某娟仍未提交交付借款的证据，因此无法证实李某与滕某娟履行了借款合同的出借款项义务。李某在无力偿还程某借款的情况下，仍为滕某娟办理了抵押权登记手续，存在主观恶意。综上，法官认为该案的证据能够达到排除合理怀疑的程度，可以

---

〔18〕 参见最高人民法院民法典贯彻实施工作领导小组办公室编著：《最高人民法院新民事诉讼法司法解释理解与适用》（上），人民法院出版社2022年版，第293页。

〔19〕 参见张卫平：《民事证据法》，法律出版社2017年版，第243页。

〔20〕 参见最高人民法院民法典贯彻实施工作领导小组办公室编著：《最高人民法院新民事诉讼法司法解释理解与适用》（上），人民法院出版社2022年版，第294页。

〔21〕 参见山东省青岛市中级人民法院民事判决书，(2021)鲁02民终14365号。

认定李某与滕某娟构成恶意串通损害他人的权益,支持原告的诉求。

第四节 行政诉讼证明标准的理解与适用

一、行政诉讼证明标准概述

我国《行政诉讼法》没有关于证明标准的明确表述,但是从相关规定中可以归纳出其证明标准。《行政诉讼法》第69条规定:"行政行为证据确凿,适用法律、法规正确,符合法定程序的,或者原告申请被告履行法定职责或者给付义务理由不成立的,人民法院判决驳回原告的诉讼请求。"第89条第1款规定:"人民法院审理上诉案件,按照下列情形,分别处理:(一)原判决、裁定认定事实清楚,适用法律、法规正确的,判决或者裁定驳回上诉,维持原判决、裁定;(二)原判决、裁定认定事实错误或者适用法律、法规错误的,依法改判、撤销或者变更;(三)原判决认定基本事实不清、证据不足的,发回原审人民法院重审,或者查清事实后改判;……"上述两规定从正反两方面体现了行政诉讼的证明标准,本书将其归纳为"事实清楚,证据确实(凿)、充分"。由此可见,我国行政诉讼中的证明标准是"事实清楚,证据确实、充分"。

一般认为,案件事实清楚是指与被诉行政行为合法性有关的事实,都必须查清,而对不影响行政行为合法性判断的细微情节,则无须都要查清。所谓证据确实、充分,是对证据质和量提出的总体要求。证据确实,即每个证据应当具有证据能力,也就是具有关联性、合法性、真实性;证据充分,是指证明案件事实的证据在数量上要达到一定量足以证明案件的真实情况。证据充分与证据不足或证据不充分相对立,但不能将其具体量化,要视具体案情而定。

二、行政诉讼证明标准的理解与适用

对于不同类型的行政诉讼案件,是否应适用不同的证明标准,理论界及实务界均进行了有益探索。理论界通说认为,我国行政诉讼应当采多元证明标准。[22] 实务中,最高人民法院对行政诉讼证明标准的相关解读亦采多元论,"由于被诉具体行政行为的类型多样化,与刑事诉讼和民事诉讼相比,行政诉讼证据的证明标准也不是单一的,因此因具体行政行为性质的不同而应适用不同的证明标准……从目前的审判实际看,对于涉及限制人身自由、大额罚没等对行政相对人人身、财产权益影响较大的具体行政行为的案件,可以比照适用类似于刑事案件的证明标准;对于行政裁决类行政案件和其他行政案件,可以比照适用类似于民事案件的证明标准"。[23] 具体而言,我国行政诉讼可以区分不同情形考虑确立以下证明标准:

1. 当行政行为对原告的人身权、财产权等基本权利有重大影响时,适用"事实清楚,证据确实、充分"的证明标准,特别是当行政机关作出拒绝原告向被告提出最低生活保障

---

〔22〕 参见邓楚开:《行政诉讼证明标准再思考》,载《法治论丛》2010年第3期。

〔23〕 参见李国光:《努力开创行政审判工作新局面 为全面建设小康社会提供司法保障》,载《最高人民法院公报》2003年第2期。

等申请决定时，拒绝决定的证据应当确实、充分。

案例 10　贝某丰诉海宁市公安局交通警察大队道路交通管理行政处罚案〔24〕

2015 年 1 月 31 日，贝某丰驾驶案涉车辆沿海宁市西山路行驶，遇行人正在通过人行横道，未停车让行。海宁交警大队执法交警当场将案涉车辆截停，核实了贝某丰的驾驶员身份，适用简易程序向贝某丰口头告知了违法行为的基本事实、拟作出的行政处罚、依据及其享有的权利等，并在听取贝某丰的陈述和申辩后，当场制作并送达了公安交通管理简易程序处罚决定书，给予贝某丰罚款 100 元，记 3 分。贝某丰不服，于 2015 年 2 月 13 日向海宁市人民政府申请行政复议。3 月 27 日，海宁市人民政府作出行政复议决定书，维持了海宁交警大队作出的处罚决定。贝某丰收到行政复议决定书后于 2015 年 4 月 14 日起诉至海宁市人民法院。

该案发生时，行人以较快的步频走上人行横道线，并以较快的速度接近案发路口的中央位置，当看到贝某丰驾驶案涉车辆朝自己行走的方向驶来，行人放慢了脚步，以确认案涉车辆是否停下来，但并没有停止脚步，当看到案涉车辆没有明显减速且没有停下来的趋势时，才为了自身安全不得不停下脚步。如果此时案涉车辆有明显减速并停止行驶，则行人肯定会连续不停止地通过路口。可见，在案发时间段内行人的一系列连续行为充分说明行人“正在通过人行横道”。原告贝某丰驾驶机动车行经人行横道时遇行人正在通过而未停车让行，被告海宁交警大队根据贝某丰的违法事实，依据法律规定的程序在法定的处罚范围内给予相应的行政处罚，事实清楚，程序合法，处罚适当。

2. 紧急处置行为的证明标准应当降低，只要有合理的理由证明行政机关应当采取紧急处置措施，法官就应当认定其合法性。

案例 11　陈某某诉中国海监渔政宁波支队、宁波市海洋与渔业局渔业行政处罚与行政赔偿案〔25〕

2017 年 7 月 16 日，陈某某随船携带网具 139 顶，并装载 35 吨冰，其行为系捕捞的准备实施阶段，中国海监渔政宁波支队据此认定陈某某的行为属于渔业捕捞活动，同时还认定陈某某存在未依法取得捕捞许可证、冒用他船船名、船证不符、买卖捕捞许可证等数个行政违法行为。中国海监渔政宁波支队对陈某某数个违法行为实行并罚。陈某某起诉称，两被告认定其“船上带网和冰，系捕捞的准备实施阶段，属于渔业捕捞活动”，证据不足；适用《渔业捕捞许可管理规定》对捕捞活动进行解释，认定其行为系捕捞从而对其进行处罚，法律适用错误。请求撤销行政处罚决定、返还渔船及网具以及赔偿损失等。

由于渔业执法环境显著区别于陆上，执法难度较大。为保护海洋渔业资源，加强海洋生态文明建设，应适度放宽海上执法活动证明标准，因此，该案中法院对捕捞行为作适度宽松解释，认为渔业捕捞行为包括捕捞准备行为、实施行为，前者系后者必经阶段。结合陈某某具有未取得捕捞许可证、冒用他船船名、船证不符、买卖捕捞许可证等多项违法情形，法院认为被告中国海监渔政宁波支队根据捕捞准备行为认定陈某某属于“非法捕捞”

---

〔24〕 参见最高人民法院指导案例 90 号（2017 年）。

〔25〕 参见山东省青岛市中级人民法院民事判决书，（2021）鲁 02 民终 14365 号。

并无不当,通过实施行政处罚将违法行为遏制在捕捞准备阶段,更利于保护海洋渔业资源。

3. 其他情形适用优势证据标准。

案例12 李夏某诉上海市公安局浦东分局户口登记案[26]

2001年,3个月大的原告在果园外小路旁被村民李金某、尹某夫妇捡拾后领养,取名尹夏某。2005年,两人登记离婚,并在自愿离婚协议书中约定:“双方所生一女尹夏某,由女方抚养……”原告随李金某共同生活后,改名为李夏某。2007年李金某与孙某某结婚。2010年5月,上海市浦东新区民政局颁发收养登记证,记载李夏某身份为非社会福利机构抚养的弃婴。同年7月,李金某向被告上海市公安局浦东分局申办户口登记,并提交了收养登记档案资料和书面说明,称离婚协议中自书“双方所生一女”是“为了不影响小孩子的心灵”。2011年11月,被告以不符合现行户口政策为由作出不予批准的户口审批决定。

该案系涉及未成年人的户口行政诉讼,户口登记是对公民合法身份的确认,直接影响社会生活,对于未成年人而言,更与其生活、入学、成长息息相关。在户口登记的行政诉讼中,法院的事实认定应当符合明显优势证明标准及社会情理,即登记机关的举证应当“清楚而具有说服力”,其证明力至少应当优于行政相对人提交的证据。该案中,被告上海市公安局浦东分局因离婚协议中称原告李夏某为“双方所生一女”而质疑收养登记机关认定的原告系“弃婴”的身份,在原告提供患不孕症的医学证明、无利害关系证人证言等收养登记档案及书面说明的情况下,被告既没有根据优势证据规则对证据作正确的判断,也没有为排除怀疑对原告的情况作进一步核查,仅凭一纸孤证就认定原告来历不清,并作出不予入户的决定,证据不足。因此,法院认定被告作出的不予入户决定,认定事实不清,主要证据不足,适用法律错误,判决撤销。

综上,案件“事实清楚,证据确实、充分”的标准有利于引导法官认定客观事实,防止法官的主观臆断。但不可否认的是,在诉讼中,受认识的时间、认识主体的水平、认识的手段和条件的限制等因素,客观真实标准执行起来存在相当的难度,因此,当被诉行政行为影响原告人身权、财产权等基本权利时,应当适用“事实清楚,证据确实、充分”的标准,有利于保护原告的权利。但在被诉行政行为对原告权利的影响不属于对人身权、财产权等基本权利有重大影响时,不宜再适用此标准,而应适用优势证据标准。

典型案例评析

案例13-1 黄某强贪污案[27]:在证据存在矛盾的情况下,如何判断全案证据是否确实、充分

山东省广饶县人民检察院指控被告人黄某强于2005年3月至2010年9月担任广饶县

[26] 参见《李夏某诉上海市公安局浦东分局户口登记案》,载中国法院网2014年11月24日,https://www.chinacourt.org/article/detail/2014/11/id/1491414.shtml。

[27] 参见中华人民共和国最高人民法院刑事审判第一、二、三、四、五庭主办:《刑事审判参考》(总第92集),法律出版社2014年版,第100页。

大王镇人民政府副镇长兼农业委员会主任，利用主管牧场改扩建项目工程之便，在明知工程量多少的情况下要求承包商杨某江虚加工程量，套取公款138,000元占为己有，涉嫌犯贪污罪，向广饶县人民法院提起公诉。黄某强辩称其没有作假账虚报工程款，没有非法占有人民币（以下币种同）138,000元，故不构成贪污罪。其辩护人提出，指控的证据相互矛盾，不能排除合理怀疑，故起诉书指控的犯罪不能成立。

广饶县人民法院认为，黄某强作为国家工作人员，利用职务便利侵吞公款138,000元，其行为构成贪污罪，判处黄某强有期徒刑10年，所涉赃款138,000元返还给广饶县大王镇人民政府。一审宣判后，被告黄某强不服，向山东省东营市中级人民法院提出上诉。上诉理由是：现有证据无法证实其有虚报工程款的行为，认定其具有贪污罪的主观故意的证据不足。

东营市中级人民法院经审理认为，该案证人证言、书证能够形成一个完整的证据体系，足以证实上诉人黄某强通过虚报工程量套取工程款的事实。黄某强犯贪污罪的事实清楚，证据确实、充分。故二审裁定驳回上诉，维持原判。

｜评析｜ 审查判断本案证据是否确实、充分可以从以下三个层面进行：

首先，分析证据是否确实。公诉机关提交的书证均为原始证据，涉案当事人经辨认后均无异议，其客观真实性应当予以确认。在四位证人中，黄某华与案件处理无利害关系并且证言非常稳定，可信度很高；证人岳某岱、荣某亭均系黄的亲戚，其所作证言不利于黄，但该证言只是对事实的一种描述，主观色彩较少，且与相关书证能够相互印证，所以在排除诬告陷害的情况下对其证言的真实性亦应予以确认；证人杨某江的证言比较复杂，由于其担心可能成为贪污罪的共犯，所以在作证时部分证言可能隐瞒甚至是歪曲事实，其所作证言必须结合其他证据进行分析后予以甄别采信。

其次，分析证据是否充分。对照贪污罪的构成特征分析，本案中有两个问题是定案的关键，也是串起全部案件的节点。关于黄某强有无贪污的主观故意，即黄某强对第二次结算的工程款数额是否明知。黄某强对指控的贪污罪始终未作有罪供述，故判断其主观故意只能根据其他证据进行推定，而其中的关键证据就是杨某江的证言。第一，杨某江、黄某华证实牧场工程款的支付均是通过黄某强，故黄某强对牧场的实际工程款应当是知情的。第二，杨某江的证言证实，其在第一次领取工程款时就开具了应税货物为水泥的10万余元的发票，但购货单位开错，所以在工程完工时，其按照黄某强的要求开具了应税货物为砖的214,173元的全部工程款发票。之后，黄某强要求杨某江补开第一次10万余元的水泥发票，杨某江“认为全部工程款都开进砖发票了，没有必要再开发票”，但黄某强坚持补开水泥发票。此后，杨某江又补开了水泥发票（该发票虽以“付杨某江水泥款107,000元”的形式入账，但实际与牧场工程无关，是大王镇农委变通处理办公经费）。该证言与黄某华的证言能够相互印证，且该发票数额214,173元与杨某江实际领取的工程款数额大致相符，足以证实杨某江实际只做了约21万元的工程，对此黄某强也应当是明知的，但却要求杨某江将工程量明细虚增到33万余元，故黄某强具有通过虚报套取工程款从而实现非法占有公款的主观故意。关于138,000元如何到了岳某岱处。银行凭证证实，138,000元存单确系岳某岱支取，对此岳某岱予以认可，并证实是黄某强交给他一并借给荣某亭买房子的，该证言与荣某亭证言及电汇凭证能够相互印证。黄某强对借给岳某岱138,000元的事实予以否认，但该否认不符合正常生活情理且未给出任何解释。该3张存单均设定了密码，不像有价票证一样容易支取,在杨某江否认与岳某岱有借贷等经济来往的情况下,现有证据足以证实138,000元是黄某强借给岳某岱的。黄某强客观上已实现了对公款的占有。

最后,对该案证据之间矛盾的分析。不可否认,该案两位关键证人的证言在一具体细节处存在矛盾。证人黄某华的证言提到,第二次结算的工程款是232,850元,她办了5张存单共23万元,另外还有2850元的现金在黄某强的办公室直接给了杨某江。而证人杨某江却说黄某华把工程款给了黄某强,在黄某华离开办公室后黄某强给了其两张共92,000元的存单,并告知了密码。黄某强的辩护人也基于此理由,提出一审判决认定的事实不清、证据未达到确实、充分的定案标准。

本案中,两位证人虽然在工程款的给付方式、数额上描述不一致,但这种不一致并不影响基本事实已达到的证明标准,即黄某强主观上有贪污的故意,客观上通过套取已实现了对公款的占有,故不影响贪污罪的认定。现有证据足以证实黄某强贪污犯罪的事实,完全能够排除黄某强不具有侵吞公款行为的任何合理怀疑。

案例13-2 陈某梅与欧阳某环民间借贷纠纷案〔28〕:高度可能性证明标准的把握

2012年3月11日,欧阳某环写下了一张《借据》,内容为"本人欧阳某环因资金周转向陈某梅借到人民币大写陆拾万元正,小写¥600000元"。借款人为欧阳某环。陈某梅遂向该院提起诉讼,请求判令:(1)欧阳某环归还陈某梅借款60万元及借款利息(从起诉之日起按同期银行贷款利率计算);(2)案件受理费由欧阳某环承担。庭审中,欧阳某环对该《借据》的真实性没有异议,但否认收到《借据》所述的款项。陈某梅主张60万元的支付方式为2011年3月11日通过银行转账转给欧阳某环指定的黎某玲账户57.5万元,其余2.5万元通过现金方式交付给欧阳某环。

|评析| 本案涉及原告仅依据借据提起民间借贷诉讼,根据最高人民法院《关于审理民间借贷案件适用法律若干问题的规定》第16条的规定,原告仅依据借据、收据、欠条等债权凭证提起民间借贷诉讼,被告抗辩借贷行为尚未实际发生并能作出合理说明,人民法院应当结合借贷金额、款项交付、当事人的经济能力、当地或者当事人之间的交易方式、交易习惯、当事人财产变动情况以及证人证言等事实和因素,综合判断查证借贷事实是否发生。原告提供的证明其借款已实际交付的证据应达到高度盖然性标准。

本案中,首先,从借贷金额和交易习惯来看,陈某梅主张的借贷金额为60万元,数额较大,从一般的交易习惯来看,直接交付现金的可能性较小。陈某梅在一审中提交了《账户明细》等证据,客观上说明了陈某梅对较大额度的支出存在转账支付的习惯。故从借贷金额和交易习惯的角度来讲,本案涉诉借款如已实际交付,支付方式应当为转账支付而非现金支付。其次,从款项交付的实际情况来看,欧阳某环否认委托黎某玲收款,陈某梅提交的证据同样表明:虽然黎某玲认可57.5万元的转账事实,但是否认欧阳某环的委托收款。法院认为,在没有其他实质性证据证明该笔57.5万元的转账系欧阳某环委托指定的情况,不能直接认定该笔57.5万元的款项为本案诉争款项,亦不能由此推定该笔转账系欧阳某环委托指定。最后,从当事人经济能力及借款来源的情况来看,陈某梅第一次主张借款系欧阳某环身边的朋友一起凑钱并出借,第二次主张借款系本人积蓄、丈夫生意资金和父母遗产,

---

〔28〕 参见最高人民法院民事裁定书,(2019)最高法民申1227号。

第三次主张借款系父母遗产、弟媳借款及本人私房钱。陈某梅对其经济能力及借款来源说法不一,且前后矛盾。综上,法院认为,陈某梅证明其借款已实际交付的证据尚未达到高度盖然性的标准,法院对借贷事实的发生不予认可。

案例 13－3　德发房产建设有限公司诉广州市地方税务局第一稽查局税务处理决定案〔29〕:行政行为合法性证明标准的把握

2005 年 1 月,广州德发房产建设有限公司(以下简称德发公司)委托拍卖行将其自有的位于广州市人民中路 555 号"美国银行中心"的房产拍卖后,按 1.38255 亿元的拍卖成交价格,向税务部门缴付了营业税 6,912,750 元及堤围防护费 124,429.5 元,并取得了相应的完税凭证。2006 年,广州市地方税务局第一稽查局(以下简称广州税稽一局)在检查德发公司 2004 年至 2005 年地方税费的缴纳情况时,认为德发公司的上述房产拍卖成交单价 2300 元/平方米,不及市场价的一半,价格严重偏低,遂于 2009 年 9 月,作出穗地税稽一处〔2009〕66 号税务处理决定,核定德发公司委托拍卖的上述房产的交易价格为 311,678,775 元,并以 311,678,775 元为标准核定应缴纳营业税及堤围防护费,决定追缴德发公司未缴纳的营业税 8,671,188.75 元,加收营业税滞纳金 2,805,129.56 元;决定追缴堤围防护费 156,081.40 元,加收堤围防护费滞纳金 48,619.36 元。德发公司不服该决定,提起行政诉讼。案件经过一审、二审以及再审,最终由最高人民法院提审并作出了终审判决。

最高人民法院认为:首先,广州税稽一局在查处涉嫌税务违法行为时,依据《税收征收管理法》第 35 条规定核定纳税义务人的应纳税额是其职权的内在要求和必要延伸,符合税务稽查的业务特点和执法规律,符合《关于稽查局职责问题的通知》关于税务局和稽查局的职权范围划分的精神,不构成超越职权。其次,税务机关确定应纳税额时,应当尊重市场行为形成的市场价格。其基于国家税收利益的考虑否定拍卖价格作为计税价格时,行使《税收征收管理法》第 35 条第 1 款第 6 项规定的应纳税额核定权时,应当受到严格限制。纳税义务人以拍卖不动产的拍卖价格作为计税依据依法纳税后,在该拍卖行为未被有权机关依法认定为无效或者认定存在违反拍卖法的行为并影响拍卖价格的情况下,税务机关原则上不能根据《税收征收管理法》第 35 条第 1 款第 6 项的规定行使应纳税额核定权,但如果拍卖行为中存在影响充分竞价的因素导致拍卖价格过低,如本案中的一人竞拍时,税务机关基于国家税收利益的考虑,有权行使应纳税额核定权。最后,在没有法律、法规和规章的规定时,行政机关不得作出影响行政相对人合法权益或者增加行政相对人义务的决定。税务机关根据《税收征收管理法》第 35 条第 1 款第 6 项的规定行使应纳税额核定权,应当受到《税收征收管理法》第 52 条关于追缴税款和滞纳金的条件和期限的限制。因不能归责于纳税义务人的原因时,新确定的应纳税额,缴纳义务应当自核定之日发生,征收该应纳税额确定之前的税收滞纳金没有法律依据。

｜评析｜ 本案被称为"最高人民法院税务行政诉讼第一案",反映了我国行政诉讼采用多元的证明标准。具体到本案中,税务机关需要就"计税依据是否明显偏低""有无正当理由""是否滞纳"三个证明对象承担证明责任。对于"计税依据是否明显偏低"和"有无正当理由",法院尊重税务机关的行政权,只要税务机关作出的行政行为无明显错误,达到优

〔29〕　参见最高人民法院行政判决书,(2015)行提字第 13 号。

势证据标准,符合一般法理,就认为达到了相应的证明标准。税务机关提供了历史成交价格、同期同类同档次物业的市场成交价格、德发公司提供的评估价和成本价作为对比,证明以德发公司的成交价作为计税依据明显偏低。法院认为,出于对国家财政利益的考量,税务机关的判断标准完全符合税收征管法的目的,认定德发公司申报的计税依据明显偏低。税务机关提供拍卖人和拍卖公司的基本信息、拍卖合同、拍卖公告、拍卖人和竞买人之间的诚信调查报告等,证明拍卖过程中存在不合理之处。法院认为,由于德发公司未能就税务机关质疑的不合理提出合理解释,而税务机关的质疑证据充分,因此认定德发公司不具有正当理由。针对"是否滞纳",法院对税务机关行政行为合法性的判断标准适用"事实清楚,证据确实、充分"。税务机关提交了德发公司拍卖后的营业税缴纳记录、完税凭证、税务机关的税务稽查笔录和调查报告,法院认为根据税收征管法,德发公司不存在缴纳滞纳金的法定情形,税务机关不能证明德发公司存在恶意串通的主观故意,未达到证明标准,在实体、程序方面均存在明显的错误,因此认定税务机关对德发公司作出的加收滞纳金决定不具有正当性。

主要文献著述

1. 最高人民法院民法典贯彻实施工作领导小组办公室编著:《最高人民法院新民事诉讼法司法解释理解与适用》(上),人民法院出版社 2022 年版。
2. 郭志远:《证明标准研究——以刑事诉讼为视角》,中国人民公安大学出版社 2010 年版。
3. 王学棉:《证明标准研究——以民事诉讼为中心》,人民法院出版社 2007 年版。
4. 山东省高级人民法院研究室编:《类案证明标准研究》,中国法制出版社 2020 年版。
5. 熊晓彪:《刑事证据标准与证明标准之异同》,载《法学研究》2019 年第 4 期。

第十四章　全案证据的综合审查运用

第一节　全案证据综合审查运用概述

一、全案证据综合审查运用的概念

全案证据综合审查运用，是指在对案件中的所有证据进行综合审查判断之后，运用被采纳的全部证据认定案件事实，确定最终的案件处理结论的过程。无论在刑事诉讼还是民事诉讼、行政诉讼中，一个案件往往涉及相当数量、不同种类的证据，办案人员必须对全案的所有证据进行综合的审查、判断和运用，才能正确地认定案件事实和适用法律。一些司法解释在涉及证据时越来越多地明确强调要对证据进行“综合认定”，就是司法实践中日益重视全案证据综合审查运用的具体体现。在刑事诉讼过程中，侦查人员、检察人员和审判人员基于各自的诉讼职能，都需要综合审查判断运用证据；在民事诉讼、行政诉讼中，审判人员需要根据当事人的举证情况，综合审查判断运用证据。基于审判中心主义的要求以及裁判职能的特征，审判人员对于全案证据的综合审查运用，更为关键和具有决定性意义。此外，当事人及其辩护人、诉讼代理人在参与诉讼过程中，也需要对全案证据进行综合审查判断运用，以实现自己的诉讼目的，维护己方的权益，但这和公安司法人员尤其是审判人员对全案证据的综合审查运用有较大的区别。

二、全案证据综合审查运用的特征

全案证据综合审查运用具有如下特征：

1. 整体性。全案证据综合审查运用较之单个证据的审查判断最大的区别是需要从整体上去把握全案证据的情况，不仅要对单个证据的证据能力和证明力进行审查判断分析，还需要在此基础上对于全案证据是否已经足以认定案件事实作出整体把握和评估。在对证据进行审查判断分析的过程中，单个证据的审查判断分析是“点”，而全案证据的审查判断分析则是“面”，全案证据的综合审查运用需要“点面结合”，从而全面地、整体地对案件的证据体系建构是否完善、是否达到证明标准作出正确的认定，形成正确的案件处理结论。

2. 复杂性。单个证据的审查判断，尤其是个别疑难证据的审查判断如果说有一定复杂性的话，全案证据的综合审查运用则是案件办理过程中最为复杂的。全案证据的综合审查运用需要对案件所有证据的整体情况进行全面梳理、审查判断和分析把握，其复杂程度无疑更大、更难，这也就对办案人员的综合证据素养和总体把握能力提出了更高的要求。

3 终局性。全案证据综合审查运用的基本目的是在通过对案件中涉及的所有证据进行综合性审查判断分析运用的基础上对案件的最终处理作出决定，其结果体现为办案机关最终作出了案件的处理决定,因此,全案证据的综合审查运用具有终局性的意义。这种终局性主要体现在办案机关对全案证据进行综合审查运用后作出处理决定则相应诉讼阶段终结,如侦查机关最终作出是否移送审查起诉的决定;检察机关最终作出是否提起公诉的决定以及审判机关最终作出对案件的裁判。

第二节 全案证据综合审查运用的基本要求

全案证据综合审查运用是对办案人员在证据认定过程中对证据所进行的综合审查评断,其总体要求是办案人员应当在收集证据的基础上,判断证据与案件事实的客观联系、各证据的证明力大小以及证据之间的相互关系,通过甄别和对比印证,以此来排除矛盾和疑点,发现其内在联系,正确确定证据的证据能力和证明力以及是否已经形成完整的证据体系。具体而言,全案证据综合审查运用包括以下几个方面的基本要求。

一、以全面审查证据为基础

司法人员对全案证据进行综合审查运用,首先必须对所有在案证据进行全面的审查。全面审查证据是综合运用证据的前提,只有以全面审查证据为基础,才能对证据总体情况作出正确的判断,才能正确运用证据认定案件事实,最终得出正确的案件结论和作出正确的处理决定。司法人员负有查明案件事实真相,实现司法公正的诉讼职责,因此,全面审查证据在一定意义上是司法人员办理案件过程中必须履行的法定义务,正如最高法《民诉证据规定》第 85 条第 2 款规定,"审判人员应当依照法定程序,全面、客观地审核证据……";最高法《行诉证据规定》第 54 条规定"法庭应当……进行全面、客观和公正地分析判断,确定证据材料与案件事实之间的证明关系……"等。全面审查证据要求司法人员在办理案件过程中应当做到以下方面:

1. 对于案件中所有的证据都应当进行审查,全面把握。司法实践中,一个案件通常会涉及不同的证据种类,数量多少不一,在案件中所起的作用也有所不同。司法人员在办理案件时不能先入为主地认为哪个证据重要,哪个证据不重要,而是应当首先对案件中所有的证据都进行认真细致的审查,了解每一个证据的基本情况,然后再来进行筛选、分析、判断,这个过程可以称为从全面审查过渡到重点审查。正如最高法《行诉证据规定》第 54 条规定:"法庭应当对经过庭审质证的证据和无需质证的证据进行逐一审查和对全部证据综合审查……"只有对案件中所有的证据都进行了认真细致的审查,才能对全案的证据情况有总体的把握,对案件事实形成正确的判断。

案例 1 防城港皇家房地产开发有限公司诉蒋某林、中国太平洋财产保险有限公司防城港中心支公司因申请诉中财产保全损害责任纠纷案[1]

最高人民法院在裁判中认为:一审期间,防城港皇家房地产开发有限公司(以下简称皇家

〔1〕 参见最高人民法院民事裁定书,(2021)最高法民申 1215 号。

> 公司)提交了6份该公司的商品房买卖合同,用以证明保全前后房价下降导致其遭受损失;中国太平洋财产保险有限公司防城港中心支公司(以下简称太平洋保险防城港支公司)则提供防城港市住房保障和房产管理局、住房和城乡建设局官网以及房天下网站发布的房价信息,用以证明保全期间房价大幅上涨。2019年最高法《民诉证据规定》第88条规定:"审判人员对案件的全部证据,应当从各证据与案件事实的关联程度、各证据之间的联系等方面进行综合审查判断。"单个商品房买卖合同的价格可能受多种因素影响,与皇家公司提供的6份该商品房合同相比,当地房地产主管部门及相关专业网站发布的房价信息更能反映出当地房地产市场价格。蒋某林申请保全时皇家公司尚有1100多套没有销售,而根据蒋某林的保全申请,仅查封了其中的20个商铺及141套号屋。上述查封会对皇家公司的销售产生一定影响,但综合考虑查封比例与房价上涨等因素,二审判决认定皇家公司没有提供证据证实其因蒋某林申请财产保全而遭受损失,并无不当。

该案中,二审法院并没有简单地依据皇家公司提供的该公司的商品房买卖合同来认定其是否遭受了损失,而是审查了当地房地产主管部门及相关专业网站发布的房价信息等相关证据,"综合考虑"了查封比例与房价上涨等因素来认定其是否因蒋某林申请财产保全而遭受损失,体现了综合审查运用证据来认定案件事实的理念和做法,故得到了最高人民法院的肯定和支持。

2. 既要重视案件中实体性证据的审查,也要重视程序性证据的审查。诉讼案件中的证据既包括实体性事实的证据,也包括程序性事实的证据,但通常以实体性事实证据为主。由于受"重实体、轻程序"的传统司法观念的影响,司法实践中,办案人员往往会较为重视对案件中实体性证据的审查,这本身无可厚非,但是随着公民程序意识的提升,案件中的程序性证据的审查也日益重要。一方面,程序法事实与实体法事实之间并非截然分离,有的情况下程序法事实可以直接影响或者决定实体法事实。例如,刑讯逼供在未构成犯罪的情况下是程序法事实,但其涉及口供的真实与否则是实体法事实。另一方面,实践中控辩双方围绕程序性事实的争议日益增多,一些程序性事实的相关证据成为争议的焦点。例如,使用刑讯逼供或者威胁、引诱、欺骗等非法方法取证引发的非法证据排除争议日益突出,控辩双方的争议焦点往往围绕其中的证据问题展开。因此,司法人员在办理案件尤其是办理刑事案件审查证据时要做到"实体与程序并重",既要重视案件中实体性证据的审查,也要重视案件中程序性证据的审查。

3. 既要重视有利证据的审查,也要重视不利证据的审查。如果以是否有利于一方当事人为标准来划分,一个案件中的全部证据,可以分为有利证据和不利证据。例如,刑事诉讼中,证明犯罪嫌疑人、被告人有罪的证据是有利控方的证据,同时是不利辩方的证据。而证明犯罪嫌疑人、被告人无罪的证据是有利辩方的证据,同时是不利控方的证据。在民事诉讼、行政诉讼中,证明原告诉讼请求成立的证据是有利原告的证据,同时是不利被告的证据,而证明被告反驳理由成立的证据是有利被告的证据,同时是不利原告的证据。因此,司法人员在审查证据时,既要重视有利于一方当事人证据的审查,也要重视对该方当事人不利证据的审查,应当从正反两个方面去分析判断证据,全面把握证据,才能得出正确的结论。尤其需要注意在刑事诉讼中,司法人员要避免形成"有罪推定"的偏向控方的思维,过于看重有利于指控的证据,却轻视或者忽视审查有利于辩护的证据,而应当全面、客观地审查控诉证据和辩护证据，确保做到不枉不纵。

案例2 李某莲故意杀人案[2]

1998年10月9日17时，江西省遂川县两小孩在路边捡拾到四块桂花糖并吃下，当晚两人皆因此中毒身亡。公安机关经侦查认为，李某莲系犯罪嫌疑人，李某莲亦前后作出了11次有罪供述。但是在李某莲被宣布逮捕后，其全面推翻了前述有罪供述，称口供乃是公安机关刑讯逼供的结果。随后该案被移送审查起诉，并被提起公诉。一审法院根据李某莲先前的有罪供述，认为李某莲因不满肖某提出断绝两性关系，以及怀疑肖某的小叔子李锦某毒死其家的牲畜，投放毒糖杀死肖某的两个儿子，构成故意杀人罪。一审宣判后，李某莲提出上诉称其根本没有作案，有罪供述是刑讯逼供所得。最后，该案历经一审、二审、第一次再审、第二次再审，最终由最高人民检察院提出再审检察建议后由最高人民法院指令江西省高级人民法院再审，最终改判李某莲无罪。

该案中，李某莲的一审辩护律师指出，该案事实不清，证据不足。除李某莲的有罪供述以外，其他定罪证据主要是几名证人的证言，这些证言内容主要是李某莲买毒药及曾在案发前20分钟经过案发现场等。可见，这些证言均未能证明李某莲实施了投毒行为，而且亦有其他多位证人证明李某莲没有作案时间。但是，原一审法院并未采纳辩护律师有关该案证据体系的辩护意见。在第二次再审期间，辩护人通过对全案证据的细致分析，既运用充分的证据证明了李某莲没有作案时间，又从投毒动机、投毒条件及投毒行为的实施等多个方面，全面论证了除李某莲因刑讯逼供所作出的有罪供述之外，在案没有任何直接证据和客观证据能够证明李某莲实施了投毒行为。在案的有罪证据根本达不到法定的有罪证明标准。最终，江西省高级人民法院认为李某莲供述实施犯罪的关键情节缺乏证据印证，在案证据未形成完整证据锁链证明李某莲实施了犯罪行为，故而宣告李某莲无罪。该案中，原审法院对辩护人关于证据中有利于被告人的内容的分析不结合其他证据进行审查，对证明被告人没有作案时间的证人证言没有认真审查，是导致作出错误判决的重要原因。

二、以审查判断证明力为核心

证据的审查判断包括证据能力和证明力两个方面。一般而言，对于单个证据的审查判断，既应当注意证据能力的审查判断，也应当注意证明力的审查判断。但对于全案证据的综合审查运用，是建立在对案件中各个证据都已经进行了证据能力和证明力的审查判断的基础之上，在排除了不具备证据能力的证据的情况下进行的综合性、整体性的审查判断，因此证据的综合审查判断的核心是证明力的审查判断。证明力取决于证据与案件事实之间的关联程度，因此对证明力的审查判断应当主要从各证据与案件事实的关联程度方面进行综合判断。一般而言，证据不同，与案件事实之间的联系程度也会有异。当双方当事人在诉讼中各自提供的证据相互冲突时，将各自证据与案件事实之间进行关联性比较，就成为判断双方证据证明力大小的重要途径。在实践操作中，需要注意各个证据与案

---

〔2〕 参见江西省高级人民法院刑事判决书，(2018)赣刑再2号。

件事实之间联系程度的紧密等多样性关系，联系程度的紧密不同决定了证明力大小的不同，只有准确把握各证据之间的关系才能准确地认定案件事实。

证据的综合审查运用以证明力的审查判断为核心，在证据立法上有所体现，如最高法《刑诉法解释》在第四章第十节“证据的综合审查与运用”中第 139 条第 2 款就强调，“对证据的证明力，应当根据具体情况，从证据与案件事实的关联程度、证据之间的联系等方面进行审查判断”；最高法《民诉证据规定》第 85 条第 2 款规定，“审判人员应当……对证据有无证明力和证明力大小独立进行判断，并公开判断的理由和结果”等。司法人员在综合审查判断证据的证明力时应当做到以下方面：

1. 遵循认识规律，侧重审查证据共性。证据证明力的综合审查判断较之单个证据的审查判断无疑要更加复杂，更需要办案人员尤其是审判人员充分发挥聪明才智和思维能力。证明力的综合审查判断并不是单个证据证明力的简单重复或者叠加，而是对全部证据证明力的整体性审查判断，这就需要办案人员尤其是审判人员必须遵循认识规律，充分运用个人的生活经验、逻辑分析等方法，对全案证据进行综合性的分析和判断。最高法《民诉证据规定》第 85 条第 2 款规定：“审判人员应当依照法定程序，全面、客观地审核证据，依据法律的规定，遵循法官职业道德，运用逻辑推理和日常生活经验，对证据有无证明力和证明力大小独立进行判断……”最高法《行诉证据规定》第 54 条规定，法庭应当对证据“遵循法官职业道德，运用逻辑推理和生活经验，进行全面、客观和公正地分析判断，确定证据材料与案件事实之间的证明关系，排除不具有关联性的证据材料，准确认定案件事实”，这些规定就是对审判人员综合运用各方面知识进行证据证明力综合审查判断的具体要求。

证据证明力的综合审查判断虽然有赖于对单个证据证明力的审查判断，但更应当侧重于审查各个证据之间的共性，寻找共同点，从而确定证据整体的证明力。“应对证据之间的联系进行综合审查判断。如果全部证据相互印证，共同指向同一事实，可以考虑认定该证据的真实性、关联性，如果全部证据中存在冲突、矛盾，则可以进一步分析判断导致矛盾的原因，从而最终确定证据的真伪。”〔3〕这些共性审查的要求包括：用于定案的各个证据，都与案件事实具有关联性；每一个证据都查证属实，都共同指向待证事实；举证责任承担主体所举示的各个证据综合起来已经形成有机的整体，能够建构完整的证明体系；各个证据之间没有矛盾，或者虽有矛盾但能够得到合理解释；等等。证明力的综合审查判断并不是要求所有证据完全吻合一致，而是要求通过“求同存异”的分析、判断，能够形成所有证据中体现共性特征的能够足以定案的内容，从而使办案人员能够形成内心确信的结论。

2. 遵守证据证明力认定规则，评估全案证据的证明价值。在综合审查判断全案证据的证明力时，应当遵守证据证明力认定的基本规则。这些规则主要包括：（1）本证不应互增证明力的规则。如果案件中存在用来证明同一结论的多个证据，不能因为它们都支持同一结论，就认为它们均比原来可靠，即不能因为证据能够相互印证就认为它们一定更加可靠，这实际上无形中增大了每个证据的证明力，容易导致错误的事实判断。（2）反证的证明力不应被彻底排除的规则。案件中一个证据，不能因为其所支持的结论与其他多个证据支持的结论相反，而被认为不可靠并予以排除。这种做法是不符合逻辑的。（3）证

〔3〕　参见肖峰：《最高人民法院民事诉讼证据规则：条文解析与实务运用》，法律出版社 2022 年版，第 462 页。

明力的相互比较规则。任何一个证据的可靠性,取决于它的产生过程,针对同一案件事实的不同证据,可以按照一定规则比较其证明力的相对大小,如原始证据的证明力一般优于传来证据,直接证据的证明力一般优于间接证据等。[4] 需要注意的是,这些证明力认定规则具有相对性,不具有绝对性。

对全案证据进行综合审查运用时,应当注意从整体上评估全案证据的证明价值。一般而言,证据的证明价值是以其与案件事实的关联程度为基础的,关联性的大小就是关联程度。因此,办案人员尤其是审判人员对全案证据证明价值的综合评断,必须从证据的关联程度出发,在认定单个证据或者证据组合证明价值的基础上,根据案件具体情况及全案证据对待证事实的证明效果,依照内心的判断来形成最终的结论。

三、以正确把握证明标准为关键

对全案证据综合审查运用的最终目的和最终结果是对案件作出处理决定。司法人员在全面审查证据的基础上,通过对在案证据证明力的整体性、综合性审查判断,形成对案件事实认定的内心确信,进而对适用法律处理案件作出最终结论,而最终结论正确与否,最为关键的是取决于在形成结论时能否正确把握案件是否达到了法定的证明标准。

从司法实践来看,一些疑难、复杂的案件最终作出了错误的处理决定,导致在刑事诉讼中冤枉了无辜或者放纵了罪犯,或者在民事诉讼、行政诉讼中错误损害了一方当事人的利益,影响了司法公正。其原因可能是多方面的,但在法律层面上,究其根源往往是司法人员在全案证据综合审查完毕之后,未能正确把握案件的证明标准,从而形成了错误的判断。较为典型的是在刑事诉讼中,公安司法人员由于对“排除合理怀疑”“结论的唯一性、排他性”等证明标准问题未能正确把握,从而对原本依照证明标准应当认定为无罪的犯罪嫌疑人错误提起公诉,或者对被告人错误判决有罪,或者对原本依照证明标准应当认定为有罪的犯罪嫌疑人错误作出“存疑不起诉”决定,或者对被告人错误宣判无罪等。虽然证明标准的判断以客观证据为基础,但是证明标准的把握本身具有较强的主观性、抽象性,在很大程度上属于“自由心证”的范畴,因此,正确把握证明标准是衡量司法人员证据素养的重要标尺,是确保案件作出正确处理决定的关键所在。

案例3 丁某1故意伤害案[5]

丁某1家住在重庆市云阳县一个极为偏僻的山沟中,系独门独户,没有邻居,到最近的人家步行至少需要半个小时。2000年3月的一天傍晚,丁某1从工地回家,撞见其妻子胡某和其堂兄丁某2(系孤身一人的五保户)正在屋内偷情,丁某1遂对丁某2进行殴打,并用一根粗木棒将丁某2击倒在屋内。因为当天晚上丁某1要去给其表哥祝寿,便将丁某2从屋内移到屋外院坝内放置,此时丁某2尚能抽搐,丁某1便用一张毯子盖在丁某2身上。丁某1和胡某到其表哥家祝寿后留宿该处。第二天早上8时左右,丁某1夫妇回到家,发现丁某2已经死亡,毯子仍然盖在丁某2身上,现场无任何其他异常。丁某1遂潜逃。经法医检验,丁某2系被钝器击打头部导致严重颅脑损伤死亡。丁某1于2017年被抓获归案。检察机关经审查后认为本案不能

---

〔4〕 参见何家弘主编:《证据的审查认定规则——示例与释义》,人民法院出版社2009年版,第348-353页。

〔5〕 参见重庆市第二中级人民法院刑事判决书,(2019)渝02刑初31号。

排除其他人作案的合理怀疑，遂对丁某1作出不起诉决定。2019年，该案重新提起公诉。后丁某1被判处有期徒刑12年。

该案全案证据既包括案发后公安机关当即展开侦查收集的全部证据，也包括丁某1潜逃多年归案后侦查机关收集的相关证据。原承办检察人员认为不能排除他人作案的合理怀疑的主要理由是：丁某1夫妇离开现场的时间为晚上8时许，第二天早上8时左右返回现场，其间有12个小时左右的间隔，不能排除有其他人作案打死丁某2的可能性，故该案不能排除合理怀疑。但从该案全案证据来看，这种怀疑是错误的，既没有任何证据佐证，也不符合逻辑、情理，是凭空起疑，帮助犯罪嫌疑人假设事实、情节，该怀疑没有合理性。主要体现在：从现场勘查来看，结合现场目击证人胡某案发后的证词、被告人供述、维护现场的民兵连长的证词等言词证据，现场是原始案发现场，现场无任何外人介入的证据；从案发时间和地点来看，案发时已经是天黑入夜，且案发地极为偏僻，独门独户，离其他人家距离很远，案发年代交通、通讯不畅，可以排除他人知晓丁某2在案发处来加害的可能性；死亡原因清楚，尸检报告证实被害人死亡原因系钝器击打，犯罪工具木棒经胡某提交确认收集在案（后因年代久远遗失）；现场目击证人胡某的证言和丁某1归案后收集的证言都证实了案发经过；被告人供述稳定，从未翻供；丁某1表兄证言、民兵连长证言、村主任证言、旁观尸检的群众的证言等相关言词证据等，均能够证实系丁某1实施了故意伤害致人死亡的行为。该案完全达到了“事实清楚、证据确实、充分”的证明标准，原承办检察人员认为该案不能排除合理怀疑系对证明标准的错误认识。该案起诉后被告人被判处12年有期徒刑且服判未上诉也证明原不起诉决定是错误的。该案充分证明了对全案证据综合审查之后，正确把握证明标准的关键性、重要性。

第三节　全案证据综合审查运用的基本方法

从方法论的角度来说，司法实务中，对证据如何进行综合审查运用，并无统一做法，也不可能采取统一的模式，只能有大致的方法。例如，就证据综合审查运用中最重要的综合审查判断这一环节的方法而言，实务工作者的主张就各异。有观点认为，从文义解释出发，应分别审查判断各个证据之间的关联性和各个证据分别与待证事实之间的关联性，分别确定各个证据的证明力大小，然后简单将证明力相加或合并完成多份证据的证明力大小判断。也有观点则认为，可根据证明方向不同将不同证据进行分组审查判断认定。首先，对同一待证事实，存在多份相同证明方向的证据，应按“先并后认”规则处理。将多个相同证明方向的证据归为一组，再综合该组证据之间的联系以及该组证据与待证事实之间的联系，确定该组证据的证明力大小。其次，对同一待证事实，存在相反证据时，应当按“先认后并”规则处理。如果某方提供的证据有多份时，还应当先进行“先并后认”，再进行“先认后并”。〔6〕还有观点主张，综合判断证据方法按逻辑推理大致可分为三步：第一，对证据逐个甄别，判断其证据资格有无。司法人员对证据材料加以初步筛选、审查、判断，

〔6〕　参见应秀良：《论民事审判中法官如何“认证”》，载《法律适用》2013年第6期。

根据证据的来源、特征、性质、表现形式等加以识别、判断得出是否具备证据资格的结论。第二,对相关证据进行交叉对比。根据事物的本质特征或内在属性的同一性原理,对具有可比性的证据材料加以分析、印证,确认其异同和真伪。第三,综合印证。综合考查所有证据之间的相互关系以及这些证据与案件事实之间的关系,注重证据之间、证据与事实之间的矛盾和排除,使证据彼此互相鉴别、证明,以发现案件真实。[7] 就更为宏观的证据综合审查运用而言,在司法实践中,可以采取以下基本方法。

一、确定核心证据

全案证据收集完毕之后,案件的证据体系已经形成。司法人员对全案证据进行综合审查运用,目的就是在既有证据体系的基础上,围绕控辩双方或者当事人的诉讼主张和争议焦点,通过对证据的分析判断,查明案件事实,依法作出处理决定。这就需要司法人员在对全案证据综合审查运用的过程中掌握一定的技巧和方法,其中首要步骤是根据全案证据,正确分析认定案件事实的关键或者“争点”“焦点”在何处,然后围绕“争点”“焦点”问题在全案证据中确定核心证据。案件的证据体系一般由不同种类、不同数量的若干证据构成,不同的证据,在证明案件事实上所起的作用大小亦不同。因此,按照证据证明力的不同,可以将在案证据分为核心证据和非核心证据。所谓核心证据,是指证据所包含的事实信息与案件的基本事实很接近,对案件基本事实尤其是核心事实、关键事实的证明力较强,对案件事实认定所起作用较大的证据。由于核心证据证明的内容与案件的基本事实呈现对应关系,因此,正确确定核心证据,对于正确认定案件事实具有非常重要的意义。一般而言,应当从以下方面确定案件的核心证据:

1. 围绕案件核心事实确定核心证据。任何一个案件,如果控辩双方或者原被告双方有争议,都会形成争议的“焦点”,而“争议焦点”往往也就是案件的“关键点”所在,对于认定案件事实具有至关重要的作用,因此,案件中围绕事实问题的争议焦点通常就是案件的核心事实,查清核心事实,基本上就可以正确认定全案事实。即使控辩双方或者原被告双方没有争议的案件,如刑事诉讼中的认罪认罚案件、民事诉讼中当事人自认案件等,基于查明实体真实的诉讼理念,司法人员尤其是审判人员也应当查清案件事实,才能作出处理决定,这同样需要司法人员确定案件的关键点,查明案件的核心事实及其是否有相应证据证实,进而才能正确认定全案事实。因此,在办理案件时,首先应当围绕案件的核心事实确定核心证据。例如,在诈骗犯罪中,控辩双方争议的焦点往往都是行为人是否具有非法占有的目的,那么行为人是否具有非法占有的目的就是案件需要查明的核心事实,围绕能否证实行为人是否具有非法占有的目的的相关证据就应当确定为核心证据;又如,在借款纠纷中,原告举示转款凭证以证明系其借款给被告,而被告主张该转款凭证系原告归还自己借给原告的欠款的转款记录,则该案中核心证据并不是转款凭证,而是能否证明所转款项的性质的证据。需要注意的是,案件中的核心证据包括正、反两个方面的证据,肯定所主张事实存在的证据或者否定所主张事实存在的证据都有可能成为核心证据。

---

〔7〕 参见肖峰:《最高人民法院民事诉讼证据规则:条文解析与实务运用》,法律出版社 2022 年版,第 462 页。

案例4　张某诉李某借款纠纷案〔8〕

原告张某向重庆市沙坪坝区人民法院诉称：被告李某向其借款30万元，双方系口头协议，自己通过银行转账借给李某30万元。其向法庭举示的证据为银行转款凭证一张，该凭证未注明款项性质，无其他证据。被告李某辩称：该30万元系原告张某归还从李某处的借款，而不是其向张某借款。张某和李某因炒股认识后关系较好。张某因其丈夫涉嫌犯罪被采取强制措施后，为了“捞人”而数次向其借钱，每次都是拿的其做生意的备用现金或其从银行取出的现金，数额不等，累计达到三十万零几千元，双方核算后抹去了零头，张某向李某出具了借条。在张某将30万元归还汇入其账户后，李某当着张某的面撕毁了借条。过了几个月后，被张某诉至法院。由于双方各执一词，后经双方协商一致同意，到某政法大学司法鉴定中心进行测谎，以测谎结论作为定案的依据。本案最终判决原告败诉，原告服判未上诉。

该案原告张某认为其向法庭举示的转款凭证即可证明其借款给李某的事实，但在转款凭证没有注明款项性质而被告李某主张其系还款的情况下，案件的核心事实并不是张某是否向李某转款，而是所转款项的性质是借款还是还款。在这种情况下，能够证明款项性质的证据才是核心证据，而转款凭证不具有该证明力，因此并不是核心证据。由于李某辩称其借给张某的钱系现金，但借条又已经撕毁，其也无法举出借款给张某的书证。虽然原被告协商一致同意以测谎结论作为定案的依据，且该案法官裁判实际上也采信了测谎结论，但在法律意义上，测谎结论只具有参考价值，即使在民事诉讼中也不宜作为证据使用，因此，在该案中测谎结论也不是核心证据。该案的核心证据应当是双方当事人的陈述而不是转款凭证。法官可以通过对双方当事人的陈述是否合理，是否符合逻辑，是否符合生活经验以及陈述内容的详细程度、一致程度，有无相应佐证证据印证等来综合审查判断双方陈述的真伪。

2. 根据案件具体情况确定核心证据。司法实践中对诉讼案件有“类案”和“个案”的划分。类案泛指某一类型在事实、情节等方面均较为相似的案件；个案则泛指每一个具体的单独的案件。虽然“类案”有相似之处，但实际上每一个具体案件都会有所不同。如果从案件的时间、地点、人物等构成要素来看，可以说没有哪两个案件是一模一样的。因此，在办理案件的过程中，应当根据案件的具体情况来确定核心证据。此外，由于一个案件可能涉及多项事实、情节的认定，因此案件中的核心证据可能有一个，但也可能有几个。例如，强奸案件中，犯罪嫌疑人、被告人对犯罪事实供认不讳的，其口供是案件的核心证据，而犯罪嫌疑人、被告人对发生性行为没有异议，但辩称系被害人自愿的，则被害人陈述或者其他能够证明被害人是否自愿的重要证据就可能是案件的核心证据。又如，在行政诉讼中，通常证明行政行为是否具备合法性的证据是核心证据，但如果涉及损害赔偿的，则证明损害事实存在以及赔偿金额大小的证据也属于核心证据。从证据种类来看，一个案件中的核心证据有可能是犯罪嫌疑人、被告人或者原告、被害人等当事人陈述，也有可能是同案犯的供述、现场目击证人的证言、书证、视听资料、电子数据等，必须根据具体案情进行具体分析后再视情况确定。从证明力比较的角度来看，如果案件中同一待证事实既有原始证据证明，也有传来证据证明，通常可以将原始证据确定为核心证据；同一待证事

〔8〕　本案系笔者参与测谎处理的案件。

实既有直接证据证明，也有间接证据证明的，通常可以将直接证据确定为核心证据。

案例5 闫某某故意杀人案[9]

闫某某与被害人石某某（女，殁年27岁）均暂住于某地下停车场房屋内。2016年12月10日凌晨2时许，闫某某因与石某某发生言语冲突，遂在地下停车场北侧通道，持砖块追打石某某。过程中，闫某某持砖块猛击石某某头面部6次，致石某某倒地，闫某某将砖块扔在现场附近后逃离。由于石某某尚未死亡，闫某某多次返回地下停车场查看石某某情况，但始终未拨打求救电话。2016年12月10日5时许，石某某被他人发现，送医救治无效身亡。经鉴定，石某某符合被他人用钝性物体多次打击头面部、双上肢，致颅脑损伤合并创伤失血性休克死亡。2016年12月10日，闫某某被公安机关查获归案。

法院认为，该案的证明难点在于能否认定闫某某故意杀人的事实。闫某某到案后供述有所反复，且该案发生于凌晨的地下停车场，除了闫某某和石某某之外并无目击证人。但是，公安机关从物业公司调取现场监控录像显示，案发地点有6组摄像头，涉及该案中心现场，能够反映作案人、被害人衣着，侵害手段、次数，侵害部位等，可以将监控录像作为核心证据，以此为基础确认闫某某的行为。（1）监控录像显示，2016年12月10日2时34分，一男一女出现。男子在女子背身躲避的情况下，右手仍抓住女子衣襟，左手持物体，在追赶过程中持物体猛击女子头部6次以上。录像画面反映，在女子用手捂头躲避的情况下，男子仍然准确、持续击打女子头部。该男子案发后三次返回现场。女子在男子重返现场离去后尚未死亡，上肢尚有微弱活动。上述情况与闫某某供述相互印证。（2）侦查人员抓获闫某某时，从其身上提取羽绒服1件、毛衣1件、外裤1条等物品，从石某某身上提取外衣1件、连衣裙1件等物品。从发现石某某被害到抓获闫某某时间不到3小时，结合闫某某并未更换衣裤的供述，可以确认闫某某作案时身穿衣物的特征（紫毛衣、蓝色裤子、头戴帽子）和被害人衣物特征（全身黑色），通过与监控录像中人物衣着的比对，可以作出同一认定。（3）监控录像显示作案人曾在现场附近抽烟，而现场勘验笔录显示，该案中心现场位于某地下停车场，除大量血迹和砖头碎片之外，还提取到烟蒂7枚，经鉴定，中心现场的烟蒂为闫某某所留。同时，监控录像显示作案人与被害人距离较近，且案发后从闫某某的外裤上提取到被害人血迹，足以认定闫某某曾经身处中心现场且与被害人发生过近距离接触。综上，闫某某故意杀害石某某的犯罪事实，可以监控录像为基础，通过物证、现场勘查笔录、证人证言等证据的相互印证，形成完整证据链条。

二、组织佐证证据

在证据体系中确定核心证据之后，应当围绕核心证据证明的内容，在其他证据中寻找、组织能够补强核心证据的证明力，佐证其证明内容的佐证证据，使两者包含的事实信息能够共同指向案件事实。所谓佐证证据，也称为辅助证据，是指对争议事实提供补充证明作用，支持基本证据证明力的证据。核心证据和佐证证据之间的区别主要在于证明力强弱，证明力强的证据是核心证据，证明力相对较弱的证据则是佐证证据。核心证据一般直接指向待证事实，对案件事实的认定起实质证明作用，而佐证证据一般间接指向待证事实，对案件事实的认定起辅助证明作用。在全案证据综合审查运用的过程中，应当从以下方面组织佐证证据。

[9] 参见杜邈：《证据为王："阶层式"刑事证明思维的应用》，中国法制出版社2022年版，第368－370页。

1. 根据待证事实的同一性组织佐证证据。刑事证明过程中,同一待证事实可能存在多个证明方向大致相同的证据。因此,在既有证据体系中寻找、组织佐证证据,可以根据核心证据指向的待证事实,按照所寻找、组织的佐证证据与核心证据指向的待证事实是否具有同一性的基本标准来进行。例如,一起故意杀人犯罪案件,被告人供述其因为借款纠纷持刀杀死了被害人。该有罪供述是本案的核心证据。该供述至少涉及三个方面的待证事实:一是犯罪起因系借款纠纷引发;二是犯罪方法是持刀捅杀;三是犯罪结果是被害人被杀身亡。在全案证据综合审查运用时,就应当寻找、组织能够证明前述三个方面待证事实的其他相关证据,如被告人和被害人签订的借款合同、转款凭证、被告人多次向被害人催收还款的短信、微信聊天记录等,与口供中关于本案犯罪起因的供述内容所指向的待证事实具有同一性,这些证据就属于该部分待证事实的佐证证据;被告人对所持刀具的辨认笔录、照片,提取的刀把上的被告人的指纹鉴定意见等,与口供中关于犯罪方法的供述内容所指向的待证事实具有同一性,这些证据就属于该部分待证事实的佐证证据;被害人的尸体解剖报告等,与口供中关于犯罪结果的供述内容所指向的待证事实具有同一性,这些证据就属于该部分待证事实的佐证证据;等等。所有这些佐证证据组织起来,就成为全案中核心证据的佐证证据。

同时,应当注意根据"同一性"组织佐证证据时,不能出现与核心证据的证明指向不同的"反向证据"。例如,核心证据证明的待证事实是行为人主观上出于过失,围绕其主观方面出于过失而去组织的佐证证据中就不能出现有可能证明其主观方面出于故意的证据,否则可能需要重新构建案件的证据体系;核心证据证明的待证事实是行为人出于疏忽大意的过失,所组织的佐证证据中就不能出现有可能证明其出于过于自信的过失的证据,否则可能需要重新构建案件的证据体系。又如,合同纠纷中核心证据证明的待证事实是合同无效,所组织的佐证证据中就不能出现有可能证明合同有效的证据,否则可能需要重新构建案件的证据体系。从证据运用的角度来看,在核心证据证明的案件基本事实确定的情况下,所组织的佐证证据中如果存在可能产生反向证明效果的证据,且不能得到合理解释或者矛盾和冲突得不到合理解释的,则不应当纳入该核心证据形成的证据体系范围。

2. 审查佐证证据的证据能力和证明力,与核心证据之间是否相互印证。任何证据要作为定案的依据,都应当同时具备证据能力和证明力。在证明体系构建过程中,审查判断核心证据是否具备证据能力和证明力无疑最为重要,但应当注意的是,在对全案证据综合审查运用时,不能忽视对佐证证据的证据能力和证明力的审查判断,因为佐证证据虽然只对核心证据起辅助、补充作用,但是其对案件事实的证明仍然具有一定的作用。因此,对于佐证证据同样应当重视对其证据能力和证明力的审查。例如,案件中有一个现场目击证人目睹了犯罪事实的发生,该证人的证言可能成为案件的核心证据之一,而该证人曾经将所见所闻转述给其他人员,即案件存在传闻证人,则侦查人员应当注意收集传闻证人的证言,检察人员、审判人员也应当注意审查判断所收集的传闻证言是否具备证据能力和证明力,从而可以进一步审查现场目击证人证言的证明力。同时,在全案证据中组织佐证证据时,应当注意佐证证据与核心证据之间在证据内容、证明指向等方面是否能够做到相互印证。如果佐证证据不具备证据能力和证明力,不能与核心证据相互印证,往往可能会反映出案件在证据收集运用中存在不同程度的问题。需要强调的是,佐证证据和核心证据之间的相互印证不能过于机械,不能强求核心证据中涉及每一个情节、环节都一定要有相应证据佐证,如果核心证据中某一个情节、环节缺乏佐证证据,但是能够得到合理解释的,并不影响对核心事实、基本事实的认定。

三、排除证据矛盾

所谓证据矛盾,是指证明同一待证事实的不同证据之间相互冲突。证据矛盾表现为不同证据之间证明指向不具备“同一性”,或是一定程度的不一致,甚至可能完全是“反向证明”。证据存在矛盾,会增加正确认定案件事实的难度,会导致办案人员受到不同证明指向证据的影响,有可能作出错误的认定。在全案证据综合审查运用时,必须要正确认识和排除证据矛盾。具体而言:

1. 理性看待证据矛盾,审慎发现证据矛盾。从哲学上来说,矛盾具有普遍性,即矛盾存在于一切事物中,并且贯穿于事物发展过程的始终。必须理性地看到,在司法实践中,案件证据存在矛盾是常态,丝丝相扣、完美无瑕的证据样态只是理想图景。证据之间出现矛盾的原因很复杂,如不同办案人员的证据素养、办案能力、认识角度不同就会对同一证据形成不同的判断;诉讼的“争斗性”“竞技性”容易导致证据出现虚假;等等。从司法实践来看,所有证据都完全相互印证,没有任何矛盾和冲突的案件是不存在的,或多或少都会出现一些矛盾,甚至有的矛盾根本无法解决,如甲证人说案发时间是早上7时,而乙证人说是8时,如果没有其他证据证明准确时间,这个矛盾就一直存在。因此,案件中证据出现矛盾是很正常的司法现象,符合唯物主义原理,办案人员需要做的是如何在证据收集审查判断运用的过程中,通过正确的方法,发现证据矛盾,进而找出解决证据矛盾的路径。

在司法实践中,应当秉持对案件认真负责的审慎态度,通过多种方法发现证据矛盾,如证据比对是发现矛盾的主要方法,主要包括:(1)部分比对法。案件事实是由多个事实要素共同组成的,首先要将证明同一事实要素的不同证据进行比对,审查其反映的情况是否一致,能否共同证明该事实。如盗窃犯罪案件中,将被害人陈述与起获赃物的种类、大小、颜色等进行比对,确认被害人反映的犯罪对象这一内容是否真实可信。(2)全案比对法。犯罪嫌疑人供述等直接证据能够指向案件基本事实,要将其反映的各个事实情节与全案证据进行比对,判断证据之间是否存在矛盾。有的案件中,犯罪嫌疑人供述与部分证据看似相互印证,如同案犯、对合犯订立“攻守同盟”,如果以更为广泛的视角进行审查,仍会发现全案证据之间的矛盾。[10]

2. 厘清不同类型证据矛盾,正确排除证据矛盾。矛盾论的基本原理同样适用于证据矛盾。根据不同的标准,可以将证据矛盾分为多种类型,如根据单个证据在定案中的地位和作用,可以将证据矛盾分为根本矛盾和非根本矛盾,前者是指影响基本事实认定的重大矛盾,后者是指不影响基本事实认定的非重大矛盾;[11]根据证据的证明指向,可以将证据矛盾分为影响实体性事实认定的矛盾和影响程序性事实认定的矛盾;根据证据矛盾在事实认定中的影响比重,可以将证据矛盾分为主要矛盾和次要矛盾;等等。在证据综合审查运用过程中,发现证据矛盾后,首先要分析该矛盾属于何种类型,是否对定案产生影响,具有何种影响力,进而针对性地采取适当的证据完善方法,正确排除证据矛盾。例如,对于

---

〔10〕 参见杜邈:《证据为王:“阶层式”刑事证明思维的应用》,中国法制出版社2022年版,第262页。
〔11〕 参见龙宗智:《试论证据矛盾及矛盾分析法》,载《中国法学》2007年第4期。

证据之间存在根本矛盾,即主要证据之间存在矛盾且足以影响案件基本事实认定的,必须采取必要的方式予以排除或者解决:如果案件已经到了诉讼终结的时间节点,如侦查、起诉、审判的期间届满,应当按照"有利被告"的原则处理;如果案件尚处于诉讼进程之中,尚有解决的时间和空间,可以通过相关程序,进一步收集完善证据来排除矛盾。而对于非根本矛盾,即次要证据之间存在矛盾,对定案影响不大或没有影响的,一方面可以尽量采取补正措施排除矛盾,另一方面也可以通过对次要矛盾作出合理解释等方式来排除矛盾。司法实践中,应当正确甄别矛盾的性质,集中力量排除根本矛盾,而对于非根本矛盾,可以适当放宽采纳、采信的容许尺度。例如,在刑事诉讼中,"审查证据矛盾还要看矛盾是影响到案件事实的认定,还是只是细枝末节的差异。对于案件细枝末节存在的矛盾,因此并不影响定罪量刑,只需客观认定其存在,作出适当的处理或者解释即可。对于事关定罪量刑的关键事实存在证据上的矛盾时,必须进行严格审查、准确判断,依法排除虚假证据,否则不能将其作为定案依据"[12]。

案例6 晏某某故意杀人、抢劫案[13]

检察机关指控:被告人晏某某因分家、建房等问题与其父晏甲(殁年76岁)产生矛盾,遂蓄意谋害。2006年6月13日晚,晏某某潜入晏甲家中,趁晏甲、陈某某夫妇熟睡之机,持锄把击打晏甲头部数下,还用挖勺、拳头击打晏甲眼部数下。陈某某被惊醒欲起身,晏某某又持锄把猛击其头部一下,将其打倒在床上,还用锄把击打其左边手臂一下。之后,晏某某扼压陈某某颈部逼迫其说出家中藏钱处,并抢走现金人民币2800元。晏甲因被钝器打击头部致严重颅脑损伤于案发当晚死亡,陈某某的损伤程度为轻伤。

重庆市第二中级人民法院经依法公开审理后认为,检察机关指控被告人晏某某杀害晏甲、打伤陈某某并劫取钱财的事实不清,证据之间存在的疑点和矛盾无法排除,指控的罪名不能成立,不予支持,判决被告人晏某某无罪。一审宣判后,检察机关提出抗诉,重庆市高级人民法院裁定驳回抗诉,维持原判。

该案的证明难点在于如何分析晏某某供述与被害人陈述之间的矛盾。晏某某到案后先是供认犯罪事实,随后全面翻供,庭审时辩解其没有杀害其父晏甲。晏某某在侦查阶段的供述和陈某某的陈述虽在表面上相互印证,但一方面晏某某的有罪供述不合情理,被害人陈某某的前后陈述内容不一致,且有不合情理之处,另一方面晏某某的认罪供述与陈某某的陈述之间在一些关键细节上也存在根本性的矛盾,足以影响案件事实的认定。例如,晏某某供述其蒙面作案,而陈某某则称凶手没有蒙面。陈某某陈述凶手右手持棒行凶,又反映晏某某习惯用左手,而晏某某供述其左手持棒行凶,供证矛盾明显。陈某某陈述晏甲被打后一直在哼,凶手让她交出钱放他们一条生路,后来凶手从屋里取来两根棕绳捆上她和晏甲的双脚。晏某某供述他用木棒使劲打晏甲头部,怕晏甲没有死,又用挖勺挖晏甲,后来用绳子将陈某某的双脚捆起来,晏甲一直躺在床上没有动。对于是否捆了晏甲的双脚,二人描述存在矛盾。综上,据以定案的核心证据是陈某某的陈述和晏某某的有罪供

---

[12] 参见贾宇主编:《刑事客观性证据审查运用指引》,中国检察出版社2022年版,第221页。

[13] 中华人民共和国最高人民法院刑事审判第一、二、三、四、五庭主办:《刑事审判参考》(总第83集),法律出版社2012年版,第22-32页。

述,两项证据内容前后不一、不合情理,彼此在关键细节上也存在矛盾,无法验证真实性。在证据无法排除根本矛盾的情况下,法院只能按照"疑罪从无"的原则作出无罪判决。

四、评估证明体系

对全案证据综合审查运用时,在确定了核心证据,组织了佐证证据,排除了证据矛盾,对案件的基本事实和证据情况都充分把握了之后,应当从整体上评估全案的证明体系是否已经足以定案。证明体系是指承担证明责任的主体如何运用既有证据去证明诉讼主张,说服裁判者,实现诉讼目的。证明体系更侧重于对既有证据如何运用的动态理解。因此,对全案证据的审查运用是在案件的证据体系已经形成的基础上进行的,既包括了对证据体系的审查判断,也包括了对证明体系的审查判断,前者是基础,后者是高阶。一般而言,司法实践中,应当从以下方面对案件的证明体系是否完善作出评估。

1. 待证事实是否都有相应的证据证明。"综合审查判断认定证据是诉讼活动中的重要一环,是在案件有多个证据时必须用到的规则,其核心就是判断现有全部证据是否已形成完整证据链并足以证明待证事实。"[14] 司法人员对全案证据综合审查判断之后,首先应当评估案件涉及的所有待证事实是否都有相应的在案证据予以证明。在刑事诉讼中,应当审查评估作为认定犯罪嫌疑人、被告人犯罪、犯何种罪、决定是否对其判处刑罚、判处何种刑罚的依据的事实,包括构成某种犯罪的各项要件事实和影响量刑的各种情节,是否都有办案机关经过法定程序收集的证据证明;在民事诉讼、行政诉讼中,应当审查评估原被告双方提出的诉讼主张的事实基础是否都有相应的证据证明。如果案件中存在需要进行事实推断等情形,应当评估根据现有的基础事实以及推定、推论、司法认知、经验法则等相关证据规则能否对该待证事实作出推断和认定。

2. 证明责任的分配是否适当。证明责任的分配在很大程度上会影响甚至决定诉讼的结局,因此,司法人员在对全案证据综合审查运用时,应当注意审查评估案件中涉及的证明责任分配是否依照法律规定的规则来予以分配。司法实践中,一些司法人员往往忽视案件中的证明责任分配问题,从而错误地让不应当承担证明责任的一方承担了证明责任,并由此承担了不利的法律后果。例如,在一起盗窃案中,犯罪嫌疑人、被告人辩解其具有立功表现,办案人员认为该辩解系辩方主张,应当由辩方提供相关材料,故而没有收集犯罪嫌疑人、被告人是否具有立功表现的材料,这就是证明责任分配错误;民事诉讼中证明责任分配规则较之刑事诉讼更为复杂,存在多种证明责任倒置的情形,综合审查时更应当注意案件中证明责任的分配是否适当;行政诉讼中,虽然一般情形下实行证明责任倒置,被告行政机关承担证明责任,但是行政损害赔偿中,原告应当对损害事实承担证明责任等。对于案件中证明责任分配不当的,对全案证据综合审查时就应当及时予以纠正、补救。

3. 综合全案证据,是否已经达到证明标准。全案证据综合审查运用的最终落脚点,是要充分评估综合全案证据,是否已经达到了法律规定的证明标准。如前所述,正确把握证明标准是全案证据综合审查运用的关键所在。司法人员在每一证据均经查证属实的基础上,经过对证据的综合审查,运用法律知识、证据素养、逻辑推理和日常生活经验等进行分

[14] 肖峰:《最高人民法院民事诉讼证据规则:条文解析与实务运用》,法律出版社 2022 年版,第 462 页。

析、判断，最终需要确定认定案件事实是否已经达到法律规定的“排除合理怀疑”“高度盖然性”“优势证明”等相应的证明标准，从而对案件的处理作出最终的决定。

五、强化证据说理

司法人员对全案证据综合审查运用之后，对案件事实的认定和案件如何处理已经形成结论，其中必然有其对证据分析判断的相关理由和依据。从司法实践来看，侦查人员的呈请侦查终结报告书、检察人员的公诉案件审查报告、审判人员的案件审理报告和判决书以及辩护人的辩护词等法律文书中，都会涉及对证据的分析。但是总的来看，实践中法律文书的“说理”未得到办案人员的足够重视，很多文书分析说理都较为简单，故学界有法律文书尤其判决书“不讲理”的说法，这也是公安司法机关尤其是法院一再强调法律文书尤其是判决书应当“释法说理”，加强论证的原因所在。在实践中，法律文书即使“讲点理”，也大多关注对案件实体处理结果的论证，较少对其中涉及的证据问题进行详细的分析论证，这种做法是很值得商榷的，对全案证据综合审查运用之后，应当强化对案件中证据问题的分析说理，尤其是对疑难复杂案件，更应当高度重视其中的证据说理。值得一提的是，最高法《民诉证据规定》对于强化审判人员裁判时的“证据说理”予以了强调，其第85条第2款规定，审判人员应当“……对证据有无证明力和证明力大小独立进行判断，并公开判断的理由和结果”，值得充分肯定。在办理案件过程中尤其是案件处理终结时，应当在法律文书中强化对证据的“释法说理”，主要原因如下。

1. 强化证据说理有利于增强案件处理结论的说服力。案件经过一定的诉讼期间，最终必须作出处理结论。经过对全案证据的综合审查运用，司法人员最终所得出的结论是否正确，首先取决于其所认定的案件事实是否正确，而所认定的案件事实是否正确取决于其对全案证据的分析、判断、把握是否正确，因此，案件处理结论的正确与否是以全案证据综合审查运用正确与否为前提，尤其是疑难、复杂案件更是如此。这就需要司法人员“用证据说话”，通过强化对全案证据的综合分析、说理来充分论证自己作出事实认定的依据，进而论证法律适用的依据，切实做到得出的结论“有理有据”，增强案件处理结论的说服力，使案件的处理结论能够得到认可、信服。

2. 强化证据说理有利于提升司法的公信力。随着司法公开的不断深入，裁判文书公开已经是实践中的基本做法。需要对外公开的法律文书尤其是判决书，是司法的语言，是诉讼活动的载体，也是司法人员进行司法活动的证明书。一份好的法律文书，如果能够阐明事理、释明法理，不仅可以让诉讼双方胜败皆明，实现定分止争，而且可以提升司法公信力，增强司法权威，彰显司法公正，这也是倡导法律文书要“说理”的主要原因所在。而法律文书尤其是裁判文书的说理，不仅要论述法律问题，更要充分对证据进行分析论证，“裁判文书证据说理是‘以事实为依据，以法律为准绳’的必然要求，直接关系到裁判结论的正当性和可接受性”。〔15〕法律文书只有通过深入详细、有说服力的证据“说理”，使人民群众充分了解案件的证据情况，理解司法人员据此作出事实认定和作出处理结论的依据和理由，才能增强民众对司法公正的信任感，有效提升司法的公信力。

---

〔15〕 参见罗灿：《刑事裁判文书证据说理的现实图景与完善路径》，载《中国应用法学》2022年第4期。

典型案例评析

案例 14－1 聂树斌故意杀人、强奸妇女案[16]：再审判决书是综合审查运用证据，强化证据说理的典范之作（节选）

中华人民共和国最高人民法院
刑事判决书
（2016）最高法刑再 3 号

原公诉机关：河北省石家庄市人民检察院

申诉人、诉讼代理人、原审被告人、原审诉讼过程、申诉理由、诉讼代理人理由、最高人民检察院意见（略）

经再审查明（略）

本院认为，这一认定事实不清、证据不足，不予确认。具体评判如下：

一、聂树斌被抓获之时无任何证据或线索指向其与康某 1 被害案存在关联

原审认定，石家庄市公安局郊区分局在侦破此案时，根据群众反映将聂树斌抓获。诉讼代理人提出，公安机关没有掌握聂树斌任何犯罪事实和犯罪线索，仅凭主观推断锁定其为本案犯罪嫌疑人，并对其采取强制措施；检察机关认为，聂树斌到案经过与原案缺乏直接关联，确定其为犯罪嫌疑人缺乏充足依据。对此问题，本院经审查，评判如下：

1. 原审卷宗内没有群众反映聂树斌涉嫌实施本案犯罪的证据或线索。经查，离案发现场约 2 公里的石家庄市电化厂平房宿舍区有一个公共厕所，据公安机关出具的抓获证明记载，附近有群众反映，一名骑蓝色山地车的男青年常在附近闲转，看到有人就进厕所；破案报告记载，群众反映在电化厂平房宿舍周围有一名男青年经常出现，有流氓、盗窃行为，康某 1 被害案专案组遂组织人员在此蹲守。1994 年 9 月 23 日 18 时许，聂树斌骑一蓝色山地车路过时，侦查人员认为其像群众反映的男青年而将其抓获。因此，聂树斌被抓获仅因其疑似群众反映的男青年，并非因群众反映其涉嫌实施本案犯罪。聂树斌被抓获之前，办案机关并未掌握其实施本案犯罪的任何证据或线索。

2. 原审卷宗内无证据证实聂树斌系群众反映的男青年。经查，原审卷宗内仅有“群众反映”的表述，没有关于具体是何人反映的证据，也没有组织群众对聂树斌辨认的证据，更没有群众反映的那个男青年与康某 1 被害案存在关联的证据。

综上，对诉讼代理人提出的侦查机关抓获聂树斌时并不掌握其任何犯罪事实和犯罪线索的意见，对检察机关提出的确定聂树斌为犯罪嫌疑人缺乏充足依据的意见，本院予以采纳。

二、聂树斌被抓获之后前 5 天的讯问笔录缺失，严重影响在卷讯问笔录的完整性和真实性

从聂树斌 1994 年 9 月 23 日 18 时许被抓获，到 9 月 28 日卷内出现第一份有罪供述笔录，共有 5 天时间，原审卷宗内没有这 5 天的讯问笔录。申诉人及其代理人对此提出诸多质疑，认为缺失的笔录可能对聂树斌有利。检察机关也提出，从聂树斌到案至作出第一次

[16] 参见最高人民法院刑事判决书，（2016）最高法刑再 3 号。考虑到本判决书的典型性，作者将此实录作为证据说理样本，供读者参考。

有罪供述间隔5天时间，而卷内没有一份此间的讯问笔录，侦查机关没有作出合理解释。对此问题，本院经审查，评判如下：

1. 聂树斌被抓获之后前5天办案机关曾对其讯问且有笔录。一是聂树斌在卷供述证明有讯问笔录。据二审期间的提讯笔录记载，审判人员当时问聂树斌，在其被抓获之后的前5天，侦查人员是否对其讯问并作了笔录，聂树斌回答，侦查人员将其带至郊区分局的当晚就审问了，其交代了强奸妇女的事，并说"记着可能作了（笔录）"。二是原办案人员证明有讯问笔录。本案复查和再审期间，经调查询问原办案人员，多人证实这5天有讯问并制作了笔录。此外，据原办案机关干警撰写并发表在1994年10月26日《石家庄日报》上的《青纱帐迷案》一文反映，聂树斌被抓获并被关进派出所后的一个星期内，办案机关一直在对其"突审"。

2. 聂树斌在该5天内，既有有罪供述，也有无罪辩解。一是聂树斌在卷供述可以证实。在1994年9月28日的讯问笔录中，办案人员在聂树斌供认有罪后问道："为什么原来不讲实话？"聂树斌答："我想隐瞒，抱着逃避打击的心理。"9月29日聂树斌在自书的《检查》中写道："在审问时，我心里还隐着一些侥幸心理，想隐瞒过关。"在同年12月26日送达起诉书笔录中，送达人员问聂树斌什么时候交代的犯罪事实，聂树斌答："一开始没交代，第二天晚上交代的。"二是原办案人员可以证实。有办案人员称："聂树斌头一天只承认了一些偷看女人解手的流氓行为，到了第二天，开始陆陆续续交代了一些犯罪事实，到了27日就彻底交代清楚了。"此外，据《青纱帐迷案》一文反映，聂树斌刚被抓获时"只承认调戏过妇女，拒不交代其他问题"，办案人员"巧妙利用攻心战术和证据，经过一个星期的突审"，聂树斌终于供述了强奸杀人的事实。

3. 对原审卷宗内缺失该5天讯问笔录，原办案人员没有作出合理解释。本案复查和再审期间，河北省高级人民法院、山东省高级人民法院和本院均就前5天讯问笔录全部缺失的原因，询问了公安机关原办案人员，他们作了多种解释：一是聂树斌的供述断断续续，笔录不完整；二是这些笔录可能入了副卷，但由于搬家或时间长，副卷找不到了；三是当时存在对完整的讯问笔录入卷移送，不完整的讯问笔录不入卷移送的习惯做法等。

全面收集、移送包括讯问笔录在内的案件证据，是1979年《刑事诉讼法》和1987年公安部印发的《公安机关办理刑事案件程序规定》的明确要求；公安部1991年印发的《公安业务档案管理办法》对副卷的内容也有明确规定，犯罪嫌疑人的供述笔录不属于入副卷的材料；原办案人员在接受本院询问时也表示，当时石家庄市公安局郊区分局办理案件比较规范，即使前期嫌疑人不供述，也会把这些材料入卷。因此，聂树斌被抓获之后前5天讯问笔录没有入卷，既与当时的法律及公安机关的相关规定不符，也与原办案机关当时办案的情况不符。

综上，由于上述讯问笔录缺失，聂树斌讯问笔录的完整性、真实性受到严重影响。对申诉人及其代理人提出聂树斌被抓获之后前5天有讯问笔录，且缺失的笔录可能对聂树斌有利的意见，对检察机关提出缺失这5天讯问笔录存在问题的意见，本院予以采纳。对申诉人及其代理人提出办案机关故意销毁、隐匿讯问笔录、制造假案的意见，因无证据证实，本院不予采纳。

三、聂树斌有罪供述的真实性存疑，且不能排除指供、诱供可能

原审卷宗显示，自1994年9月28日出现第一份供述至1995年4月27日被执行死刑，

聂树斌共有13份供述,其中有讯问笔录11份(侦查阶段8份,审查起诉、一审、二审阶段各1份),自书《检查》1份,一审当庭供述笔录1份。申诉人及其代理人提出,这些供述不能排除系刑讯逼供、指供、诱供形成,合法性和真实性存在疑问。检察机关提出,聂树斌的有罪供述说法不一、前后矛盾,供述偷拿花上衣的情节因证人证言而变化,侦查机关讯问过程明显具有指供倾向,聂树斌供述的真实性、合法性存在疑问。对此问题,本院经审查,评判如下:

1. 聂树斌对关键事实的供述前后矛盾、反复不定。关于作案时间,先后有被车间主任葛某某批评后的第二天、当天、记不清和8月5日等说法;关于偷花上衣的具体地点,先后有三轮车上、破烂堆上等说法;关于脱去被害人内裤的时间,先后有将内裤脱下后实施强奸再捡起内裤带走、将内裤脱到膝盖下面即实施强奸再将内裤脱下带走等说法;关于被害人的自行车,先后有二六型、二四型等说法。此外,关于作案动机、被害人年龄和所穿连衣裙特征等事实和情节,聂树斌的供述也前后不一。在卷供述中,聂树斌一方面始终认罪,另一方面又供不清楚作案的基本事实,特别是对关键事实的供述前后矛盾、反复不定,不合常理。

2. 供证一致的真实性、可靠性存疑。聂树斌供述的作案地点、藏衣地点、尸体上的白背心、颈部的花上衣及被害人凉鞋、自行车的位置等,虽然与现场勘查笔录、尸体检验报告等内容基本一致,但由于以上事实都是先证后供,且现场勘查没有邀请见证人参与,指认、辨认工作不规范,证明力明显不足,致使本案供证一致的真实性、可靠性存在疑问。

3. 不能排除指供、诱供可能。对办案机关是否存在刑讯逼供、指供、诱供等非法取证行为,经审查原审检察人员和审判人员讯问聂树斌的材料、一审开庭笔录、原审辩护人的有关证言以及原办案人员的解释,没有发现原办案人员在制作这些笔录时实施刑讯逼供的证据。但是,聂树斌曾经供述自己本来想不说,后在办案人员"劝说和帮助下说清整个过程";聂树斌供述偷花上衣的地点存在随证而变的情形;一些笔录显示讯问内容指向明确;参与现场勘查的办案人员曾称被安排到讯问场所与聂树斌核对案发现场情况等,故不能排除存在指供、诱供的可能。

综上,对申诉人及其代理人提出聂树斌有罪供述的真实性、合法性存疑,不能排除指供、诱供可能的意见,对检察机关提出的侦查机关讯问过程明显具有指供倾向的意见,本院予以采纳。对申诉人及其代理人提出侦查机关存在刑讯逼供的意见,因无证据证实,本院不予采纳。

四、原审卷宗内案发之后前50天内证明被害人遇害前后情况的证人证言缺失,严重影响在案证人证言的证明力(略)

五、聂树斌所在车间案发当月的考勤表缺失,导致认定聂树斌有无作案时间失去重要原始书证(略)

六、原审认定的聂树斌作案时间存在重大疑问,不能确认(略)

七、原审认定的作案工具存在重大疑问(略)

八、原审认定康某1死亡时间和死亡原因的证据不确实、不充分(略)

九、原办案程序存在明显缺陷,严重影响相关证据的证明力(略)

本院认为,原审认定原审被告人聂树斌犯故意杀人罪、强奸妇女罪的主要依据是聂树斌的有罪供述,以及聂树斌的有罪供述与在案其他证据印证一致。但综观全案,本案缺乏能够锁定聂树斌作案的客观证据，聂树斌作案时间不能确认，作案工具花上衣的来源不能确认，被害人死亡时间和死亡原因不能确认；聂树斌被抓获之后前5天讯问笔录缺失，案发之后前50天内多名重要证人询问笔录缺失，重要原始书证考勤表缺失；聂树斌有罪供述的真实性、合法性存疑，有罪供述与在卷其他证据供证一致的真实性、可靠性存疑，本案是否另有他人作案存疑；原判据以定案的证据没有形成完整锁链，没有达到证据确实、充分的法定证明标准，也没有达到基本事实清楚、基本证据确凿的定罪要求。原审认定聂树斌犯故意杀人罪、强奸妇女罪的事实不清、证据不足。根据1979年《中华人民共和国刑事诉讼法》的相关规定，不能认定聂树斌有罪。对申诉人及其代理人、最高人民检察院提出的应当改判聂树斌无罪的意见，本院予以采纳。对申诉人及其代理人提出的王书金系本案真凶的意见，因王书金案不属于本案审理范围，本院不予采纳。依照《中华人民共和国刑事诉讼法》第二百四十五条第一款、第二百二十五条第一款第（三）项及《最高人民法院关于适用〈中华人民共和国刑事诉讼法〉的解释》第三百八十四条第三款、第三百八十九条第二款之规定，判决如下：

一、撤销河北省高级人民法院（1995）冀刑一终字第129号刑事附带民事判决和石家庄市中级人民法院（1995）石刑初字第53号刑事附带民事判决。

二、原审被告人聂树斌无罪。

本判决为终审判决。

审 判 长　胡云腾
审 判 员　夏道虎
审 判 员　虞政平
审 判 员　管应时
审 判 员　罗智勇
二〇一六年十一月三十日
法官助理　赵春晓
法官助理　刘　志
书 记 员　杨艳明
书 记 员　纪微微

｜评析｜ 最高人民法院聂树斌案的再审判决书，从多个角度、多个层次对原审存在的证据问题进行了深入、充分的综合审查分析，非常有说服力地阐释、论证了原判据以定案的证据没有形成完整的证据锁链，没有达到证据确实充分的法定证明标准，事实不清、证据不足，故应当判决聂树斌无罪。

该判决书首先分析了聂树斌被抓获时无任何证据或线索指向其与案件有关联，然后针对原审言词证据存在的问题进行了详尽的分析，包括：聂树斌被抓获之后前5天的讯问笔录缺失，严重影响在卷讯问笔录的完整性和真实性；聂树斌有罪供述的真实性存疑，且不能排除指供、诱供可能；原审卷宗内案发之后前50天内证明被害人遇害前后情况的证人证言缺失，严重影响在案证人证言的证明力等。司法实践中造成冤假错案的重要原因是办案人员疏于对言词证据的认真审查，轻信言词证据尤其是轻信讯问笔录和口供，该判决书对原审中言词证据尤其是讯问笔录和口供中存在的严重问题进行详尽的分析，抓住了原案错判的关键。在此基础上，该判决书还针对原审在实物证据方面存在的问题进行了详尽的分析,包括认定聂树斌有无作案时间失去重要原始书证;认定的聂树斌作案时间存在重大疑问,不能确认;原审认定的作案工具存在重大疑问;认定康某1死亡时间和死亡原因的证据不确实、不充分等,并对原办案程序存在明显缺陷,严重影响相关证据的证明力的程序问题进行了分析,从而通过对实物证据的分析来印证了言词证据存在的问题,并将全案证据存在的问题充分展现出来。该判决书对聂树斌案原审在证据方面存在的问题进行的综合分析,说理透彻,深入充分,逻辑严谨,条理清晰,紧扣证据法理,兼顾人情天理,是刑事裁判文书的上乘之作。

该判决书的正文基本上是围绕聂树斌案在证据方面存在的问题来进行深入分析,因此,其不仅是一份优秀的法律文书,也是一份优秀的证据分析报告,堪称刑事案件裁判文书证据分析的典范之作,充分证明了司法实践中办理案件时应当综合证据审查运用,强化证据分析说理的重要性和必要性,充分体现了证据裁判原则指导下裁判文书释法说理"用证据说话"的司法理念。

案例14-2　常某某强奸案〔17〕:案发三年后才被追诉的"一对一"案件证据的综合审查认定

被告人常某某因涉嫌犯强奸罪于2021年1月10日被河南省巩义市公安局刑事拘留,2021年1月23日被监视居住,同年7月23日被巩义市人民检察院取保候审,2022年7月14日经巩义市人民检察院批准逮捕,次日被巩义市公安局指定居所监视居住,2022年7月22日被执行逮捕。巩义市人民检察院于2022年7月27日向巩义市人民法院提起公诉。

巩义市人民检察院指控,2018年6月19日,被告人常某某(已婚)与被害人石某(学生)添加为微信好友。同年7月2日18时30分许,由常某某驾车和石某一起到巩义市最美公路边,常某某趁石某酒后意识不清对石某搂抱、亲吻。当晚23时58分许,常某某驾车将石某带至巩义市新华南路南国主题酒店8505房间,石某醉酒后躺在床上睡觉,常某某强行脱石某衣服欲与其发生性关系,因遭到石某的强烈反抗,常某某对石某进行威胁、殴打,石某被迫给常某某口交,后常某某强行与石某发生性关系。经巩义市公安局物证鉴定室鉴定,石某的损伤程度已构成轻微伤。针对上述指控,公诉机关提交了物证、书证、证人证言、被害人陈述、被告人供述和辩解、鉴定意见、勘验及辨认笔录、视听资料等证据。

被告人常某某辩解称:(1)其未和石某发生性关系,不构成强奸罪;(2)其拿走宾馆安全套是因为周某超让其代买螺纹安全套,因在市区未买到,就将宾馆的冰火安全套带走;(3)其未殴打石某,石某的伤情是别人指使石某自残以诬告其强奸;(4)其在公安机关的供述属实,几次供述的大致意思一样,但一些细节因时间长其记不清了。其辩护人提出的辩护意见是,在案证据不足以证明常某某与石某发生了性关系,公诉机关指控常某某犯强奸罪事实不清、证据不足,依法应当判决常某某无罪。

法院经审理认为:

1. 本案认定被告人常某某违背被害人石某意志,使用暴力手段,意图强行与石某发生性关系,证据确实、充分。

强奸案件的证据具有特殊性,即证明被告人有无违背妇女意志,以暴力、威胁或者其他

〔17〕 参见河南省巩义市人民法院刑事判决书,(2022)豫0181刑初327号。

手段强行与妇女发生性关系的直接证据往往主要是被告人供述和被害人陈述。基于此,两种言词证据是否依法客观收集,对案发时间、地点、条件、环境等细节陈述是否全面、清晰、符合逻辑,是否能描述出比较隐蔽的细节,是否有其他直接证据、间接证据和辅助证据予以验证和佐证,对认定案件事实具有重要作用。本案中,两种证据既有内容一致部分,也有互相矛盾之处。被告人常某某到案距案发已两年有余,根据记忆规律,常某某对部分细节记忆不清晰、陈述不真实符合常理,现客观上也很难就双方的矛盾之处一一证伪。但本案毕竟不同于生活中的一般事件,双方言词证据中均包含亲历性极强的事实叙述,该部分应当不会出现较大记忆偏差,对相关部分事实的认定尤为重要。

本案被告人常某某和被害人石某均认可:双方在宾馆房间内发生过暴力行为、石某曾向常某某索要过5000元、石某承诺过做常某某女朋友并为常某某口交。对上述事实,本院予以认定。但对上述事实产生于何种原因、背景,双方陈述存在显著矛盾。常某某辩解称石某索要5000元是直接引起双方暴力的原因,石某称常某某殴打其是为了和其发生性关系、其索要5000元是案发后为了配合公安机关实施抓捕;常某某称石某曾同意做其女朋友并在山上为其口交,石某称曾同意做常某某女朋友并在房间内实施口交是为了稳住常某某以逃离遭受性侵害。上述事实的分析认定直接关系本案的争议焦点:常某某在房间内对石某进行殴打是为了摆脱石某要求借款的滋扰,还是意图与石某发生性关系。

(1)被害人石某就"双方暴力行为产生原因及过程"所作的陈述与在案证据互相印证,亦符合常理,应予采信。①被害人石某关于其与被告人常某某关系、二人态度变化过程的描述自然。②在案证据足以证实被告人常某某使用了暴力手段脱下被害人石某衣物。③被害人石某关于在房间内"为伺机逃跑同意做被告人常某某女朋友并为常某某口交"的陈述细节描述清楚、符合逻辑。④被害人石某关于案发后索要5000元以协助抓捕被告人常某某的陈述和其他证据可以印证。

(2)被告人常某某就"双方暴力行为产生原因及过程"所作的供述与在案证据矛盾,亦不合常理,无法得到合理解释,不予采信。①被告人常某某关于被害人石某索要5000元的供述反复、前后矛盾,且与在案证据不符。②被告人常某某称被害人石某曾在山上主动要求做其女朋友并在山上为其口交的供述不实。综上,在案证据足以证明,被告人常某某违背被害人石某意志,以奸淫为目的对石某实施了暴力行为。

2. 该案认定被告人常某某强奸行为构成既遂,证据确实、充分。

(1)该案能够证明被告人常某某强奸既遂的直接证据仅有被害人石某的陈述,但同时有间接证据和辅助证据予以印证,应予采信。①在案证据可以证明被害人石某所述"常某某使用暴力撕扯掉其内裤,常某某的内裤在撕扯中被破坏"符合客观真实。②案发后公安机关在现场提取到一个避孕套空盒,在前已证实被告人常某某以奸淫为目的对被害人石某实施了暴力、常某某脱下了石某内裤的前提下,宾馆消失的避孕套可以印证石某所述"常某某使用宾馆的避孕套与其发生性关系"的事实。

(2)被告人常某某就影响判断"常某某是否对石某实施了奸淫"的多处关键事实所做的供述与在案证据显著矛盾,亦不合常理且无法得到合理解释,对相关供述不予采信。

①对宾馆内备用的避孕套不见的原因的相关供述不实。②被告人常某某关于其蓝色内裤如何破损的供述反复,且均无法与现场内裤的破损情况印证。③被告人常某某就"其案发后即赶往呼和浩特做生意、未曾前往成功学院"的供述不实。

(3)关于案发后双方的聊天记录。在被告人常某某供述双方因借钱闹僵甚至动手的背景下,常某某通过微信于7月3日9时50分约被害人石某吃早饭,11时11分回复石某真心和石某谈朋友,称“不舍得打石某、两人谈朋友闹到这种地步也没谁了”,要求见石某;在常某某被石某一再质问“为什么威胁、殴打我”“我不想那么和你发生性关系,你昨天为什么要那么对我”时,对钱的事只字不提,也未就没有和石某发生性关系进行辩驳,甚至意图修复和石某的关系。相关行为反应极其反常,在石某所述“常某某强行和其发生性关系”的情况下便不再异常。

3. 综合全案证据,对认定被告人常某某强奸的事实已排除合理怀疑。

(1)该案可以排除被害人石某诬告。该案案发过程正常、自然,石某在离开宾馆、和前男友聊天后立即报警,陈述全面、清楚、符合逻辑,包含众多隐蔽细节并经查证属实。石某和被告人常某某是第一次见面的网友,事前并不存在矛盾;从事后看,本案也没有其他人员主动介入,石某不存在经济上的巨大需求,自始至终亦未私自索要任何费用,石某缺乏诬告的动机。常某某所称石某受他人教唆自残并将内裤破坏后留在现场以诬告其强奸,经本院查证不实,可以认定系常某某为脱罪所做的虚假供述。

(2)被害人石某的证言不存在“足以引起被告人常某某无罪合理怀疑”的矛盾。

①被告人常某某是向前台索要食物还是食用房间内现存的食物并非本案的关键事实,常某某供述在房间里吃过泡面和被害人石某的陈述一致,反而可以证实石某陈述的真实性。

②关于被告人常某某与被害人石某是否熟悉、微信聊天是否频繁,该种属于主观判断的范畴,且受作出陈述时双方关系的影响。石某虽和常某某有一段时间的聊天经历,但在案发后接受公安机关询问时作出“二人不熟、聊天不多”的判断也符合常理。常某某曾多次邀请石某外出,石某均拒绝,并在微信上表示了歉意,石某在期末考试即将结束、离校在即的情况下约常某某外出并不反常,不能据此认为石某同意和常某某交往甚至发生性关系。

③关于被害人石某就其内裤所作矛盾陈述的问题,应当考虑石某现在的生活状态,石某多次表示因成家不想参与案件处理,该种背景下回答“不知道、忘记了”应单纯是为了不想再参与案件调查,作该种陈述不足以推翻前两次石某称被告人常某某强行脱掉其内裤的陈述。

④关于被害人石某在遭受暴力时未呼救、石某离开房间意识清醒时未立即报警、石某拒绝提供李某某的联系方式是否反常的问题。应当考虑本案的特殊性,被告人常某某和石某身体力量相差悬殊,石某在宾馆房间内面对常某某态度的逐渐变化、暴力程度逐渐加大,因害怕遭受伤害未大声呼救并不违背常理。石某初次遭遇此种事件不知如何处置,第一反应是离开现场符合常理,经过一番考虑并询问李某某后,石某于案发后两小时报案反而证明石某陈述的真实性。石某曾陈述想要为常某某口交以获得逃跑机会,彼时石某身体处于裸露的状态,要想成功逃离房间,基本必然意味着要在公共场所裸露身体。未遭受侵害的女性当然不会考虑裸露身体跑出房间,但不能用该种标准去衡量遭遇侵害的石某曾想做的选择是否完全理性。石某已向公安机关承认未告知李某某已被强奸的事实,该陈述符合女性的心理状态,李某某给出的解决方式不管是否妥当,均是出于保护石某的目的,石某将相关证据删除并不违背常理,相关证据的缺失也不影响对本案定罪量刑事实的认定。

⑤被害人石某未立即离开现场并不反常,被告人常某某的供述和石某的陈述均证明石

某因未找到电梯才走步梯，足以认定石某该部分陈述属实。

(3)该案未提取到被告人常某某的精斑不影响强奸既遂的认定。

案发现场提取到精斑等生物学证据仅是证明发生性关系的直接证据之一，性侵未成年人、因客观条件报案不及时等案件中无法获取生物学证据并不鲜见，但不能仅以此阻却犯罪的成立。本案证据证明被告人常某某使用了避孕套，该避孕套已被常某某处理，在此情形下虽然石某报案及时，但未能从内裤、遗留在卫生间外的卫生纸、石某的阴道内检测出精斑并不异常。至于两条内裤出现在厕所的原因，一方面从现场看，内裤的处理并没有避孕套、卫生纸等方便，另一方面常某某也供述"没有想到石某真的会告其强奸"，相关异常可以得到合理解释。辩护人与之相关的辩护意见不能成立，不予采纳。

(4)关于本案的身份、品格证据。品格证据无法成为认定构成要件事实的直接证据，但在刑事诉讼中仍可以作为证据使用，尤其是在强奸犯罪中，身份和品格证据是认定被告人是否有犯罪动机，预测被告人、被害人行为方式倾向性，进而验证言词证据真实性的重要辅助证据。本案被害人石某是未完全走入社会的大学生，日常消费不高，本案又处在石某即将离校、准备步入社会，思想可能有一些转变的时期。本案被告人常某某案发时已结婚7年并育有子女，婚姻关系存续期间多次邀约在网上认识的石某，聊天时主动陈述自身经济状况，且具有犯罪前科，亲密朋友也称常某某有嫖娼劣迹，案发后拒绝接受公安机关调查。上述情况对认定双方言词证据的真实性具有一定作用，在常某某对关乎认定其是否实施强奸行为的关键事实作多处不实供述时，可以有效补强石某相关陈述的证明力。

综上，本案定罪量刑的事实都有证据证明，据以定案的证据均经法定程序查证属实，所有证据证明方向唯一，足以形成认定被告人常某某采用暴力手段强奸事实成立的证据锁链。判决被告人常某某犯强奸罪，判处有期徒刑4年。

｜评析｜ 强奸案件在单独作案且被告人不认罪的情况下，会形成被告人辩解和被害人陈述"一对一"的问题，给证据的审查判断和案件事实的认定带来极大的困难，也考验办案人员对全案证据综合审查运用能力。而本案由于案发时间与常某某被立案追诉时间间隔将近3年，更是增加了案件事实认定的难度，更需要综合全案证据进行审查分析认定。

本案在办理过程中，争议较大，存在认为构成强奸既遂、强奸未遂和无罪三种意见，这从本案2021年立案侦查直到2022年7月才起诉，到2023年才作出判决可见一斑。判决书对于认定常某某构成强奸罪进行了充分的证据综合审查分析论证，是一篇优秀的体现了证据综合审查运用的重要性以及证据说理重要性的裁判文书。

判决书对判决理由的论证和对证据的分析，条理清楚，论证充分，归纳得当，层层递进，有理有据，很多方面可圈可点。例如，首先归纳了强奸案件证据的特殊性，既点明了此类案件的疑难之处，也指明了本案证据审查应当如何入手，为后面论证的展开作了较好的铺垫，且对于办理此类案件有参考意义；对证据之间的主要矛盾以及案件焦点问题进行了准确归纳，明确了问题和争点所在，突出了其后论证的针对性；先充分论证构成强奸罪，后充分论证构成既遂，再充分论证了是否达到排除合理怀疑的证明标准，环环相扣，结构严谨；从"证实"角度充分论证了被害人陈述的真实性，从"证伪"角度充分论证了被害人辩解的虚假性，从而从"正反"两个方面了充分论证了定罪事实；结合物证、视听资料等实物证据情况，对言词证据的真实性进行了充分分析；结合逻辑、情理等对被告人辩解和被害人陈述的真实性进行了充分分析；对被害人陈述是否存在足以影响认定案件事实的根本矛盾进行了充分分析；对于被害人身份以及被告人品格证据进行了分析，尤其是关于被告人品格证据在认定案件事实方面的辅助作用的分析，反映出被告人品格证据虽然通常不能作为定罪证据，但是实践中对法官审查判断证据时“心证”形成的影响是客观存在的；等等。司法实践证明：越是“疑难、复杂”的案件，越需要办案人员具有良好的证据素养和全案证据的综合审查运用能力。

案例14－3 农商行东岗支行诉李某龙担保纠纷案[18]：民事法律行为的证据综合审查判断

最高人民法院在该案裁判中认为：本案二审的主要争议在于《三方协议》是否变更了农商行东岗支行与李某龙因《承诺书》形成的担保法律关系问题。二审法院并未否认《承诺书》系李某龙真实意思表示，亦认可仅从该承诺书而言，李某龙应当承担连带清偿责任。鉴于本案有不同的担保民事法律行为，二审法院对案涉担保民事法律行为予以综合分析认定，进而判断李某龙是否应当承担相应民事责任，符合2020年最高人民法院《关于适用〈中华人民共和国民事诉讼法〉的解释》第105条关于“人民法院应当按照法定程序，全面、客观地审核证据，依照法律规定，运用逻辑推理和日常生活经验法则，对证据有无证明力和证明力大小进行判断，并公开判断的理由和结果”以及2019年最高法《民诉证据规定》第88条关于“审判人员对案件的全部证据，应当从各证据与案件事实的关联程度、各证据之间的联系等方面进行综合审查判断”的规定。

｜评析｜ 银行因为放贷而与担保人发生纠纷是司法实践中常见的案件，而案件的焦点往往是担保人的担保民事法律行为是否有效。由于本案涉及不同的担保行为，因此，二审法院对案涉担保民事法律行为结合证据进行了“综合分析认定”，然后就被告应否承担民事责任作出裁判。这种对案件焦点行为进行综合分析认定的做法，得到了最高人民法院的支持，最高人民法院在裁判文书中对此援引相关法律依据进行了释法说理，对二审法院的做法予以了肯定，这也充分说明了人民法院在司法裁判中加强对证据的综合审查判断从而正确认定案件事实的重要意义。

主要文献著述

1. 何家弘主编：《证据的审查认定规则——示例与释义》，人民法院出版社2009年版。
2. 杜邈：《证据为王——阶层式刑事证明思维的应用》，中国法制出版社2022年版。
3. 王新平：《民事诉讼证据运用与实务技巧》，中国民主法制出版社2017年版。
4. 包冰锋：《民事诉讼证明妨碍制度研究》，厦门大学出版社2011年版。
5. 罗灿：《刑事裁判文书证据说理的现实图景与完善路径》，载《中国应用法学》2022年第4期。

〔18〕 参见最高人民法院民事判决书，（2021）最高法民申4558号。